El Aprendizaje y la Enseñanza de las Matemáticas a Temprana Edad: El Enfoque de las Trayectorias de Aprendizaje

Escrito por

Douglas H. Clements y Julie Sarama

Traducido por

Olga Lucia León Corredor, Alissa A. Lange, Lida María León y Angie Toquica

ISBN-13: 978-0692525043 (Learning Tools LLC)

ISBN-10: 0692525041

Copyright © 2015 Learning Tools LLC

www.learningtoolsllc.com

Authorized translation from English language edition published by Routledge Inc., part of Taylor & Francis Group LLC.

All rights reserved.

PRÓLOGO

La mayoría de las personas coinciden en que una enseñanza efectiva de las matemáticas implica "identificar el punto en donde se encuentran los estudiantes" y ayudarlos a construir conocimiento con base en lo que ellos conocen; pero esto a menudo es más fácil decirlo que hacerlo. En este nuevo e importante libro, escrito para profesores en servicio y para los futuros profesores, los expertos en la enseñanza de las matemáticas a temprana edad, Douglas Clements y Julie Sarama, muestran cómo "las trayectorias de aprendizaje" ayudan a diagnosticar lo que un niño sabe de matemáticas. Mediante el planteamiento de nuevas alternativas, para observar a los niños junto con el gusto y la curiosidad inherentes a sus razonamientos matemáticos, las trayectorias de aprendizaje en última instancia hacen que la enseñanza de las matemáticas sea más divertida. Estas trayectorias ayudan a los profesores a entender la variedad de niveles de conocimiento y de pensamiento, de sus clases y de los individuos dentro de ellas, como un elemento fundamental para satisfacer las necesidades de todos los niños. En pocas palabras, este libro resume en un lenguaje sencillo, lo que se sabe sobre cómo los niños aprenden matemáticas y cómo construir a partir de lo que saben con el objetivo de realizar prácticas de enseñanza más efectivas. Este libro ayudará a los profesores a entender las trayectorias de aprendizaje de las matemáticas a temprana edad y a convertirse en profesionales ejemplares.

Douglas H Clements. Profesor y Kennedy Endowed Chair in Early Childhood Learning en la University of Denver's Morgridge College of Education. Denver, CO, USA.

Julie Sarama. Profesora y Kennedy Endowed Chair in Innovative Learning Technologies en la University of Denver's Morgridge College of Education. Denver, CO, USA

Olga Lucia León Corredor. Profesora en el área de Educación Matemática de la Universidad Francisco Jose de Caldas. Bogota, Colombia.

Alissa A. Lange. Assistant Research Professor. Profesora de Investigación en en el National Institute of Early Education Research - NIEER, en la Rutgers University, the State University of New Jersey. New Brunswick, NJ, USA.

Lida María León Corredor. Licenciada en Español-Inglés Universidad Pedagógica Nacional. Técnica Especialista en Traducción de Textos. Bogotá Colombia

Anyela Toquica Ortiz. Licenciada en Lenguas Modernas Universidad Distrital Francisco José de Caldas. Bogotá, Colombia

CONTENIDO

	Agradecimientos	i
1	Los niños pequeños y el aprendizaje de las matemáticas	8
2	Cantidad, número y subitización	19
3	Conteo verbal y conteo de objetos	33
4	Comparación, orden y estimación	70
5	Aritmética: Primeras adiciones y sustracciones, y estrategias de conteo	98
6	Aritmética: Composición de número, valor de una posición, adición y sustracción con múltiples dígitos	134
7	Pensamiento espacial	174
8	Formas	199
9	Composición y descomposición de formas	242
10	Medida geométrica: Longitud	264
11	Medidas geométricas: Área, volumen y ángulo	280
12	Otros dominios del contenido	303
13	Procesos matemáticos	325
14	Cognición, afecto y equidad	332
15	Formación matemática en la primera infancia: Contextos y currículos	365
16	Prácticas de enseñanza y aspectos pedagógicos	398
	Notas	451
	Referencias	453

AGRADECIMIENTOS

Un agradecimiento especial a: Alejo Freire, Felipe Ferrero, Teresa Pontón Ladino y Martín Acosta, por sus juiciosos aportes a la traducción y edición de este libro. Los traductores agradecemos también a sus familias por el apoyo y comprensión, durante el tiempo que duro la traducción de esta obra.

Otro agradecimiento a los estudiantes de la Universidad Distrital Francisco José de Caldas: Faberth Díaz, Marcela Guilombo, Nelssy Díaz, de la Maestría en Educación; a Natalia Palomá y Erika González, de la Licenciatura de Educación Básica con énfasis en Matemáticas, por sus observaciones a la traducción en español como usuarios finales del texto.

Appreciation to the Funding Agencies

We wish to express our appreciation for the funding agencies that have not only provided financial support but intellectual support in the form of guidance from program officers (most notably and recently Caroline Ebanks), opportunities to collaborate with other projects, and attend conferences to exchange ideas with colleagues. The ideas and research reported here have been supported by all of the following grants. Any opinions, findings, and conclusions or recommendations expressed in this material are those of the authors and do not necessarily reflect the views of the funding agencies.

1. Clements, D. H. & Sarama, J. Scaling Up TRIAD: Teaching Early Mathematics for Under- standing with Trajectories and Technologies—Supplement. Awarded by the U.S. Department of Education, IES (Institute of Education Sciences; as part of the Interagency Educational Research Initiative, or IERI program, a combination of IES, NSF, and NIH).[1]
2. Clements, D. H., Sarama, J., & Lee, J. Scaling Up TRIAD: Teaching Early Mathematics for Understanding with Trajectories and Technologies. Awarded by the U.S. Department of Education, IES (Institute of Education Sciences; as part of the Interagency Educational Research Initiative, or IERI program, a combination of IES, NSF, and NIH).
3. Clements, D. H., Sarama, J., Klein, A., & Starkey, Prentice. Scaling Up the Implementation of a Pre-Kindergarten Mathematics Curricula: Teaching for Understanding with Trajectories and Technologies. Awarded by the National Science Foundation (NSF, as part of the Interagency Educational Research Initiative, or IERI program, a combination of NSF, U.S. Dept. of Education IES, and NIH).
4. Starkey, Prentice, Sarama, J., Clements, D. H., & Klein, A. A Longitudinal Study of the Effects of a Pre-Kindergarten Mathematics Curriculum on Low-Income Children's Mathematical Knowledge. Awarded by OERI, Department of Education as Preschool Curriculum Evaluation Research (PCER) project.
5. Clements, D. H. Conference on Standards for Preschool and Kindergarten Mathematics Education. Awarded by the ExxonMobil Foundation.
6. Clements, D. H., Watt, Daniel, Bjork, Elizabeth, & Lehrer, Richard. Technology-Enhanced Learning of Geometry in Elementary Schools. Awarded by the National Science Foundation, Elementary, Secondary, and Informal Science Education, Research on Educational Policy and Practice.
7. Clements, D. H. Conference on Standards for Preschool and Kindergarten Mathematics

1 LOS NIÑOS PEQUEÑOS Y EL APRENDIZAJE DE LAS MATEMÁTICAS

La nieve seguía cayendo en Boston y los niños de preescolar de la profesora Sara Gardner llegaban poco a poco, un bus a la vez. La profesora había realizado un programa de matemáticas de alta calidad durante todo el año, pero aún se sorprendía al ver que los niños llevaban un registro de la situación. Los niños no dejaban de decir: "Ahora somos 11 y faltan 7. Ahora somos 13 y faltan 5. Ahora..."

¿Por qué hay mucha gente interesada en las matemáticas para los niños de muy temprana edad?[1] De acuerdo a un reporte reciente emitido por el Panel Nacional de Matemáticas de la Presidencia de los Estados Unidos, las matemáticas son cada vez más importantes en una economía global moderna, pero en los Estados Unidos, los logros en el campo de las matemáticas están disminuyendo. Además, los logros de las matemáticas en los Estados Unidos están muy por debajo de los que se obtienen en muchos otros países, en niveles educativos iniciales como el primer grado, kínder... ¡e incluso en formación preescolar! En algunos casos, a los niños de Estados Unidos no se les brinda la oportunidad de aprender las matemáticas avanzadas que se enseñan en muchos otros países.

Durante la mayor parte del siglo XX, los Estados Unidos poseían una destreza matemática sin igual- no solamente como lo indicaba profundidad de sus estudios y el número de especialistas en matemáticas que ejercían en este país, sino también por la escala y calidad de su ingeniería, ciencia y liderazgo financiero, e incluso por la cobertura de la educación matemática en gran parte de su población. Pero al no contar con cambios sustanciales y sostenidos en su sistema educativo, los Estados Unidos renunciarán a su liderazgo en el siglo XXI.

Panel Nacional de Matemáticas (NMP, 2008, p. xi)

Una brecha aún más grande y perjudicial se presenta entre los niños que crecen en comunidades con recursos económicos altos y aquellos que crecen en comunidades de escasos recursos. Especialmente para estos niños, el éxito de su aprendizaje y desarrollo a largo plazo requiere experiencias de alta calidad durante sus primeros "years of promise" (Corporación Carnegie, 1998). Se ha determinado que estos primeros años son de *especial importancia para el desarrollo matemático*. Desde los primeros años de vida, los niños tienen una habilidad para aprender matemáticas y para desarrollar un interés propio por ellas. Lo que ellos saben cuando ingresan a kínder y al grado primero es un indicador de sus potenciales logros matemáticos en los años venideros – incluso a lo largo de su escolaridad. Además, lo que los niños saben de matemáticas es también un indicador de lo que pueden lograr más adelante en el campo de la lectura. Sus primeros conocimientos de lectoescritura también permiten pronosticar sus futuras habilidades en la lectura... pero eso es todo. Debido a que la matemática permite pronosticar las habilidades futuras de los niños tanto en matemáticas como en lectura, esta parece ser un componente central de la cognición.

Si inicialmente los niños tienen un conocimiento limitado y luego obtienen logros menores en el colegio, especialmente en comparación con otros países, ¿será posible que exista una propuesta brillante? Si. En los programas educativos de alta calidad para la primera infancia, los niños pequeños pueden participar en investigaciones sorprendentemente profundas alrededor de ideas matemáticas. Los niños pueden adquirir habilidades, resolver problemas, y aprender conceptos de una forma natural y estimulante para ellos. *Esto nos conduce hacia la principal razón de involucrar a los niños pequeños en las matemáticas.*

> *La mayoría de los niños adquiere un conocimiento considerable de los números y de otros aspectos de las matemáticas antes de ingresar a un jardín de infantes. Esto es importante, porque el conocimiento matemático que los niños llevan al colegio está relacionado con su aprendizaje de las matemáticas durante los siguientes años – en la escuela primaria, en la secundaria e incluso en la universidad. Desafortunadamente, la mayoría de los niños de familias con bajos ingresos llegan al colegio con un conocimiento muy inferior al de sus compañeros de familias con ingresos medios, y la brecha de logros con respecto al conocimiento matemático se ensancha progresivamente durante la etapa comprendida entre pre-kínder y los 12 años de edad.*
>
> NMP[2] (2008. p. xvii)

> *Afortunadamente, se han obtenido resultados alentadores en varios programas educativos desarrollados para mejorar el conocimiento matemático de los niños de preescolar y de los jardines de infantes, especialmente de aquellos niños provenientes de familias con bajos ingresos. En la actualidad existen técnicas efectivas – derivadas de la investigación científica en el campo del aprendizaje – que se pueden poner en práctica dentro del salón de clases para mejorar el conocimiento matemático de los niños.*
>
> NMP (2008. p. xvii)

A los niños pequeños les encanta pensar matemáticamente. Los niños se emocionan con sus propias ideas y con las ideas de otros. Para que haya un desarrollo completo del niño, debemos desarrollar al niño matemático. Además, los profesores disfrutan el razonamiento y el aprendizaje que se generan, desde los niños, a causa de la educación matemática de alta calidad. Las matemáticas de alta calidad a lo largo de la primera infancia no involucran la imposición de la aritmética elemental para los niños más pequeños. En cambio, una buena educación permite a los niños experimentar las matemáticas mientras juegan y exploran su propio mundo. Una mayor proporción de los niños se encuentran cada año en programas de educación y cuidado para la primera infancia. Como profesores, es nuestra responsabilidad brindar el conocimiento y el placer intelectual de las matemáticas a todos los niños, especialmente a aquellos que aún no han tenido experiencias educativas de alta-calidad. Los buenos maestros pueden afrontar este desafío utilizando "herramientas" basadas en la investigación.

La opinión de investigadores y expertos proporciona orientación sobre cómo ayudar a los niños a aprender de diversas formas, que son tanto apropiadas como efectivas. En este libro, reunimos todo ese conocimiento para proporcionar *trayectorias de aprendizaje* para cada uno de los temas importantes en el campo de las matemáticas a temprana edad.

¿Qué son las trayectorias de aprendizaje?

Los niños siguen procesos naturales de desarrollo en su aprendizaje y crecimiento. Por ejemplo, los niños aprenden a gatear, luego a caminar, correr, brincar y saltar con aumento en su velocidad y destreza. También los niños siguen procesos naturales de desarrollo en el aprendizaje de las matemáticas, adquiriendo ideas y habilidades matemáticas a su manera. Cuando los profesores comprenden estos procesos de desarrollo, y elaboran secuencias de actividades basadas en tales procesos, construyen ambientes de aprendizaje de las matemáticas que son particularmente apropiados y efectivos en términos de desarrollo. Estas rutas de desarrollo son la base para las "trayectorias de aprendizaje" que se encuentran en este libro. Las trayectorias de aprendizaje ayudan a responder varias preguntas. ¿Qué objetivos se deben establecer? ¿Dónde se debe comenzar? ¿Cómo saber hacia dónde tomar el siguiente paso? ¿Cómo se logra ese siguiente paso?

Las trayectorias de aprendizaje tienen tres partes: una meta matemática, una ruta de desarrollo a lo largo de la cual los niños progresan para alcanzar dicha meta, y un conjunto de actividades instructivas, o tareas, propias de cada uno de los niveles de pensamiento de la ruta, que ayudan a los niños a desarrollar niveles de pensamiento cada vez más avanzados. Examinemos cada una de estas tres partes.

> *Los seres humanos nacen con un sentido fundamental de cantidad.*
>
> Geary, 1994, p.1

El Aprendizaje y la Enseñanza de las Matemáticas a Temprana Edad

Figura 1.1 Carmen Brown incentiva a un niño de preescolar a matematizar.

Metas: Las grandes ideas de la matemática

La primera parte de una trayectoria de aprendizaje es una *meta matemática*. Nuestras metas son las grandes ideas de las matemáticas – agrupaciones de conceptos y habilidades que son matemáticamente centrales y coherentes, consistentes con el pensamiento de los niños y generadoras de aprendizaje hacia el futuro. Estas grandes ideas provienen de varios proyectos de gran escala, donde se incluyen proyectos del Consejo Nacional de Profesores de Matemáticas y del Panel Nacional de Matemáticas (Clements y el Grupo de Trabajo de Conferencias, 2004, NCTM, 2006, NMP, 2008). Por ejemplo, una gran idea es: *el conteo, que se puede utilizar para descubrir el número de objetos en una colección.*

Progresiones de desarrollo: Las rutas de aprendizaje

La segunda parte de una trayectoria de aprendizaje está compuesta por niveles de pensamiento, cada uno más sofisticado que el anterior, que conducen a la consecución de la meta matemática. Eso significa que la progresión del desarrollo describe una ruta típica que los niños siguen durante el desarrollo del entendimiento y las habilidades necesarias alrededor del tema matemático. El desarrollo de las habilidades matemáticas empieza al inicio de la vida. Como veremos, los niños pequeños poseen, desde su nacimiento, ciertas competencias asociadas a las matemáticas en cuanto a los números, el sentido espacial y los patrones. Sin embargo, las ideas de los niños pequeños y sus interpretaciones de las situaciones son únicas y difieren de las de los adultos. Por esta razón, aquellos que son buenos profesores de la primera infancia son cuidadosos y no asumen que los niños "ven" las situaciones, los problemas, o las soluciones como lo hacen los adultos. En su lugar, los buenos profesores interpretan lo que el niño está haciendo y pensando e intentan ver la situación desde el punto de vista del niño. De manera similar, cuando interactúan con el niño, estos profesores consideran además las tareas instructivas y sus propias acciones desde el punto de vista del niño. Esto hace que la enseñanza en la primera infancia sea tanto exigente como gratificante.

Nuestras trayectorias de aprendizaje proporcionan ejemplos y rótulos simples para cada nivel de cada progresión de desarrollo. La columna "Progresión del desarrollo" en la Tabla 1.1 describe tres niveles principales de pensamiento en la trayectoria de aprendizaje del conteo (esto es sólo una muestra de ciertos niveles que en realidad tienen otros niveles intermedios entre ellos – la trayectoria de aprendizaje completa se describe en el Capítulo 3). Debajo de cada descripción hay un ejemplo del pensamiento y comportamiento del niño para cada nivel.

Tareas instructivas: Las rutas de la enseñanza

La tercera parte de la trayectoria de aprendizaje está compuesta por un conjunto de tareas instructivas, cada uno en correspondencia con uno de los niveles de pensamiento de la progresión de desarrollo. Estas tareas están diseñadas para ayudar a los niños a aprender las ideas y habilidades necesarias para alcanzar ese nivel de pensamiento. Eso significa que, como profesores, podemos utilizar estas tareas para promover el crecimiento de los niños desde un nivel particular hasta el siguiente. La última columna de la Tabla 1.1 proporciona ejemplos de tareas (nuevamente, la trayectoria de aprendizaje completa, la cual se presenta en el Capítulo 3, no solo incluye todos los niveles de desarrollo sino varias tareas instructivas para cada nivel).

En resumen, las trayectorias de aprendizaje describen las metas del aprendizaje, los procesos de pensamiento y aprendizaje de los niños en los distintos niveles, y las actividades de aprendizaje en las cuales ellos podrían participar. Las personas a menudo tienen muchas preguntas acerca de las trayectorias de aprendizaje. Es posible que el lector desee leer nuestras respuestas a esas preguntas que le interesan en este momento para volver a esta sección después de haber leído más acerca de ciertas trayectorias de aprendizaje específicas en los capítulos siguientes.

Tabla 1.1 Ejemplos de la trayectoria de aprendizaje para el conteo

Edad (años)	Progresión del desarrollo	Tareas instructivas
1-2	**El Corista** (*Verbal*) Repite un sonsonete" o (en ocasiones) palabras de números que no se pueden identificar claramente.	Experiencias repetidas con la secuencia de conteo en varios contextos.

El Aprendizaje y la Enseñanza de las Matemáticas a Temprana Edad

Edad (años)	Progresión del desarrollo	Tareas instructivas
3	Quiero que cuentes "uno, dos-tras, cuatro, sie-, te, diez" **El Correspondedor** Mantiene correspondencias uno-a-uno entre las palabras de conteo y los objetos (una palabra para cada objeto), por lo menos para grupos pequeños de objetos puestos en fila. Cuenta: ☐ ☐ ☐ ☐ "1, 2, 3, 4" Pero es posible que conteste a la pregunta "¿cuántos hay?" re-contando los objetos, o pronunciando cualquier palabra número.	*"Contador en la Cocina"* Los estudiantes hacen clic en los objetos uno por uno a medida que los números de uno a diez se cuentan en voz alta. Por ejemplo, los niños hacen clic en las porciones de comida y se toma un mordisco de cada porción a medida que se cuenta. 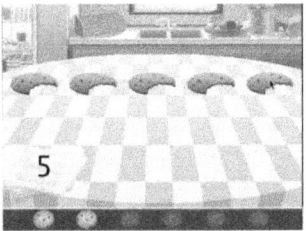
	El Contador (10) Cuenta arreglos de objetos hasta 10. Es posible que escriba numerales para representar 1–10. Puede estar en capacidad de decir el número que se encuentra justo antes o justo después de otro número, pero solamente cuanto comienza a contar desde 1. Cuenta de manera precisa una fila de 9 bloques y dice que hay 9. ¿Qué sigue después de 4? "1, 2, 3, 4, 5. ¡5!"	*"Torres de Conteo (hasta 10)"* Un día antes se debe leer *"Shape Space,"* de Cathryn Falwell. Pregunte a los niños cuáles formas funcionan bien en qué partes de una torre (por ejemplo, ¿la "punta de un triángulo" se puede usar como base?) establezca estaciones con diferentes objetos para apilar. Motive a los niños a apilar tantos objetos como puedan, y contarlos para saber cuántos objetos fueron apilados.

Preguntas más frecuentes acerca de las trayectorias de aprendizaje

¿Por qué utilizar las trayectorias de aprendizaje? Las trayectorias de aprendizaje permiten a los profesores construir *las matemáticas en los niños – permite que los niños desarrollen su pensamiento de forma natural*. Así, sabemos que todas las metas y actividades están dentro de las capacidades de desarrollo de los niños. Sabemos que cada nivel proporciona una unidad natural de desarrollo hacia el siguiente nivel. Finalmente, sabemos que las actividades proporcionan las unidades de constitución matemática para el éxito escolar, debido a que las investigaciones en las cuales se basan dichas actividades típicamente involucran más niños que han obtenido las ventajas educativas que les permiten desempeñarse bien en el colegio.

¿Cuándo sabemos que los niños se encuentran "en" un nivel? Se identifica que los niños están "en" un cierto nivel cuando la mayoría de sus comportamientos reflejan el pensamiento – las ideas y habilidades – de dicho nivel. A menudo, los niños muestran algunos comportamientos asociados a los niveles siguientes (y anteriores) a medida que aprenden.

¿Es posible que los niños trabajen en más de un nivel al mismo tiempo? Sí, aunque la mayoría de los niños trabajan principalmente en un nivel o en la transición entre dos niveles (naturalmente, si ellos están cansados o distraídos, ellos pueden operar en un nivel mucho más bajo), los niveles no son "etapas absolutas" . Los niveles son "puntos de referencia" de un crecimiento complejo que representan distintas formas de pensamiento. Así, los niveles se pueden concebir de otra forma como una secuencia de diferentes patrones de pensamiento y razonamiento. Los niños están aprendiendo continuamente, dentro de los niveles y moviéndose entre ellos.

¿Los niños pueden saltar niveles? Sí, especialmente si hay "subtemas" separados. Por ejemplo, hemos combinado muchas competencias de conteo en una sola secuencia de "Conteo" con subtemas, tales como habilidades de conteo verbal. Algunos niños aprenden a contar hasta 100 a la edad de 6 años, después de aprender a contar objetos hasta 10 o más; algunos pueden adquirir esa habilidad verbal antes. El subtema de las habilidades de conteo verbal aún continuaría. Los niños también pueden aprender de manera significativa y adelantarse bastantes "niveles" en algunos casos.

¿ La naturaleza de todos los niveles son similares ? La mayoría de niveles son *niveles de pensamiento* – un periodo de tiempo distinto ligado a formas de pensar cualitativamente diferentes. Sin embargo, algunos no son más que "niveles de logro," similares a las marcas que se hacen en la pared para indicar la estatura de un niño, es decir, un par de estas marcas significan simplemente que el niño ha adquirido más conocimiento. Por ejemplo, los niños deben aprender a nombrar o escribir más numerales, pero saber más no requiere de un pensamiento más complejo o profundo. Así, algunas trayectorias están más condicionadas por el desarrollo cognitivo natural que otras. Frecuentemente un componente crítico de tales condicionamientos es el desarrollo matemático dentro de un dominio; esto

significa que la matemática es un dominio altamente secuencial y jerárquico, en el cual ciertas ideas y habilidades deben ser aprendidas antes que otras.

¿Cómo diferenciar una trayectoria de aprendizaje de un simple logro y de una secuencia? Están relacionadas, por supuesto. Pero las trayectorias no son listas de todo lo que los niños necesitan aprender, porque no cubren todos y cada uno de los "hechos" y hacen énfasis en las "grandes ideas." Además, las trayectorias tienen que ver con los niveles de pensamiento de los niños y no sólo con la respuesta a una pregunta matemática. Así, por ejemplo, un mismo problema de matemáticas puede ser resuelto de maneras *diferentes* por estudiantes que se encuentren en *diferentes* (separables) niveles de pensamiento.

¿Cada trayectoria solo representa "un camino"? En términos amplios, hay un sendero de desarrollo principal; sin embargo, para algunos temas hay "subtrayectorias" aisladas dentro del tema. Por ejemplo, como se estableció previamente la trayectoria de aprendizaje de conteo en el Capítulo 3 incluye el conteo verbal y de objeto, los cuales están relacionados pero se pueden desarrollar de manera independiente. En algunos casos los nombres lo aclaran. Por ejemplo en Comparación y Orden, algunos niveles se relacionan con los niveles del "comparador" y otros con la construcción de una "línea mental numérica." De manera similar las subtrayectorias de "Composición" y "Descomposición" relacionadas son fáciles de distinguir. A veces por clarificación, las subtrayectorias se indican con una nota resaltada después del título. Por ejemplo, en las figuras las "Partes" y la "Representación" son subtrayectorias dentro de la trayectoria de las figuras.

Otras preguntas se dirigen a *cómo utilizar* las trayectorias de aprendizaje.

¿Cómo estos niveles de desarrollo apoyan la enseñanza y el aprendizaje? Los niveles ayudan a los profesores como también a los que desarrollan, evalúan, enseñan y hacen la secuencia de actividades del currículo. *Los profesores que comprenden las trayectorias de aprendizaje (especialmente los niveles de desarrollo que son la base) son más efectivos y eficientes.* A través de la enseñanza planeada y también motivando las matemáticas que son inicialmente informales se ayuda a los niños a aprender *en un nivel apropiado y profundo.*

Hay edades en los cuadros. ¿Debería haber un plan para ayudar a los niños a desarrollar solo los niveles que corresponden a las edades de mis niños? ¡No! Las edades de la Tabla son edades típicas en que los niños desarrollan estas ideas. *Pero éstas son únicamente guías aproximadas* – debido a que los niños difieren ampliamente.

> *Tan importante como el contenido matemático, son los procesos matemáticos generales tales como: resolución de problemas, razonamiento y prueba, comunicación, conexiones y representación; Los procesos matemáticos específicos tales como: organizar la información, patrones y composición; y hábitos de la mente tales como: curiosidad, imaginación, inventiva, persistencia, buena voluntad para experimentar y sensibilidad a los patrones. Todo debería estar involucrado en el programa matemático de alta calidad de la primera infancia.*
>
> (Clements & Conference Working Group, 2004, p.57)

Además las edades están por debajo de los límites en los cuales los niños progresan sin recibir una enseñanza de alta-calidad. Así que estos son *"niveles iniciales" no metas*. Hemos encontrado que los niños a quienes se les brinda experiencias matemáticas de alta calidad son capaces de desarrollar niveles de uno o más años por encima de sus compañeros.

¿Las tareas instructivas son la única forma de enseñar a los niños a alcanzar altos niveles de pensamiento? No, hay muchas formas. En algunos casos, sin embargo hay alguna evidencia de investigación que estas son especialmente efectivas. En otros casos, ellas son simples ilustraciones de la *clase* de actividad que debería ser apropiada para alcanzar ese nivel de pensamiento. Además los profesores necesitan utilizar una variedad de estrategias pedagógicas en la enseñanza del contenido, en la presentación de las tareas, en la orientación de los niños para completarlas y así sucesivamente.

Otras metas críticas: Estrategias, razonamiento, creatividad y disposición productiva

Las trayectorias de aprendizaje están organizadas alrededor de temas pero incluyen más que hechos e ideas. *Los procesos y las actitudes* son importantes en cada una. El Capítulo 13 se enfoca en los procesos generales, tales como la resolución de problemas y el razonamiento. Pero estos procesos generales son también una parte integral de cada trayectoria de aprendizaje. También los procesos específicos se involucran en cada trayectoria de aprendizaje. Por ejemplo, el proceso de composición – juntar y apartar es fundamental tanto para el número como para la aritmética (p.e. sumar y restar) y la geometría (composición de la forma).

Finalmente, nunca se deben descuidar otras metas educativas generales. Los "hábitos de la mente" mencionados en el cuadro incluyendo la curiosidad, la inventiva, el arriesgarse, la creatividad y la persistencia. Estos son algunos componentes de la meta esencial de *disposición productiva*. Los niños necesitan ver las matemáticas como algo sensible, útil y valioso y verse a sí mismos como seres

---

La premisa predominante de nuestro trabajo es que a través de los grados desde Pre-kínder hasta 8 todos los estudiantes deberían ser hábiles matemáticamente. [p.10]

La habilidad matemática...tiene cinco aspectos:

- *La comprensión conceptual-comprensión de los conceptos matemáticos, operaciones y relaciones.*
- *Fluidez en el procedimiento-habilidad en llevar a cabo la flexibilidad, precisión, eficiencia y conveniencia de los procedimientos.*
- *Competencia estratégica-habilidad para formular, representar y resolver los problemas matemáticos.*
- *Razonamiento adaptivo–capacidad para el pensamiento lógico, la reflexión, la explicación, y la justificación.*
- *Disposición productiva-inclinación habitual para ver las matemáticas como algo sensible, útil y valioso unido a la creencia en la auto-diligencia y auto-eficacia.*

(Kilpatrick, Swafford, & Findell, 2001, p.5)

capaces de pensar matemáticamente. Los niños también deberían apreciar la belleza y creatividad que son el corazón de las matemáticas.

Todo esto debería estar involucrado en el programa matemático de alta-calidad de la primera infancia. Estas metas se incluyen en las sugerencias para la enseñanza, en todo este libro. Además en los Capítulos 14, 15 y 16 se discute cómo lograr esas metas. Estos capítulos discuten los diferentes contextos de enseñanza y aprendizaje, incluyendo el contexto escolar y la educación en la primera infancia, los asuntos relacionados con la equidad, el afecto y las estrategias instruccionales.

Trayectorias de aprendizaje y el proyecto *Building Blocks*

El Proyecto *Building Blocks* fue creado por la Fundación Nacional de Ciencia "National Science Foundation" (NSF)[3] para desarrollar, identificar y difundir los efectos del software del currículo matemático desde Pre-kínder hasta grado 2. *Building Blocks* se diseñó para desarrollar en los niños pequeños capacidades de construcción de conceptos, habilidades y procesos matemáticos. El nombre *Building Blocks* tiene tres metas (ver Figura 1.1). Primero, nuestras metas son ayudar a los niños a desarrollar los principales *Building Blocks matemáticos*-es decir, las *grandes ideas* descritas anteriormente. Segundo, es la meta relativa para desarrollar los *Building Blocks cognitivos:* procesos cognitivo generales y meta-cognitivo, (de orden-más alto) tales como mover o combinar figuras en procesos de pensamiento de orden más alto como la auto-regulación. El tercero es el más sencillo-los niños deberían utilizar *Building Blocks* para muchos propósitos, pero uno de ellos es para aprender matemáticas.

Basados en la teoría e investigación de la enseñanza y aprendizaje en la primera infancia (Bowman, Donovan, & Burns, 2001; Clements, 2001), determinamos que el enfoque básico de *Building Blocks* sería *encontrar las matemáticas y desarrollar las matemáticas desde la actividad de los niños. Para hacerlo, todos los aspectos del Proyecto Building Blocks está basado en las trayectorias de aprendizaje.* Así, la mayoría de los ejemplos de las trayectorias de aprendizaje son consecuencia del desarrollo de nuestro trabajo, prueba de campo, y evaluación del currículo de ese proyecto.

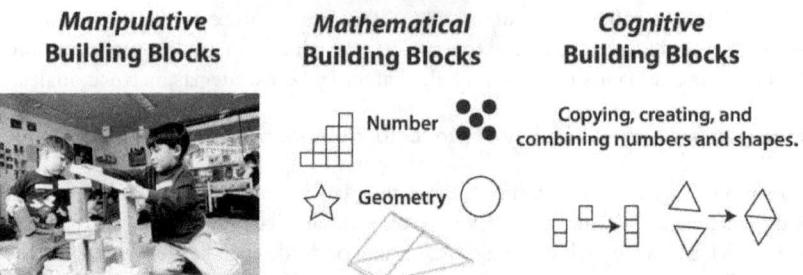

Figura 1.2 El proyecto "*Building Blocks*" recibió este nombre debido a que queríamos utilizar objetos manipulables tales como los bloques de construcción que utilizan los niños (en un juego de computadora o en juegos manuales sin computador) para ayudarlos a desarrollar bloques de construcción cognitivos y matemáticos – los cimientos de su aprendizaje futuro (ver www.gse.buffalo.edu/org/buildingblocks/)

Palabras finales

Con respecto a este contexto, exploremos las trayectorias de aprendizaje desde el Capítulo 2 hasta el Capítulo 12. El Capítulo 2 inicia con el tema crucial de los *números*. ¿En qué momento entienden los niños un número por primera vez? ¿*Cómo* lo hacen? ¿Cómo podemos ayudar a desarrollar las ideas iniciales de los niños?

2 CANTIDAD, NÚMERO Y SUBITIZACIÓN

Tres dibujos son colocados frente a una niña de seis meses de edad. El primero muestra dos puntos, los otros dos dibujos muestran un punto y tres puntos, respectivamente. La pequeña niña oye tres golpes de tambor, entonces su mirada se dirige hacia el cuadro con tres puntos.

Antes de continuar la lectura, ¿qué *interpreta* usted de este sorprendente hallazgo de investigación? ¿*Cómo* es posible que un niño tan pequeño logre *hacer* esto? En algún nivel intuitivo esta pequeña niña ha reconocido el número y el cambio de un número. El desarrollo de esta habilidad y su conexión con los nombres de los números en forma verbal es lo que se conoce con el nombre de *subitización* – reconocer la numerosidad de un grupo rápidamente, viene del latín "llegar de repente." Es decir, la gente puede ver una pequeña colección de objetos y casi instantáneamente decir cuántos objetos hay en ella. Las investigaciones muestran que esta es *una de las principales habilidades que los niños muy pequeños deben desarrollar*. Los niños de comunidades con escasos recursos económicos, y aquellos con necesidades especiales, a menudo tienen unretraso en el desarrollo de la subitización, lo que perjudica su desarrollo matemático. Esta es la razón por la cual la primera trayectoria de aprendizaje que se discute en este texto involucra la subitización.

Tipos de subitización

Cuando usted "simplemente ve" cuántos objetos hay en una colección muy pequeña, usted está usando la *subitización perceptiva* (Clements, 1999b). Por ejemplo, usted podría ver tres puntos en un dado y decir "tres." Usted está está percibiendo los tres puntos de forma intuitiva y simultánea.

¿Cómo se puede ver una ficha de dominó de ocho puntos y "*simplemente saber*" cuál es el número total, cuando la evidencia indica que este evento se encuentra por encima de los límites de la subitización perceptiva? Usted está usando la *subitización conceptual* –ver las partes y ponerlas juntas para hallar el total. Esto significa que usted puede ver cada lado de la ficha del dominó como una conformación de cuatro puntos individuales y como *"un cuatro."* Usted ve la ficha del dominó como una conformación de dos grupos de cuatro y como *"un ocho."* Todo esto sucede rápidamente –sin dejar de ser subitización– y con frecuencia se hace de forma no consciente.

Otra categorización tiene que ver con los diferentes tipos de cosas que la gente puede subitizar. Los patrones espaciales como los del dominó son solamente un tipo. Otros patrones son los temporales y los asociados a la cinestesia, incluyendo patrones con los dedos, patrones rítmicos y patrones auditivo-espaciales. Crear y usar estos patrones a través de la subitización conceptual ayuda a los niños a desarrollar estrategias aritméticas y la abstracción de los números. Por ejemplo, los niños usan patrones temporales al contar de forma ascendente. "Yo sabía que había tres más así que dije, nueve... *diez, once, doce*" (gesticulando rítmicamente tres veces, un *"pulso"* con cada conteo). Los niños también usan los patrones de los dedos para resolver problemas de adición. Los niños que no pueden subitizar de forma conceptual tienen limitaciones para aprender tales procesos aritméticos. Los niños inicialmente sólo pueden subitizan números pequeños. Sin embargo, estas acciones pueden ser *"escalones"* hacia la construcción de procedimientos más sofisticados con números más grandes.

La subitización y las matemáticas

Las ideas y habilidades de subitización empiezan a desarrollarse a muy temprana edad, pero, como cualquier otra área de las matemáticas, estas no son solamente *"simples habilidades básicas."* La subitización introduce ideas básicas de cardinalidad – "cuántos hay," ideas de "más" y "menos," ideas de las partes y el total junto con sus relaciones, la aritmética inicial, y, en general, ideas de cantidad. Bien desarrolladas, éstas ideas se encuentran relacionadas, formando redes de ideas conectadas que representan los bloques de construcción de las matemáticas durante las etapas de formación primaria, secundaria, universitaria y demás.

Mientras discutimos los detalles del aprendizaje inicial de la subitización en los niños, no perdamos de vista la totalidad del contexto – el panorama general – del futuro matemático de los niños. No perdamos el asombro que produce ver que los niños muy pequeños pueden pensar, profundamente, en las matemáticas.

Pasando de tareas fáciles de subitización a tareas más desafiantes

Un factor importante, incluso siendo obvio, al momento de determinar la dificultad de las tareas de subitización es el tamaño de la colección. A los 3 años de edad o antes, los niños pueden distinguir entre las colecciones que contengan uno y más de un elemento. Al año siguiente, ellos también distinguen dos elementos, luego tres. A los 4 años de edad se reconocen colecciones de hasta cuatro elementos, y luego la subitización y el conteo se conectan, este aspecto lo retomaremos en el Capítulo 3. Otro factor es el arreglo espacial de los objetos. Para los niños pequeños, los objetos puestos en una fila son los más fáciles, luego vienen los arreglos rectangulares (pares de objetos en filas) y los arreglos del tipo "dado" o "dominó," seguidos por combinaciones de arreglos.

La experiencia y la educación

Dos niños de preescolar están viendo un desfile. "¡Mira! hay payasos" grita Pablo, "¡Y tres caballos!" exclama su amigo David. Los dos amigos están disfrutando una gran experiencia, pero es solamente David quien al mismo tiempo disfruta una experiencia matemática. Otros niños quizás ven, un caballo café, uno negro y uno con manchas. David ve los mismos colores, pero también ve una cantidad –*tres* caballos. La diferencia probablemente es la siguiente: En el colegio y en la casa, los profesores y la familia de David prestan atención a los números y hablan de ellos.

Los padres, profesores, y otras personas que estén a cargo de los niños, deberían iniciar con el uso de los números para mencionar colecciones muy pequeñas después que los niños hayan establecido nombres y categorías para algunas propiedades físicas, tales como la forma y el color (Sandhofer & Smith, 1999). Numerosas experiencias en las que se mencionan dichas colecciones ayudan a los niños a construir conexiones entre los términos de cantidad (número, cuántos hay) y las palabras que designan números, luego se construyen conexiones entre las palabras y al cardinalidad (... ** es "dos") y finalmente se construyen conexiones entre las representaciones de un número dado. Los contraejemplos también son importantes para aclarar los límites del número (Baroody, Lai, & Mix, 2006).

En contraste con esta práctica basada en la investigación, las malas experiencias educativas (Dewey, 1938/1997) podrían conducir a los niños a percibir las colecciones como arreglos figurales que no son exactas. Richardson (2004) reportó que por años ella creyó que sus niños comprendían los patrones perceptivos, como los de los dados. Sin embargo, cuando ella finalmente les pidió *reproducir* los patrones, quedó asombrada al ver que los niños no utilizaron el mismo número de contadores. Por ejemplo, algunos dibujaron una "X" con nueve puntos y la llamaron "cinco." Así, sin tareas apropiadas ni observaciones detalladas, ella no se había dado cuenta que sus niños ni siquiera imaginaban los patrones con precisión, y sus patrones ciertamente no eran numéricos. Este tipo de observaciones detalladas son importantes al momento de comprender y promover el pensamiento matemático de los niños.

Los libros de texto a menudo presentan grupos de elementos que desmotivan el desarrollo de la subitización. Sus imágenes combinan muchos factores de impedimento, incluyendo integraciones complejas, unidades diferentes con formas pobres (por ejemplo, aves en formas no compactas en lugar de cuadrados), carencia de simetría, y arreglos irregulares (Carper, 1942; Dawson, 1953). Este tipo de complejidad dificulta la subitización conceptual, aumenta los errores y fomenta el conteo simple de elementos uno a uno.

Debido a su plan de estudios, o quizás a su falta de conocimiento acerca de la subitización, los profesores no hacen suficiente trabajo de subitización. Un estudio mostró que los niños *retrocedieron* en su desarrollo de la subitización desde el comienzo hasta el final de kínder. (Wright, Stanger, Cowper, & Dyson, 1994).

La investigación proporciona pautas para lograr una subitización generativa de forma evolutiva. Nombrar pequeños grupos usando números, antes de contar, ayuda a los niños a comprender las palabras que designan números y su significado cardinal sin tener que hacer cambios entre los usos ordinales (contar elementos en orden) y cardinales de las palabras que designan números inherentes al conteo (cf. Fuson, 1992a). En pocas palabras, tal nominación de grupos pequeños y subitizados, puede proporcionar de manera más rápida, simple y directa una amplia variedad de ejemplos y de contraejemplos de contraste para la palabras que designan números y para los conceptos (Baroody, Lai & Mix, 2005). Estos ejemplos se pueden usar para ayudar a preparar el conteo con significado a temprana edad (ver Capítulo 3 sobre el conteo).

Otro beneficio de las actividades de reconocimiento de números y de subitización es que al usar diferentes arreglos se sugieren diferentes puntos de vista de un mismo número (Figura 2.1).

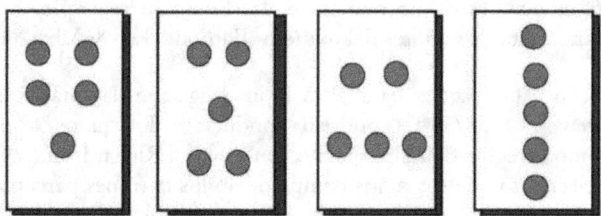

Figura 2.1 Arreglos para subitización conceptual en donde se puede sugerir el número 5 como 4 + 1, 2 + 1 + 2, 2 + 3 o 5.

Una cantidad considerable de actividades numéricas pueden promover la subitización conceptual. Quizás la actividad más directa es conocida con el nombre de "Quickdraw" (dibujo rápido) (Wheatle, 1996) o "Snapshots" (en español, "Imágenes Instantáneas") (Clements & Sarama, 2003a). Como un primer ejemplo, dígale a los niños que deben tomar rápidamente una "foto instantánea" y decir cuántos elementos ven —sus mentes tienen que capturar una "imagen rápida." Muéstreles a los niños una colección por 2 segundos, y luego cúbrala. Luego pídales a los niños que construyan una colección con el mismo número o que digan el número. Al comienzo, use filas de objetos, luego figuras rectangulares y luego arreglos de dado con números pequeños. A medida que los niños aprenden, utilice diferentes arreglos y números más grandes.

Hay muchas variaciones de la actividad "Imágenes Instantáneas" que valen la pena:

- Haga que los estudiantes construyan un arreglo rápido de imágenes con objetos manipulables.
- Juegue "Imágenes Instantáneas" en el computador (ver Figura 2.2).
- Realice juegos de correspondencias. Muestre varias cartas, todas menos una de estas cartas tendrán el mismo número. Pregúntele a los niños cuál carta es la diferente.
- Realice juegos de concentración con cartas que tienen diferentes arreglos para cada número y utilice una regla de juego que sólo permita "echar un vistazo" por 2 segundos.
- Dele a cada niño un conjunto de cartas con cierto número puntos (de 0 a 10 puntos) formando diferentes arreglos. Haga que los estudiantes extiendan las cartas frente a ellos. Luego diga un número. Los estudiantes encuentran la carta correspondiente tan rápido como sea posible y la levantan. Haga que los niños utilicen conjuntos de cartas diferentes, con diferentes arreglos, en diferentes días. Más adelante, indique el número que debe ser encontrado utilizando un numeral escrito (en vez de decir el número). Adapte otros juegos de cartas que se puedan realizar utilizando las cartas con arreglos de puntos. (Ver Clements & Callahan, 1986).
- Ubique varios arreglos de puntos en una hoja grande de cartulina. Con los estudiantes reunidos alrededor suyo, señale uno de los grupos mientras los estudiantes dicen el número respectivo tan rápido como sea posible. Rote la cartulina en las diferentes sesiones.
- Desafíe a los estudiantes a decir el número que sigue (uno más) al que aparece en la imagen rápida (luego dos más). También es posible permitir que los niños respondan mostrando una tarjeta con el número o escribiendo directamente el número correspondiente. O, podrían encontrar el arreglo de puntos relacionado con el número señalado.
- Incentive a los estudiantes a practicar cualquiera de estos juegos como actividad de tiempo libre o como actividad en una estación dentro de algún otro juego.
- Recuerde que los patrones también pueden ser temporales y de cinestesia, incluyendo patrones rítmicos y auditivo-espaciales. Una actividad estimulante de escritura numérica y de subitización involucra ritmos auditivos. Ubique a los niños en el piso, dispersos por todo el salón, con tableros individuales. Camine por el salón, luego deténgase y haga una serie de sonidos, tales como tocar una campana tres veces. Los niños deben escribir el numeral 3 (o levantar tres dedos) en sus tableros y levantarlos.

Utilizando muchos tipos de actividades, desde discusiones en clase hasta las actividades de los libros de texto, muéstreles a los niños imágenes de números que fomente la subitización conceptual. Siga estas pautas para elaborar conjuntos que deban ser subitizados: (a) Los conjuntos de elementos no deben estar dentro de un contexto pictórico; (b) para las unidades, se deben utilizar formas simples tales como grupos homogéneos de círculos o cuadrados (en lugar de imágenes de animales o mezclas de otras figuras); (c) se debe hacer énfasis en los arreglos regulares (la mayoría de estos arreglos deben incluir simetría, siendo los arreglos lineales lo más fácil para los niños de preescolar y los arreglos rectangulares lo más fácil para estudiantes de mayor edad); y (d) se debe proporcionar buen contraste entre las figuras y el fondo.

Fomente la subitización conceptual para ayudar a los estudiantes a avanzar hacia formas más sofisticadas de adición y sustracción (ver también Capítulos 5 y 6). Por ejemplo, es posible que un estudiante efectué sumas mediante el conteo ascendente de una o dos unidades, resolviendo la operación 4+2 diciendo "4, 5,6" pero no pueda contar cinco unidades o más de forma ascendente, como sería necesario para resolver 4+5 contando "4, 5, 6, 7, 8, 9." Sin embargo, el conteo ascendente de dos unidades brinda a los niños una forma de descifrar la manera en que funciona el conteo ascendente. Más adelante podrán aprender a contar ascendentemente con números más grandes, mediante el desarrollo de la subitización conceptual o mediante el aprendizaje de diferentes maneras de "hacer seguimiento." Eventualmente, los estudiantes llegan a reconocer los patrones de números como un todo (como una unidad en sí misma) y también como un compuesto de varias partes (unidades individuales). En este punto, un estudiante es capaz de ver al número y a los patrones de número como unidades de unidades (Steffe & Cobb, 1988). Por ejemplo, los estudiantes pueden responder repetidamente qué número es "10 más" que otro número. "Cuánto es diez unidades por encima de 23." "¡33!" "¿Diez más?" "¡43!"

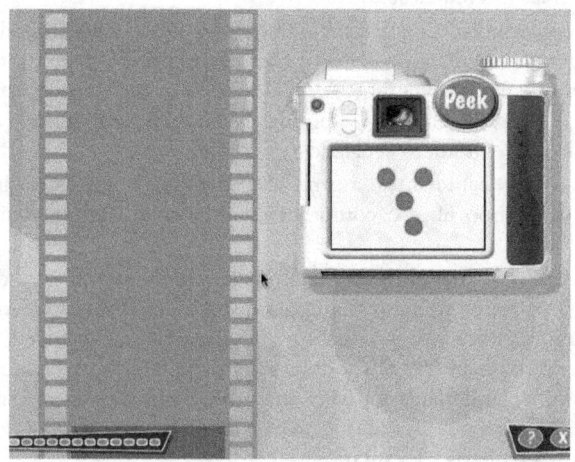

a)

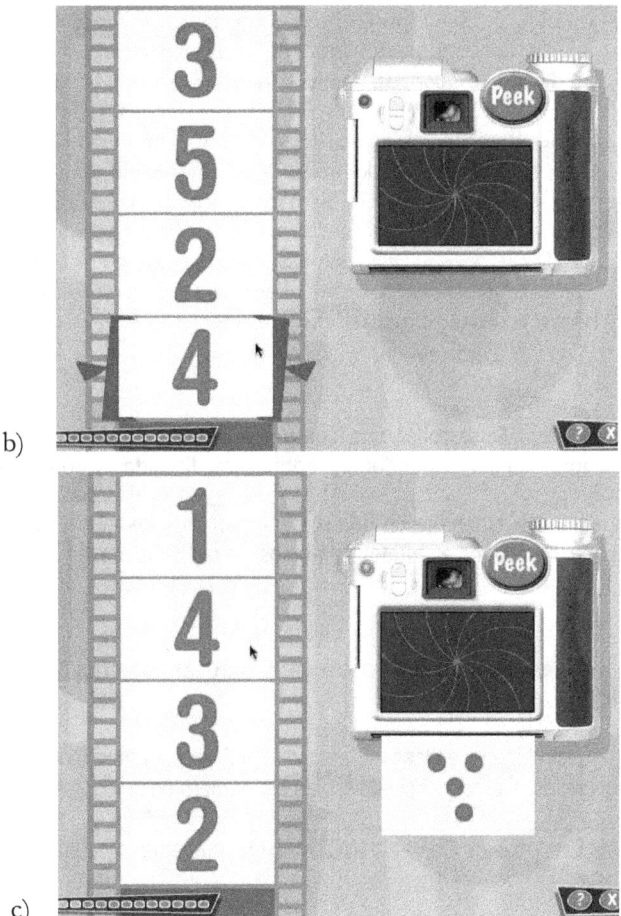

Figura 2.2 Uno de los primeros niveles de la actividad "Imágenes Instantáneas" a partir de los *Bloques de Construcción*. (a) Se les muestra a los niños un arreglo de puntos por 2 segundos; (b) Se les pide seleccionar el numeral correspondiente. Los niños podrían "observar (peek)" la imagen por 2 segundos más, de ser necesario; (c) Se les da una retroalimentación de forma verbal y se les permite ver los puntos de nuevo.

Trayectoria de aprendizaje para subitización y reconocimiento de números

Debido a la naturaleza de la subitización, esta trayectoria de aprendizaje es sencilla y directa. La meta es aumentar la habilidad de los niños para subitizar números, tal y como se describe en Curriculum Focal Points (Puntos Focales de Currículo) en la Figura 2.3. Para alcanzar esa meta, la Tabla 2.1 proporciona los dos componentes adicionales de la trayectoria de aprendizaje, la progresión del desarrollo y las tareas instructivas. (Tenga en cuenta que las edades que aparecen en todas las Tablas de trayectorias de aprendizaje son aproximadas, especialmente porque la edad de adquisición usualmente depende profundamente de la experiencia. Los niños que reciben educación de alta calidad mantienen su progreso uno o más años por encima de las edades "típicas" señaladas en estas trayectorias de aprendizaje.) Utilizando la actividad "Imágenes Instantáneas" (descrita anteriormente) como una tarea instructiva básica, la trayectoria de aprendizaje muestra diferentes números y arreglos de puntos que ilustran las tareas instructivas diseñadas para promover ese nivel de pensamiento. *Aunque las actividades contenidas en las trayectorias de aprendizaje presentadas en este libro constituyen un núcleo (basado en la investigación) de un currículo de educación infantil, un plan de estudios completo incluye más aspectos* (por ejemplo, las relaciones entre las trayectorias y muchas otras consideraciones; ver Capítulo 15).

Pre-K

***Número y operaciones*: Desarrollar una comprensión de los números naturales, incluyendo conceptos de correspondencia, conteo, cardinalidad y comparación.**

Los niños desarrollan una comprensión de los significados de los números naturales y reconocen el número de objetos en grupos pequeños sin utilizar el conteo...

Kínder

***Número y operaciones:* Representar, comparar y ordenar números Naturales, y la unión y separación de conjuntos.**

Los niños escogen, combinan y aplican estrategias efectivas para responder a preguntas cuantitativas, incluyendo el reconocimiento rápido del número en un conjunto pequeño...

Figura 2.3 Puntos Centrales de Currículo (NCTM, 2006) que enfatiza la subitización en los primeros años.[1]

Como una extensión, más adelante los estudiantes de primaria, pueden mejorar su *estimación* numérica con modificaciones de la actividad "Imágenes Instantáneas." Por ejemplo, muestre a los estudiantes arreglos que sean muy grandes para subitizar de manera exacta. Motívelos a usar la subitización en sus estrategias de estimación. Haga énfasis en que la meta es utilizar buenas estrategias y estar "cerca," no es necesario obtener el número exacto. Comience con patrones geométricos organizados, pero incluya eventualmente arreglos mezclados. Anime a los estudiantes, especialmente a aquellos que están en grados superiores, a construir estrategias más sofisticadas: desde adivinar hasta contar tantos como sea posible y luego desde adivinar hasta comparar ("esto era más que el anterior") y agrupar ("los elementos están distribuidos aproximadamente de a cuatro en cada lugar. Mentalmente utilicé círculos para hacer grupos de cuatro elementos y luego conté seis grupos. Entonces, ¡24!"). Los estudiantes definitivamente logran un mejor desempeño, utilizando estrategias más sofisticadas y estructuras de referencia, después de haber participado en este tipo de actividades (Marcovitz &

Hershkowitz, 1997). Para estas, y para todas las actividades de subitización, deténgase con frecuencia para permitir que los estudiantes compartan sus estrategias. *Si los estudiantes no desarrollan rápidamente estrategias más sofisticadas basadas en el valor de la posición y en operaciones aritméticas, puede que las actividades de estimación no representen un buen uso del tiempo de enseñanza.* "Adivinar" no es pensamiento matemático (ver Cap. 4).

Satisfacer necesidades especiales. Las poblaciones especiales requieren atención especial en cuanto a la subitización. Debido a que la subitización conceptual a menudo depende de una habilidad de enumeración precisa, los maestros deben subsanar las deficiencias de conteo desde los inicios (Baroody, 1986). Los profesores deben cultivar la familiaridad con los patrones regulares mediante la realización de juegos que utilicen cubos numéricos o fichas de dominó y deben tomar muy seriamente (no subestimar) las competencias numéricas básicas, tales como la subitización, en las poblaciones especiales.

El reconocimiento de patrones de estructuras de cinco y diez elementos, como los que se ilustran en la Figura 2.4, puede ser de ayuda para los estudiantes con discapacidades mentales y problemas de aprendizaje a medida que ellos aprenden a reconocer la configuración de la estructura del 5 y del 10 para cada número. "Estos arreglos... ayudan al estudiante primero a reconocer el número y a usar el modelo para calcular sumas. Es esta imagen del número lo que permanece con el estudiante y se convierte en algo significativo" (Flexer, 1989). Los patrones de los dedos (visuales y de cinestesia) pueden ayudar de manera similar, especialmente con las combinaciones difíciles de los números que suman hasta diez.

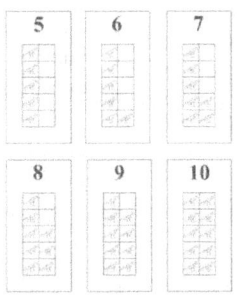

Figura 2.4

Tabla 2.1 Una trayectoria de aprendizaje para cantidades, número, y subitización

Edad (años)	Progresión del desarrollo	Tareas instructivas

Edad (años)	Progresión del desarrollo	Tareas instructivas
0-1	**Numérico Pre-Explicito** En el primer año, no está habituado al número, no tiene conocimiento explícito e intencional del número. Con niños pequeños, iniciar con colecciones de objetos estáticos.	Además de proporcionar un ambiente rico sensorialmente para la manipulación, usar palabras tales como "mas" y acciones de adición de objetos dirigiendo atención a la comparaciones.
1-2	**Nominador de Pequeñas Colecciones** Nombra grupos de 1 a 2 algunas veces, 3. Al mostrarle una pareja de zapatos, dice "dos zapatos."	Señalar un pequeño grupo de objetos (1 o 2, luego 3 cuando los niños respondan adecuadamente a 1 o 2. El niño puede responder a la pregunta ¿Cuánto hay? Para comunicar "Hay dos balones. ¡Dos!" Nominar colecciones como "dos." También incluye contraejemplos, tanto como ejemplos en su expresión lingüística. Por ejemplo, dice "esto no es 2, esto es 3." O mostrar un grupo de 2, y 1 grupo de 3, y hacer que el niño "encuentre el que no es como los otros" Discutir por qué. Hacer sus propios grupos de arreglos estructurados canónicamente, como los que se muestran para 3, y ver como los niños dicen sus nombres rápidamente •　　　• ••　•••　••

Edad (años)	Progresión del desarrollo	Tareas instructivas
3	**Constructor de Pequeñas Colecciones** Construye una colección pequeña no verbalmente (no más que 4, frecuentemente 1-3). Con el mismo número de otra colección (siguiendo modelo mental, es decir, no necesariamente por emparejamiento-para este proceso, ver "Comparación Numérica"). También puede ser verbal. Cuando le muestran una colección de 3, hace otra colección de 3.	Preguntar a los niños por un número adecuado de galletas para un número pequeño de niños. Mostrar un grupo de 2 bloques. Esconderlo. Solicitar a los niños hacer un grupo con el mismo número de bloques que el presentado. Después que ellos han finalizado, mostrar el primer grupo, y preguntarles si el grupo de ellos tiene el mismo número que este. Pedir el nombre del número. Jugar "Imágenes Instantáneas," usando o no la computadora, usando objetos iguales, como: 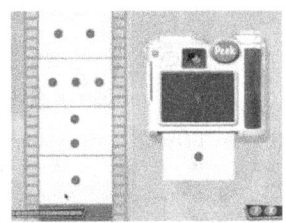
4	**Subitizador Perceptual hasta 4** Reconoce instantáneamente colecciones hasta 4, mostradas por un tiempo breve, y verbaliza los números de los ítems. Cuando le muestran por un tiempo breve 4 objetos, dice "cuatro."	Jugar "Imágenes Instantáneas" con tarjetas con colecciones de 1 a 4 puntos, iniciar con arreglos lineales o con arreglos fáciles. Preguntar cuántos hay para que el niño responda con el nombre del número. Usar modificaciones como las sugeridas previamente. Ir aumentando la dificultad según los progresos de los niños. **4** fácil 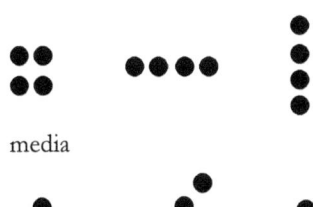 media

Edad (años)	Progresión del desarrollo	Tareas instructivas
		difícil
5	**Subitizador Perceptual hasta 5** Reconoce instantáneamente colecciones hasta 5, mostradas por un tiempo breve y verbaliza los números de los ítems. Cuando le muestran por un tiempo breve 5 objetos, dice "cinco".	Jugar "Imágenes Instantáneas," usando el computadora o no, y emparejar puntos con numerales con grupos hasta 5, inclusive, como: 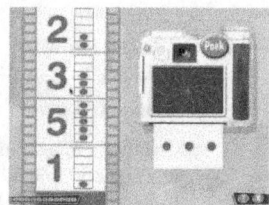 Jugar "Imágenes Instantáneas" con tarjetas con puntos, iniciar con los arreglos fáciles, ir aumentando la dificultad según los progresos de los niños. 5 fácil 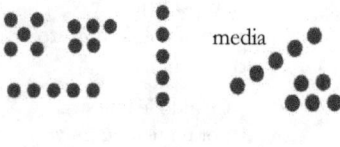 media difícil Media-difícil  Preguntar cuántos hay para que niño responde con el nombre del número.

Edad (años)	Progresión del desarrollo	Tareas instructivas
5	**Subitizador Conceptual hasta 5** Etiqueta verbalmente todos los arreglos hasta 5, cuando se muestran por un tiempo breve. "¡5! ¿Por qué? Yo veo 3 y 2 y entonces dije 5."	Usar diferentes arreglos de las varias modificaciones de "Imágenes Instantáneas" que desarrollan la subitización conceptual y las ideas de adición y sustracción. La meta es fomentar en los estudiantes "ver dos sumandos y la suma, como '2 galletas y 2 galletas son 4 galletas' " (Fuson, 1992b, p.248). 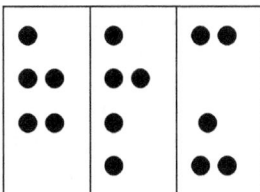
	Subitizador Conceptual hasta 10 Etiqueta verbalmente arreglos hasta el 6 mostrados brevemente, luego sube al 10, usando grupos. "En mi mente, yo hago 2 grupos de 3, y 1 más, entonces 7."	Jugar "Imágenes Instantáneas," usando el computador o no, y emparejar puntos con numerales. La versión de refuerzo del computador enfatiza en "tres y cuatro son siete." 
6	**Subitizador Conceptual hasta 20** Verbalizan nombres estructurando arreglos hasta 20, mostradas por un tiempo breve, y usando grupos. "Vi tres cincos, entonces 5, 10, 15."	Usar estructuras de cincos y dieces para ayudar a los niños a visualizar las combinaciones aditivas y movilizar el cálculo mental. 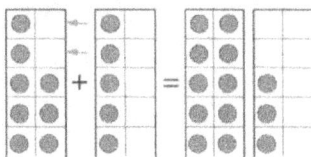
7	**Subitizador Conceptual con Conteo de Saltos y Valor Posicional**	Jugar "Imágenes Instantáneas," usando el computadora o no, y emparejar puntos con numerales, como:

Edad (años)	Progresión del desarrollo	Tareas instructivas
	Verbalizan nombres de arreglos estructurados, mostrados por corto tiempo, usando grupos, contando por saltos, y valor posicional. "Vi grupos de diez y dos, entonces 10, 20, 30, 40, 42, 44, 46...¡46!"	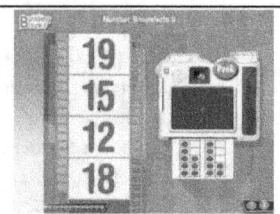
8	**Subitizador Conceptual con Valor Posicional y Multiplicación** Verbalizan nombres de arreglos estructurados mostrados por corto tiempo, usando grupos, multiplicación, y valor posicional. "Vi grupos de diez, y treces, entonces, pensé, 5 dieces es 50, y 4 treces es 12, entonces, total 62"	Jugar "Imágenes Instantáneas," con arreglos estructurados que poyen el uso progresivo de estrategias y operaciones mentales sofisticadas , formular a los niños preguntas como: ¿cuántos puntos hay en las siguientes figuras? 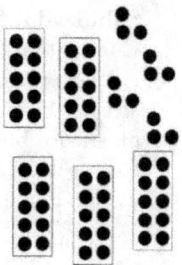

Palabras finales

"La subitización es una habilidad fundamental en el desarrollo de la comprensión del número por parte de los estudiantes" (Baroody, 1987, p. 115) y debe ser desarrollada. Sin embargo, no es la única forma de cuantificar grupos. El conteo es en última instancia un método más general y poderoso, el cual es abordado en el Capítulo 3.

3 CONTEO VERBAL Y CONTEO DE OBJETOS

Antes de su cuarto cumpleaños, a Abby le regalaron cinco locomotoras. Un día ella pasó caminando con tres de ellas y su padre le preguntó "¿En dónde están las otras?" "Se me perdieron," admitió. "¿Cuántas se te perdieron? Preguntó su padre. "Tengo 1, 2, 3. Entonces [señalando al aire] cuaaaatro, ciiiinco...se perdieron dos, cuatro y cinco. [Pausa] ¡No! Quiero que estas sean [señalando las tres locomotoras] uno, tres, y cinco. Entonces, las locomotoras dos y cuatro se perdieron. De todos modos, dos locomotoras están perdidas pero son la número dos y la número cuatro."

Abby pensaba en el conteo y en los números – al menos números pequeños – de forma abstracta. Ella podía asignar 1, 2, y 3 a las tres locomotoras, o 1, 3, y 5! Adicionalmente, ella podía contar los números. Es decir, ella aplicaba el conteo... ¡para contar números! ¿Cuáles *son* las ideas y habilidades que se desarrollan en ese conteo tan sofisticado? ¿Qué es lo que la mayoría de los niños pequeños sabe acerca del conteo? ¿Qué más pueden aprender?

Cambiando puntos de vista acerca del conteo

A mediados del siglo XX, las investigaciones de Piaget acerca de los números tuvieron una fuerte influencia sobre los puntos de vista de la matemática a temprana edad. Entre las múltiples influencias positivas hubo una apreciación por la participación activa de los niños en el aprendizaje, y la profundidad de las ideas matemáticas que ellos construían. Una influencia poco afortunada era que Piaget creía que contar no era significativo hasta que los niños pudieran tener *conservación* del número.

Por ejemplo, cuando se le pide a un niño de 4 años de edad que tome el mismo número de "dulces" que se le muestran, el niño podría utilizar una estrategia de correspondencia, como se indica en la Figura 3.1. Pero cuando se le muestran los objetos de forma extendida como en la Figura 3.2, el niño podría decir que ahora se tienen más objetos. Incluso pedirle al niño que cuente las dos colecciones no le ayudaría a determinar la respuesta correcta.

Figura 3.1 Después que un adulto haga la fila de "dulces" (de la parte inferior), y le pida al niño que tome el mismo número, el niño usa correspondencia 1-a-1.

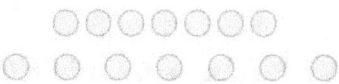

Figura 3.2 El adulto extiende sus "dulces" y el niño ahora dice que el adulto tiene más.

Los seguidores de Piaget creían que los niños necesitaban desarrollar la "lógica" subyacente a la conservación del número antes que el conteo pudiera ser algo significativo. Esta lógica está compuesta de dos tipos de conocimiento, el primero se refiere a la clasificación jerárquica, tal como saber que, si hay 12 cuentas de madera, 8 azules y 4 rojas, hay más cuentas de madera que cuentas azules. ¿Qué tiene eso que ver con el *número* y el conteo? Para entender el conteo, los seguidores de Piaget argumentaban: los niños deben entender que cada número *incluye* aquellos números que lo preceden, como se muestra en la Figura 3.3.

El segundo tipo de conocimiento lógico es la seriación. Los niños tienen que producir apropiadamente tanto los nombres de los números en secuencia como la secuencia misma de los objetos que ellos cuentan, de modo que puedan contar cada objeto exactamente una vez (lo cual no es una tarea fácil para los niños pequeños cuando se les enfrenta a un grupo de objetos desorganizados). Además, los niños deben entender que cada número contado es *cuantitativamente* uno más que el anterior, como se muestra en la Figura 3.4.

Estas dos nociones tienen bastante razón en sus argumentos. Los niños deben aprender estas ideas para entender los números muy bien. Sin embargo, *los niños aprenden bastante acerca del conteo y de los números antes de dominar estas ideas*. Y, de hecho, en lugar de necesitar estas ideas antes que el conteo sea significativo, contar podría ayudarles a los niños a dar sentido a las ideas lógicas. Esto quiere decir, que el *conteo puede ayudar a* **desarrollar** *el conocimiento de la clasificación y la seriación* (Clements, 1984).

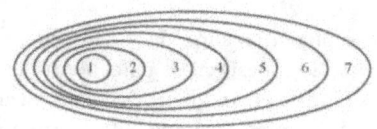

Figura 3.3 Inclusión jerárquica de los números (cardinalidad, o propiedad de "cuántos hay").

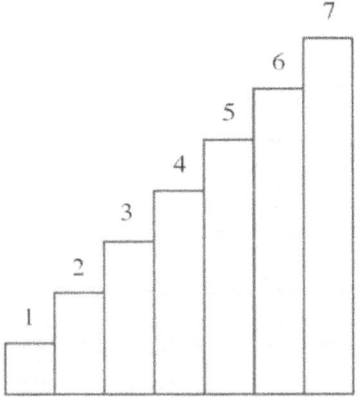

Figura 3.4 La propiedad ordinal, o de secuencia, de los números.

Conteo verbal

Las matemáticas del conteo verbal

Aunque el conteo de números pequeños es universal en las culturas humanas, el conteo de números grandes requiere un *sistema* para mantener el registro. Nuestro sistema de numeración Hindú-Arábico se basa en dos ideas (Wu, 2007). Primero, hay únicamente diez símbolos llamados *dígitos* (0, 1, 2, 3, 4, 5, 6, 7, 8, 9). Segundo, todos los números posibles de contar son creados usando esos diez dígitos en diferentes lugares – el concepto de valor posicional. Cualquier número, entonces es el producto del "marca" (dígito) y del "lugar"; por ejemplo, 1.926 es 1 *mil*, 9 *centenas*, 2 *decenas*, y 6 *unidades*. Cuando contamos, llegamos hasta 9, y luego indicamos el siguiente número con el dígito 1 en el lugar de las decenas y el digito 0 como un "marcador de posición" en el lugar de las unidades: 10. Luego recorremos los diez dígitos en el lugar de las unidades, del 10 al 19, y en ese punto agotamos los dígitos una vez más, entonces colocamos un 2 en el lugar de las decenas: 20. Luego, 21 significa que recorrimos el ciclo del 0 al 9 dos veces, de manera que sabemos que hemos contado 20 veces y una vez más.

Desarrollo del conteo verbal en los niños

Esta breve descripción matemática sugiere una razón por la cual utilizamos el término "conteo verbal" en lugar de "conteo mecánico." Existen otras razones. Sin el conteo verbal, el pensamiento *cuantitativo* no se desarrolla. Por ejemplo, los niños que pueden seguir un conteo iniciando con cualquier número son mejores en *todas* las tareas relacionadas con números. Los niños aprenden que a partir de los números, y su integración en un sistema, se obtiene orden y significado, y aprenden también un conjunto de relaciones y reglas que permite la generación, no memorización, de la secuencia apropiada.

Este tipo de aprendizaje ocurre con los años. Al comienzo los niños solo pueden decir algunos números en palabras, pero no necesariamente en secuencia. Luego, los niños aprenden a contar verbalmente utilizando siempre el mismo punto inicial y diciendo una *cadena* de palabras, incluso ellos aún no "oyen" las palabras del conteo como palabras separadas. Luego, ellos sí separan cada palabra de conteo y aprenden a contar hasta 10, luego hasta 20 y luego hasta números más grandes. Únicamente más tarde los niños pueden empezar a contar iniciando en cualquier número, a este nivel de aprendizaje nos referimos con el nombre de "Contador desde N (N+1, N-1)." Incluso más adelante, los niños aprenden a hacer saltos en el conteo y a contar hasta 100 y más. Finalmente, los niños aprenden a contar las palabras de números en sí mismas (ver Capítulo 4, "conteo ascendente").

Conteo de objetos

Como se mostró en el Capítulo 2, decir cuántos elementos hay en una configuración pequeña requiere experiencias en las cuales las configuraciones estén etiquetadas con una palabra número por parte de los adultos o de niños más grandes ("aquí hay dos bloques"), lo cual le permite a los niños construir un significado para las palabras que designan números, por ejemplo cuando se dice cuántos objetos hay. El aspecto cúspide del conocimiento numérico a temprana edad yace en conectar el conteo de objetos en una colección al número de objetos en dicha colección. Inicialmente, los niños pueden no saber cuántos objetos hay en una colección después de contarlos. Si se les pregunta cuántos objetos hay, normalmente tienen que contar de nuevo, como si la pregunta "¿cuántos hay?" fuera una directriz para contar, en lugar de una solicitud para saber cuántos elementos hay en una colección. Los niños deben aprender que la última palabra número que ellos mencionan al momento de contar se refiere al número de elementos que han contado.

Así, para contar un conjunto de objetos, los niños deben saber no solamente el conteo verbal sino que además deben aprender (a) a coordinar el conteo verbal con los objetos, ya sea señalándolos o moviéndolos y (b) que la última palabra del conteo nombra la cardinalidad del conjunto ("cuántos objetos se tienen"). Este proceso se ilustra en la Figura 3.5.

Dicho conteo es básico en diferentes formas. Este conteo es el método para cuantificar grupos más grandes que las pequeñas colecciones subitizables. Este conteo representa un bloque de construcción necesario para todo el trabajo que sigue con los números.

"uno...dos...tres...cuatro...cinco...seis...siete... ¡siete en total!"

Figura 3.5 el conteo de objetos incluyendo la correspondencia 1 a 1 y la cardinalidad ("los usos de cuántos hay").

Además, *el conteo es el primer algoritmo, el más básico y el más importante.* Es decir, casi todo lo demás en cuanto a números, álgebra y más allá, depende en alguna forma del conteo. ¿Por qué es el conteo un algoritmo? – una palabra utilizada usualmente para referirse a las maneras de representar y procesar la aritmética con números de varios dígitos (por ejemplo, "la adición de columnas") La razón es porque un algoritmo es un procedimiento pasó a paso que está garantizado para resolver una categoría de problemas específicos. El conteo es el primer procedimiento paso a paso que los niños aprenden para solucionar ciertos problemas – determinando cuántos elementos hay en un conjunto finito.

El tipo de colección más fácil de contar para niños de tres años de edad tiene únicamente unos pocos objetos organizados en una línea recta, los cuales se pueden tocar a medida que los niños realizan su conteo. Entre los 3 y los 5 años, los niños adquieren más habilidades a medida que practican el conteo, y la mayoría adquieren habilidades que les permiten enfrentar colecciones de números más grandes.

Hay muchas habilidades de conteo adicionales que los niños necesitan aprender. Los niños necesitan producir una colección de un número dado, esto significa, "contar uno a uno" un grupo. Para los adultos esto parece no ser más difícil que contar una colección. Sin embargo, para producir el 4, los niños tienen que hacer un seguimiento de la palabra número que están usando, y mantener una correspondencia 1 a 1, *y* comparar la palabra número que han dicho con el 4 en cada conteo. Antes que hayan alcanzado ese nivel de competencia, con frecuencia los niños siguen contando sin detenerse.

Después los niños aprenden a contar objetos en diferentes arreglos haciendo seguimiento a aquellos objetos que ya se han contado y a los que no. Eventualmente aprenden a contar colecciones sin necesidad de tocar o mover los objetos durante el acto del conteo. Los niños también aprenden rápidamente a decir cuántos objetos hay en una colección si se añade o se retira un objeto, contando hacia arriba o hacia abajo. Finalmente, los niños aprenden estrategias de conteo sofisticadas, tales como el conteo ascendente o descendente para resolver problemas aritméticos, los cuales se describen con mayor detalle en el Capítulo 4.

Cero

Alba, una niña de cinco años de edad, estaba cambiando la velocidad de los objetos que se movían en la pantalla del computador mediante el ingreso de comandos. El comando "SETSPEED" 100 causaba un movimiento más rápido. El comando "SETSPEED" 10 causaba un movimiento más lento. Alba intentó límites de velocidad tales como 55 y también velocidades muy lentas como 5 y 1. De repente, muy entusiasmada llamó a su amigo y luego a su profesor. El visitante Seymour Papert y el profesor estaban confundidos. ¿Qué era emocionante? No estaba sucediendo nada.

Ellos se dieron cuenta que "nada" estaba sucediendo. ¡Cero! Ella había ingresado el comando "SETSPEED" 0 y el objeto se detuvo. Alba comentó que el objeto se "movía" pero que su velocidad era 0. ¡Cero era un número! No "ninguno" o "nada" sino un número real. Papert concluyó que tal descubrimiento se encuentra en el corazón del aprendizaje de las matemáticas. Esta historia también revela que cero *no es* un concepto obvio. Este concepto fue inventado por la gente mucho después de los números para el conteo. Sin embargo, incluso los niños menores de 3 o 4 años de edad pueden aprender a usar el cero para representar la ausencia de objetos.

Los niños piensan en el cero de diferentes formas y construyen reglas especiales para explicar este número excepcional. Los mismos atributos que hacen que el cero sea difícil, podrían hacerlo servir para favorecer el desarrollo de las matemáticas en los niños. El cero puede jugar un papel especial en el incremento del conocimiento algebraico de los números en los niños. Debido a que los niños deben ser conscientes de las reglas del cero, estas experiencias pueden ayudar a construir las bases para la creación de reglas generalizadas en las estructuras de la aritmética.

Durante la cena, un padre le preguntó a su hijo de segundo grado qué había aprendido en la escuela.

> Hijo: aprendí que si multiplicas o divides por cero, la respuesta siempre es cero.
> Padre: ¿cuál sería la respuesta si multiplicas dos por cero?
> Hijo: cero.
> Padre: ¿cuál si divides dos por cero?
> Hijo: cero.
> Padre: ¿cuánto es dos dividido dos?
> Hijo: uno.
> Padre: ¿cuánto es dos dividido uno? ¿Cuántos unos hay en dos?
> Hijo: Dos.
> Padre: ¿cuánto es dos dividido por un medio? ¿Cuántos medios hay en dos?
> Hijo: Cuatro.
> Padre: ¿cuánto es dos dividido por un cuarto?
> Hijo: ocho.
> Padre: ¿Qué crees que está sucediendo a medida que dividimos por números más cercanos al cero?

Hijo: La respuesta es cada vez más grande.
Padre: ¿qué piensas de la idea que dos dividido en cero sea cero?
Hijo: No es correcto. ¿Cuál es la respuesta?
Padre: Parece que no hay una respuesta. ¿Qué piensas?
Hijo: Papi, ¿la respuesta no sería infinito?
Padre: ¿Dónde aprendiste acerca del infinito?
Hijo: De Buzz Lightyear.

(Adaptado de Gadanidis, Hoogland, Jarvis, & Scheffel, 2003)

Resumen

El conocimiento numérico a temprana edad incluye cuatro aspectos *interrelacionados* (entre otros): reconocer y nombrar cuántos elementos hay en una configuración pequeña (reconocimiento de números pequeños y, cuando se hace rápidamente, subitización), aprender los nombres y eventualmente la lista ordenada de las palabras que designan números hasta diez y más, enumerar los objetos (es decir, enunciar las palabras número en correspondencia con los objetos) y entender que la última palabra número que se nombra en el conteo se refiere a cuántos objetos han sido contados. Los niños aprenden estos aspectos, a menudo de forma separada y mediante diferentes tipos de experiencias, pero gradualmente los van conectando durante los años de preescolar (cf. Linnell & Fluck, 2001). Por ejemplo, los niños muy pequeños podrían aprender a enfocarse en el concepto de número en grupos pequeños y, por separado, aprender el conteo verbal, mientras que enumeran estos y otros grupos (inicialmente sin una correspondencia precisa) como una cadena verbal. A medida que estas habilidades aumentan, ellos se motivan a utilizarlas y dichas habilidades se interrelacionan cada vez más, donde el reconocimiento motiva el conteo verbal y también construye una habilidad de subitización que apoya las habilidades del conteo de objetos como la correspondencia y la cardinalidad (Eimeren, MacMillan, & Ansari, 2007). La destreza en el conteo de objetos va a motivar y apoyar habilidades más avanzadas de subitización conceptual y perceptiva. Cada uno de estos aspectos comienza con los números más pequeños y gradualmente va incluyendo números más grandes. Además, cada aspecto incluye niveles de desarrollo significativos. Por ejemplo, el reconocimiento de números pequeños pasa del reconocimiento no verbal de uno o dos objetos, al reconocimiento rápido y discriminación de uno a cuatro objetos, de allí a la subitización conceptual de grupos (compuestos) más grandes. A medida que la habilidad de los niños para subitizar aumenta, pasando de patrones perceptivos a conceptuales, así mismo aumenta su habilidad para contar y hacer operaciones sobre colecciones, de lo perceptivo a lo conceptual.

Experiencia y educación

Muchos profesores de niños (en su primera infancia) que trabajan con varias edades, desde los niños muy pequeños hasta los niños de primer grado y grados superiores, subestiman la habilidad que tienen los niños para realizar conteos, y para aprender más acerca del conteo. Con demasiada frecuencia, los niños aprenden muy poco o nada acerca del conteo desde preescolar hasta el primer grado. Los libros de texto "introducen" habilidades de conteo que los niños ya poseen y dedican un tiempo considerable a un solo número, como el 3, eventualmente pasando al 4, y luego al 5...usualmente descuidando los números mayores a 10. Las investigaciones sugieren múltiples alternativas positivas.

El Conteo verbal. El conteo verbal inicial implica aprender la lista de palabras que designan números, la cual hasta el 10, y usualmente hasta el 20, es una lista arbitraria para los hablantes de cierta lengua con pocos patrones sobresalientes (Fuson, 1992a) – inicialmente, una "canción para entonar" (Ginsburg, 1077). Los niños aprenden al menos una parte de esta lista como lo hacen con el lenguaje general o con el abecedario. Así, las rimas y las canciones pueden jugar cierto papel, aunque la atención debería enfocarse en separar las palabras unas de otras y en entender cada una como una palabra de conteo (por ejemplo, algunos niños inicialmente etiquetan dos elementos con las dos sílabas de "sie-te"). Más allá de esto, los patrones y estructura del conteo verbal se deberían enfatizar facilitando a los niños pequeños el acceso a la base 10, al valor posicional y a la estructura de los nombres de los números (Miller, Smith, Zhu, & Zhang, 1995). La familiarización de los niños de Estados Unidos y otros países de América, con los números arábigos a una edad más temprana que la actual podría ayudar a compensar. Además, los reportes anecdóticos del conteo con las palabras en inglés (por ejemplo) y las traducciones al inglés de las estructuras del este asiático ("diez-uno, diez-dos...dos-dieces, dos-dieces-uno, dos dieces dos...") son llamativos. La meta es ayudar a los niños a asociar una sola cifra con los términos de la decena, tanto para facilitar la secuencia de conteo como para mitigar los efectos potencialmente perjudiciales en los sistemas de creencias de los niños en caso tal que ellos experimentan estas tareas matemáticas iniciales como confusas y arbitrarias, las cuales requieren principalmente memorización (Fuson, 1992a).

Si los niños cometen errores, haga énfasis en la importancia de la exactitud y motive a los estudiantes a contar lenta y cuidadosamente (Baroody, 1996). Invite a los niños a contar con usted. Luego pídales que lo hagan (la misma tarea de nuevo) solos. Si es necesario, haga que el niño lo imite, número por número. "Dime cada número después que yo lo diga." "Uno" (pausa). Si los niños no responden, repita "uno" y luego pídales que digan "uno." Si los niños dicen "dos" entonces diga "tres" y continúe, permítales imitarlo o continúe con el conteo. Si los niños aún continúan equivocándose cuando cuentan solos, resalte esto como un ejercicio especial de "calentamiento" para todos los días.

Finalmente, reemplace el nombre equivocado "conteo mecánico" por la frase "conteo verbal." El conteo verbal debe ser significativo y debe ser parte de un *sistema* de números incluso para los niños más pequeños (Pollio & Whitacre, 1970).

El lenguaje previo al conteo de objetos. Las palabras que designan números juegan un papel en la denominación de colecciones muy pequeñas (recordar la subitización en el Capítulo 2) y también orientan a los niños a atender los aspectos numéricos de las situaciones. Estas palabras llevan al número a un sentido consciente. Por ejemplo, una niña estaba sentada con su perro mientras otro perro pasaba por el jardín. Ella dijo, "¡dos perritos!" luego le pidió a su mamá que le diera "dos golosinas" y entonces le dio una a cada perro. En otro ejemplo, el reconocido investigador Grayson Wheatley estaba interactuando con un niño de 4 años de edad con fichas de dominó. El niño construía y creaba formas con las fichas pero no prestaba atención al número de puntos. Wheatley comenzó a hablar a medida que colocaba las piezas juntas, diciendo, "estas dos van juntas porque hay tres puntos en cada una." Después de hacer esto por un momento mientras continuaba construyendo figuras, el niño empezó a prestar atención a los puntos y juntó fichas que tenían el mismo número de puntos. Él tuvo un comienzo en la abstracción del número tres. Las investigaciones sugieren contar con múltiples experiencias de este tipo antes de centrar la atención en el conteo de objetos.

La Subitización y el conteo. Cuando se trata de desarrollar los conceptos de subitización, trate de conectar las experiencias de forma consciente con el conteo y la subitización. Los niños pequeños podrían usar la subitización perceptiva para elaborar unidades de conteo y para construir ideas iniciales de cardinalidad. Por ejemplo, sus primeros significados cardinales para las palabras que designan números podrían ser etiquetas para conjuntos pequeños de objetos subitizados, aún si ellos contaron primero los conjuntos (Fuson, 1992b; Steffe, Thompson, & Richards, 1982).

Utilice muchas formas para vincular los objetos de conteo al reconocimiento de los números por parte de los niños en colecciones pequeñas. Una estrategia de demostración efectiva hace énfasis en que el conteo dice "cuántos objetos hay" (tomado de Clements & Sarama, 2007a): con cuatro fichas en su mano y sin ser vistas por los niños, pídales a los niños que le ayuden a contar para descubrir cuántas fichas tiene escondidas. Retire una ficha con la otra mano, colocándola en frente de los niños de manera que la vean y se enfoquen en ella. Haga énfasis en que el número de conteo, uno, dice cuántas fichas hay. Repita el procedimiento hasta que haya contado todos los cuatro objetos. Ahora muestre sus manos vacías. Pregúnteles a los niños cuántas fichas había en total. Se debe estar de acuerdo en que hay cuatro; contamos y hay cuatro. Repita este ejercicio con nuevos objetos y un nuevo número; además, haga que los niños realicen el conteo verbal con usted. Fíjese en que los niños escuchan cada palabra de conteo (ordinal) a medida que se enuncia en la enumeración mientras observan la colección correspondiente que contiene dicho número de objetos. Otra técnica sería pedirles a los niños que cuenten una colección que ellos puedan subitizar. Luego agregue o retire un objeto y haga que los niños cuenten de nuevo.

Los niños pueden utilizar la subitización perceptiva, el conteo, y las habilidades de identificar patrones para desarrollar la subitización conceptual. Esta habilidad más avanzada para agrupar y cuantificar conjuntos rápidamente a su vez apoya el desarrollo del sentido numérico y las habilidades aritméticas. Una estudiante de primer grado nos explica el proceso. Viendo un patrón de 3 por 3 puntos, inmediatamente dice "nueve." Al preguntarle como lo hizo, responde, "cuando tenía cuatro años de edad y estaba en la guardería, todo lo que hacía era contar así, 1, 2, 3, 4, 5, 6, 7, 8, 9, yo lo sabía de memoria y seguí haciéndolo hasta que cumplí cinco años. Luego no deje de saber lo que era el 9, usted sabe. Exactamente como esto [señalando el arreglo de nueve puntos]" (Ginsburg, 1977, p.16).

Conteo de objetos. Por supuesto que los niños también necesitan una experiencia sustancial contando junto con otros y contando por sí mismos. El conteo de objetos conlleva una práctica considerable para poderlo coordinar y puede ser facilitado haciendo que los niños toquen los objetos a medida que cuentan y además mediante el conteo de objetos organizados en una fila. Sin embargo, los niños también están bien preparados para tal coordinación, especialmente si se les introduce el ritmo, aunque deben concentrarse y esforzarse para lograr una coordinación continua a lo largo de todo el esfuerzo que supone dicho conteo. Este esfuerzo aumenta su precisión notablemente (Fuson, 1988), y pedirle a los niños que "disminuyan la velocidad" y "se esfuercen por contar bien" podría ser la primera intervención que se puede usar cuando se observa algún error en el conteo. Los padres y algunos profesores podrían disuadir a los niños para que no señalen los objetos, o asumir que cuando los niños usan la correspondencia en tareas simples, ellos no necesitan ayuda utilizándola en tareas más complejas (Linnell & Fluck, 2001). Sin embargo, los errores aumentan cuando el acto de indicar es la fijación visual y esos errores podrían ser interiorizados. Por lo tanto permita – y motive a los padres a que permitan – que los niños señalen los objetos y promueva esta estrategia como otra intervención temprana cuando se observen errores en el conteo (Fuson, 1988, 1992a; Linnell & Fluck 2001). Fomente en los niños con dificultades especiales, tales como problemas en el aprendizaje, el trabajo lento y cuidadoso y motívelos para que muevan los objetos hacia una nueva ubicación (Baroody, 1996).

La cardinalidad es uno de los aspectos con mayor frecuencia descuidados en la enseñanza de la formación en el conteo y su función podría no ser apreciada explícitamente por los padres o profesores (Linnell & Fluck, 2001). Utilice la estrategia de demostración anteriormente explicada, que fue diseñada para enfatizar la conexión ordinal-cardinal en diferentes formas. Además, al observar los niños, los profesores frecuentemente se sienten satisfechos con una enumeración precisa y no le preguntan a los niños "¿cuántos hay?" justo después de la enumeración. Utilice esta pregunta para evaluar y para agilizar en los niños la transición del conteo a lo cardinal. Trate de entender las conceptualizaciones de los niños y los beneficios de discutir el conteo con sus propósitos y de crear oportunidades que requieran conteo tanto para situaciones generadas por los adultos como para las situaciones de los niños.

Para desarrollar estos conceptos y habilidades los niños necesitan una amplia experiencia en contextos donde sea necesario saber, "cuántos objetos hay." Los padres podrían preguntar, "¿cuántos hay?," pero solo como una solicitud para enumerar, no para abordar la transición conteo-cardinalidad (Fluck, 1995; Fluck & Henderson, 1996). En lugar de hacer esto, actividades como las de la Tabla 3.1 enfatizan el valor cardinal de la colección contada. Las actividades exigen que se conozca la cardinalidad, y algunas de ellas esconden los objetos de modo tal que la solicitud de decir "cuántos hay" no pueda ser malinterpretada como una solicitud para contar la colección de nuevo.

Pídales a los niños que consigan tres galletas, que consiga tantos pitillos como niños hay en la mesa, y así sucesivamente. Estas situaciones destacan el sentido de pluralidad, una meta cardinal particular y la actividad de conteo. De esta forma, la mayoría de las actividades de conteo deberían enfatizar la situación y la metaobjetivo, y el resultado cardinal del conteo, no solo la actividad de contar (Steffe & Cobb, 1988, personal communication).

Un estudio indicó que el conteo colaborativo, en el cual parejas de niños de kínder contaron 1 conjunto de materiales, contribuyó al progreso cognitivo individual permitiendo una expansión del rango y sofisticación de las estrategias de los niños, tales como una conciencia explícita elevada de la necesidad de realizar un seguimiento de los actos de conteo de cada uno al momento de contar los elementos de una colección escondida (Wiegel, 1988). Una característica importante de las tareas era que estaban diseñadas sobre progresiones de desarrollo del conteo basadas en la investigación (Steffe & Cobb, 1988).

Sophian evaluó un plan de estudios, con respecto a la información de sus investigaciones previas, que estaba diseñado para facilitar en los niños el desarrollo de la conciencia con respecto a las unidades que se están contando, debido a que una sólida comprensión de las unidades representa una base conceptual para el aprendizaje de las matemáticas más adelante. Derivado de una perspectiva de medición (Davidov, 1975), las actividades destacaron que el resultado numérico que obtenemos del conteo o de otras operaciones de medición dependerá de nuestra elección de una unidad y que las unidades de cierto tipo se pueden combinar para formar unidades de más alto orden o pueden ser descompuestas para formar unidades de orden más bajo. Los resultados fueron estadísticamente significativos, pero modestos (Sophian, 2004b).

Las investigaciones de campo (Baroody, 1996) y del proyecto del plan de estudios llamado *los Bloques de Construcción*, sugieren que las siguientes estrategias de enseñanza son útiles cuando los niños cometen errores. Ver Cuadro 1.

La Enseñanza del cero. La educación puede hacer la diferencia en el aprendizaje del cero en los niños. Por ejemplo, un preescolar de una universidad, comparado con otros, incrementó el desarrollo de las ideas acerca del cero del niño equivalentes a un año completo de progreso (Wellman & Miller, 1986). Debido a que las situaciones y problemas relacionadas con el cero son a menudo resueltas de distintas maneras por los niños pequeños (Evans, 1983), el uso específico del término "cero" y del símbolo "0," conectados al desarrollo del concepto – discuta el conocimiento de la palabra-real de la "nada" – debería comenzar muy temprano.

Las actividades podrían incluir el conteo regresivo hasta el cero, el nombramiento de colecciones con cero (un momento para motivar las trivialidades, tales como el número de elefantes en un salón), la sustracción de objetos concretos para producir dichas colecciones y las discusiones acerca del cero como el número entero más pequeño (entero no negativo). Eventualmente, tales actividades pueden conducir a una simple regla generalizada, como agregar cero no cambia el valor, y además a una integración de su conocimiento del cero con el conocimiento de otros números.

Lenguaje, números y conteo de objetos. La subitización y el conteo se basan en la aplicación sostenida y cuidadosa de las palabras que designan números. Es muy útil observar muchos ejemplos (y contraejemplos) del mismo número que difieran en todos los aspectos excepto en la numerosidad. (Baroody et al., 2006).

De igual forma, la utilización de los *numerales* ("1" o "4") ayuda significativamente a los niños a desarrollar los conceptos de número. Los niños deberían comenzar a utilizar las representaciones escritas de los números a la edad de 3 años o antes, o a más tardar a los 6 años, dependiendo de los ambientes familiar y pre-escolar. (Baroody et al., 2005). El número y los juegos numéricos tales como "Tarros" son motivantes para los niños y enfatizan las representaciones de los números. Se pone un número diferente de objetos en cada uno de 4 tarros cubiertos, los cuales están en desorden. El niño tiene que encontrar el tarro con el número de objetos que el profesor diga. Poco tiempo después de la introducción del juego, el profesor agrega un nuevo aspecto: los niños pueden escribir en notas adhesivas para ayudarse a sí mismos a encontrar el tarro correcto (Hughes, 1986). Los niños pueden utilizar representaciones icónicas o, mejor, numerales.

De hecho, varios planes de estudio utilizan juegos de diferentes tipos para desarrollar las habilidades de conteo en los niños más pequeños (ver Capítulo 15). Los niños a partir de los 3 años de edad pueden practicar estos juegos satisfactoriamente con sus compañeros después que un adulto les haya enseñado a jugar (Curtis, 2005). La formación en el conteo y el nombramiento de los números puede ayudar a los niños a transferir su conocimiento a otras áreas, tales como la adición y la sustracción, pero podría no transferirse a otras habilidades tales como la comparación (Malofeeva, Day, Saco, Young, & Ciancio, 2004). Por lo tanto, incluya juegos como "carreras" y otras actividades en su trayectoria de aprendizaje del conteo (ver también Capítulo 4).

Cuadro 1: Enseñanza de estrategias para errores de conteo específicos

Errores uno-a-uno (incluye errores asociados al registro de los objetos que se han contado).

- Enfatice en la importancia de la precisión y anime a los niños a contar lenta y cuidadosamente para "contar cada elemento exactamente una vez."
- Cuando sea relevante, explique una estrategia de registro. Si se quiere y es posible el movimiento de los objetos en la actividad, sugiera la estrategia de mover los

elementos a un lugar diferente. De no ser así, explique haciendo un plan verbal, como "ir de arriba-abajo. Comiencen desde arriba y cuente cada uno" – luego se realiza el plan junto con los niños.
- Si los niños regresan y re-cuentan los objetos (p. ej, en un arreglo circular): (a) Deténgase y dígales que ya contaron ese elemento. Sugiérales que comiencen en uno objeto que puedan recordar (P. ej, uno en la "cima" o en "la esquina" o "el azul" – cualquier cosa que tenga sentido en la actividad; si no hay un identificador, resalte uno de los elementos de alguna manera). (b) Pídales a los niños que hagan clic en los elementos a medida que cuentan en la actividad de computador llamada "Contador de la Cocina" (ver Tabla 3.1), lo cual permite resaltar el objeto marcándolo. Si los niños hacen clic en un elemento resaltado, el personaje del juego inmediatamente le dice al jugador que ese elemento ya fue contado.

Errores de cardinalidad ("La Regla de Cuántos Hay")

- Pídales a los niños que re-cuenten.
- Demuestre la regla de la Cardinalidad en la colección. Es decir, cuente la colección, señalando cada elemento, luego acompañar con gestos a todos los elementos diciendo "Cinco en total."
- Demuestre la regla de la cardinalidad en una colección pequeña (subitizable) sobre un arreglo fácilmente reconocible (ver las actividades de tipo Imágenes Instantáneas en el Capítulo 2).

Errores de cardinalidad (Tareas de producción – Saber cuando detenerse):

- Recuérdeles a los niños el número objetivo y pídales que re-cuenten.
- Cuente la colección, diga que no es el número solicitado, y pídales a los niños que lo intenten de nuevo.
- Si hay unos pocos, cuente la colección existente rápidamente y pídales a los niños que coloquen otro objeto, diciendo "y ahora tenemos – "cuando esto se haya hecho. Permita que los niños agreguen más de un objeto siempre y cuando dicha adición no exceda un total.
- Si hay muchos, pídales a los niños que retiren uno o más elementos, y luego re-cuenten. Entonces, cuente la colección existente rápidamente y diga, "Hay muchos. Retiren algunos objetos y entonces ahora tenemos_."
- Demuestre.

Secuencia guiada para conteo (cuando los anteriores no son suficientes):

- Pídales a los niños que cuenten en voz alta a medida que señalan cada objeto. Sugiera una estrategia de registro si es necesario.
- Si aún hay errores después de esto, diga, "Cuenta conmigo" y nombre la estrategia de registro que usted ejemplificará. Haga que los niños señalen cada elemento y digan la palabra de conteo correcta, guiando a los niños a lo largo del conteo.
- Demuestre la regla de la cardinalidad – Repita el último número de conteo, acompañe todos los elementos con gestos en un movimiento circular y diga, "esa es la cantidad que hay en total." Para las actividades de "Contador hasta…," enfatice el número objetivo diciendo, "[¡Cinco!]. ¡Eso era lo que queríamos!."

> **Conteo por Saltos**
>
> - Diga, "Inténtalo de nuevo" y recuérdeles el número objetivo
> - Diga, "Cuenta conmigo. Cuenta de [diez en diez]." [Si está contando elementos, mueva la cantidad apropiada con cada conteo].
> - Diga "Cuenta de [diez en diez] así: [demuestre]. Ahora cuenta conmigo."

Las actividades en el computador son otro enfoque efectivo. Después de presentar los numerales con juegos parecidos a "Tarros," las actividades para computador de *Bloques de Construcción* a menudo requieren que los niños respondan a ciertas preguntas haciendo clic en un numeral (los numerales se escriben en "tarjetas" que inicialmente están representadas por cuadros de cinco y diez puntos), o requieren que los niños lean un numeral para saber qué tamaño de colección construir. Los niños que utilizaron estas y otras actividades superaron el desempeño de los grupos de comparación a quienes también se les habían enseñado los numerales (Clements & Sarama, 2007c). Para los niños de kínder y otros niños mayores, el uso de las actividades de Logo tiene un efecto facilitador similar en el uso de los numerales, incluyendo su conexión a los conceptos cuantitativos (Clements, Battista, & Sarama, 2001; Clements & Meredith, 1993).

Existen cuatro características significativas, en términos pedagógicos, de estas actividades. Primero, los símbolos tienen un significado cuantitativo que los niños entienden, y construyen conocimiento sobre representaciones verbales. Segundo, inicialmente los niños crean sus propias representaciones. Tercero, los símbolos son útiles en el contexto de la actividad. Cuarto, los niños pueden hacer interpretaciones de la situación hacia el símbolo y de nuevo regresar a la situación.

Los numerales escritos pueden jugar un papel valioso al momento de enfocar a los niños en la representación y reflexión sobre los números. El uso de símbolos con su respectivo entendimiento podría tener un impacto en los conceptos de número mediante su función al momento de proporcionar un modelo cognitivo común que facilite la comunicación con respecto a los números, especialmente entre los niños pequeños y la gente mayor, y posiblemente al convertirse en parte del modelo cognitivo de los números en el niño (Munn, 1988; sin embargo, observe que Munn privilegia los símbolos escritos, restándole importancia a las palabras verbales como símbolos). Sin embargo, los niños probablemente deberían tener suficiente experiencia con situaciones concretas y solución de problemas verbales con operaciones numéricas, tales como la adición y la sustracción, antes de confiar en los símbolos como única herramienta de comunicación. Los usos informales, pausados y significativos en pre kínder son más efectivos que los métodos escolares tradicionales, los cuales conllevan a enfoques de procedimiento con un menor significado cuantitativo (Munn, 1998).

Por lo tanto, ayude a los niños a conectar los símbolos verbales con los escritos de manera explícita, y también a conectar dichos símbolos con situaciones cuantitativas sensoriales concretas (ver también Capítulo16). Motive a los niños a utilizar los numerales como símbolos *de* situaciones y símbolos *para* el razonamiento. El énfasis siempre debe estar en pensar matemáticamente, utilizando símbolos para pensar de esta forma cuando sea apropiado.

Trayectoria de aprendizaje para el conteo

La trayectoria de aprendizaje para el conteo es más compleja que la trayectoria para la subitización del Capítulo 2. Primero, hay muchos avances conceptuales y de habilidades que hacen que los niveles sean más complicados. Segundo, existen *subtrayectorias* dentro del conteo. Por ejemplo, tres subtrayectorias para el conteo incluyen conteo verbal, conteo de objetos y estrategias de conteo. Estas estrategias están relacionadas pero se pueden desarrollar parcialmente de manera independiente. La mayoría tienen que ver con el conteo de objetos (y por lo tanto no tienen más etiquetas), pero aquellas que principalmente son habilidades de conteo verbal son etiquetadas como "*Verbales*," y aquellas que tienden a comenzar principalmente como habilidades verbales pero que también pueden ser aplicadas a situaciones de conteo de objetos son etiquetadas como "*Verbales y de Objeto.*" Aquellas etiquetadas como "*Estrategias*" son particularmente importantes en el fortalecimiento de las habilidades aritméticas, y llegan a integrarse cada vez más (incluso a ser idénticas) a las estrategias aritméticas descritas en el Capítulo 5.

Por lo tanto, es clara la importancia que tienen el objetivo (*la meta*) de incrementar la habilidad en los niños para contar verbalmente, para contar objetos significativamente, y aprender estrategias de conteo cada vez más sofisticadas (ver Figura 3.6). Con esta meta, la Tabla 3.1 proporciona los dos componentes adicionales de la trayectoria de aprendizaje, la progresión del desarrollo y las tareas instructivas (observe que las edades en todas las Tablas de trayectorias de aprendizaje son únicamente aproximadas, especialmente porque la edad de adquisición del conocimiento usualmente depende en gran medida de la experiencia).

Pre – K

Número y operaciones: **Desarrollar un entendimiento de los números naturales, incluyendo conceptos de correspondencia, conteo, cardinalidad y comparación**

Los niños desarrollan un entendimiento de los significados de los números naturales y reconocen el número de objetos en grupos pequeños… mediante el conteo – el primer y más básico algoritmo matemático. Ellos entienden que las palabras de los números se refieren a la cantidad. Utilizan la correspondencia uno-a-uno… en el conteo de objetos hasta 10 y más. Entienden que la última palabra que ellos dicen en el conteo expresa, "cuántos objetos" han contado para determinar montos de números y comparar cantidades (utilizando expresiones como "mayor que" y "menor que")

Kínder

Número y operaciones: **representación, comparación y orden de los números naturales, y unión y separación de conjuntos**

Los niños utilizan números, incluyendo numerales escritos, para representar cantidades y para resolver problemas cuantitativos, tales como el conteo de objetos en un conjunto, la creación de un conjunto con un número dado de objetos... Ellos escogen, combinan y aplican estrategias efectivas para responder preguntas cuantitativas, incluyendo...el conteo y la producción de conjuntos de tamaños dados, el conteo de un número en conjuntos combinados, y el conteo regresivo.

Grado 1

Número, operaciones y álgebra: **desarrollar la comprensión de la adición y la sustracción y estrategias para los hechos de adición básica y hechos de substracción relacionados**

Los niños desarrollan estrategias para sumar y restar números naturales sobre la base de su trabajo previo con números pequeños... los niños entienden las conexiones entre el conteo y las operaciones de suma y resta (ejemplo, agregar 2 es lo mismo que contar de dos en dos).

Número y operaciones: **Desarrollar la comprensión de las relaciones entre números naturales, incluyendo agrupaciones por decenas y unidades**

Los niños... comprenden el orden secuencial del conteo de números y sus magnitudes relativas y representan números en una recta numérica.

Grado 2

Número, operaciones y álgebra: **Desarrollo de un entendimiento del sistema de numeración en base diez y conceptos de valor posicional**

El entendimiento de la numeración en base diez por parte de los niños incluye ideas de conteo en unidades y en múltiplos de centenas, decenas y unidades...

Los niños desarrollan estrategias para la suma y la resta de números naturales con base en su trabajo previo con números pequeños... Los niños entienden las conexiones entre el conteo y las operaciones de adición y sustracción (ejemplo, agregar 2 es lo mismo que contar de dos en dos).

Número y operaciones: **Desarrollar la comprensión de las relaciones entre números naturales, incluyendo agrupaciones por decenas y unidades**

Los niños... comprenden el orden secuencial de los números de conteo y sus magnitudes relativas y representan los números en una recta numérica.

Figura 3.6 Puntos focales del currículo (NCTM, 2006) énfasis en el conteo en los primeros años.[1]

Tabla 3.1 Una trayectoria de aprendizaje para conteo

Edad (años)	Progresión del desarrollo	Tareas instructivas
1	**El Pre-Contador** (*Verbal*) Conteo no verbal. Expresa algunos nombres de números sin secuencia alguna. **El Corista** (*Verbal*) Repita "canciones-informales" o algunas veces palabras de números difíciles de diferenciar.	Asocia las nombres de números con las cantidades (observe los niveles iniciales de "reconocimiento de números y subitización visual de cantidades," trayectoria de aprendizaje en el Capítulo 2) y como componentes de la secuencia de conteo. Repita la experiencia con la secuencia de conteo en varios contextos.
2	**El Recitador** (*Verbal*) Cuenta verbalmente con nombres de números en forma separada, no necesariamente en el orden correcto después de "cinco" "uno, dos, tres, cuatro, cinco, siete." Coloca objetos, acciones y palabras en la relación, muchos a uno (edad 1;8) o en la relación fuerte uno –a-uno (Edad 1); Correspondencia (edad 2:6). Contar dos objetos "dos, dos, dos." Si conoce más palabras que designan números que el número de objetos, las recita rápidamente hasta el final. Si hay más objetos que las palabras que designan números que conoce, reutiliza palabras que designan números (agota rigurosamente	Genere experiencias repetidas y frecuentes con la secuencia de conteo en varios contextos. En *"Contar y Competir"* los estudiantes cuentan verbalmente al mismo tiempo con el computador (hasta 50) adicionando carros a una pista de carreras uno a uno. 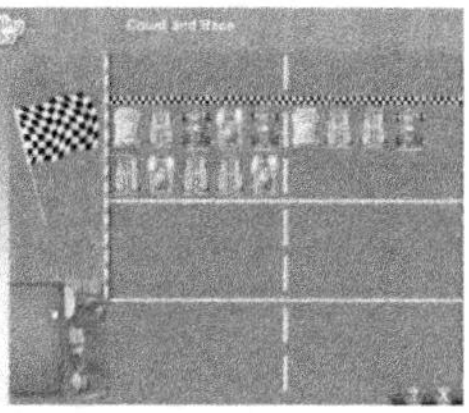

Edad (años)	Progresión del desarrollo	Tareas instructivas
	el listado).	
3	**El Recitador (10)** *(Verbal)* Cuenta verbalmente hasta 10, con *algo* de correspondencia con los objetos, pero es posible que continúe una correspondencia muy rígida, o que muestre errores en la ejecución (Ej., saltos, doble conteo). Al "producir," es posible que puede dar la cantidad de objetos deseado. "uno [señala al primero], dos [señala al segundo], tres [comienza a señalar], cuatro [termina de dar la cantidad de señalar, pero aún señala el tercer objeto], cinco,…nueve, diez, once, doce, 'quinte', quince…" Cuando se le pregunta por 5, cuenta 3, diciendo "uno, dos, cinco."	*"Contar y Mover"* permite que todos los niños cuenten de 1–10 o hasta número adecuado, efectuando movimientos en cada cuenta. Por ejemplo, diga "uno" [tóquese la cabeza], "dos" [tóquese los hombros], tres [tóquese la cabeza].
	El Correspondador Mantiene correspondencias uno-a-uno entre nombres de números de conteo y objetos (cada nombre para cada objeto), por lo menos para grupos pequeños de objetos puestos en fila. ▫ ▫ ▫ ▫ "1, 2, 3, 4" Es posible que conteste a la pregunta "¿cuántos?" re-contando los objetos, o no respetando la asociación 1–1 o el orden de los nombres de los números para hacer que el último nombre de número sea aquel deseado o predicho.	*"Contar y Mover"* también desarrolla esta competencia. En *"Contador en la Cocina"* los estudiantes hacen clic en los objetos uno a uno a medida que el video presenta los números de 1 a 10. Por ejemplo, hacen clic en las porciones de comida y se toma un mordisco a medida que se cuenta. 

Edad (años)	Progresión del desarrollo	Tareas instructivas
4	**El Contador (Números Pequeños)** Cuenta objetos en fila hasta 5 con precisión y responde la pregunta "cuántos" con el último número contado. Cuando los objetos son visibles, y especialmente con números pequeños, comienza a entender el concepto de cardinal. ☐ ☐ ☐ ☐ "1, 2, 3, 4… ¡cuatro!"	*"Cubos en la Caja"* hace que el niño cuente un conjunto de cubos pequeño. Póngalos en la caja y tápelos. Después pregúntele al niño cuántos cubos están escondidos. Si el niño está listo, haga que escriba el numeral. Saque los cubos de la caja y cuéntelos con el niño para revisar. En *"Juego de Pizzas 2"* estudiantes cuentan objetos hasta 5, poniendo ciertos ingredientes en una pizza hasta cumplir con el número objetivo. 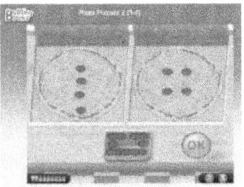 *"Juego de Pizzas Exploración Libre"* estudiantes exploran contando y relacionando temas numéricos con la adición de ingredientes a la pizza. ¡Proponer a los niños desafíos y proyectos! Pida a un niño dar un modelo para que otro lo copie, etc.  *"¿Qué Color se Perdió?"* En grupos pequeños asignar a cada niño un color diferente, haga que cada uno elija 5 lápices de ese color, una vez que comprueben entre sí, colocar sus lápices en una gran caja. Escoja un niño para que sea el *"ratón sigiloso."* Con sus ojos cerrados el ratón sigiloso tomo secretamente uno de los lápices

Edad (años)	Progresión del desarrollo	Tareas instructivas
		y lo esconde. Los otros niños contarán sus lápices para saber cuál fue el color que escondió el ratón.
		En *"Carrera de Conteo"* los estudiantes identifican cantidades de números (desde 1 hasta 5) en un dado (juego de mesa físico) o en un marco de puntos (versión de computador) y avanzan un número correspondiente de espacios en un juego de mesa.
		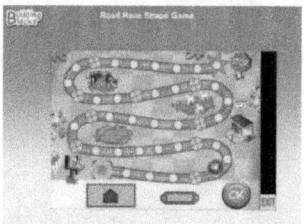
		En *"Carreras"* los estudiantes identifican números de las caras (3, 4, o 5) de un polígono y avanzan un correspondiente número de espacios en un juego de mesa
		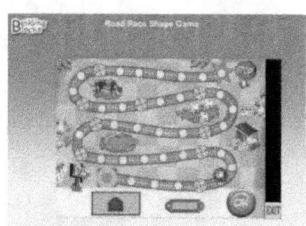
4	**El Contador (10)** Cuenta arreglos de objetos hasta 10. Es posible escribir numerales para representar 1–10. Cuenta de manera precisa una fila de 9 bloques y dice que hay 9. Puede estar en capacidad de decir el número justo antes o	*"Contando Torres" (hasta 10)*. Un día antes leer *"Shape Space,"* de Cathryn Falwell. Pregunte qué formas funcionan bien en qué parte de una torre (por ejemplo si "¿el bloque puntudo triangular hace una buena base?". Establecer estaciones con diferentes objetos para apilar. Anime a los niños. Para que apilen tantos como

Edad (años)	Progresión del desarrollo	Tareas instructivas
	justo después de otro número, pero solamente cuanto comienza a contar desde 1. ¿Qué sigue después de 4? "1, 2, 3, 4, 5. ¡5!" El conteo verbal hasta 20 esta desarrollándose.	ellos puedan y a contarlos para ver cuántos se apilan.  O, leer el libro "Mi libro de contar" de Mitsumasa Anno. Preguntar a los niños si cuentan los bloques que pueden apilar en la torre. Haga que los niños construyan una torre tan alta como ellos puedan. Pídales a ellos estimar cuántos bloques hay en la torre. Cuente con ellos, antes de derribar la torre. Después los niños cambian de estación. *"Tarro para Contar"* contiene un número específico de objetos para que los niños cuenten sin tocar dichos objetos. Use el mismo tarro todo el año cambiando el reducido número de objetos semanalmente. Haga que los niños vacíen el tarro para contar los objetos. *"Construir Escaleras 1"* los estudiantes adicionan escalones a una base en forma de escalera para alcanzar cierta altura. 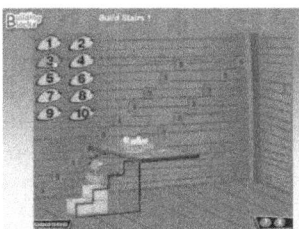 *"Tienda de Dinosaurios 1"* los estudiantes identifican el numeral que representa un número dado de dinosaurios

Edad (años)	Progresión del desarrollo	Tareas instructivas

dentro de un marco de números.

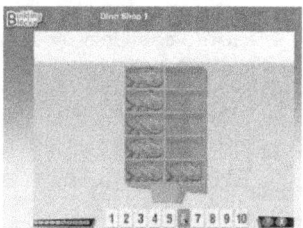

"Tienda de Dinosaurios Exploración Libre" Los estudiantes exploran contando y relacionando tópicos numéricos con objetos de la fiesta que colocan en la mesa. ¡Proponer a los niños desafíos y proyectos! Pida a un niño dar un modelo para que otro lo copie, etc.

"Memoria Numérica 1" mediante el conteo de cartas los estudiantes forman parejas de cartas de números (cada carta tiene un numeral y su respectivo conjunto de puntos) en el marco de un juego de cartas de "Concentración."

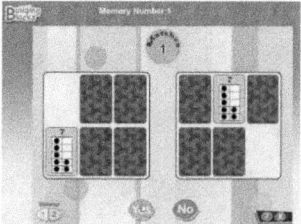

"Carrera de la Línea Numérica"

El Aprendizaje y la Enseñanza de las Matemáticas a Temprana Edad

Edad (años)	Progresión del desarrollo	Tareas instructivas
		Proporcionar a los estudiantes líneas numéricas de diferente color. El jugador 1 lanza el dado y pregunta al banquero por la cantidad del dado. El banquero da el número. El jugador 1 colocara las fichas en orden a lo largo de la líneas numérica mientras cuenta. Luego el jugador moverá su ficha a lo largo de los contadores, contando en voz alta de nuevo, hasta que la ficha este en el último contador. Eventualmente se le preguntará a los niños, quien esta más cercano a la meta y cómo lo supieron.
		En *"Antes y Después,"* los estudiantes identifican y seleccionan números que están o justo antes o justo después del número en cuestión.

4	**El Productor (Números Pequeños)** Cuenta objetos uno a uno hasta 5. Reconoce que el conteo es relevante en situaciones en las cuales cierto número debe ser reconocido. Produce un grupo de 4 objetos.	*"Conteo de Movimientos"* Mientras se está esperando en momentos de transición, haga que los niños cuenten cuántas veces usted salta o aplaude, o hace cualquier otro movimiento. Después, haga que los niños repitan los mismos movimientos el mismo número de veces. Inicialmente, cuente las acciones con los niños. Después, haga los movimientos pero esta vez explicando y dando un modelo de cómo se puede contar mentalmente. Los niños que entiendan el número de movimientos se detendrán, mientras que los otros seguirán haciendo los movimientos.

Edad (años)	Progresión del desarrollo	Tareas instructivas
		En *"Juego de Pizzas 3"* los estudiantes le ponen ingredientes a una pizza (hasta 5) para igualar los numerales en cuestión. 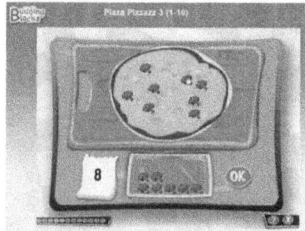 En *"Juego de Pizzas/Galletas 1"* los niños juegan en parejas. El jugador 1 lanza un cubo de números, y coloca la cantidad indicada de ingredientes (fichas) sobre su plato. El jugador Uno le pregunta al jugador Dos, "¿estoy en lo correcto?" el jugador Dos debe estar de acuerdo en que el jugador Uno respondió correctamente. En este punto del juego, el jugador Uno pone las fichas en los espacios circulares para ingredientes de su pizza. Los jugadores se turnan hasta que todos los espacios en sus pizzas tienen ingredientes.  En *"Tren de los Numerales"* los estudiantes identifican numerales (1-5) en un cubo numeral (juego de mesa físico) o en la pantalla de un computador y avanzan un número correspondiente de espacios en un tablero de juego.

Edad (años)	Progresión del desarrollo	Tareas instructivas

En *Party Time 3* (*"Tiempo Para la Fiesta 3"*) los estudiantes colocaran objetos en una bandeja, o pantalla, que coincidan con el numeral de la tarjeta (hasta 10).

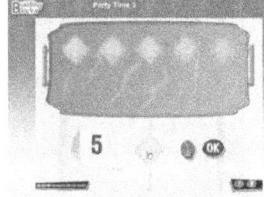 |
| 4 | **Contador y Productor (10+)** Cuenta y produce por conteo grupo de objetos de forma precisa hasta 10, después cantidades más altas (hasta 30). Tiene una comprensión explícito del cardinal (cómo los números determinan cantidad). Hace seguimiento a los objetos que han y no han sido contados, incluso en diferentes arreglos. Escribe y dibuja las representaciones 1 a 10 (posteriormente, 20, finalmente 30).

Cuenta un grupo disperso de 19 trozos manteniendo el conteo con el movimiento de separación de cada trozo contado.

Produce el siguiente número (usualmente hasta la decena | *"Torres de Conteo [más de 10]"* (lea las instrucciones básicas ya mencionadas) Con el objetivo de permitirle a los niños contar hasta 20 o más, haga que construyan torres con otros objetos (monedas por ejemplo). Los niños construyen una torre tan alta como puedan, poniendo más monedas, sin acomodar las monedas que ya estén en la torre. El objetivo es estimar y después contar para saber cuántas monedas hay en la torre más alta. Para contar más alto, los niños deben elaborar "muros" de patrones. Ellos deben construir un muro bloque como patrón tan largo como sea posible. Esto les permite contar números más grandes

Alternativas:

1. Las parejas pueden jugar un juego en el que tengan turnos para colocar las monedas. |

Edad (años)	Progresión del desarrollo	Tareas instructivas
	20 – 30 o hasta la siguiente decena). Separa las decenas y las unidades de una palabra número, y comienza a relacionar cada parte de una palabra número/numeral con la cantidad a la cual éste se refiere. Reconoce los errores en los conteos de los otros *y* es capaz de eliminar la mayoría de los errores en su propio conteo (señalar - objeto) si se le pide que haga un esfuerzo mayor.	2. Usar un dado para determinar la cantidad de monedas que se deben poner en la torre. 3. Adoptar esta actividad para cualquier número de configuraciones, por ejemplo, cuántas latas de comida, como las de sopa, (u otro objeto pesado), repetir lo anterior con latas muy grandes y pequeñas, Con ayuda de tus instrucciones ellos también podrán intentar realizar una torre de latas. (ordenándolas por tamaño, con la parte más grande en la parte inferior). 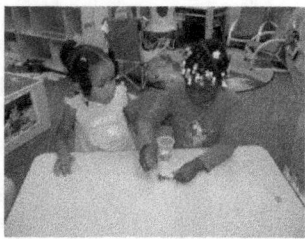 *"Salto Numérico con Numerales"* Tomar una tarjeta con numeral y pedir a los niños que digan el número correspondiente. Con los niños elegir un movimiento (como saltar, asentir con la cabeza, o aplaudir) para realizarlo el número de veces que diga el numeral. Repetir con otros numerales, asegurarse de usar el cero. *"Tienda de Dinosaurios 2"* Los niños depositan en una caja tantos dinosaurios como lo indica el numeral de la tarjeta que tomen. 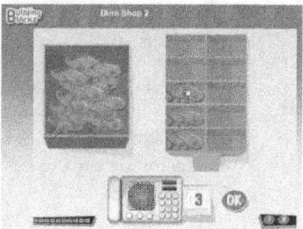 *"Mr. Mixup Counting"* Niños usan un

Edad (años)	Progresión del desarrollo	Tareas instructivas
		títere llamado MR. MIXUP (Señor Confundido). Explícale a los niños que Señor Confundido frecuentemente se equivoca. Pídele a los niños que ayuden a Señor Confundido a contar. Los niños lo escucharán, se darán cuenta del error y lo corregirán contando con él en la forma correcta. Hacer que Señor Confundido cometa errores como los siguientes, procurando seguir el orden en que se presentan: *Errores de conteo verbal* Error de orden (1,2,3,5,4,6,); Saltos numéricos (…,12, 14, 16,17); Repeticiones numéricas (…,4,5,6,7,7,8,9) *Errores de conteo de objetos* Errores de correspondencia uno a uno; Saltan objetos; Conteo/Señalización: Dicen una palabra numérica pero señalan dos objetos o viceversa (pero la señalización es 1-1 con los objetos); Señalización/Conteo: Se señala una vez pero se indica mas de un objeto o se señala mas de una vez a un mismo objeto (pero las palabras de conteo tienen relación 1-1 con la señalización). *Cardinalidad/ errores con el último número* Equivocaciones al decir el último número del conteo (por ejemplo cuentan tres objetos, contando "1, 2, 3,_corectamente pero después dicen- "hay 4"). *Saltos hacia atrás en lo que se ha contado* Doble conteo, devolviéndose y contando otra vez; Saltar objetos cuando cuentan objetos que no están en línea. *"Memoria Numérica 2"* Del Conteo a los numerales, los estudiantes hacen coincidir los objetos contados con tarjetas con numerales en puntos y con

Edad (años)	Progresión del desarrollo	Tareas instructivas
		tarjetas con numerales arábigos, en un juego de concentración sobre la pantalla del computador y fuera de ella. 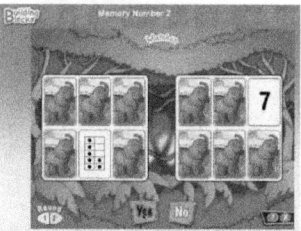 *"Memoria Numérica 3"* Del Conteo a los numerales, los estudiantes hacen coincidir, tarjetas que tienen la misma cantidad de puntos, pero diferentes arreglos. 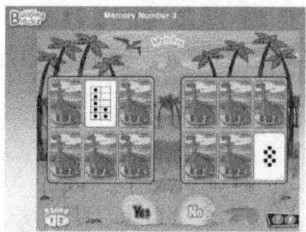
	Contador Regresivo desde 10 *(Verbal y Objeto)* Cuenta regresivamente desde 10 hasta 1 verbalmente, o al removiendo objetos de un grupo. "10, 9, 8, 7, 6, 5, 4, 3, 2, 1!"	*"Contar y Mover – Progresivo y Regresivo"* Los niños cuentan de uno a diez haciendo movimientos en cada conteo. Después, ellos cuentan a diez a cero. Por ejemplo, los niños empiezan agachados, luego se levantan poco a poco mientras van contando hasta 10. Después ellos regresan contando hasta cero (volviendo a su posición de agachados). *"Despegar"* Los niños inician de pie cuentan regresivamente desde 10, o un número apropiado, agachándose poco a poco en cada conteo, cuando alcancen el cero, saltan gritando. ¡"despegar"!

El Aprendizaje y la Enseñanza de las Matemáticas a Temprana Edad

Edad (años)	Progresión del desarrollo	Tareas instructivas
		"Locura Cuanta Atrás" Los estudiantes presionan numerales en un pantalla, mientras hacen un conteo regresivo de 10 a cero. 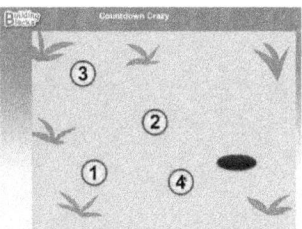
6	**Contador desde N (N+1, N-1)** (*Verbal y Objeto*) Cuenta verbalmente y con objetos desde números diferentes a 1 (pero no puede mantener el número de conteos). Si se le pide que "cuente de 5 a 8," cuenta "5, 6, 7, 8!" Determina inmediatamente los números justo antes o justo después. Si se le pregunta, "¿Qué va justo antes de 7?" contesta, "¡Seis!"	*"Uno Más"* Solicitar a los niños contar 2 objetos, adicionar uno, y preguntar "¿Cuántos hay?" Adicionar otro y volver a preguntar. (La primera vez contar desde 1 o 2). Adicionar otro más, y así, hasta contar hasta 10. Empezar de nuevo con otra cantidad de partida. Cuando los niños sean capaces advertirles , "¡Cuidado! Voy a adicionar más de uno algunas veces" algunas veces agregaré 2 y otras 3 al grupo. Si los niños parece requerir ayuda, realizar una estrategia de modelo con marionetas. "Hmmmm hay cuaaatro, y uno más es cinco, y uno más es seis, ¡seis! Eso es. *"Cuánto Hay Ahora en la Caja."* Acerca a los niños a contar los objetos que hay en una caja. Preguntarles ¿cuántos hay en la caja ahora? Adicionar uno y repetir la pregunta. Revisar si los niños responden contando todos los objetos. Cuando los niños son listos, pueden agregar dos objetos. Variaciones Colocar monedas en una late de café. Indicar que en la lata hay un número determinado de objetos. Hacer que los niños cierren los ojos y cuenten según el sonido de los objetos que caen en la

Edad (años)	Progresión del desarrollo	Tareas instructivas
		lata.
		Repita este tipo de actividad de conteo con una variedad de ajustes, adicionar varios objetos a la vez (de 0 a 3). Usar escenarios de historias con problemas, por ejemplo, tiburones comen peces pequeños, los niños puede ser los tiburones que comen pescados o galletas de la mesa de las meriendas), carro y camiones de juguete parqueados en una rampa de parqueo, un súper héroe lanzando bandidos a la cárcel, etc.
		"Estoy Pensando en un Número". Usar las tarjetas de contar y escoger un número secreto. Decirles a los niños que escondió una tarjeta con un número y pedirles que conjeturen cuál es. Cuando el niño acierte pedirle que muestre la tarjeta. Solo entonces decirles a los niños, si su conjetura es mayor o menor que el número secreto. Cuando los niños se empiecen a emocionar, preguntarles cómo hacen ellos sus conjeturas, por ejemplo: sabía que era 4 más que el número secreto y 2 dos menos que él, ¡así conjeture tres! Repita adicionando claves, tales como: su conjetura es dos más que mi número, hacer esta actividad con varias modificaciones.
		"Visión de Rayos X 2" (ver Capítulo 4)
		"Construir Escaleras 2. Los estudiantes identifican las pilas adecuadas de unidades cúbicas que llenan una serie de pasos de escaleras (fundamental para el conteo de N, N+1, N-1) construir escaleras en conexión con los primeros cubos.

Edad (años)	Progresión del desarrollo	Tareas instructivas
		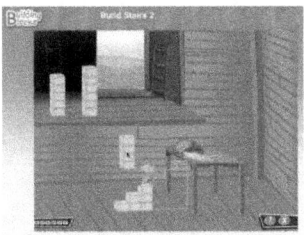 *"Construir Escaleras 3."* Construir escaleras de cubos omitiendo un escalón. El niño debe identificar el numeral que corresponde a la cantidad de cubos del escalón.
		 *"Mar a la Vista"* Los niños identifican una cantidad numérica contándola. Ellos avanzan un número de espacios sobre el tablero de juego, ese es uno más que el número de puntos de cinco y de dieces del marco. Jugar dentro y fuera del computador.
		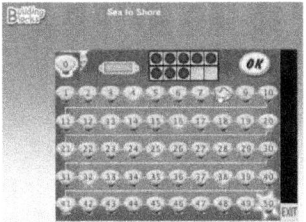
	Contador en Saltos de 10 hasta 100 *(Verbal y Objeto)* Cuenta de decena en decena con comprensión hasta 100 o más; Ej. "puede ver" los grupos de diez dentro de una	*"Tienda Escolar"* Los estudiantes cuentan de diez en diez hasta alcanzar el conteo de cien de una tarjeta.

Edad (años)	Progresión del desarrollo	Tareas instructivas
	cantidad y contar dichos grupos de diez en diez (esto se relaciona con la multiplicación y el pensamiento algebraico; ver Capítulos 7 y 13) "10, 20, 30... 100."	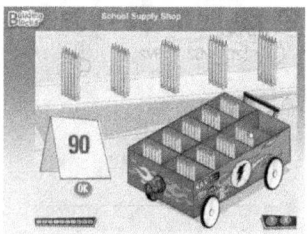
	Contador hasta 100 (*Verbal***)** Cuenta hasta 100. Hace transiciones entre decenas (Ej., de 29 a 30) comenzando en cualquier número. "...78, 79...<u>80</u>, 81..." **Contador Progresivo Usando Patrones** (*Estrategia*) Mantiene un registro de algunas acciones de conteo, únicamente cuando utiliza patrones numéricos (espacial, auditivo, o rítmico). "¿Cuánto es 3 más cinco?" El niño siente tres "pulsos" a medida que cuenta, "5... 6, 7, 8!"	*"Contando Todos los Días de Colegio"* Cada uno de los días de la escuela adicionar un numeral a la adición de la cinta de la maquina pegada a la pared, la cual deberá eventualmente envolver el aula de clase. Contar desde 1 cada día y agregar el numeral del día. Escribir los múltiplos de diez en rojo. Algunos días (por ejemplo en el día 33) contar solo los numerales rojos, 10, 20, 30, y continuar de uno a uno, 31,32,33. Contar los números rojos de dos formas. "diez, veinte, treinta, cuarenta, y algunas veces como un diez, dos dieces, tres dieces, cuatro dices. "¿Cuánto hay ahora en la caja?"(antes dar las indicaciones principales) *Sugerencias del profesor*. Asumir una posición de duda:, decir: ¿Cómo sabes eso? ¿No puedes ver eso? Hacer que los niños expliquen. *Nota al profesor*. Si ellos necesitan ayuda, sugerirles a los niños contar llevando un registro con sus dedos. *"Brillante Idea"* Los estudiantes reciben un número y unas tarjetas con puntos. Ellos cuentan desde el numeral para llegar a la cantidad total, mover entonces el número de espacios en el tablero hasta el correspondiente número.

Edad (años)	Progresión del desarrollo	Tareas instructivas
		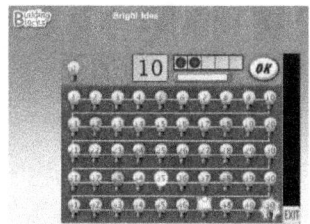
	Contador en Saltos (*Verbal y Objeto*) Cuenta con entendimiento en saltos de cinco y de dos. El niño cuenta objetos, "2, 4, 6, 8... 30."	*"Cuento en Saltos"* Usa el conteo de saltos para contar objetos, tales como pares de zapatos para saltos de dos, o de números de dedos en la clase para saltar de a cinco. *"Pilas de Libros"* Los estudiantes "cuentan desde" (pasando por la decena), a partir de un número dado, e conteo lo realizan al mismo tiempo que colocan libros en su carro de compras.

		"Reciclaje de Neumáticos" Los estudiantes cuentan objetos, de a cinco, de a diez, de a dos, hasta 40.
		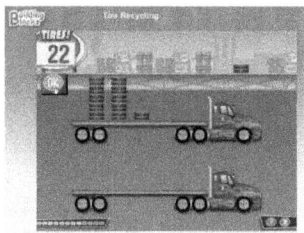
	Contador de Objetos Imaginarios Cuenta imágenes mentales de objetos	*Cuántos Objetos Escondidos?* Esconder algunos objetos, y decirles a los niños cuántos objetos están escondidos, y

Edad (años)	Progresión del desarrollo	Tareas instructivas
	ocultos. Si se le pregunta, "hay 5 trozos acá y 5 bajo la servilleta, ¿cuántos hay en total?" responde ciiiiinco... después señala la servilleta en cuatro lugares distintos, [esquinas de un cuadrado imaginario] diciendo "6, 7, 8, 9."	mostrar otros objetos. Preguntar cuánto hay en total.
	Contador Progresivo Manteniendo el Número de Conteos (*Estrategia*) Mantiene el número de conteos, primero con los objetos, después mediante el "conteo de conteos." Cuenta de 1 a 4 a partir de un número dado. ¿Cuánto es 3 más 6? "Seis... 7 [levanta un dedo], 8 [levanta otro dedo], 9 [levanta un tercer dedo], 9." ¿Cuánto es 8 si le quitamos 2? "Ocho... 7 es uno, y 6 es dos. 6."	*"Facilón."* En un (cualquier) tablero de juego, usando cubos con números, los estudiantes suman dos números para encontrar un número total (suma de 1 a 10) y luego avanzan un número correspondiente de espacios en el tablero de juego. El juego anima a los niños a "contar" a partir del mayor número (por ejemplo, añadir 3 + 4 que contarían "cuatro, ... 5, 6, 7). 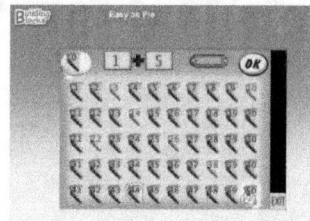 *Montones de Calcetines.* Los estudiantes adicionan dos números a la cantidad total encontrada (1 a 20) y mueven en el tablero el número de espacios correspondientes. El juego estimula a los niños a contar a partir de números grandes (ejemplo, para adicionar 2+9, ellos podrán contar nueve... 10, 11!.

El Aprendizaje y la Enseñanza de las Matemáticas a Temprana Edad

Edad (años)	Progresión del desarrollo	Tareas instructivas
		 *"Eggcellent."* Estudiantes usan estrategias para identificar cuál suma de 2 o 3 números les permite alcanzar el espacio final en el tablero con el menor número de movimientos. A menudo esto puede ser la suma de dos números grandes, pero otras combinaciones permiten alcanzar algo positivo o evitar un retroceso. 
	Contador de Unidades Cuantitativas / Valor Posicional Entiende el sistema de numeración en base 10 y el concepto de valor posicional, incluyendo ideas de conteo por unidades y múltiplos de centenas, decenas y unidades. Cuando cuenta grupos de 10, es capaz de descomponer en grupos de 10 si lo encuentra útil. Entiende el valor de un dígito de acuerdo a la posición del mismo dentro de un número. Cuenta en decenas y unidades para poder determinar.	*"Cuántos Huevos"* Usar huevos de plástico que se puedan romper por la mitad, mostrar el huevo entero y algunas mitades y preguntar cúantos hay. Repetir en el *"juego de la tienda"* variando con otros materiales (lápices, mitades de lápices), y así sucesivamente.

67

Edad (años)	Progresión del desarrollo	Tareas instructivas
	Cuenta unidades inusuales, tales como un "todo" cuando se le muestra combinaciones de todos y partes.	
	Cuando se le muestra 3 huevos plásticos enteros y 4 mitades, cuenta y dice que hay 5 huevos enteros.	
	Contador hasta 200 (*Verbal y Objeto*) Cuenta con precisión hasta 200 y más, reconociendo los patrones de unidades, decenas y centenas.	*"Contar los Días de Colegio"* Mira instrucciones del anterior actividad.
	"Después de 159 sigue 160 porque después de 5 decenas sigue 6 decenas."	
7	**Conservador de Número** Conserva el número de forma consistente (Ej., cree que el número no ha sido cambiado) incluso al enfrentar distracciones de tipo perceptivo tales como la dispersión de los objetos de una colección.	*"La Lombriz Astuta"* Contar una historia usando una lombriz y otros animales de juguete. La lombriz es astuta, y dice a los otros animales que ellos deben tomar la fila que tenga más porciones de comida, pero ella hace dos filas: una con menos porciones de comida pero con más distancia entre porciones de comida, y la otra con más porciones de comida pero con menos distancia entre de porciones. Preguntar a los niños como evadir las astucia.
	Cuenta 2 filas que están dispuestas una en frente de la otra y dice que son iguales. El adulto dispersa los objetos de una fila. Responde "Las dos aún tienen el mismo número de objetos, simplemente una es más larga que la otra."	
	Contador Progresivo y Regresivo (*Estrategia*) Cuenta "palabras de conteo" (secuencias unitarias o conteos con saltos) en cualquier dirección. Reconoce que las secuencias de decenas son un reflejo de las secuencias de unidades.	(Ver Capítulo 5 para más actividades para esta competencia) *"Matemáticas a Su Alcance"* Los estudiantes indentifican números (representan valores que son 10 más, 1 más, o 1 menos que el numeral presentado en una tarjeta), en los cientos de cartas, para revelar una

Edad (años)	Progresión del desarrollo	Tareas instructivas
	¿Cuánto es 4 menos que 63? "62 es 1, 61 es 2, 60 es 3, 59 es 4, entonces 59."	fotografía parcialmente oculta. 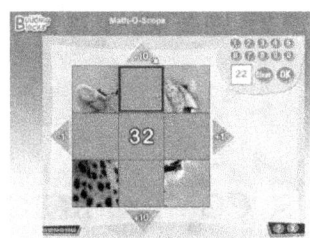
	¿Cuánto es 15 más 28? "2 decenas y una decena es 3 decenas. 38, 39, 40, y tres más, 43."	
	Pasa con facilidad de la visión de secuencia a la visión de composición de los números de múltiples dígitos.	*"Entender el Evento"* Estudiantes adicionan valores numéricos desde 1 hasta 10, con valores de cero a 99 para alcanzar un máximo de 100. Si ellos están "sobre" 33 y tienen un 8, ellos llegan a 41, y acceden a ese espacio, porque los espacios no están marcados con numerales, al menos hasta cuando ellos realicen el movimiento."
	Cuenta descendentemente desde 20 o más con significado.	
		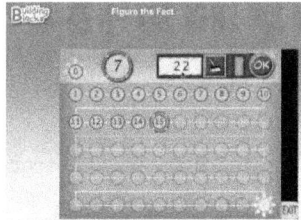

Palabras finales

El Capítulo 2 describió la subitización, y en este capítulo se describió el conteo. Estas son las formas principales que utilizan los niños para determinar el número de una colección de objetos. En muchas situaciones, ellos necesitan hacer más que esto. Por ejemplo, los niños podrían estar interesados en comparar dos números o en hacer la secuencia de muchos números. Este es el tema que abordamos en el Capítulo 4.

4 COMPARACIÓN, ORDEN Y ESTIMACIÓN

Jeremías y su hermana Juliana estaban discutiendo acerca de quién comería más postre. "Ella tiene más." Decía Jeremías "¡yo no!" decía Juliana, "tenemos lo mismo."

"No. Mira, yo tengo uno, dos, tres, cuatro y tú tienes uno, dos, tres, cuatro, cinco."

"Escucha Jeremías, una de mis galletas se rompió por la mitad, tú no puedes contar cada mitad, si tú cuentas pedazos entonces yo podría partir todas tus galletas por la mitad y así tendrías *muchas* más galletas que yo. Coloca las dos mitades juntas y cuenta de nuevo. Uno, dos, tres, cuatro, ¡cuatro! Tenemos lo mismo."

Juliana continuaba discutiendo que ella prefería de todas maneras una galleta completa en vez de las dos mitades, pero esa es otra historia. ¿Cuál de los "conteos" crees que fue mejor – el de Jeremías o el de Juliana – y por qué? ¿En qué situaciones deberías contar cosas separadas, y en qué situaciones podría dicho conteo llevarte por el camino equivocado?

El Capítulo 2 presentó la noción que existe acerca que los niños poseen o desarrollan cierta habilidad para comparar cantidades en el primer año de vida. Sin embargo, comparar con precisión en diversas situaciones puede llegar a ser un reto, especialmente en aquellas situaciones en las que la gente podría pensar en cantidades discretas (elementos contables) o en cantidades continuas (magnitudes que son divisibles tales como la cantidad de materia), como en el debate de las galletas de Jeremías y Juliana. En este capítulo, discutiremos los conceptos de comparación, orden, y estimación de cantidades discretas (los Capítulos 11 y 12 tratarán el tema de las cantidades continuas).

Comparación y equivalencia

Como vimos en el Capítulo 2, los niños ya en su primer año de vida, empiezan a construir relaciones de equivalencia entre conjuntos, posiblemente mediante el establecimiento de correspondencias de forma intuitiva. Esta habilidad se desarrolla considerablemente, especialmente a medida que los niños aprenden las palabras que designan números, la subitización, y el conteo. Por ejemplo, ellos pueden comparar colecciones de forma explícita ya a los 2 o 3 años de edad en ciertas condiciones cotidianas, pero únicamente se observan los inicios de esa competencia en las tareas asignadas por los profesores a los dos y medio y tres y medio años de edad. Ellos logran tener éxito en un amplio rango de tareas, tales como la tarea de conservación de número que se encuentra en la pp.19-20 del Capítulo 3, únicamente en la escuela primaria.

En las tareas de conservación de número, incluso el pedirle a un niño que cuente los 2 conjuntos, puede no ser de ayuda para determinar la respuesta correcta. O si los niños reparten elementos a 2 títeres, y el profesor cuenta uno por uno los elementos del conjunto 1, puede ser posible que los niños aún no sepan cuántos elementos tiene el otro títere. Esas tareas podrían abrumar su "memoria de trabajo" y los niños podrían no saber *cómo* usar el conteo en las comparaciones.

Orden y números ordinales

Las matemáticas de los números que ordenan y de los números ordinales

Ordenar los números es el proceso de determinar cuál de los dos números es "mayor que" el otro. Formalmente, dados dos números enteros a y b, b se define como mayor que a si, en el conteo (ver Capítulo 3) a precede a b. Una de las siguientes relaciones debe ser propia de cualquiera de estos dos números: $a = b$, $a < b$, o $b < a$. La igualdad, en este caso significa *equivalencia*, es decir no necesariamente "exactamente lo mismo" (algunas comparaciones son iguales en ese sentido, tales como $6 = 6$), sino igual en valor ($4 + 2$ es equivalente en valor a 6). Esta relación de equivalencia es *reflexiva* (algo que es igual a sí mismo, $x = x$), *simétrica* ($x = y$ significa que $y = x$), y *transitiva* (si $x = y$, y, $y = z$, entonces $x = z$).

También podemos definir (y pensar en) ordenar los números en una *recta numérica* – una línea en la cual los puntos están identificados unívocamente con los números. Esto genera un modelo geométrico-espacial para los números. Normalmente la recta numérica se construye con una línea recta horizontal, con un punto designado como cero. A la derecha del cero, los puntos equidistantes son etiquetados 1, 2, 3, 4..., tal como en una regla. Los números enteros se identifican con estos puntos (ver Figura 4.1). El segmento de recta de 0 a 1 se llama *segmento unidad* y el número 1 se llama la *unidad*. Una vez que se ha determinado esto, todos los números enteros están fijos sobre la recta (Wu, 2007).

Así, *a* < *b* también significa que el punto *a* en la recta numérica está a la izquierda de *b* tal y como definimos la recta numérica. Proposiciones tales como *a* < *b* y *b* > *a* se llaman *desigualdades*.

Cuando se utilizan números enteros para colocar los elementos en orden, o en una secuencia, se llaman *números ordinales*. A menudo utilizamos los términos ordinales "primero, segundo, tercero...," pero no siempre: una persona que es la "número 5" en una fila es etiquetada por una palabra que no es menos ordinal en su significado que las palabras "el quinto."

Ordenando números

Una chimpancé hembra llamada Ai ha aprendido a utilizar los numerales arábigos para representar números. Ella puede contar elementos desde 0 hasta 9, lo cual es algo que demuestra tocando el número apropiado en un monitor sensible al tacto, y además puede ordenar los números de 0 a 9 en secuencia (Kawai & Matsuzawa, 2000).

Ahora bien, la habilidad para secuenciar números ciertamente ¡no es demasiado avanzada en su desarrollo para los niños de preescolar!

Al relacionar a los números que ordenan con el conteo (ver Capítulo 3), podemos observar que si *a* y *b* son números enteros y *b* tiene más dígitos que *a*, entonces *a* < *b*. Si *a* y *b* tienen el mismo número de dígitos, entonces moviéndose sobre los dígitos desde la izquierda, si para el primer dígito en el cual ellos no coinciden, el dígito de *a* es < que el dígito de *b*, entonces *a* < *b* (Wu, 2007).

La habilidad para utilizar este de tipo de razonamiento se desarrolla a largo de varios años. Los niños desarrollan la habilidad para ordenar números mediante le aprendizaje de correspondencias de subitización, y del conteo. Por ejemplo los niños pueden responder preguntas como "¿cuál es mayor, 6 o 4? únicamente a la edad de 4 o 5 años. A diferencia de los niños de ingresos medios, los niños de 5 y 6 años de bajos ingresos podrían no estar en capacidad de decir cuál de dos números, como 6 u 8, es mayor, o cuál número, 6 o 2 está más cerca de 5 (Griffin, Case, & Siegler, 1994). Es posible que ellos no hayan desarrollado la representación de los números en la "recta numérica mental" al mismo nivel de sus compañeros aventajados. Todos, los niños deben aprender a razonar que si los conteos de dos colecciones son 9 y 7, respectivamente, la colección de 9 tiene más elementos porque el 9 viene después del 7 en la secuencia de conteo.

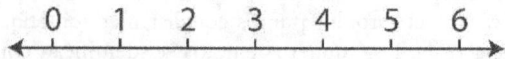

Figura 4.1 Una parte de una línea recta numérica.

Descubrir *cuántos* elementos *hay* de más que (o menos menos que) en una colección que en otra es más exigente que simplemente comparar dos colecciones para saber cuál de las colecciones tiene más elementos. Los niños tienen que entender que el número de elementos en la colección con menos ítems está contenido en el número de ítems de la colección con más elementos. Es decir, los niños tienen que construir mentalmente una "parte" de una colección más grande (equivalente a la colección más pequeña) que no está presente de forma visual. Luego, ellos tienen que determinar la "otra parte" o la colección más grande y descubrir cuántos elementos hay en esta "cantidad sobrante."

Números ordinales

Los números ordinales, frecuentemente (pero no necesariamente) involucran las palabras "primero, segundo..." para indicar la posición dentro de una serie o para indicar el orden. Como tal, los números ordinales tienen diferentes características (por ejemplo, su significado está conectado a la serie que describen). La mayoría de los niños en los programas de estudios tradicionales aprenden a temprana edad términos como "primero," "segundo" y "último," pero aprenden otros términos mucho más tarde.

Estimación

Una estimación no es solamente "adivinar" – es al menos, adivinar con formación matemática. La estimación es un proceso para resolver un problema en el que se pide una evaluación aproximada o tentativa de una cantidad. Hay muchos tipos de estimación, lo cual – junto con la confusión común entre estimar y "adivinar" (a menudo sin el más mínimo fundamento) – ha llevado a una enseñanza pobre de esta habilidad. Los tipos más comunes de estimación que se discuten son, la medición, la numerosidad y la estimación en el cómputo (Sowder, 1992a). La estimación de medidas se abordará en los Capítulos 11 y 12. La estimación en el cálculo estimativo se ha investigado ampliamente (ver Capítulo 6). La estimación en el cómputo ha sido la más ampliamente investigada (ver Capítulo 6). La estimación de numerosidad a menudo involucra procedimientos similares en muchas formas a los de estimación de medidas y de cómputo. Para estimar el número de personas dentro de un teatro, por ejemplo, una persona podría tomar un área de muestra, contar las personas en dicha área, y multiplicar por un estimado del número de tales áreas en el teatro. La estimación de numerosidad a temprana edad podría involucrar un procedimiento similar (por ejemplo, trate de "imaginar 10" en un frasco, luego cuente de diez en diez), o incluso una sola estimación directa basada en los puntos de referencia (10 "se parece a esto," 50 "se parece a eso"), o simplemente pura intuición. Otro tipo de estimación es la "estimación en la recta numérica"; por ejemplo, la habilidad para ubicar números en una recta numérica de longitud arbitraria, dado que los extremos están etiquetados (por ejemplo de 0 a 100). La habilidad para construir tal estructura mental parece ser de particular importancia para los niños pequeños, así que empezaremos con este tipo de estimación.

Estimación en la recta numérica

La habilidad para construir una "recta numérica mental" es una habilidad matemática importante. Tal habilidad apoya el desarrollo y desempeño de la aritmética, de la estimación, y de otros procesos matemáticos. La primera habilidad después de aprender una *lista* numérica mental podría ser la representación lineal de los números. Pero la mayoría de personas tienden a exagerar las distancias entre los números en el extremo inferior de una recta numérica dada – los números que son más familiares – y subestiman las distancias entre los números en el extremo superior. Así, en vez de representar números como en la recta numérica de la Figura 4.1, tienden a representarlos como se muestra en la Figura 4.2.

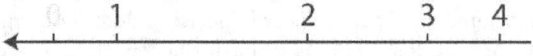

Figura 4.2 Los niños inician con representaciones internas de números más pequeños como "más lejos" de los números más grandes.

Mejorar la estimación de los niños en la recta numérica podría tener un gran efecto positivo en su representación de los números, y por lo tanto en el conocimiento de los mismos. Además, las estimaciones de los niños de preescolar provenientes de familias de bajos recursos revelan un menor entendimiento de las magnitudes numéricas que aquel mostrado por los niños provenientes de familias con mejores ingresos económicos. Así, facilitar el aprendizaje de la estimación en la recta numérica por parte de los niños de bajos recursos es de particular importancia.

Estimación de numerosidades

Los niños pueden subitizar (Capítulo 2) y contar (Capítulo 3), entonces ¿pueden estimar el número de objetos en una colección? Sorprendentemente, no muy bien. Es posible que los niños necesiten aprender este tipo de habilidades fundamentales de una buena manera, y entonces construyan imágenes mentales tanto de los números como de ciertas colecciones "de referencia" (por ejemplo, la forma como se ve una colección de 10 objetos) para llevar a cabo una estimación de numerosidad con precisión.

Experiencia y educación

Comparación de números

Los niños pequeños necesitan aprender acerca de la importancia de los resultados del conteo. Para ayudarlos a generalizar, proporcione una variedad de tareas significativas y situaciones en las que el conteo sea una estrategia relevante y además en las que se deban realizar inferencias. Estimule a los niños a contar en estas situaciones de comparación y luego *verifique* que el conteo efectivamente conduce a los juicios acertados.

Por supuesto, los niños también deben darse cuenta cómo se utiliza el conteo para comparar el número de objetos en dos colecciones. Los niños deben estar en capacidad de pensar, "conté 6 círculos y 5 cuadrados, así que hay más círculos, porque cuando contamos, el 6 está después del 5." Para hacer esto, los niños también deben comprender que cada número de conteo es cuantitativamente uno más que el anterior (recuerde el nivel correspondiente al "Contador desde N (N+1, N-1)" en el Capítulo 3).

El lenguaje, aún en situaciones supuestamente "simples," puede ser sorprendentemente complejo, pero – bien utilizado – también puede ser un apoyo para el aprendizaje. A una niña de 5 años de edad se le dijo que tenía 7 centavos y se le preguntó qué podría comprar con este dinero (Lansdell, 1999). Después, ella utilizó la frase "uno más," lo que significa que un elemento que cuesta 8 centavos representaba "uno más" de lo que ella tenía. Luego, para un elemento que cuesta un centavo menos, ella dijo que tenía "uno más menos." Ella pensó que podría comprar ese elemento (por 6 centavos) con sus 7 centavos. El profesor le dijo que tuviera los 7 centavos y la niña pensó que estaba bien, que ella podría comprar ese elemento. Luego el profesor introdujo el término *cambio*: "te sobraría una moneda de 1 centavo, ¿no es así? Un centavo de cambio. Eso sería bueno…" Después el profesor le preguntó acerca de una compra de 5 centavos, y la niña dijo, "tendría dos centavos de cambio."

Al día siguiente, ella estaba confundida con la terminología, pero no con el concepto. El profesor le corrigió el uso del lenguaje, confirmando la precisión de sus cálculos, pero reflejando el uso correcto del lenguaje. Muy poco tiempo después, el término *cambio* era utilizado para referirse al cambio de centavos por otras monedas. Sorprendentemente, la niña aún era capaz de utilizar la palabra *cambio* correctamente y con más confianza.

El investigador afirmó que el diálogo informal y el lenguaje eran los aspectos más importantes de estas interacciones, pero la aclaración o introducción de la terminología matemática también fue importante (Lansdell, 1999). Muchos de los términos matemáticos podrían ser ambiguos, usualmente debido a que estos términos no tienen significados matemáticos, y las preguntas cerradas de los profesores y las sentencias directas ayudaron a los niños a ponerse de acuerdo sobre determinados significados matemáticos nuevos. Adicionalmente, las preguntas abiertas ayudaron al profesor a comprender los significados y conceptos de los niños.

Así, como profesores, necesitamos ser conscientes de aquellas palabras potencialmente ambiguas. Debemos presentar nuevas palabras y significados después que los conceptos hayan sido entendidos, y a la vez, debemos ser cuidadosos y consistentes en nuestro uso de las palabras. Para hacer esto, debemos observar el uso que hacen los niños de estas palabras, construir a partir del propio lenguaje de los niños, y negociar los nuevos significados a través de experiencias prácticas (Lansdell, 1999).

El orden y los números ordinales

Las palabras de los números ordinales son potencialmente más confusas que las palabras del conteo verbal, y las dos series a menudo son difíciles de relacionar. Las experiencias repetidas con actividades cotidianas son fáciles de implementar, tales como definir quién es el primero, el segundo, el tercero… al momento de hacer una fila. También, discuta explícitamente las correspondencias y planee actividades que sugieran tales conexiones. Por ejemplo en el plan de estudios de los *Bloques de Construcción* (Clements & Sarama, 2007c), los niños construyen y etiquetan las escaleras con cubos conectores y, en el computador, lo hacen con cuadrados y numerales. Los niños además insertan los escalones que hacen falta. Estas actividades animan a los niños a darse cuenta que el segundo escalón es el número 2 y así sucesivamente. Las evaluaciones acumulativas revelaron efectos significativos en la comprensión y en las habilidades de los niños con respecto a las relaciones de los números ordinales y las secuencias.

Los niños también pueden aprender acerca de las relaciones ordinales observando las consecuencias de añadir o retirar objetos (Cooper, 1984; Sophian & Adams, 1987). Esto sugiere múltiples experiencias sumando y restando números pequeños (especialmente adiciones y sustracciones repetidas del 1). Para los niños con dificultades, incluyendo aquellos con problemas de aprendizaje, las analogías son muy útiles. Por ejemplo si los niños no pueden identificar cuál de dos colecciones es mayor, relacione los números con las edades de los niños, por ejemplo: ¿quién es mayor, Jaime que tiene 7 años o Sofía que tiene 5?

Finalmente, experiencias como estas ayudan a los niños a entender y practicar la conservación de los números. Sorprendentemente, la diversidad de las estrategias también tipifica el enfoque de los niños hacia esta tarea (Siegler, 1995). Este estudio incluyó 3 condiciones de entrenamiento: retroalimentación acerca de la precisión, retroalimentación con solicitud de justificación del razonamiento del participante, y retroalimentación con solicitud de justificación del razonamiento del *investigador*. Este último, fue el más efectivo (aunque el orden de la retroalimentación y la explicación no resultó ser el correcto, debido a que, en la última condición, se observaba la perspectiva del otro y se explicaba una respuesta correcta). Los niños utilizaron múltiples tipos de explicaciones, y aquellos que explicaron las razones del investigador dieron una variedad más amplia de justificaciones que aquellos que explicaron sus propias razones. De nuevo, los beneficios de la verbalización y la diversidad de estrategias fueron evidentes.

Estimación en la recta numérica

Hacer que los niños ubiquen numerales en una recta numérica puede ser útil para los niños de primer y segundo grado, pero puede ser confuso para los niños más pequeños. Practicar juegos de mesa ("carreras" o "race") puede desarrollar todas las habilidades de los niños para hacer estimaciones en la recta numérica, y además para ordenar magnitudes, contar y reconocer numerales. Motive a los padres a practicar también estos juegos en casa.

Los juegos de mesa pueden ser útiles porque proporcionan múltiples pistas (claves) tanto para el orden de los números como para sus magnitudes (Siegler & Booth, 2004). En este tipo de juegos, cuanto más grande sea el número dentro de un cuadrado, más grande es la distancia que el niño ha recorrido con su ficha, el número de movimientos discretos que el niño ha realizado, el número de palabras de conteo que el niño ha pronunciado, y la cantidad de tiempo que ha transcurrido desde el inicio del juego.

Es importante observar que la construcción del sentido de número a través de la estimación de la recta numérica *no es lo mismo que tener a los niños trabajando con "rectas numéricas"* o que solucionen problemas utilizando rectas numéricas. Ese modelo es de hecho difícil de usar para los niños, quizás porque ellos se confunden con la representación dual del número como un punto y como una distancia (o vector) (Gagatsis & Elia, 2004).

Estimación de numerosidad

Aunque algunos sostienen que es exitoso promover la estimación de numerosidad a través de actividades, los efectos limitados de otros sugieren ser más precavidos al dedicar mucho tiempo a estas actividades en los primeros años escolares. Cada espacio de tiempo que se brinda, probablemente en los grados de primaria, es mejor que aprovecharlo siguiendo varios lineamientos. Primero, asegúrese que se han desarrollado bien las habilidades de subitización, conteo y especialmente de estimación en la recta numérica. Las habilidades de subitización deben estar desarrolladas al menos en números pequeños, y las habilidades de conteo y estimación en la recta numérica deben estar desarrolladas al menos incluyendo los números que se van a estimar. Segundo, ayude a los niños a desarrollar y comprender bien los puntos (cantidades) de referencia. De nuevo, las referencias podrían ser desarrolladas de forma beneficial en las tareas de estimación con la recta numérica inicialmente, y luego ser extendidas (las referencias) para incluir imágenes de colecciones de objetos de los tamaños en cuestión. Tercero, dentro de una unidad instructiva corta, esté atento a que el desarrollo ocurra más en el interior de un nivel de la trayectoria de aprendizaje.

Trayectorias de aprendizaje para comparar, ordenar y estimar números

La trayectoria de aprendizaje para comparar, ordenar y estimar números, al igual que la trayectoria de conteo, es compleja debido a que tiene muchos avances en cuanto a los conceptos y las habilidades y, de forma más obvia, debido a que existen *subtrayectorias* para cada subdominio.

La importancia de las *metas* para este dominio es clara cuando se trata de comparar, ordenar, y tener en cuenta al menos algunos aspectos de la estimación. La Figura 4.3 muestra el lugar donde aparecen estas metas dentro de los *Puntos Centrales de Currículo* del NCTM. Con esas metas, la Tabla 4.1 muestra los dos componentes adicionales de la trayectoria de aprendizaje, la progresión del desarrollo y las tareas instructivas. (Observe que las edades en todas las Tablas de trayectorias de aprendizaje son aproximadas, especialmente porque usualmente la edad de adquisición depende bastante de la experiencia).

Pre kínder

Número y operaciones: Desarrollo de la comprensión de los números enteros, incluyendo los conceptos de correspondencia, conteo, cardinalidad y comparación.

Los niños... utilizan la correspondencia uno-a-uno para solucionar problemas mediante el emparejamiento de conjuntos y la comparación de cantidades numéricas...ellos cuentan para determinar la cantidad numéricamente y comparar cuantitativamente (utilizando lenguaje como "más que" y "menos que") y ordenan los conjuntos de acuerdo al número de objetos que contienen.

Kínder

Número y operaciones: Representación, comparación y ordenamiento de los números enteros, unión y separación de conjuntos

Los niños utilizan los números, incluyendo numerales escritos, para representar cantidades y solucionar problemas cuantitativos, tales como comparar y ordenar conjuntos o numerales.

Grado 1

Número y operaciones: Desarrollo de la comprensión de las relaciones entre los números enteros, incluyendo agrupaciones en decenas y unidades

Los niños comparan y ordenan los números enteros (al menos hasta 100) para desarrollar su comprensión de y solucionar problemas relacionados con los tamaños relativos de dichos números...ellos comprenden el orden secuencial de los números del conteo de los números y sus magnitudes relativas, y representan los números en una recta numérica.

Grado 2

Número, operaciones y álgebra: desarrollo de la comprensión del sistema de numeración en base diez y conceptos del valor de la posición

Los niños desarrollan un entendimiento del sistema de numeración en base diez y conceptos de valor posicional (al menos hasta 1000). Su comprensión de la numeración en base diez incluye ideas del conteo en unidades y en múltiplos de centenas, decenas y unidades, así como una comprensión de las relaciones numéricas, las cuales ellos demuestran de varias de formas, incluyendo comparación y ordenamiento de los números.

Figura 4.3 Puntos Centrales del Currículo (NCTM, 2006). Énfasis en comparación, orden, y estimación de números en los primeros años.

Tabla 4.1 Trayectoria de aprendizaje para comparación, ordenamiento y estimación de números

Edad (años)	Progresión del desarrollo	Tareas instructivas
0 – 1	**Correspondedor Muchos-a-Uno** *Comparación* Pone objetos, palabras, o acciones en correspondencia uno a uno, uno a muchos o como una mezcla de los dos tipos de correspondencia. Pone una cantidad de bloques considerable en cada tarro de pastelillos	Brinde un ambiente rico sensorialmente para la manipulación incluyendo objetos que provoquen la correspondencia.
2	**Correspondedor Uno-a-Uno** *Comparación* Pone objetos en correspondencia rígida uno-a-uno (edad 2;0). Usa palabras para incluir "mas," "menos" o "lo mismo" Pone un bloque en cada tarro de pastelillos, pero le molesta que algunos	Brinde objetos que provoque la correspondencia precisa uno- a –uno (Por ejemplo, La caja de cartón de los huevos y los huevos de plástico deben encajar exactamente). Discuta las correspondencias que el niños hace o podría hacer. ¿ "Cada muñeca tiene un bloque en donde sentarse"?

Edad (años)	Progresión del desarrollo	Tareas instructivas
	bloques sobren, entonces busca más tarros para poner hasta el último bloque dentro de algo.	
	Implícitamente sensible a la relación "mayor que/menor que" cuando se trata de números pequeños (de 1 a 2 años de edad).	
	Correspondedor de Objetos *Comparación* Pone objetos en correspondencia uno-a-uno, pese a no entender totalmente que esto genera grupos iguales (edad 2;8).	Brinde un tablero o rompecabezas de formas simples en los cuales cada forma se ubica dentro del espacio correspondiente de este. *Conseguir sólo lo necesario para relacionarlo.* Los niños consiguen sólo lo necesario de un grupo de objetos para relacionarlos con otro grupo. En este nivel, tenga los dos grupos siguientes para ayudar a los niños que físicamente relacionen uno-a –uno.
	Pone un pitillo en cada caja (no le preocupa si sobran pitillos), pero no necesariamente sabe que tiene un mismo número de pitillos y cajas.	*Disponer de la Mesa.* Los niños arreglan la mesa para las muñecas/juguetes de animales, probablemente como área de juego, usando una mesa real o lo que se pretende utilizar como tal. Los niños deberían exponer sólo el papel suficiente (o el juguete), platos, servilletas de tela y vajilla de plástico (de juguete) para las muñecas o los juguetes de animales. Converse con los niños para establecer la idea que la relación uno a uno crean grupos iguales: si tú sabes el número en uno de los grupos, conoces entonces el número del otro grupo.
	Comparador Perceptual *Comparación* Compara colecciones que son considerablemente diferentes en tamaño (ej., una colección es por lo menos el doble de la otra).	Discusiones informales sobre cuál es mayor. *Juego de Pizzas 1.* Los niños escogen la pizza correspondiente.

Edad (años)	Progresión del desarrollo	Tareas instructivas
	Cuando se le muestran 10 bloques y 25 bloques, señala la colección de 25 como la que más bloques tiene.	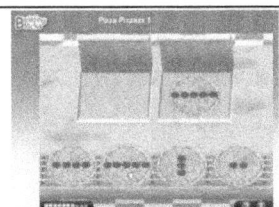
	Si las colecciones son similares, compara números muy pequeños. Compara las colecciones usando las palabras que designan números "uno" y "dos" (edad 2;8).	
	Si se le muestran grupos de 2 y 4 bloques, señala el grupo de 4 como el que más bloques tiene.	
3	**Contador Ordinal Primero-Segundo** *Número Ordinal* Identifica el "primer" objeto y, con cierta frecuencia, el "segundo" objeto en una secuencia.	Discuta quien desea ser el primero y el segundo en la línea. Gradualmente extienda esto a números ordinales mayores.
	Comparador No-verbal de Objetos Similares (1 – 4 objetos) *Comparación* Compara colecciones de 1 – 4 objetos de manera verbal y no-verbal ("simplemente con mirarlos"). Los objetos deben ser iguales. Es posible que compare las colecciones más más pequeñas usando las palabras que designan números "dos" y "tres" (edad 3;2), y "tres" y otras (edad 3;6). Puede transferir una relación de ordenamiento de un par de colecciones a otro.	*¿Es Justo?* Muestre a los niños un pequeño número de objetos dados a dos personas (muñecas, peluches…) y preguntas si es equitativo y si ellos dos deben tener el mismo número. *Comparen las Imágenes Instantáneas* pidiéndole solamente a los niños decir si es el mismo número o no.
	Identifica que *** y ∴ son	

Edad (años)	Progresión del desarrollo	Tareas instructivas
	iguales y a su vez diferentes de ** o * *	
4	**Comparador No Verbal de Objetos Distintos** *Comparación* Iguala colecciones iguales y pequeñas, mostrando que son el mismo número.	Igual que el anterior con objetos diferentes.
	Iguala colecciones de 3 conchas y 3 puntos, entonces dice que "tienen el mismo número"	
	Comparador por Emparejamiento *Comparación* compara grupos de 1 – 6 haciendo parejas.	Pida a los niños determinar si hay el mismo número de cucharas como de platos (y muchas otras situaciones similares). Proporcione retroalimentación cuando sea necesario. Coménteles cómo saber y descifrar "con seguridad"
	Le da un hueso de juguete a cada perro y dice que el número de perros y huesos es el mismo.	*Tiempo para la Fiesta 1.* Los estudiantes practican la correspondencia uno-a –uno relacionando los utensilios de la fiesta a los manteles.

Risitos de Oro y Los Tres Oso. Leer *Risitos de Oro y Los Tres Osos* o decir como una historia en un franelógrafo. Discuta la correspondencia uno-a –uno de los osos a otros objetos de la historia. Pregunte: ¿Cuántos platos hay en el cuento? ¿Cuantas sillas? ¿Cómo sabes? Despues pregunte: ¿Habian suficientes camas para los osos? ¿Cómo sabes?

Concluir que la correspondencia uno-a-uno puede crear grupos iguales. Es decir, si usted sabe el número de osos en un grupo,

El Aprendizaje y la Enseñanza de las Matemáticas a Temprana Edad

Edad (años)	Progresión del desarrollo	Tareas instructivas
		entonces usted sabe de número de camas en el otro grupo.
		Diga a los niños que pueden contar la historia y combinar accesorios más adelante en el tiempo de centros.
	Comparador de Conteo (Mismo Tamaño) *Comparación* Hace comparación precisa a través del conteo, únicamente cuando los objetos son muy similares en tamaño y los grupos son pequeños (alrededor de 1 - 5). Cuenta dos pilas de 5 bloques cada una, y dice que son iguales. No es tan preciso cuando los objetos de la colección más grandes son más pequeños en tamaño que los objetos de la colección más pequeña. Cuenta con precisión dos colecciones iguales, pero cuando se le pregunta, dice que la colección de objetos más grandes tiene más objetos.	*El Juego de Comparar.* Para un par de niños son necesarios dos o más conjuntos de cartas para contar. Enseñe a los niños a mezclar las cartas (e,g., mezclándolas boca-abajo) y luego repartirlas uniformemente (una para el primer jugador, luego una al segundo...) volteadas para ambos jugadores. Los jugadores simultáneamente voltean la parte superior de sus cartas y las comparan para descubrir cuál es mayor. El jugador con la cantidad mayor dice "yo tengo mas" y toma las cartas del oponente. Si las cantidades de las cartas son iguales, los jugadores pueden voltear otra carta para determinar un resultado. El juego se termina cuando todas las cartas han sido jugadas y el "ganador" es el jugador con más cantidad.  Al principio utilice cartas con arreglos de puntos y numerales, luego sólo los arreglos de puntos. Comience con números pequeños y lentamente añada números más grandes. También practique el juego en los computadores, como se muestra a continuación. *Comparar Números: Puntos y Numerales.* En este juego ("guerra"), los niños comparan dos cartas y escogen la de mayor valor.

Edad (años)	Progresión del desarrollo	Tareas instructivas
		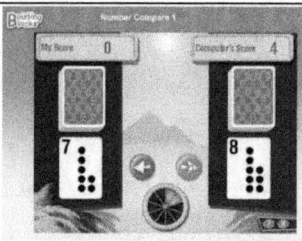
		Comparar Instantáneas o Pantallazos. Secretamente ubique tres elementos para contar contadores en un plato y cinco en otro. Utilizando un paño oscuro cubra el plato de los cinco. Muestre a los niños ambos platos, uno cubierto. Pida a los niños mirar cuidadosa y silenciosamente, manteniendo sus manos en las piernas. Tan rápido como usted descubra el plato cubierto, ellos pueden compararlo con el otro plato. Descubrir el plato por dos segundos y cubrirlo de nuevo. Pregunte a los niños: ¿Los platos tienen el mismo número de contadores? Debido a que la respuesta es no, pregunte: ¿Cuál plato tiene más? Los niños tienen que señalar o decir el número en el plato ¿Cuál plato tiene menos contadores? Si es necesario repita el descubrimiento. Destape el plato indefinidamente. Pregunte a los niños cuántos contadores hay en cada plato. Confirme que cinco es más que tres, porque cinco va después del tres en el conteo
	Fila Numérica Mental hasta 5 *Estimación de La Fila de Números* Usa el conocimiento de contar las relaciones entre números para determinar el tamaño y la posición relativos cuando se le da apoyo perceptivo. Cuando se le muestra un 0 en un extremo del segmento de una	Pregunte a los niños quien es mayor, un niño de dos o uno de tres. Brinde retroalimentación cuando sea necesario. Pídales explicar cómo lo saben. *Pista de Carreras* El juego de mesa con números de uno a diez consecutivamente enumerados, organizados linealmente, cuadrados de igual tamaño. Girar un "1" o un "2" Mueva muchos más, luego diga cada número, mientras mueve su ficha. *El Juego de Conteo en la Pista de Carreras* Los

El Aprendizaje y la Enseñanza de las Matemáticas a Temprana Edad

Edad (años)	Progresión del desarrollo	Tareas instructivas
	secuencia y un 5 en el otro, ubica un "3" aproximadamente en la mitad.	estudiantes identifican las cantidades numéricas (de uno a cinco) en un cuadro de puntos y mueven hacia adelante el número correspondiente de espacios en el tablero del juego.

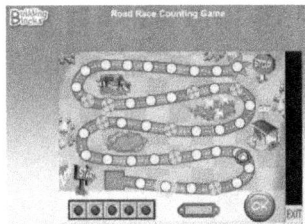

La Carrera de Rutas Los estudiantes identifican los números de lados (tres, cuatro, cinco) de los polígonos y mueven hacia adelante un número correspondiente de espacios en el tablero de juego.

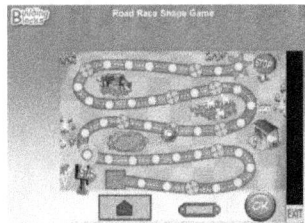

¿Cuál es el Paso Faltante?

Muestre a los niños una torre de cubos en escalera aumentándose y reduciéndose 1,2,3,4,3,2,1. Pídales a los niños que cierren los ojos y retire la primera torre de tres cubos. Pregúnteles qué paso, y que piensen cuánto falta. Pregunte por qué seleccionaron ese paso ¿Ellos contaron? ¿Ellos sólo lo supieron? Muestre el paso faltante y cuente los cubos.

Repita, pero ahora retire la segunda torre de 3 cubos. Indague por sus respuestas, pregunte por qué ellos piensan así.

Construir Escaleras 3 ¿Cuál es el Paso Faltante? Los niños juegan este juego con y sin el computador. Hace falta un paso: ellos tienen que determinar el número del paso

Edad (años)	Progresión del desarrollo	Tareas instructivas
		faltante.

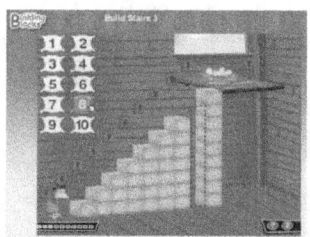

Juego del Tren Numérico. Los estudiantes identifican los numerales (1-5) y mueven hacia adelante el número correspondiente de espacios en el trabajo de juego. Ya sea en el computador o en tablero físico esta actividad hace que se construya el conocimiento del tamaño relativo de los números.

Edad (años)	Progresión del desarrollo	Tareas instructivas
5	**Comparador de Conteo (5)** *Comparación* compara con respecto al conteo, incluso cuando los objetos de las colecciones más grandes son más pequeños. Un tiempo después deduce *qué tanto* más o menos. Cuenta dos colecciones iguales con precisión, y dice que tienen el mismo número, incluso si una de las colecciones tiene bloques más grandes.	*Juego de Memoria - El Número.* Son necesarios un conjunto de cartas de Puntos y un conjunto de cartas con Numerales para cada pareja de estudiantes. Ubique los dos conjuntos de cartas volteados en dos arreglos separados. Los jugadores toman sus turnos seleccionando, volteando y mostrando una carta de cada arreglo. Si las cartas no coinciden, ellos tienen que devolver la carta volteada al arreglo correspondiente. Si coinciden el jugador toma las cartas.

Edad (años)	Progresión del desarrollo	Tareas instructivas

		Encontrar el Número- Comparar. Los niños antes de llegar al centro, ocultan muchas pizzas (platos de cartón) cada una debajo de su propio recipiente opaco, cada uno con un número diferente de rodajas de peperoni (contadores redondos) debajo de su propio recipiente oscuro. Muestre una pizza con tres a cinco rodajas de peperoni. El objetivo es que los niños encuentren la pareja mostrada de la pizza escondida.
		Conseguir sólo lo necesario-Contar. Los niños consiguen únicamente lo suficiente de un grupo de objetos para relacionar con el otro grupo; ej., unas tijeras para cada niño en sus respectivas mesas. En este nivel, asegúrese que ellos vayan por el salón consiguiendo las tijeras, de esta manera tienen que contar. Lo mismo se puede realizar con Setting Table (ver arriba) asegúrese de contar si es necesario.
	Contador Ordinal *Número Ordinal* Identifica y usa números ordinales de "primero" a "décimo." Puede identificar quién es el "tercero en la fila."	*Compañía de Construcción Ordinal.* Los estudiantes aprenden las posiciones ordinales (primero a décimo) moviendo los objetos entre los pisos de un edificio.

Edad (años)	Progresión del desarrollo	Tareas instructivas
	Estimador de Extensión Espacial – Pequeño/Grande *Estimación de Numerosidad* Llama a los números "pequeños" (ej. 1–4) debido a que son conjuntos que ocupan poco espacio y "grandes" (10–20 o más; los niños clasifican los números "pequeño/grande" por su idiosincrasia y es posible que esto cambie de acuerdo al tamaño de la colección que debe que ser estimada. Cuando se le muestran 9 objetos dispersos por 1 segundo y se le pregunta "¿cuántos hay?," responde, "¡Cincuenta!"	*El Tarro de la Estimación* Coloque objetos en un tarro plástico transparente como lo hizo en la actividad *El Tarro de Conteo* y asegure la tapa. Decir a los niños que desde ahora será un Tarro de Estimación y que ellos estimaran cuántos elementos hay en él, registrando sus estimaciones y sus nombres en notas fijadas en el tarro. Al final de la semana saque los elementos, cuéntelos y compare lo contado con lo estimado.
	Comparador de Conteo (10) Comparación Compara con respecto al conteo, incluso cuando los objetos de las colecciones más grandes son más pequeños, hasta 10. Cuenta con precisión dos colecciones de 9 objetos cada una, adicionalmente dice que tienen el mismo número, incluso si una de las colecciones tiene bloques más grandes.	*El Juego de Comparar* Para cada pareja de niños que juegan es necesario dos o más conjuntos de cartas de conteo (1-10) (con puntos y numerales y después sólo con puntos) Mezcle y distribuya equitativamente las cartas volteadas. Los jugadores simultáneamente voltean la parte superior de sus cartas y las comparan para descubrir cuál es mayor. El jugador con la cantidad mayor dice" yo tengo mas" y toma las cartas del oponente. Si las cantidades de las cartas son iguales, los jugadores pueden voltear otra carta para determinar un resultado. El juego se termina cuando todas las cartas han sido jugadas y el "ganador" es el jugador con más cartas.

Edad (años)	Progresión del desarrollo	Tareas instructivas

		Señor Confundido –Comparar. Diga a los niños que el Señor Confundido necesita ayuda para comparar.
		Compare colecciones de objetos de diferentes tamaños. Por ejemplo, muestre cuatro bloques y seis elementos más pequeños y el Señor Confundido dice:"Los bloques son más grandes, así que el número es mayor" Solicite a los niños que cuenten y descubran cuál grupo realmente tiene más elementos y explique al Señor Confundido por qué está equivocado.
		Torres de cubos-cuál tiene más, cuál tiene menos. Muestre dos torres, una hecha de ocho bloques idénticos en el piso y otra hecha de siete bloques idénticos en una silla. Pregunte a los niños cuál torres es más alta. Discuta cualquier estrategia que ellos inventen. Resuma que, aunque la torre de la silla es más alta, desde la base hasta la punta de la torre es más corta porque esta esta construida con más pocos bloques que la torre del piso.
6	**Fila Mental de Números hasta 10** *Estimación de Fila de Números* Usa imágenes internas y conocimiento de las relaciones entre números para determinar el tamaño y la posición relativos. Cuál número es más	*El Juego de Comparar* (ver arriba) *¿Cuál es el Paso Faltante?* (como arriba, 1-10) *Yo estoy Pensando en un Número* Utilizar cartas de conteo desde 1 hasta 10, escoger y esconder un número secreto. Dígales que usted escondió una carta con un número y pídales que adivinen cuál es. Cuando un niño adivine correctamente, revele entusiasmado la carta.

Edad (años)	Progresión del desarrollo	Tareas instructivas
	cercano a al 6, 4 o 9?	Hasta entonces, pregunte a los niños si la suposición es más o menos que el número secreto.
		En la medida que los niños se sienten más seguros, pregunte por qué hicieron sus suposiciones, tal como:" ¡Yo sabía que 4 era más que el número secreto y 2 menos, así que yo adiviné que era 3!"
		Repita, añadiendo claves, como su suposición es 2 más que mi número.
		Realice estas esta actividad durante las transiciones.
		Explosión de Cohetes 1 Los estudiantes estiman la ubicación de una marca de verificación en una línea numérica del 1 al 20 al número entero más cercano. 
		Carrera del Espacio Los estudiantes escogen los números que les permite alcanzar el espacio final en un tablero de juego en un número designado de movimientos. El mejor número es usualmente (pero no siempre) el más grande de dos presentados. 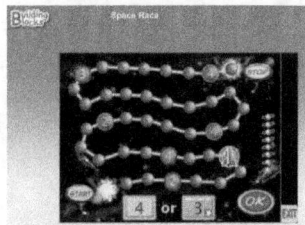
	Ordenador Serial hasta 6 o Más *Comparación /Ordenamiento* ordena numerales y colecciones	*Construir Escaleras* Los niños tienen que hacer "escaleras" con cubos conectados. Anímelos a contar cada paso. Pídales describir los números. Extensiones:

Edad (años)	Progresión del desarrollo	Tareas instructivas
	(primero los números pequeños). Cuando se le entregan tarjetas con puntos desde 1 hasta 5, las pone en orden. Ordena las longitudes marcadas por unidades. Cuando se le muestran torres de cubos, las pone en orden, 1 a 10.	Alguien tiene que esconder una de las escaleras y usted tiene que descubrir cual es, luego insértela. Tiene que mezclar los pasos y volver a ponerlos en orden.  *Construir Escaleras 2* Ordenar los pasos para completar una serie de peldaños de la escalera.  *Construir Escaleras 3* Identificar el numeral que representa un número faltante en una secuencia.  *Ordenar Cartas* Ubicar tarjetas de puntos 1-5, así ellas se dejan a la derecha de la perspectiva de los niños. Pídales que describan el patrón. Dígales que sigan contando en voz alta, pronosticando el número siguiente, a medida que usted va señalando la próxima tarjeta de puntos en el

Edad (años)	Progresión del desarrollo	Tareas instructivas
		patrón. Explique que colocaran eventualmente estas cartas en orden por si mismos en el centro de matemáticas "Hands On" (actividades manuales).
		Visión Rayos X 1. Coloque las Cartas de Conteo en orden numérico del 1 al 10 de modo que los niños las vean de izquierda a derecha y cuéntelas con ellos. Luego ubique las cartas boca abajo conservando el orden.
		Pida a un voluntario señalar cualquiera de las cartas. Utilizando su "visión de rayos x" (en realidad, contando desde uno hasta la carta escogida), dígales cual es la carta. El voluntario voltea la carta para mostrar que usted está en lo correcto y luego ubíquela nuevamente boca abajo.
		Repítalo con otra carta.
		Pida a los niños utilizar su visión de rayos x de una manera similar después de usted señalar una de las cartas. Recuérdeles donde está el "1" luego señale el "2" Los niños tienen que decir espontáneamente cual carta piensan que es. Voltéela para verificar.
		Visión Rayos X 2. Este variación incentiva a los niños a avanzar o retroceder en el conteo de los números.
		Coloque las Cartas de Conteo en orden numérico del 1 al 10 y cuéntelas con los niños. Luego voltee las cartas conservando el orden. Dígales que es una nueva forma de jugar la Visión de Rayos X y continúe mostrando las cartas después que ellos adivinen.
		Señale cualquier carta. Pida a los niños que utilicen su visión de rayos x para descubrir cual carta es. Voltee la carta para mostrar que acertaron y mantenga la carta boca arriba, diciéndoles que usted lo está haciendo a propósito.
		Señale la carta correcta después de colocarla boca arriba. Pídales utilizar su visión de rayos x para determinar cual carta es. Pregúntecomo lo descubrieron. Discuta que

Edad (años)	Progresión del desarrollo	Tareas instructivas
		usted pudo contar desde la carta boca arriba. Mantenga ambas cartas boca arriba, repita con una carta volteada que está justo antes de otra carta.
	Estimador de Extensión Espacial *Estimación de Numerosidad* extiende los conjuntos y las categorías de número para incluir "números pequeños" los cuales son usualmente subitizados, mas no estimados, "números medianos" (ej. 10–20) y "números grandes." El arreglo de los objetos que se van a estimar afecta la dificultad	*El Tarro de la Estimación* (ver arriba) *Estimar Cuántos.* En situaciones de enseñanza específicamente diseñadas (ej., una lección de un grupo completo en la cual una carta grande es cubierta con un número de puntos) u otros ambientes (ej., observe una gran bandada de pájaros en el jardín), pida a los niños estimar el número. Discuta las estrategias, solicite a alguien demostrar cada una, luego desafíelos a aplicarlas a nuevas situaciones.
	Si se le muestran 9 objetos dispersos por 1 segundo y se le pregunta ¿cuántos hay?, contesta, "Quince."	
7	**Comparador del Valor Posicional** *Comparación* Compara números con la comprensión del valor posicional. "63 es mayor que 59 porque 6 decenas es más que cinco decenas incluso si hay más de tres unidades."	*Comparar Instantáneas/Pantallazos* con modelos del valor posicional. Ver también las actividades en el Capítulo 6 dedicado al valor posicional.
	Fila Mental de Números hasta 100 *Estimación de Fila de Números* Usa imágenes internas y el conocimiento de las relaciones entre números, incluyendo unidades contenidas en decenas para determinar el	*Yo estoy Pensando en un Número* como se vio arriba, pero hacerlo verbalmente o con "línea numérica vacía"-un segmento de línea etiquetado sólo con 0 hasta 100, complétela con cada una de las estimaciones de los niños. *Explosión de Cohetes 2.* Los estudiantes estiman la ubicación de una marca de verificación en una línea numérica de 1-100

Edad (años)	Progresión del desarrollo	Tareas instructivas
	tamaño relativo y la posición. Cuando se le pregunta, "¿Quién está más cerca de 45, 30 o 50?," dice, "45 está muy próximo a cincuenta, solo le faltan 5, pero 30 no."	al entero más cercano. *Montones de Calcetines* Los estudiantes añaden dos numerales para encontrar las cantidades de números totales (1 a 100) y luego mueva hacia adelante un número correspondiente de espacios en un juego. Aunque esta y la próxima actividad principalmente enseñan la adición, el movimiento en el tablero de juego (1 a 50, luego 50 a 100) también ayuda a construir una fila mental de números.

Descifrar el Hecho. Los estudiantes añaden los valores numéricos de 1 a 100 a los valores de 0 a 199, para alcanzar un total máximo de 100. Es decir, si ellos están en "33" y tienen un 8, ellos deben introducir 41 para acceder a ese espacio, porque los espacios no están marcados con numerales, al menos hasta que ellos realicen movimiento a través de la fila mental numérica. Esto es especialmente importante en el desarrollo de una línea mental de números.

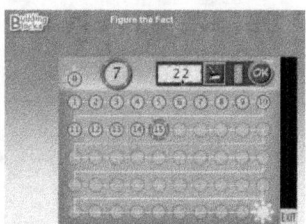

Nuevamente, las actividades en el Capítulo 6 se dedicaron al valor posicional y aquellas en los niveles superiores de las trayectorias de aprendizaje de dicho capítulo desarrolla también esas habilidades.

Edad (años)	Progresión del desarrollo	Tareas instructivas
	Estimador de Cuantificación Intuitiva con Barrido *Estimación de Numerosidad* Cuando se le muestran 40 objetos dispersos por un segundo y se le pregunta, "¿Cuántos hay?," responde, "Aproximadamente treinta."	*Estimar Cuántos.* En situaciones de enseñanza específicamente diseñadas (p.ej. Una lección de un grupo completo en la cual una carta grande es cubierta con un número de puntos) u otros ambientes (p.ej. observe una gran bandada de pájaros en el jardín), pida a los niños estimar el número. Discuta las estrategias, solicitando a alguien demostrar cada una, luego desafíelos a aplicarlas a nuevas situaciones.
8	**Fila Mental de Números hasta 1000s** *Estimación de Fila de Números* Usa imágenes internas y el conocimiento de las relaciones entre números, incluyendo valor posicional, para determinar la posición y el tamaño relativos. Si se le pregunta, "¿Qué está más cerca de 3500, 2000 o 7000?," dice, "70 es el doble de 35, pero 20 está solamente a 15 de 35, entonces 20 centenas, 2000, está más cerca."	*Yo estoy Pensando en un Número* (como se vio arriba, 0 a 1000) *Explosión de Cohetes 3* Los estudiantes estiman la ubicación de una marca de verificación en una línea numérica de 1-1000 al entero más cercano. 
	Estimador de Puntos de Referencia *Estimación de Numerosidad* Inicialmente, se cuenta una parte de los objetos que se van a estimar; esto se usa como un punto de referencia desde el cual se hace la estimación. Después, el barrido puede ligarse a la memoria de ciertos puntos de referencia. Si se le muestran 11	*Estimar Cuántos* (ver arriba) Enfatice las estrategias en este nivel o en el próximo.

Edad (años)	Progresión del desarrollo	Tareas instructivas
	objetos, dice, "Me pareció mas cercano a 10 que a 20, supongo que son 12:"	
	Si se le muestran 45 objetos dispersos por 1 segundo y se le pregunta, "¿Cuántos hay?," responde, "Aproximadamente 5 decenas – cincuenta."	
	Estimador de Composición *Estimación de Numerosidad* Inicialmente para arreglos regulares, la subitización se usa para cuantificar un subconjunto y para adiciones o multiplicaciones repetidas empleadas para producir un estimado. Luego, el proceso se extiende para incluir arreglos irregulares. Finalmente, esta incluye la habilidad de descomponer o dividir las cosas que se van a estimar en subconjuntos de tamaño conveniente para entonces recomponer la numerosidad basándose en la multiplicación.	*Estimar Cuántos* (ver arriba) Enfatice las estrategias en este nivel.
	Si se le muestran 87 objetos dispersos y se le pregunta por un estimado, responde, "Eso es aproximadamente 20– entonces, 20, 40, 60, 80. ¡Ochenta!"	

Palabras finales

En muchas situaciones, las personas quieren comparar, ordenar, o estimar el número de objetos. Otro tipo muy común de situación involucra colocar las colecciones juntas y separarlas – junto con los números de estas colecciones. Estas operaciones de la aritmética son el punto central del Capítulo 5.

5 ARITMÉTICA

Primeras adiciónes y sustracciones, y estrategias de conteo

Alexandra tiene 5 años de edad, su hermano, Pablo, tiene 3. Alexandra entra a la cocina y dice:

Alexandra: Cuando Pablo tenga 6 años, yo tendré 8; cuando Pablo tenga 9, yo tendré 11; cuando Pablo tenga 12, yo tendré 14 (ella continúa con esta reflexión hasta que Pablo tenga 18 y ella 20).

Padre: ¡Por Dios! ¿Cómo hiciste para saber todo eso?

Alexandra: Es fácil. Tu solamente dices "tres, CUATRO, cinco" [diciendo el "cuatro" bien fuerte y aplaudiendo al mismo tiempo, de manera tal que el resultado tiene bastante fuerza rítmica, y se percibe un patrón suave-FUERTE-suave], y sigues "seis-SIETE [aplauso]-ocho," y sigues "nueve-DIEZ [¡aplauso!]-once" (Davis, 1984, p.154).

¿Esta es una pequeña, pero destacable escena, la estampa de una niña excepcional? ¿O es un indicador del potencial que *todos* los niños pequeños tienen para aprender la aritmética? De ser así, ¿Qué tan temprano podría comenzar la enseñanza?, ¿Qué tan temprano *debería* comenzar?

La matemática inicial

Hemos visto que los niños tienen un sentido de cantidad desde sus primeros años de vida. De manera similar, los niños parecen tener algún sentido de la aritmética básica. Por ejemplo, al parecer ellos tienen la expectativa que si se agrega un objeto, se tiene uno de más. En la Figura 5.1 se ilustra un experimento de este tipo. Después de ver que una muñeca es escondida tras de una pantalla, entonces una mano coloca otra muñeca detrás de la pantalla, varios bebés de 5 meses de edad se quedan observando por más tiempo cuando al quitar la pantalla se revela un resultado incorrecto, en lugar de uno correcto (un procedimiento de violación de las expectativas Wynn, 1992).

La investigación acerca de la subitización (Capítulo 2) y la aritmética a temprana edad sugieren que los niños intuitivamente representan colecciones pequeñas (ejemplo 2) como objetos individuales (que ellos "siguen") pero no como grupos. Por el contrario, los niños representan números grandes (ejemplo 10), como grupos pero no como objetos individuales, sin embargo pueden combinar tales grupos e intuitivamente esperar un cierto resultado. Por ejemplo, cuando se les muestran dos grupos de cinco puntos combinados, ellos discriminan entre el resultado de 5 (incorrecto) y 10 (correcto). Además, a la edad de 2 años, los niños dan señales de saber que la adición de objetos significa aumentar en cantidad y retirar objetos disminuye la cantidad. Los estimadores intuitivos de cantidad que usan los niños podrían ser innatos, y facilitar el desarrollo posterior de la aritmética explícita. Sin embargo, dichos estimadores no conducen directamente a (ni determinan) este tipo de aritmética precisa.

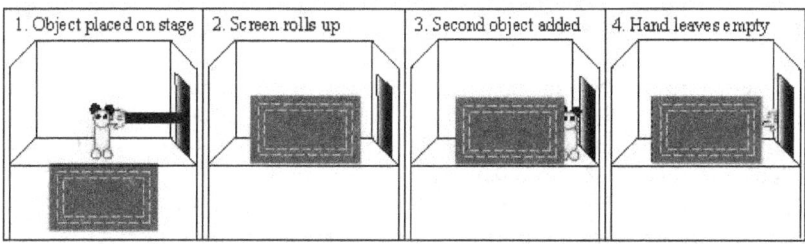

Then either...

Figura 5.1 Un experimento revela la sensibilidad de los bebés de 5 meses de edad ante la adición de un objeto.

A través de muchos estudios, la investigación sugiere que los niños desarrollan un entendimiento *explícito* inicial de la adición y la sustracción de números pequeños a los 3 años de edad. Sin embargo, es solo hasta los 4 años de edad que la mayoría de los niños pueden solucionar problemas de adición con precisión involucrando incluso números más grandes (Huttenlocher, Jordan, & Levine, 1994).

La mayoría de los niños no solucionan problemas con números más grandes sin el apoyo de objetos concretos hasta los 5 1/2 años de edad. Sin embargo, *esta no es tanto una limitación de desarrollo, como una limitación de experiencia.* Con experiencia, los niños de preescolar y kínder pueden aprender a "contar todo" e incluso iniciarse en el uso de estrategias de "conteo ascendente."

Aritmética: Definiciones matemáticas y propiedades

Matemáticamente, se puede definir una adición en términos de conteo (Wu, 2007). Esto conecta la aritmética con el conteo (especialmente los incrementos, también conocidos como la operación sucesor, la adición de 1 a cualquier número). La *suma* $3 + 8$ es el número entero que resulta de contar 8 números comenzando en 3 – *3...4,5,6,7,8,9,10,11* (Wu 2007). La siguiente tarea no se recibiría con agrado, pero la suma $37 + 739$ es el número que resulta de contar 739 números comenzando en $37 - 37...38,39...774, 775, 776$. En general, para cualquier par de números enteros *a* y *b*, la suma $a + b$ es el número que resulta de contar *b* números más comenzando en el número *a* (Wu, 2007).

También podemos realizar un conteo con saltos. Si realizamos *diez veces* un conteo con saltos de 10, obtenemos el 100. De forma similar, si realizamos *diez veces* un conteo con saltos de 100, obtenemos 1000, y así sucesivamente. Todo esto es consistente con lo que aprendimos acerca del conteo en los Capítulos 3 y 4. Así, $47 + 30$ se puede solucionar realizando el conteo por saltos de $10 - 47...57,67,77$. El valor de la posición es fundamental para la aritmética, esto se discute con mayor detalle en el Capítulo 6.

Desde los primeros niveles, la aritmética depende de dos propiedades:

La ley asociativa de la adición: $(a + b) + c = a + (b + c)$.

Por ejemplo, esta ley permite una estrategia de adición mental que simplifica algunos cálculos, tales como $4 + 4 + 6 = 4 + (4 + 6) = 4 + 10 = 14$.

La ley conmutativa de la adición: $a + b = b + a$.

Los niños pequeños usualmente no conocen estas leyes explícitamente pero pueden usarlas intuitivamente (sin embargo, algunos estudios indican que los niños sí comprenden el concepto de conmutatividad cuando lo usan en estrategias de conteo, Canobi, Reeve, & Pattison, 1998). Para ilustrar la conmutatividad, imagínese lo extraño que sería si el número de vehículos de juguete que usted pone dentro de una caja vacía dependiera de si se guardan primero los camiones o primero los carros.

La sustracción no sigue estas leyes. La sustracción se define matemáticamente como la operación inversa de la adición; lo que significa que la sustracción es el *inverso aditivo -a* para cualquier *a*, de tal manera que a + -a = 0. 0, para la operación 8 − 3, la diferencia es el número que, cuando se le agrega a 3, produce como resultado 8. Entonces, $c − a = b$ significa que b es el número que satisface $a + b = c$. Así, aunque parezca incomodo, alguien puede pensar en (8 − 3) como ((5 + 3) − 3) = 5 + (3 − 3) = 5 + 0 = 5. O, debido a que sabemos que la adición y la sustracción son inversas una de la otra, decir:

8 − 3 = __

significa lo mismo que

8 = 3 + __

La sustracción también puede ser entendida intuitivamente a través del conteo: La *diferencia* 8 − 3 es el número entero que resulta de contar *hacia atrás* 3 números comenzando en 8 − 8… 7, 6, 5. Es decir, preguntar "¿cuánto es 8 − 3?" significa lo mismo que "¿cuál número sumado a 3 da 8?" Y, sabemos que la *diferencia* (8 − 3) es el número entero que resulta de contar *hacia atrás* 3 números comenzando en 8 − 8… 7, 6, 5. Este proceso es consistente con la noción de "remover" objetos para la sustracción. Todas estas nociones son equivalentes, y son naturales para nosotros. Para los estudiantes que se inician en el entendimiento de la sustracción, ver todas estas relaciones como "la misma cosa" les toma mucho tiempo y práctica.

Por lo tanto, la sustracción y la adición se pueden entender a través del conteo, y esa es una forma en la que los niños llegan a aprenden más acerca de estas operaciones aritméticas (construyendo sobre los fundamentos discutidos previamente). Esta forma de entender la aritmética es el punto central de este capítulo.

Estructuras de problemas de adición y sustracción (y otros factores que afectan la dificultad)

En la mayoría de los casos, cuanto más grandes sean los números, más difícil es el problema. Esto ocurre incluso con problemas de un solo dígito, debido a la frecuencia con la que se hayan experimentado los cálculos aritméticos y las estrategias que se deben utilizar. Por ejemplo, los niños utilizan una estrategia más sofisticada para solucionar combinaciones de sustracción cuyos minuendos ("el total" del cual se sustrae una parte) son más grandes de 10 que para aquellos minuendos menores a 10.

Más allá del tamaño del número, es el *tipo* o *la estructura* del enunciado del problema lo que determina en gran medida su dificultad. El tipo depende de la *situación* y de la *incógnita*. Hay cuatro situaciones diferentes, que se muestran en las cuatro filas de la

Tabla 5.1. Los nombres entre comillas son aquellos que se consideran más útiles en las discusiones del salón de clase. Para cada una de estas categorías, hay tres cantidades que cumplen diferentes funciones en el enunciado del problema, cualquiera de estas podría ser la incógnita. En algunos casos, como en las partes desconocidas de los problemas de tipo parte-parte-todo, no hay una diferencia real entre las funciones, de manera que esto no afecta la dificultad del problema. En otros casos, tales como tener el resultado desconocido, el cambio desconocido, o el comienzo desconocido en los problemas de tipo Unión, las diferencias en el grado de dificultad son mayores. Los problemas con resultados desconocidos son fáciles, los problemas con cambio desconocido son moderadamente difíciles, y los problemas con comienzo desconocido son los más difíciles. Esto se debe en gran medida al incremento en dificultad que tienen los niños al momento de modelar, o "recrear," cada tipo de problema.

Tabla 5.1 Tipos de problemas de adición y sustracción

Categorías	Inicio / parte desconocida	Cambio / diferencia desconocida	Resultado / todo desconocido
Unión ("Cambio Aumentando") Una acción de unir aumenta el número en un conjunto.	Inicio desconocido $\Box + 6 = 11$ Al tenía algunos balones. Luego puso 6 más. ¿Ahora tiene 11 balones. ¿Con cuántas comenzó?	Cambio desconocido $5 + \Box = 11$ Al tenía 5 balones. Compro algunos más. ¿Ahora tiene 11 balones. ¿Cuántas compró?	Resultado desconocido $5 + 6 = \Box$ Al tenía 5 balones y consiguió 6 más. ¿Cuántos balones tiene en total?
Separación ("Cambio Disminuyendo") Una acción de separación se reduce el número de un conjunto.	Inicio desconocido $\Box - 5 = 4$ Al tenía algunos balones. Le dio 5 a Barb. Ahora tiene 4. ¿Cuántas balones tenia él al inicialmente?	El cambio desconocido $9 - \Box = 4$ Al tenía 9 balones. Le dio algunos a Barb. Ahora tiene 4. ¿Cuántas balones le dio a Barb?	Resultado desconocido $9 - 5 = \Box$ Al tenía 9 balones. Le dio 5 a Barb ¿Cuántas balones le quedan?
Parte-Parte-Todo ("Colección") Dos partes hacen un todo, pero no hay ninguna acción - la situación es estática.	*Parte ("pareja") desconocido* 10 / 6 → 10 → □ 6 Al tenía 10 balones. Algunos son azules, 6 son rojos. ¿Cuántos son azules?	*Parte ("pareja") desconocido* 10 / 4 → 10 → 4 □ Al tenía 10 balones. 4 son azules, el resto son rojos. ¿Cuántos son rojos?	*Todo ("total") desconocido* 4 / 6 → □ → 4 6 Al tenía 4 balones azules y 6 rojos. ¿Cuántos balones tiene en total?

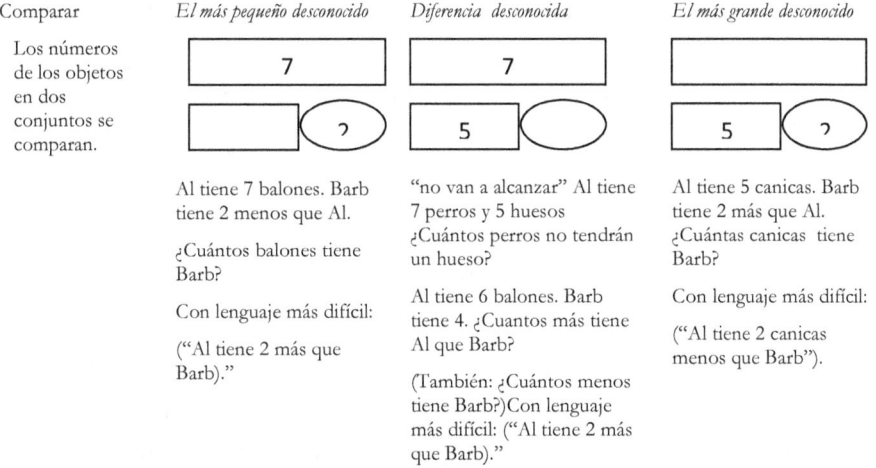

Estrategias aritméticas para el conteo

La mayoría de las personas pueden inventar estrategias para solucionar estos problemas. Las estrategias de los niños en edades de preescolar son notablemente creativas y diversas. Por ejemplo, los niños desde preescolar hasta los de primer grado pueden inventar y utilizar una variedad de estrategias ocultas y visibles, incluyendo el conteo con los dedos, los patrones con los dedos (subitización conceptual), el conteo verbal, la recuperación ("simplemente saber" una combinación), las combinaciones derivadas ("hechos derivados"; por ejemplo,"dobles más 1": $7 + 8 = 7 + 7 + 1 = 14 + 1 = 15$). Los niños son estrategas flexibles; utilizan diferentes estrategias en problemas que ellos perciben como fáciles o difíciles.

Estrategias para modelar y contar

Las estrategias usualmente surgen de los modelos que los niños hacen de la situación del problema. Esto significa que los niños en edades de preescolar y kínder pueden solucionar problemas utilizando objetos concretos o dibujos (ver la sección *Manipulativos y representaciones "Concretas"* en el Capítulo 16). Los niños de comunidades de escasos recursos tienen más dificultad para resolver los problemas presentados verbalmente.

Estrategias de conteo

Se contaron cuentos a niños de preescolar de 3 y 4 años de edad, en los cuales se les pedía, por ejemplo, que ayudaran a un panadero. A los niños se les mostró un arreglo de productos, los cuales contaron. Luego, dicho arreglo fue ocultado y se adicionaron o se removieron 1, 2, o 3 productos. Se les pidió a los niños predecir, y luego contar para verificar. Aún los niños de 3 años de edad comprendieron la diferencia entre predecir y contar para verificar una predicción. Todos fueron capaces de dar un número que resultó de una adición o sustracción que era consistente con los principios en donde la adición aumenta la numerosidad y la sustracción disminuye la numerosidad. Ellos realizaron otras predicciones *razonables*. Sus conteos eran usualmente correctos y se prefirió en la respuesta en vez de la predicción (Zur & Gelman, 2004).

Inicialmente, la mayoría de los niños utilizaron un procedimiento *de conteo total*. Como se ilustra en la Figura 5.2, dada una situación de 5 + 2, estos niños contaron uno a uno los objetos para formar un conjunto de 5 elementos, luego contaron 2 elementos más; finalmente los contaron todos y – si no cometieron ningún error en su conteo – reportan el número "7." Estos niños naturalmente usan estos métodos de conteo para resolver las situaciones de los cuentos siempre y cuando ellos entiendan el lenguaje y la situación dentro de la historia narrada.

Después que los niños desarrollan estos métodos, eventualmente los van *disminuyendo*. A los 4 años de edad, los niños podrían comenzar a *"contar ascendentemente"* por sí mismos, solucionando el problema anterior por medio del conteo, "¡Ciiiinco…seis, siete. Siete!" La pronunciación alargada podría estar sustituyendo al conteo uno-por-uno del conjunto inicial. Esto es *como si* ellos contaran un conjunto con 5 elementos. Algunos niños utilizan primero estrategias transicionales, tales como la estrategia de la *suma-rápida*, la cual es similar a la estrategia de contar-todo, pero involucra únicamente un conteo; por ejemplo, para resolver 4 + 3, 1, 2, 3, 4, 5, 6, 7, y responder 7.

Los niños luego pasan a la estrategia de *conteo ascendente desde números más grandes*, la cual es preferida por la mayoría de los niños una vez que la inventan. Presentar problemas como 2 + 23, donde el conteo ascendente ahorra la mayor parte del trabajo, a menudo motiva a los niños a inventar dicha estrategia.

Así, las habilidades de conteo – especialmente las habilidades de conteo sofisticadas – juegan un papel importante en el desarrollo de competencias con la aritmética. Contar fácilmente y rápidamente predice las competencias aritméticas en los niños de kínder y en grados más avanzados. Conocer el siguiente número (ver el nivel, "contador desde N (N + 1, N – 1)," en el Capítulo 3) predice los logros aritméticos y la rapidez de la adición en los grados 1 y 2.

○ ○ ○ ○ ○	○ ○ ○○ ○ ○ ○	○ ○ ○ ○ ○ ○ ○
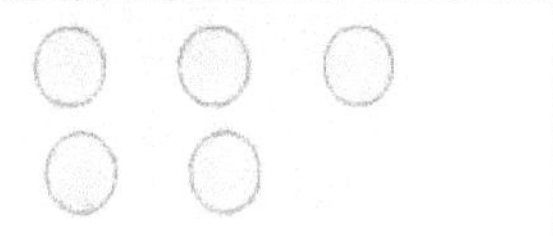 "Uno...dos... tres... cuatro... cinco"	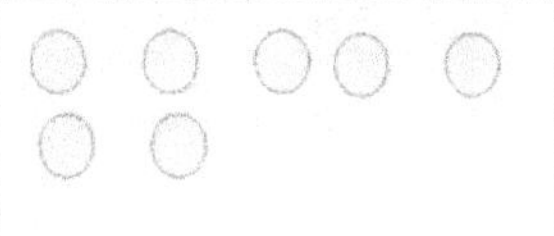 "Uno... dos	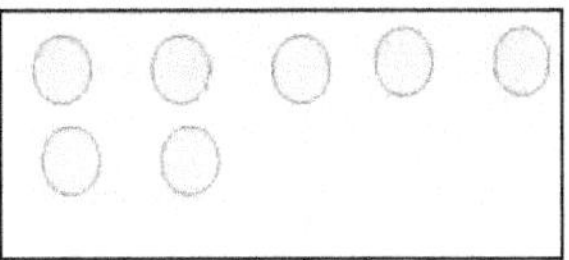 "Uno...dos... tres... cuatro... cinco...seis... siete...SIETE en total"

Figura 5.2 Utilización del procedimiento de contar-todo para resolver un problema de adición (5 + 2).

El Conteo Ascendente, cuando aumentan las colecciones, y el correspondiente *conteo regresivo*, cuando disminuyen las colecciones, son estrategias numéricas muy poderosas para los niños. Sin embargo, son únicamente estrategias iniciales. En el caso donde la cantidad del incremento es desconocida, los niños utilizan *el conteo-hasta* para encontrar la cantidad desconocida. Si se ha realizado un incremento a 6 elementos de modo tal que ahora existan 9 elementos, los niños pueden encontrar la cantidad del incremento contando, "seiiiis; 7, 8, 9. Tres." Y si hace una disminución de nueve elementos de modo tal que queden seis, los niños pueden contar descendentemente desde nueve hasta seis para hallar la reducción desconocida (incógnita de cambio separado) de la siguiente forma: "nueve; 8, 7, 6. Tres." Sin embargo, el conteo regresivo, especialmente para más de tres conteos, es difícil para la mayoría de los niños a menos que tengan un alto nivel de enseñanza en esta competencia.

En cambio, los niños en muchas partes del mundo aprenden *el conteo-hasta* el total para resolver una situación de sustracción debido a que se dan cuenta que es más fácil. Por ejemplo, el siguiente problema de un cuento "hay 8 manzanas en la mesa. Los niños se comen 5. ¿Cuántas hay ahora?" se puede solucionar pensando, "retiré 5 de esas 8, entonces, 6, 7, 8, (levantando un dedo por cada conteo), esto es, quedaron 3 más de las 8." Cuando los niños se dan cuenta completamente que pueden encontrar la cantidad disminuida (por ejemplo 9 - _ = 6) al colocar nuevamente los elementos con el 6 y contando desde 6 hasta 9, ellos establecen que la sustracción es la operación inversa a la adición y que pueden utilizar la adición en lugar de la sustracción. Esta comprensión se desarrolla durante muchos años, pero puede surgir en los años de preescolar y puede ser utilizada por los niños de kínder con buena enseñanza.

Estrategias metacognitivas y otros conocimientos

Cuando se trata de las competencias al momento de resolver incluso problemas verbales simples, se requiere mucho más que simplemente saber estrategias de conteo. Como se indicó, los niños deben entender el lenguaje, incluyendo la semántica y la sintaxis, y familiarizarse con las situaciones que el lenguaje representa.

Además, las soluciones de los problemas verbales ocurren en contextos socioculturales y estos contextos también afectan las soluciones de los niños. Por ejemplo, los colegios pueden conducir a "estrategias de confrontación" que los niños utilizan, o incluso pueden dirigir la enseñanza de estrategias infortunadas, que limitan las habilidades que tienen los niños para resolver problemas. Por ejemplo, en los entornos educativos de baja calidad, los niños llegan a utilizar, o se les enseña a utilizar enfoques de "palabras clave," como encontrar la palabra "sobrante" o "faltante" en un problema y luego restar un número pequeño de uno más grande que ellos deben encontrar en un texto.

Cuando los niños consideran problemas para los cuales no tienen una estrategia inmediata, a menudo no aplican "la heurística," o las estrategias generales o las representaciones generales que podrían servir como guías. La enseñanza de la heurística, como "hacer un dibujo" o "descomponer un problema en partes más pequeñas" no se ha destacado por ser exitosa. Sin embargo, la enseñanza *metacognitiva* o la enseñanza de autorregulación, que a menudo incluye la heurística, se ve más promisoria (Verschaffel, Greer, & De Corte, 2007). El Capítulo 13 se enfoca en esos procesos de solución de problemas.

Resumen

Los bebés son muy sensibles a algunas situaciones que los adultos ven como aritméticas. Ellos podrían estar utilizando una habilidad de subitización innata que se limita a números muy pequeños, como 2 + 1. O podrían estar individualizando y realizando el seguimiento de objetos individuales. En cualquiera de estos dos casos, ellos poseen una base mucho más rica para la aritmética que la sugerida por la tradición Piagetiana.

Sólo unos años más tarde los niños pueden resolver problemas con números más grandes (pero aún no tan grandes; por ejemplo 3 + 2), utilizando objetos concretos y subitizando y / o contando. Una vez más, más adelante, los niños desarrollan estrategias de conteo y composición más sofisticadas como reducciones de esas primeras estrategias de solución. Lo que significa que los niños aprenden a contar desde un número dado (en lugar de empezar únicamente desde uno), generan el número anterior o siguiente a otro número, y eventualmente incorporan una secuencia de números dentro de otra. Ellos piensan en de la secuencia de números, en lugar de solamente decirla (Fuson, 1992a). Dicha reflexión le da al conteo las características necesarias para convertirse en una herramienta de representación efectiva y eficiente para la solución de problemas. De esta manera, los educadores deben estudiar los procesos utilizados por los niños, y también los problemas que ellos pueden solucionar, para comprender tanto sus fortalezas como sus limitaciones en las diferentes edades. El aprendizaje implica un desarrollo complejo del conocimiento, un entendimiento y cierta habilidad, usualmente involucrando el uso de una mezcla de estrategias. Las estrategias más sofisticadas se aprenden, se seleccionan en una forma más efectiva, y la velocidad y precisión en la ejecución de dichas estrategias aumenta. (NMP, 2008).

Experiencia y educación

A cualquier edad, los niños necesitan oportunidades para aprender la aritmética. En los Estados Unidos, prácticamente todos los niños necesitan *mejores* oportunidades que aquellas que se les brindan – para solucionar problemas de adición y sustracción, construir conocimiento a partir de sus competencias de subitización, hacer modelos, y contar. Debido a que esta infortunada condición de acontecimientos es muy común, comenzaremos esta sección discutiendo los obstáculos para la educación de alta calidad.

Obstáculos para la experiencia y la educación de alta calidad

Creencias limitantes. Los niños pueden aprender la aritmética desde los 3 años de edad, y, en contextos limitados, incluso antes. Todavía la mayoría de los profesores de preescolar y otros profesionales no creen que la aritmética sea apropiada, y no creen que los niños muy pequeños puedan pensar aritméticamente. De este modo, no es sorprendente que los niños pequeños no reciban experiencias educativas de alta calidad con la aritmética.

Enseñanza típica. La enseñanza a menudo ayuda a los estudiantes a realizar procedimientos aritméticos, pero *a expensas de la comprensión conceptual.* Inicialmente, los niños tienen competencias para modelar diferentes tipos de problemas. La enseñanza hace que ellos se pregunten, "¿qué hago, sumo o resto? Y hace que cometan más errores en las operaciones. En vez de esto, se necesita fomentar los modelos informales y el entendimiento de las situaciones, y se necesita construir enseñanza sobre el conocimiento informal (Frontera, 1994).

Libros de texto. En un gran número de textos tradicionales en los Estados Unidos, únicamente se ofrecen los significados más simples para los problemas de adición y sustracción, sean de tipo unión o separación y resultado desconocido (Stigler, Fuson, Ham, & Kim, 1986). Esto es lamentable, porque (a) la mayoría de los niños de kínder ya pueden resolver estos tipos de problemas y (b) el plan de estudios de primer grado en otros países incluye *todos* los tipos de problemas que se mencionan en la Tabla 5.1.

Además los libros de texto hacen poca referencia a la subitización o el conteo, una automatización que sirve de ayuda para el razonamiento aritmético, y no hacen énfasis en las estrategias de conteo. En la medida en que los niños sean más pequeños, más problemáticos llegan a ser estos enfoques de enseñanza. No es de extrañar entonces que la enseñanza estadounidense tenga un efecto positivo en la precisión aritmética de los niños, pero también tenga un efecto inconsistente en su uso de las estrategias.

Adicionalmente, los libros de texto ofrecen una presentación inadecuada de problemas que incluyen muchas cosas pero no incluyen números pequeños. En un libro de kínder, de 100 combinaciones de adición únicamente se presentaron 17, y cada una de ellas sólo un pequeño número de veces.

Enseñanza de las estrategias de conteo con aritmética

Hay otras razones para creer que las prácticas actuales son inadecuadas con respecto a la enseñanza de las estrategias aritméticas de conteo. Por ejemplo, los estudios de desarrollo en el tiempo sugieren que a pesar de los beneficios que muchos niños pequeños obtienen a través de la adopción de estrategias mentales eficientes para el cálculo en los primeros años de escuela, una proporción significativa de estos niños aún depende de estrategias ineficientes de conteo para resolver mentalmente los problemas aritméticos en los años superiores de la educación primaria (Carr & Alexeev, 2008; Clarke, Clarke, & Horne, 2006; Gervasoni, 2005; Perry, Young – Loveridge, Docket. & Doig, 2008). El uso temprano de estrategias más sofisticadas, incluyendo la fluidez y la precisión en el segundo grado, parece tener influencia en las competencias aritméticas posteriores. Los niños que utilizaron objetos manipulativos continuaron con la necesidad de seguir usándolos (Carr & Alexeev, 2008).

¿Cómo podríamos hacer esto mejor? Los profesores quieren que los niños avancen en sus sofisticaciones, pero usualmente los avances efectivos no involucran el remplazo de las estrategias iniciales por algoritmos basados en enseñanza escolar, tales como la "adición de columnas" (ver Capítulo 6). En cambio, *la enseñanza efectiva ayuda a los niños a disminuir y adaptar sus primeras creaciones.*

Enfoques generales. Como lo veremos repetidamente, una de las principales lecciones de la investigación para la aritmética es *conectar el aprendizaje de habilidades, los hechos, los conceptos y la resolución de problemas de los niños.* De esta manera, trabaje con los niños en el planteamiento de problemas, haga las conexiones, y luego resuelva dichos problemas de tal manera que las conexiones se hagan visibles. Fomente en los niños el uso de estrategias de conteo cada vez más sofisticadas, busque patrones, y comprenda la relación entre adición y sustracción.

Otros estudios confirman las ventajas que se obtienen cuando los niños inventan, usan, comparten, y explican las *diferentes estrategias* para resolver problemas más complejos de la aritmética. *El número de estrategias diferentes que los niños comprenden y utilizan predice su posterior aprendizaje.*

Conteo ascendente. Anime a los niños a inventar nuevas estrategias. Para comenzar, ayude a los niños a aprender el nivel "Contador desde el nivel N (N + 1, N – 1)" para contar bien. Esto es útil porque los niños a menudo utilizan el conocimiento que dice que las tareas de n + 1 se pueden solucionar por medio de la estrategia del "número siguiente" (la palabra de conteo después de *n* es la suma) para inventar la estrategia del conteo ascendente. Si los niños, especialmente aquellos con problemas de aprendizaje, necesitan ayuda con la habilidad del "número siguiente," proporcione y luego retire "un punto de partida." También, para estimular a los niños en el uso inicial de la estrategia de conteo ascendente desde un número mayor, plantee problemas en los cuales el uso de dicha estrategia ahorraría esfuerzos considerables, como 1 + 18 o 3 + 21.

Si, para entonces, algunos niños no inventan el *conteo ascendente* por sí mismos y siempre utilizan la estrategia *contar-todo*, fomente el entendimiento y el uso de sub-habilidades. Por ejemplo, muestre numerales como "6" y "4" y pídale a un niño que extienda ese número de fichas. Pídale que cuente para descubrir cuántas fichas hay en total. A medida que él va contando, justo en el momento en que llegue a "seis," señale la última ficha del primer grupo (el sexto objeto). Cuando el niño cuente esa última ficha, señale la tarjeta con el numeral y diga "mira este también es 6. Esto nos dice cuántas fichas hay aquí." Pídale que cuente de nuevo, e interrúmpalo más pronto, hasta que el comprenda que cuando llegue a ese objeto, habrá contado hasta 6. Luego, señale la primera ficha del segundo grupo (el sumando), y diga, "mira, había *seis* fichas aquí, entonces con *esta* (haga un salto exagerado desde la última ficha en el primer sumando hasta la primera ficha en el segundo sumando) se obtiene el número *siete*. Si es necesario, interrumpa el conteo del niño en el primer sumando con preguntas como: "¿cuántos hay aquí (en el primer sumando)? ¿Entonces con este punto (el último del primero) qué número se obtiene? ¿Y con este (el primero del segundo)?" Continúe hasta que el niño comprenda estas ideas y pueda responder fácilmente. *El conteo ascendente* y otras estrategias, como *el conteo-hasta* y *regresivo-hasta* no son simplemente buenas estrategias para encontrar las respuestas. Estas estrategias también desarrollan las relaciones parte-parte-todo de una forma más efectiva que la enseñanza de algoritmos con papel-y-lápiz (B. Wright, 1991).

Agregar cero (identidad aditiva). Esto se trata simplemente de entender que al agregar cero a cualquier número, el resultado es el mismo número, o n + 0 = n (cero se llama la identidad aditiva). Los niños pueden aprender esto como una regla general, y así no necesitan practicar combinaciones que involucren al cero.

La conmutatividad a menudo se desarrolla sin una enseñanza explícita. Presentar tareas tales como 3 + 5 cerca del problema conmutado 5 + 3, resulta útil si se realiza sistemática y repetidamente.

Inversión. Del mismo modo, el uso de los principios aritméticos por parte de los niños, como el principio del inverso, antes de los años de educación formal debe ser considerado cuando se planea el currículo y la enseñanza. Una vez que los niños de kínder pueden subitizar números pequeños verbalmente y comprender el principio de identidad de la adición y sustracción, están en capacidad de resolver problemas de inversión utilizando el número 1 ($n + 1 - 1 = \_$?) y lentamente progresar hasta el 4. Una estrategia de enseñanza útil es primero agregar o retirar los *mismos* objetos, después discutir el principio de inversión, y luego plantear problemas en los cuales usted agregue muchos objetos, y retire el mismo número de objetos, pero no los mismos objetos.

¿Invención o enseñanza directa? Algunos argumentan que los niños deben inventar sus propias estrategias aritméticas. Otros dicen que la clave es que *los niños encuentren el sentido de las relaciones matemáticas,* pero el enfoque de enseñanza exacto que se utilice no es tan importante. Nuestra revisión de la investigación sugiere lo siguiente:

- Desafíe a los niños de preescolar a construir la subitización, el conteo y otras competencias y luego trabaje en problemas aritméticos en contextos concretos.
- Luego, pídale a los niños que resuelvan problemas semi-concretos, en los cuales tengan que razonar acerca de colecciones ocultas, pero que fueron manipuladas o vistas previamente.
- Anime a los niños a inventar sus propias estrategias – con sus compañeros y con una guía *activa* – discutiendo y explicando sus estrategias.
- Motive a los niños a adoptar estrategias benéficas, más sofisticadas tan pronto como sea posible.

Representaciones

Las formas de representación son factores importantes en la resolución de problemas aritméticos por parte de los niños.

Representaciones en el plan de estudios (currículo). Los estudiantes de los grados de primaria tienden a ignorar las imágenes *decorativas* y prestan atención a (pero no siempre son ayudados por) las imágenes que contienen la información requerida para la solución de un problema. Las imágenes decorativas se deberían evitar. A los estudiantes se les debería enseñar a utilizar imágenes que contengan información.

Además, los estudiantes a menudo ignoran (o están confundidos por) las representaciones de la recta numérica. Si se requiere el uso de las rectas numéricas para enseñar aritmética, los estudiantes deberían aprender a moverse entre la recta numérica y las representaciones simbólicas. Un estudio sugirió que la guía cuidadosa entre compañeros (o pares) orientada hacia el uso de la recta numérica, para resolver problemas donde falta un sumando, resultaba exitosa y era apreciada tanto por profesores como por estudiantes con bajo rendimiento en el primer grado. Se les enseñó a los tutores a utilizar un procedimiento de enseñanza, una versión más corta de lo que sigue.

1. ¿Cuál es el signo?
2. ¿Hacia qué lado debes ir? (en la línea numérica)
3. El espacio en blanco va antes o después del signo igual (la primera ubicación es "engañosa").
4. ¿Cuál es el primer número; coloque su lápiz sobre dicho número; este número indica donde debe comenzar.

5. Identifique el segundo número como la meta.
6. ¿Cuántos saltos?
7. Coloque ese número en el espacio en blanco y lea el enunciado numérico completo para verificar.

Hay otros detalles importantes. Primero, la intervención únicamente ayudó cuando los compañeros tutores (pares) demostraron y guiaron el uso de la recta numérica – la recta numérica no fue útil por sí misma. Además, hubo una disminución en la precisión de los niños que sólo resolvieron problemas de sumando faltante, indicando que la práctica en los errores no ayuda. Finalmente, hubo una evidencia anecdótica que sugiere que para los compañeros (pares) fue importante dar retroalimentación a los estudiantes que asesoraban. Así, la enseñanza típica actual en el uso de representaciones, especialmente de representaciones geométricas / espaciales / pictóricas, podrían no ser adecuada para la mayoría de los estudiantes y se le debería dedicar más atención

Manipulativos[1]. ¿Qué pasa con los manipulativos, ya sean contadores o dedos? Muchos profesores ven estas estrategias como elementos que generan dependencia y entonces desalientan su uso muy pronto (Fuson, 1992a). Paradójicamente, aquellos que son mejores en la resolución de problemas *con* objetos, dedos o en el conteo son los *menos* propensos a utilizar *en el futuro* aquellas estrategias que son menos sofisticadas, debido a que confían en sus respuestas y entonces avanzan hacia una recuperación o composición exacta y rápida (Siegler, 1993). De esta manera ayude y anime a todos los niños, en especial a aquellos provenientes de comunidades de bajos ingresos, para que utilicen estas estrategias hasta que adquieran confianza. Tratar de llevar muy rápido a los niños hacia la recuperación, irónicamente hace que este desarrollo sea lento y doloroso. En vez de esto, en la medida de las posibilidades avance hacia estrategias de conteo, y discuta cómo y por qué funcionan estas estrategias y por qué es deseable ayudar a construir significado y confianza.

¿Por cuánto tiempo son necesarios los manipulativos? Pueden ser necesarios para niños de cualquier edad que se encuentren en ciertos niveles de pensamiento. Inicialmente los niños de preescolar los necesitan para darle significado a las tareas aritméticas y a las palabras que designan números relacionadas. En ciertos contextos, los niños mayores también requieren representaciones concretas. Por ejemplo, Les Steffe le pidió a Brenda, una niña de primer grado, que contara seis canicas en su mano. Luego, las escondió, y mostrándole una más le preguntó cuántas tenía en total. Ella respondió: ¡una! Pero cuando él le explicó que tenía seis canicas escondidas, Brenda dijo firmemente "yo no vi seis." Para Brenda no había número, pues no había cosas para contar (Steffe & Cobb, 1988). Los profesores exitosos interpretan lo que el niño está haciendo y pensando e intentan ver la situación desde el punto de vista del niño. Basados en sus interpretaciones, los profesores hacen conjeturas acerca de lo que los niños podrían ser capaces de aprender o abstraer desde sus propias experiencias. De manera similar, cuando ellos interactúan con el niño, también consideran sus propias acciones desde el punto de vista del niño. El profesor de Brenda, por ejemplo, podría esconder cuatro canicas y luego animar a Brenda a levantar cuatro dedos y usarlos para representar las canicas escondidas.

Los dedos, ¿los mejores manipulativos? Enseñar métodos de adición útiles con los *dedos* acelera la adición y sustracción de un solo dígito en los niños hasta en un año sobre los métodos tradicionales en los cuales niños cuentan objetos o imágenes (Fuson, Perry, & Kwon, 1994). La estrategia particular en este estudio fue utilizar la mano que no se usa para escribir con el objetivo de mantener un registro de conteo ascendente (aún para la sustracción). El dedo índice representa el 1, el dedo del corazón significa el 2, y así hasta 4. El pulgar representa el 5 (todos los demás dedos quedan levantados), el dedo pulgar y el índice representan el 6 y así sucesivamente. Luego, los niños contaban de forma ascendente utilizando los dedos para mantener un registro del segundo sumando. La mayoría de los niños avanzaron hacia los métodos mentales durante el segundo grado; más niños de ingresos económicos bajos utilizaron el método de los dedos durante el segundo grado, pero se enorgullecían de poder sumar y restar números grandes. Los educadores deben tener en cuenta que las diferentes culturas, como la tradicional de Estados Unidos, la coreana, la latina, y la cultura de Mozambique, tienen diferentes métodos informales para representar los números con los dedos (Draisma, 2000; Fuson et al., 1994).

Como vimos previamente, si los profesores tratan de eliminar el uso de los dedos demasiado pronto, los niños los usarán "debajo del escritorio" en donde no son visualmente útiles, o adoptarán métodos menos útiles que son más propensos a errores. Además, los métodos más sofisticados no son generadores de dependencia que hacen retrocedan a los niños.

Ir más allá de los manipulativos. Una vez que los niños han establecido estrategias exitosas utilizando objetos como manipulativos, a menudo pueden resolver tareas aritméticas simples sin ellos. Para fomentar esto, pídales a los niños que cuenten cinco juguetes, de uno en uno, y los coloquen en un recipiente opaco, luego que cuente cuatro juguetes más y los coloque en el recipiente, y entonces, que descifren cuántos juguetes hay en total, sin mirarlos.

Los Dibujos y diagramas que los niños producen son herramientas de representación importantes. Por ejemplo, para resolver 6 + 5, los niños podrían dibujar 6 círculos, luego 5 círculos, y después encerrar 5 de los 6 junto con el segundo grupo de cinco para formar un 10, y luego decir que el total es 11. Para otro ejemplo, considere los diagramas de la Tabla 5.1 p.62. Karen Fuson encontró que los segundos diagramas para los tipos de problemas de "Colecciones" eran más útiles para los niños (Fuson & Abrahamson, en prensa) Ellos les dieron a los diagramas el nombre de "montañas matemáticas" y los presentaron con cuentos de los "Pequeños Trapecistas" (Tiny Tumblers), algunos de los cuales daban saltos y giros bajando por un lado de la montaña mientras los otros lo hacían por el otro lado de la montaña. Los niños dibujaban puntos en forma de círculos a cada lado y luego elaboraban diferentes combinaciones. Sus enunciados numéricos para este tipo de problema comenzaban con el total (ejemplo, 10 = 4 + 6) y registraban todas las combinaciones que ellos podían hacer (10 = 0 + 10; 10 = 1 + 9...). El Capítulo 13 presenta otra investigación acerca del uso de diagramas en la resolución de problemas por parte de los niños.

Enseñanza de la resolución de problemas aritméticos

Un tema central para la enseñanza es conocer la secuencia en el cual se deben presentar los tipos de problemas. La progresión del desarrollo en general es la siguiente:

1. *(a) unión, resultado desconocido (cambiar el más); (b) parte-parte-todo, todo desconocido; y (c) separación, resultado desconocido (cambiar el menos)*. Los niños pueden *modelar directamente* las acciones de estos problemas, paso a paso. Por ejemplo, ellos podrían solucionar un problema de unión de la siguiente manera: "Morgan tenía 3 dulces (el niño cuenta 3 fichas una a una) y luego tomó 2 más (el niño cuenta 2 más). ¿Cuántos dulces tienen en total? (el niño cuenta las fichas y dice "cinco"). Se debe prestar atención al vocabulario matemático, por ejemplo, las palabras "en conjunto" significa "todo" o "en total."

2. *Unión, cambio desconocido y parte-parte-todo, parte desconocida*. Se presenta una progresión de desarrollo de tres fases que conduce hacia la habilidad para solucionar estos tipos de problemas. Primero, los niños aprenden a resolver los primeros dos tipos de problemas (a y b en el # 1 arriba) con *conteo ascendente*. Segundo, Ellos aprenden a solucionar el último tipo del problema (c en # 1), por separado, problemas de incógnita en el resultado, utilizando el *conteo ascendente* (pensando en 11 – 6 como 6 + __ = 11) y *conteo hasta* 11, manteniendo un registro de los 5 conteos) o *conteo regresivo* (que puede ser utilizado por los estudiantes *si* tienen bien desarrollada la habilidad de contar en retroceso). En cualquiera de estos casos, se necesita una enseñanza intencional. La solución de conteo regresivo puede funcionar mejor si todos los profesores de los niños a temprana edad, preescolar, y demás grados, desarrollaran esa habilidad a fondo. El método del *conteo hasta* podría funcionar mejor si se ayuda explícitamente a los niños a ver cómo transformar la sustracción en un problema de adición con un sumando faltante. Esto representa otra ventaja de este enfoque: se destaca la relación entre la adición y la sustracción

En tercer lugar y finalmente, los niños aprenden a aplicar esa estrategia para resolver estos nuevos tipos de situaciones; por ejemplo, contar ascendentemente desde el número "inicial" hasta el total, registrando el número de conteos con los dedos y reportando ese número.

3. *"Incógnita al inicio."* Los niños pueden usar la conmutatividad para cambiar los problemas de unión con incógnita al inicio y convertirlos en aquellos de tipo

conteo ascendente (ejemplo, __ + 6 = 11 se convierte en 6 + __ = 11, y luego se cuenta ascendentemente y se registran los conteos). O se utiliza el proceso en reversa para hacer el cambio de __ - 6 = 5 a 6 + 5 = __. En este punto, todos estos tipos de problemas se pueden resolver utilizando nuevos métodos que utilizan combinaciones derivadas, que se discuten en detalle en el Capítulo 6.

Un tipo de problema, la comparación, enfrenta a los niños con un sin número de dificultades únicas, incluyendo ciertos desafíos en el uso del vocabulario. Muchos niños interpretan "menor" o "menos que," como sinónimos de "más" (Fuson & Abrahamson, en prensa). Ellos escuchan el término que expresa más cantidad en muchas situaciones (más alto que, más largo que) con más frecuencia que el término que expresa menor cantidad (más corto que), así que necesitan aprender muchos términos de vocabulario. Las comparaciones se pueden expresar de muchas formas y una de ellas va a ser más fácil. El orden "Jaime tiene 6 dulces" luego "Juanita tiene 3 más que, Jaime" es más fácil de entender que "Él tiene 3 menos que Juanita" al momento de averiguar cuántos dulces tiene Juanita. La investigación muestra que, para el ejemplo "hay 5 pájaros y 3 gusanos," la pregunta, "¿cuántos pájaros no conseguirán un gusano?" es más fácil de entender que "¿cuántos pájaros hay más que, gusanos?" (Hudson, 1983). Así, se debería usar este tipo de vocabulario para presentar estos problemas. También se debe animar a los niños a dibujar diagramas de relación (correspondencia) como los que se muestran en la Figura 5.3.

Más tarde los niños pueden utilizar el tipo de diagramas de barras que se muestran en la Tabla 5.1.

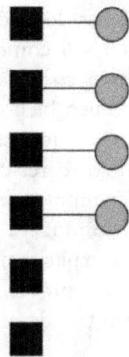

Figura 5.3 Un diagrama de correspondencias para problemas de comparación.

Cambios similares en las palabras para las presentaciones iniciales de problemas de comparación ayudan a los niños. Por ejemplo, se puede cambiar la pregunta, "¿cuántos más tiene A que B?" por la pregunta "¿Cuántos tendría que conseguir B para tener el mismo número que A?" Eventualmente, pídales a los niños que reformulen las preguntas, incluyendo cambios en las oraciones de expresiones de "menor cantidad" por expresiones de "mayor cantidad." Además, aunque los libros de texto a menudo modelan el uso de la sustracción para resolver problemas de comparación, más estudiantes piensan en las comparaciones utilizando un *conteo ascendente* o *una adición* con sumando desconocido. El conteo o la adición modelan las situaciones de comparación debido a que los dos sumandos (la cantidad pequeña y la cantidad de diferencia) se agregan de forma ascendente a un lado de la ecuación y luego balancean la cantidad mayor que se encuentra escrita, sola, en el otro lado de la ecuación.

En resumen, los niños se benefician de la enseñanza en cuanto a dos características de los problemas. El primero es, entender las *situaciones,* incluyendo la comprensión de "lo que está pasando" en los contextos junto con el lenguaje utilizado para describirlos. El segundo aspecto es la comprensión de la *estructura matemática,* tal como el aprendizaje de las relaciones parte-todo por medio de las familias de hechos o solucionando problemas de sumandos faltantes tales como $\_ + 3 - 8 - 2$. Los niños que son principiantes, que tienen bajo desempeño, o que tienen impedimentos cognitivos o dificultades de aprendizaje, se podrían beneficiar particularmente del entrenamiento en situaciones. Los niños con más experiencia y mejores desempeños podrían beneficiarse del entrenamiento matemático. Dicha formación matemática se debería combinar con alguna ayuda, transfiriendo el conocimiento de parte-total de los niños hacia los contextos de los problemas mediante la inclusión de estos dos elementos en el mismo ambiente de enseñanza y discutiendo las similitudes.

Como una combinación similar, los contextos de los cuentos que son diseñados con propósitos específicos pueden ayudar a los estudiantes a desarrollar una comprensión abstracta de los problemas tipo parte-total. Por ejemplo, un profesor relató cuentos de un abuelo quien enviaba regalos a sus dos nietos o, después, acerca de dos niños que le enviaban regalos al abuelo. Otro relato era acerca de los niños que vivían en dos islas y viajaban en bote al colegio. Los niños representaron estos relatos con un tablero de parte-parte-total (similar a los diagramas parte-parte-total que se muestran en la Tabla 5.1).

Implicaciones - un breve resumen

Brinde una serie completa de actividades apropiadas para la edad (de 3 años en adelante), cubriendo la subitización, el conteo, las estrategias de conteo y una variedad de situaciones de adición y sustracción cada vez más amplia (tipos de problemas). Estas situaciones deben abarcar todos los tipos de problemas al terminar el primer grado. Se recomienda hacer énfasis en el significado y en la comprensión, los cuales mejoran a través de las discusiones. El aprendizaje lento y deficiente ocurre cuando los principios no son entendidos. El aprendizaje tedioso y superficial de los niños en edad escolar es a menudo el producto de no comprender las metas y las relaciones en los problemas. *El significado debe ser el centro de atención consistente para el niño.* Unas pocas implicaciones adicionales son destacadas a continuación y, por supuesto, están implícitas en la trayectoria de aprendizaje del capítulo.

- Para los niños más pequeños, utilice objetos físicos relacionados con el problema (en lugar de "manipulativos matemáticos" estructurados), los cuales apoyan el uso, por parte de los niños, del conocimiento informal para resolver problemas aritméticos.
- Comience la enseñanza con los métodos de solución de los niños, asegurando el análisis semántico inicial de los problemas, y construya estrategias aritméticas y numéricas más sofisticadas en paralelo con el desarrollo de la comprensión conceptual.
- Construya múltiples conceptos y habilidades de apoyo. La subitización es un soporte importante para las estrategias de conteo como el *conteo ascendente*, y, como se discute en la siguiente sección, para los enfoques de composición/descomposición de números pequeños en la adición y sustracción. La práctica del conteo simple se transfiere a la adición y a la sustracción, pero las habilidades de conteo deberían además incluir sin esfuerzo el conteo hacia adelante y hacia atrás, el conteo en cualquier dirección comenzando con cualquier número, nombrando el número que está antes o después de otro, *el conteo ascendente utilizando patrones, el conteo ascendente con registro* del número de conteos, y eventualmente cantidades subordinadas al interior de las secuencias de conteo.
- Brinde una variedad de experiencias que incluyan crear, utilizar, compartir, y explicar diferentes estrategias por parte de los niños para ayudarlos a desarrollar un dominio de la aritmética que se adapte a las situaciones.
- Evite las imágenes e ilustraciones decorativas, debido a que son ignoradas por los niños (o los confunden) y no aportan a la solución del problema, solo dan volumen a los libros de texto. (NMP, 2008).
- Enseñe el uso de las representaciones, especialmente las representaciones geométrica, espacial, pictórica.
- Pida a los niños explicación y justificación a las soluciones en lugar de "revisar" su trabajo. La revisión no es muy útil para la mayoría de niños pequeños, pero la justificación construye conceptos y procedimientos, y sirve como una introducción significativa hacia la verificación del trabajo.
- Seleccione currículos que eviten las dificultades que aparecen en la mayoría de los libros textos de Estados Unidos; la enseñanza debería mitigar cualquier limitación proveniente de algún currículo utilizado.

En resumen, preséntales a los niños una variedad de tipos de adición y sustracción y anímelos a inventar, adaptar, usar, discutir y explicar diversas estrategias de solución que sean significativas para ellos. Por ejemplo, la mayoría de los niños pueden comenzar a hacer esto incluso en pre kínder, y casi todos pueden desarrollar esa comprensión y esas habilidades a través de los años de kínder y primer grado. Los niños que se encuentran en el nivel de las unidades perceptivas de conteo podrían necesitar ser motivados a colocar dos colecciones en una caja y contar todos los elementos para establecer la acción de unidad y cuantificación de la suma. La mayoría de los niños pueden aprender rápidamente a reprocesar dos colecciones y concebir esto como una sola colección cuantificable. Luego, los niños pueden resolver problemas con un rango de estrategias cada vez más diverso. Hacer que agreguen uno o más a una colección incentiva su sentido del incremento del número en una colección y los impulsa a conectar sus esquemas de conteo y adición (de forma similar sucede con la sustracción). Algunos niños necesitan recontar, pero la mayoría, incluso en pre-kínder, pueden aprender a contar con un poco de experiencia. En todos los casos, el énfasis se debe hacer en el uso que hacen los niños de las estrategias que son significativas para ellos. Los enfoques que hacen énfasis en la comprensión, la significatividad, los patrones, las relaciones y la invención de estrategias, si se usan consistente y pacientemente, también funcionan en los niños con necesidades especiales (Baroody 1996). Se deben fomentar las estrategias informales tales como saber añadir 0 o 1. La investigación muestra que, si se ubican apropiadamente, a los niños que son considerados con problemas de aprendizaje se les puede enseñar a utilizar dichos patrones y estrategias (ver más en los Capítulos 15 y 16 acerca de los niños con necesidades especiales). Implicaciones específicas adicionales se tejen dentro de las siguientes trayectorias de aprendizaje.

Trayectorias de aprendizaje para la adición y sustracción (enfatizando en las estrategias de conteo)

Como otras que ya hemos visto, la trayectoria de aprendizaje para la adición y la sustracción es compleja debido a que hay muchos avances conceptuales y de habilidades. La importancia de las *metas* para este dominio es clara: La aritmética es el punto central principal de la educación primaria. Estas metas aparecen en los puntos centrales del currículo de NCTM como se muestra en la Figura 5.4. Aceptando esas metas, la Tabla 5.2 brinda los dos componentes adicionales de la trayectoria de aprendizaje, la progresión del desarrollo y las tareas instructivas. Recuerde que las edades en todas las Tablas de las trayectorias de aprendizaje son aproximadas, especialmente porque la edad de adquisición con frecuencia depende en gran medida de la experiencia. Una nota final importante: *La mayoría de las estrategias se utilizarán exitosamente para los números más pequeños (totales de 10 o menos) durante un año o más, antes de ser utilizadas de manera exitosa con números más grandes* (Frontera, 1994). *Esto se debe considerar cuando se construyan las tareas para los niños.*

Pre kínder

Conexión con los puntos centrales Número y operaciones: Los niños utilizan los significados de los números para crear estrategias que resuelven problemas y responden a situaciones prácticas.

Kínder

Punto central Número y operaciones: **Representación, comparación y orden de los números enteros, unión y separación de conjuntos**

Los niños utilizan los números, incluyendo los numerales escritos, para representar cantidades y para resolver problemas cuantitativos, tales como... diseñar situaciones simples de unión y separación con objetos. Ellos escogen, combinan, y aplican estrategias efectivas para responder preguntas cuantitativas, incluyendo... el conteo del número de elementos en conjuntos combinado y el conteo regresivo.

Grado 1

Punto central Número, operaciones y Álgebra: **Desarrollar la comprensión de la adición y la sustracción, y estrategias para hechos básicos de la adición y hechos relacionados con la sustracción**

Los niños desarrollan estrategias para sumar y restar números enteros sobre la base de su trabajo previo con números pequeños. Los niños usan una variedad de modelos, incluyendo objetos discretos, modelos basados en longitud, (por ejemplo longitudes de cubos que se conectan) y rectas numéricas, para modelar situaciones "parte-total," "sumar a," "sacar de" y "de comparación," y desarrollar una comprensión de los significados de la adición y la sustracción y estrategias para resolver dichos problemas aritméticos. Los niños comprenden las conexiones entre el conteo y las operaciones de adición y sustracción (ejemplo, sumar 2 es lo mismo que "*contar* 2 *de forma ascendente*"). Ellos utilizan las propiedades de la adición (conmutativa y asociativa) para sumar números enteros, y crean y usan estrategias cada vez más sofisticadas basadas en estas propiedades (ejemplo, "hacer decenas") para resolver problemas de adición y sustracción que involucran hechos básicos. Mediante la comparación de una variedad de estrategias de solución, los niños relacionan la adición y la sustracción como operaciones inversas.

Grado 2

Punto central Número, operaciones y algebra: **Desarrollar el recuerdo rápido de los hechos de adición y los hechos relacionados con la sustracción y la fluidez con la adición y sustracción de múltiples dígitos.**

Los niños utilizan su comprensión de la adición para recuperar rápidamente hechos de adición y aquellos relacionados con la sustracción. Resuelven problemas aritméticos aplicando su comprensión de modelos de adición y sustracción (tales como combinar o separar conjuntos o usar rectas numéricas), las relaciones y las propiedades de los números (como el valor de la posición), y las propiedades de la adición (conmutativa y asociativa). Los niños desarrollan, discuten y usan métodos eficientes, precisos y generalizables, para sumar y restar números enteros de múltiples dígitos. Ellos seleccionan y aplican métodos apropiados para estimar sumas y diferencias o para calcularlas mentalmente, dependiendo del contexto y de los números en cuestión. Desarrollan la fluidez con procedimientos eficientes, incluyendo los algoritmos estándar, para la adición y sustracción de números enteros, comprenden por qué funcionan los procedimientos (sobre la base del valor de la posición y las propiedades de las operaciones) y los usa para resolver problemas.

Conexión con los puntos centrales. Número y operaciones: Los niños usan el valor posicional y las propiedades de las operaciones para crear representaciones equivalentes de los números dados (tales como 35 representado por 35 unidades, 3 decenas y 5 unidades, o 2 decenas y quince unidades) y escribir, comparar y ordenar números de múltiples dígitos. Ellos utilizan estas ideas para componer y descomponer números de múltiples dígitos. Los niños suman y restan para resolver una variedad de problemas, incluyendo aplicaciones que involucran la medida, la geometría, y los datos, y también problemas no rutinarios. En su preparación para grado 3, los niños resuelven problemas que involucran situaciones multiplicativas, desarrollando la comprensión inicial de la multiplicación como una adición que se repite.

Figura 5.4 Puntos centrales del currículo para la adición y la sustracción.

Tabla 5.2. Trayectoria de aprendizaje para la adición y la sustracción (enfatizando en las estrategias de conteo)

Edad (años)	Progresión del desarrollo	Tareas instructivas
1	**+/- Pre-Explícito** Sensibilidad ante la adición y la sustracción de grupos combinados con respecto a la percepción. No se efectúan adiciones formalmente. No muestra señales de entendimiento con respecto a la adición o sustracción.	Además de brindar riqueza sensorial, ambientes manipulativos, uso de palabras tales como "más" y acciones de adición de objetos, dirige la atención a las combinaciones y comparaciones.
2-3	**+/- No Verbal** Adiciones y Sustraciones de colecciones muy pequeñas mentalmente (no verbalmente). Cuando se le muestran 2 objetos y después un objeto bajo una servilleta, identifica o hace un conjunto de 3 objetos para "emparejar".	*Unión No Verbal Resultado desconocido o separado de la, resultado desconocido (quitar), utilizando los números más pequeños.* Por ejemplo, se les muestran 2 objetos a los niños, luego 1 objeto que está bajo una servilleta, y luego se les pide que muestren cuántos hay. *Juego de Pizzas 4.* Los estudiantes suman y restan números hasta los totales de 3 con objetos que se muestran, pero que luego se esconden) emparejando las

Edad (años)	Progresión del desarrollo	Tareas instructivas
		cantidades dadas.

4	**+/- de Números Pequeños** Halla las sumas para problemas de reunión hasta 3 + 2 mediante un conteo total de objetos.	*Unir resultados desconocidos o separados, resultados desconocidos (sacar) números problema < 5.*
		"Tienes 2 balones y consigues 1 más. ¿Cuántos tienes en total?"
	Cuando se le dice, "tienes 2 pelotas y traes 1 más. ¿Cuántas hay en total?" Cuenta 2 por separado, después cuenta 1 más, entonces cuenta 3: "1, 2, 3, ¡3!"	*Problemas de Palabras.* Pedir a los niños que resuelvan problemas de adición simples con juguetes que representen los objetos en los problemas. Utilice totales hasta 5.
		Decir a los niños que usted quiere comprar 3 triceratops y 2 tiranosaurios. Pregunte cuántos dinosaurios hay en total.
		Pregúnteles a los niños como obtuvieron sus respuestas y repita con otros problemas.
		Problemas de Palabras con los Dedos. Pedir a los niños que resuelvan problemas de adición simples con sus dedos. Utilice números muy pequeños. Los niños deben colocar sus manos en su regazo en cada problema.
		Para resolver los problemas anteriores, oriente a los niños mostrándoles tres dedos en una mano y dos dedos en la otra y reitere ¿Cuántos hay en total?
		Pregúnteles a los niños como obtuvieron sus respuestas y repita con otros problemas.
		Tienda de Dinosaurios 3 a la solicitud del cliente, los estudiantes agregan el

Edad (años)	Progresión del desarrollo	Tareas instructivas
		contenido de dos cajas de dinosaurios de juguete (estructura de números) y haga click en el numeral que represente la suma. 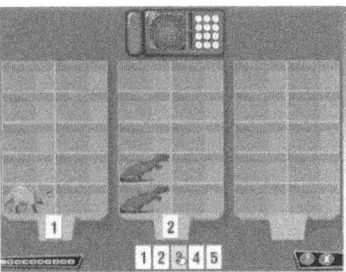
4-5	**+/- Encuentra el Resultado** Halla las sumas para problemas de reunión (tenías 3 manzanas y ahora tienes 3 más, ¿Cuántas tienes en total?) y para problemas parte-parte-todo (hay 6 niñas y 5 niños en el parque, ¿Cuántos niños hay en total?) mediante modelamiento directo, efectuando conteo total de objetos. Si se le pregunta, "tienes 2 pelotas rojas y 3 pelotas azules. ¿Cuántas hay en total?," cuenta por separado 2 rojas, después cuenta 3 azules, y finalmente cuenta 5 en total. Resuelve problemas de sustracción mediante la separación de objetos. Cuando se le pregunta "tienes 5 pelotas y le das 2 a Tomás ¿Cuántas quedan?" cuenta 5 pelotas, después retira 2, y finamente cuenta las 3 que quedan.	*Problemas de Palabras.* Los niños resuelven todos los tipos de problemas anteriores utilizando manipulativos o sus dedos para representar objetos. Para resultado separado o desconocido (sacar). "tiene 5 balones y le da 2 a Tom ¿Cuántos le quedaron?" Los niños podrían contar 5 balones, luego sacar 2 y luego contar los 3 que les quedan. Para los problemas del todo las partes, problemas del todo desconocidos, ellos podrían resolver "tiene 2 balones rojos y 3 azules ¿Cuántos hay en total?" *Nota:* en todas las actividades orientadas por el profesor, presente pares conmutados uno después del otro: 5+3 luego 3+5. Con dichas experiencias la mayoría de los niños aprenden a incorporar la conmutatividad en sus estrategias. También anime a los niños que puedan utilizar la estrategia de suma del corto circuito para (resolver 5+3, " 1, 2, 3, 4, 5, 6, 7, 8…8!") los cuales sirven como una transición para el conteo. *Escenas de Lugares (Adición) Problemas Desconocidos de la Parte – Parte, de la Parte – Todo.* Los niños juegan con juguetes en una escena del contexto y combinan

Edad (años)	Progresión del desarrollo	Tareas instructivas
		grupos. Por ejemplo: ellos pueden ubicar 4 tiranosaurios rex y 5 apatosaurios en un papel y luego contar todos los nueve para saber cuántos tienen en total.

Tienda de Dinosaurios 3. Los clientes del almacén les piden a los estudiantes que combinen sus dos órdenes y agreguen el contenido de las cajas de los dinosaurios de juguete (estructura de números) y hacer click en los numerales que representan la suma.

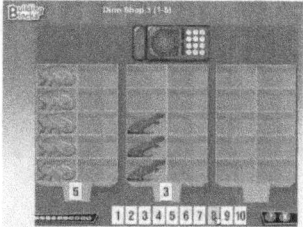

Lejos del Árbol. Los estudiantes suman dos cantidades de puntos para identificar su valor de número total, y luego avance un número de espacios correspondientes en un tablero de juego el cual es marcado con numerales.

Edad (años)	Progresión del desarrollo	Tareas instructivas
		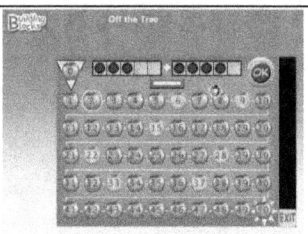 *Juego de Comparación(Adición)*. Para cada pareja de niños utilice dos o más conjuntos de cartas de conteo del 1-10 mezcle y comparta las cartas eventualmente colocándolas boca abajo. Los jugadores simultáneamente giran 2 cartas para sumar y comparar cual es mayor. El jugador que tiene más dice: "tengo más" y toma las cartas del oponente. Si las cartas son iguales, cada jugador gira otra carta hasta romper la secuencia. El juego termina cuando todas las cartas se han jugado y el ganador es aquel que tiene más cartas. o se puede jugar sin ganado si no se permite que los jugadores se queden con las cartas. *Encuentre un Cinco*. Los niños hacen grupos de frijoles de 1 a 5 luego los esconden debajo de los pocillos y luego los mezclan. En parejas, los niños tratan de encontrar 2 pocillos que sean iguales a 5. Cuando estén listos aumente a una suma más alta.
	Conviértalo en N Suma objetos para "hacer que un número se convierta en otro" sin necesidad de contar desde "1." No representa (necesariamente) cuántos fueron adicionados (no es uno de los requerimientos de este tipo de problema de dificultad intermedia) (Aubrey, 1997). Cuando se le pregunta, "esta	*Haciendo lo Correcto*. Los niños resuelven problemas como "este muñeco tiene 4 balones pero debería tener 6. Haga 6." *Tienda de Dinosaurios 4*. Los estudiantes comienzan con X dinosaurios en la caja y suman Y hasta alcanzar un total de Z dinosaurios (hasta 10).

Edad (años)	Progresión del desarrollo	Tareas instructivas
	mascota tiene 4 pelotas pero debería tener 6. Conviértalas en 6,"extiende 4 dedos de una mano, inmediatamente cuenta por separado ascendentemente desde 4 al tiempo que extiende 2 dedos más, diciendo, "5, 6."	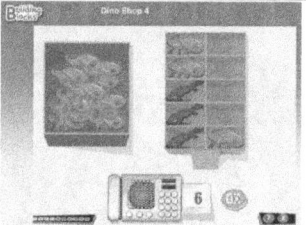

Juego de Pizzas 5. Los estudiantes agregan cubiertas a una pizza (hasta 10) para hacer la cantidad requerida.

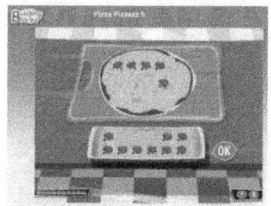

Del Mar a la Orilla. Los estudiantes identifican cantidades numéricas por conteo (simple). Ellos avanzan un número de espacios en un tablero de juego que es **uno más** que el número de puntos en una estructura de número de cincos y dieces.

Nota. Fíjese que "Estoy Pensando en un Número" del Capítulo 3 ayuda a desarrollar las habilidades de conteo relevantes.

+/- Encuentra el Cambio
Encuentra el sumando faltante (5 + _ = 7) mediante la adición de objetos.

Agregar hasta – Contar Todos los

Unir el Cambio de Problemas Desconocidos como "tiene 5 balones y luego consigue algunos más. Ahora tiene 7 en total. ¿Cuántos consiguió?" los niños lo resuelven utilizando balones de 2

Edad (años)	Progresión del desarrollo	Tareas instructivas
	Grupos. Cuando se le pregunta, "tienes 5 pelotas y después consigues unas cuántas más. Ahora tienes 7 en total. ¿Cuántas conseguiste?" cuenta por separado hasta 5, después cuenta las pelotas hasta cinco, una vez más, comenzando en 1, y después adicionando más pelotas, contando "6,7," después cuenta las pelotas que se sumaron para hallar la respuesta, 2. (Es posible que algunos niños usen los dedos, y atenúen el conteo mediante el uso de patrones de dedos). *Separar de – Contar Todos los Grupos.* Cuando se le pregunta "Natalia tenía 8 calcomanías. Le dio unas cuantas a Carmen. Ahora Natalia tiene 5 calcomanías. ¿Cuántas le dio a Carmen?" cuenta 8 objetos, los separa hasta que queden 5, cuenta los objetos que fueron retirados. Compara por emparejamientos en situaciones simples. *Emparejar – Contar el Resto.* Si se le pregunta, "Aquí tienes 6 perros y 4 pelotas. Si le damos una pelota a cada perro, ¿cuántos perros se quedan sin pelota?" cuenta por separado los 6 perros, asigna 4 pelotas a 4 de ellos, entonces cuenta los 2 perros que no tienen pelota.	colores. *Parte-Parte-Todo, Parte Desconocida.* "Hay 6 niños en el parque 2 de ellos son niños y el resto son niñas, ¿Cuántas niñas hay?" Este tipo de problema puede ser más difícil para la mayoría de los estudiantes y no se puede solucionar de manera independiente hasta el siguiente nivel porque requiere mantener la suma en los objetos separados desde los objetos iniciales. Los niños pueden utilizar los dedos y los patrones de dedos. Ellos pueden utilizar "agregar" si hacen una parte primero, o "separar desde" si ellos sacan 6, y luego remueven 2, luego cuentan los objetos que quedan. Sin embargo sin apoyo ni orientación, muchos niños pueden aprender a resolverlos. Por ejemplo utilizando "niños y niñas" en el problema anterior puede ayudar. Así decir "y el resto es" finalmente, decir primero la suma conocida puede ayudar.
5-6	**+/- Estrategias de Conteo** Halla las sumas para problemas de reunión (tenías 8 manzanas y conseguiste 3 más…) y problemas parte-parte-todo (6 niñas y 5	*¿Cuántos Hay Ahora?* Hacer que los niños cuenten los objetos a medida que los ubica en una caja. Preguntar como "¿cuántos hay en la caja ahora?" agregue 1, repita la pregunta, luego verifique la respuesta de los niños contando todos

Edad (años)	Progresión del desarrollo	Tareas instructivas
	niños...) con patrones de dedos y/o mediante el conteo sucesivo. *Conteo-sucesivo* "¿Cuánto es 4 y 3 más?" "Cuatrooooo... cinco, seis, siete, [usa patrones rítmicos o con dedos para mantener el registro]. ¡Siete!" *Conteo-hasta* Es posible que resuelva sumandos faltantes (3 + _ = 7) o que compare problemas mediante conteo ascendente; ej., cuenta "4, 5, 6, 7" mientras extiende los dedos; después cuenta o reconoce los cuatro dedos que extendió. Cuando se le pregunta, "Tienes 6 pelotas. ¿Cuántas más necesitas para tener 8?" dice, "Seis, siete, [extiende el primer dedo], ocho [extiende el segundo dedo]. ¡Dos!"	los objetos. Repita, verifique ocasionalmente. Cuando los niños estén listos pude agregar 2 y eventualmente más objetos. Variaciones: ubique monedas en una lata de café. Diga que un número de objetos dado se encuentra en la lata. Luego haga que los niños cierren los ojos y cuenten los objetos adicionales a medida que caen dentro. *Más Cubiertas.* Los niños utilizan el cortador de pizzas y los discos cafés para las cubiertas. El profesor les pide colocar 5 cubiertas en sus pizzas y luego pregunta ¿cuántas tendrían en total si colocan 3 más? Ellos cuentan para responder luego colocan las cubiertas para verificar. *Doble Comparación.* Los estudiantes comparan las sumas de las cartas para determinar cual suma es mayor. Anime a los niños a utilizar estrategias más sofisticadas como el conteo sucesivo. 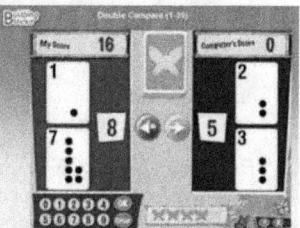 *Resultado Desconocido de la Unión y Parte-Parte-Todo, Todo Desconocido.* "¿Cuanto es 4 y 3 más?" *Motivar el uso del conteo.* Los niños a menudo utilizan el conteo en lugar del modelado directo (estrategias de contar todo) cuando es más fácil aplicar, como cuando el primer sumando es más grande (23) y el segundo más pequeño (2). *Enseñar las habilidades de conteo sucesivo.* Si

El Aprendizaje y la Enseñanza de las Matemáticas a Temprana Edad

Edad (años)	Progresión del desarrollo	Tareas instructivas
		los niños necesitan apoyo para utilizar el conteo o no lo crean espontáneamente amplié la enseñanza de la submodalidades.
		Exponga el problema con las cartas numeral (p.e., 5+2). Cuente los objetos en una línea de cada carta.
		Señale el último objeto del primer sumando. Cuando el niño cuente el ultimo objeto señale la carta numeral y diga "mire este es 5 también. Este dice cuántos puntos hay aquí."
		Resuelva otro problema. Si el niño cuenta el primer conjunto comenzando con 1 otra vez, interrumpa lo más pronto posible y pregunte que número diría cuando obtiene en último objeto en el primer conjunto. Enfatice si seria el mismo número de la carta numeral.
		Señale al primer punto del conjunto y diga (p.e., para 5+2) "ver que hay 5 aquí, así este obtiene el número 6 (exageró el salto del ultimo objeto en el primer conjunto al primer objeto en el segundo conjunto)."
		Repita con nuevos problemas. Si los niños necesitan más apoyo, interrumpa su conteo en el primer conjunto con preguntas: "¿cuántos hay aquí (primer conjunto)? Así este (el ultimo del primero) ¿que número es? Y ¿Qué número para este otro (primero del segundo conjunto)?"
		Problemas de Palabras. Los estudiantes resuelven problemas con palabras (hasta un total de 10) en y fuera del computador.
		Girar hasta Diez y Hacer Dieces. Ver Capítulo 6. Muchos niños especialmente al comienzo utilizarán estrategias de conteo para resolver las tareas en estos juegos.
		Idea Brillante. Se les da a los estudiantes

Edad (años)	Progresión del desarrollo	Tareas instructivas
		un numeral y una estructura con puntos. Ellos cuentan desde este numeral para identificar la cantidad total y luego avanza un número de espacios correspondientes en un tablero de juego.  *Facilón.* Los estudiantes suman 2 numerales para encontrar un número total (sumas de 1 hasta 10), y luego avanza 1 número de espacios correspondientes en un tablero de juego. El juego motiva a los niños a contar desde un número más grande (P.e., para sumar 3 + 4, ellos contarían "4…5, 6, 7!"). 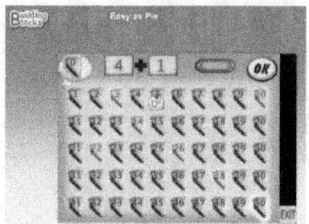 *Montones de Calcetines.* Los estudiantes suman 2 numerales para encontrar la cantidad de número total (1 hasta 20), y luego avanza 1 número de espacios correspondientes en un tablero de juego. El juego motiva a los niños a contar desde un número mayor (p.e., para sumar 2 + 9, ellos contarían "9…10, 11!").

Edad (años)	Progresión del desarrollo	Tareas instructivas

6	**+/- Parte-Todo:** Tiene un entendimiento inicial de Parte-Todo resuelve todos los tipos de problema previos usando estrategias flexibles (es posible que use algunas combinaciones conocidas, tales como 5 + 5 = 10). En algunas ocasiones puede resolver comenzando con una incógnita (_ + 6 = 11), pero solamente mediante ensayo y error. Si se le pregunta, "tenías un número de pelotas, entonces consigues 6 más. Ahora tienes 11 pelotas. ¿Cuántas pelotas tenías inicialmente?" coloca 6, después 3 más, cuenta y obtiene un 9. Le pone una más al grupo de 3, ... dice 10, y pone 1 más. Cuenta ascendentemente de 6 a 11, y después re-cuenta el grupo que fue adicionado, finalmente dice, "¡Cinco!"	*Resultado Separado Desconocido.* "Tienes 11 lápices y sacas 7 ¿Cuántos tienes aun?" anime a los niños a utilizar el conteo hacia atrás o especialmente con los números en este ejemplo conteo hacia adelante, para determinar la diferencia. Discuta cuando seria más eficiente cada una de estas y otras estrategias. También Cambio de Unión Desconocido Parte-Parte-Todo Parte Desconocido y Diferencia de Comparación Desconocida "(Nita tiene 8 etiquetas. Carmen tiene 5 etiquetas. ¿Cuántas más tiene Nita que Carmen?)" *Los Huesos de Barkley.* Los estudiantes determinan el sumando faltante en problemas como 4 + _ =7.  *Problemas de Palabras 2.* Los estudiantes resuelven problemas de palabras (adición y sustracción de dígitos simples) dentro y fuera del computador.

Edad (años)	Progresión del desarrollo	Tareas instructivas

		Objetos Escondidos. Esconda 4 contadores debajo de una tela oscura y muestre a los estudiantes 7 contadores. Dígales que se escondieron 4 contadores y desafíelos a decir cuántos hay en total. O dígales que hay 11 en total y pregunte cuántos hay escondidos haga que discutan sus estrategias de solución. Repita con sumas diferentes.
		Eggcellent. Los estudiantes utilizan la estrategia para identificar cuál de 2 o 3 números, cuando se suman juntos será capaz de alcanzar el espacio final de un tablero de juego en la menor cantidad de movimientos, a menudo eso significa que la suma de 2 números grandes pero a veces otra combinación le permite golpear una positiva o evitar una acción de espacio regresiva.

6-7	**+/- Números-en-Números** Reconoce cuando un número es parte de un todo y puede mantener en la mente la parte y el todo simultáneamente; resuelve problemas que comienzan con incógnitas (_ + 4 = 9) empleando	*Problemas con Comienzo Desconocidos.* "tiene algunos balones luego consigue 4 más ahora tiene 9 ¿Cuántas tenía al comenzar?" *Gire las Cartas.* Haga turnos los estudiantes rueden dos cubos numerales (del 1 al 6) y los suman y giran sobre

Edad (años)	Progresión del desarrollo	Tareas instructivas
	estrategias de conteo. Si se le pregunta, "Tienes unas cuántas pelotas, después consigues 4 pelotas más, y ahora tienes 9. ¿Con cuántas pelotas tuviste que empezar?"Cuenta, extendiendo dedos, "cinco, seis, siete, ocho, nueve." Mira los dedos, y dice, "¡Cinco!"	cartas numerales 1 – 12, los estudiantes pueden girar sobre cada combinación de cartas cuya suma sea igual a la suma del cubo. Los estudiantes continúan hasta que ellos no pueden girar más cartas. Luego, se deja registrado la suma de estas cartas.. La suma final más baja es la ganadora esta es comercialmente conocida como *Wake Up Giants* o *Shut the Box*. *Adivina Mi Regla*. Dígale a la clase que deben adivinar su regla. Los estudiantes dan un número (dice 4) y el profesor registra : $$4 \rightarrow 8$$ Los estudiantes podrían adivinar la regla es "doble" sin embargo el juego continuo: $$4 \rightarrow 8$$ $$10 \rightarrow 14$$ $$1 \rightarrow 5 \ldots$$ Los estudiantes luego adivinan que la regla es "sumar 4." *Pero ellos no pueden decir esto.* Si ellos creen que saben, tratan de dar el número de la derecha de la flecha. El profesor lo graba si está correcto. Únicamente cuando la mayoría de todos los estudiantes pueden hacerlo discuten la regla. *Function Machine (Maquina de Funciones)*. Los estudiantes identifican una función matemática (regla) observando una serie de operaciones que aplica a un valor consistente de adición o sustracción (+2, -5, etc.).

Edad (años)	Progresión del desarrollo	Tareas instructivas
		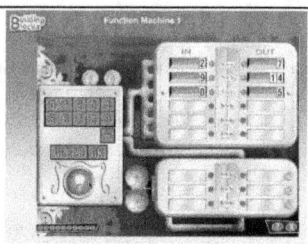
	+/- Derivando: Usa estrategias flexibles y combinaciones derivadas (ej., "7 + 7 es 14, entonces 7 + 8 es 15) para resolver todo tipo de problemas. Incluye Romper para Hacer Grupo de Diez ("Break Apart to Make Ten" BAMT – explicado en el Capítulo 6). Puede pensar en tres números involucrados en una suma simultáneamente, y puede mover parte de un número hacia otro, siendo consciente de los incrementos en uno y las disminuciones (decrementos) en otro.	*Todo tipo* de problema con números de un solo dígito. *Total de Tic Tacs.* Dibuje un tablero tic-tac-toe y escriba los números 0 2 4 6 8 0 y 1 3 5 7 9. Los jugadores por turnos cruzan uno de los números y lo escriben en el tablero. Un jugador utiliza únicamente los números pares, el otro únicamente los números impares. El que primero haga 15 como suma de los 3 números en una fila (columna, diagonal) es el ganador (Kamii, 1985). Cambie el total a 13 para un nuevo juego. Juego de Cartas *21,* donde el As toma el valor 1 ol 11, y las del 2 al 10 toman sus valores.
	Cuando se le pregunta, "¿Cuánto es 7 más 8?" Piensa: 7 + 8 → 7 + [7 + 1] → [7 + 7] + 1 = 14 + 1 = 15.	El encargado de iniciar el juego le da a cada uno 2 cartas incluyéndose a si mismo.
	O, mediante el uso de BAMT, piensa, 8 + 2 = 10, entonces separa 7 en 2 y 5, suma 2 y 8 para obtener 10, y después adiciona 5 más, 15.	En cada ronda cada jugador, si su suma es menor de 21 puede pedir otra carta o parar. Si con una nueva carta la suma es mayor de 21 el jugador queda fuera. Continúe hasta que todos se "queden" (no piden mas cartas).
	Resuelve casos simples de adición multidígito (algunas veces sustracción) mediante el incremento de dieces y/o unos.	El jugador cuya suma está más cerca a 21 es el ganador. Variaciones: al comienzo jugar hasta 15.
	"¿Cuánto es 20 + 34?" El estudiante usa un cubos para contar ascendentemente 20, 30, 40, 50, mas 4 es 54.	Adición y sustracción de multidígitos. "¿Cuanto es 28 + 35?" (ver Capítulo 6).

Edad (años)	Progresión del desarrollo	Tareas instructivas
7	**+/- Solucionador de Problemas** Soluciona todo tipo de problemas, con estrategias flexibles y combinaciones conocidas. Cuando se le pregunta, "Si yo tengo 13 y tú tienes 9, ¿Cómo podemos tener los dos el mismo número?," dice, "9 y 1 es 10, entonces 3 más para llegar a 13. 1 y 3 es 4. ¡Necesito 4 más!" Es posible resolver los multidígitos mediante el incremento o combinación de decenas y unidades (estas últimas no se usan para reuniones, cambio desconocidos). "¿Cuánto es 28 + 35?" El Incrementador piensa: 20 + 30 = 50; +8 = 58; 2 más es 60, 3 más es 63. Combinando dieces y unos: 20 + 30 = 50. 8 + 5 es como 8 mas 2 y 3 más, entonces es 13. 50 y 13 es 63.	Problemas de *todos los tipos* de estructura con números de un solo dígito. (Ver Capítulo 6 para problemas multidígitos).

Palabras Finales

En los Capítulos 2 y 3, vimos que los niños cuantificaban grupos utilizando diferentes procesos, tales como la subitización y el conteo. Ellos pueden resolver tareas aritméticas con diferentes procesos. Este capítulo se centró en un enfoque basado en el conteo para la aritmética. El Capítulo 6 describe un enfoque basado en la composición. Los niños con frecuencia utilizan los dos, e incluso los combinan, como ha sido sugerido en las estrategias más sofisticadas ya descritas (Por ejemplo, El Derivador +/-).

6 ARITMÉTICA

Composición de número, valor de una posición, adición y sustracción con múltiples dígitos

Me parece más fácil no hacerlo (adición simple) con los dedos porque a veces entro en una gran confusión con ellos (y) me parece más difícil sumar porque no me concentro en la suma. Me concentro en colocar mis dedos bien...lo cual toma tiempo. Puedo demorarme más calculando la suma que sumando en mi cabeza. ["En su cabeza" Marcela imaginó arreglos de puntos. ¿Por qué simplemente ella no los utilizó?] Si no utilizamos nuestros dedos, el profesor va a pensar, ¿"por qué no están utilizando sus dedos?... estos niños solo están allí sentados pensando"...se supone que debemos utilizar nuestros dedos porque es más fácil...lo cual no es cierto

(Gray & Pitta, 1997, p.35).

¿Usted considera que el profesor debería hacer que Marcela utilizara objetos concretos? O debería motivar a los niños como Marcela a utilizar razonamientos aritméticos cada vez más sofisticados. Por ejemplo, debería el profesor ayudar a Marcela a descomponer y recomponer números, tales como "dobles-más-uno" (7 + 8 se resuelve como 7 + 7 = 14, y 14 + 1 = 15). Este capítulo discute tres temas que involucran composiciones de número cada vez más sofisticadas: combinaciones aritméticas ("hechos"), valor de la posición, y adición y sustracción con múltiples dígitos.

Composición de un número

La composición y descomposición de un número es otro enfoque para la adición y sustracción, y se utiliza frecuentemente junto a las estrategias de conteo, como se pude ver en la estrategia de "dobles-más-uno." La subitización conceptual es un caso importante de la composición de un número (ver Capítulo 2).

Competencias iniciales con las relaciones Parte-todo

Los niños pequeños aprenden a reconocer relaciones de parte-todo en situaciones no verbales, intuitivas, perceptivas y pueden representar no verbalmente partes que conforman un total específico (por ejemplo ·· y ·· conforman ····). Entre los 4 y 5 años de edad, los niños aprenden, de las situaciones cotidianas, que un total se compone de partes más pequeñas y por lo tanto es más grande que sus partes; sin embargo, es posible que no siempre puedan cuantificar esa relación de manera precisa.

Los niños más pequeños aprenden a reconocer que los conjuntos se pueden combinar en diferente orden (incluso si ellos no reconocen explícitamente que esos grupos están compuestos de grupos más pequeños). Los niños de preescolar muestran un conocimiento intuitivo de la conmutatividad (la adición de un grupo de 3 a un grupo de 1, arroja un grupo con el mismo número resultante cuando se agregar el grupo de 1 a un grupo de 3) y, más tarde, la asociatividad (agregar un grupo de 3 a un grupo de 2, y luego añadir ese grupo a un grupo de 1, produce un grupo con el mismo número resultante cuando se suma el grupo de 3 *después de* combinar los grupos de 2 y el de 1).

Luego los niños aprenden estas mismas ideas aplicándolas en contextos más abstractos, incluyendo problemas aritméticos específicos, por ejemplo, que "dos" y "dos" son "cuatro." En ese punto los niños pueden desarrollar la habilidad de reconocer que los números 2 y 3 están "escondidos dentro" de 5, tal y como lo están los números 4 y 1 (Fuson & Abrahamson, en prensa). Lo que significa que los niños pueden desarrollar conocimiento explícito de las relaciones parte-total a la edad de 4 o 5 años.

En resumen, los niños desarrollan una comprensión temprana y primitiva de la conmutatividad, luego la composición aditiva (los grupos grandes están compuestos por grupos más pequeños), la conmutatividad de grupos combinados, y luego la asociatividad. Así, por lo menos a los 5 años de edad, los niños están listos para resolver problemas que requieran un razonamiento de parte-total, tales como los problemas conjuntos o separados donde el "cambio" es desconocido. Sin embargo, es posible que los profesores necesiten ayudar a los niños a ver la importancia de aplicar su entendimiento de las relaciones parte-total a estos tipos de problemas.

Al construir conocimiento sobre su entendimiento del parte-total, los niños pueden aprender a separar un grupo en sus partes de diferentes maneras, produciendo (eventualmente, todas) las combinaciones de números que componen un número dado; por ejemplo, 8 como 7 + 1, 6 + 2, 5 + 3, y así sucesivamente. Este enfoque para las combinaciones aritméticas complementa y construye a partir de las estrategias basadas en el conteo del capítulo anterior.

Aprendizaje de las combinaciones básicas ("hechos") y fluidez

Las recomendaciones para la educación matemática de alta calidad nunca han ignorado la necesidad que tienen los niños de lograr eventualmente la fluidez en el conocimiento de las combinaciones básicas de los números, tales como 4 + 7 = 11. Aquellos que leen muchos reportes en los medios de comunicación podrían sorprenderse por esto, hay artículos dados que declararon que NCTM había "revertido su dirección" para hacer énfasis en los "hechos básicos" tanto en sus 2000 *principios y estándares para las matemáticas escolares* como en sus *Puntos Centrales del Currículo* de 2006. Sin importar esto, los *Puntos Centrales del Currículo* y el informe del Panel Nacional de Matemáticas (NMP, 2008), hacen claridad en que todos están de acuerdo que la meta es importante. Eso no significa que la naturaleza exacta de la meta y el cómo y cuándo podría ser mejor alcanzada tengan un consenso similar. Observemos los que nos dice la investigación.

Tener los hechos concretos: Conceptos erróneos que perjudican a los niños. La investigación a nivel mundial muestra que la forma en que la mayoría de las personas en los Estados Unidos piensan acerca de las combinaciones aritméticas y el aprendizaje que los niños hacen de ellas, junto con el lenguaje que las personas utilizan *podría perjudicar más que ayudar* (Fuson, comunicación personal, 2007). Por ejemplo, escuchamos acerca de "memorizar hechos" y "recordar sus hechos." Esto da una falsa impresión con respecto a lo que sucede en el proceso de aprendizaje (esta sección) y el proceso de enseñanza (la siguiente sección). Como se vio en el Capítulo 5, los niños pasan a través de las progresiones del desarrollo para alcanzar el punto donde ellos pueden componer números. Después, ellos también deberían aprender acerca de las propiedades aritméticas, los patrones, y las relaciones a medida que avanzan, *y ese conocimiento, junto con las magnitudes intuitivas y otros conocimientos y habilidades, idealmente se aprenden simultáneamente y en una forma integrada con el conocimiento de las combinaciones aritméticas.* Esa es una razón por la cual no se utiliza el término "hecho" – sabiendo que una combinación aritmética bien puede significar mucho más que conocer un "hecho" simple y aislado. Por ejemplo, los niños observan que la suma de *n* y 1 es simplemente el número siguiente a *n* en la secuencia del conteo, lo cual conduce a una integración de conocimiento de las combinaciones con el (ya bien practicado) conocimiento del conteo.

La investigación sugiere que la producción de las combinaciones básicas no es solo un proceso de "observación" simple. La recuperación es una parte importante del proceso, pero muchos sistemas del cerebro ayudan. Por ejemplo, los sistemas que involucran la memoria de trabajo, el control de ejecución (meta cognitiva), e incluso las "rectas numéricas mentales" espaciales apoyan el conocimiento de las combinaciones aritméticas. Además, para los cálculos de sustracción, se activan ambas regiones, la región especializada en la sustracción *tanto como* aquella especializada en la adición. Así, cuando los niños *realmente saben* 8 − 3 = 5, ellos también saben que 3 + 5 = 8, 8 − 5 = 3, y así sucesivamente, y todos estos "hechos" están relacionados.

Las implicaciones están en que los niños necesitan una práctica considerable, distribuida a lo largo del tiempo. También, debido a que las estrategias de conteo no activan los mismos sistemas, necesitamos guiar a los niños a pasar a estrategias de composición más sofisticadas. Finalmente, la práctica no debería ser un "ejercicio repetitivo sin sentido" sino que debería ocurrir en un contexto donde se le dé sentido a la situación y a las relaciones del número. Usar múltiples estrategias ayuda a construir ese sentido de número, y los niños que son ágiles para calcular saben y usan múltiples estrategias. Si los educadores en algún momento necesitaran un argumento en contra de la enseñanza de "un procedimiento correcto," este sería dicho argumento.

Experiencia y educación

Así, los niños deberían ser capaces de razonar estratégicamente, adaptando estrategias a las diferentes situaciones y recuperando, de forma fácil y rápida, la respuesta a cualquier combinación aritmética cuando sea apropiado ¿Qué sabemos acerca de facilitar dicho dominio adaptativo?

¿Qué es lo que no funciona? Algunos esfuerzos recientes a gran escala han tratado de enseñar la memorización de hechos en forma directa, con resultados desastrosos. Los libros de texto en California en 2008 tenían que enseñarles a los niños a memorizar todos los hechos en el primer grado, con poca orientación para el segundo grado. Únicamente el 7 % demostró un progreso adecuado.

¿Qué sucedió? Dos prácticas instructivas estaban relacionadas *negativamente* con la recuperación de combinaciones-básicas:

- El uso de los libros de texto aprobados por el Estado de California que exigían trabajar con recuperación en el primer grado.
- Las pruebas cronometradas.

El uso de láminas con figuras no perjudicó, pero tampoco ayudó. Tampoco ayudó el trabajo extendido con sumas pequeñas. Podemos ver que la memorización sin una comprensión o sin estrategias es una mala idea. Otra mala idea es presentar problemas aritméticos más fáciles con mucha más frecuencia que los problemas difíciles. Eso es lo que la mayoría de los libros de texto en los Estados Unidos hacen. Lo contario sucede en los países con logros matemáticos más altos, como los países del Este asiático. (NMP, 2008).

¿Qué sí funciona? El estudio de California encontró que algunos enfoques eran exitosos, tales como utilizar estrategias de pensamiento. Esas estrategias incluyen lo siguiente.

Subitización conceptual: la primera adición en la escuela. Los profesores de los niños, de 4 años de edad en adelante, pueden utilizar la *subitización conceptual* para desarrollar ideas basadas en composición con respecto a la adición y la sustracción (ver Capítulo 2). Dicha experiencia proporciona una base inicial para la adición, debido a que los estudiantes "ven los sumandos y la suma como en "dos aceitunas y dos aceitunas forman cuatro aceitunas" (Fuson, 1992b, p.248).

Figura 6.1. La actividad del software *Building Blocks* "imágenes de números.

Un beneficio de las actividades de subitización es que diferentes arreglos sugieren diferentes puntos de vista de un mismo número. Los niños pueden llegar a ver todas las diferentes combinaciones para un número dado mediante el trabajo con objetos (por ejemplo, 5 objetos). Dentro del contexto de un cuento (por ejemplo, animales en dos corrales diferentes), los niños pueden separar los 5 objetos en diferentes grupos (4 y 1; 3 y 2). De manera similar, con y sin el computador, los niños pueden hacer "imágenes de números" – tantos arreglos diferentes de un número dado como sea posible, con los subconjuntos rotulados, como en la Figura 6.1 (Baratta-Lorton, 1976).

Conmutatividad y asociatividad. Los profesores pueden hacer bastante para desarrollar esos tipos de comprensión y esas habilidades más temprano y de forma más confiable. Los profesores de preescolar y kínder pueden plantear problemas que los niños modelen con objetos manipulativos, asegurando que un problema como "3 y 2 más" continúe con "2 y 3 más." Muchos juegos en los cuales los niños separan conjuntos de un número dado en muchas formas diferentes y nombran dichos subconjuntos, pueden ser particularmente de gran ayuda. Por ejemplo, los niños colocan 4 cubos a lo largo de su línea de vista y usan un plástico para "esconder" 1 y entonces leen "uno *y* tres," luego ellos esconden 3 y leen "tres *y* uno" (Baratta – Lorton, 1976).

Asegúrese que los niños comprendan que la suma de 6 y 3 es 9 sin que importe el orden de los sumandos. Muchos niños construirán esta comprensión y estas estrategias por sí mismos. Otros lo harán si el currículo y el profesor presenta problemas con pares conmutados (6 + 7 y luego, inmediatamente después 7 + 6, como se mencionó previamente para números pequeños). Otros niños aún podrían necesitar enseñanza explícita acerca de este principio. Ayude a los niños a relacionar sus entendimientos físicos, basándose en la equivalencia de grupos de objetos en varias combinaciones y diferente orden, con las combinaciones manipulativas de aquellas que resultaron de dichos arreglos diferentes, y luego con generalizaciones numéricas explícitas. En cualquiera de estas formas, este tipo de enseñanza podría ayudar a los niños a desarrollar estrategias más sofisticadas y así relacionar su conocimiento de los principios aritméticos con su resolución de problemas, lo cual es algo que ellos no hacen con frecuencia. Podría ser especialmente fructífero el garantizar que los niños comprendan que los grupos más grandes están compuestos de forma aditiva por grupos más pequeños y utilizar la conmutatividad para aprender a contar ascendentemente desde un sumando más grande.

Ya sea que ellos estén solamente subitizando, o subitizando y contando, los niños, desde kínder, se benefician del proceso de encontrar todas las descomposiciones para un número – todos los pares de números "escondidos dentro" de otros números. Hacer la lista de dichos pares, puede ayudar a los niños a ver patrones y puede ilustrar una forma de representación de ecuaciones que amplíe la visión tradicional y limitada del significado del signo igual como: "la respuesta es lo que viene después del signo" (Fuson, en prensa; Fuson & Abrahamson, en prensa):

$6 = 0 + 6$
$6 = 1 + 5$
$6 = 2 + 4$
$6 = 3 + 3$
$6 = 4 + 2$
$6 = 5 + 1$
$6 = 6 + 0$

"D*obles*" *y la regla* de n + 1. Los patrones especiales pueden ser útiles y fáciles de ver para los niños. Uno de estos tiene que ver con los "dobles" (3 + 3, 7 + 7), lo que permite además tener acceso a combinaciones como 7 + 8 ("dobles-más-uno"). Los niños pueden aprender los dobles (por ejemplo, 6 + 6 = 12) de una manera sorprendentemente fácil. Ellos parecen desarrollar los dobles más (o menos) uno (7 + 8 = 7 +7 + 1 = 14 + 1 = 15) por sí mismos o por medio de discusiones breves o por las prácticas en con software en un computador. Sin embargo, asegúrese *primero* que las reglas tales como *n* + 1 (adicionar uno a cualquier número es simplemente la siguiente palabra del conteo) están bien establecidas.

Estructuras de cincos y dieces. Otro patrón especial es el patrón espacial de estructuras de cincos y dieces. Estas estructuras incentivan la descomposición en cincos y dieces (por ejemplo, 6 expresado como 5 + 1, 7 como 5 + 2), como se ilustra en la Figura 6.2.

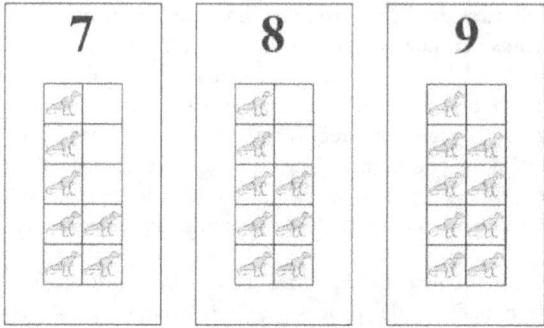

Figura 6.2 Grupos de cincos y dieces pueden ayudar a los niños en la descomposición numérica y en el aprendizaje de combinaciones.

Estrategia-de-Ruptura-para-Formar-Diez (BAMT, Break-Apart-to-Make-Ten). Los estudiantes japoneses con frecuencia siguen la misma progresión de desarrollo general que los estudiantes en los Estados Unidos, y otros investigadores han identificado que ellos pasan de *contar-todo*, a *contar-ascendentemente*, y a las combinaciones derivadas y estrategias de composición-descomposición. Sin embargo, su trayectoria de aprendizaje difiere justo en ese punto. Ellos se encuentran alrededor de una sola estrategia poderosa – *Estrategia-de-Ruptura-para-Formar-Diez (BAMT)*.

Antes de estas lecciones, los niños trabajan en muchas trayectorias de aprendizaje relacionadas. Ellos desarrollan un conocimiento sólido de numerales y conteo (es decir, se mueven a lo largo de la trayectoria de aprendizaje del conteo). Esto incluye la estructura del número para los números del 11 al 19 como 10 + otro número, el cual, como aprendimos, es más directo en los idiomas asiáticos ("trece" es "diez y tres"). Ellos aprenden a resolver la adición y sustracción de números con totales menores a 10 (es decir, Encontrar el Resultado +/- en la trayectoria de aprendizaje del Capítulo 5), a menudo utilizando los números de referencia con respecto a 5 (por ejemplo 7 como 5-más-2, como se muestra en la Figura 6.2).

Con estos niveles de pensamiento establecidos, los niños desarrollan muchos niveles de pensamiento dentro la progresión del desarrollo de composición/descomposición (lo que llamamos "Compositor hasta 4," luego 5 ... hasta el Compositor hasta 10 en la trayectoria de aprendizaje al final de este capítulo). Por ejemplo, los niños trabajan en "parejas de números separados por descomposición" para números menores o iguales a 10. Ellos resuelven problemas de adición y sustracción relacionando números del 11 al 19 utilizando la estructura de las decenas (10 + 2 = 12; 18 − 8 = 10), y la adición y sustracción con tres sumandos y utilizando la estructura de decenas (por ejemplo, 4 + 6 + 3 = 10 + 3 = 13 y 15 − 5 − 9 = 10 − 9 = 1).

En este punto se desarrolla la *Estrategia-de-Ruptura-para-Formar-Diez* (BAMT). El proceso completo (para la fluidez) sigue cuatro fases instructivas. En la fase 1, los profesores estimulan, valoran, y discuten las estrategias inventadas por los niños y los motivan a utilizarlas para resolver una variedad de problemas. Se utilizan ampliamente los apoyos para conectar las representaciones visuales y simbólicas de cantidad, y se reduce su uso para eliminarlos gradualmente a medida que los niños aprenden. Por ejemplo, en el paso 1, se muestran 9 fichas (o dedos) junto con 4 fichas, luego se retira 1 del grupo de 4 para formar un grupo de 10. Después, se hace énfasis en las 3 fichas sobrantes. Luego, se les recuerda a los niños que el 9 y el 1 forman 10. Por último, ellos ven 10 fichas y 3 fichas y piensan diez–tres, o cuentan ascendentemente "diez-uno, diez-dos, diez-tres." Más adelante, las imágenes de representación cumplen este papel, en una secuencia como la que se muestra en la Figura 6.3.

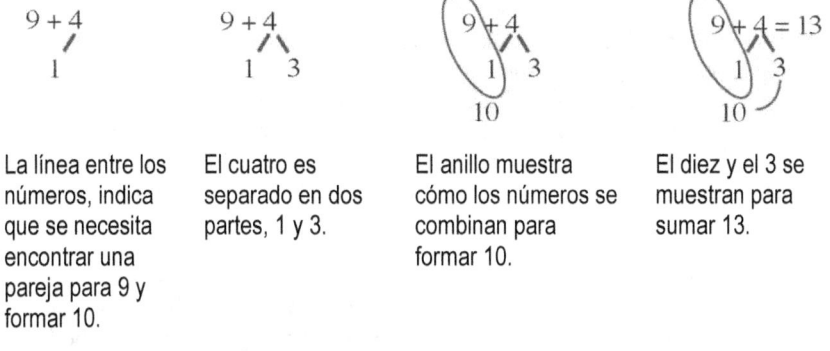

| La línea entre los números, indica que se necesita encontrar una pareja para 9 y formar 10. | El cuatro es separado en dos partes, 1 y 3. | El anillo muestra cómo los números se combinan para formar 10. | El diez y el 3 se muestran para sumar 13. |

Figura 6.3 Fases de enseñanza para la estrategia de ruptura-para-formar dieces o estrategia BAMT.

En la fase 2, los profesores se enfocan en las propiedades Matemáticas y en los métodos matemáticamente favorables, especialmente en BAMT. En la fase 3, los niños obtienen fluidez con el método BAMT (u otros). En la fase 4, la práctica distribuida se utiliza para aumentar la retención y la eficiencia y para generalizar el uso del método en los contextos adicionales y como componente de métodos más complejos.

De los medios de ayuda del modelo de Tharp and Gallimore (1988), el profesor utilizó cuestionamientos y re-estructuración cognitiva de una manera extensiva así como la retroalimentación, el modelado, la enseñanza y el manejo en menor proporción. El profesor también utilizó una estrategia adicional, cautivar e involucrar. Las clases primero se basaron en las ideas y contribuciones de los niños. Todas las estrategias fueron apreciadas y aceptadas. Se esperó que los estudiantes tratarán de expresar sus ideas y estrategias tanto como entender las estrategias de los otros. Las estrategias a menudo tomaron el nombre que sus creadores quisieron. Luego los niños votaban por la estrategia "más útil"; a la mayoría le gustó la estrategia BAMT.

En la siguiente fase, el profesor revisó los diferentes métodos, comparó los métodos matemáticamente, y votó por el método más fácil. Los nuevos tipos de problemas (por ejemplo, la adición hasta 8) se conectan con los problemas resueltos previamente (adición hasta 9). El profesor también pasó de su énfasis conceptual del paso inicial a los pasos posteriores en el proceso BAMT (como se ilustra en la Figura 6.3). Como tarea, los niños repasaron el trabajo de ese día e hicieron un primer acercamiento al trabajo del siguiente día, apoyados por las familias.

En la tercera fase, los niños practicaron el método BAMT para adquirir fluidez. "Practicar" en japonés significa "amasar" diferentes ideas y experiencias juntas para "aprender." Los niños no solo se ejercitan sino que participan con entusiasmo en prácticas de grupo completo (respondiendo en coro), individuales-en-grupo-completo e independientes (práctica individual). En la práctica individual-en-grupo-completo, los estudiantes individualmente respondían preguntas, pero luego le hacían preguntas al grupo, como: "¿esto está bien?" y ellos decían su respuesta. Toda práctica enfatizó en los enlaces conceptuales. "Amasar conocimiento" para "aprender" siempre se relacionó con la fluidez *y* la comprensión. La cuarta y última fase es una práctica retrasada. Esta no es una rutina de aprendizaje o una rutina de prácticas sino un claro uso, de alta calidad, de los conceptos de las trayectorias de aprendizaje.

Estrategias combinadas. Aprender una variedad de dichas estrategias es bueno para los niños en todos los niveles. También, aunque BAMT sea una estrategia poderosa y más útil que otras para el posterior cálculo con múltiples dígitos, esta no debería ser la única estrategia que aprenden los niños. Por lo tanto, *los dobles* + - 1 y otras estrategias son también objetivos de aprendizaje que valen la pena.

Así, las buenas estrategias deberían funcionar todas juntas, por supuesto, para lograr un dominio adaptativo. Por ejemplo, vea la "Trayectoria de aprendizaje para el reconocimiento de número y subitización" del Capítulo 2 en el nivel de Subitizador Conceptual hasta 20. Observe cómo las estructuras de cincos y dieces son utilizadas para brindar apoyo basado en imágenes para lo que es, básicamente, la estrategia BAMT – todo esto se utiliza mientras se fomenta la subitización conceptual.

Niños en riesgo. En muchos puntos de este libro se argumenta que algunos niños no logran progresar en las trayectorias de aprendizaje del Capítulo 5 y de este capítulo. Aquí se enfatiza en que si los niños no progresan en el primer grado, y especialmente en el segundo grado, ellos necesitan intervenciones intensivas (ver Capítulos 14, 15 y 16).

Logro de la fluidez. La investigación establece un gran número de pautas para ayudar a los niños a lograr la fluidez con las combinaciones aritméticas, es decir, un conocimiento correcto y preciso, *junto con* los conceptos y estrategias que promuevan *un dominio adaptativo*.

1. Siga las trayectorias de aprendizaje de manera que *los niños primero desarrollen los conceptos y estrategias del dominio. La comprensión debería preceder a la práctica.*

2. Asegúrese que la práctica sea *distribuida,* en lugar de masificada. Por ejemplo, en vez de estudiar 4 + 7 por 30 segundos, es mejor estudiarlo una vez, luego estudiar otra combinación, después volver a 4 + 7. Además, practicar todas las combinaciones es mejor hacerlo en sesiones cortas pero frecuentes. Para la memoria a largo plazo, se deben separar estas sesiones eventualmente por un día o más.

3. Ejercite y practique el software que incluya estrategias basadas en la investigación (ver el libro anexo, "Early Chilhood Mathematics Education Research: Learning Trajectories for Young Children," lo cual existe solamente en inglés).

4. Garantizar prácticas de forma continua desarrolla las relaciones y el pensamiento estratégico. Por ejemplo, al menos algunas prácticas se deben realizar acerca de todas las formas de todas las combinaciones posibles. Esto puede ayudar a los niños a comprender las propiedades, incluyendo la conmutatividad, el inverso aditivo, y la igualdad, y también apoya la recuperación de las combinaciones básicas por parte de los estudiantes.

5 + 3 = 8	3 + 5 = 8	8 – 5 = 3	8 – 3 = 5
8 = 5 + 3	8 = 3 + 5	3 = 8 – 5	5 = 8 – 3

Como una ilustración, los profesores hacen tarjetas de "montañas matemáticas" como las que se muestran en la Figura 6.4 (Fuson & Abrahamson, en prensa). Los estudiantes cubren alguno de los tres números y se los muestran a su compañero, quien dice cuál número está cubierto.

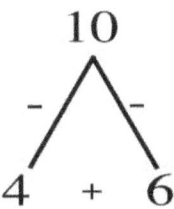

Figura 6.4 Tarjetas de "Montañas Matemáticas" para practicar las combinaciones aritméticas.

Esto sugiere que no solo las combinaciones aritméticas deberían ser automáticas. *Los estudiantes deberían también tener fluidez con las estrategias de razonamiento relacionadas.* Por ejemplo, el software *Building Blocks* no solo brinda problemas para ejercitarse siguiendo estas pautas sino que también presenta cada grupo de combinaciones basadas en la estrategia que es más útil para un tipo particular de solución. Como un ejemplo específico, el software inicialmente agrupa en un solo lugar todas aquellas combinaciones que de forma cómoda conllevan a la estrategia BAMT.

Resumen. Una meta importante de las matemáticas a temprana edad es el crecimiento de los estudiantes con respecto al conocimiento preciso, fluido y flexible de las combinaciones de adición y sustracción. Aprender estas combinaciones no solo se trata de una rutina de memorización. Ver y usar patrones, y construir relaciones, puede liberar los recursos cognitivos de los niños para utilizarlos en otras tareas. Los niños generalizan los patrones que ellos aprenden para aplicar tal generalización a combinaciones que no fueron estudiadas (Baroody & Tiilikainen, 2003). La enseñanza de las combinaciones numéricas que se enfoca en la motivación de los niños para buscar patrones y relaciones puede generalizarse para las situaciones de resolución de problemas y puede liberar la atención y el esfuerzo para realizar otras tareas.

> La ciencia es "hechos"; así como las casas están hechas de piedra, la ciencia está hecha de "hechos"; pero una pila de piedras no es una casa y una colección de hechos no es necesariamente ciencia.
>
> (Jules Henri Poincairé)

Agrupación y valor de la posición

¿Qué determina el desarrollo en los niños de la comprensión de la base- diez? No es la edad sino la experiencia en el salón de clases. El uso de la estrategia BAMT, por ejemplo, ayuda a los niños a hacer agrupaciones de diez para resolver los problemas de adición y sustracción y para desarrollar los conceptos de valor de la posición. El valor de la posición ha sido una parte de las trayectorias de aprendizaje de los Capítulos 2, 3, 4, y 5, pero aquí nos enfocamos totalmente en los conceptos de agrupación y valor de la posición.

Desarrollo de los conceptos de agrupación y valor de la posición

Extensión de las matemáticas. Las agrupaciones son la base de la multiplicación y la medida con diferentes unidades. Una forma de agrupación especial organiza las colecciones en grupos de diez. Es decir, una colección numérica puede ser medida utilizando unidades de uno, diez, cien, o mil, y, en un numeral escrito de múltiples dígitos, el valor de un digito depende de su posición dentro del numeral porque diferentes posiciones del dígito indican diferentes unidades. Para construir un entendimiento de los números mayores a diez, los niños deben construir nuevas ideas sobre su conocimiento numérico previo y componer/descomponer para comprender incluso los números entre el 11 y el 19 como 1 diez y algunos extras y después comprender los números mayores a 19 como algunos números de grupos de diez y algunos extras. Comenzando con los números del 11 al 19, los numerales escritos y las palabras que designan números se usan para referirse a grupos de diez (por ejemplo, 11 es 1 grupo de diez y 1 uno).

De lo que hemos visto acerca del conteo, la comparación, y la adición en los Capítulos 3, 4 y 5, sabemos que 35 es el número que resulta de contar 5 más que 30. De forma similar, 435 es el número que resulta de contar 35 más que 400. Entonces, 435 = 400 + 30 + 5 (Wu, 2007). El símbolo "435" ilustra una idea profunda en el sistema numérico hindú-arábico: cada dígito representa diferentes magnitudes dependiendo de su *lugar* dentro del símbolo. El *valor de la posición* del dígito significa su valor o magnitud, como en el caso del "4" que significa "400" en "435" (pero "4" significa "40" en "246"). La suma de 400 + 30 + 5, usada para representar el valor de la posición de cada digito por separado, se llama *notación expandida* del número.

El conocimiento de los niños de agrupación y valor de la posición. Los niños de preescolar comienzan a entender el proceso de hacer grupos con igual número de objetos. Este tipo de agrupación, y el conocimiento de la agrupación especial de diez objetos, parecen no estar relacionados con la habilidad de conteo. Sin embargo, la experiencia con la composición aditiva sí parece contribuir al conocimiento de la agrupación y del valor de la posición.

Los profesores con frecuencia creen que sus estudiantes comprender el valor de la posición porque ellos, por ejemplo, tienen la habilidad para colocar dígitos en "las Tablas de unidades y decenas." Sin embargo, pregunte a estos estudiantes qué significa el "1" en "16" y existe la misma probabilidad que digan "uno" (y significa 1 solo) como la probabilidad que digan "un diez." Esta es una de las muchas tareas que ilustran la diferencia entre los niños con poco desarrollo y aquellos con un desarrollo en progreso o muy fuerte del valor de la posición. Se han utilizado muchos sistemas de clasificación para describir los niveles de pensamiento que los niños desarrollan cuando avanzan desde un conocimiento muy débil, o nulo, a un conocimiento sólido del valor de la posición.

- Los estudiantes que únicamente dicen "uno" tienen muy poco o ningún conocimiento del valor de la posición. Usualmente, ellos forman un grupo de 16 objetos para representar "16," pero no entienden el valor de la posición del numeral.
- Los estudiantes comprenden que "26" significa un grupo de 20 cubos con un grupo de 6 cubos pero para representar "veinti-seis" podrían escribir "206."
- Los estudiantes crean un grupo de 26 cubos mediante el conteo de dos grupos de 10 (10, 20) y luego un conteo por unos (21, 22, 23, 24, 25, 26).
- Los estudiantes cuentan "1 decena, 2 decenas…" (o incluso "1, 2 decenas") y luego cuentan los unos como en el caso anterior.
- Los estudiantes conectan las palabras número (veinti-seis), los numerales (26) y las cantidades (26 cubos); ellos comprenden que 546 es igual que 500 más 40 más 6, y pueden utilizar una variedad de estrategias para resolver los problemas con números de múltiples dígitos.

Los estudiantes, podrían estar en un nivel más alto para los números pequeños (por ejemplo hasta 100) que para los números con los cuales están menos familiarizados (por ejemplo números hasta 1000). Los estudiantes eventualmente necesitan comprender que 500 es igual a 5 veces 100, 40 es igual a 4 veces 10 y así sucesivamente. Ellos necesitan saber que todos los lugares adyacentes tienen los mismos valores de intercambio; se intercambia 1 unidad hacia la izquierda por 10 unidades hacia la derecha y viceversa.

Lenguaje y valor de la posición. Como vimos previamente, el idioma inglés tiene para el número trece la palabra "thirteen" y en el español la palabra "trece" en lugar de usar las palabras tres diez o "diez-tres"; veinte en lugar de "dos diez." Otros idiomas como el chino, en el cual 13 se lee como "diez-y-tres" son más útiles para los niños. También, ni "diesi" ni "te / ta" dicen diez exactamente, aunque signifiquen diez en diferentes formas. Los números escritos son más claros en su patrón, pero los numerales escritos son tan sucintos que provocan errores en los niños: un 52 es visto por un principiante como un 5 y un 2 lado a lado, sin sugerir cincuenta o cinco decenas. Es infortunado que las dos primeras palabras que siguen al diez no cuenten ni siquiera con la raíz "diesi." Por el contrario "once" y "doce" proviene del inglés antiguo y significa "uno que sobra" (después de diez) y "dos que sobran."

Experiencia y educación

Los niños aprenden a entender las agrupaciones de estructuras del diez nombradas por nuestras palabras que designan números y los números escritos a medida que ellos ven y trabajan con cantidades agrupadas en decenas enlazadas a las palabras que designan números y a los números escritos. Ellos podrían contar 52 bloques en sus propios bloques de decenas y unidades, pero el conteo y el apilamiento de bloques no puede tomar el lugar del trabajo con las ideas y los símbolos. Es decir, los niños tienen que discutir estas ideas. Podrían además pretender (simular) que hacen pilas de bloques, mientras cuentan, "11 es un diez y un uno, 12 es un diez y dos… 20 es dos decenas" y así sucesivamente. Tienen que participar en muchas experiencias para establecer el diez como punto de referencia y, más importante, como una nueva unidad (1 diez que contiene 10 unos). Las palabras regulares de decenas y unidades (52 es "cinco decenas, dos unos") utilizados con las palabras ordinarias pueden ayudar a establecer un lenguaje que simbolice la composición y la descomposición. Además, resolver problemas simples de adición durante los años de pre-kínder y kínder ayuda a formar una base para comprender el valor de la posición. El seguimiento del conteo, la comparación y las trayectorias de aprendizaje de la adición de los Capítulos 3, 4 y 5 es consistente con estos hallazgos.

De esta manera, hay dos enfoques complementarios para el aprendizaje de la agrupación y el valor de la posición. El primero se enfoca directamente en el aprendizaje del valor de la posición para números en cierto rango (los números del once al diecinueve o los números hasta el 100). El segundo es utilizar la resolución de los problemas aritméticos como un buen contexto para el aprendizaje del valor de la posición, que se discutirá en la siguiente sección.

En el primer enfoque los estudiantes trabajan con la ideas del valor de la posición antes de la aritmética. Por ejemplo, ellos podrían jugar "al banco" lanzando dos cubos con números en sus caras y tomando el números de centavos que el cubo indique (o billetes de una unidad, por ejemplo un dólar), *pero* si ellos tienen 10 o más monedas de un centavo, tienen que cambiarlas por una moneda de 10 centavos antes que se acabe su turno. El primero que obtenga 100 es el ganador. Hay muchas otras actividades como esta. Los estudiantes podrían hacer un inventario de los elementos del salón de clases, contar las sillas para una asamblea, hacer preparativos para una fiesta, o llevar a cabo un experimento científico—en cada actividad, agrupando los elementos que se contarán en decenas y unos. Algunos juegos similares pueden involucrar actividades como arrojar o lanzar un anillo u otros objetos hacia un blanco acumulando puntos o cualquier otra actividad similar.

En un proyecto los estudiantes también representaron decenas y unidades con tiras de cartulina o papel que representaban centavos ("tiras de centavo"), con diez centavos separados en dos grupos de cinco en la parte frontal de la cartulina y una moneda de diez centavos por detrás (los bloques en base diez eran considerados muy costosos). Eventualmente, los estudiantes utilizaron dibujos para resolver los problemas. Dibujaron columnas de diez círculos o puntos, los contaron por decenas y unidades, y luego conectaron las columnas de diez mediante un "palito-10" (o un diez rápido). Cuando ellos comprendieron que los palitos-10 significaban diez unos, simplemente dibujaron los palitos-10 y los unos. Las decenas y las unidades se dibujaron utilizando grupos de 5 para minimizar los errores y ayudar a los estudiantes a ver los números de un solo vistazo. Se dejó un espacio después de los primeros cinco palitos-10, y se dibujaron horizontalmente cinco círculos de unos (o puntos) y luego el resto de los círculos de unos fueron dibujados abajo en una fila.

Durante este trabajo el profesor enunció el 78 "setenta y ocho" pero *también "siete decenas, ocho unidades."* Algunos niños aun percibían y operaban los dígitos de un número de múltiples dígitos como si fueran números individuales; por lo tanto, "las cartas con códigos secretos" fueron introducidas como se han utilizado por muchos educadores. Las cartas se ubicaron una al lado de la otra para ilustrar el sistema de valor de la posición, como se muestra en la Figura 6.5.

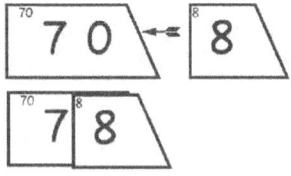

Figura 6.5 Valor de la posición "cartas con código secreto."

La enseñanza de alta calidad a menudo utiliza manipulativos u otros objetos para demostrar y registrar las cantidades. Adicionalmente, dichos manipulativos se utilizan de una forma lo suficientemente consistente para convertirse en herramientas para el pensamiento (ver Capítulo 16). Estas herramientas se *discuten* para explicar las ideas de valor de la posición, y se utilizan para resolver problemas, incluyendo los problemas aritméticos. Finalmente, tales herramientas se remplazan por símbolos.

Adición y sustracción de múltiples dígitos

> Casi todos los que alguna vez han comprendido completamente la aritmética, han estado obligados a aprenderla de nuevo a su manera.
>
> (Warren Colburn, 1849)

El conocimiento conceptual, especialmente el sistema de base-diez, influye en la manera como los estudiantes comprenden, aprenden y utilizan los algoritmos. Recordar que un algoritmo es un procedimiento paso-a-paso que se garantiza para solucionar una categoría de problemas. Un algoritmo de cálculo es un algoritmo cíclico que resuelve problemas de cálculo, tales como los problemas aritméticos, en un número limitado de pasos. Los métodos eficientes y precisos, para hacer cálculos con múltiples dígitos utiliza la descomposición de los números en sus cantidades de valor de posición (estos métodos son "cíclicos" porque operan en un lugar, luego en el siguiente...), las propiedades conmutativas y asociativas en la adición o en la sustracción para los valores, y, de nuevo, la composición y descomposición cuando hay demasiado (al sumar) o no hay suficiente (al restar) de un valor dado. (Recordar la discusión de "la Aritmética: las Definiciones Matemáticas y las Propiedades," Capítulo 5).

Las estrategias que involucran el conteo por decenas y unidades (ver Capítulo 3) se pueden alterar junto con el desarrollo de la comprensión de la numeración y el valor de la posición por parte de los niños para llegar a un conocimiento explícito de la adición y la sustracción con múltiples dígitos. Alterar las estrategias de conteo (cada vez más sofisticadas) de los estudiantes es un estado natural hacia el desarrollo de su comprensión del valor de la posición en la aritmética. En vez de contar por decenas y unidades para encontrar la suma de 38 y 47, los niños podrían descomponer 38 en sus decenas y unidades, y 47 en sus decenas y unidades. Esto anima a los niños a razonar concibiendo al diez como una unidad similar a la unidad del uno y a componer las decenas juntas para formar 7 decenas o 70. Después de componer los unos juntos en 15 unos, ellos han transformado la suma inicial en una suma de 70 y 15. Para encontrar esta suma, los niños toman un 10 del 15 y se lo dan al 70, así la suma es 80 y 5 más, o 85. Las estrategias como esta son modificaciones de las estrategias de conteo que involucran decenas y unidades del mismo modo en que ciertas estrategias para hallar la suma de 8 y 7 (por ejemplo, tomar 2 del 7 y darle al 8, luego sumar 10 y 5) son modificaciones de las estrategias del conteo relacionadas únicamente con el conteo de unidades.

Para utilizar estas estrategias, los estudiantes necesitan concebir los números como un total (como unidades en sí mismas) y como compuestos (de unidades individuales). Por ejemplo los estudiantes pueden responder repetidamente qué número es "10 más" que otro número. "¿Cuánto es diez más que 23?" "¡33!" "¿diez más?" "¡43!."

Este es, entonces, el segundo enfoque (mencionado previamente) para moverse a lo largo de la progresión del desarrollo para el aprendizaje explícito del valore de las posiciones, junto con la aritmética para múltiples dígitos. Como otras progresiones del desarrollo, los niveles de comprensión del valor de la posición no son absolutos ni van al mismo ritmo. Los estudiantes podrían utilizar una estrategia basada en una combinación flexible de las estrategias de composición y descomposición y estrategias basadas en el conteo o en la secuencia al momento de resolver un problema aritmético en formato horizontal, como 148 + 473. Por ejemplo, ellos podrían decir, "100 y 400 es 500. Y 70 y 30 es otra centena, así tenemos 600. Luego 8, 9, 10, 11...y el otro 10 es 21. Así tenemos 621."

Sin embargo, estos mismos estudiantes regresan a un nivel previo al momento de resolver problemas en un formato vertical.

$$\begin{array}{r} 148 \\ +473 \\ \hline 511 \end{array}$$ (El estudiante ignoró los números que necesitaban ser reagrupados)

El formato vertical puede guiar a los estudiantes a simplemente pensar en cada dígito como si fuesen números individuales, incluso si ellos comprenden el valor de la posición en diferentes contextos. El trabajo histórico y amplio acerca de los "bichos" (errores) en los algoritmos proporciona muchos ejemplos adicionales como el siguiente:

$$\begin{array}{r} 73 \\ -47 \\ \hline 34 \end{array}$$ (El estudiante restó el dígito más pequeño del más grande en cada caso)

$$\begin{array}{r} 802 \\ -47 \\ \hline 665 \end{array}$$ (El estudiante primero ignoró el cero, tomado "prestado" del 8 dos veces)

Todos estos casos tienen muchas lecciones para nosotros. La enseñanza de la aritmética es mucho más que enseñar procedimientos. Esta enseñanza implica relaciones, conceptos y estrategias. En efecto, si *se enseñara conceptualmente, la mayoría de los estudiantes no cometería estos tipos de errores*. También, la enseñanza de la aritmética hace más que simplemente "a calcular" – esta enseñanza sienta las bases para gran parte de las matemáticas en el futuro, incluyendo el álgebra.

Experiencia y educación

La sección anterior mostró que poseer un conocimiento fuerte de las propiedades y los procesos de conteo, el valor de la posición, y la aritmética, ayuda a los estudiantes a utilizar los algoritmos de forma adaptativa y a transferir su conocimiento a nuevas situaciones. Sin este conocimiento, los niños a menudo cometen errores tales como restar el dígito menor del mayor sin tener en cuenta, en realidad, cuál se debe restar de cuál. Muchos de estos errores se derivan del tratamiento que los niños hacen de los números con múltiples dígitos como una serie de números de un solo dígito, sin considerar el valor de sus posiciones ni el papel que juegan en la situación matemática (Fuson, 1992b). Así, los niños en los Estados Unidos aprenden a llevar a cabo los pasos del algoritmo, pero no desarrollan la comprensión conceptual del valor de la posición. Esto es un problema nacional.

Algunos han dicho que los algoritmos estándar son en realidad *perjudiciales* para los niños. Por ejemplo, en los salones de clase donde *no* se enseñaron los algoritmos estándar, los grados segundo y tercero alcanzaron un mejor desempeño en los problemas como la adición mental de 7 + 52 + 186 que los estudiantes que se encontraban en los salones de clase donde se enseñaron los algoritmos estándar, *incluso sabiendo que estos últimos niños eran de cuarto grado (*Kamii & Dominick, 1997, 1998*)*. Además, cuando ellos cometieron errores, las respuestas de los estudiantes que no aprendieron los algoritmos eran más razonables. Los niños de cuarto grado que recibieron las clases con los algoritmos dieron respuestas sin sentido, con sumas por encima de 700 o incluso 800. Ellos también dieron respuestas tales como "cuatro, cuatro, cuatro" indicando que ellos pensaban en los números no como si tuvieran valor por su posición sino como una serie de dígitos separados. Los investigadores argumentan que los algoritmos son perjudiciales porque animan a los niños a detener su propio pensamiento y porque estos "hacen olvidar" el valor de la posición.

Esto podría estar sucediendo debido a un currículo débil y a una enseñanza pobre. Como se enseñaban tradicionalmente, separados de las propias estrategias de los niños y de la comprensión conceptual, los algoritmos parecen remplazar el razonamiento cuantitativo. Los algoritmos trabajan intencionalmente sobre una "columna" después de la otra sin preocuparse por el valor de la posición de los números. Con demasiada frecuencia, los profesores enseñan directamente los algoritmos estándar sin tener en cuenta las progresiones del desarrollo de los estudiantes en cuanto a las estrategias de conteo, permitiéndoles a los estudiantes llevar a cabo procedimientos sin sentido, pero bien prescritos, que están desconectados de su comprensión del conteo y de otros conceptos numéricos.

En contraste, *el currículo y la enseñanza que enfatiza tanto la comprensión conceptual simultáneamente con las habilidades de procedimiento, y la aplicación flexible de múltiples estrategias, conducen a habilidades equivalentes, pero con un uso más fluido y flexible de esas habilidades, como también a una comprensión conceptual superior.*

Entonces, en general, la enseñanza de alta calidad aborda los conceptos, los procedimientos y las conexiones, pero *también* hace énfasis en que los estudiantes *den sentido a las cosas*. Por ejemplo, el uso de las representaciones visuales de las cantidades y la explicación de las relaciones entre los conceptos y las habilidades pueden ser importantes. Los profesores dicen, "Observen, 8 decenas y 7 decenas son 15 decenas. Esto igual a 1 *centena y 5 decenas*," modelando con manipulativos en base-diez cuando sea necesario. Esa enseñanza es a menudo necesaria, pero por sí sola no es suficiente. *Los estudiantes necesitan darle sentido a los procedimientos por sí mismos*. Ellos necesitan describir y explicar lo que están haciendo en lenguaje natural y luego en el lenguaje matemático. En ciertos niveles de comprensión, especialmente, los niños necesitan ser capaces de adaptar los procedimientos.

Esta es una de las principales razones por las que algunos argumentan que los estudiantes deberían crear sus propias estrategias para resolver los problemas aritméticos con múltiples dígitos antes de recibir la enseñanza formal de los algoritmos. Eso significa que las estrategias informales que utilizan los niños pueden ser los mejores puntos iniciales para desarrollar tanto los conceptos del valor de la posición como las habilidades aritméticas para múltiples dígitos. Estas estrategias difieren significativamente de los algoritmos formales con papel y lápiz. Por ejemplo, los niños prefieren trabajar de derecha a izquierda, mientras que los algoritmos formales trabajan de izquierda a derecha (Kamii & Dominick, 1997, 1998). La razón para esto no es simplemente que se motiva el pensamiento creativo en los niños – ese es un hallazgo importante en esta área de investigación. Como se dijo, un grupo de investigadores cree que los algoritmos perjudican el pensamiento de los estudiantes. Como otro ejemplo, una profesora les planteó a su clase *únicamente* problemas en los cuales un sumando terminaba en '99' o '98' (por ejemplo 366 + 199). En la mayoría de la sesión, todos los estudiantes utilizaron el algoritmo estándar. Un estudiante, a quien no se le había enseñado estos algoritmos en los grados anteriores, dijo que el cambió 366 + 199 por 365 + 200 y luego sumó para encontrar 565. Sin embargo, únicamente tres estudiantes adoptaron esos métodos – todos los demás se mantuvieron "con los dígitos alineados" y calcularon cada uno de estos problemas digito por digito.

Kamii culpó a los algoritmos estándar por la forma como los estudiantes se abstuvieron de *pensar* acerca de los problemas. Cuando los profesores dejaron de enseñar dichos algoritmos, las diferencias fueron catalogadas como "asombrosas" (Kamii & Dominick, 1998). Por ejemplo, se convenció a los profesores para que detuvieran la enseñanza de los algoritmos estándar y que confiaran únicamente en el pensamiento de los estudiantes. En un año, las respuestas correctas de 6 + 53 + 185 subieron de 3 de 16 estudiantes, todos ellos utilizando el algoritmo estándar, a solamente dos que utilizaban el algoritmo estándar (ambos incorrectamente) y 18 que utilizaban sus propias estrategias, 15 de los 18 obtuvieron la respuesta correcta.

Así, Kamii se convenció que, al menos para la adición y sustracción de los números enteros, los algoritmos presentados previamente son más perjudiciales que beneficiales. Pero muchos preguntan ¿qué pasa si los niños cometen errores? El argumento es que la lógica de las matemáticas en este caso, con el razonamiento de los estudiantes, es adecuada para *auto*-corregir cualquiera de estos errores. Se les pidió a los estudiantes de segundo grado que resolvieran un problema con cierto grado de dificultad, sumar 107 y 117. Un primer grupo de estudiantes sumó desde la derecha y obtuvo 2114. Un segundo grupo dijo que 14 eran dos dígitos y que dicho número no se podía escribir en el lugar de las unidades; "tú deberías únicamente escribir el 4 allí, así que la respuesta es 214." Un tercer grupo dijo que el 1, del 14, se debería escribir porque este era más importante, así que la respuesta sería 211. El cuarto grupo sumó las decenas y dijo que la respuesta era 224. Los estudiantes discutieron. El inventor de cada enfoque lo defendió vigorosamente. Al final de un periodo de 45 minutos, lo único en lo que el grupo de estudiantes estaba de acuerdo es que era imposible tener cuatro respuestas correctas diferentes. (Este es el punto en el cual muchos profesores oyendo esta anécdota sienten su mayor preocupación – ¿no es acaso falto de ética enviar a los niños a casa sin la respuesta correcta?).

En la siguiente sesión, todos los estudiantes de dicha clase construyeron el algoritmo "correcto." Ellos cometieron errores, pero se les motivó para que defendieran su opinión hasta que se convencieran que los procedimientos que habían utilizado eran incorrectos. Ellos aprendieron a través de la modificación de sus ideas, y no solo por la "aceptación" de un nuevo procedimiento.

Estos y otros estudios similares apoyaron la noción que inventar procedimientos propios es usualmente una buena primera fase. Dichos estudios también ilustran el enfoque (mencionado previamente) de la enseñanza del valor de la posición en el contexto de la resolución de problemas de adición y sustracción con múltiples dígitos (Fuson & Briars, 1990).

¿Es necesaria la invención en los estudiantes? Algunos sostienen que la invención en este nivel no es un rasgo crítico. Más bien, ellos estuvieron en favor de la importancia de dar *sentido* a las cosas, en donde los estudiantes se involucran activamente ya sea que inventen o no, adapten o copien un método.

Dar sentido a las cosas es probablemente la esencia; sin embargo, creemos que *gran parte de la investigación indica que la invención inicial de los estudiantes desarrolla los conceptos, las habilidades y la resolución de problemas los cuales sirven para realizar múltiples interconexiones*. Esto no significa que los niños deban inventar cada procedimiento sino que el desarrollo conceptual, el razonamiento adaptativo y las habilidades se desarrollan simultáneamente, y que la invención inicial de los estudiantes podría ser una forma particularmente efectiva de alcanzar estas metas. Finalmente, creemos que la invención de los estudiantes es un acto creativo del pensamiento matemático que es valioso por sí mismo.

Procedimientos mentales antes de los algoritmos. Muchos investigadores creen que el uso de los algoritmos escritos se presenta demasiado pronto y que un enfoque más beneficioso es el uso inicial del cálculo mental. Los escritos y las investigaciones de Kamii, ya discutidos, ejemplifican este enfoque. Los algoritmos escritos estándar intencionalmente liberan al usuario de tener que pensar acerca de dónde comenzar, cual valor de posición asignar a los dígitos, y así sucesivamente. *Esto es eficiente para aquellos que ya han comprendido, pero a menudo tiene efectos negativos en el aprendizaje inicial.*

En comparación, las estrategias mentales se derivan de y apoyan a los conceptos subyacentes. Los estudiantes a quienes se les ha enseñado de manera convencional usualmente toman un tiempo más largo para dominar los algoritmos y a menudo nunca lo logran. Los estudiantes aprenden mejor si se enseña y aplica el cálculo mental antes de los algoritmos escritos (y se practica a lo largo de la educación), junto con el trabajo apropiado con materiales y dibujos concretos.

Dichos cálculos mentales crean pensadores *flexibles*. Los estudiantes inflexibles usan en su mayoría imágenes mentales de los algoritmos estándar de papel y lápiz. Para 246 + 199, ellos calculan de la siguiente manera: 9 + 6 = 15, 15 = 1 decena y 5 unidades; 9 + 4 + 1 = 14, 14 decenas = 1 centena y 4 decenas; 1 + 2 + 1 = 4. Cuatrocientos; así 445 – y ellos cometen errores con frecuencia.

Por el contrario, los estudiantes flexibles podrían calcular de la siguiente manera: 199 está cerca del 200; 246 + 200 = 446, quitando 1; resulta 445. Los estudiantes flexibles también utilizaron estrategias como las siguientes para calcular 28 + 35:

- *Compensación*: 30 + 35 = 65, 65 – 2 = 63 (o 30 + 33 = 63)
- *Descomposición*: 8 + 5 = 13, 20 + 30 = 50, 63
- *Saltos o "comienzo-con-un-número"*: 28 + 5 = 33, 33 + 30 = 63 (28 + 30 = 58, 58 + 5 = 63).

Las estrategias de compensación y descomposición se alinean con los bloques en base-diez y con otros tipos de tale manipulativos, mientras que la estrategia de saltos se alinea con los cuadros de 100 o con las rectas numéricas (especialmente la recta numérica vacía, discutida más adelante en este capítulo). Para muchos estudiantes, las estrategias de salto son más efectivas y precisas. Por ejemplo, en la sustracción, los estudiantes que utilizan los algoritmos estándar a menudo muestran el "bicho" (error) del "más pequeño a partir del más grande," como, para el caso de 42 – 25, dando como respuesta 23.

Los juegos pueden proveer prácticas dirigidas con la estrategia de salto. Por ejemplo, en *El juego del 11,* los estudiantes giran dos ruletas (clips de papel parcialmente sin doblar se pueden girar alrededor de un punto). Por ejemplo, si ellos consiguen lo que está ilustrado en la Figura 6.6, ellos deben restar 11 de 19. Ellos luego pueden colocar una de sus fichas sobre el resultado, 8 (el cual aparece en dos lugares) – siempre y cuando haya un ocho destapado. Su meta es ser el primero en obtener cuatro en una fila (horizontal, vertical u oblicua). El énfasis en sumar o restar únicamente 1 decena y 1 unidad ayuda a los niños a comprender y establecer un uso fuerte de la estrategia de salto. Por supuesto, muchas variaciones son posibles, tales como convertir 11 en 37 o sumar o restar únicamente múltiplos de 10.

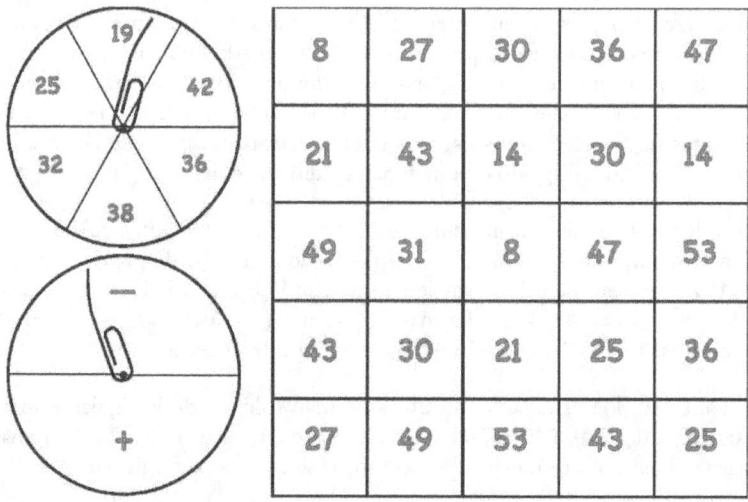

Figura 6.6 El Juego del 11.

En un sentido similar, una situación de comprar y vender incorporada en un juego de lotería modificado se utilizó exitosamente como contexto para motivar y guiar a los niños de primeros grados en la sustracción con números de 2 dígitos. (Kutsher, Linchevski, & Eisenman, 2002). Los estudiantes transfirieron su conocimiento al contexto del salón de clase.

Los holandeses muy recientemente han promovido el uso de la "recta numérica vacía" como un soporte para las estrategias de salto. El uso de este modelo se ha reportado como una alternativa que soporta otras estrategias aritméticas más inteligentes. La recta numérica está "vacía" en el sentido que no es una regla con todos los números marcados sino que simplemente mantiene el orden de los números y el tamaño de los "saltos" registrados, como se muestra en la Figura 6.7

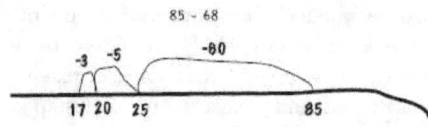

Figura 6.7 La recta numérica vacía como apoyo para la aritmética.

Otros investigadores/desarrolladores creen que las estrategias de descomposición y las de salto valen la pena, y no tienen que ser aprendidas primero (R. J. Wright, Stanger, Stafford & Martland, 2006). Se prefiere la estrategia de salto como *estrategia de aritmética mental,* con la recta numérica vacía como un registro, y no como un mecanismo para calcular. Es decir, desde su punto de vista, los estudiantes deberían utilizar la recta numérica vacía para registrar lo que ellos ya han hecho mentalmente, así que esto se convierte en una representación escrita y en una forma para comunicar su pensamiento a sus compañeros y al profesor.

Los estudiantes también crean combinaciones de estas estrategias. Por ejemplo, los estudiantes podrían primero descomponer un poco y luego saltar: 48 + 36 --- 40 + 30 = 70; 70 + 8 = 78; 78 + 2 = 80; 80 + 4 = 84. Ellos podrían usar también la compensación u otras estrategias de transformación, tales como 34 + 59 --- 34 + 60 – 1, así 94 – 1 = 93 (R. J. Wright, 2006).

No solamente "implemente ambas estrategias," también ayude a los estudiantes a *conectarlas*. Por ejemplo, la estrategia de salto podría remover el énfasis de las estructuras de década pero mantener el sentido de número. Las estrategias de descomposición enfatizan el valor de la posición pero a menudo conducen a errores. Utilizar y conectar ambas estrategias abordando intencionalmente las matemáticas que cada una de ellas desarrolla, podría ser el enfoque pedagógico más efectivo.

Otros juegos de ruleta pueden brindar práctica sustancial y agradable con estas estrategias. Por ejemplo, el juego "Giro de Cuatro" es similar al "Juego del 11" excepto que la segunda ruleta muestra la cantidad sumada o restada del número obtenido después de girar la primera ruleta. Este juego se puede hacer de muchas maneras. La Figura 6.8 presenta la sustracción sin reagrupación. Otros juegos se pueden construir fácilmente para presentar la sustracción con reagrupación, la adición con y sin reagrupar, o una combinación de adición y sustracción.

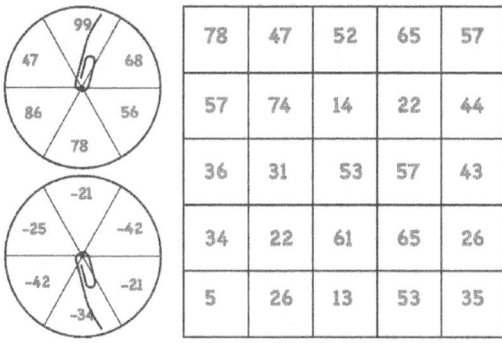

Figura 6.8 Giro de Cuatro.

"Cuatro en Fila" es un juego similar, pero aquí cada jugador tiene 12 fichas de un color ("ver a través de" si es posible). Cada uno escoge dos numerales en el cuadrado de la izquierda, sumándolos y cubriéndolos (solo por ese turno) con las fichas (ver Figura 6.9). El jugador también cubre la suma del cuadrado en la derecha (esta ficha permanece). El primero en hacer cuatro en una fila con su ficha es el ganador (de Kamii, 1989, quien le da el crédito a Wheatley y Cobb por esta versión; El trabajo de Kamii incluye muchos otros juegos).

5	6	7
8	9	10
11	12	13

16	21	18	13	18
19	20	12	20	23
22	24	19	21	16
17	11	23	22	14
14	15	15	17	25

Figura 6.9 Cuatro en Fila.

Antes de dejar este tema, notamos que podría ser impreciso decirle a un niño que "utilice" una estrategia de "salto" cuando las estrategias apenas se están formando (es decir, en los niños más pequeños). Lo que significa que ellos no estarían escogiendo deliberadamente o aplicando estrategias, sino basándose en cálculos que les son familiares con ciertas relaciones de números. Un niño de segundo grado podría sumar 39 + 6 decidiendo sumar uno a 39, luego el "resto" de los 6 (es decir 5) a los 40 para obtener 45. Sin pensamiento consciente, o aún sabiendo acerca de las "estrategias de salto," ese conocimiento explícito y la toma de decisiones surge *de* experiencias repetidas utilizando las relaciones de número. Al comienzo estos son "teoremas-en-acción" (Vergnaud, 1978) y son estrategias explícitas hasta que son re-escritas. De una forma instructiva, esto implicaría que la meta inicial no es tanto enseñar las estrategias sino desarrollar los esquemas de las relaciones de los números y luego usarlas para construir estrategias, discutiendo dichas estrategias para destacar los principios matemáticos involucrados.

¿Cuáles algoritmos? Hay muchos argumentos acerca de si deben se enseñar, o no, *los* algoritmos estándar. Con mucha frecuencia estos argumentos han generado más calor que luz, por muchas razones:

- No hay algoritmos estándar simples. Se han utilizado muchas variaciones en los Estados Unidos y alrededor del mundo (por ejemplo, ver los algoritmos *a* y *b* en la Tabla 6.1) Todos estos son válidos (Kilpatrick et al, 2001).
- Lo que los profesores y las personas inexpertas conciben como diferentes algoritmos "estándar" con frecuencia *no* son vistos como diferentes por parte de los matemáticos, quienes creen que estos algoritmos solo son *modificaciones* (a menudo en la forma en que se han registrado los números) de algoritmos basados en el valor de la posición. En otras palabras, todos los algoritmos de la Tabla 6.1 restan en columnas de igual valor de posición, y componen/descomponen cuando es necesario. Dichos algoritmos solo

ejecutan estos procesos haciendo una notación ligeramente diferente de los mismos.

Muchas modificaciones de los algoritmos estándar de los Estados Unidos (Tabla 6.2) son útiles (Fuson, en prensa). Para los principiantes, o para aquellos que tienen dificultad, el registro de cada adición mostrando su valor de la posición por completo, como en la Tabla 6.2, puede ayudar a desarrollar la comprensión y las habilidades. Una vez que esto se ha alcanzado, el algoritmo accesible y matemáticamente deseable que se muestra en la Tabla 6.2 es superior al algoritmo estándar mostrado en la Tabla 6.1 *a* por muchas razones. Primero, el numeral (por ejemplo "13") se escribe con los dígitos cerca entre sí manteniendo el origen del "13" para los niños. Segundo, con los estudiantes "sumando desde la parte superior," los numerales (usualmente más grandes) se suman primero, liberando la memoria de los estudiantes de tener que mantener un numeral alterado (al cual fue adicionado al 1 "que se llevaba"). Por otra parte los numerales más grandes se suman primero, y el "1," que es muy fácil de sumar, se suma de último.

Tabla 6.1 "Diferentes" algoritmos estándar
a. Descomposición – tradicional Estados Unidos

456 − 167	4̸5̸6 − 167	4̸5̸6 − 167 9	3̸'4̸ 4̸5̸6 − 167 9	3̸'4̸ 4̸5̸6 − 167 289
	Sumar 10 a 6 unidades, "prestando" de las 5 decenas.	Restar 16 - 7.	Sumar 10 decenas a 4 decenas, prestando de las 4 centenas.	Restar 14 - 6 (decenas) y 3 - 1 (centenas).

b. Sumandos iguales – Europa y América Latina

456 − 167	4 5 6 − 1̸6 7	4 5 6 − 1̸6 7 9	4 5 6 − 1 1̸6 7 9	4̸ 5̸ 6 − 1 1̸6 7 289
	Sumar 10 a 6 unidades obteniendo 16 unidades y 1 decena a 6 decenas (aquí es 1 *más* 6 decenas, *no* 16 decenas).	Restar 16 - 7.	Sumar 10 decenas a 5 decenas, 1 centena a 1 centena.	Restar 15 - 7 (decenas) y 4 - 2 (centenas).

c. Accesible y matemáticamente deseable – una modificación del algoritmo de Estados Unidos (Fuson, en prensa)

456 − 167	3̸'4̸ 4̸5̸6 − 1̸6 7	3̸'4̸ 4̸5̸6 − 1̸6 7 289
	Reagrupar donde sea necesario.	Restar en todas partes.

De igual forma, observe el algoritmo de sustracción de la Tabla 6.1*c* (comparado con la Tabla 6.1*a*). La reagrupación en todos los lugares *primero* ayuda a los estudiantes a concentrarse *solo* en la necesidad de reagrupar, y en la reagrupación por sí misma. Una vez que se ha completado, entonces, se ejecutan las operaciones de sustracción, una después de la otra. *No* tener que "pasar" de un proceso a otro (entre los dos procesos) permite enfocarse mejor en cada uno de ellos.

Estos "algoritmos accesibles y matemáticamente deseables" son simples variaciones de los algoritmos estándar utilizados en los Estados Unidos. Sin embargo, estos pueden ayudar significativamente a los estudiantes a construir tanto sus habilidades como su comprensión (Fuson, en prensa).

Para cualquier variación, los manipulativos en base-diez y los dibujos pueden apoyar el aprendizaje de los métodos de composición y descomposición, especialmente en cuanto al sostenimiento de una conexión entre los conceptos y los procedimientos. El uso de dibujos se ilustra en las Tablas 6.2*b* y *c*. (Observe que hay dos diferencias básicas entre los dos, el orden en el cual se agrupan los valores y la forma en que son agrupados). Los manipulativos o dibujos ayudan a ilustrar que las cantidades con un valor de la posición diferente necesitan ser sumadas por separado, y que ciertas cantidades necesitan ser compuestas para formar una unidad con un alto valor de posición.

Tabla 6.2 Variaciones en el algoritmo tradicional de la suma
a. Tradicional en Estados Unidos

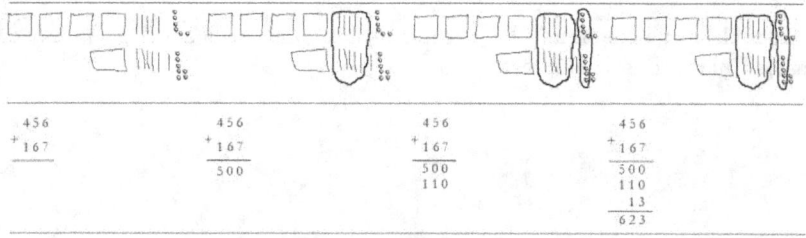

b. Algoritmo transicional – escribir todos los totales (Fuson, en prensa)

c. Accesible y matemáticamente deseable – una modificación del algoritmo de Estados Unidos (Fuson, en prensa)

```
          4 5 6              4 5 6              4 5 6              4 5 6
        + 1 6 7            + 1 6 7            + 1 6 7            + 1 6 7
        ───────              ───              ─────              ───────
                              3                 2 3              6 2 3
        Sumar 6+7, poner "13" pero con    Sumar las decenas 5+6+1, poner "2"    Sumar las centenas 4+1+1.
        el 3 en el lugar de las unidades  en el lugar de las decenas y la centena
        y la decena 1 *debajo* de la columna   1 debajo de la columna de las
        de las decenas.                   centenas.
```

La investigación muestra que la clave es *enseñar para el significado y la comprensión*. La enseñanza que se enfoca en la aplicación flexible de una variedad de estrategias ayuda a los estudiantes a construir conceptos y procedimientos sólidos. Ellos aprenden a adaptar sus estrategias a las características de los problemas. En contraste, la enseñanza que se enfoca únicamente en las rutinas da como resultado estudiantes que siguen ciegamente dichas rutinas. Comprender las matemáticas y el pensamiento acerca de las matemáticas en los estudiantes, incluyendo las estrategias variadas y los algoritmos que ellos podrían usar, ayuda a los estudiantes a crear y usar cálculos adaptativos. Si los estudiantes inventan sus propias estrategias primero, ellos tendrían menos errores que aquellos estudiantes a quienes se les enseñaron los algoritmos desde el comienzo.

En resumen, *la enseñanza basada en los conceptos apoya la competencia matemática*. Enseñar el conocimiento conceptual primero, y junto con este conocimiento trabajar en el conocimiento procedimental, hace que los estudiantes desarrollen primero sus propios métodos, cuanto más temprano en su vida educativa mucho mejor. Cuando los algoritmos estándar se desarrollan, los algoritmos modificados que presentamos aquí pueden ayudar a los niños a construir simultáneamente conceptos y procedimientos. Con esta observación en mente, volvamos a las trayectorias de aprendizaje de este capítulo.

Trayectoria de aprendizaje para composición de número y adición y sustracción de multidígitos

La importancia de la *meta* de incrementar en los niños estas habilidades aritméticas es clara. Con esa meta, la Tabla 6.3 brinda los dos componentes adicionales a la trayectoria de aprendizaje, la progresión del desarrollo y las tareas instructivas. Hay tres notas importantes en esta trayectoria de aprendizaje:

- A diferencia de otras trayectorias de aprendizaje, la Tabla 6.3 se divide en dos partes, primero la composición y luego la adición y sustracción de múltiples dígitos. Esto se hizo para enfatizar que la segunda parte es una *copia* de la progresión del desarrollo ya incluido en la trayectoria de aprendizaje del Capítulo 5, mejorada con las tareas instructivas de este capítulo.

- Observe que el valor de la posición es fundamental para dominar todos los números, así que está integrado en las trayectorias de aprendizaje de los Capítulos 2, 3, 4, y 5, tanto como en este capítulo. Este capítulo simplemente tiene un enfoque más específico en el valor de la posición.
- Recuerde nuevamente que las edades en todas las Tablas de trayectoria de aprendizaje son únicamente aproximadas, especialmente porque la edad de adquisición usualmente depende de la experiencia.

Tabla 6.3 Trayectoria de aprendizaje para componer números y la adición y sustracción de multidígitos

Edad (años)	Progresión del desarrollo	Tareas instructivas
	Composición del número	
0–2	**Pre-Reconocedor de Parte-Todo** Reconoce partes y totales únicamente de forma no verbal. Reconoce que los conjuntos se pueden combinar en diferente orden, pero es posible que no reconozca de manera explícita que los grupos están aditivamente con puestos de grupos más pequeños.	Las experiencias básicas en la primera infancia son útiles, como se describen en los capítulos anteriores.
	Cuando se le muestran 4 bloques rojos y 2 bloques azules, puede apreciar intuitivamente que "todos los bloques" incluye rojos y azules, pero cuando se le pregunta cuántos hay en total, es posible que nombre un número pequeño, como el 1.	
3–4	**Reconocedor Inexacto de Parte-Todo** Sabe que un todo es más grande que las partes pero puede que no cuantifique de manera precisa. (El conocimiento intuitivo de la conmutatividad, y posteriormente, la	Las experiencias en las trayectorias de aprendizaje desde los otros capítulos son apropiadas para desarrollar estas habilidades. Especialmente relevantes son la subitización (Capítulo 2), conteo (Capítulos 3 y 5), comparación (Capítulo 4) y seriación (Capítulo 12).

Edad (años)	Progresión del desarrollo	Tareas instructivas
	asociatividad, con grupos físicos, después en contextos más abstractos, incluyendo números).	
	Cuando se le muestran 4 bloques rojos y 2 azules y se le pregunta cuántos hay en total, nombra un "número grande," como 5 o 10.	
4–5	**Compositor hasta 4, Después 5** Sabe combinaciones de números. Nombra rápidamente las partes de cualquier total o el total dadas las partes.	*Juegos de Dedos.* Pedir a los niños que hagan números con sus dedos (las manos deben estar ubicadas en su regazo entre tarea y tarea). Estas tareas deben ser cortas y divertidas, extiéndalas hasta que sea necesario.
	Si se le muestran 4, después se esconde 1 en secreto, y después se le muestran los 3 restantes, dice rápidamente escondieron "1."	Pedir a los niños que muestren 4 con sus dedos. Decir al compañero como lo hizo. Ahora de manera diferente decir al compañero:
		Ahora haga 4 con el mismo número en cada mano.
		Pídales a los niños que muestren 5 con sus dedos y discutan las respuestas. (¿Utilizaron una sola mano o ambas? ¿Pueden hacerlo de una manera diferente? Y así sucesivamente).
		Pídales mostrar otra forma de hacer 5, utilizando ambas manos, si no lo han hecho aún.
		Repita las tareas anteriores, "pero no se pueden utilizar los pulgares."
		Desafíe a los niños pidiéndoles que muestren 3 o 5 utilizando el mismo número de dedos en cada mano. Discuta por qué no se pudo hacer.
		Orejas de Conejo. En esta modificación, pedir a los niños que hagan los números como "orejas de conejo" sosteniendo sus manos sobre sus cabezas para hacer los números 1-5 in diferentes formas.
		Arriba y Abajo. En otra sesión pedir a los niños que muestren 4 en una mano. Preguntar cuántos dedos hay arriba y

Edad (años)	Progresión del desarrollo	Tareas instructivas
		cuántos hay abajo (todos en una mano únicamente). Repetir con 0, 1, 2, 3, y 5 durante varios días.
		¡Chasquear! (hasta 5) Acordar un número de 3 a 5. Hacer un tren de ese número con cubos conectados, todos de un mismo color. Colocarlos detrás de la espalda y chasquear algunos Mostrar el resto. Hacer que los estudiantes determinen cuántos hay detrás de la espalda. Discuta las estrategias de solución.
		Los estudiantes trabajan en parejas jugando *¡Chasquear!* Por turnos haciendo el tren conectando los cubos y chasquear. Los estudiantes deben preguntar a su compañero y adivinar cuántos tienen, luego deben mostrarlos.
	Compositor hasta 7 Sabe combinaciones de números hasta totales de 7. Rápidamente nombra las partes de cualquier total, o la totalidad de las partes dadas. Calcula dobles hasta 10 Si se le muestran 6, después se esconden 4 en secreto, y se le muestran as dos restantes, rápidamente dice, escondieron "4."	*¡Chasquear!* (hasta 7) (ver arriba) *Hacer un Número.* Los niños deciden un número para hacer, decir 7. Luego reciben 3 series de cartas y sacan todas las cartas enumeradas 7 o más barajando las cartas que quedan. Los niños por turnos dibujan una carta y tratan de hacer un 7 combinándola con cualquier otra carta que este hacia arriba- si es posible, pueden mantener ambas cartas. Si no es posible deben ubicarla hacia arriba al lado de la baraja. Cuando la baraja se ha terminado el jugador con la mayoría de pares, es el ganador.
		Jugar de nuevo cambiando el número que van a hacer.
		Instantáneas de Número 6. Los estudiantes identifican una imagen que corresponda correctamente con una imagen dada desde cuatro selecciones-múltiples.

Edad (años)	Progresión del desarrollo	Tareas instructivas
		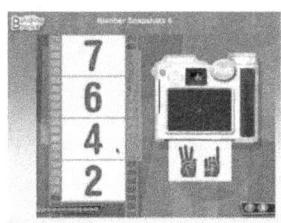
	Compositor hasta 10 Conoce combinaciones de números con total 10. Nombra rápidamente las partes de cualquier todo, o el todo dado en partes. Calcula dobles hasta 20. "9 y 9 es 18."	*Juegos de Dedos.* Pedir a los niños que hagan números con sus dedos (las manos deben estar ubicadas en su regazo entre tarea y tarea). Pedir a los niños que muestren 6 con sus dedos. Decirle al compañero como lo hizo. Ahora en una forma diferente. Decirle al compañero. Ahora haga 6 con el mismo número en cada mano. Repita con otros números pares (8, 10). Pedir a los niños que muestren 7 con sus dedos y discutan las respuestas. ¿Pueden hacerlo de una manera diferente? Repita las tareas anteriores, pero no puede utilizar los pulgares (¿Puedes hacerlo?) Desafíe a los niños pidiéndoles que muestren 3, 5 o 7 utilizando el mismo número de dedos en cada mano. Discuta por qué no se pudo hacer. *Orejas de Conejo.* En esta modificación, pedir a los niños que hagan los números como "orejas de conejo" sosteniendo sus manos sobre sus cabezas para hacer los números 6 -10 in diferentes formas. *Arriba y Abajo.* En otra sesión pedir a los niños que muestren 6. Preguntar cuántos dedos hay arriba y cuántos hay abajo (todos en una mano únicamente). Repetir con todos los números del 0 al 10 durante varios días. *Girar Sobre 10.* La meta es acumular la mayor cantidad de pares de cartas que sumen 10. Otorgue a cada grupo de niños 3 colecciones de cartas de 0 a 10.

Edad (años)	Progresión del desarrollo	Tareas instructivas
		Cada jugador toma 10 cartas que debe apilar boca abajo.
		Las cartas sobrantes se ubican boca abajo en otro lugar en la mitad de los dos jugadores. La carta que está encima en e este grupo se gira con la cara hacia arriba.
		El jugador 1 gira su carta. Si esta forma una suma de diez junto con la de la otra baraja ese jugador toma y mantiene el par (a menos que esa carta ya haya sido utilizada se debe utilizar otra).
		Si no se alcanza la suma de 10 el jugador ubica esta carta al lado de la otra baraja de manera que estas cartas se puedan ver y utilizar por los jugadores en los siguientes turnos (así que debe haber otra fila de estas cartas hacia arriba en la mitad de los dos jugadores)..
		En otro caso (el par formado o las cartas aparte) pasa el turno al siguiente jugador quien gira la carta que se encuentra encima de su baraja.
		Si alguna de las cartas mostradas se puede utilizar para formar un par de dieces, el jugador mantiene ese par.
		Si un jugador ve un par de cartas mostrando que forma diez, puede escoger ese par durante su turno en lugar de girar la carta que se encuentra en el tope de su baraja.
		Los turnos se alternan hasta que cada jugador ha girado todas sus cartas. El jugador con la mayor cantidad de pares acumulados es el ganador.
		Hacer Dieces. La meta es hacer dieces con todas las cartas y evitar quedarse con la carta extra. Otorgue a cada grupo de niños una baraja de cartas hecha de 2 colecciones la carta mas una carta de cualquier número entre 0 y 10 (este eventualmente puede ser la carta "solterona" que no puede formar 10) por ejemplo utilice una de las siguientes:

   1. Dos colecciones de carta número de 0 - 10 con puntos y numerales con una carta

Edad (años)	Progresión del desarrollo	Tareas instructivas
		extra 5. 2. Colecciones de carta numeral (únicamente) 0 -10 con una carta extra 5. Presentar este juego para 2 jugadores. Todas las cartas están disponibles para ambos jugadores. Ambos jugadores primero forman todos los pares de 10 posibles en sus propias manos y ubican esos pares a un lado en su baraja de puntajes. Si no pueden utilizarla, la carta permanece en su mano. Toman turnos seleccionando (sin mirar) una carta del otro jugador. Si la pueden usar para formar un par de 10 se ponen en su barja de puntajes. Si no la pueden utilizar, la carta permanece en su mano. Al terminar el juego, un jugador quedará con la carta impar. *Golpear un Diez.* La meta es hacer dieces con todas las cartas y ser el primero en "salir." Otorgar a cada grupo de niños una baraja de cartas hechas de 4 barajas de 1 - 10 cartas. Presentar este juego de 2 – 4 jugadores. Se reparten seis cartas a cada jugador. Las cartas sobrantes se ubican en la mitad con la cara hacia abajo. Un jugador voltea la carta que se encuentra en la parte superior. Los otros jugadores rápidamente determinan si pueden formar un diez con esa carta y una que tienen en su mano. Si se puede, golpea la carta. El jugador que primero la golpee, debe utilizarla para hacer un diez. Si no, debe tomar otra carta de la baraja. Los jugadores por turnos toman las cartas de la parte superior de la baraja. El juego termina cuando el jugador "sale" o la baraja se ha terminado. Gana el jugador que "sale" o el que queda con menos cartas en su mano. Modificación: Si los niños tienen problemas intentando golpear las cartas al

Edad (años)	Progresión del desarrollo	Tareas instructivas
		mismo tiempo...
		Si pueden hacer un diez con la carta que se muestra, ellos golpean su propia carta hacia abajo. El jugador que la golpee primero preguntará ¿es un diez?
		Todos los jugadores deben estar de acuerdo en que las dos cartas forman un diez.
		Juego de Memoria de Dieces
		Por cada pareja de niños se necesitan dos conjuntos de cartas numerales 1-9.
		Ubicar los conjuntos de cartas hacia abajo en dos arreglos separados de 3 por 3, los jugadores por turnos escogen, giran y muestran una carta de cada arreglo.
		Si las cartas no suman 10, se devuelven hacia abajo a los respectivos arreglos, si suman 10 ese jugador se queda con ellas.
		Utilice más cartas para hacer un juego más largo.
		¡Chasquear! (hasta 10) (ver arriba)
		Haga un Número (hasta 10) (ver arriba)
		Instantáneas de Número 8. Los estudiantes identifican una imagen que corresponda correctamente con la imagen de las cuatro de selección múltiple.

7	**Compositor con Dieces y Unos** Conoce los números de dos dígitos como dieces y unos; cuenta con monedas de diez centavos y de un centavo; adiciones de 2 dígitos con reagrupamiento.	*Nota: Todos los juegos enunciados arriba que involucran dieces, se pueden jugar con sumas más grandes para extender el conocimiento de las combinaciones aritméticas de los niños.*
		Hacer la Suma. Se mezclan seis barajas de cartas numerales del 1-10 y se reparten a los jugadores. Se arrojan tres cubos número a un jugador, quien se anuncia para sumar. En todos los juegos se trata de hacer esta

Edad (años)	Progresión del desarrollo	Tareas instructivas
	"17 y 36 es como 17 y 3, lo cual suma 20, y 33, lo cual suma 53."	suma de muchas maneras posibles. El primer jugador en utilizar todas sus cartas es el ganador. *¡Saludo!* Con una baraja de cartas quitando la cara de las cartas y el as como 1, se reparten las cartas a 2 de los 3 jugadores (Kamii, 1989) Los dos jugadores se sientan cara a cara con sus cartas hacia abajo. El tercer jugador dice, "¡saludo!" y los otros dos jugadores toman la carta superior de sus barajas y las sostienen en su frente de manera que los otros jugadores puedan verlas pero ellos no. El tercer jugador anuncia la suma de las dos cartas. Cada uno de los otros dos jugadores intenta ser el primero en anunciar el valor de sus *propias* cartas. El ganador es el que tenga mayor cantidad de cartas. *Componiendo 10s y 1s.* Muestre a los estudiantes cubos de conexión-4 dieces y 3 unos-durante 2 segundos únicamente (p.e. esconder debajo de una tela). Pregunte cuántos ven. Discuta como lo supieron. Repita con nuevas cantidades. Decir a los estudiantes que hay un verdadero desafío para ellos. Decir que hay 2 dieces y 17 unos escondidos. ¿Cuántos hay en total? Una vez que lo hayan dicho, destápelos para verificar. Ubicar 4 dieces azules, 1 diez rojo, y 4 rojos sencillos. Decir a los estudiantes que hay 54 cubos en total y que 14 son rojos. Preguntar cuántos son azules. *Instantáneas de Número 10. De Puntos a* Numerales hasta 50. Los estudiantes identifican una imagen que corresponde correctamente a otra de las cuatro de selección múltiple.

Edad (años)	Progresión del desarrollo	Tareas instructivas

Desde este punto las actividades más importantes están incluidas en la trayectoria de aprendizaje de subitización. Ver Capítulo 2, especialmente los niveles **Subitizador Conceptual con Valor Posicional** y **Conteo de Saltos** y **Subitizador Conceptual con Valor Posicional y Multiplicación.**

Adición y sustracción de multidígitos

6–7	**+/- Derivador:** Usa estrategias flexibles y combinaciones derivadas (ej., "7 + 7 es 14, entonces 7 + 8 es 15") para resolver todo tipo de problemas. Incluye Romper para Hacer Grupo de Diez ("Break Apart to Make Ten" BAMT – explicado en el Capítulo 6). Puede pensar simultáneamente en 3 números en una misma suma, y puede mover partes de un número a otro, siendo consciente del decremento en el primero y el incremento en el segundo número. Si se le pregunta, "¿Cuánto es 8 + 7?" piensa: 7+8 → 7 + (7 + 1) → (7+ 7) + 1 = 14 + 1	Todos los tipos de problemas de un solo dígito utilizan combinaciones conocidas y derivadas. *(Nota: Los estudiantes han adquirido el nivel de* **Contador de Saltos por 10s hasta 100** *y el* **Contador hasta 100** *antes de las siguientes tareas; ver Capítulo 3 de la trayectoria de aprendizaje).* *Adición y Sustracción de 10s.* Presentar los problemas como 40 + 10, inicialmente utilizando cincos separados y estructuras de dieces o cubos de conexiones en trenes de 10. Preguntar ¿cuántos puntos (cubos) hay?, ¿cuántos dieces? Agregue un diez y pregunte de nuevo. Progrese agregando más de 1 diez a la vez. *Repita y disminuya.* Repetir como se mostró arriba hasta que los estudiantes alcancen fluidez. Modelar el proceso de solución cuando sea necesario. Tan pronto como sea posible, *esconda* los que se dejaron por fuera de manera que los niños construyan modelos visuales y mentales. Eventualmente, presente los problemas únicamente en forma

Edad (años)	Progresión del desarrollo	Tareas instructivas
	= 15. O mediante el uso de BAMT, piensa, 8 + 2 = 10, entonces separa 7 en 2 y 5, suma 2 y 8 para llegar a 10 y después adiciona 5 más, 15. Resuelve casos simples de adición multidígitos (y frecuentemente de sustracción) mediante el incremento de decenas y/o unidades. " ¿Cuánto es 20 + 34?" el estudiante usa el cubo para contar hasta 20, 30, 40, 50 más cuatro es 54.	oral. Luego, saque los dieces (p.ej., 80-10). *Sumando a una Década.* Presente los problemas como 70 + 3 y 20 + 7. Utilice la misma estrategia como la de arriba sacando 2 dieces y luego 7 unos. Si los estudiantes necesitan atención adicional saque los unos a la vez mientras cuenta por unos. Observe el resultado ("27…es decir 2 dieces y 7 unos") y anime a los estudiantes a resolver otro de una manera más rápida. (*Repita y disminuya* como arriba). *Adición y Sustracción de Múltiples de 10 de Décadas.* Presente problemas como 73 + 10 o 27 + 20. Utilizar la misma estrategia come la de arriba, sacando 7 dieces y 3 unos, y luego agregando dieces de a uno (o mas). *Adición y Sustracción con Décadas.* Presente problemas como 2 + 3, luego 22 + 3, luego 72 + 3 y así sucesivamente (incluya 12 + 3 una vez que el patrón está bien establecido). Repita. *Matemática-o-Ámbito.* Los estudiantes identifican números (representando valores que son diez más, diez menos, uno más, o uno menos que el número objetivo) con el cuadro de cientos para revelar una fotografía parcialmente escondida. 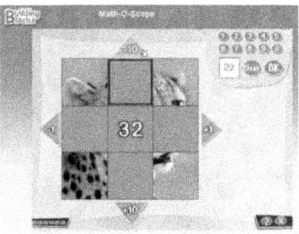
7	**Solucionador de**	*Todos los tipos* de estructuras de problemas

Edad (años)	Progresión del desarrollo	Tareas instructivas
	Problemas +/- Resuelve todo tipo de problemas, con estrategias flexibles y combinaciones conocidas.	para problemas con números 1-9. *Adición a Través de las Décadas.* Presente problemas para unir décadas, tales como 77 + 3 y 25 + 7. Como se indicó arriba, utilice los manipulativos y el modelado como sea necesario hasta que los niños puedan resolverlo mentalmente o con dibujos como la línea de número vacío. *Repita y disminuya como se indicó arriba.*
	Cuando se le pregunta "si yo tengo 13 y tú tienes 9, ¿cómo hacemos para tener el mismo número?" responde, "Nueve y uno es diez, entonces tres más para llegar a 13. Uno y tres es cuatro. ¡Necesito cuatro más!"	
	Es posible resolver multidígitos mediante el incremento o la combinación de decenas y unidades (estas últimas no se usan para reuniones, cambio desconocidos).	*Imaginar el Hecho.* Los estudiantes agregan valores numéricos desde 1 hasta 10 a valores desde 0 hasta 99, para alcanzar un máximo total de 100. Es decir, si están "en" 33 y obtienen 8, tienen que ingresar 41 para proceder a ese espacio, porque los espacios no están marcados con numerales, al menos hasta que se muevan a través de ellos.(ver Capítulo 6).
	"¿Cuánto es 28 + 35?" El incrementador piensa: 20 + 30 = 50; + 8 = 58; 2 más es 60, 3 más es 63.	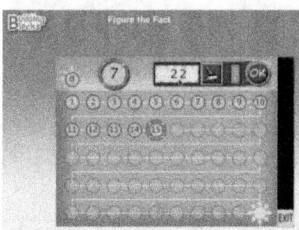
	Combinando decenas y unidades: 20 + 30 = 50. 8 + 5 es como 8 más 2 y 3 más, entonces, son 13. 50 y 13 es 63.	*Sustracción a Través de las Décadas.* Presente problemas para unir décadas, como 73 + 7 y 32 – 6. Como se indicó arriba, utilice manipulativos y modelado cuando sea necesario, hasta que los niños puedan resolverlo mentalmente o con dibujos como en la línea de número vacío.
		Adición y Sustracción de 10s y 1s con Manipulativos. Presente los problemas de adición utilizando estructuras de cincos y dieces o cubos de conexión. Muestre 1 diez y 4 unos. Pregunte ¿Cuántos puntos (cubos) hay? Agregue un diez y 3 unos y pregunte de nuevo. Continúe sumando 1 a 3 dieces y 1 a 9 unos cada vez hasta que llegue a 100. Luego pregunte, "¿Cuántos tenemos en total? ¿Cuántos necesitaríamos

Edad (años)	Progresión del desarrollo	Tareas instructivas
		para llegar a 100?"

Utilice diferentes manipulativos tales como imitación de la moneda.

Repita y disminuya como se indicó arriba.

Adición y Sustracción de Dieces con Línea Numérica Vacía. Presente problemas de adición (y luego sustracción) debajo de una línea numérica vacía (ver la figura de abajo).

```
                              35 + 57
              +50         +5  +2
         ⌒_____⌒___⌒
         35          85  90 92
                      35 + 57
```

Pase de problemas como 45 + 10 a 73 − 10, luego 27 + 30 y 53 -40, y luego continúe…

Sumando Dieces y Unos. Presente problemas de adición debajo de una línea numérica vacía, como se indicó arriba.

Comience con problemas sin reagrupación como: 45 + 12, 27 + 31, y 51 + 35, luego continúe…

Problemas con reagrupación, como 49 + 23, 58 + 22, 38 + 26.

Problemas que sugieren transformaciones como compensación (p.e., 57 + 19 -→ 56 +20 o 57+20-1), tales como 43 + 45 (44 + 44), 22 + m48, y así sucesivamente.

Permita que los estudiantes utilicen estrategias que "trabajen" para ellos, pero anímelos a pasar de conteos simples a estrategias más avanzadas.

Presente problemas similares con manipulativos de valor posicional o dibujos, como bloques de base-diez o dibujos de ellos. (ver el texto).

Utilice diferentes manipulativos como imitación de la moneda.

Repita y disminuye como se indicó arriba.

Sustracción de Dieces y unos. Presente

Edad (años)	Progresión del desarrollo	Tareas instructivas
		problemas de sustracción debajo de una línea numérica vacía, como se indicó arriba.
		Comience con problemas sin reagrupación como 99 – 55, 73 -52, y 59 – 35, luego continúe…
		Presente problemas con reagrupación, tales como 81 – 29, 58 – 29, 32 – 27, y así sucesivamente.
		Problemas que sugieran transformaciones como compensación tales como 83 – 59 (84 – 60, o 83 -60 + 1), 81 – 25, 77 – 28 y así sucesivamente.
		Vigile los errores "sustracción de dígitos más pequeños de dígitos más grandes" (p.e., in 58 – 29, restar 9 -8 en lugar de 8 – 9).
		Presente problemas similares con manipulativos de valor posicional o dibujos, como bloques en base- diez o dibujos de ellos (ver el texto).
		Utilice diferentes manipulativos como imitación de la moneda.
		Repita y disminuye como se indicó arriba.
		El Juego de 11. Ver Figura 6.5
7-8	**+/- Multidigitor** Usa la composición de dieces y todas las estrategias previas para resolver problemas de +/- con multidígitos.	*10s y 1s Escondidos*. Decirles a los estudiantes que tiene escondidos 56 cubos de conexión rojos y 21 cubos azules debajo de una tela. Pregúnteles cuántos hay en total.
	Cuando se le pregunta, "¿Cuánto es 37 - 18?" dice "Quito un diez de 3 dieces; Es 2 dieces. Quito 7 de 7. Es 2 dieces y cero…20." Quito uno más. Es 19."	Progrese a problemas con reagrupación como 47 + 34.
		Pase a problemas con sustracción sin reagrupación (85 – 23) y luego con reagrupación (51 – 28).
		Girar 4. Ver Figura 6.7.
	Cuando se le pregunta, "¿Cuánto es 28+35?" piensa "30 más 35 debe ser 65. Pero, es 28, entonces es 2 menos – 63."	*Cuatro en una Fila*. Ver Figura 6.8. Las variaciones hacen el juego *Cinco en una Fila* y utilizan sumandos más grandes.
		Variación: tiene 2 cuadrados pequeños, uno con numerales más grandes, el otro con numerales más pequeños. Los estudiantes restan.

Edad (años)	Progresión del desarrollo	Tareas instructivas
		Problemas de Palabras. Los estudiantes resuelven problemas de palabras con multidígitos dentro y fuera del computador (ver Capítulo 6).  *Saltar hasta 100.* Utilizar cubos numerales uno con el numeral 1 hasta 6 y otro con 10, 20, 30, 10, 20, 30, dos equipos por turnos arrojan los cubos y -comenzando desde 0- agregan ese número a su posición en una línea numérica vacía. Aquel que primero llegue o pase 100 es el ganador. Variación: Salte de 100 hasta 0. *Calculador "Hacerme 100"* Un estudiante (o equipo) ingresa un número de dos-dígitos. El otro tiene que ingresar una adición sencilla la cual hará "100" puntos que se deben mantener. Como una variación los estudiantes (o equipos) pueden únicamente sumar un número de 1 a 10. Ellos hacen turnos y el equipo ganador es el que llegue primero a 100. Aumente la adición y sustracción de dígitos. Plantee problemas como: "¿cuánto es 374 – 189?," "¿Cuánto es 281 + 35?."

Palabras finales

Hasta este punto nuestra discusión se ha focalizado en el número. Especialmente en el inicio de lo numérico. Aunque aparece un componente espacial fuerte. Por ejemplo, algunos estudios sugieren que el inicio de la cuantificación en los niños es fundamentalmente espacial. Además, el conocimiento del espacio y la forma es importante por su propio bien. El pensamiento espacial es tratado en el Capítulo 7, en los Capítulos 8 y 9 se trata específicamente el pensamiento geométrico.

7 PENSAMIENTO ESPACIAL

Antes de continuar la lectura, cuando lee el título de este capítulo ¿qué piensa que implicaría el "pensamiento espacial"? ¿En qué formas "piensa espacialmente" usted en una semana normal? ¿Cuáles de esas formas de pensamiento consideraría usted que son "matemáticas"?

El pensamiento espacial es importante porque es una habilidad humana esencial que contribuye al desarrollo de habilidades matemáticas. Sin embargo, la relación entre el pensamiento espacial y las matemáticas no es simple, a veces el "pensamiento visual" es "bueno" pero a veces no. Por ejemplo, muchos estudios han demostrado que los niños con habilidades espaciales específicas son matemáticamente más competentes. Sin embargo, otra investigación indica que los estudiantes que procesan información matemática por medios lógicos verbales, superan a los estudiantes que procesan dicha información visualmente.

También, las imágenes *limitadas* en el pensamiento matemático pueden causar dificultades. Como lo discutiremos con más detalle en el Capítulo 8, una idea puede estar estrechamente ligada a una imagen única. Por ejemplo, conectar la idea de "triángulos" a una imagen simple tal como un triángulo equilátero con una base horizontal restringe el pensamiento de los niños pequeños.

Por lo tanto, la habilidad espacial es importante para el aprendizaje de muchos temas matemáticos. Sin embargo, el papel que tiene esta habilidad es difícil de alcanzar, e incluso se vuelve complejo en cuanto a la geometría. Las dos habilidades principales son: La orientación espacial y la visualización espacial (A. J. Bishop, 1980; Harris, 1981; McGee, 1979). Primero discutiremos la orientación espacial, que involucra bastante investigación, luego la visualización espacial y las imágenes.

Orientación espacial

A Daniel el Travieso se le muestra en un mapa el lugar hacia donde su familia ha viajado en automóvil. El mira con gran asombro y dice, "*¿dos días? ¿Solo para viajar tres pulgadas?* (de Liben, 2008, p 21).

La orientación espacial se asocia con el conocimiento del lugar donde nos encontramos y cómo nos podemos desplazar alrededor del mundo; lo que significa comprender las relaciones entre las diferentes posiciones en el espacio, al comienzo con respecto a nuestra propia posición y nuestros movimientos alrededor de ella, y eventualmente desde una perspectiva abstracta que incluye mapas y coordenadas. Esta competencia esencial no sólo está conectada al conocimiento matemático sino también a la forma como *recordamos* las cosas.

Así como el número, la orientación espacial se ha postulado como un dominio básico con algunas habilidades presentes desde el nacimiento. Por ejemplo, los niños centran sus ojos en los objetos y luego comienzan a seguir el movimiento de estos. Los niños pequeños utilizan la información geométrica acerca de todas las formas de su entorno para resolver tareas de ubicación. De nuevo, como sucede con los números, dichas competencias iniciales se desarrollan con la experiencia y las influencias socioculturales. ¿Qué pueden comprender y representar los niños pequeños acerca de las relaciones espaciales y la navegación? ¿Cuándo pueden representar este conocimiento y en última instancia hacerlo de forma matemática?

Ubicación espacial y navegación intuitiva

¿Qué tipo de "mapas mentales" poseen los niños pequeños? Ni los niños, ni los adultos en realidad tienen "mapas en sus cabezas" – lo que significa que, sus "mapas mentales" no son como una imagen mental de un mapa de papel. Sin embargo, la gente sí construye un conocimiento privado que está asociado a su idiosincrasia a medida que aprende acerca del espacio. Ellos hacen esto mediante el desarrollo de dos categorías de conocimiento espacial. El primero basado en sus propios cuerpos (sistemas basados en sí mismos). El segundo está basado en otros objetos (sistemas de referencia basados en lo externo). Cuanto más joven sea el niño, estos sistemas estarán ligados de forma más débil. Dentro de cada categoría, hay un tipo de desarrollo temprano y un tipo de desarrollo tardío. Miremos cada uno por separado.

Sistemas basados en lo externo y en sí mismos

Los sistemas espaciales basados en sí mismo están relacionados con los propios movimientos y la posición del niño. El tipo de desarrollo temprano es un *aprendizaje de respuesta*, en el cual el niño observa un patrón de movimientos que han sido asociados con una meta. Por ejemplo, el niño puede acostumbrarse a mirar a la izquierda desde una silla alta para ver a sus padres cocinando.

Los sistemas de referencia externa se basan en puntos de referencia del entorno. Estos puntos usualmente son objetos familiares e importantes. En *el aprendizaje por señales (cue learning)*, los niños asocian un objeto con un punto de referencia cercano, como un juguete en un sofá. Los niños poseen ambos tipos de aprendizaje en los primeros meses de vida.

Desarrollo posterior de sistemas basados en lo externo y en sí mismos

El tipo de desarrollo posterior del sistema basado en sí mismo es un *sendero de integración*, en el cual los niños registran la distancia aproximada y la dirección de sus propios movimientos. Lo que significa, que ellos recuerdan el "camino que han recorrido." Tan temprano como a los 6 meses de edad, y ciertamente a la edad de 1 año, los niños pueden usar esta estrategia con alguna precisión cuando se mueven por sí mismos.

El tipo más poderoso de los sistemas basados en lo externo, es el *aprendizaje del lugar*, el cual está más cercano a la intuición que tienen las personas de los "mapas mentales." Los niños almacenan la ubicación recordando las distancias y las direcciones de los puntos de referencia. Por ejemplo, los niños pueden utilizar las paredes de un cuarto como un marco de referencia para encontrar un juguete. Esto ilustra una base temprana implícita para el posterior aprendizaje de sistemas de coordenadas. Esta habilidad se desarrolla primero durante el segundo año de vida y continúa perfeccionándose durante toda su vida. A medida que los niños se desarrollan, mejoran su uso – incluyendo saber cuándo utilizar – de cada uno de estos tipos de conocimiento espacial. Ellos además *integran* el conocimiento proveniente de cada uno de estos cuatro tipos.

Pensamiento espacial

En su segundo año, los niños desarrollan la capacidad crítica para el *pensamiento simbólico*. Esto sustenta muchos tipos de conocimiento matemático, incluyendo el conocimiento espacial explícito. Como ejemplo, los niños aprenden a tener en cuenta las perspectivas de los otros con respecto a su visión de los objetos. Ellos aprenden a coordinar diferentes puntos de vista sobre los objetos, pero además utilizan un marco externo de referencia (como en el aprendizaje espacial) para resolver diferentes puntos de vista.

La navegación a través de ambientes a gran escala

Los niños también aprenden a navegar en entornos de gran tamaño. Esto también requiere representaciones integradas porque se pueden ver únicamente algunos puntos de referencia en un punto dado. Únicamente los niños más grandes de preescolar aprenden rutas escaladas para caminos familiares; lo que significa que ellos saben acerca de las distancias relativas entre puntos de referencia. Incluso los niños más pequeños aprenden a colocar diferentes ubicaciones en una ruta en algunas relaciones, al menos en ciertas situaciones. Por ejemplo, pueden señalar una ubicación desde otra aun cuando nunca hayan recorrido ese camino que conecta a las dos ubicaciones.

Los niños, desde los 3 años y medio de edad, pueden aprender a recorrer con precisión el camino por un sendero que repite la ruta entre su silla y el escritorio del profesor en su salón de clase. El movimiento *auto-producido* es importante. Los niños de kínder no pudieron *imaginar* movimientos similares o señalar con precisión sin moverse, pero pudieron imaginar y recrear los movimientos y señalar con precisión cuando caminaron y giraron. Así los niños pueden construir imágenes mentales de ubicaciones y utilizar dichas imágenes, pero tienen que moverse físicamente para mostrar su competencia. Los niños desde preescolar hasta los primeros grados necesitan puntos de referencia o límites para tener éxito en estas tareas. Los niños de tercer grado, pueden utilizar estructuras más grandes que involucren al observador en la situación.

Así, los niños desarrollan estas ideas y habilidades complejas a través de los años. Sin embargo, incluso los adultos no tienen ideas perfectamente precisas acerca del espacio. Por ejemplo todas las personas intuitivamente, ven el espacio como si estuviese centrado en sus casas o en otro lugar que les sea familiar. Ellos también ven el espacio cada vez más denso cuando se acercan dicho centro, de manera que las distancias parecen más grandes a medida que se encuentren más cerca.

El lenguaje del espacio

Los niños que aprenden su lengua materna (Inglés, por ejemplo) muestran una fuerte tendencia a *ignorar* los detalles cuando aprenden nuevos términos *espaciales* tales como "sobre" o "al frente de" o cuando interpretan los términos espaciales conocidos. Ellos muestran una fuerte y equitativa tendencia para *prestar atención* a las formas detalladas cuando aprenden los nombres de nuevos objetos. Por ejemplo, a niños de tres años de edad que se les mostró un objeto inusual ubicado cerca de una caja y se les dijo "este objeto se encuentra acorp de mi caja" mostraron una tendencia a ignorar la forma del objeto y por el contrario prestaron atención a su *ubicación* en relación con la caja. Ellos creían que "acorp" se refería a una *relación* espacial. Si por el contrario se les hubiera dicho "Esto es un prock" ellos habrían prestado atención a la *forma* inusual del objeto.

Las primeras palabras espaciales que los niños hablantes nativos de inglés aprenden son "en," "sobre" y "debajo" así como los términos que indican dirección vertical, como "arriba" y "abajo." Inicialmente estos términos se refieren a las transformaciones de una relación espacial en otra. Por ejemplo, "sobre" inicialmente no se refiere a un objeto encima de otro, sino únicamente al acto de hacer que un objeto físicamente se anexe a otro.

Segundo, los niños aprenden palabras de proximidad como "al lado de" y "en la mitad de." Tercero, los niños aprenden palabras que tienen que ver con estructuras de referencia tales como: "frente a," "detrás de." Las palabras "izquierda" y "derecha" se aprenden mucho después y son una fuente de confusión por muchos años. Usualmente, estos términos no se entienden bien hasta los 6 u 8 años de edad (aunque la atención específica a esas palabras ayuda a los niños de preescolar a orientarse por sí mismos).

A la edad de 2 años los niños tienen una competencia espacial considerable sobre la cual se puede basar el lenguaje. Además, en contraste a muchos que han enfatizado en el nombramiento de los objetos por los niños, ellos utilizan las palabras de relaciones espaciales con mayor frecuencia y a menudo más temprano que los nombres. Por otra parte, el uso de expresiones de una sola palabra por parte de un bebé de 19 meses, como "en," podría reflejar una mayor competencia espacial que aquella que primero aparece cuando los contextos difieren ampliamente, como por ejemplo decir "en" cuando un niño está a puno de subir a la silla de un carrito de compras, y decir "en" cuando mira debajo de los cojines del sofá buscando las monedas que acaba de colocar entre ellos.

Modelos y mapas

¿A qué edad los niños utilizan y hacen representaciones del espacio? Incluso un niño de 2 años de edad puede encontrar a su mamá detrás de una barrera después de observar la situación desde arriba. Pero únicamente a los 2 años y medio pueden ubicar un juguete cuando se les muestra una imagen del espacio. A los 3 años de edad, los niños pueden ser capaces de construir modelos simples pero significativos con paisajes de juguetes tales como, casas, carros y árboles, aunque esta habilidad es limitada hasta la edad de 6 años. Por ejemplo, al hacer modelos de su salón de clase, los niños de kínder agrupan los muebles correctamente (por ejemplo, colocan los muebles juntos para crear un escenario de obras teatrales), pero no pueden relacionar los grupos unos con otros.

En un sentido similar, comenzando a los 3 años de edad y aún hasta los 4, los niños pueden interpretar arbitrariamente símbolos en mapas, tales como un rectángulo azul que representa un sofá azul, o una "x marcando el sitio." En otro mapa podrían reconocer las líneas como caminos... pero es posible que sugieran que las canchas de tenis son puertas. Ellos se pueden beneficiar de los mapas y los pueden usar como guías de navegación (por ejemplo, seguir una ruta) en situaciones simples.

Coordenadas y estructuración espacial

Incluso los niños pequeños pueden utilizar las coordenadas si los adultos se las proporcionan y los guían para su uso. Sin embargo, cuando se enfrentan a tareas tradicionales, ellos y sus compañeros mayores aun no son capaces o no están predispuestos a hacer y usar espontáneamente las coordenadas por sí mismos.

Para comprender el espacio como una organización en cuadrículas o sistemas coordenados, los niños deben aprender *la estructuración espacial*. La cual es la operación mental de construir una organización o forma para un objeto o conjunto de objetos en el espacio. Los niños primero ven una cuadrícula como una colección de cuadros, en lugar de conjuntos de líneas perpendiculares. Ellos únicamente comienzan a ver dichos cuadros gradualmente como una organización de filas y columnas, aprendiendo las relaciones de orden y distancia dentro de la cuadrícula. Para las coordenadas, las etiquetas deben estar relacionadas a las líneas de la cuadrícula y, en forma de pares ordenados de coordenadas, a los puntos de la cuadrícula. Eventualmente, estas etiquetas también se deben integrar con el orden de la cuadrícula y con las relaciones de distancia para entenderlas como un sistema matemático.

Imagen y visualización espacial

Las representaciones visuales son centrales en nuestras vidas, incluyendo la mayoría de los dominios de las matemáticas. Las imágenes espaciales son representaciones internas de objetos que parecen ser similares a los objetos del mundo-real. La gente usa cuatro procesos: generar una imagen, inspeccionar una imagen para responder preguntas acerca de ella, mantener una imagen al servicio de otras operaciones mentales, y transformar una imagen.

Así, las habilidades de la visualización espacial son procesos involucrados en la generación y manipulación de imágenes mentales de objetos de segunda y tercera dimensión, incluyendo, movimiento, emparejamiento y combinaciones. Dicha visualización podría guiar el dibujo de figuras o diagramas en papel o en el computador. Por ejemplo, los niños pueden crear una imagen mental de una figura, mantener esa imagen y luego buscar esa misma forma, quizás oculta dentro de una figura más compleja. Para hacer esto, necesitarían rotar mentalmente las formas, una de las transformaciones más importantes que los niños tienen que aprender. Estas habilidades espaciales apoyan directamente al aprendizaje de los niños en temas específicos, como la geometría y la medición, pero se pueden aplicar a la resolución de problemas matemáticos a través de esos aspectos.

Los niños tienen que desarrollar la habilidad para mover las imágenes mentales. Lo que significa que sus imágenes iniciales son estáticas y no dinámicas. Estas imágenes pueden ser mentalmente re-creadas e incluso examinadas, pero no necesariamente transformadas. Únicamente las imágenes dinámicas permiten a los niños "mover" la imagen de una forma (como un libro) mentalmente a otro lugar (como una biblioteca, para ver si esta corresponde) o mover mentalmente (deslizar) y voltear la imagen de una forma para compararla con otra. Los deslizamientos parecen ser los movimientos más fáciles para los niños, después las vueltas y los giros. Sin embargo, la dirección de la transformación podría afectar la dificultad relativa de girar y voltear. Los resultados dependen de las tareas específicas, por supuesto, incluso los niños de 4 a 5 años de edad pueden hacer giros si tienen tareas simples y claves, como tener una marca clara en el borde de una figura y no una forma "girada" como distractor.

Probablemente debido a la enseñanza de la lectura, los niños de primer grado discriminan entre la imagen invertida - en el espejo (b vs d) mejor que los niños de kínder. Pero ellos también ven la orientación como una diferencia significativa entre *las figuras geométricas* y las que no lo son. Así, explícitamente se discutirá cuándo la orientación es o no relevante para llamar a una figura "la misma" en diferentes contextos.

De la investigación con las personas que son ciegas congénitamente, sabemos que sus imágenes son de muchas maneras similares y de otras diferentes de las imágenes de personas que pueden ver normalmente. Por ejemplo, únicamente las personas que pueden ver imaginan los objetos de diferente tamaño a diferentes distancias, así la imagen no se desbordará del espacio de la imagen fija. Normalmente se imaginan los objetos a cierta distancia de manera que los objetos subtienden al mismo ángulo visual. Así algunos aspectos de las imágenes visuales son estrictamente visuales y no están presentes en las imágenes de las personas ciegas, pero algunos aspectos de las imágenes pueden ser evocadas mediante múltiples modalidades (Arditi, Holtzman, & Kosslyn, 1988).

Tipos de imágenes y resolución de problemas-matemáticos. Hay diferentes tipos de imágenes y pueden clasificarse en cierto rango, desde aquellas que *ayudan* hasta las que *perjudican* dependiendo de su naturaleza y la forma en que los niños las utilizan. Los niños con un alto desempeño construyen imágenes con un núcleo conceptual y relacional. Ellos son capaces de vincular diferentes experiencias y abstraer similitudes. Las imágenes de los niños con bajo desempeño tienden a ser dominadas por rasgos superficiales. La enseñanza podría ayudarles a desarrollar imágenes más sofisticadas.

- Las *imágenes esquemáticas* de los niños con alto desempeño son más generales y abstractas. Estas imágenes contienen las relaciones espaciales relevantes a un problema y así apoyan su resolución (Hegarty & Kozhevnikov, 1999).
- Las *imágenes pictóricas* de los niños con bajo rendimiento no dan solución al problema y pueden impedir el éxito. Estas imágenes representan principalmente la apariencia visual de los objetos o personas descritas en un problema. Así solo utilizar dibujos o diagramas, motiva a los niños a "visualizar" pero podría no ser del todo útil. En su lugar, los educadores deberían ayudar a los estudiantes a desarrollar y utilizar tipos específicos de imágenes esquemáticas. Los diagramas para la aritmética en los Capítulos 5 (por ejemplo la Tabla 5.1) y 6 (por ejemplo las Figuras 6.3 y 6.7) ilustran que esas imágenes son útiles en muchos contextos matemáticos.

Experiencia y educación

La enseñanza de las habilidades espaciales en forma aislada, particularmente en los niños con necesidades especiales tiene una larga historia, la cual no ha sido muy exitosa. Aquí se examinarán los enfoques integrados que son más promisorios.

Orientación espacial, navegación y mapas

Para los niños de todas las edades pero especialmente para los más pequeños, moverse alrededor de sí mismos les conduce a un éxito posterior en las tareas de pensamiento espacial. Esto sugiere el beneficio de maximizar dicha experiencia para todos los niños pequeños y, aunque parezca obvio, podría haber oportunidades que no se persiguen actualmente. En algunas comunidades, por ejemplo, a las niñas pequeñas se les permiten jugar únicamente en su jardín, pero los niños de su misma edad pueden explorar el vecindario.

Para desarrollar la orientación espacial en los niños, se deben planear ambientes escolares que incluyan diseños dentro y fuera del salón de clase. También, ambientes que incluyan experiencias casuales y planeadas con puntos de referencia y rutas, y discusiones frecuentes acerca de las relaciones espaciales en todas las escalas, incluyendo las distinciones en las partes del cuerpo de los niños y los movimientos espaciales (hacia adelante y hacia atrás), encontrar un objeto extraviado ("debajo de la mesa que esta junto a la puerta"), colocar objetos lejos y encontrar el camino de regreso a casa al final de una excursión. Enriquecer el lenguaje es importante.

Los niños necesitan enseñanza específica para aprender acerca de los modelos y los mapas. Las experiencias escolares son limitadas y fallan al momento de conectar las habilidades de los mapas con otras áreas del currículo, incluyendo las matemáticas. La mayoría de los estudiantes no llegan a ser usuarios competentes de los mapas aun en los primeros años de su niñez.

La investigación brinda sugerencias. Proporcione una enseñanza en el uso de los mapas que explícitamente los conecte con el espacio del mundo real, incluyendo las conexiones uno-a-uno entre los objetos y los íconos de un mapa; esto ayuda a los niños a entender los mapas y los símbolos. El uso de los mapas oblicuos, en los cuales las mesas se muestran con patas, ayuda al desempeño posterior de los niños de preescolar en cuanto al diseño de planos (vista "aérea"). Decirles a los niños más pequeños que un modelo (maqueta) es el resultado de colocar un cuarto en una "máquina de encoger" les ayuda a ver el modelo como una representación simbólica de ese espacio.

Informalmente, también anime a los niños a trabajar con juguetes como modelo para construir mapas del salón de clase con ellos. Los niños podrían utilizar figuras recortadas de un árbol, un columpio o la arenera en el parque infantil y trazar un mapa simple en el tablero. Este es un buen comienzo, pero los modelos y los mapas deberían eventualmente ir más allá de los mapas de imágenes con iconos simples, y desafiar a los niños a utilizar correspondencias geométricas. Ayude a los niños a conectar los significados abstractos con el concreto-sensorial de los símbolos de los mapas (Clements, 1999a; ver también Capítulo 16 para una discusión de estos términos).

De forma similar, muchas de las dificultades en los niños pequeños no reflejan los malos entendidos acerca del espacio sino el conflicto entre dichos marcos de referencia abstractos y sensorial-concretos. Oriente a los niños a (a) desarrollar habilidades para construir relaciones entre los objetos del espacio, (b) ampliar el tamaño de ese espacio, (c) vincular los significados primarios y secundarios y los usos de la información espacial, (d) desarrollar las habilidades de rotación mental, (e) ir más allá de "las habilidades para elaborar mapas" para involucrarse en un uso real de los mapas en ambientes locales (A.J. Bishop, 1983), y (f) desarrollar una comprensión de las matemáticas de los mapas.

Trabaje con los niños para alcanzar las cuatro preguntas matemáticas: Dirección-¿Cuál camino?, distancia ¿qué tan lejos?, ubicación ¿dónde? e identificación ¿cuáles objetos? Para responder estas preguntas, los niños necesitan desarrollar una variedad de habilidades. Los niños deben aprender a relacionarse con los procesos de elaboración de los mapas como: abstracción, generalización y simbolización. Algunos símbolos de los mapas son íconos, como un avión para un aeropuerto, pero otros son más abstractos, como los círculos para las ciudades. Los niños podrían primero construir utilizando objetos tales como modelos a escala de edificios, luego dibujar imágenes de los arreglos de objetos, luego utilizar mapas que son "minimizados" y también aquellos mapas que utilizan símbolos abstractos. Algunos símbolos podrían ser benéficos incluso para los niños pequeños. El exceso de confianza en las imágenes literales y en los iconos podría dificultar la comprensión de los mapas, llevando a los niños a creer, por ejemplo, que ciertos caminos de hecho son rojos (Downs, Liben, & Daggs, 1988). De manera similar, los niños necesitan desarrollar ideas más sofisticadas acerca de la *dirección* y la *ubicación*. Los niños pequeños deberían manejar las direcciones ambientales, tales como arriba, encima y detrás. Ellos deberían desarrollar las ideas de navegación, tales como, al frente, atrás, "ir hacia adelante" y girar. Los niños mayores podrían representar estas ideas en mapas con rutas sencillas dentro del salón de clase.

Los niños pueden desarrollar las ideas de navegación, tales como izquierda, derecha, y al frente, y direcciones globales tales como norte, este, oeste y sur, a partir de estos inicios. La perspectiva y la dirección son particularmente importantes con respecto a la alineación del mapa con el mundo. Algunos niños de cualquier edad encontrarán difícil utilizar un mapa que no esté alineado. También pueden necesitar experiencias específicas con la perspectiva. Por ejemplo, desafíe a los niños a identificar las estructuras de los bloques desde varios puntos de vista, relacionando las diferentes vistas de la misma estructura que son mostradas desde diferentes perspectivas, o a encontrar el ángulo desde el cual se tomó una fotografía. Dichas experiencias abordan tales confusiones de la perspectiva como si los niños de preescolar "vieran" las ventanas y las puertas de los edificios en fotografías aéreas verticales (Downs& Liben, 1988). Presente dichas situaciones gradualmente. La Educación Matemática Realista en geometría hace extensivo el uso de tareas espaciales y de mapas interesantes. (Gravemeijer, 1990) pero, desafortunadamente en la investigación hacen falta los efectos de este asunto.

Los estudiantes de primaria pueden enfocar la creación de los mapas matemáticamente, aprendiendo a representar la posición y la dirección. Los estudiantes de grado tercero pasan de los dibujos iniciales basados en la intuición al uso de las coordenadas polares (determinar una posición por un ángulo y distancia) en la creación de un mapa de un parque (Lehrer & Pritchard, 2002). Caminar incentivó la caracterización de la longitud en una dirección y dibujar los mapas los guió a representar el espacio. Los estudiantes aprendieron acerca de la utilidad de los conceptos tales como origen, escala y la relación de múltiples ubicaciones.

Combinar el movimiento físico, papel-lápiz, y el trabajo en el computador puede facilitar el aprendizaje de las matemáticas y de las habilidades en el diseño de mapas. Dicho aprendizaje espacial puede ser particularmente significativo porque puede ser consistente con la forma en que los niños pequeños mueven sus cuerpos (Papert, 1980) por ejemplo, los niños pequeños pueden abstraer y generalizar direcciones y trabajar otros conceptos de mapas con "la tortuga de Logo." Dándole instrucciones a la tortuga tales como avanzar 10 pasos, girar a la derecha, avanzar 5 pasos. Los niños aprenden la orientación, la dirección y los conceptos de perspectiva, entre otros. Por ejemplo, la Figura 7.1 muestra una actividad llamada "la búsqueda del tesoro" en la cual se les da una lista de los elementos que la tortuga tiene que conseguir. Desde el centro de la cuadrícula, ellos dirigían la tortuga para que avanzara 20 pasos, luego giraban 90 grados luego 20 pasos más hacia adelante, que era donde se encontraba el carro. En ese momento ellos conseguían el carro, entonces le daban a la tortuga otros comandos para conseguir otros objetos.

Caminar por rutas y luego recrearlas en el computador les ayuda a abstraer, generalizar y simbolizar sus experiencias en navegación. Por ejemplo, un estudiante de kínder hizo una abstracción de la noción geométrica de "la ruta" diciendo, "una ruta es como el rastro que un insecto deja al caminar sobre la pintura morada" (Clements et al., 2001) El uso de logo (juego de la tortuga) puede también controlar un robot de tortuga en el piso, el cual puede tener beneficios especiales con ciertas poblaciones. Por ejemplo, los niños ciegos y aquellos con vista parcial utilizan un computador (guiando a la tortuga), desarrollando así conceptos espaciales como derecha e izquierda y precisando los movimientos direccionales.

Mucha gente cree que los mapas son "transparentes" -que nadie puede "ver a través" de ellos inmediatamente al mundo que representan. Esto no es verdad. Una clara evidencia de esto se encuentra en la mala interpretación que hacen los niños de los mapas. Por ejemplo, algunos creen que un río es un camino o que un camino dibujado *no* es un camino porque "es muy angosto para que quepan dos vehículos."

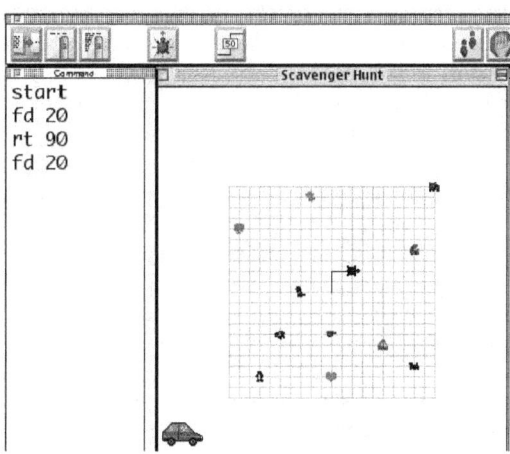

Figura 7.1 Actividad "Búsqueda del Tesoro" de la Tortuga matemática (Clements & Meredith, 1994).

Las Coordenadas. Los estudiantes deberían aprender a comprender y eventualmente cuantificar lo que representan las etiquetas de la cuadrícula. Para hacerlo ellos requieren conectar sus actos de conteo a aquellas cantidades y a las etiquetas. Necesitan aprender a estructurar mentalmente las cuadrículas como espacios bidimensionales, demarcados y medidos con "reglas conceptuales" ("líneas numéricas mentales" – ver Capítulo 10). Es decir, que ellos necesitan comprender las coordenadas como un forma de organizar el espacio 2D mediante la coordinación de dos rectas numéricas perpendiculares – cada ubicación es el lugar donde se encuentra la medida de estas dos rectas numéricas.

Los contextos del mundo real pueden ser útiles en la enseñanza inicial de las coordenadas, pero las metas matemáticas y las perspectivas deben estar claramente articuladas a través de la enseñanza, y los contextos deberían dejarse de usar tan pronto como los estudiantes ya no los necesiten (Sarama, Clements, Swaminathan, McMillen, & González Gómez, 2003). Los entornos informáticos pueden adicionalmente ayudar en el desarrollo de las habilidades de los niños y la apreciación por aclarar conceptos y precisar el trabajo. Activar y desactivar (aparecer y desaparecer) la cuadrícula de las coordenadas puede ayudar a los niños a crear una *imagen* mental de las coordenadas. Los juegos basados en las coordenadas en el computador, tales como las versiones de "Batalla Naval" pueden ayudar a los niños mayores a aprender las ideas de ubicación (Sarama et al., 2003). Cuando los niños ingresan una coordenada para mover un objeto pero este va a una ubicación diferente, la retroalimentación es natural, significativa, no-evaluativa, y particularmente muy útil.

En efecto, el uso de logo puede ayudar a los niños a aprender tanto los conceptos de "ruta" (sistemas basados en sí mismos, en sus propios movimientos y en las rutas que siguen) como de "coordenadas" (basados en lo externo), y además se aprende a diferenciar entre dichos conceptos. Una forma de mover la tortuga (logo) es darle comandos tales como "avance 100" y "a la derecha 90." Esta perspectiva de ruta es distinta de los comandos de coordenadas, tales como "setpos [50 100]" (establecer la posición de las coordenadas (50, 100)). La Figura 7.2 muestra el proyecto del pastel por capas realizado por Mónica. Ella no solo es competente en el uso de los comandos basados-en la ruta, incluyendo su "correcto" procedimiento, sino que muestra una comprensión de la conexión entre cada comando y su efecto gráfico, los efectos de cambiar cada coordenada, y la distinción entre la ruta y los comandos de las coordenadas. Mónica inicialmente tuvo problemas para diferenciar entre regiones y líneas, hizo juicios erróneos de la longitud de la ruta basados en la percepción, e interpretó dos pares de coordenadas como cuatro números separados. Así, su trabajo sobre el proyecto de la capa de ponqué, representó un avance matemático sustancial.

Este estudio también advierte sobre algunas estrategias de enseñanza populares. Por ejemplo, frases como: "sobre y arriba" y "el eje-x es la base," las cuales registramos en numerosas ocasiones, no se pueden generalizar bien a los cuatro cuadrantes e la cuadrícula. La estrategia "sobre y arriba" también dificulta la integración de las coordenadas en un *par* coordenado que representa *un* punto (Sarama et al., 2003).

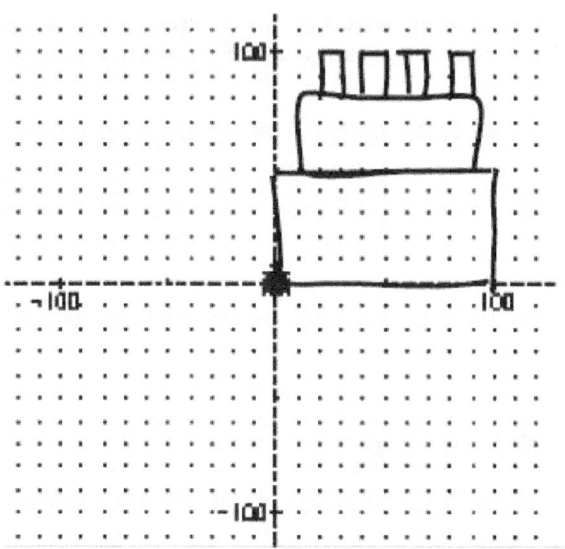

Mónica escogió la tarea pastel de capas como su proyecto. Ella dibujó un plano en el papel de punto, como se muestra.

Ella hizo un procedimiento de dibujar para las capas y las velas sin ningún problema, contó los espacios en el papel de puntos para determinar las longitudes y anchuras.

Después de dibujar la capa inferior en el equipo, trató los comandos jumpto [0 10] y jumpto [0 50] diciendo: "Siempre he tenido un pequeño problema con eso." Ella cuidadosamente contados por decenas y descubrió que necesitaba un jumpto [50 10].

En este punto, ella cambió la herramienta de cuadrícula en diciendo: "Ahora que va a ser duro." Ella había planeado jumpto [10 70], pero al ver que la tortuga terminó ella cambio la entrada j[10 80] y luego a [20 80].

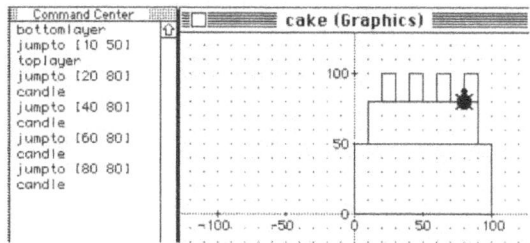

Ella entró su procedimiento vela. Volvió a mirar a su figura y decidió que no le gustaba la forma en que sus velas se separan en el papel y decidió no hacerlo como en su dibujo. Contó desde (20 80) ingresado jumpto [40 80] en su procedimiento vela. La maestra le preguntó si podía averiguar la próxima Jumpto de sus órdenes sin contar. Ella dijo que podría ser probablemente jumpto [80 80] la adición de 40 a su Jumpto anterior. Pero cuando ella lo vio, ella cambió la entrada a [70 80]y luego a [70 80]. Un final jumpto [80 80] y vela completa la primera torta.

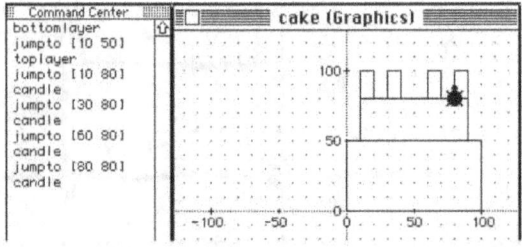

Ella no estaba satisfecha con la localización de sus velas y quería mover dos más. Movió directamente los comandos Jumpto correctos, cambiando las entradas [10 80] y [20 80]. Su confianza indicó que ella entendió la conexión entre cada comando y su efecto.

Figura 7.2 Uso de Mónica de los comandos Logo para coordinar la trayectoria.

Construcción de imágenes y visualización espacial

Desde los años de preescolar, los niños en los Estados Unidos tienen un rendimiento más bajo que los niños de países como Japón y China en cuanto a las tareas de imágenes y visualización espacial. Hay más apoyo para el pensamiento espacial en estos países. Por ejemplo, ellos utilizan más representaciones visuales y esperan que los niños lleguen a ser más competentes en el dibujo.

Figura 7.3. La Geometría en las Instantáneas.

De esta manera, podemos y deberíamos hacer más. Utilice inteligentemente manipulativos tales como bloques de unidades, rompecabezas y tangrams chinos (un tipo de rompecabezas formado de siete figuras geométricas, ver Capítulo 16). Motive a los niños a jugar con los bloques y los rompecabezas en el colegio y en la casa. Anime a las niñas a jugar con los juguetes de los "niños," ayudando a desarrollar habilidades espacio-visuales más elevadas.

Utilice las actividades geométricas de imágenes instantáneas (para construir la visualización espacial y las imágenes. Los niños ven una configuración simple en el tablero por 2 segundos, luego tratan de dibujar lo que vieron, comparan sus dibujos y discuten lo que observaron. En la Figura 7.3, diferentes niños ven tres triángulos, "un bote de vela hundiéndose," un cuadrado con dos líneas a través de él, y una "*y* dentro de una caja." Las discusiones son especialmente valiosas para el desarrollo del vocabulario y la habilidad para ver cosas desde otros puntos de vista. Los niños más pequeños pueden ver combinaciones de patrones de bloques por 2 segundos y luego construir una copia con sus propios patrones de bloques.

Estos también generan una buena discusión, enfatizando en las *propiedades* de las figuras. Tales tareas de memoria basadas en imágenes también generan discusiones interesantes que giran entorno a "lo que vi." (Clements & Sarama, 2003ª; Razel & Eylon, 1986, 1990; Yackel & Wheatley, 1990). Hacer que los niños utilicen muchos medios diferentes para representar sus recuerdos e ideas con los "cientos de idiomas de los niños" (Edwards, Gandini, & Forman, 1993) les ayudará a construir la visualización espacial y las imágenes.

Las tareas táctil y de cinestesia les exigen a los niños identificar, nombrar y describir los objetos y las formas ubicadas en un "sensorama" (Clements & Sarama, 2003a). En un sentido similar, la ejecución de movimientos geométricos en el computador ayudó a los niños, desde kínder, a aprender estos conceptos (Clements et al., 2001). Las actividades que involucran los movimientos geométricos – deslizamientos y giros – ya sea haciendo rompecabezas (ver Capítulo 9) o logo, mejoran la percepción espacial. Construir formas a partir de partes con múltiples medios ayuda a elaborar imágenes así como los conceptos geométricos (ver Capítulo 8). Componer y descomponer figuras en 2D y 3D (por ejemplo, construcción de bloques) es tan importante que el Capítulo 9 está dedicado a estos procesos.

La construcción temprana de habilidades espaciales es efectiva y eficiente. Por ejemplo, los niños de segundo grado se beneficiaron tanto como los de cuarto grado de las lecciones enseñadas para desarrollar el pensamiento espacial (Owens, 1992). En 11 lecciones, los niños describieron las similitudes y diferencias de las formas, hicieron figuras a partir de otras, hicieron contornos utilizando palitos, compararon ángulos, hicieron figuras con el pento-minó y encontraron sus simetrías. Estos niños superaron a un grupo de control en pruebas de campo aleatorias en una prueba de pensamiento espacial, con diferencias atribuibles a los niños de grado 2. No se encontró diferencia entre los grupos que trabajaron cooperativa o individualmente, con respecto a las discusiones de la totalidad de los niños de la clase. Casi todas las interacciones que conducían a la heurística acerca de lo que ellos hacen o los conceptos que adquieren eran entre el profesor y el estudiante y no entre estudiantes. (Owens, 1992). De esta manera se enseña activamente.

Trayectorias de aprendizaje para el pensamiento espacial

La *meta* de aumentar el conocimiento de la geometría y el espacio en los niños es secundaria en importancia únicamente para los objetivos numéricos y todos estos objetivos están (o deberían estar) fuertemente interrelacionados. Los Puntos Centrales del Currículo incluyen las metas en la Figura 7.4. Las metas para los grados en primaria caracterizan las ideas geométricas específicas incluidas en los capítulos posteriores.

Con esas metas, la Tabla 7.1 proporciona los dos componentes adicionales para las trayectorias de aprendizaje, la progresión del desarrollo y las tareas de enseñanza para las *dos* trayectorias de aprendizaje del pensamiento espacial: orientación espacial (mapas y coordenadas) y visualización espacial e imágenes. La trayectoria de aprendizaje para los mapas se conecta cada vez más al desarrollo de *la estructuración espacial* en los niños (habilidad para organizar el espacio en dos dimensiones), la cual se discute en detalle en el Capítulo 12 (debido a que esto es muy importante para comprender el concepto de área). El lector puede observar que las tareas de enseñanza en esta trayectoria de aprendizaje no tienden a ser actividades específicas, sino sugerencias globales. Esta diferencia refleja nuestra creencia que: (a) todavía hay muy poca evidencia del papel específico de esta trayectoria de aprendizaje en las matemáticas; (b) que dichas actividades pueden llevarse a cabo dentro de otros temas (p.ej. estudios sociales); y (c) igualmente, estas actividades en general resultan mejor cuando se hacen en forma informal, come parte de la vida cotidiana.

Sin embargo, estas dos trayectorias de aprendizaje representan solamente una porción chica del rol del pensamieto espacial en las matematicas. Vimos que pensamiento espacial y estructural es critico en la subitización visual, estrategias de conteo, y la aritmética. Dicho conocimiento espacial es central a la geométria, medición, formación de patrones, presentación de datos, y otros temas en capítulos que siguen. Asi, atención al pensamiento espacial debe ser incluido a través del curriculum y se incluye en forma explícita en esos capítulos.

Pre-kínder

Geometría: Identificación de figuras y descripción de las relaciones espaciales

Los niños desarrollan el razonamiento espacial trabajando desde dos perspectivas en el espacio a medida que examinan las formas de los objetos e inspeccionan sus posiciones relativas. Ellos encuentran figuras en su medio y las describen con sus propias palabras. Construyen dibujos y diseños combinando figuras de dos-o-tres dimensiones, y resuelven dichos problemas decidiendo cuál pieza encaja en un espacio de un rompecabezas. Ellos discuten las posiciones relativas de los objetos con vocabulario como "arriba," "abajo" y "junto a."

Kínder

Geometría: **Descripción de formas y espacio**

Los niños interpretan el mundo físico con ideas geométricas (por ejemplo, forma, orientación, relaciones espaciales) y las describen con el vocabulario correspondiente; identifican, nombran y describen una variedad de formas, tales como cuadrados, triángulos, círculos, rectángulos, hexágonos (regulares), y trapezoides (isósceles) presentados en una variedad de formas (por ejemplo, con diferentes tamaños y orientaciones), así como ciertas formas tridimensionales como esferas, cubos y cilindros. Ellos utilizan las figuras básicas y el razonamiento espacial para modelar objetos en su ambiente y construir formas más complejas.

Grado 1

Geometría: **Composición y descomposición de figuras geométricas**

Los niños componen y descomponen figuras sólidas y planas (por ejemplo, colocando juntos dos triángulos isósceles congruentes para formar un rombo), construyendo de este modo un entendimiento de las relaciones parte-total y también de las propiedades de las figuras originales y compuestas. A medida que combinan las figuras, las reconocen desde diferentes perspectivas y orientaciones, describen sus atributos geométricos y propiedades, y determinan en qué se parecen y en qué se diferencian; en el proceso, desarrollan una base para la medición y la comprensión inicial de dichas propiedades como congruencia y simetría.

Grado 2

Conexión Geométrica

Los niños estiman, miden y calculan longitudes a medida que resuelven los problemas relacionados con datos, espacio y movimiento a través de él. Mediante la Composición y descomposición de figuras bi-dimensionales, sustituyendo intencionalmente arreglos de formas pequeñas por formas más grandes o sustituyendo figuras más grandes por figuras más pequeñas, los niños utilizan el conocimiento geométrico y el razonamiento espacial para desarrollar las bases de la comprensión del área, las fracciones y las proporciones.

Grado 3

Geometría: **Descripción y análisis de las propiedades de las figuras bi-dimensionales**

Los estudiantes describen, analizan, comparan y clasifican las figuras bi-dimensionales por sus lados y ángulos, y conectan estos atributos a las definiciones de las formas. Los estudiantes investigan, describen y razonan acerca de la descomposición, combinación y transformación de polígonos para formar otros polígonos. Mediante la construcción, el dibujo y el análisis de las figuras bi-dimensionales, los estudiantes comprenden los atributos y propiedades del espacio bi-dimensional y el uso de esos atributos y propiedades para resolver problemas, incluyendo las aplicaciones relacionadas con la congruencia y la simetría.

Figura 7.4 Puntos centrales del currículo para la geometría y el pensamiento espacial (para los Capítulos 7, 8 y 9).

Tabla 7.1 Trayectorias de aprendizaje para el pensamiento espacial
a. Orientación Espacial (incluyendo mapas y coordenadas)

Edad (años)	Progresión del desarrollo	Tareas instructivas
0–2	**Usuario de Camino y Punto de Referencia** Usa una distancia de referencia para hallar un objeto o un lugar cerca al mismo, siempre y cuando él no se haya movido con respecto a la referencia. Entiende el vocabulario inicial de las relaciones y ubicaciones espaciales.	Proporciona un ambiente rico sensorialmente para la manipulación, la libertad y la motivación para moverse a través de él. Los niños que gatean aprenden más sobre las relaciones espaciales. Utilice vocabulario de carácter espacial. Inicialmente enfatice "en" "dentro" y "debajo" junto con términos con dirección vertical "arriba" y "abajo."
2–3	**Usuario de referencia local propia** Usa referencias distantes para hallar objetos o ubicaciones cercanas, incluso después de moverse con respecto a las referencias, siempre y cuando el objeto señalado sea	Camine diferentes rutas y discuta los puntos de referencia que usted ve. Solicite a los niños que señalen donde se encuentran los diferentes puntos de referencia a lo largo del recorrido Utilice vocabulario espacial para dirigir la atención hacia las relaciones espaciales. Enfatice las palabras de proximidad, como "junto a" y "entre." Pida a los niños de 3 años encontrar un objeto que se muestra en una imagen. Para representar escenas simples y ubicaciones

Edad (años)	Progresión del desarrollo	Tareas instructivas
	especificado con anterioridad. Orienta una línea vertical u horizontal en el espacio (Rosser, Horan, Mattson, & Mazzeo, 1984).	los niño tienen que construirlas con bloques (ver Capítulo 9 para conocer más sobre construcción de bloques).Si los niños están interesados, realice un modelo del salón de clase y señale un lugar en este que represente un sitio donde un "premio" está escondido en el salón real. Utilice la idea de una "maquina para achicar" para ayudar a esntender el modelo como representación de la clase.
4	**Usuario de Referencia Local Pequeña** Ubica objetos después del desplazamiento, incluso cuando el objeto a señalar no es especificado con anterioridad. Examina un área pequeña en su totalidad, frecuentemente usando un patrón circular de búsqueda. Extrapola líneas desde posiciones en ambos ejes y determina el lugar donde se intersecan si están en contextos significativos.	Utilice vocabulario espacial para dirigir la atención hacia las relaciones espaciales. Enfatice las palabras para referirse a los marcos referencia como: "en frente de" y "detrás." Inicie el aprendizaje el de "izquierda" y "derecha" También incentive a los padres a evitar señalar o mostrar cuando sea posible, en su lugar dar direcciones verbales ("Está dentro de la maleta en la mesa"). Los estudiantes tienen que plantear problemas verbales entre ellos, como encontrar un objeto perdido ("debajo de la mesa que está cerca de la puerta"), colocando objetos lejos y encontrando el camino de regreso de una excursión. Durante el tiempo libre, desafíe a los niños a seguir simples mapas del salón de clase o patio de recreo para encontrar "tesoros" secretos que usted ha escondido. Los niños interesados pueden dibujar sus propios mapas. Comience con mapas oblicuos (p.ej. en los cuales las sillas y las mesas se muestran con patas). Explore y discuta los espacios al aire libre, permitiendo a los niños (de ambos sexos) moverse libremente tanto como sea posible. Motive a los padres a realizar lo mismo. Camine por diferentes rutas y discuta los distintos caminos, ¿cuál sería más corto?, ¿cuál sería más largo?'. Pregunte por qué un camino es más corto. Incentive a los niños a construir modelos del cuarto o el patio con juguetes.

Edad (años)	Progresión del desarrollo	Tareas instructivas
5	**Usuario de Referencia Local** Ubica objetos después del desplazamiento (relaciona bastantes ubicaciones de forma separada pariendo de su propia posición), manteniendo la forma general del arreglo de objetos. Representa las posiciones de los objetos con respecto a las referencias (ej., aproximadamente la mitad del camino entre dos referencias) y mantiene un registro de su propia posición en espacios abiertos o en laberintos. Algunos usan referentes para coordenadas en situaciones simples.	Planee y discuta diferentes rutas, cuáles serían la mejor para tomarla y por qué. Dibuje mapas o rutas, ilustrando que habrá "pasado" o visto desde distintas rutas. Utilice vocabulario espacial para dirigir la atención a las relaciones espaciales. Enfatice todas las palabras anotadas anteriormente, incluyendo el aprendizaje de "izquierda" y "derecha." Anime a los niños a realizar modelos de su salón, utilizando bloques o mobiliario de juguete para representar objetos en el salón de clase. Discuta cuales están "cerca del otro" y otras relaciones espaciales. Los mapas del patio de recreo: Los niños podrían utilizar recortes de las formas de un árbol, de un columpio y la arenera del patio de recreo y dejarlas en el tablero como un mapa simple. Ellos pueden discutir cómo mover cada elemento en el patio, como una mesa, cambiaría el mapa inicial. En el mapa, ubique a los niños, mostrando que están cerca del árbol, del columpio y de la arenera. En la búsqueda del tesoro en el patio de recreo los niños pueden dar y seguir direcciones o claves. Explore y discuta los espacios al aire libre, permitiendo a los niños (de ambos sexos) moverse libremente tanto como sea posible. Motive a los padres a realizar lo mismo (Esta recomendación se extiende a través de los grados.) Anime a los niños a marcar un sendero desde una mesa a la papelera con cinta adhesiva. Con la ayuda del profesor los niños podrían dibujar un mapa de este sendero (algunos profesores toman fotografías de la papelera y la puerta y las pegan a una hoja grande de papel) Los elementos que aparecen a lo largo de la ruta como una mesa o un atril pueden ser adicionados al mapa. **Logo** Involucre a los niños en edad apropiado los ambientes de "la tortuga matemática"(Clements & Meredith,

Edad (años)	Progresión del desarrollo	Tareas instructivas
		1994;Clements & Sarama, 1996). Ellos tienen unos tutores en aquellos ambientes.
		Pida a los niños resolver matrices dimensionales (p.ej., ubicar todos los objetos, ordenándolos por color en filas y por formas en columnas) o utilizar coordenadas en los mapas.
6	**Usuario de Mapas** ubica los objetos usando mapas con indicaciones en imágenes.	Utilice vocabulario espacial para dirigir la atención a las relaciones de este aspecto. Enfatice todas las palabras anotadas anteriormente, y las diversas interpretaciones de "izquierda" y "derecha."
	Está en capacidad de extrapolar dos coordenadas, entendiendo la integración de las mismas en una posición, del mismo modo usa referentes para coordenadas en situaciones simples.	**Mapas** Continúe las actividades anteriores, pero enfatice las cuatro preguntas: Dirección- ¿cuál camino?, ¿qué tan lejos?-Ubicación- ¿dónde? Identificación-¿Qué objetos? Observe el uso de coordenadas en los mapas.
		Desafíe a los niños a encontrar su casa o colegio, basados en fotografías áreas de Internet, una vez usted ya haya accedido a esa ubicación en el computador.
		Pida a los estudiantes planear las rutas alrededor del colegio utilizando mapas, luego siga tales rutas.
		Logo Involucre a los niños en edad apropiada en los ambientes de "la tortuga matemática" (Clements & Meredith, 1994; Clements & Sarama, 1996).Ellos deben tener tutores en aquellos ambientes.
		Utilice coordenadas en todas las situaciones aplicables: por ejemplo, etiquete las ubicaciones ("con clavijas") en tableros geográficos, de forma similar como los niños construyen formas.
7	**Trazador de Coordenadas** Lee y traza coordenadas en mapas.	Pida a los estudiantes dibujar un bosquejo de los mapas del área alrededor de sus casas, salones de clase, patio de recreo o algún área alrededor del colegio. Discuta las diferencias entre las representaciones de los mismos espacios. Presente tareas en las cuales los mapas deben ser alineados con el espacio. Es útil mostrar a los niños muchos mapas y modelos, comparándolos explícitamente utilizando el lenguaje y elementos

Edad (años)	Progresión del desarrollo	Tareas instructivas
		visuales que les ayude a construir comprensiones de representaciones.
		Tipos de juegos como "La Batalla Naval." Oriente a los niños en las siguientes competencias en todo el trabajo de coordenadas.
		• Interpretar los componentes de la estructura en cuadricula como segmentos de línea o líneas más que regiones. • Apreciar la precisión de la ubicación de las líneas requeridas, más qué tratarlas como límites difusos o indicadores de intervalos. • Aprender a trazar líneas horizontales o verticales estrechamente organizadas que no eran ejes. • Integrar dos números en una sola coordenada. • Conceptualizar las etiquetas como signos de ubicación y distancia ((a) para cuantificar lo que representa las etiquetas de las cuadriculas, (b) conectar sus actos de conteo a aquellas cantidades y a las etiquetas, (c) subsumir estas ideas aun esquema de parte-todo conectado tanto a la cuadricula como al conteo/la aritmética, y finalmente (d) construir relaciones de proporcionalidad en este esquema) (Sarama et al.,2003).
		Logo y los juegos de coordenadas y actividades en el computador ayudan a la comprensión de los niños y a las habilidades con las coordenadas (Clements & Meredith, 1994; Clements & Sarama, 1996).
8+	**Seguidor de Mapas de Ruta** Sigue un mapa de ruta simple, con direcciones y distancias más precisas.	Haga participes a los estudiantes en tareas prácticas de utilización de mapas y la realización de los mismos, de forma similar a" encontrar el tesoro" en ambientes con los cuales los niños están familiarizados, luego con los menos. Incluya coordenadas de mapas (Ver págs. 114-115 de Lehrer, 2002).
	Usuario de Marcos Usa marcos generales que incluyen al observador y a las referencias. Es posible que no use	**Logo** Involucre a los estudiantes en los ambientes de la "tortuga matemática" en los cuales los mapas son traducidas a los programas de computador (Clements & Meredith, 1994; Clements & Sarama, 1996).

Edad (años)	Progresión del desarrollo	Tareas instructivas
	medidas precisas incluso cuando estas sean de ayuda, a menos que alguien se lo indique. Puede seguir y crear mapas, incluso cuando se transforman las relaciones espaciales.	

b. Imágenes y Visualización Espacial

0–3	**Deslizador Simple** Puede mover figuras hacia cierta ubicación.	**Realizar mi Dibujo** Pida a los niños utilizar bloques de construcción o patrones de bloque para duplicar una "imagen" simple.
4	**Girador Simple** Voltea objetos mentalmente en tareas fáciles. Si se le da un figura con la parte superior marcada con cierto color, identifica correctamente cuál de las tres formas revelaría si fuese volteada "de esta forma" (demostrado para giros de 90°) antes que la figura sea físicamente movida.	**Realizar mi Dibujo-Versión Escondida.** Pídales a los niños utilizar los bloques de construcción o patrones de bloque para duplicar una "imagen" simple que ellos ven por 5 a 10 segundos que luego es cubierta (ver también las Instantáneas de Geometría en el Capítulo 8). Pida a los niños que muestren cómo un objeto circular debería ser rotado para hacerlo parecer circular o elíptico. Trabajar con sombras para hacer parecer un rectángulo como un paralelogramo no rectangular (romboide) o viceversa. **Rompecabezas.** Los niños tienen que resolver rompecabezas, patrones de bloques y tangrams simples y discuta como ellos mueven las formas para encajarlas (ver más en el Capítulo 8). Anime a los padres para que involucren a los niños en todos los tipos de rompecabezas y hábleles de la forma como pueden resolverlos (especialmente a las niñas). **Sensoramas.** Utilice "sensoramas" para identificar formas a través del tacto (ver más en el Capítulo 8). Rete a los niños a girar una forma bien marcada para alinearla con otra congruente.

Edad (años)	Progresión del desarrollo	Tareas instructivas
		Instantáneas - Geometría. Los estudiantes copian una configuración simple de patrones de bloques mostrada por 2 segundos(ver Capítulo 9 para más detalles).
5	**Deslizador, Girador, Volteador Principiante** Usa los movimientos correctos, pero no en todas las ocasiones lo hace con las direcciones y cantidades precisas. Sabe cuándo una figura debe ser volteada para igualar otra, pero la voltea en la dirección equivocada.	**Sensoramas** Utilice los sensoramas para identificar una gran variedad de formas por medio del tacto (ver más en el Capítulo 8). **Rompecabezas Tangrams.** Los niños tienen que resolver rompecabezas de tangrams y discutir como deben moverse las formas para que encajen (ver más en el Capítulo 8). **La Geometría en las Instantáneas 2** Muestre a una configuración simple de formas por sólo 2 segundos, los estudiantes emparejan esa configuración a las cuatro opciones de memoria (la imagen). 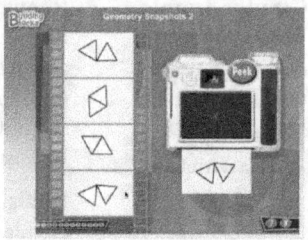 **La Geometría en las Instantáneas 3.** Los estudiantes identifican dentro de cuatro opciones una imagen que concuerde" simétricamente en su totalidad "con una imagen guía. 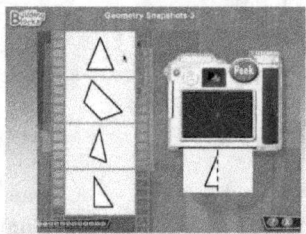
6	**Deslizador, Girador, Volteador** Efectúa deslizamientos y cambios de dirección,	**Instantáneas- Geometría** Los estudiantes dibujan una o más formas por 2 segundos. **La Geometría en las Instantáneas 4.** Los estudiantes identifican una imagen que concuerda con una de cuatro configuraciones

Edad (años)	Progresión del desarrollo	Tareas instructivas
	frecuentemente de manera horizontal y vertical exclusivamente, mediante el uso de manipuladores. Efectúa giros de 45, 90, y 180 grados.	moderadamente complejas por medio de la memorización (imagen). 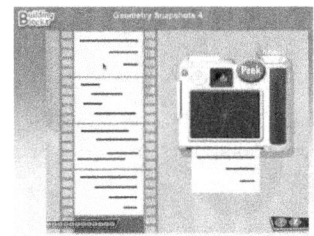
	Sabe que una figura debe ser girada 90° hacia la derecha para encajar en un rompecabezas.	
7	**Movilizador (el que mueve en) Diagonal** Efectúa deslizamientos y cambios de dirección diagonales.	**La Geometría en las Instantáneas 6.** Los estudiantes igualan figuras geométricas que difieren en la medida del ángulo por medio de la memoria (imagen). 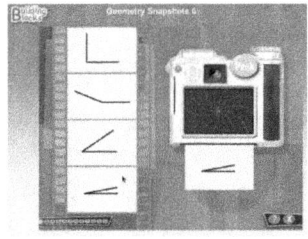
	Sabe que una figura debe ser girada y volteada al revés sobre una línea oblicua (45° de orientación) para encajar en un rompecabezas.	
8 +	**Movilizador (el que mueve) Mentalmente** Predice los resultados del movimiento de las figuras mediante el uso de de imágenes mentales.	**Rompecabezas de Bloques de Patrones y Rompecabezas Tangrams.** Pregunte a los niños cuántas figuras se requieren para cubrir otra forma (o configuración de formas) Los estudiantes predicen, registran su predicción, luego tratan de verificarla (Ver más en el Capítulo 9).
	"si giras esta figura 120°, sería exactamente como tener esta otra figura."	

Palabras finales

El pensamiento visual es pensamiento que está ligado a lo limitado, a nivel superficial, ideas visuales. Los niños pueden aprender a ir más allá de ese tipo de pensamiento visual aprenden a manipular imágenes dinámicas, y enriquecen su repertorio de imágenes de las formas, así conectan su conocimiento espacial con el conocimiento analítico verbal. En esta perspectiva, en los dos siguientes capítulos se discute la enseñanza , sobre formas y composición de formas, también se hace una contribución al pensamiento espacial de los niños.

8 FORMAS

Una estudiante de kínder impresionó a su profesor al decirle que ella sabía que una figura (Figura 8.1a) era un triángulo porque tenía "tres líneas rectas y tres ángulos." Luego, sin embargo dijo que la Figura 8.1b no era un triángulo.

Profesor: ¿Este no tiene tres lados rectos?
Niña: Sí.
Profesor: ¿Y qué más dices que deben tener los triángulos?
Niña: Tres ángulos. Este tiene tres ángulos.
Profesor: ¡Muy bien! Entonces…
Niña: Este no es un triángulo. ¡Está al revés!

¿Esta niña de kínder conoce los triángulos o no? ¿Qué piensas que es lo que está *manejando* su pensamiento acerca de los triángulos? En general, como educadores, ¿cómo deberíamos ayudar a los niños a desarrollar la matemática de las formas? ¿Por qué lo deberíamos hacer nosotros?

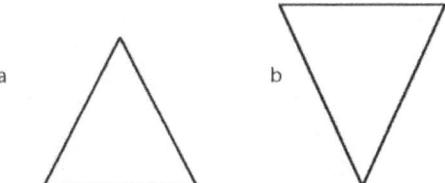

Figura 8.1 Dos triángulos.

La forma es un concepto fundamental en el desarrollo cognitivo. Por ejemplo, los niños utilizan principalmente la forma para aprender los nombres de los objetos. Es además, una idea fundamental en la geometría, pero también en otras áreas de las matemáticas. Desafortunadamente, la geometría es uno de los temas de matemáticas más débiles en los estudiantes de los Estados Unidos. Incluso en los años de preescolar, los niños estadounidenses saben menos acerca de las formas que los niños en otros países. La buena noticia es que: Ellos saben lo suficiente para construir nuevo conocimiento, pueden aprender bastantes cosas rápidamente, y disfrutan trabajando con las formas.

El aprendizaje de las formas en los niños pequeños

Aunque parezca obvio que aprendemos acerca de las formas al verlas y nombrarlas, algunos – como Jean Piaget – dicen que esta no es la historia completa. Él argumenta que incluso esta ni siquiera es la historia principal. Para Piaget, los niños no "leen" de su medio ambiente espacial sino que por el contrario *construyen* sus ideas acerca de las formas mediante su manipulación activa en el entorno. Además, aunque los niños puedan nombrar un cuadrado, su conocimiento podría ser limitado. Por ejemplo, si no pueden sentir un cuadrado escondido, y nombrarlo después de explorarlo con sus manos, Piaget diría que ellos realmente no comprenden el *concepto* de "cuadrado."

Una pareja de esposos investigadores, Pierre y Dina Van Hiele, están de acuerdo en que los niños construyen sus ideas geométricas. También describen los niveles de pensamiento a través de los cuales los niños lo hacen. Por ejemplo, al comienzo los niños no pueden distinguir entre una forma y otra. Más adelante, sí pueden, pero solo visualmente – reconocen las formas como totalidades. Ellos podrían llamar a una figura un "rectángulo" porque "parecía una puerta." No piensan acerca de definir los atributos o las propiedades de las figuras.

Las matemáticas de las formas en 2D

Antes de continuar, hagamos un viaje para definir algunos de estos términos. Utilizamos la palabra *atributos* para referirnos a cualquier característica de una forma. Algunos son *atributos definidos*. Para ser un cuadrado, una figura debe tener lados *rectos*. Otros son *atributos no definidos*. Un niño puede considerar una figura con un lado "recto" o describirla como "roja" pero ninguno de estos atributos son relevantes para determinar si la figura es un cuadrado o no. Algunos atributos definidos describen las partes de una forma – como un cuadrado que tiene *cuatro lados*. Otros son atributos especiales que llamamos *propiedades,* las cuales describen una *relación entre las partes*. Un cuadrado debe tener cuatro lados *de igual longitud*.
En el siguiente nivel del pensamiento geométrico, entonces, los estudiantes reconocen y caracterizan las figuras *por sus atributos definidos*. Por ejemplo un niño puede pensar en un cuadrado como una figura plana que tiene cuatro lados iguales y cuatro ángulos rectos. Las propiedades se establecen mediante la observación, la medición, el dibujo y la elaboración de modelos. Solamente un tiempo después, con frecuencia hasta la educación media o incluso más adelante, es cuando realmente los estudiantes ven las relaciones entre *las clases de figuras* (ver Figura 8.2). Por ejemplo la mayoría de los niños incorrectamente creen que una figura no es un rectángulo por ser un cuadrado (en realidad un cuadrado es un tipo especial de rectángulo).

Definiciones relacionadas con las formas. Las siguientes definiciones tienen el objetivo de ayudar a los profesores a comprender el desarrollo de los conceptos matemáticos específicos de los niños de preescolar, y también a hablarles a los niños acerca de estos conceptos. Estas no son definiciones matemáticas formales sino descripciones simples utilizando una mezcla de la matemática y el vocabulario diario. Las siguientes figuras se toman como formas bi-dimensionales (planas).

Ángulo: dos líneas que se encuentran para formar una esquina o vértice.

Círculo: una figura bi-dimensional que consta de todos los puntos fijos a una distancia desde un punto llamado centro. Los círculos son "perfectamente redondos" es decir, que tienen una curvatura constante.

Cerrada: una figura bi-dimensional es cerrada cuando está constituida por muchos segmentos de línea que están unidos; dos lados se encuentran exactamente en cada vértice y ninguno de los lados se cruza con el otro. (De manera similar para las figuras curvas).

Congruente: Exactamente parecidos en forma y tamaño, así que se pueden sobreponer.

Hexágono: Una figura (polígono) con seis lados rectos.

Cometa: Una figura de cuatro lados con dos pares de lados *adyacentes* que tienen la misma longitud.

Línea simétrica: Las figuras planas tienen simetría de línea, o de espejo, cuando su forma se invierte en los lados opuestos de una línea, como R I Я. Si el plano se dobla en la línea, las figuras encajan entre sí.

Octágono: Una figura (polígono) con ocho lados rectos.

Orientación: La forma como se gira una figura comparada a una línea de referencia.

Líneas paralelas: las líneas que conservan la misma distancia, como las líneas del ferrocarril.

Paralelogramos: Cuadriláteros con dos pares de lados paralelos opuestos.

Pentágonos: Polígonos con cinco lados rectos.

Plano: Una superficie llana.

Polígono: una figura plana limitada por tres o más lados rectos.

Cuadrilátero: Una figura (polígono) con cuatro lados rectos

Rectángulo: Un polígono con cuatro lados rectos (es decir, un cuadrilátero) y cuatro ángulos rectos. Como todos los paralelogramos, los lados opuestos de un rectángulo son paralelos y tienen la misma longitud.

◯ **Rombo**: Una figura plana con cuatro lados rectos (es decir, un cuadrilátero) que tienen todos la misma longitud.

└ **Ángulo recto**: Dos líneas que se encuentran como en una esquina de una puerta típica. A menudo llamado informalmente "esquina del cuadrado," los ángulos rectos miden 90 grados. Las líneas que se intersecan en un ángulo recto son perpendiculares.

◱ **Simetría rotacional**: Una figura tiene simetría rotacional cuando se puede rotar a menos de un giro completo para encajar en si misma exactamente.

◇ **Forma**: nombre informal para una figura geométrica bidimensional o tridimensional hecha de puntos, líneas o planos.

☐ **Cuadrado**: Un polígono que tiene cuatro lados rectos iguales y todos los ángulos son rectos. Fíjese que un cuadrado es tanto una clase especial de rectángulo como una clase especial de rombo.

▱ **Trapezoide**: Un cuadrilátero con un par de lados paralelos. (Algunos insisten que los trapezoides tienen *únicamente* un par de lados paralelos: es decir que son categorías en la Figura 8.2a. Otros dicen que estas figuras deben tener *al menos* un par, lo que haría que todos los paralelogramos fueran un subconjunto de los trapezoides).

△ **Triángulo**: Un polígono con tres lados.

Relación entre las formas: los diagramas de la Figura 8.2 muestran las relaciones entre las clases de figuras. Por ejemplo, todas las formas de la Figura 8.2a son cuadriláteros. Un *subconjunto propio* de ellos son los paralelogramos, los cuales tienen todos dos pares de lados opuestos paralelos. Los paralelos incluyen otras subclases. Si todos los lados de los paralelogramos tienen la misma longitud, ellos también son llamados *rombos*. Si todos los ángulos de un paralelogramo son iguales, entonces deben tener ángulos rectos, y son también llamados *rectángulos*. Si ambas afirmaciones son verdaderas, – si son rombos y rectángulos – también les llama *cuadrados*.

Pensamiento y aprendizaje acerca de formas específicas

Los niños son sensibles a las formas desde el primer año de vida. Y ellos prefieren figuras simétricas y cerradas, como las de la Figura 8.3, tal y como sucede con la mayoría de las personas de muchas culturas, incluso aquellos con poca o ningún contacto con otra civilización.

La cultura influye en estas preferencias. Nosotros realizamos un examen extensivo de los materiales con los cuales se les enseña a los niños acerca de las figuras como libros, juguetería, catálogos y listados provistos por el profesor. Con pocas excepciones (y con signos que esto está cambiando en los últimos años), estos materiales presentan los triángulos, rectángulos y cuadrados en formas rígidas para los niños. Los triángulos usualmente son equiláteros o isósceles y tienen bases horizontales. La mayoría de los rectángulos son formas horizontales y alargadas, y su ancho es aproximadamente el doble de su longitud. No es de extrañar que muchos niños, incluso a lo largo de la escuela primaria, digan que un cuadrado girado, ya "no es más un cuadrado, es un diamante" (Clements, Swaminathan, Hannibal & sarama, 1999, Lehrer, Jenkins & Osana, 1998).

Así los niños tienden únicamente a ver las formas típicas para cada figura – lo que llamaremos "ejemplares" (las formas en la Figura 8.3 son ejemplares para cada una de las cuatro clases de figuras). Los niños con frecuencia no ven ni discuten otros ejemplos de las figuras, lo que llamaremos "variantes." Los contraejemplos – usualmente llamados "distractores" en los procesos de evaluación o de enseñanza – no son miembros de esa clase de forma. Se llaman "distractores palpables" si tienen poca o ninguna *semejanza general* con los ejemplares y con "los distractores difíciles" (para los niños los nombraremos "engañosos" si son altamente similares, desde el punto de vista visual, a los ejemplares pero carecen al menos de un atributo definido). La Figura 8.4 ilustra las características para los triángulos.

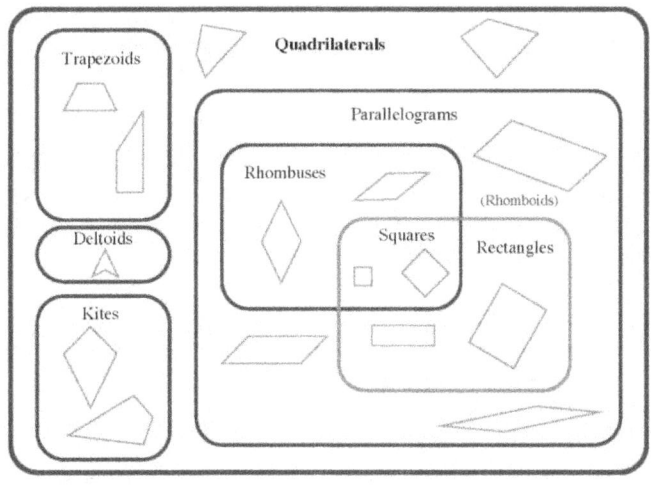

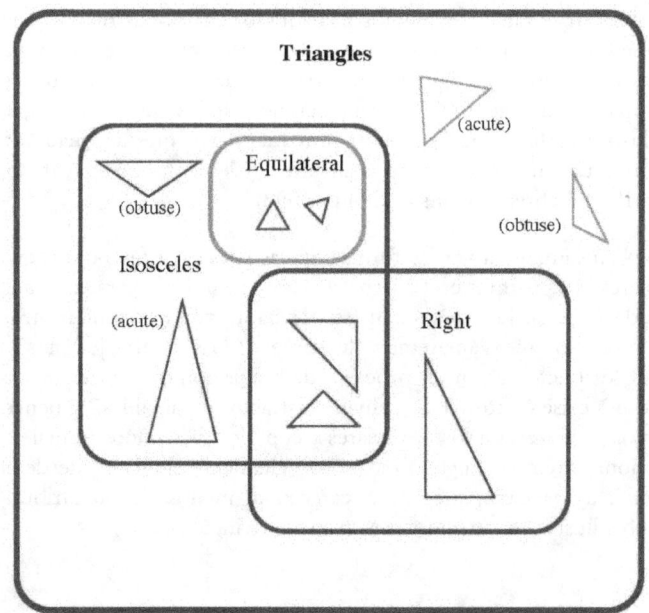

Figura 8.2 Digramas de Venn de relaciones entre cuadriláteros (a) y triángulos (b).

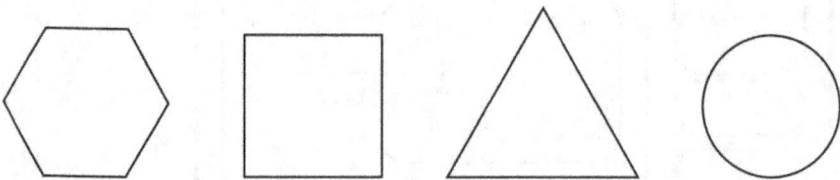

Figura 8.3 Ejemplos de figuras bidimensionales, cerradas y simétricas, que son preferidas por muchas personas.

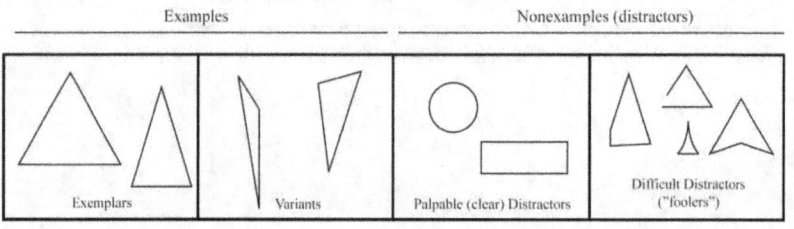

Figura 8.4 Ejemplares, variantes, distractores palpables, distractores difíciles de los triángulos.

¿Qué prototipos visuales e ideas son las que construyen los niños pequeños acerca de las figuras comunes? Los círculos – que únicamente tienen un prototipo básico, debido a que varían únicamente en tamaño – son las formas más fáciles de identificar por los niños. Desde 92% de los niños de 4 años de edad hasta el 99% de los niños de 6 años de edad, identifican con precisión los círculos como se muestran en la Figura 8.5 (Clements et al.,

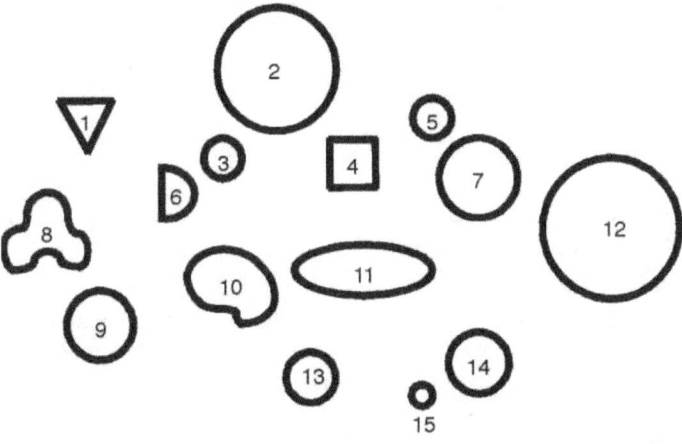

Figura 8.5 Estudiantes señalan como círculos.

1999). Únicamente unos pocos niños pequeños escogen las elipses u otras figuras curvas (Formas 11 y 10). La mayoría de los niños describieron los círculos como "redondos," cuando se atrevieron a dar alguna descripción. Así, el círculo fue reconocido fácilmente pero fue relativamente difícil de describir para estos niños.

Los niños también identificaron los cuadrados bastante bien: el 82%, 86% y 91% de los niños de 4, 5 y 6 años de edad lograron este objetivo, respectivamente. Los niños pequeños mostraron una tendencia a escoger rombos no cuadrados equivocadamente ("diamantes" como los de la Forma 3 de la Figura 8.6); sin embargo, no fueron tan precisos en la clasificación de cuadrados sin lados horizontales (Formas 5 y 11). Esta confusión – en la cual una figura cambia de nombre solamente al girarla – puede durar hasta los 8 años si no se dirige educativamente. Los niños tienen menos posibilidades de ser engañados por la orientación (la forma en que se "gira" una figura) cuando usan los manipulativos o cuando caminan alrededor de figuras grandes ubicadas en el piso. Los niños tienen mayores posibilidades de ser más precisos cuando sus justificaciones para la selección se basaron en los atributos definidos para la figura, como el número y la longitud de los lados.

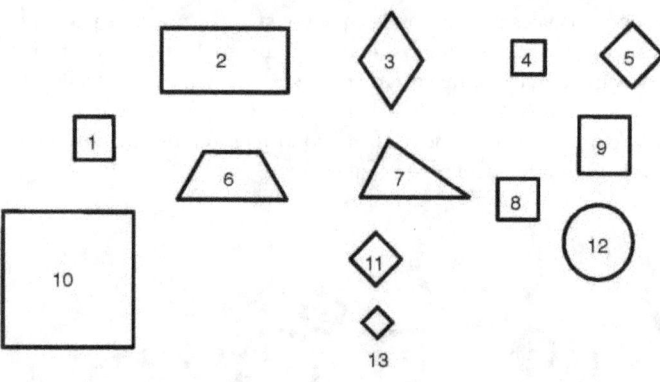

Figura 8.6 Estudiantes señalan como cuadrados.

Los niños fueron menos precisos al reconocer los triángulos y los rectángulos. Sin embargo, sus puntajes no fueron bajos; aproximadamente el 60% fueron acertados con respecto a los triángulos (Figura 8.7). Durante las edades de los 4 a los 6 años, los niños están pasando por una fase en la cual aceptan muchas figuras como triángulos, luego otra en la cual ellos "refuerzan" su criterio para rechazar algunos distractores pero también algunos ejemplos. El prototipo visual de los niños parece ser el de un triángulo isósceles. Especialmente cuando no están expuestos a una educación en geometría de alta calidad, los niños son engañados por falta de simetría o de alguna relación de aspecto – relación entre la altura y la base – que no sea cercana a uno (por ejemplo un triángulo largo y angosto como el de la Forma 11).

Figura 8.7 Estudiantes señalan como triángulos.

Los niños pequeños tuvieron una tendencia a aceptar los paralelogramos "largos" o los trapezoides rectos (Formas 3, 6, 10 y 14 en la Figura 8.8) como los rectángulos. Así, el prototipo visual de un rectángulo según los niños, es una figura de cuatro lados con dos lados largos paralelos y "cercanos a" esquinas cuadradas.

Únicamente unos pocos niños identificaron correctamente los cuadrados (Formas 2 y 7) como rectángulos. Debido a que tienen todas las propiedades de los rectángulos, estos cuadrados deberían ser escogidos. Esto es molesto para muchos adultos a quienes nunca se les ha proporcionado una buena enseñanza de la geometría. Pero es una buena oportunidad para motivar a los niños a pensar *matemática* y *lógicamente* incluso cuando la cultura entera no lo hace.

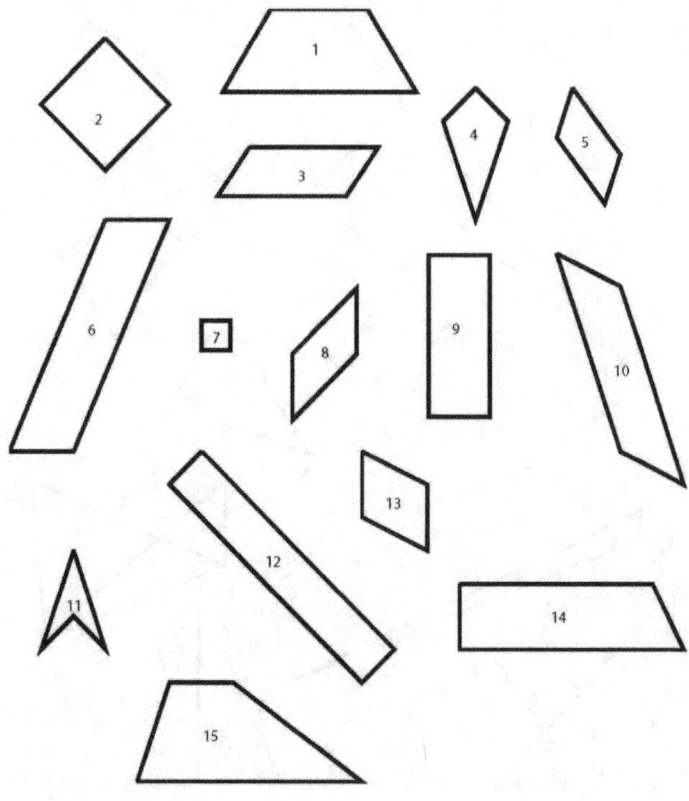

Figura 8.8 Estudiantes señalan como rectángulos.

Aunque los niños pequeños en este estudio fueron menos precisos al reconocer los triángulos y los rectángulos, su desempeño muestra un conocimiento considerable, especialmente dada la naturaleza abstracta de la evaluación y la variedad de las formas empleadas. Tristemente, ellos aprenden muy poco acerca de este aspecto desde los años previos hasta el sexto grado (ver gráficos en el libro anexo).

En sus juegos, los niños mostraron interés y se involucraron con más frecuencia con "los patrones y las formas" que con cualquier otra de las seis categorías. Aproximadamente el 47% de estos comportamientos incluyeron el reconocimiento, la clasificación o el nombramiento de figuras. También desarrollaron sus habilidades para dibujar figuras (ver el libro anexo para más detalles). Finalmente, los niños fueron más allá del nombramiento de las figuras; estas son una parte importante en el juego de los niños. Por supuesto, el juego involucra las figuras en tres dimensiones.

Figuras en 3D

Como en las figuras 2D, los niños no se desempeñan bien en las tareas escolares relacionadas con las figuras tridimensionales. Las razones son muy similares a lo que sucede con las figuras planas. Estas formas geométricas se refieren a una variedad de atributos, como "lo puntiagudo" y el tamaño comparativo o la esbeltez, que a menudo son características no geométricas o no definidas. Los niños utilizan nombres de las figuras 2D, lo que probablemente indica que no se distingue entre dos y tres dimensiones. Aprender solo figuras planas en los libros de texto durante los primeros grados de primaria podría causar alguna dificultad inicial en el aprendizaje de los sólidos.

En dos estudios relacionados, se les pidió a los niños asociar los sólidos con sus redes (arreglos de figuras 2D que "se despliegan en" figuras 3D). Los niños de kínder tuvieron un éxito razonable cuando, tanto los sólidos como las redes, estaban hechos de los mismos materiales interconectados (Leeson, 1995). Un niño avanzado de kínder tuvo más dificultad con los dibujos de las redes (Leeson, Stewart & Wright, 1997), posiblemente porque no fue capaz de visualizar la relación con los materiales más abstractos.

Las matemáticas de las figuras 3D

Definiciones relacionadas con las figuras. Como en el caso de las figuras 2D, las siguientes definiciones para 3D intentan ayudar a los profesores a comprender el desarrollo de los conceptos matemáticos específicos en los niños de kínder, y a hablarles acerca de estos conceptos. Estas no son definiciones matemáticas formales sino más bien descripciones simples de una mezcla de matemáticas y vocabulario cotidiano.

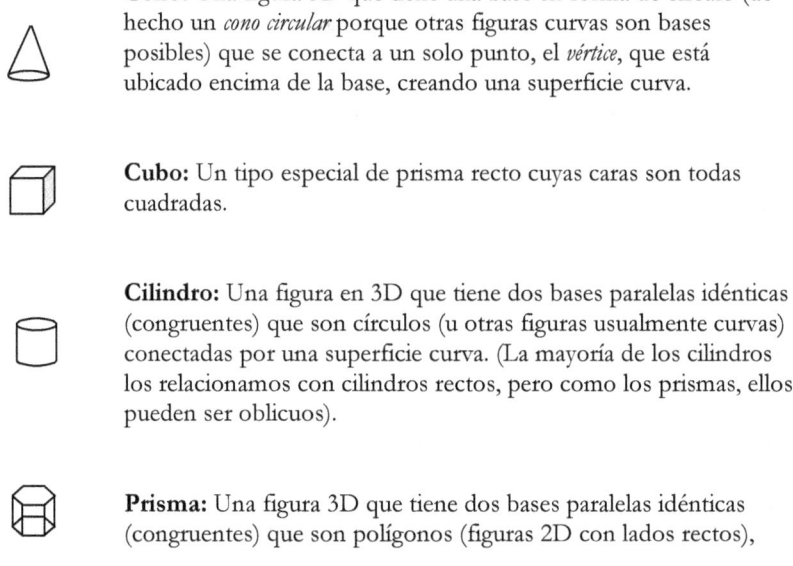

Cono: Una figura 3D que tiene una base en forma de círculo (de hecho un *cono circular* porque otras figuras curvas son bases posibles) que se conecta a un solo punto, el *vértice*, que está ubicado encima de la base, creando una superficie curva.

Cubo: Un tipo especial de prisma recto cuyas caras son todas cuadradas.

Cilindro: Una figura en 3D que tiene dos bases paralelas idénticas (congruentes) que son círculos (u otras figuras usualmente curvas) conectadas por una superficie curva. (La mayoría de los cilindros los relacionamos con cilindros rectos, pero como los prismas, ellos pueden ser oblicuos).

Prisma: Una figura 3D que tiene dos bases paralelas idénticas (congruentes) que son polígonos (figuras 2D con lados rectos), con lados correspondientes a las bases conectadas con rectángulos (esto es para un *prisma recto*, el que normalmente manejamos – si los lados están conectados con paralelogramos, esto corresponde a un *prisma oblicuo*)

Pirámide: Una figura 3D que tiene una base que es un polígono. Dicha base está conectada a un solo punto, el *vértice* que se encuentra sobre la base, por medio de triángulos.

Esfera: Una figura 3D que es un "balón perfectamente redondo" es decir, todos los puntos se encuentran a una distancia fija desde un punto llamado centro.

Congruencia, simetría y transformaciones

Los niños pequeños comienzan a desarrollar ideas no solo acerca de las figuras sino acerca de la simetría, la congruencia y las transformaciones. Como vimos, los niños son sensibles al menos a algunas figuras simétricas. Los niños de preescolar a menudo utilizan y se refieren a la simetría rotacional (◊) de la misma forma como ellos utilizan la simetría de línea, o espejo, al momento de trabajar con bloques de patrones, como cuando se dice que un triángulo equilátero es "especial, porque cuando se gira un poco encaja en sí mismo" (Sarama, Clements & Vukelic, 1996). Los niños también producen simetría en sus juegos (Seo & Ginsburg, 2004). Por ejemplo, José, un niño de preescolar, coloca un bloque de doble unidad en el tapete, dos bloques de una unidad sobre el bloque de doble unidad, y una unidad triangular en el medio, construyendo una estructura simétrica.

Muchos niños pequeños juzgan la congruencia (¿Son estas dos figuras "la misma"?) basados en si las figuras son, en su totalidad, más similares que diferentes. Sin embargo, los niños más pequeños (antes de kínder) pueden no lograr una comparación exhaustiva y pueden considerar las figuras rotadas como "diferentes." Hasta aproximadamente los 7 años de edad, los estudiantes pueden no fijarse en las relaciones espaciales de todas las partes de las figuras complejas. Solamente después, a los 11 años de edad, la mayoría de los niños se desempeñaron como adultos.

Sin embargo, con orientación, incluso los niños de 4 años de edad y algunos niños más pequeños pueden generar estrategias para verificar la congruencia en algunas tareas. Ellos gradualmente desarrollan una gran conciencia del tipo de diferencias entre las figuras que son geométricamente relevantes y pasan de solo considerar algunas de las partes de las figuras a tener en cuenta las relaciones espaciales de esas partes. Próximos al primer grado, ellos comienzan a utilizar la superposición colocando una figura encima de la otra para ver si encajan exactamente.

En resumen, enseñar tanto el reconocimiento de la figura como sus trasformaciones puede ser importante para el desarrollo matemático de los niños.

La enseñanza tradicional de las categorías separadas de "cuadrados" y "rectángulos" puede ser la causa de las dificultades con respecto a estas clases de formas y sus atributos. El uso de la estrategia de incrementar una dimensión de un rectángulo puede permitir a los niños desarrollar la intuición dinámica en donde de este modo se puede producir un cuadrado.

Experiencia y educación

Una niña pequeña, después de un poco de experimentación, coloca un clavo cuadrado en un agujero cuadrado. ¿Qué sabe acerca de las figuras? ¿Qué más aprenderá en preescolar y primaria? ¿Qué podría aprender?

Formas: 2D. Las experiencias y la enseñanza juegan un gran papel en la formación del conocimiento de la geometría de las formas en los niños. Si los ejemplos y los contra-ejemplos que los niños experimentan son rígidos (no incluyen una diversidad de variantes de esa clase de forma) sus imágenes mentales e ideas acerca de esa forma serán también rígidas y limitadas. Por ejemplo, muchos niños aprenden a aceptar como triángulos, únicamente los triángulos isósceles con una base horizontal, como los "ejemplares" en la Figura 8.4. Otros aprenden conceptos más ricos, incluso a una edad temprana. Por ejemplo, un niño de 3 años de edad tuvo un puntaje más alto que uno de 6 años en cuanto a las tareas de reconocimiento discutidas previamente.

Esto es importante, *las ideas de los niños se pueden estabilizar desde los 6 años de edad*. Por consiguiente, es relevante *brindar mejores oportunidades para aprender acerca de las figuras geométricas* para todos los niños entre los 3 y 6 años de edad.

Por supuesto, siempre es importante obtener el lenguaje correcto. Muchos niños de 4 años de edad dicen que los triángulos tienen "tres puntos y tres lados" La mitad de estos niños, sin embargo, no estaban seguros de lo que es un "punto" o "un lado" (Clements et al., 1999). Como en el caso de las secuencias de palabras que designan números, el idioma inglés presenta más desafíos que otros, tales como los lenguajes del este asiático. Por ejemplo, en esos otros idiomas, todos los "cuadriláteros" son simplemente llamados "figuras-de-cuatro-lados." Un ángulo agudo es simplemente un "ángulo puntiagudo," enseñar esto en inglés o en español requiere discusiones más nutridas.

Además, aunque las apariencias usualmente dominan las decisiones de los niños, ellos también aprenden, y a veces utilizan, el conocimiento verbal. Usar este tipo de conocimiento apropiadamente toma tiempo y puede inicialmente parecer como una regresión. Los niños pueden inicialmente decir que un cuadrado tiene "cuatro lados, al igual que cuatro puntos." Debido a que ellos todavía tienen que aprender acerca de la perpendicularidad, algunos aceptan cualquier rombo como un cuadrado. Su propia descripción los convence e incluso sienten conflicto con respecto a la "apariencia" de este "nuevo cuadrado." Con orientación, sin embargo, este conflicto puede ser útil para que comprendan las propiedades de los cuadrados.

De esta manera, *proporcione ejemplos variados y contraejemplos para ayudar a los niños a comprender los atributos de las formas que son matemáticamente relevantes, y también de aquellas formas (orientación, tamaño) que no lo son.* Incluya "distractores difíciles" de triángulos y rectángulos (por ejemplo, Figura 8.4).

Haciendo esto, usted será una excepción bienvenida. La práctica educativa en los Estados Unidos usualmente no refleja estas recomendaciones. Los niños a menudo saben tanto acerca de las figuras al entrar al colegio como lo que el currículo de la geometría les "enseña" en los primeros grados. Esto se debe a que los profesores y los escritores del currículo asumen que los niños, en su niñez temprana, en los salones de clase tienen poco o ningún conocimiento de las figuras geométricas. Además, los profesores han tenido poca experiencia con la geometría en su propia educación y en su desarrollo profesional. Así, no es sorprendente que la mayoría de los salones de clase muestren una enseñanza limitada de la geometría. Uno de los primeros estudios encontró que los niños de kínder tenían bastante conocimiento de las formas y de la comparación de las mismas antes de iniciar su enseñanza. Su profesor tuvo una tendencia de provocar y verificar su conocimiento previo pero no lo añadieron al contenido ni desarrollaron nuevo conocimiento. Es decir, aproximadamente dos tercios de las interacciones hicieron que los niños repitieran lo que ya sabían en un formato reiterativo, como se muestra en el siguiente intercambio:

Profesor: ¿Podrían decirnos qué tipo de figura es esa?
Niño: Un cuadrado.
Profesor: Bien. Es un cuadrado

(B. Thomas, 1982).

Aún peor, cuando ellos dijeron algo, los profesores a menudo hicieron enunciados incorrectos diciendo, por ejemplo, que cada vez que se colocan dos triángulos juntos se obtiene un cuadrado. La enseñanza no mejoró en los grados de primaria. Los niños en realidad *pararon* de contar los ángulos y los lados de las figuras para diferenciar una de otra. *Evite estas prácticas pobres y comunes.* Aprenda más acerca de la geometría y desafíe a los niños a aprender más cada año.

Las familias y la cultura en general no promueven tampoco el aprendizaje de la geometría. En una evaluación de geometría, los niños americanos de 4 años tuvieron un puntaje de 55% comparado con un 84% obtenido por los niños en China (84%).

Recuerde la historia contada al comienzo de este capítulo acerca de los dos triángulos (Figura 8.1). Este ejemplo ilustra el hallazgo de la investigación en "el concepto de las imágenes" que muestra que ciertos prototipos visuales pueden regular el pensamiento de los niños. Eso significa que incluso cuando ellos conocen una definición, las ideas de los niños acerca de las formas son dominadas por las imágenes mentales de una "forma típica."

El Aprendizaje y la Enseñanza de las Matemáticas a Temprana Edad

Ayudar a los niños a desarrollar un concepto de imágenes rico y preciso, brinda experiencias de diferentes ejemplos de un tipo de forma. Por ejemplo, la Figura 8.9a muestra una amplia variedad de triángulos que seguramente generarían discusión. Muestre los contraejemplos que, cuando se comparen con los ejemplos similares, ayuden a enfocar la atención en los atributos críticos. Por ejemplo, los contraejemplos que aparecen en la Figura 8.9b son cercanos a los ejemplos que se encuentran a la izquierda, difiriendo en solo un atributo. Utilice tales comparaciones para enfatizar en cada atributo definido de un triángulo.

El estudio de Mary Elaine Spitler utilizando los Bloques de Construcción (*Building Blocks*) revela que los niños sienten que tienen un total y *poderoso conocimiento* y lo utilizan en las definiciones de los triángulos (Spitler, Sarama & Clements, 2003). Un niño de preescolar dijo sobre la segunda figura de la parte de arriba de la Figura 8.9a "Ese no es un triángulo" ¡es demasiado delgado! pero su amigo de *Building Blocks* respondió "te estoy diciendo que es un triángulo, tiene tres lados rectos ¿ves? uno, dos, tres, no hay problema que sea delgado." Estudios similares en todo el mundo confirman que los niños pueden aprender mucho más – a edades más tempranas.

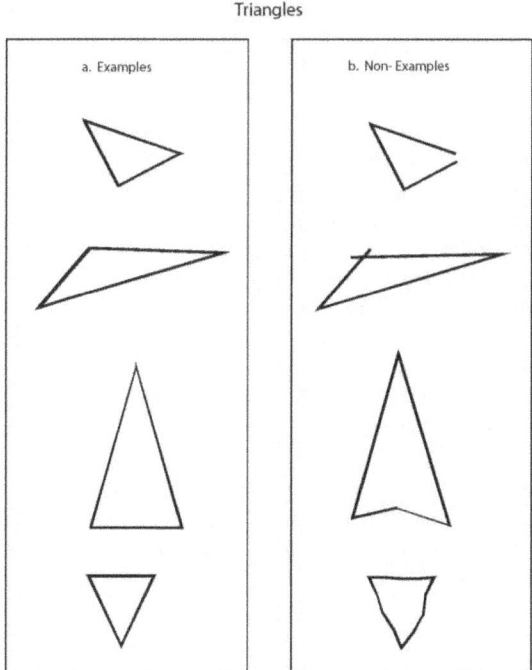

Figura 8.9 Ejemplos y contraejemplos relacionados con triángulos.

Resumen – cuatro rasgos para la orientación. Los niños pueden aprender conceptos más amplios acerca de las formas si su ambiente educativo incluye cuatro rasgos:

variedad de ejemplos y contraejemplos, discusiones acerca de las formas y sus atributos, una amplia variedad de clases de figuras, y una amplia gama de tareas geométricas. Primero, asegúrese que los niños experimenten diferentes ejemplos de un tipo de figura, de manera que no se formen ideas limitadas acerca de cualquier clase de figura. El uso de los prototipos puede generar un aprendizaje inicial, pero los ejemplos deberán llegar a ser más diversos tan pronto como sea posible. Mostrar los contraejemplos y compararlos con ejemplos similares enfoca la atención de los niños en los atributos críticos de las formas e incentiva la discusión. Esto es especialmente importante para las clases de las cuales se tienen ejemplos más diversos, como los triángulos.

Segundo, incentive las descripciones de los niños mientras se motiva el desarrollo del lenguaje. Las descripciones visuales (basadas en el prototipo) deberían, por supuesto, ser esperadas y aceptadas, pero los atributos y las respuestas en cuanto a las propiedades también se deberían incentivar. Inicialmente estas respuestas podrían aparecer espontáneamente debido a formas con prototipos más fuertes y más débiles (por ejemplo, círculos y cuadrados). De nuevo ellas deberían estar especialmente animadas por categorías de formas como los triángulos. Los niños pueden aprender a explicar por qué una forma pertenece a cierta categoría – "tiene tres lados rectos" o no pertenece (los lados no son rectos). Eventualmente, ellos pueden interiorizar estos argumentos. Por ejemplo, decir "esto es un triángulo raro y largo pero tiene ¡tres lados rectos!"

Tercero, incluya una variedad de *clases* de formas. Cada currículo tradicional de la niñez presenta formas en cuatro categorías de niveles básicos: círculo, cuadrado, triángulo y rectángulo. La idea que un cuadrado no es un rectángulo tiene sus raíces en los 5 años de edad. Sugerimos presentar muchos ejemplos de cuadrados y rectángulos variando la orientación, el tamaño, y así sucesivamente, *incluyendo cuadrados como ejemplos de rectángulos*. Si los niños dicen, "eso es un cuadrado," los profesores podrían responder que esto es un cuadrado, el cual es un tipo especial de rectángulo y ellos deberían intentar renombrarlo ("este es un rectángulo cuadrado"). Los niños mayores pueden discutir categorías "generales" como cuadriláteros y triángulos, contando los lados de varias figuras para escoger su categoría. Los profesores también podrían animarlos a describir por qué una figura pertenece o no a una de las categorías de forma. Luego, los profesores pueden decir el por qué cuando un triángulo tiene todos los lados iguales es un tipo especial de triángulo llamado un triángulo equilátero. Los niños podrían también "evaluar" los ángulos rectos en rectángulos con un "verificador de ángulo-recto," (El dedo pulgar y el índice forman un ángulo de 90°, o podrían utilizar una esquina de un pedazo de papel).

Utilice los ambientes del computador para comprometer y desarrollar el pensamiento de los niños acerca de las relaciones entre las clases de figuras, incluyendo cuadrados y rectángulos. En un gran estudio (Clements et al., 2001), algunos niños de kínder formaron su propio concepto (por ejemplo, "es un rectángulo cuadrado" en respuesta a su trabajo con la aplicación Logo micromundos (Logo microworlds).

El Aprendizaje y la Enseñanza de las Matemáticas a Temprana Edad

También los profesores podrían animar a los niños a describir por qué una figura pertenece o no a cierta categoría de forma. Luego, los profesores, pueden decir que debido a que un triángulo tiene todos los lados iguales, es un tipo especial de triángulo, llamado triángulo equilátero. Además los niños deberían experimentar y describir una amplia variedad de formas, incluyendo, pero no limitándose a, semicírculos, cuadriláteros, trapezoides, rombos y hexágonos.

Cuarto, desafíe a los niños utilizando una amplia variedad de tareas interesantes. La experiencia con manipulativos y entornos informáticos son a menudo apoyados por la investigación, si las experiencias son consistentes con las implicaciones anteriormente esbozadas. Las actividades que promueven la reflexión y la discusión podrían incluir modelos de construcción de formas de los componentes. La correspondencia, identificación, exploración y aun formación de figuras con el computador es particularmente estimulante (Clements & Sarama, 2003b, 2003c): Trabajar con las "gráficas de la tortuga" (logo) es accesible aun para los niños de kínder (Clements et al., 2001) con resultados que indican beneficios significativos para ese grupo de edades (por ejemplo, en un mayor grado que los niños más grandes, los niños pequeños se beneficiaron en el aprendizaje de los cuadrados y rectángulos, ver Figura 8.10).

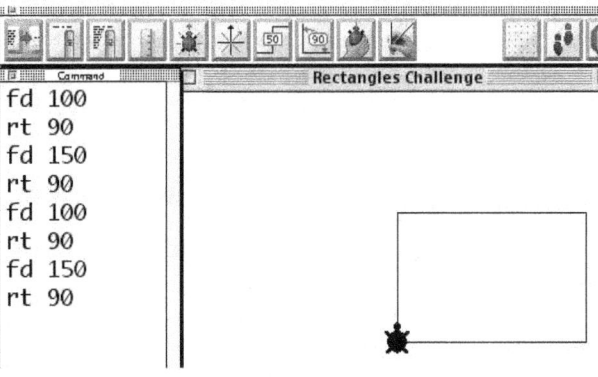

Figura 8.10 Utilización de la tortuga de logo para dibujar un rectángulo usando las Matemáticas de la Tortuga (Clements & Meredith, 1994).

Formas: 3D. Jugar y realizar otras actividades con bloques es útil por muchas razones. Para el aprendizaje geométrico, *matematice* dicha actividad. Involucre a los niños en discusiones fructíferas acerca de los bloques y otros sólidos, y utilice terminología específica para los sólidos, las caras y los bordes. Mucho más se conoce acerca de la construcción con bloques y otras formas en 3D (ver Capítulo 9).

Movimientos geométricos, congruencia y simetría. Motivar a los niños a ejecutar y discutir los movimientos geométricos mejora sus habilidades espaciales. El computador es especialmente útil, pues las herramientas de la pantalla hacen movimientos más explícitos. Utilice los entornos informáticos para ayudar a los niños a aprender la congruencia y la simetría (Clements et al., 2001). Hay un potencial no desarrollado en la generación de un currículo que considere seriamente las intuiciones, preferencias, e intereses de los niños en cuanto a la simetría. Las pinturas y construcciones de los niños se pueden utilizar como modelos al momento de presentar la simetría, incluyendo las creaciones bi-dimensionales de pinturas, dibujos y collage, y las creaciones tri-dimensionales de arcilla y los bloques.

Ángulos, paralelismo y perpendicularidad. Los ángulos son críticos pero a menudo no son bien aprendidos o bien enseñados. Los niños tienen muchas ideas variadas y a menudo incorrectas acerca de lo que son los ángulos. Para comprenderlos, los niños deben discriminar los ángulos como partes críticas de las figuras geométricas, deben comparar y relacionarlos y construir y representar mentalmente la idea de los giros, integrándolos con la medida de los ángulos. Estos procesos pueden comenzar en la primera infancia; por ejemplo, los niños de 5 años de edad pueden relacionar ángulos. El largo proceso de desarrollo del aprendizaje acerca de los giros y ángulos puede comenzar informalmente en los salones de clase de formación elemental, a medida que los niños se relacionen con las esquinas de las figuras, y comparen el tamaño de los ángulos y los giros. La manipulación de las formas en el computador y en los ambientes de navegación puede ayudar a matematizar estas experiencias. Es especialmente importante comprender como un giro de mi propio cuerpo se relaciona con girar las formas y voltear a lo largo de las rutas de navegación, y con el aprendizaje del uso de los números para cuantificar estas situaciones de giros y ángulos. Por ejemplo, incluso los niños de 4 años de edad aprenden a hacer clic en una figura para girarla y decir, "¡necesito girarla tres veces!" (Sarama, 2004 y Capítulo 12).

Mitchelmore y sus colegas han propuesto la siguiente secuencia de tareas. Comience por proporcionar experiencias prácticas con ángulos en varios contextos, incluyendo las esquinas, las curvas, los giros, las aberturas y las pendientes. Los primeros ejemplos para cada contexto deben tener dos "brazos del ángulo" físicamente presentes como en las tijeras, las intersecciones de dos caminos, la esquina de una mesa. Las esquinas son las más sobresalientes para los niños y se deberían enfatizar primero. Los otros modelos físicos pueden seguir. Las experiencias con las curvas (por ejemplo, un limpiador de tubos) y los giros (por ejemplo, las perillas de las puertas, los discos, las puertas) se deberían presentar al final de esta etapa inicial.

Luego ayude a los niños a comprender las relaciones angulares en cada contexto discutiendo los rasgos comunes de los contextos similares, como las curvas en las líneas o en los caminos de los mapas. Después, ayude a los estudiantes a traspasar los diferentes contextos mediante la representación de los rasgos comunes de los ángulos en cada uno de ellos. Por ejemplo, los ángulos pueden ser representados por dos segmentos de línea (o ejes) con un punto extremo común. Una vez que se han entendido los giros, utilice la noción dinámica para comenzar a medir el tamaño de los ángulos.

El espíritu de la matemática-un ejemplo final de Logo

Las implementaciones de alta calidad en las experiencias de logo hacen tanto énfasis en el espíritu de las matemáticas – la exploración, investigación, el pensamiento crítico y la resolución de problemas – como lo hacen en las ideas geométricas. Considere las entrevistas con Andrés, un estudiante de primer grado (Clements et al., 2001). En la última entrevista, él estaba muy seguro de sí mismo. Cuando se le pidió que explicara algo, pensó muy claramente, Andrés siempre introducía sus comentarios con un enfático "¡mire!" Con respecto a un aspecto, se le preguntó, "imagine que está hablando por teléfono con unas personas que nunca han visto un triángulo. ¿Qué les diría para ayudarles a hacer un triángulo?"

Andrés: Les preguntaría, "¿han visto un diamante?"

Entrevistador: Digamos que dijeron, "si."

Andrés: Bien, corten un triángulo. [Pausa] No, cometí un error.

Entrevistador: ¿Cómo?

Andrés: Ellos nunca han visto un triángulo. Bien córtenlo por la mitad, dóblenlo por la mitad hasta la parte superior de la otra mitad, luego péguenlo hacia abajo y tendrán un triángulo. Luego sosténgalo sobre la pared así sabrán qué es un triángulo.

Entrevistador: ¿Y qué pasaría si dicen que nunca han visto un diamante?

Andrés: Hagan una línea oblicua hacia arriba, y luego otra hacia abajo, luego otra línea oblicua hacia arriba, y luego otra hacia abajo para volver al inicio.

Entrevistador: [El cree que está tratando de describir un triángulo] ¿qué?

Andrés: [Luego, repite las instrucciones]. Eso es un diamante. Ahora, que hagan lo que les dije primero.

Andrés ha hecho lo que los matemáticos son aficionados a hacer. Ha reducido el problema a uno que ya ha sido resuelto. Al final, preguntó, "¿esta prueba estará en mi reporte de calificaciones? "Porque realmente lo estoy haciendo bien" Durante la entrevista se evidenció que Andrés estaba seguro de su propio razonamiento y conocimiento desde su experiencia. Aunque Andrés no es uno de los típicos estudiantes de nuestro proyecto, es importante notar que los estudiantes como Andrés pueden llegar a convertirse en matemáticos, científicos e ingenieros. Andrés ha estado reflexionando mucho acerca de las ideas del currículo y disfrutó la oportunidad de discutirlas, así pudo demostrar los resultados de su pensamiento.

Trayectoria de aprendizaje para las formas

Como otras que hemos visto, la trayectoria de aprendizaje para las formas es compleja. Primero, hay muchos avances conceptuales y de habilidades que hacen los niveles más complicados. Segundo, hay cuatro *subtrayectorias* que están relacionadas, pero pueden desarrollarse independientemente: (a) *la subtrayectoria de comparación* implica relacionar diferentes criterios en los niveles iniciales y determinar la congruencia. (b) la subtrayectoria de *clasificación* incluye reconocimiento, identificación ("nombramiento"), análisis, y la clasificación de las formas (c) la subtrayectoria de las *partes* implica distinguir, nombrar, describir, y cuantificar los componentes de las formas, como los lados y los ángulos (d) la subtrayectoria estrechamente relacionada con la *representación* implica construir o dibujar las formas.

La *meta* de mejorar la habilidad en los niños para nombrar, describir, analizar y clasificar toma un segundo lugar en importancia únicamente para las metas numéricas. Los puntos centrales del currículo incluyen las metas ya descritas en la Tabla 8.1. (Las metas específicas en grado 1 se discutirán en el Capítulo 9).

Con esas metas, la Tabla 8.1 proporciona los dos componentes adicionales de la trayectoria de aprendizaje, el progreso de desarrollo y las tareas instructivas. Como hemos visto en capítulos anteriores, las edades en todas las Tablas de las trayectorias de aprendizaje son aproximadas, especialmente porque la edad de adquisición usualmente depende bastante de la experiencia. Esto es especialmente cierto en el dominio de la geometría, donde la mayoría de los niños reciben experiencias de baja calidad.

Tabla 8.1 Trayectoria de aprendizaje para figuras

Edad (años)	Progresión del desarrollo	Tareas instructivas
0–2	**Comparador de "la Misma Figura"** *Comparación* Compara objetos del mundo real (Vurpillot, 1976). Dice si las casas en dos fotos son iguales o diferentes **Igualador de Formas – Idénticas** *Comparación* Iguala figuras que le sean familiares y que tengan *el mismo tamaño y orientación* (círculos, cuadrados, triángulos típicos). Iguala ☐ con ☐ **Tamaños** Iguala figuras que le sean familiares pero con diferentes tamaños. Iguala ☐ con ◻ **Orientaciones** Iguala figuras que le sean familiares pero con	**Iguala y nombra figuras** que se encuentran en un círculo. Utilizando figuras familiares (prototípicas) de un conjunto de figuras de dos colores, dar a cada niño una figura de un conjunto de figuras. Escoger una figura de otro conjunto que tenga un color diferente pero que corresponda exactamente a la figura del niño. Pedirles a los niños que digan quién tiene una figura que corresponda exactamente con su figura. Después de que hayan dado una respuesta correcta siga preguntando como saben los niños que esa es la figura que corresponde. El niño se podría ofrecer a encajar la figura sobre la suya para "probar" la igualdad. Haga que los niños muestren sus figuras a los otros niños que están sentados cerca nombrando la figura que ellos puedan. Observe y oriente cuando sea necesario. Repita una o dos veces. Después decirles a

Edad (años)	Progresión del desarrollo	Tareas instructivas
	diferente orientación. Iguala  con	los niños que ellos después serán capaces de explorar e igualar formas durante el Tiempo de Trabajo. **Imágenes Misteriosas 1** Los niños construyen imágenes identificando las figuras que se *nombran por el programa de software Building Blocks*. (Imágenes Misteriosas 1 es apropiada antes de esta actividad, de manera que enseñe los nombres de las figuras. 
3	**Reconocedor de Figuras – Típicas** *Clasificación* Reconoce y nombra círculos y cuadrados típicos, y, con menos frecuencia, un triángulo típico. Es posible que roten las figuras físicamente dándoles orientaciones atípicas con el objetivo de igualarlas con un prototipo mentalmente. Le dice cuadrado a ☐. Algunos niños nombran correctamente los diferentes tamaños formas y orientaciones de un rectángulo, sin embargo, le llaman rectángulo a ciertas formas que parecen rectangulares sin ser rectángulos. Dicen que las siguientes figuras son "rectángulos" (incluyendo el paralelogramo, que no es rectangular)	**¡La Hora del Círculo!** Hacer que los niños se sienten en el mejor círculo que puedan hacer. Muestre y nombre un círculo como un hula-hula. A medida que traza el círculo con su dedo, discuta lo perfectamente redondo que es; es una línea curva que siempre se dobla igual. Pedirles a los niños que hablen acerca de los círculos que ellos conocen como los que se encuentran en juguetes, edificios, libros, bicicletas, y prendas de vestir. Distribuya una variedad de círculos para la exploración de los niños- rodar, apilar, trazar y así sucesivamente. Pedir a los niños que hagan círculos con sus dedos, manos, brazos y bocas. Repase los atributos de un círculo: redondo y hace la curva de la misma forma sin ruptura. **Iguala y Nombra Figuras** Como se indicó arriba, incluyendo el nombre de estas figuras. Hacer esta actividad en grupos pequeños, como también con grupos completos.

Edad (años)	Progresión del desarrollo	Tareas instructivas
	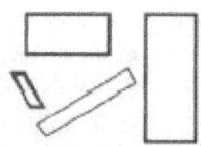 **Comparador "Similar"** *Comparación* Decide que dos formas son la misma si visualmente son más sus similitudes que sus diferencias. "Estas figuras son iguales. Las dos son puntiagudas en su parte superior."	**Imágenes Misteriosas 2** Los niños construyen imágenes identificando las figuras que se *nombran por el programa de software Building Blocks*. (Imágenes Misteriosas 1 es apropiada antes de esta actividad, de manera que enseñe los nombres de las figuras. 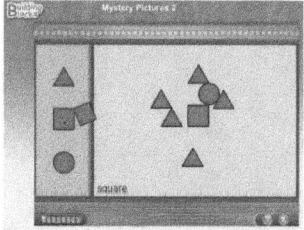
3–4	**Igualador de Figuras – con Más Figuras** *Comparación* Iguala una mayor variedad de figuras del *mismo tamaño* y con la *misma orientación*. **– Orientaciones y Tamaños** Iguala una mayor variedad de figuras de *diferentes tamaños* y con *diferentes orientaciones*. Iguala las siguientes figuras. 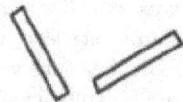 **– Combinaciones** Iguala *combinaciones* de figuras mutuamente. Iguala las siguientes figuras. 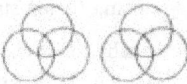	**Iguala y Nombra Figuras** Como se indicó anteriormente, pero utilizando una amplia variedad de figuras de los Conjuntos de Figuras en diferentes orientaciones. **Igualar Bloques** Los niños igualan varios bloques de figuras con los objetos en el salón de clases. Hacer diferentes bloques de figuras frente a usted con todos los niños, en un círculo alrededor suyo. Muestre un bloque y pregúnteles a los niños qué cosas en el salón tienen la misma forma. Hablar con los niños mediante las respuestas incorrectas, como escoger algo triangular pero decir que tiene la figura de un cuarto de círculo. **Imágenes Misteriosas 3** Los niños construyen imágenes seleccionando figuras que igualan una serie de figuras de origen. La habilidad que los niños practican es igualar, pero el programa *nombra* cada figura de manera que se presentan los nombres de las figuras. Las figuras a este nivel son más variadas e incluyen nuevas

Edad (años)	Progresión del desarrollo	Tareas instructivas
		figuras (menos familiares).

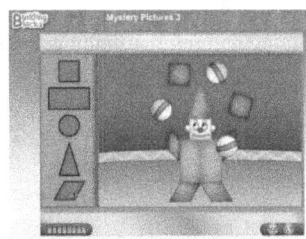

Geometría de la Memoria

Ubique dos conjuntos de cartas de geometría de memoria, hacia abajo, cada una en un arreglo.

Los jugadores por turnos exponen una carta frente a cada arreglo.

Las cartas que no corresponden se ubican hacia abajo y el jugador mantiene las que corresponden.

Los jugadores deben nombrar y describir las formas juntas.

Utilice nuevas cartas de figuras con rasgos de figuras adicionales del Conjunto de Figuras.

Caja de Sentir (Igualar)
Secretamente esconder una figura en la caja (la cual debe estar decorada con un agujero lo suficientemente grande para que quepa la mano del niño pero no tan grande como para ver en su interior). Reparta cinco figuras, incluyendo aquella que iguala exactamente la que escondió. Hacer que el niño coloque la mano dentro de la caja para sentir la figura, ese niño debería luego señalar la figura que la iguala.

| 4 | **Reconocedor de Figuras – + Círculos, Cuadrados y** | **Iguala y Nombra Figuras** como se indica arriba, incluyendo el nombre |

Edad (años)	Progresión del desarrollo	Tareas instructivas
	Triángulos *Clasificación* Reconoce algunos cuadrados y triángulos que son menos típicos y es posible que reconozca algunos rectángulos, usualmente no reconoce rombos (diamantes). Normalmente no diferencia entre un lado y una esquina. Dice que estos son triángulos. 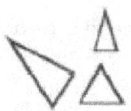	de estas figuras. **Círculos y Latas** Reparta muchas latas de comida y discuta su forma (redonda) con los niños. Enfóquese en la parte inferior y superior, de manera colectiva en la base de cada lata. Indicar a los niños que estas áreas son circulares, las orillas son círculos. Mostrar las hojas de papel grandes en las cuales ha dibujado la base de unas pocas latas que varían sustancialmente en cuanto al tamaño. Trazar una u otras dos latas para mostrarles a los niños lo que hizo, y luego revolver los papeles y las latas. Pedirles a los niños que igualen las latas con los círculos trazados. Para aquellos niños que están seguros de su elección, permítales ubicar directamente la lata en el círculo trazado para verificar. Decirles a los niños que todos tienen un turno para igualar los círculos y las latas en tiempo libre y recoja los materiales de la actividad en el centro para dicho propósito. **¿Es o No Es?** (Círculos) Dibuje un verdadero círculo en una superficie donde toda la clase pueda verlo. Pedir a los niños que lo nombren, y que luego digan por qué es un círculo. Dibuje una elipse (un ovalo) en la misma superficie. Preguntarles a los niños a qué se parece, y luego preguntarles por qué no es un círculo. Dibuje muchos otros círculos y figuras que no son círculos, pero que podrían ser equivocados por ellos y discuta sus diferencias. Resuma repasando que un círculo es perfectamente redondo y que consiste en una línea curva que siempre hace la curva de la misma

Edad (años)	Progresión del desarrollo	Tareas instructivas
		forma. **Mostrar la Figura** Mostrar triángulos y nombrar un triángulo grande y plano. Caminar con los dedos sobre su perímetro, describiendo y exagerando sus acciones: lado reeecto…giro, lado reeecto, giro, lado reeecto… me detengo. Preguntarles a los niños cuántos lados tiene el triángulo, y contar los lados con ellos. Enfatizar en que los lados y los ángulos de un triángulo pueden tener diferente tamaño. Lo que importa es que sus lados sean rectos y estén conectados para formar una figura cerrada (no abierta, ni con espacios). Preguntarles a los niños que cosas tienen en sus casas que son triángulos. Mostrar diferentes ejemplos de triángulos. Hacer que los niños dibujen triángulos en el aire. Si hay posibilidad, hacer que los niños caminen alrededor de un triángulo grande, como alguno que se puede marcar con color en el piso. **Caza de Figuras.: Triángulos** -Decirles a los niños que encuentren uno o dos elementos en el salón que contengan triángulos. Para variar, esconda con anterioridad Conjuntos con Figuras de triángulos en el salón. -Motivar a los niños para que cuenten los lados de la figura y si es posible que le muestren el triángulo a un adulto, discutiendo su forma. Por ejemplo, los triángulos tienen tres lados pero sus lados no siempre tienen la misma longitud. Después de la discusión, haga que los niños remplacen el triángulo de manera que otro niño pueda encontrarlo.

Edad (años)	Progresión del desarrollo	Tareas instructivas
		-Puede escoger tomar fotografías a los triángulos para elaborar un libro de figuras en la clase. **¿Es o No Es?** (Triángulos) como se indicó en la página anterior, se incluyen variaciones (p.e."Triángulos de piel") y como distractores que son visualmente similares a los triángulos ("distractores difíciles" o "tontos") como aquellos en la Figura 8.9b. **Caja de Sentir** (Nombrar) Similar a la Caja de Sentir (Igualar), pero ahora animar al niño a nombrar la forma y explicar cómo la descubrió.
	Comparador de Partes *Comparación* Dice que dos formas son la misma después de haber igualado uno de los lados de cada una (Beilin, 1984; Beilin, Klein, & Whitehurst, 1982). <small>"Estas figuras son iguales" (igualando los dos lados).</small> 	**Geometría de Instantáneas 1** Mostrar una figura por 2 segundos únicamente, los estudiantes la igualan con una de las cuatro de selección múltiple. 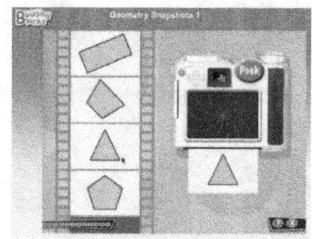
	Constructor de Figuras – a partir de Partes – Como Lucen *Partes* Usa manipuladores que representa las partes de las figuras, tales como sus lados, para formar una figura que "luzca como" la figura en cuestión. Es posible que piense que los ángulos son esquinas (las cuales son "puntiagudas"). <small>Si se le pide que haga un triángulo con palos, el resultado es el siguiente.</small>	**Construir Figuras/ Figuras de Paja** Las figuras incluyen el nombre de esas figuras. En una lección con un grupo pequeño en compañía del profesor, los niños utilizan cuerdas plásticas de diferentes longitudes para hacer figuras que ellos conocen Asegúrese que ellos construyen figuras con los atributos correctos, como todos los lados con la misma longitud y todos los ángulos rectos para los cuadrados. Todas las cuerdas deberían estar "conectadas" (tocar) los puntos finales. Discutir los atributos a medida que los niños construyen. Si los niños necesitan

Edad (años)	Progresión del desarrollo	Tareas instructivas
	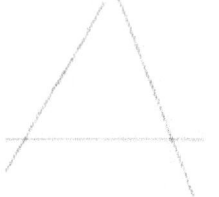 **Comparador de Algunos Atributos** *Comparación* Busca las diferencias en cuanto a atributos, pero es posible que solo examine cierta parte de la figura. "Estas figuras son iguales" (indicando que las partes superiores de las figuras son similares al ponerlas una sobre la otra). 	ayuda ofrecerles un modelo para copiar o dibujar en el cual puedan ubicar las cuerdas. ¿Pueden escoger la cantidad correcta de tamaños de cuerdas para hacer una figura dada? Si los niños sobresalen, desafiarlos a obtener una figura "correcta" ¿puede ubicar fichas con mínimo ensayo y error? **Figuras de Paja: Triángulos** en el centro de selección libre, los niños utilizan cuerdas plásticas para hacer triángulos y / o crear imágenes y diseños que incluyen triángulos. **Igualar Figuras** Los niños igualan las figuras del Conjunto de Figuras (p.e. Encuentre la figura amarilla que tiene exactamente el mismo tamaño y forma como cada una de las figuras azules).
4–5	**Reconocedor de Formas – Todos los Rectángulos** *Clasificación* Reconoce más formas tamaños y orientaciones de los rectángulos. Dice acertadamente que las siguientes formas son rectángulos." 	**Adivina mi Regla.** Decirles a los niños que vigilen cuidadosamente a medida que clasifica las figuras del Conjunto de Figuras in grupos basados en algo que los hace parecidos. Pedirles a los niños que silenciosamente adivinen la regla de clasificación, como círculos versus cuadrados o figuras de cuatro lados versus figuras redondas. Clasificar formas una a la vez, continuando hasta que haya al menos dos figuras en cada grupo. Señalar "shhh" y recoger una nueva figura. Con una mirada de confusión hacer gestos a los niños para animarlos a señalar silenciosamente a cual grupo pertenece la figura.

Edad (años)	Progresión del desarrollo	Tareas instructivas
		Ubicar la figura en ese grupo.
		Después de clasificar todas las figuras, preguntar a los niños qué piensan que es la regla de clasificación.
		Círculos versus cuadrados (la misma orientación).
		Círculos versus triángulos.
		Círculos versus rectángulos
		Triángulos versus cuadrados.
		Triángulos versus rectángulos.
		Etc.
		Imágenes Misteriosas 4. Los niños construyen imágenes identificando una amplia variedad de figuras que se *nombran* por el programa de software *Building Blocks*. (**Imágenes Misteriosas 3** es apropiada antes de esta actividad, a medida que enseñe los nombres de las figuras).
		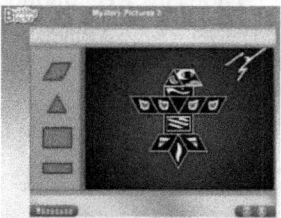
		Mostrar la Figura: Mostrar Rectángulos y nombrar un rectángulo grande y plano. Caminar con los dedos sobre su perímetro, describiendo y exagerando sus acciones: lado reeecto corto...giro, lado reeecto largo, giro, lado reeecto corto...giro, lado reeecto largo... me detengo. Preguntarles a los niños cuántos lados tiene el rectángulo, y contar los lados con ellos.
		Enfatizar en que los lados opuestos de un rectángulo tienen la misma

Edad (años)	Progresión del desarrollo	Tareas instructivas
		longitud y todos los "giros" son ángulos rectos. Para modelar esto, puede ubicar una cuerda que tiene la misma longitud que un par de lados encima de cada uno de esos lados y repetir para el otro par de lados opuestos. Para ilustrar los ángulos rectos, hablar acerca del ángulo-como en la parte superior de una entrada en L. Hacer una L con los niños utilizando los dedos pulgares e índices. Encaje la L en los ángulos del rectángulo. Preguntarles a los niños que cosas hay en sus casas que son rectángulos. Mostrar diferentes ejemplos de rectángulos. Hacer que los niños caminen alrededor de un rectángulo grande, plano como un tapete. Una vez sentados, hacer que los niños dibujen rectángulos en el aire. **Caza de Figuras: Rectángulos** Como se ilustra anteriormente. Pero involucrando rectángulos. **Construcción de Figuras / Figuras de Paja** Como se ilustra anteriormente. Pero involucrando rectángulos. **Figuras de Paja: Rectángulos** Como se ilustra anteriormente. Pero involucrando rectángulos. **Mostrar Figuras: Mostrar Cuadrados** y nombrar un cuadrado grande y plano. Caminar con los dedos alrededor de su perímetro, describiendo y exagerando sus acciones: lado reeecto…giro, lado reeecto, giro, lado reeecto…giro, lado reeecto… me detengo. Preguntarles a los niños cuántos lados tiene el cuadrado y contar los lados con ellos. Repasar que todos los lados de un cuadrado tienen la misma longitud y

Edad (años)	Progresión del desarrollo	Tareas instructivas
		todos los "giros" son ángulos rectos. Para modelar esto se deben ubicar las cuerdas que tienen la misma longitud a lado y lado. Recordar a los niños acerca de los ángulos rectos (como en la parte superior de una entrada en L). Hacer una L con los niños utilizando los dedos pulgares e índices. Encaje la L en los ángulos del cuadrado. Preguntarles a los niños que cosas hay en sus casas que son cuadrados. Mostrar diferentes ejemplos de cuadrados. Hacer que los niños caminen alrededor de un rectángulo grande, plano como en una baldosa. Una vez sentados, hacer que los niños dibujen cuadrados en el aire.
		¿Es o No Es? Como se ilustró anteriormente con los rectángulos y los cuadrados.
		Espiar con anticipación, ubicar varios conjuntos de figuras por todo el salón en vista plana. Nombrar la figura de algo en el salón. Puede comenzar con algo que sea fácil de reconocer, como "tres lados." Hacer que los niños adivinen el elemento o figura en la que está pensando. Si se puede haga que el niño que respondió correctamente piense en el siguiente elemento o figura para que los demás lo adivinen.. como variación intente con la versión de las propiedades: Describir los atributos de una figura y ver si los niños pueden adivinar a cual elemento o forma se refiere. Esto también se puede hacer con Conjuntos de Figuras, objetos que se encuentren en el salón y/u otro manipulativo de figura.
	Reconocedor de Lados *Partes*	**Rectángulos y Cajas**. Dibujar un

Edad (años)	Progresión del desarrollo	Tareas instructivas
	Identifica los lados como objetos geométricos de distinción. Cuando se le pregunta qué figura es esta , dice que es cuadrilátera (o que tiene cuatro lados) después de contar los lados uno a uno moviendo su dedo índice a lo largo de cada uno. **Comparador de la Mayoría de Atributos** *Comparación* Busca las diferencias en los atributos, examinando totalmente las figuras, pero es posible que ignore algunas relaciones espaciales. "Estas figuras son iguales." ▢ ▢	rectángulo grande para que toda la clase lo vea, y trácelo, contando cada lado a medida que lo hace. Desafíe a los niños a dibujar un rectángulo en el aire a medida que cuentan, recordándoles que cada lado debe ser recto. Mostrar a los niños una variedad de cajas como de crema dental, pasta y cereal y discuta su forma. Eventualmente enfóquese en las caratulas de las cajas, las cuales en la mayoría son rectángulos. Hable acerca de los lados y los ángulos rectos. En papel grande ubique dos cajas en forma horizontal y trace sus carátulas. Hacer que los niños igualen las cajas a los rectángulos trazados. Trace más cajas y repita. Ayude a los niños a considerar otras figuras para las carátulas de las cajas., como triángulos (para almacenar dulces y comida), octágonos (cajas de regalo y sombreros), y círculos / cilindros (juguetes y envases de avena). **Nombrar Caras de Bloques**. En un círculo o juego libre, los niños nombran las caras (lados) de diferentes bloques de construcción. Preguntar a los niños cuáles elementos del salón tienen la misma forma. **Caja de Sentir. (Describir)** Tal como se indicó anteriormente pero ahora los niños deben describir la forma *sin* nombrarla, lo suficientemente bien de manera que sus compañeros puedan descubrir la figura que están describiendo. Hacer que los niños expliquen la forma en que descubrieron cual era la figura. Ellos deben describirla enfatizando en la rectitud de los lados y número de lados y ángulos.

Edad (años)	Progresión del desarrollo	Tareas instructivas
	Reconocedor de Esquinas (Ángulos) – *Partes* Reconoce ángulos como objetos geométricos separados, por lo menos dentro del contexto limitado de "esquinas." Cuando se le pregunta por qué es esto un triángulo, dice, "tiene tres ángulos" y los cuenta, señalando claramente cada uno de los vértices (puntos en las esquinas).	**Partes de la Figura 1** Los estudiantes utilizan partes de la figura para construir otra que iguale la forma original. Ellos deben ubicar cada componente exactamente de manera que es una habilidad que está en la Construcción de figuras desde las Partes- a un nivel exacto pero algunos niños pueden comenzar a beneficiarse de dicho andamiaje del trabajo en el computador a este nivel. 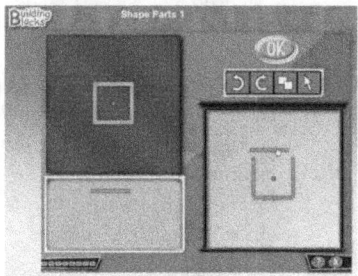
5	**Reconocedor de Figuras – Más Figuras** *Clasificación* Reconoce la mayor parte de las figuras que le son familiares y los ejemplos típicos de otras figuras, tales como los hexágonos, rombos (diamantes), y trapecios. Identifica y enuncia de manera acertada todas las figuras a continuación: 	**Pararse en las Figuras** Hacer figuras en el piso con cubiertas, cinta de colores o tiza, pedir a los niños que se ubiquen sobre cierta clase de figuras (p.e. rombos) únicamente. Haga que un grupo de cinco niños se pare sobre el rombo. Pedir al resto de la clase que vigile cuidadosamente para asegurarse que todo el grupo se ha ubicado allí. En la medida de las posibilidades pedir a los niños que expliquen por qué la forma en la que se ubicaron era la correcta ("¿Cómo sabia que era un rombo?"). Repita la actividad hasta que todos los grupos se hayan ubicado en las figuras. **Imágenes Misteriosas 4** Los niños construyen imágenes identificando una amplia variedad de figuras que se *nombran* por el programa de software *Building Blocks*. Esta actividad incluye el hexágono, el rombo (el diamante) y el trapezoide.

Edad (años)	Progresión del desarrollo	Tareas instructivas
		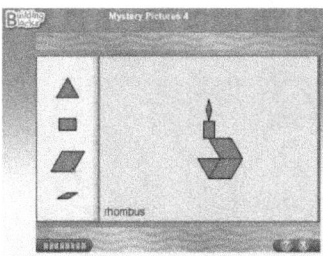  **Geometría de Instantáneas 2** Mostrar una configuración sencilla de figuras solo por 2 segundos, los estudiantes igualan esa configuración con cuatro selecciones de las (imágenes) de memoria. 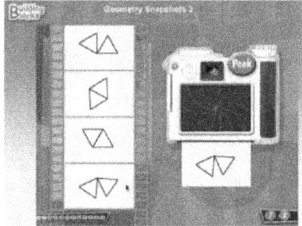 **Adivina mi Regla** Como se indicó anteriormente, con "reglas" apropiadas para este nivel. Círculos versus triángulos versus cuadrados (todas en orientaciones diferentes). Triángulos versus rombos. Trapezoides versus rombos. Trapezoides versus no trapezoides.

Edad (años)	Progresión del desarrollo	Tareas instructivas
		Hexágonos versus trapezoides.
		Triángulos versus no triángulos
		Cuadrados versus no cuadrados. (por ejemplo, todas las otras figuras).
		Rectángulos versus no rectángulos.
		Rombos versus no rombos.
6	**Identificador de Figuras** *Clasificación* Enuncia las figuras más comunes, incluyendo los rombos, sin cometer errores tales como decir que los óvalos son círculos. Reconoce (por lo menos) los ángulos rectos, por lo tanto distingue entre un rectángulo y un paralelogramo que no tenga ángulos rectos. Nombra acertadamente todas estas figuras: 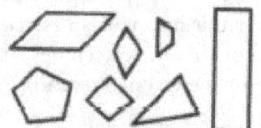	**Trapezoides y Rombos** Mostrar patrones de figuras de bloques, una después de otra, haciendo que los niños nombren cada una. Enfóquese especialmente en el rombo y en el trapezoide. Preguntar a los niños qué pueden hacer con esas figuras. Hacer que los niños describan las propiedades de las figuras. Un trapezoide tiene un par de lados paralelos; un rombo tiene dos pares de lados paralelos, todos con la misma longitud. **Señor Confundido (Figuras)** Explicar que los niños le van a ayudar a Señor Confundido a nombrar las figuras. Recordar a los niños que deben detener a Señor Confundido cuando cometa un error y corregirlo. Utilizando las figuras del Conjunto de Figuras, hacer que Señor Confundido comience por confundir los nombres de un cuadrado y un rombo. Después los niños tienen que identificar los nombres correctos, pedirles que expliquen qué tan diferentes son sus ángulos (los cuadrados deben tener todos los ángulos rectos; los rombos pueden tener diferentes ángulos). Repase que todos los rombos y cuadrados que son una clase especial de rombos, con todos los ángulos rectos tienen cuatro lados rectos de igual longitud. Repetir con un trapezoide, un hexágono y cualquier otra figura que

El Aprendizaje y la Enseñanza de las Matemáticas a Temprana Edad

Edad (años)	Progresión del desarrollo	Tareas instructivas
		le gustaría practicar con los niños. **Geometría de Instantáneas 4** Los estudiantes identifican una imagen que iguale otra de las cuatro configuraciones de memoria moderadamente complejas (imágenes).
7	**Reconocedor de Ángulos – Más Contextos** *Partes* Puede reconocer y describir contextos en los cuales el conocimiento de los ángulos es relevante, incluyendo esquinas (puede hablar de ángulos más "puntudos"), cruces (Ej., unas tijeras), y, más adelante, objetos doblados y curvas (algunas veces curvas en caminos y pendientes). Solamente un tiempo después podrá entender explícitamente cómo el concepto de ángulo se relaciona con estos contextos (Ej., es posible que inicialmente no conciba las curvas de una calle como ángulos; podría no estar en capacidad de sumar cantidades horizontales o verticales para completar un ángulo en el contexto de las pendientes; incluso podría observar esquinas que son mas o menos "puntudas" sin representar las líneas que los constituyen). No es frecuente que relacione estos contextos y	**Geometría de Instantáneas 6** Los estudiantes igualan las figuras geométricas que difieren de la memoria en la medida del ángulo (imágenes). 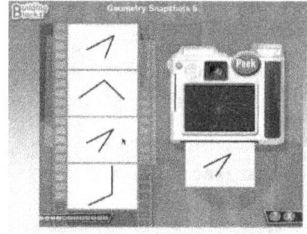 **Señor Confundido. (Figuras)** Como se indicó anteriormente, confundir lados y esquinas. Asegurarse que los niños expliquen cuál es cuál.

233

Edad (años)	Progresión del desarrollo	Tareas instructivas
	es posible que represente solo algunas características de los ángulos en cada uno (Ej., una línea oblicua para una rampa en el contexto de pendientes).	
	Identificador de Partes de Figuras *Clasificación* Identifica formas con respecto a sus componentes.	**Tienda de Figuras 1** Los estudiantes identifican las figuras por sus atributos o el número de partes (p.e. el número de lados y ángulos).
	"No importa que tan delgado luzca, eso es un triángulo *porque* tiene tres lados y tres ángulos ."	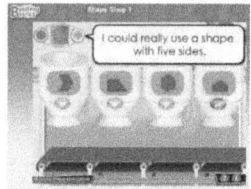
	Determinador de Congruencias *Comparación* Determina la congruencia mediante la comparación de todos los atributos y todas las relaciones espaciales.	
	Dice que dos figuras tienen la misma forma y el mismo tamaño después de comparar cada uno de sus ángulos y lados.	
	Determinador de Congruencias por Superposición *Comparación* mueve y coloca objetos, unos sobre los otros, para determinar su congruencia.	
	Dice que dos figuras tienen las misma forma y el mismo tamaño dado que pueden ser puestas una sobre la otra.	
	Constructor de Formas a partir de Partes – Exactas *Representación* Usa manipuladores que representan partes de formas, tales como "conectores" de lados y de ángulos, para formar una figura que es totalmente correcta, basándose en el conocimiento	**Constructor de Formas / Formas de Paja.** Como se indicó arriba pero involucrando cualquiera de las formas del conjunto de figuras o un conjunto de propiedades nombradas en forma verbal (p.e. hacer una figura que tiene (a) dos pares de lados adyacentes con la misma longitud o (b) todos los cuatro lados tienen la misma longitud

Edad (años)	Progresión del desarrollo	Tareas instructivas
	de componentes y relaciones.	pero no ángulos rectos).
	Si se le pide que forme un triángulo con palos, hace lo siguiente: 	Ofrecer otros desafíos como: ¿Puedes hacer un triángulo con tres de estas pajas (longitud)? (No, no si una de las pajas es más larga que la suma de la longitud de las otras dos). ¿Cuántas formas diferentes (clases) se pueden hacer con dos pares de pajas de la misma longitud? **Partes de las Formas 2.** Los estudiantes utilizan las partes de la figura para construir otra que iguale la figura de origen. Ellos deben ubicar cada componente de manera exacta. 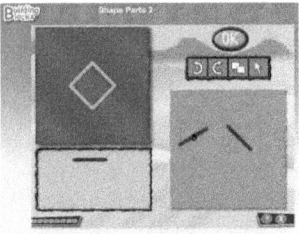 **Calentamiento: Instantáneas (Partes de la Figura)** Dar a los niños un conjunto de pajas de varias longitudes. Secretamente hacer una figura utilizando las "pajas," como un rectángulo y cubrirlo con una tela oscura. Pedir a los niños que miren cuidadosamente y tomen una instantánea en su mente a medida que muestras la figura por dos segundos y luego cubrirla de nuevo-inmediatamente después-con una tela oscura. Hacer que los niños construyan con sus pajas, lo que vieron. Muestre su figura por dos segundos más de manera que los niños puedan verificar y cambiar sus figuras si es necesario. Luego haga que los niños describan lo que vieron y como construyeron sus propias

Edad (años)	Progresión del desarrollo	Tareas instructivas
		figuras. Repita con otras formas secretas, haciéndolas más complejas a medida que la habilidad de los niños lo permita.

8+ **Representador de Ángulos** *Partes* representa varios contextos de ángulos en forma de dos líneas, incluyendo de manera explícita la línea de referencia (horizontal o vertical para una pendiente; una "línea de vista" para contextos de giro) y, por lo menos de manera implícita, representa el tamaño del ángulo como la rotación entre dichas las líneas (es posible que aun tenga concepciones herradas de la medida de un ángulo, tales como relacionar el tamaño del ángulo con la longitud de la distancia entre los extremos de los lados y puede que no aplique este entendimiento en múltiples contextos).

Ver Logo, los ejemplos de Logo y las sugerencias en el capítulo anterior.

Como en los Giros de la Tierra, hacer que los estudiantes estimen, luego midan, dibujen y etiqueten diferentes medidas de ángulos del mundo real como al abrir una puerta, girar el control de un radio, la manija de la puerta, el giro de la cabeza, abrir el grifo, y así sucesivamente.

Representador de Congruencia *Comparación* Se refiere a las propiedades geométricas y las explica mediante transformaciones.

> "Estas figuras deben ser congruentes porque tienen sus lados iguales, todas las esquinas cuadradas, y las puedo colocar una sobre la otra de manera exacta."

Identificador de Clases de Figuras *Clasificación* Usa la membresía de la clase (Ej., para separar), sin basarse en sus propiedades de manera explícita.

> "coloco los triángulo por aquí, y los cuadriláteros, incluyendo a los cuadrados, rectángulos, rombos y trapecios por acá."

Adivina mi Regla Como se indicó anteriormente, con las "reglas" apropiadas para este nivel incluyendo todas las clases de figuras.

Pararse en la figura (Propiedades) Como se indicó anteriormente, los estudiantes dicen una propiedad en lugar del nombre de la figura y se les pide que justifique que la figura seleccionada tienen esa propiedad.

Identificador de Propiedades de Figuras *Clasificación* Usa las

Adivina mi Regla Como se indicó anteriormente con las "reglas"

propiedades de manera explícita. Puede ver las permanencias en los cambios de estado o forma, pero manteniendo las propiedades de la figura.

> "Pongo las figuras con lados opuestos paralelos por aquí, y aquellas que tienen cuatro lados pero no sus pares de lados paralelos por acá."

apropiadas para este nivel incluyendo clases como "tiene ángulos rectos vs no tiene ángulos rectos" o "polígonos regulares" (figuras cerradas con todos los ángulos rectos) vs cualquier otra figura, figuras simétricas vs figuras no simétricas, etc.

Espiar Como se indicó anteriormente, pero dando propiedades tales como: "yo espío una figura con cuatro lados y con lados de la misma longitud, pero no ángulos rectos."

Leyendas de la Figura Perdida Los estudiantes identifican las figuras originales utilizando las claves textuales otorgadas, como tener cierto tamaño de ángulo.

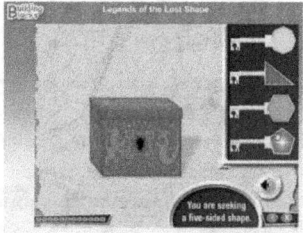

Tienda de Figuras 2 Los estudiantes identifican las figuras por sus propiedades (número y relaciones entre los lados y los ángulos).

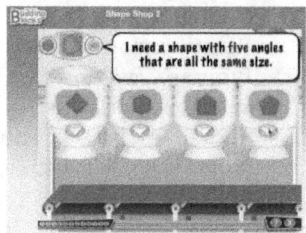

Identificador de Clases de Propiedades *Clasificación* Usa la membresía de las clases para figuras (Ej., para separarlas o considerarlas "similares") basándose explícitamente en sus propiedades, incluyendo las

Señor Confundido. (Figuras) Como se indicó anteriormente, pero enfocarse en el número de miembros y definir las propiedades (p.e. Señor Confundido dice que un rectángulo tiene dos pares de lados paralelos iguales pero [erróneamente] "puede

medidas de sus ángulos. Es consciente de las restricciones tanto al hacer transformaciones como definiciones y puede además integrarlas. Separa por jerarquías, basándose en las propiedades.

> "Pongo los triángulos equiláteros por aquí, y los triángulos escalenos por acá. Los triángulos isósceles son todos estos… incluyendo los equiláteros."

no ser un paralelogramo porque es un rectángulo").

¿Cuál Figura Puede Ser?

Lentamente revelar una figura que está detrás de una pantalla. En cada "paso" preguntar a los niños que clase de figura puede ser y que tan acertados están.

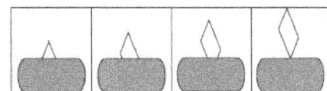

Partes de la Figura 3 Los estudiantes utilizan las partes de la figura para construir una figura que iguale la figura original, la cual se rota de manera que la construcción queda en una orientación diferente. Ellos deben ubicar cada componente de manera exacta. Estas actividades se pueden utilizar en diferentes niveles, dependiendo del problema y de la manera en que se enfoca.

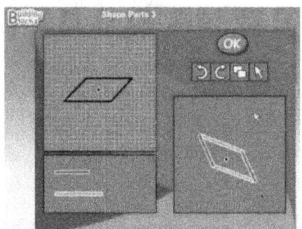

Partes de la Figura 4 Como se indicó anteriormente, pero con múltiples formas incluidas.

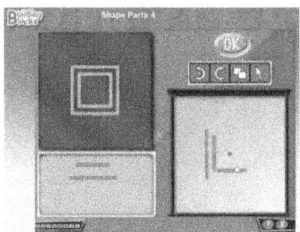

Partes de la Figura 5 Como se indicó anteriormente pero sin otorgar ningún modelo.

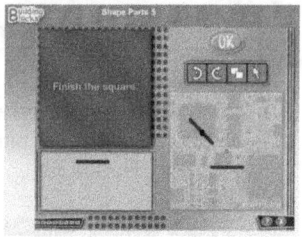

Tienda de Figuras 3 Los estudiantes identifican las figuras por sus propiedades (número y relaciones entre los lados y los ángulos) con más propiedades nombradas a este nivel.

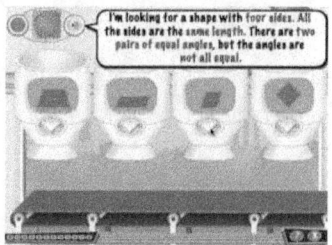

Sintetizador de Ángulos *Partes* Combina varios significados de ángulo (giro, esquina, inclinación), incluyendo la medida del ángulo.

"Esta rampa está en un ángulo de 45° con respecto al suelo."

Partes de la Figura 6 Como se indicó anteriormente, pero los estudiantes deben utilizar los lados y los ángulos ("esquinas" manipulables).

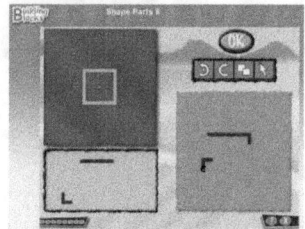

Partes de la Figura 7. Como se indicó anteriormente y se involucran más propiedades / resolución de problemas .

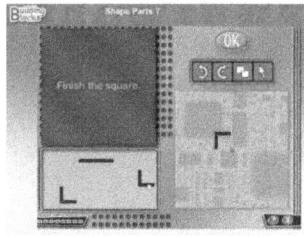

Utilizar la Tortuga de Logo para dibujar figuras desafiantes, como crear un triángulo isósceles en la *Tortuga Matemática* (Clements & Meredith, 1994).

Palabras finales

Como se mostró en este capítulo, los niños pueden aprender bastante acerca de muchos aspectos de las formas geométricas. Existe una competencia importante adicional, tan importante que decidimos dedicarle el Capítulo 9: la composición de formas.

9 COMPOSICIÓN Y DESCOMPOSICIÓN DE FORMAS

La abuela de Zacarías estaba paseando Con él fuera del jardín de preescolar. Él miró al piso y gritó,"Mira abuela! ¡hexágonos! Hexágonos por todo el camino, Se pueden colocar todos juntos y no quedan espacios."

¿Qué es lo que Zacarías demuestra que sabe sobre las formas y la geometría? Zacarías y sus amigos han estado trabajando en el currículo de Bloques de Construcción (*Building Blocks*) que enfatiza en colocar las formas juntas. Los niños se divierten jugando con rompecabezas y formas con desafíos como los que brindan los tangrams chinos. Si dichas experiencias se organizan en trayectorias de aprendizaje, ellos se pueden beneficiar y disfrutar de estas experiencias aún más. Los profesores reportan que dichas prácticas pueden cambiar la forma en que los niños ven su mundo.

La habilidad para describir, usar y visualizar los efectos de composición y descomposición de las regiones geométricas es importante en sí y desde sí misma. También brinda una base para la comprensión de otras áreas de las matemáticas, especialmente del número y de la aritmética, tales como las relaciones de parte-total, las fracciones y así sucesivamente.

En este capítulo se examinarán tres temas relacionados entre sí. Primero, se discutirá la composición de formas tridimensionales en el restringido pero importante entorno de la construcción con bloques en la primera infancia del niño. Segundo, se discutirá la composición y descomposición de formas bidimensionales. Tercero, se discutirá la desarticulación de formas bidimensionales, y la manera como se presentan en los problemas con figuras incorporadas (escondidas).

Composición de figuras en 3D

Los niños inicialmente construyen estructuras de bloques, primero un bloque a la vez y después, de manera explícita, colocan juntas estas formas en tercera dimensión para crear nuevas figuras en 3 dimensiones. En su primer año ellos golpean, aplauden o deslizan los bloques juntos, o usan bloques simples para representar un objeto como una casa o un vehículo. Las primeras combinaciones de los niños son pares simples. En el primer año de vida apilan los bloques y luego hacen un "camino." Aproximadamente a los 2 años, los niños ubican cada bloque en forma sucesiva y congruente o al lado de uno ubicado previamente (ver el libro anexo para más detalles e ilustraciones). Alrededor de los 2 a 3 años de edad, los niños comienzan a extender su construcción a dos dimensiones hasta extender sus figuras sobre un plano para crear un piso o una pared. A la edad de 3 a 4 años, los niños regularmente construyen componentes verticales u horizontales dentro de una construcción, incluso haciendo un arco simple. A los 4 años, pueden utilizar relaciones espaciales múltiples extendiéndose en varias direcciones y con bastantes puntos de contacto entre los componentes, mostrando flexibilidad en la forma en que generan e integran las partes de una estructura. Un pequeño número de niños construirá una torre con todos los bloques, por ejemplo con bloques triangulares para formar bloques rectangulares. Aunque la investigación disponible en 3D es limitada, es consistente con la investigación en la composición de figuras en 2D, a las cuales nos referiremos ahora.

Composición y descomposición de figuras 2D

La investigación en figuras 3D, especialmente las relacionadas con su *composición* es limitada. En contraste, hemos creado y evaluado una progresión del desarrollo para la composición de figuras en 2D (presentada con más detalle en el libro anexo).

Pre-Compositor. Los niños manipulan las formas de manera individual, pero no son capaces de combinarlas para componer una figura más grande. Por ejemplo, los niños pueden usar una forma sencilla para un sol, una forma separada para un árbol y otra forma separada para una persona.

Ensamblador de Piezas. Los niños a este nivel son similares a los Pre-Compositores, pero ubican las figuras contiguamente para formar imágenes, a menudo tocando únicamente los vértices. En tareas con formato-libre, "hacer un cuadro" por ejemplo, cada forma utilizada representa una función en el dibujo (por ejemplo, una figura para una pierna). Los niños pueden completar simples bocetos de rompecabezas a través de la experiencia de ensayo y error, pero no usan fácilmente los giros o las vueltas para completar sus bocetos; no utilizan movimientos para ver las formas desde diferentes perspectivas.

Elaborador de Imágenes. Los niños pueden concatenar las formas de manera contigua para formar imágenes en las cuales muchas figuras juegan un solo rol pero utilizan la prueba y el error y no anticipan la creación de nuevas figuras geométricas.

Compositor de Figuras. Los niños combinan formas para hacer otras nuevas o realizan rompecabezas, con un aumento de la intencionalidad o anticipación ("yo sé cuál es la que corresponde"). Los niños utilizan los ángulos también como la longitud de los lados. La rotación y los giros se utilizan intencionalmente para seleccionar y ubicar las formas.

Compositor de Sustituciones. Los niños deliberadamente forman unidades compuestas de figuras y reconocen y utilizan las relaciones de sustitución entre estas figuras (por ejemplo dos patrones de bloques trapezoides pueden formar un hexágono).

Repetidor de Compuestos con Figuras. Los niños construyen y operan en unidades compuestas (unidades de unidades) intencionalmente ellos pueden continuar un patrón de formas que conducen a un "buen cubrimiento"

Compositor de Figuras con Unidades de Orden Superior. Los niños construyen y aplican (repiten y, de no ser así, hacen operaciones con) unidades de unidades de unidades.

Esta progresión del desarrollo es el centro de la trayectoria de aprendizaje para la composición de figuras en 2D, por supuesto, pero su información también ayudó a la elaboración de la trayectoria de aprendizaje para la composición de figuras en 3D.

Articulación de figuras 2D

Los niños a través de los años van aprendiendo formas de separar estructuras con figuras integradas (ver las ilustraciones y una descripción en el libro anexo). Es decir, aprenden a encontrar "las figuras escondidas" en diagramas más complejos. Unos pocos niños de 4 años de edad podían encontrar círculos o cuadrados articulados (inmersos) en estructuras cuadradas, pero muchos niños de 5 años tendrían una mayor probabilidad de lograrlo. Antes de los 6 años de edad, lo que perciben los niños está organizado de una manera rígida en estructuras básicas. Los niños crecen en la flexibilidad de las organizaciones perceptivas que ellos pueden crear. Eventualmente integran partes y pueden crear y usar "componentes imaginarios." Por supuesto, todos nosotros sabemos que las imágenes incorporadas (inmersas) pueden ser muy complejas y pueden desconcertar a las personas de cualquier edad, quienes tienen que construirlas pieza por pieza. La trayectoria de aprendizaje coloca este tema de investigación dentro de una progresión del desarrollo.

Experiencia y educación

Composición de figuras en 3D

La construcción de bloques ha sido la base de la educación de alta calidad en la primera infancia (al menos en teoría). Esta apoya el aprendizaje de las formas y la habilidad para componer figuras en los niños, por no hablar del razonamiento general que podría ayudar a desarrollar. Sorprendentemente, la construcción de bloques en preescolar predice los logros matemáticos en la secundaria. (Aunque, como la mayoría de la investigación de esta naturaleza, está es una "correlación no en una causa"). La construcción de bloques también ayuda a desarrollar las habilidades espaciales. La investigación brinda muchas otras orientaciones, como las siguientes:

- Haga que los niños pequeños elaboren construcciones con o junto a los niños más grandes de preescolar; en ese contexto, ellos desarrollan las habilidades de construcción de bloques más rápidamente.
- Brinde materiales que faciliten las relaciones entre los compañeros y reduzcan el tiempo de construcción, y también incorpore en el currículo la construcción de bloques *planeada y sistemática*. Los niños deberían tener una amplia exploración del juego y resolver problemas semi-estructurados y bien-estructurados, con un proceso de enseñanza intencional brindada para cada uno de dichos problemas.
- Comprenda y aplique la progresión del desarrollo en los niños en los niveles de complejidad de la construcción de bloques. Los profesores más eficientes brindan una base verbal para los niños fundamentados en esos niveles (por ejemplo, "a veces las personas utilizan un bloque para unir...") pero evite ayudar directamente a los niños o participar en la construcción de bloques por sí mismos.
- Comprenda las trayectorias de aprendizaje completas – es decir, la meta, la progresión del desarrollo *y* las actividades correspondientes mejoran las habilidades en la construcción con bloques. Los niños de aquellos profesores que comprenden todos los tres aspectos mejoran más que los grupos de control que reciben una cantidad equivalente de experiencia en la construcción de bloques durante sesiones no estructuradas de juego libre.
- Ocúpese de la equidad. Como sucede con otros tipos de entrenamiento espacial, la enseñanza intencional en la construcción con bloques puede ser más importante para las niñas que para los niños.

Las intervenciones estructuradas y secuenciadas de la construcción de bloques ayudarán a brindar a los niños y las niñas oportunidades equitativas y productivas para aprender acerca de las propiedades estructurales de los bloques y así aprender las habilidades espaciales. Por ejemplo, las actividades se pueden diseñar para motivar el pensamiento espacial, matemático y secuencial que se relaciona con las progresiones del desarrollo. En un estudio, el primer problema era construir un recinto con paredes que tuvieran al menos dos bloques de alto e incluyera un arco. Esto presentó el problema de los puentes, que involucra la medida balanceada y la estimación. El segundo problema era construir puentes más complejos, como puentes con arcos múltiples, rampas o escaleras hasta el final. Esto introdujo la planeación y la seriación. El tercer problema era construir una torre compleja con al menos dos pisos, o plantas. Se les dio a los niños techos de cartón, de ese modo tenían que hacer las paredes que se adaptaran a las dimensiones del cartón.

Las unidades de bloques también proporcionan una ventana en el papel que juega la geometría en los niños pequeños. Estos bloques les permiten explorar un mundo donde los objetos tienen similitudes y relaciones predecibles. Los niños crean formas y estructuras que están basadas en las relaciones matemáticas. Por ejemplo, ellos tienen que esforzarse con las relaciones de longitud para encontrar un techo acorde a su construcción. La longitud y la equivalencia están relacionadas en la sustitución de dos bloques más cortos por uno más largo.

Los niños también consideran la altura, el área y el volumen. La creadora de la unidad de bloques actual, Caroline Pratt, cuenta una historia de unos niños haciendo un cuarto para un caballo que encajara dentro de un establo. La profesora le dijo a Diana que ella podía tener el caballo cuando hubiera hecho un establo para él. Ella y Elizabeth comenzaron a hacer una pequeña construcción pero el caballo no cabía. Diana hizo un establo grande con un techo bajito. Después de muchos intentos sin éxito para conseguir que el caballo entrara, quitó el techo, agregó bloques a las paredes para hacer que el techo quedara más alto y puso el techo de nuevo. Luego ella trató de explicar con palabras lo que había hecho. "Techo muy pequeño." La profesora le dio nuevas palabras, "alto" y "bajo" y les dio una nueva explicación a los otros niños.

Solo construyendo con bloques, los niños forman ideas importantes. Estas ideas intuitivas se pueden fomentar por los profesores, como la profesora de Diana, quien discutió estas ideas con los niños, dándoles palabras para sus acciones. Por ejemplo, se les puede ayudar a los niños a distinguir entre diferentes cantidades tales como altura, área y volumen. Tres niños de preescolar hicieron torres y discutieron acerca de cuál era más grande. Su profesora les preguntó si ellos entendían cuál era más alta (haciendo la mímica) o la más ancha o en la que se utilizaron más bloques. Los niños se sorprendieron al darse cuenta que la torre más alta no era la que tenía más bloques.

En muchas situaciones, ayude a los niños a ver y discutir las similitudes y diferencias entre los bloques que ellos utilizan y las estructuras que hacen. Usted también puede plantear retos que centren las acciones de los niños en esas ideas. En el momento correcto, usted podría desafiar a los niños para hacer lo siguiente:

- Organizar los bloques de acuerdo a su longitud.
- Utilizar otros bloques para hacer una pared tan larga como el bloque más largo.
- Utilizar 12 bloques (cuadrados) de media unidad para hacer tantos pisos en formas diferentes (rectangular) como ellos puedan.
- Hacer una caja que cuyo tamaño sea de cuatro bloques cuadrados.

El Aprendizaje y la Enseñanza de las Matemáticas a Temprana Edad

Trayectoria de aprendizaje para la composición de figuras en 3D

La meta para el área de composición y descomposición de figuras, como se expresa en los Puntos Centrales del currículo, se describió en la Tabla 8.1 (ver Capítulo 8). Aunque el énfasis para la composición en 2D está en el grado 1, todos los grados incluyen el trabajo en esta área.

Las trayectorias de aprendizaje para la composición de las figuras geométricas tridimensionales se presentan en la Tabla 9.1. Esto es *únicamente* para el conjunto de bloques unitarios; la composición de figuras 3D más complejas y menos familiares seguirían la misma progresión del desarrollo pero en edades posteriores y con más dependencia en las experiencias educativas específicas.

Tabla 9.1 Una trayectoria de aprendizaje para las figuras 3D

Edad (años)	Progresión del desarrollo	Tareas instructivas
0-1	**Pre-Compositor (3D).** Manipula las figuras como entes individuales, pero no las combina para componer una figura más grande. Es posible que ponga las figuras juntas, una contra la otra, o que use bloques de rampa o bloques sencillos para representar objetos tales como casas o camiones.	Este no es un nivel de meta de enseñanza
1	**Apilador.** Manifiesta el uso de la relación espacial "encima de" para apilar bloques, pero su elección de los bloques no es sistemática.	
1.5	**Trazador de Líneas.** Manifiesta el uso de la relación "al lado de" para elaborar una fila de bloques.	
2	**Apilador con Congruencia.** Manifiesta el uso de la relación	

Edad (años)	Progresión del desarrollo	Tareas instructivas
	"encima de" para apilar bloques congruentes, o bloques que muestren una relación útil **Apilador con Congruencia.** Manifiesta el uso de la relación "encima de" para apilar bloques congruentes, o bloques que muestren una relación útil que sea similar para elaborar filas o pilas.	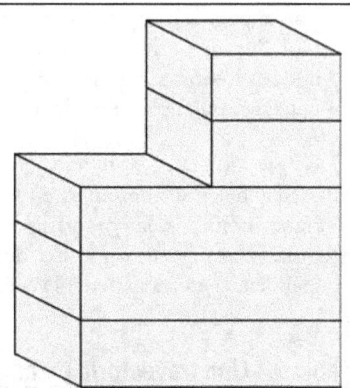
2	**Ensamblador de Piezas (3D).** Construye componentes verticales y horizontales dentro de una construcción tal como un "piso" o un "muro" simple, pero dentro de un rango limitado.	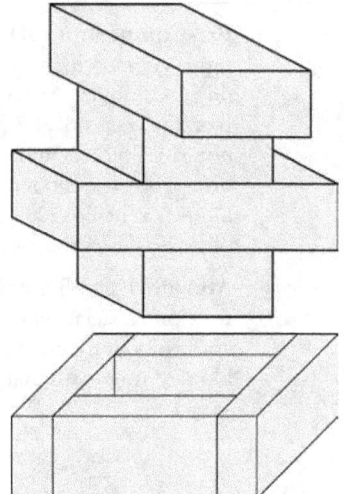
3 – 4	**Elaborador de Imágenes (3D).** Usa múltiples relaciones espaciales, extendiéndose en múltiples direcciones y con múltiples puntos de contacto entre los componentes, manifestando flexibilidad al momento de integrar las partes de la estructura. Produce arcos, encerramientos, esquinas y cruces, pero es posible que use ensayo y error de manera no-sistemática junto con adiciones simples de las piezas.	Ver también Figura 9.3 en el libro anexo.

Edad (años)	Progresión del desarrollo	Tareas instructivas
4 – 5	**Compositor de Formas.** Compone formas con antelación, entendiendo cuál figura 3D será producida como resultado de la composición entre otras 2 o más figuras 3D (sencillas y que le sean familiares). Puede producir arcos, encerramientos, esquinas y cruces de manera sistemática. Construye encerramientos y arcos de bastantes bloques de altura (Kersh, Casey, & Young, 2008).	Ver también Figura 9.5 en el libro anexo.
5 – 6	**Compositor de Sustituciones y Repetidor de Compuestos con Figuras (3D).** Sustituye un compuesto con un total congruente. Construye puentes complejos con múltiples arcos, con rampas y escaleras en sus extremos.	Ver también Figura 9.6 en el libro anexo.
6–8+	**Compositor de Figuras – Unidades de Unidades (3D).** Elabora torres u otras estructuras complejas, las cuales consisten de múltiples niveles con techos (ajustando los techos), estructuras con bloques como las que elaboraría un adulto, incluyendo arcos y otras estructuras.	Ver también Figura 9.7 en el libro anexo.

Composición y descomposición de figuras en 2D

Los niños más pequeños se mueven a través de niveles en la composición y descomposición de figuras en 2D. A partir de la falta de competencia en la composición de formas geométricas, ellos adquieren habilidades para combinar formas en imágenes, luego sintetizan combinaciones de imágenes dentro de nuevas formas (figuras compuestas), eventualmente operando e interactuando con esas formas compuestas. Las bases iniciales para este aprendizaje se forman en las experiencias de los niños. Pocos currículos desafían a los niños a moverse a través de estos niveles. Nuestra trayectoria teórica de aprendizaje conlleva la selección de rompecabezas para los niños en diferentes niveles de la trayectoria. El contenido y los efectos de un programa ilustran la importancia de las formas y la composición de las mismas. Un artista junto con investigadores colaboradores en la educación implementaron el programa Agam para desarrollar "el lenguaje visual" de los niños en edades entre los 3 y los 7 años de edad. Las actividades comienzan con la construcción de un alfabeto visual. Por ejemplo, las actividades presentan líneas horizontales aisladas. Luego, enseñan las relaciones, tales como las líneas paralelas. De la misma forma, los profesores presentan círculos, luego círculos concéntricos, y después una línea horizontal intersecando un círculo. El currículo también desarrolla el lenguaje verbal, pero siempre siguiendo una presentación visual. Las reglas de combinación que involucran el alfabeto visual y las ideas como: grande, mediano, y pequeño, generan figuras complejas. Así como las palabras se combinan para formar oraciones, los elementos del alfabeto visual se combinan para formar patrones complejos y formas simétricas. El enfoque Agam está estructurado, con una enseñanza procedente de la identificación pasiva a la memoria para el descubrimiento activo, primero en una forma simple (por ejemplo, buscando círculos plásticos escondidos por el profesor), y luego en las tareas que requieren análisis visual (por ejemplo, encontrar círculos en imágenes de libros). Únicamente después, el profesor presenta tareas que requieren reproducción de combinaciones desde la memoria. El currículo repite estas ideas en un extenso número de actividades con múltiples modos de representación tales como actividades corporales, actividades grupales y la percepción auditiva.

Los resultados de utilizar el programa, especialmente por muchos años consecutivos, son positivos. Los niños adquieren habilidades espaciales y geométricas y muestran grandes beneficios en las áreas de la aritmética y en la lectura y escritura. Apoyando estos resultados, un énfasis en la trayectoria de aprendizaje para la composición de la forma en el programa *Building Blocks* (tomamos bastantes elementos del programa Agam para diseñar *Building Blocks*) condujo a efectos fuertes en esta área – equivalente a los beneficios que a menudo se encontraron en las tutorías individuales. En un seguimiento a gran escala, en un campo de juicio aleatorio con 36 salones de clase, el currículo de *Building Blocks* tuvo la adquisición más sustancial en comparación con los currículos que no fueron tratados y también con otros currículos de matemáticas en preescolar en cuanto a la composición de forma (y muchos otros temas). Especialmente debido a que los otros currículos también incluían actividades de composición de forma, creemos que la mayor adquisición brindada por los currículos de *Building Blocks* puede ser atribuida a este uso explícito de las actividades secuenciadas desarrolladas desde el conocimiento de los profesores de esta trayectoria de aprendizaje, la cual retomaremos más adelante.

Trayectorias de aprendizaje para la composición y descomposición de las figuras geométricas (2D)

Debido a que las trayectorias de aprendizaje para la composición y descomposición para las figuras geométricas bi-dimensionales están estrechamente conectadas, las presentamos juntas en la Tabla 9.2.

Tabla 9.2. Una trayectoria de aprendizaje para la composición y descomposición de figuras 2D

Edad (años)	Progresión del desarrollo	Tareas instructivas
0 – 3	**Pre-Compositor** Manipula las figuras como entes individuales, pero no está en capacidad de combinarlas para componer una figura más grande. Elabore una imagen. 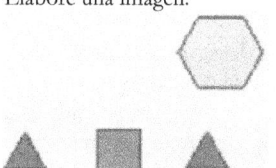 **Pre- Descomponedor** Descompone únicamente por ensayo y error. Cuando se le da únicamente un hexágono formado por dos trapecios, puede abrirlo para elaborar esta imagen simple, mediante una asignación de lugares aleatoria. 	Estos no son niveles de meta de enseñanza. Sin embargo, muchas actividades preparatorias pueden orientar a los niños de 2 a 4 años de edad hacia la tarea y guiarlos hacia los niveles siguientes que representen (alguna) competencia. En "Imágenes de Figuras," los niños juegan con patrones de bloques físicos y series de formas, a menudo haciendo imágenes simples. Recordar que las series de "imágenes misteriosas" establecen la base para esta trayectoria de aprendizaje y sería la primera tarea para el siguiente nivel. Los niños únicamente relacionan o identifican las formas, pero el *resultado* de su trabajo es una imagen hecha de otras formas-una demostración de composición. 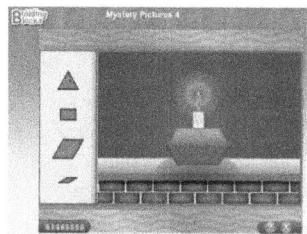
4	**Ensamblador de Piezas** Elabora imágenes en las cuales	En las primeras tareas de "Rompecabezas con Bloques de

Edad (años)	Progresión del desarrollo	Tareas instructivas
	cada figura representa un rol único (Ej., una figura para cada parte del cuerpo) donde además las figuras se tocan. Completa "Rompecabezas con Bloques de Patrones" simples mediante ensayo y error. Elabore una imagen. 	Patrones," cada figura no solo se delinea, sino que toca otras formas únicamente en un punto, haciendo la correspondencia tan fácil como sea posible. Los niños simplemente relacionan los bloques de patrones a los esquemas. **Rompecabezas con Bloques de Patrones** 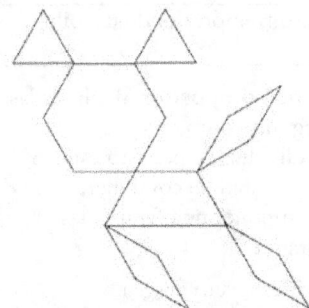 Luego, los rompecabezas se transforman hacia aquellos cuyas formas combinadas por la correspondencia de sus lados, pero principalmente aún tienen roles separados. 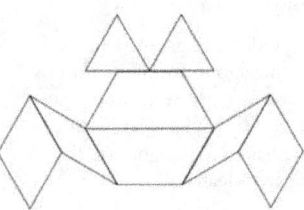
5	**Elaborador de Imágenes** Junta bastantes figuras para elaborar una parte de una imagen (Ej., dos figuras para un brazo). Usa ensayo y error sin anticipar la creación de una nueva figura geométrica.	Los "Rompecabezas con Bloques de Patrones" a este nivel comienzan con aquellos donde se combinan bastantes figuras para formar una "parte" pero las líneas internas aún son perceptibles

Edad (años)	Progresión del desarrollo	Tareas instructivas
	Escoge las figuras usando "figuras generales" o longitud lateral. Completa "Rompecabezas con Bloques de Patrones" "fáciles" que sugieran el lugar para cada figura (pero nota en el ejemplo de la derecha que el niño está tratando de poner un cuadrado en el rompecabezas en un lugar donde sus ángulos rectos no encajan). Elabore una imagen.  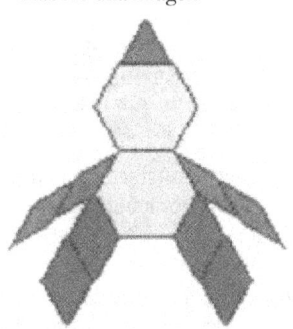	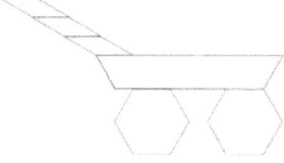 Después los rompecabezas en la secuencia requieren combinar las figuras para llenar una o más regiones, sin la orientación de los segmentos de línea internos. 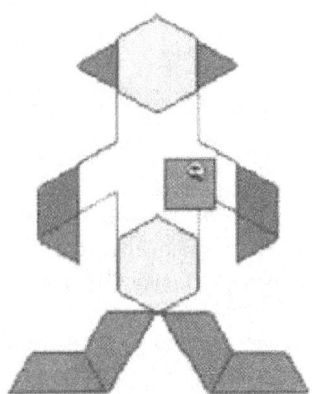 La "Piezas del Rompecabezas" es una actividad similar en el computador. En las primeras tareas, los niños deben concatenar las figuras, pero se les ayuda con los segmentos de línea internos en la mayoría de los casos; estos segmentos internos son descoloridos en los rompecabezas siguientes. 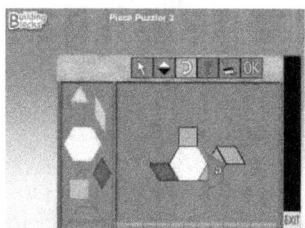 **Figura Instantáneas**. Dar a los niños Bloques de Patrones. Secretamente hacer

Edad (años)	Progresión del desarrollo	Tareas instructivas
		una casa sencilla con un cuadrado (base) y un triángulo (techo). Pedir a los niños que miren cuidadosamente y mantengan una instantánea en sus mentes a medida que les muestra su casa por 2 segundos, y luego cúbrala inmediatamente después con una tela oscura. Haga que los niños construyan lo que vieron con los Bloques de patrones. Muestre su casa por 2 segundos más, así los niños pueden verificar y cambiar sus imágenes, si es necesario. Durante la revelación final, haga que los niños describan lo que vieron y como construyeron la suya. Repita con otras imágenes secretas, haciéndolas mas complejas a medida que la habilidad de los niños lo permita.
	Descomponedor Simple Descompone ("deshace" en figuras más pequeñas) figuras simples que tienen claves obvias para su descomposición. Cuando se le dan hexágonos, puede descomponerlos para elaborar esta figura. 	La "Súper Figura 1" es como la "Piezas del Rompecabezas" con una diferencia esencial. Los niños únicamente tienen *una* figura en la paleta de formas y deben *descomponer* la forma "súper" (superordenada) y luego recomponer esas piezas para completar el rompecabezas. La herramienta que utilizan para la descomposición es una simple herramienta de "descomposición"; cuando se aplica una figura rompe sus partes canónicas. 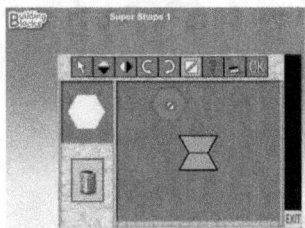
	Compositor de figuras Compone figuras con antelación ("Yo sé que es lo que va a encajar"). Escoge las figuras usando tanto ángulos como longitud de los lados. Voltea y rota las figuras de	Las actividades de "Rompecabezas con Bloques de Patrones" y "Piezas del Rompecabezas" no tienen orientación interna ni áreas más grandes, así los niños deben componer figuras con precisión.

Edad (años)	Progresión del desarrollo	Tareas instructivas
	manera intencional para seleccionarlas y ubicarlas. En los "Rompecabezas con Bloques de Patrones" que se muestran a continuación, todos los ángulos son correctos, y los patrones son evidentes. Elabore una imagen. 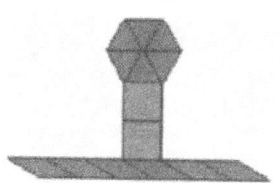	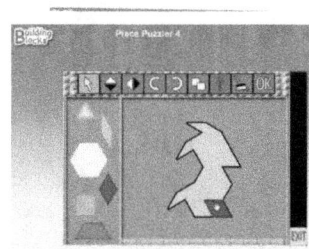 **En la Geometría de Instantáneas 4,** los estudiantes identifican una imagen que corresponde a una de cuatro configuraciones de memoria moderadamente complejas (Imágenes) 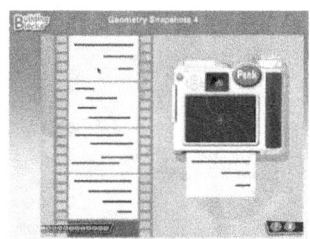 **Formas Instantáneas.** Como se muestra arriba, pero utilice muchas copias de la misma forma, así los niños tienen que componer mentalmente. También, intente esquemas simples y vea si pueden componer la misma figura con Bloques de patrones. Los Tangrams pueden ofrecer desafíos adicionales.
6	**Compositor de Sustituciones** Elabora nuevas figuras a partir de figuras más pequeñas y emplea ensayo y error para sustituir grupos de figuras con otras figuras con el	A este nivel, los niños resuelven "Rompecabezas con Bloques de Patrones" en los cuales deben sustituir las figuras para llenar un esquema de formas diferentes.

Edad (años)	Progresión del desarrollo	Tareas instructivas
	objetivo de crear nuevas figuras de formas diferentes. Elabore una imagen con sustituciones intencionales. 	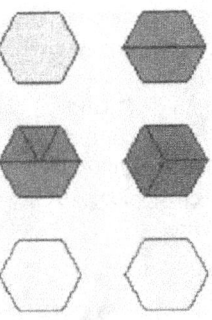 Las tareas con "Piezas del Rompecabezas" son similares. La nueva tarea aquí es resolver el mismo rompecabezas de formas diferentes. 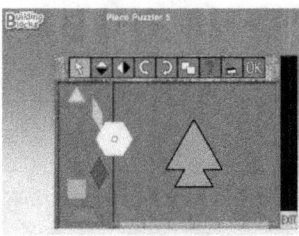 Rompecabezas con Bloques de Patrones y Rompecabezas con Tangrams Pregunte a los estudiantes, cuántas formas se necesitarían para cubrir otra forma (o configuración de Figuras). Los estudiantes predicen, graban su predicción, luego intentan verificar.
	Descomponedor de Formas (con Ayuda) Descompone las figuras usando la imagen sugerida y respaldada por el tipo de tarea o ambiente. Cuando se le dan hexágonos, puede descomponer uno o más hexágonos para elaborar la siguiente figura.	La Súper Figura 2 (y muchos niveles adicionales) requieren múltiples descomposiciones. 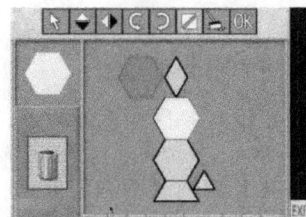

Edad (años)	Progresión del desarrollo	Tareas instructivas
	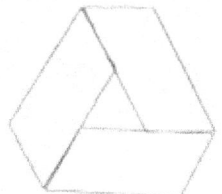	En las **Instantáneas de Geometría 4**, los estudiantes identifican una imagen que corresponde a una de cuatro configuraciones de memoria moderadamente complejas (imágenes). 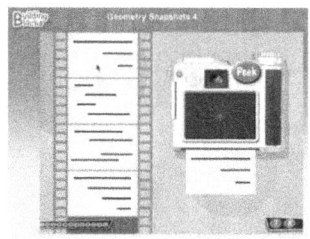
7	**Repetidor de Figuras Compuestas** Construye y duplica unidades de unidades (figuras hechas de otras figuras) intencionalmente; entiende cada una de las unidades de las dos formas: como múltiples formas pequeñas y como una sola forma grande. Es posible que continúe con un patrón de figuras que lo conduzca a un teselar. Los niños usan una composición de formas repetidamente al momento de construir un diseño o imagen.	Se les pide a los niños que repitan una estructura que han compuesto. 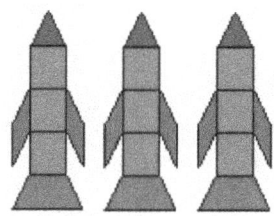
	Descomponer Figuras con Imágenes Descompone la flexibilidad de la figura mediante el uso de imágenes generadas de forma independiente. Cuando se le dan hexágonos, puede descomponer uno o más hexágonos para elaborar figuras como estas:	En la **Súper Figura 6** los niños de nuevo tienen únicamente una forma en la paleta de figuras y deben descomponerla y luego recomponer esas piezas para completar el rompecabezas. Las herramientas que utilizan para la descomposición son las tijeras en las cuales deben especificar dos puntos para un "corte." Así su descomposición debe ser más intencional y anticipada.

Edad (años)	Progresión del desarrollo	Tareas instructivas
	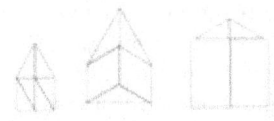	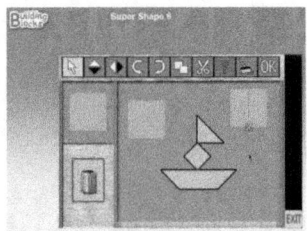

En las **Instantáneas de Geometría 7**, los estudiantes identifican una imagen que corresponde a una de cuatro configuraciones complejas de memoria (imágenes).

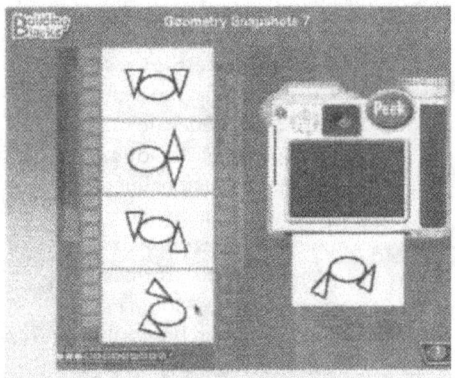

| 8 | **Compositor de Figuras – Unidades de Unidades** Construye y *aplica* unidades de unidades (figuras elaboradas a partir de otras figuras). Por ejemplo, al momento de construir patrones espaciales, extiende la actividad de generación de patrones para crear teselados con una nueva figura de unidad – una figura de unidad de unidades que reconocen y construyen conscientemente.

Construye una estructura grande efectuando | En esta tarea de "Tetrominos" el niño debe construir repetidamente y repetir unidades superordenadas. Es decir, como se muestra aquí en la ilustración, el niño construye repetidamente "Ts" fuera de cuatro cuadrados, utilizó 4 Ts para construir los cuadrados, y utilice cuadrados para completar un rectángulo.

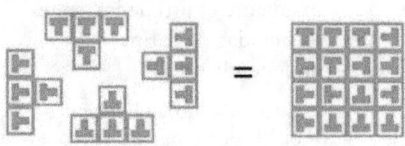 |

Edad (años)	Progresión del desarrollo	Tareas instructivas
	combinaciones de bloques de patrones una y otra vez para finalmente hacerlos encajar todos juntos.	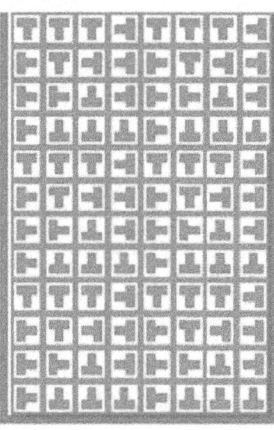
		En las **Partes de la Formas 4** los estudiantes utilizan las partes de la figura para construir otra que corresponda a una forma determinada, incluyendo múltiples formas articuladas. 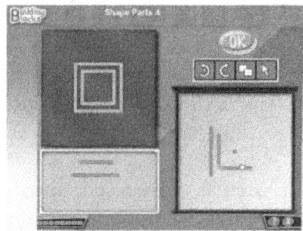
	Descomponedor de Figuras con Unidades de Unidades Descompone la flexibilidad de las figuras mediante el uso de imágenes generadas de forma independiente y de descomposiciones planeadas de figuras que en sí mismas ya son descomposiciones. Cuando se le dan cuadrados únicamente, puede descomponerlos – *y posteriormente deshacer, una vez más, las aparentes figuras resultantes* – para elaborar figuras como estas:	En la **Súper Figura 7** los niños únicamente obtienen exactamente el número de las "Súper Figuras" que necesitan para completar el rompecabezas. Se requiere nuevamente las aplicaciones múltiples de las herramientas de tijeras. 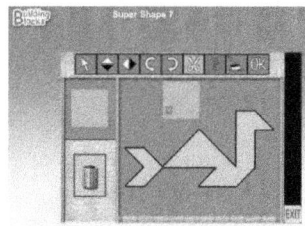 En las **Instantáneas de Geometría 8**,

Edad (años)	Progresión del desarrollo	Tareas instructivas
	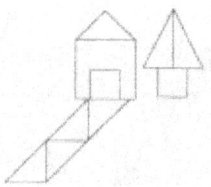	los estudiantes identifican una configuración de cubos que corresponde a una de cuatro configuraciones de memoria complejas (imágenes). 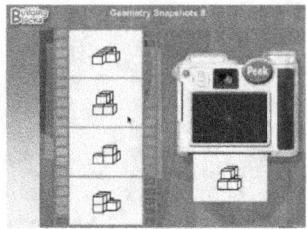

Configuración o articulación de figuras 2D

Es necesario realizar más investigaciones antes de sugerir una recomendación consolidada como cuánto tiempo se necesita y cómo enfocar la configuración de figuras 2D. Sin embargo, la naturaleza motivadora de las actividades de configuración (las actividades de "los cuadros escondidos" en las revistas para niños) puede indicar que dichas actividades pueden ser interesantes para los niños como trabajo extra, también se podrían agregar a los centros de aprendizaje o podrían ser actividades llevadas a casa.

La tarea principal que presentamos en la trayectoria de aprendizaje es sencilla para encontrar las figuras en formas geométricas cada vez más complejas, incluyendo las figuras incrustadas. Puede ser apropiado hacer que los niños incrusten figuras por si mismos antes de encontrarlas ya incorporadas.

Trayectorias de aprendizaje para las figuras geométricas (2D)

La Tabla 9.3 presenta una trayectoria de aprendizaje tentativa para las formas geométricas configuradas.

Tabla 9.3. Una trayectoria de aprendizaje tentativa para las formas geométricas configuradas

Edad (años)	Progresión del desarrollo	Tareas instructivas		
3	**Pre-Configurador** Puede recordar y reproducir solamente una figura o una colección pequeña de figuras no traslapadas (aisladas).	Ver Capítulos 7 y 8.		
4	**Configurador Simple** Identifica el marco de figuras complejas. Halla algunas figuras dentro de arreglos en los cuales dichas figuras se traslapan, pero no en arreglos donde existan figuras incrustadas en otras.	Dada	Hallar	
		Dada	Hallar	
5–6	**Configurador de Figuras-Entre-Figuras** Identifica las figuras incrustadas en otras figuras, tales como círculos concéntricos y/o círculos dentro de cuadrados. Identifica las estructuras	Dada	Hallar	
		Dada	Hallar	

Edad (años)	Progresión del desarrollo	Tareas instructivas		
	primarias dentro de figuras complejas.	Dada		Hallar
7	**Configurador de Estructuras Secundarias** Identifica las Figuras incrustadas, incluso cuando estas no coinciden con ninguna estructura primaria de la figura compleja.	Dada		Hallar
		Dada		Hallar
8	**Conigurador Completo** Identifica todas las variedades de arreglos complejos con éxito.	Dada		Hallar
		Dada		Hallar

Palabras finales

La habilidad para describir, utilizar y visualizar los efectos de componer, descomponer, incorporar y configurar o articular formas, es una competencia matemática importante. Es relevante para la geometría pero también está relacionada con la habilidad en los niños para componer y descomponer números. Además estas habilidades subyacen al conocimiento y a la habilidad con el arte, la arquitectura y las ciencias. Así esto ayuda a la gente a solucionar una amplia variedad de problemas, desde demostraciones geométricas hasta el diseño de la distribución de un espacio sobre el piso. Por supuesto dichos diseños también requieren una medida geométrica, que es el tema de los próximos 2 capítulos.

10 MEDIDA GEOMÉTRICA
Longitud

En los primeros grados se estudiaron las matemáticas a través de la medida, en lugar de contar objetos discretos. Los niños describieron y representaron las relaciones entre las cantidades como comparar dos palitos y simbolizaron las longitudes como "A < B" esto les permitió pensar racionalmente acerca de las relaciones. Por ejemplo después de ver los siguientes enunciados escritos en el tablero, si V > M entonces M ≠ V, V ≠ M y M < V, un estudiante de primer grado observó: "si esto es una desigualdad, entonces usted puede escribir cuatro enunciados; si esto es una igualdad, usted únicamente puede escribir dos." (Slovin, 2007).

¿Usted cree que este episodio (verdadero) es propio de estudiantes talentosos? Si no, ¿qué sugiere acerca del pensamiento matemático en los niños pequeños? ¿Piensa usted que hablar y pensar en un contexto acerca de la longitud de los palitos contribuye a estas notables comprensiones matemáticas en los estudiantes de primer grado?

La medida es un área importante de las matemáticas del mundo real. Utilizamos la longitud de forma consistente en nuestra vida diaria. Además, como muestra la historia introductoria, esta puede ayudar a desarrollar otras áreas de las matemáticas, incluyendo el razonamiento y la lógica. También, por su naturaleza, conecta los dos dominios más críticos de la matemática inicial, la geometría y el número.

Desafortunadamente, la enseñanza típica de la medida en los Estados Unidos no logra ninguna de estas metas. Muchos niños miden en un modo rutinario. En comparaciones internacionales el desempeño de los estudiantes de Los Estados Unidos en cuanto a la medida es muy bajo. Entendiendo las trayectorias de aprendizaje de la medida, podemos hacer algo mejor por los niños.

El aprendizaje de la medida

La medida se puede definir como el proceso de asignar un número a una magnitud de algún atributo de un objeto, como su longitud, relativa a una unidad. Estos atributos son *cantidades continuas*. Es decir que hasta este punto solo hemos hablado acerca de *la cantidad discreta,* un número de cosas separadas que se pueden determinar exactamente contando con números enteros. La medida tiene que ver con las *cantidades continuas* – cantidades que se pueden dividir en cantidades más pequeñas. Así, podemos contar 4 manzanas exactamente – es decir una cantidad discreta. Podemos añadir 5 manzanas diferentes y saber que el resultado es exactamente 9 manzanas. Sin embargo el *peso* de estas manzanas varía continuamente, y la medida científica con herramientas nos puede dar únicamente una medida aproximada a la libra más cercana (o, mejor, el kilogramo) o a la centésima más cercana de una libra, pero siempre con margen de error.

Como en el dominio del número discreto, la investigación muestra que incluso los niños son sensibles a las cantidades continúas como la longitud. A los 3 años de edad los niños saben que si ellos tienen un poco de arcilla y se les da un poco más, tienen más de la que tenían antes. Sin embargo ellos no pueden hacer juicios de manera confiable acerca de cuál de las dos cantidades de arcilla es mayor. Por ejemplo si una de las cantidades iguales se enrolla a lo largo como una "serpiente" ellos dirán que hay más "arcilla."

Los niños tampoco se sienten seguros en diferenciar entre una cantidad continua y una discreta. Por ejemplo podrían tratar de compartir equitativamente dividiendo el número de pedazos de galleta en lugar de la cantidad de galletas. O, para darle a alguien unos pocos pedazos de galleta "más," ellos podrían simplemente romper uno de los pedazos que se le dio a esa persona en dos pedazos más pequeños.

A pesar de esos retos, se les puede brindar a los niños pequeños experiencias de medida apropiadas. Ellos discuten sobre cantidades en sus juegos diarios. Ellos están listos para aprender la medida, conectando el número a la cantidad. En este capítulo hablamos de la longitud, en el próximo capítulo discutiremos otras cantidades continuas como el área, el volumen y el tamaño del ángulo.

Medida de la longitud

La longitud es una característica de un objeto que resulta de contar qué tan lejos se encuentran los puntos finales del objeto. "La distancia" se utiliza a menudo de manera similar para cuantificar qué tan lejos se encuentran dos puntos en el espacio. La discusión de la recta numérica es crítica aquí porque esta define la recta numérica utilizada para la medir longitudes (ver Capítulo 4). Medir la longitud o la distancia consiste en dos aspectos, identificar una unidad de medida y *Subdividir* mental y físicamente el objeto por una unidad, ubicando esa unidad de extremo a extremo al lado del objeto (iterar o repetir). La subdivisión y la repetición de la unidad son logros mentales complejos que a menudo son ignorados en los materiales y en la enseñanza tradicional del currículo sobre la medida. Así muchos investigadores van más allá del acto físico de la medida investigando la comprensión de la medida de los niños como poner una cubierta sobre el espacio y cuantificar dicha cubierta.

Discutiremos la longitud en las siguientes 3 secciones. Primero, identificamos muchos conceptos claves que subyacen a la medida (Clements & Stephan; 2004 Stephan & Clements, 2003). Segundo, hablaremos sobre el desarrollo previo de algunos de estos conceptos. Tercero, describiremos los enfoques de enseñanza basados en la investigación que fueron diseñados para ayudar a los niños a desarrollar los conceptos y las habilidades para medir la longitud.

Conceptos de medición lineal

Medir es una *habilidad* difícil pero también involucra muchos *conceptos*. Los conceptos básicos incluyen la comprensión del atributo, la conservación, la transitividad, la partición equitativa, la iteración de una unidad estándar, la acumulación de distancia, el origen y la relación al número.

La Comprensión del atributo de longitud incluye entender que dichas longitudes abarcan distancias fijas.

La Conservación de la longitud incluye comprender que al mover un objeto rígido, su longitud no cambia.

La Transitividad es la comprensión que si la longitud de un lápiz rojo es mayor que la longitud de un lápiz azul y la longitud de un lápiz azul es mayor que la longitud de un lápiz negro, entonces el lápiz rojo es más largo que el lápiz negro. Un niño con esta comprensión puede utilizar un tercer objeto para comparar la longitud de los otros dos objetos.

La Partición equitativa es la actividad mental de cortar un objeto en unidades del mismo tamaño. Esta idea no es obvia para los niños. Esto implica mirar mentalmente el objeto como algo que se puede partir (o "cortar") en longitudes más pequeñas incluso antes de medirlo físicamente. Algunos niños que todavía *no* tienen esta competencia, por ejemplo pueden entender "5" como una marca simple sobre una regla en lugar de entenderlo como una longitud que se corta en 5 unidades de igual-tamaño.

Las Unidades y la repetición de unidades. La repetición de unidad es la habilidad para pensar en la longitud de una unidad pequeña como un bloque, como parte de la longitud del objeto medido, y contar cuántas veces se puede ubicar la longitud del bloque más pequeño repetidamente sin espacios ni superposiciónes en la longitud del objeto más grande. Los niños pequeños no siempre ven la necesidad de partir equitativamente y así usar las unidades *idénticas*.

La acumulación de la distancia y la aditividad. Es la comprensión que una unidad se repite. La palabra de conteo representa la longitud cubierta por todas las unidades. La aditividad es la idea que las longitudes se pueden colocar juntas (compuestas) y se pueden separar.

El Origen. Es la noción que cualquier punto en una escala de relaciones se puede usar como el inicio. Los niños pequeños que carecen de esta comprensión a menudo comienzan a medir desde "1" en lugar de cero.

Relación entre número y medida. Los niños deben entender que los elementos que ellos cuentan se miden como unidades continuas. Los niños hacen juicios de medida basados en las ideas de conteo, a menudo apoyados en las experiencias de conteo de objetos discretos. Por ejemplo, Inhelder y Piaget mostraron a los niños dos filas de fósforos. Los fósforos en cada fila eran de longitudes diferentes pero había un número diferente de fósforos en cada una así que las filas tenían la misma longitud (ver Figura 10.1). Aunque, desde la perspectiva de los adultos, las longitudes de las filas eran las mismas, muchos niños discutieron que la fila con 6 fósforos era más larga porque tenía más fósforos. Ellos contaron las cantidades *discretas* pero en la medición de las cantidades *continuas,* se debe considerar el tamaño de la unidad. Los niños deben aprender que entre más larga sea la unidad más pequeño será el número de unidades en una medida dada, es decir la relación inversa entre el tamaño de la unidad y el número de esas unidades.

Desarrollo temprano de los conceptos de la medida de longitud

Incluso los niños desde 1 año de edad pueden hacer juicios simples de longitud. Sin embargo muchos niños de primaria todavía no conservan la longitud explícitamente ni usan el razonamiento transitivo. Sin embargo, como ocurrió con el número, esas ideas lógicas parecen ser importantes para la comprensión de algunas otras ideas, pero su carencia no impide el aprendizaje de las ideas iniciales. Por ejemplo, los estudiantes que conservan la longitud tienen más probabilidades de entender la idea que acabamos de discutir, la relación inversa entre el tamaño de la unidad y el número de esas unidades. Sin embargo, con la experiencia educativa de alta-calidad, incluso algunos niños de preescolar comprenden la relación inversa, así la conservación puede no ser un prerrequisito rígido, solo una idea de apoyo. De forma similar, los niños que conservan la longitud tienen más probabilidades de entender la necesidad de utilizar unidades de longitud iguales cuando miden. Pese a esto, y teniendo en cuenta todo lo mencionado, los niños pueden aprender muchas ideas acerca de las cantidades de comparación continuas y la medición antes que puedan conservar la longitud.

Sin embargo, este aprendizaje es desafiante y ocurre durante muchos años. La trayectoria de aprendizaje al final de este capítulo describe los niveles de pensamiento que se desarrollan. Aquí únicamente describimos de forma breve algunos conceptos comunes y dificultades que se presentan en los mismos:

- Para determinar cuál de los dos objetos es más "largo," los niños pueden comparar los objetos en un extremo únicamente.
- Los niños pueden dejar espacios entre las unidades o superponer unidades cuando miden.
- A los 5 o 6 años de edad los niños pueden escribir numerales en forma desordenada para hacer una "regla" prestando poca atención al tamaño de los espacios
- Los niños pueden comenzar a medir desde "1" en lugar de "0" o medir desde el extremo incorrecto de la regla.
- Los niños pueden pensar erróneamente acerca de las marcas de una regla o acerca de los pasos del talón a la punta del pie, no como un espacio cubierto sino solo como un "punto" que se contó.
- Algunos niños encuentran necesario repetir la unidad hasta que se "llena" la longitud del objeto y no se extenderá la unidad más allá del extremo del objeto que están midiendo.
- Muchos niños no entienden que las unidades deben ser de igual tamaño (por ejemplo, la medida de una longitud con clips de papel de diferentes tamaños).
- Similarmente los niños pueden combinar unidades de tamaño diferente (por ejemplo 3 pies y 2 pulgadas dan "5 de largo").

A
B

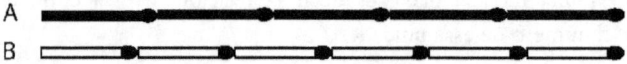

Figura 10.1 Un experimento para ver si los niños se enfocan más en las unidades discretas o continuas.

Experiencia y educación

Los niños pequeños de manera natural encuentran y discuten las cantidades en sus juegos (Ginsburg, Inoue, & seo, 1999). Simplemente utilizando etiquetas como "/papi/mami/bebe/" y "/grande/pequeño/diminuto/" ayuda a los niños de 3 años de edad a estar conscientes del tamaño y a desarrollar las habilidades de seriación.

Tradicionalmente la meta sobre la enseñanza de medida se ha hecho para ayudar a los niños a aprender las habilidades necesarias para utilizar una regla convencional. Por el contrario, la investigación y los proyectos de currículo recientes sugieren que, además de tales habilidades, es importante desarrollar la *base* conceptual de estas para ampliar tanto la comprensión como los procedimientos.

Muchos sugieren una secuencia de enseñanza en la cual los niños comparen las longitudes, midan con unidades no estándar para ver la necesidad de la estandarización, incorporan el uso de las unidades estándar manipulativas y miden con una regla. Por ejemplo, los niños podrían pasar de un punto a otro. A medida que discuten sus estrategias, las ideas concernientes a las unidades de interacción y el uso de las longitudes iguales emergen. Los niños progresan desde el conteo de los pasos hasta la construcción de una unidad de unidades, como por ejemplo una "cinta que mide en pasos" que consiste en trazos de sus pie pegados a un rollo de cinta de máquina. Los niños luego pueden confrontar la idea de expresar su resultado en diferentes unidades de tamaño (por ejemplo 15 pasos o 3 pies-de-cinta cada uno de los cuales tienen 5 pasos). Ellos también discuten como relacionarse con el espacio sobrante para contarlo como una unidad total o como parte de una unidad. La medida con unidades de unidades ayuda a los niños a pensar acerca de la longitud como una composición de estas unidades, de esta manera se brinda la base para construir reglas.

Sin embargo, muchos estudios sugieren que la experiencia temprana utilizando medidas con muchas unidades diferentes *podría no ser lo mejor*. Hasta que los niños entiendan mejor la medida, utilizar diferentes unidades arbitrarias a menudo los confunde. Si ellos no entienden bien la medida, o el papel de las unidades de *igual-longitud*, cambiar las unidades frecuentemente, aun si la *intención* es mostrar la necesidad de tener unidades *estándar*, se podría enviar el mensaje incorrecto – que una combinación de cualquier tipo de "unidades" de longitud es tan buena como otra. En contraste, la medida con unidades estándar aun en las reglas es menos exigente y a menudo más interesante y significativo para los niños pequeños. El uso consistente de estas unidades puede desarrollar un modelo y un contexto para la construcción de la *idea* y la *necesidad* para las unidades de igual longitud en los niños, y también desarrolla una noción más amplia acerca de lo que es la medida. Después, los niños comprenden la idea de unidad y la necesidad que existe de tener unidades de igual tamaño (de otro modo no serían unidades). Las unidades diferentes se pueden usar para enfatizar la necesidad de contar con unidades *estándar* de igual longitud (centímetros o pulgadas).

Sugerimos una secuencia de enseñanza basada en la investigación reciente (ver el libro anexo). Con los niños pequeños, escuche cuidadosamente para ver cómo están interpretando y utilizando el lenguaje (por ejemplo "la longitud" como la distancia entre los extremos o como "un extremo que sobresale"). También *utilice* el lenguaje para distinguir los términos basados en el conteo como "un juguete" o "dos camiones" y los términos basados en la medida como "un poco de arena" o "más largo que."

Una vez que ellos han entendido estos conceptos, se les da a los niños una variedad de experiencias comparando la longitud de los objetos. Una vez que ellos pueden trazar una línea en los extremos, los niños podrían utilizar pedazos de cuerda cortados para encontrar todos los objetos en el salón de clase que tienen la misma longitud, o son más cortos que, o más largos que la altura de su silla. Las ideas de transitividad se deben discutir explícitamente.

Luego involucre a los niños en experiencias que les permitan conectar el número a la longitud. Otorgue reglas convencionales a los niños y unidades con manipulativos utilizando las unidades de longitud estándar, como las orillas de los centímetros de los cubos especialmente etiquetadas "como unidades de longitud."

A medida que ellos exploran estas herramientas, discuta las ideas de repetición de la longitud en una unidad (por ejemplo no deje espacio entre las unidades de longitud sucesivas), corrija la alineación con una regla y el concepto del punto cero. Haga que los niños dibujen, corten y utilicen sus propias reglas que se pueden utilizar para resaltar estas ideas.

En todas las actividades enfóquese en el significado que tienen los numerales en la regla para los niños tales como enumerar las longitudes en lugar de los números discretos. En otras palabras las discusiones en el salón de clase se deben enfocar en "¿Qué estas contando?" con la respuesta en "unidades de longitud." Dado que el conteo discreto de elementos a menudo les enseña a los niños de forma correcta que el tamaño de los objetos no importa (por ejemplo para contar objetos discretos), planee experiencias y reflexiones acerca de la naturaleza de las propiedades de la unidad de longitud en varios contextos de medida y conteo discreto. Comparar los resultados de medir el mismo objeto con manipulativos y con reglas, y utilizar las unidades de longitud de los manipulativos para hacer sus propias reglas, ayuda a los niños a conectar sus experiencias e ideas. En segundo o tercer grado los profesores podrían presentar la necesidad de tener unidades de longitud estándar y la relación entre el tamaño y el número de las unidades de longitud. La relación entre el tamaño y el número de las unidades de longitud, la necesidad de estandarizar las unidades de longitud, y los dispositivos de medida adicional, se pueden explorar en este momento. El uso múltiple de unidades de longitud no estándar puede ser útil *en este punto*. La enseñanza enfocada en la interpretación de la actividad de medida de los niños puede darles habilidades para utilizar puntos de partida flexibles en una regla, para indicar la medida de manera exitosa. Sin mucha atención los niños a menudo solo leen los números alineados de la regla con la parte final del objeto, esto ocurre en los grados intermedios.

Los niños eventualmente deben aprender a subdividir las unidades de longitud. Hacer reglas por sí mismos y marcar las mitades y otras particiones de la unidad podría ser útil. Los niños podrían doblar una unidad en mitades, marcar el doblez por la mitad, y luego continuar sucesivamente para construir cuartos y octavos.

Las experiencias en el computador también pueden ayudar a los niños a unir el número y la geometría en las actividades de medida y construir el sentido de medida. La geometría de la tortuga (logo) brinda tanto la motivación como el significado para muchas actividades de la medida de la longitud. Esto ilustra una guía general importante. Los niños deben utilizar la medida como significado para llegar a una meta, no como un fin en sí mismo. Observe que incluso los niños pequeños pueden abstraer y generalizar las ideas de medida trabajando con computadores si la interfaz es apropiada y las actividades bien planeadas. Con un comando para la tortuga, como "avance 10 pasos gire 90 grados a la derecha, avance 5 pasos" los niños aprenden la longitud y los conceptos de giro y ángulo. En la Figura 10.2 los niños tienen que "terminar el dibujo" pero imaginándose las medidas que faltan (más ejemplos de retos se muestran en la trayectoria de aprendizaje al final del capítulo).

Figura 10.2 "Medida perdida" problema con la Tortuga Logo.

Con cualquier enfoque específico de enseñanza que se tome, la investigación tiene 4 implicaciones generales, siendo el primero el más amplio. Primero, enseñe la medida como si fuera más que una simple habilidad – la medida es una combinación compleja de conceptos y habilidades que se desarrolla con los años. Entienda los conceptos básicos de la medida de manera que le sea más fácil interpretar el entendimiento de los niños y hacer preguntas que los conduzcan a construir estas ideas. Por ejemplo, cuando los niños cuentan como miden, enfóquese en las conversaciones de los niños en lo que ellos están contando no en los "puntos" sino en las unidades de longitud de igual tamaño. Es decir si un niño repite una unidad 5 veces el "cinco" representa 5 unidades de longitud. Para algunos estudiantes el (cinco) significa la marca junto al numeral cinco en lugar de la cantidad de espacio cubierto por cinco unidades. De esta manera las marcas en la recta "tapan" la comprensión conceptual relacionada con la medida. Los niños necesitan entender lo que están midiendo y por qué una unidad de una regla se enumera hasta el final, y también deben entender un rango completo de principios matemáticos. Muchos niños no tienen problema al mezclar las unidades (por ejemplo utilizando clips de papel y tapas de esfero) o utilizando unidades de diferentes tamaños (por ejemplo clips pequeños y grandes) a medida que cubren la longitud completa del objeto de alguna manera (Clements, Battista, & Sarama, 1998; Lehrer, 2003). Tanto la investigación con los niños como las entrevistas con los profesores apoyan las afirmaciones de (a) los principios de la medida son difíciles para los niños, (b) ellos requieren más atención en el colegio de la que usualmente se les da, (c) el tiempo se necesita primero para utilizarlo en la medida informal, donde el uso de los principios de medida es evidente, y (d) la transición de la medida formal e informal necesita mucho más tiempo y cuidado, con la enseñanza de la medida formal siempre se debe regresar a los principios básicos (Cf. Irwin, Vistro-Yu, & Ell, 2004).

Eventualmente los niños necesitan crear una unidad abstracta de longitud (Clements, Battista, Sarama, Swaminathan, & Mcmillen, 1997; Steffe, 1991). Esta no es una imagen estática si no una interiorización del proceso de movimiento (visual o físico) de todo el objeto. Segmentarlo y contar los segmentos. Cuando las unidades consecutivas son consideradas un objeto unitario los niños han construido una "regla conceptual" que se puede proyectar en objetos no segmentados (Steffe, 1991). Además el currículo matemático de los Estados Unidos no aborda adecuadamente la noción de unidad. La medida es un dominio fructífero en el cual se evade la atención de los objetos separados y se dirige hacia la unidad que estamos contando (Cf. Sophian, 2002).

Segundo, utilice actividades informales iniciales para establecer el atributo de longitud y desarrollar conceptos como "más largo que," "más corto que" e "igual en longitud" y las estrategias como la comparación directa. Tercero, motive a los niños a resolver problemas reales de medida, y así sucesivamente, para construir unidades repetidas tanto como unidades de unidades.

Cuarto, ayude a los niños a conectar estrechamente el uso de las unidades y reglas con manipulativos. Cuando se dirige de esta manera, las herramientas de medida y los procedimientos se convierten en herramientas para las matemáticas y en herramientas para el pensamiento acerca de las matemáticas (Clements, 1999c; Miller, 1984,1989). Antes del primer grado los niños ya han comenzado el viaje hacia ese final.

Trayectoria de aprendizaje para la medida de la longitud

La importancia de *las metas* para la medida de la longitud se muestra por sus frecuentes apariciones en *Los Puntos Centrales del Currículo* en *NCTM* que se muestran en la Figura 10.3. Aceptando esas metas, la Tabla 10.1 brinda los dos componentes adicionales para la trayectoria de aprendizaje, la progresión del desarrollo y las tareas instructivas.

Pre-K

Medida: **Identificación de los atributos de medida y comparación de objetos usando estos atributos.**

Los niños identifican los objetos como "iguales" o "diferentes" y luego "más" o "menos" sobre la base de los atributos que ellos pueden medir. Ellos identifican atributos que se pueden medir como longitud y peso para resolver problemas haciendo comparaciones directas de objetos sobre la base de esos atributos.

Kínder

Medida: **Orden de los objetos mediante atributos que se pueden medir**

Los niños utilizan los atributos que se pueden medir, como longitud o peso, para resolver problemas comparando y ordenando objetos. Ellos comparan las longitudes de dos objetos directamente (comparándolos con el otro) e indirectamente (comparándolos con un tercer objeto) y ordenan muchos objetos de acuerdo a la longitud.

Grado 1

Las conexiones: **Medida y análisis de datos**

Los niños fortalecen su sentido de número resolviendo problemas relacionados con la medida y los datos. Las mediciones que se hacen colocando múltiples copias de una unidad al lado del objeto de principio a fin y luego el conteo de dichas unidades usando grupos de decenas y unidades apoya la comprensión que tienen los niños de las rectas numéricas y las relaciones de los números. Representar las medidas y los datos discretos en una imagen y en gráficas de barras, involucra el conteo y las comparaciones que brindan otra conexión significativa con las relaciones numéricas.

Grado 2

Medida: **Desarrollo de la comprensión de la medida lineal y facilidad en las mediciones de longitudes**

Los niños desarrollan una comprensión del significado y el proceso de medida incluyendo los conceptos subyacentes como partición (actividad mental de cortar la longitud de un objeto en unidades de igual tamaño) y transitividad (por ejemplo si el objeto A es más largo que el objeto B es más largo que el objeto C, entonces el objeto A es más largo que el objeto C). Los niños entienden la medida lineal como una interacción de unidades y utilizan reglas y otras herramientas de medida con ese entendimiento. Ellos entienden la necesidad de tener unidades de igual longitud, el uso de las unidades estándar de medida (centímetro y pulgada) y las relaciones inversas entre el tamaño de una unidad y el número de unidades utilizadas en una medida particular (por ejemplo los niños reconocen que entre mas pequeña sea la unidad necesitan más repeticiones para cubrir una longitud dada).

Figura 10.3 Puntos centrales del currículo para la longitud de medida.

Tabla 10.1 Trayectoria de aprendizaje para medición de longitud

Edad (años)	Progresión del desarrollo	Tareas instructivas
2	**Reconocedor de Cantidades de Pre-Longitud** No identifica la longitud como un atributo. "Esto es largo. Todo lo que es rectilíneo es largo. Si no es rectilíneo no puede ser largo."	Intuitivamente los niños comparan, ordenan y construyen con muchos tipos de materiales, incrementando el aprendizaje del vocabulario para dimensiones específicas.
3	**Reconocedor de Cantidades de Longitud** Identifica la longitud/distancia como un atributo. Es posible que entienda la longitud como un descriptor absoluto (Ej., todos los adultos son altos), pero no como un descriptor comparativo (Ej., una persona es más alta que otra).	Los profesores deben escuchar y ampliar las conversaciones sobre las cosas que son "largas" "altas" y así sucesivamente.

Edad (años)	Progresión del desarrollo	Tareas instructivas
	"Yo soy alto, ¿lo ves?" Es posible que compare partes de figuras no correspondientes al momento de determinar la longitud lateral.	
4	**Comparador Directo de Longitud** Alinea físicamente dos objetos para determinar cuál es más largo o si tienen la misma longitud.	En muchas situaciones cotidianas, los niños comparan alturas y otras longitudes directamente (quien tiene la torre más alta, la serpiente de arcilla más larga, etc.).
	Coloca dos palos en posición vertical, uno al lado del otro, sobre una mesa y dice, "Este es más grande."	En "Tan Largo Como Mi Brazo" los niños cortan una cinta igual de larga a sus brazos y encuentran cosas en el salón de clase que tienen la misma longitud.
		En "Comparaciones" los niños simplemente dan click en el objeto que es más largo (o más ancho, etc.).

		En "Comparar Longitudes" los profesores incentivan a los niños a comparar longitudes a lo largo del día, como las longitudes de las torres de bloques o caminos, las alturas del mobiliario y así sucesivamente.
		En "Alinear por la Altura "los niños se ordenan por si mismos (con la asistencia del profesor) teniendo en cuenta la estatura, en grupos de 5 durante las transiciones.
	Comparador de Longitud Indirecta Compara la longitud de dos objetos representándolos con un tercer	Los niños resuelven tareas diarias que requieren comparación indirecta, como si una puerta es lo suficientemente ancha para pasar una

Edad (años)	Progresión del desarrollo	Tareas instructivas
	objeto. Compara la longitud de dos objetos con un pedazo de cuerda. Cuando se le pide que mida, es posible que asigne una longitud adivinando o usando una longitud (sin unidades iguales de medida) para recorrer el largo del objeto a medida que cuenta. Recorre con su dedo un segmento de línea, diciendo 10, 20, 30, 31, 32 Puede estar en capacidad de medir con una regla, pero normalmente le hace falta entendimiento o habilidad (Ej., ignora el punto de inicio) Mide dos objetos con una regla para verificar si tienen la misma longitud, pero no establece con precisión el "punto cero" para uno de los objetos.	mesa a través de ella. Los niños con frecuencia cubren los objetos a comparar, así que la comparación indirecta en realidad no es posible. Otórgueles una tarea con objetos como tiras de tela de manera que si ellos la cubren con el tercer objeto como una tira (ancha) de papel (y por lo tanto tienen que adivinar visualmente) puedan ser animados a compararlos directamente. Si no están en lo correcto, pregúnteles cómo podrían utilizar el papel para comparar en forma más efectiva. Modele colocándolo cerca de los objetos si es necesario. En "Comparar el Mar Profundo" los niños mueven el coral para comparar las longitudes de dos peces, luego dan clic en el pez más largo. 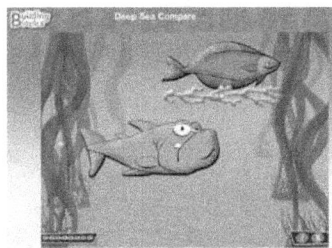 Los niños deberían conectar sus conocimientos del número con la longitud, como cuando ellos tienen que encontrar la escalera perdida en "Construir Escaleras 3" 

Edad (años)	Progresión del desarrollo	Tareas instructivas
5	**Ordenador Serial hasta 6+** Ordena longitudes, marcadas entre 1 y 6 unidades. (Esto se desarrolla en paralelo con "El Medidor de Longitudes de Extremo-a-Extremo.") Cuando se le dan torres de cubos, la pone en orden, de 1 a 6.	En "Cuál es el Paso Faltante" los niños ven las escaleras hechas de conectar los cubos del 1 al 6. Ellos cubren sus ojos y el profesor esconde un paso. Luego los descubren e identifican el paso faltante diciendo cómo lo descubrieron En una conexión al número, La Visión de Rayos X1, "los niños ubican las Tarjetas de Conteo del 1 al 6 o más, en orden y boca abajo. Luego toman turnos señalando las tarjetas y utilizan su "visión de rayos x" para decir cuál es la carta.
6	**Medidor de Longitudes de Extremo-a-Extremo** Coloca unidades de extremo a extremo. Es posible que no reconozca la necesidad de tener unidades iguales de medida. La habilidad para aplicar las medidas resultantes en situaciones de comparación se desarrolla más adelante en este nivel. (Esto se desarrolla en paralelo con "El Desarrollador Serial hasta 6+). Coloca cubos de 9 pulgadas en una fila al lado de un libro para medir su longitud.	"Enigmas de Longitud" realice preguntes como: Tú escribes conmigo y soy tan largo como 7 cubos. ¿Quién Soy?  Mida con unidades físicas o dibujadas. Enfóquese en unidades largas y delgadas como los palillos de dientes para cortar secciones de una pulgada. El énfasis explicito debería darse a la *naturaleza lineal* de la unidad. Esto es, los niños deberían aprender que, cuando se mide con centímetros cúbicos es la longitud de un borde que es la unidad lineal- no el área de una cara o el volumen de un cubo. Puede empezar a medir con reglas. En esta actividad del computador "La regla Reptil" los niños tienen que ubicar un reptil en la regla. El software ajusta el reptil al número entero y

Edad (años)	Progresión del desarrollo	Tareas instructivas
		brinda una retroalimentación útil, si por ejemplo, no la alinean al punto cero.  Haga dibujos de reglas y discuta los aspectos claves de la medición que son o no representados en estos dibujos y que pueden ayudar a los niños a comprender y a aplicar estos conceptos. Debería pedírseles también que hagan una regla utilizando una unidad particular, como una pulgada o un centímetro cúbico. Ellos deberían aprender a marcar cuidadosamente la unidad de longitud y luego añadir el numeral correcto. De nuevo, el énfasis explicito debería darse a *la naturaleza lineal* de la unidad.
7	**Repetidor y Relacionador de Unidades de Longitud.** Mide mediante el uso repetitivo de una unidad (Puede que al principio no sea preciso en este tipo de iteraciones). Relaciona tamaño y número de unidades explícitamente (pero es posible que no pueda apreciar la necesidad de tener unidades idénticas en las diferentes situaciones.) Relaciona tamaño y número de unidades de manera explícita. "si mides con centímetros en vez de pulgadas, necesitarás más centímetros debido a que	Repita "Enigmas de Longitud" (ver arriba) pero con menos claves (ej, sólo la longitud) y únicamente una unidad por niño, así ellos tienen que iterar (establecer repetidamente) una sola unidad para medir. "El Lio de la Medición del Señor Confundido" puede ser utilizado en muchos niveles, adaptado para los niveles antes y después de este. Por ejemplo, el títere deja vacíos entre las unidades utilizadas para medir un objeto (para el nivel de Medidor de Longitudes de Extremo-a-Extremo, los vacíos estarían entre las repeticiones de una unidad) Otros errores incluyen unidades de

Edad (años)	Progresión del desarrollo	Tareas instructivas
	cada centímetro es más pequeño." Puede sumar dos longitudes para obtener una longitud total. "Este tiene 5 de largo y este otro tiene 3 de largo, entonces los dos juntos tienen 8 de largo." Itera una sola unidad para medir. Puede reconocer que las unidades diferentes resultarán en medidas diferentes y que se deberán usar unidades idénticas, por lo menos de forma intuitiva y/o en algunas situaciones. Usa reglas con muy poca ayuda. Mide la longitud de un libro con una regla de manera precisa.	superposición y no alineadas con el punto de partida (para esto es importante también utilizar la regla). Los niños primero miden los objetos y luego son capaces de dibujar una línea con precisión a una longitud dada (Nührenbörger, 2001). Utilice actividades donde dibujen líneas para enfatizar cómo debe comenzar en el cero (punto cero) y discuta cómo para medir objetos, usted tienen que alinear el objeto a ese punto. De igual forma, discuta explícitamente lo que representa los intervalos y el número, conectando estas al medidor de longitudes de extremo-a-extremo con las unidades físicas. Los niños confrontan la medición con diferentes unidades y discuta con ellos cuántas serán necesarias para completar un espacio lineal. Ellos hacen una afirmación explicita sobre que entre más largas sean las unidades se necesitan menos para completar dicho espacio.
8	**Medidor de Longitudes** Considera la longitud de un camino con diferentes direcciones como la suma de sus partes (no como la distancia entre sus extremos). Mide (sabiendo cuán necesario es tener unidades idénticas) la relación entre unidades diferentes, particiones de unidades, punto cero en una reglas, y la acumulación de las distancias. Comienza a estimar. "Utilicé una barra de un metro tres veces, al final sobraba un poco. Entonces alineé esta distancia desde 0 y observé 14	Los niños deben ser capaces de utilizar una unidad física y una regla para medir segmentos lineales y objetos que requieran tanto una iteración como una subdivisión de la unidad. Para aprender a subdividir unidades, los niños pueden doblar una unidad en mitades, marcar el doblez como un medio y luego continuar de la misma forma para construir cuartos y octavos. Los niños crean unidades de unidades como un "footstrip" el cual consiste en trazos de sus pies pegados a un rollo de cinta de una máquina. Ellos miden con unidades de diferentes tamaños (ej.,15 pasos o 3 footstrips los cuales equivalen a 5 pasos) y

El Aprendizaje y la Enseñanza de las Matemáticas a Temprana Edad

Edad (años)	Progresión del desarrollo	Tareas instructivas
	centímetros. Entonces, son 3 metros, 14 centímetros en total."	relacionan estas unidades con exactitud. Ellos también discuten como se enfrentan al espacio sobrante, para contarlo como un entero o como parte de una unidad.
	Medidor de Regla Conceptual Posee una herramienta "interna" de medida. Recorre un objeto mentalmente, lo segmenta, y cuenta los segmentos. Efectúa operaciones aritméticas sobre las medidas ("longitudes conectadas"). Hace estimaciones con precisión.	En "Medidas Faltantes" los estudiantes tienen que descubrir las medidas de las figuras utilizando medidas dadas. Esta es una excelente actividad para dirigirlos en el uso de las gráficas de la tortuga de Logo en el computador.
	"Me imagino barras de un metro, una después de la otra recorriendo el costado de una habitación. Esa es la forma en la que estimé que la longitud de la habitación es de 9 metros."	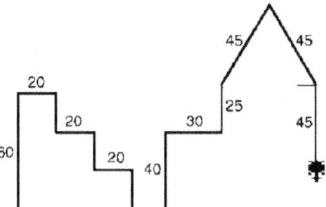 Los niños aprenden estrategias explícitas para estimar longitudes, incluyendo el desarrollo de puntos de referencia para las unidades (ej., una pulgada-un trozo largo de goma) y las unidades compuestas (ej., una factura de 6 pulgadas) y mentalmente repiten esas unidades.

Palabras finales

Este capítulo se enfocó en el aprendizaje y la enseñanza de la medición de la longitud .El Capítulo 11 abordará otros atributos geométricos necesarios para medir, incluyendo el área, el volumen y el ángulo.

11 MEDIDAS GEOMÉTRICAS
Área, volumen y ángulo

Yo tenía una estudiante que básicamente entendía la diferencia entre área y perímetro. Dibujé este rectángulo en una cuadrícula. Para calcular el área, ella contó hacia abajo de esta forma (Figura 11.1a), Después contó de lado, así (11.1b). Luego multiplicó tres veces cuatro y obtuvo doce. Así que le pregunté cuál era el perímetro. Ella dijo que eran "los cuadrados alrededor de lo externo." Y contó de esta manera (11.1c). Ella comprendía el significado del perímetro, sólo que contó equivocadamente. Se equivocó por cuatro.

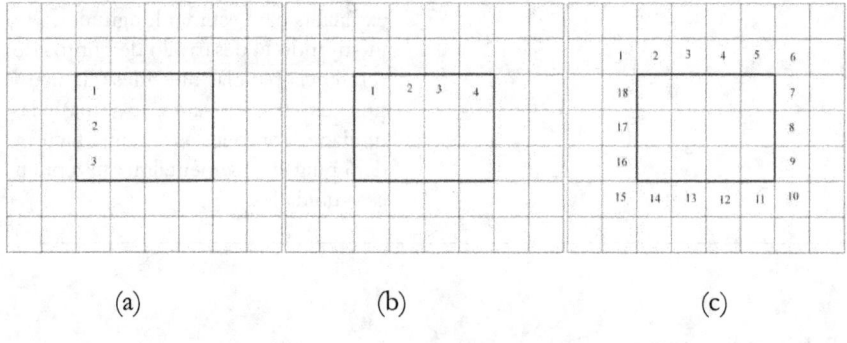

(a) (b) (c)

Figura 11.1 Un estudiante trabaja con un problema de perímetro.

¿Está usted de acuerdo con este profesor? ¿El estudiante comprende el área y el perímetro y encuentra la diferencia entre ellos? ¿Qué le habría preguntado usted al estudiante para saberlo a ciencia cierta?

Medición del área

El área es una cantidad de superficie bidimensional que está contenida dentro de un límite. El concepto de área es complejo y los niños necesitan tiempo para desarrollarlo. La sensibilidad al área y al número está presente desde el primer año de vida. Sin embargo, el sentido de número aproximado en los niños pequeños es más preciso que su correspondiente sentido de área. ¡El área es un reto incluso para los niños pequeños!

La comprensión del área no se desarrolla bien en la enseñanza tradicional en los Estados Unidos y esta situación viene de mucho tiempo atrás. Los niños pequeños muestran poca comprensión explícita de la medida. Cuando se les preguntó a estudiantes de primaria cuánto espacio cubriría un cuadrado, usaron una regla (una vez) para medir. Incluso con manipulativos, muchos midieron una longitud de un lado de un cuadrado, luego movieron la regla a una posición paralela ligeramente hacia el lado opuesto, y repitiendo este proceso sumaron los valores de las longitudes (Lehrer, Jenkins et al., 1998). Los futuros profesores también tienen un conocimiento limitado, como se ilustra al inicio de este capítulo.

Para aprender la medida del área, los niños deben desarrollar una idea de qué es el área, así como comprender que la descomposición y la reorganización de las formas no afectan su área. Más tarde los niños pueden desarrollar la habilidad para construir una comprensión de los arreglos bidimensionales y luego interpretar dos longitudes como medidas de las dimensiones de esos arreglos. Sin esa comprensión y esas habilidades, los estudiantes más grandes a menudo aprenden una regla, como multiplicar dos longitudes, sin entender el concepto de área. Aunque la medida del área normalmente se enseña en la primaria, la literatura sugiere que hay algunos aspectos menos formales sobre esta temática que se pueden introducir en el preescolar.

Conceptos de la medición del área

La comprensión de la medición del área implica el aprendizaje y la coordinación de muchas ideas. Muchas de estas, como la transitividad y la relación entre el número y la medición, son similares a aquellas involucradas en la medición de la longitud. Otros conceptos fundamentales son los siguientes:

Comprender el atributo de área implica asignar un significado cuantitativo a la cantidad de un espacio o superficie 2D. La primera conciencia de área en los niños puede ser observada de manera informal, cuando un niño pide más pedazos de papel coloreado para cubrir su mesa. Una forma de evaluar intencionalmente la comprensión de área en los niños como un atributo es mediante tareas de comparación. Es posible que los niños de preescolar comparen las áreas de dos figuras confrontando únicamente la longitud de sus lados. Con la edad o con una buena experiencia, adquieren estrategias válidas como colocar una forma encima de la otra.

Para medir se debe establecer una unidad. Esto nos lleva a los siguientes conceptos básicos.

La partición equitativa es el acto mental de "cortar" el espacio bidimensional en partes de igual área (usualmente congruentes). Los profesores a menudo asumen que comprender el área es "multiplicar largo por ancho," pero sin una comprensión de la partición equitativa eso no tiene sentido. Los niños pequeños generalmente no pueden hacer particiones que conserven el área para luego utilizar el conteo como una base para la comparación. Por ejemplo, al darse cuenta que la división en pedazos de una galleta de papel daba un número de piezas muy pequeño, tomaron una de las piezas, la cortaron en dos y añadieron los pedazos a la colección, pues aparentemente creían que ahora 'había más cantidad de galleta' (Miller, 1984). Estos niños no pueden comprender ningún concepto básico para el área. Si queremos que los niños aprendan a mediar áreas, debemos hacer que aprendan el concepto de dividir superficies en unidades de área iguales.

Las unidades y la iteración de unidades. Como lo hacen al medir longitudes, al medir áreas los niños a menudo cubren el espacio pero inicialmente lo hacen dejando espacios sin cubrir, o solapando las piezas, y tienden a mantener todos los manipulativos dentro de la superficie, evitando que las unidades se salgan del límite, incluso cuando se hace necesario dividir a su vez las unidades (por ejemplo, al utilizar unidades cuadradas para medir el área de un círculo). Prefieren las unidades que físicamente se ajusten a la región que están cubriendo; por ejemplo, escogen ladrillos para cubrir una región rectangular y frijoles para cubrir el esquema de sus manos. También mezclan piezas de diferentes formas (y áreas), como rectángulos y triángulos, para cubrir la misma región, y aceptan una medida de "7" aunque las siete figuras sean de diferentes tamaños. Estos conceptos se tienen que desarrollar antes que puedan utilizar la iteración de unidades iguales para medir el área con comprensión. Una vez resueltos estos problemas, los estudiantes necesitan estructurar el espacio bidimensional en un arreglo de unidades organizado para determinar el área utilizando el pensamiento multiplicativo.

Acumulación y aditividad. La acumulación y aditividad funcionan de manera similar para el área y para la longitud. Los estudiantes de primaria pueden aprender que las figuras pueden ser descompuestas y recompuestas en regiones de igual área.

Estructuración del espacio. Los niños necesitan *estructurar un arreglo* para comprender el área como verdaderamente bidimensional. Es decir, necesitan comprender cómo cubrir una superficie con cuadrados alineados en filas y columnas. Aunque para la mayoría de los adultos esto es "obvio," la mayoría de estudiantes de primaria aún no logran construir esta comprensión. Por ejemplo, considere los niveles de pensamiento que mostraron diferentes niños cuando intentaban completar el dibujo de un arreglo de cuadrados, dados una columna y una fila (como se ilustra en la Figura 11.2) (se discute en detalle en el libro anexo). En el nivel más bajo de pensamiento, los niños ven las figuras dentro de un rectángulo, pero el espacio entero no está cubierto. Únicamente en los últimos niveles todos estos cuadrados están alineados vertical y horizontalmente a medida que los estudiantes aprenden a componer figuras bidimensionales en términos de filas y columnas de cuadrados.

Conservación. Al igual que la medida lineal, la conservación del área es una idea importante. Los estudiantes tienen dificultades para aceptar que cuando cortan una región dada y reorganizan sus partes para formar otra figura, el área sigue siendo la misma.

Experiencia y educación

La enseñanza tradicional en los Estados Unidos no construye bien ni las habilidades ni los conceptos sobre el área. Se le hizo seguimiento a un grupo de niños durante muchos años (Lehrer, Jenkins et al., 1998). Ellos mejoraron en cuanto a llenar espacios y composición aditiva en grado 4, pero no en otras competencias, como distinguir el área de la longitud, utilizar unidades de área idénticas y encontrar medidas de formas irregulares.

En cambio, cuando se utilizaron actividades basadas en la investigación para enseñarles a los niños de segundo grado, aprendieron un amplio rango de conceptos y habilidades relativos al área (Lehrer, Jacobson et al., 1998). El profesor presentó rectángulos (1x12, 2x6, 4x3) y preguntó cuáles cubrían el mayor espacio. Después de no estar de acuerdo al comienzo, los estudiantes transformaron las formas doblando, comparando y llegaron a estar de acuerdo en que estos rectángulos cubrían la misma cantidad de espacio. Doblando el rectángulo de 4x3 a lo largo de cada dimensión, se llegó a reconocer que ese rectángulo -y en últimas los tres- se podía descomponer en 12 cuadrados (intencionalmente, estos eran las mismas unidades cuadradas de las actividades anteriores). Así los niños pasaron de la descomposición a la medición utilizando unidades de área.

Luego un profesor les pidió a los estudiantes comparar las áreas de "huellas de manos" llevándolos a medir en un contexto anti-intuitivo. Los niños trataron de superponer los cuadrados primero y luego rechazaron esa estrategia. Luego utilizaron frijoles como unidad de área, pero los rechazaron por tener propiedades inadecuadas para llenar los espacios ("dejaban grietas"). El profesor presentó un papel cuadriculado. Los niños inicialmente se resistieron a usar esta herramienta, probablemente porque querían unidades cuya forma fuera más consistente con la forma de sus manos. Finalmente, sin embargo, utilizaron el papel. Crearon un sistema nocional en el cual las fracciones de una unidad eran codificadas de color con la misma denominación (por ejemplo 1/3 y 2/3 eran del mismo color y luego se podían combinar fácilmente en una sola unidad). Así aprendieron a llenar espacios, que no importa que la forma de la unidad se parezca al objeto que se va a medir, la notación y las medidas no enteras.

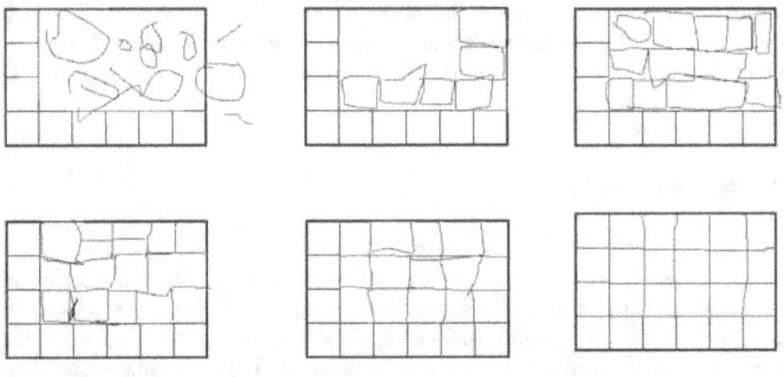

Figura 11.2 Niveles de pensamiento para la estructuración espacial del espacio bidimensional.

La tarea final era comparar el área de las jaulas del zoológico dadas sus formas (algunas rectangulares, otras compuestas) y sus dimensiones, pero sin marcas internas (por ejemplo un papel sin cuadricula). Los niños aprendieron a construir una comprensión multiplicativa del área. Estos niños mostraron un aprendizaje sustancial de todos los aspectos de la medida del área. Aunque comenzaron aproximadamente con el mismo conocimiento de la medida en el segundo grado que los niños del estudio longitudinal (Lehrer, Jenkins et al., 1998), sobrepasaron al final del segundo grado el desempeño de los niños del estudio longitudinal, que ya estaban en cuarto grado.

Así que muchos más niños de los que actualmente lo hacen, podrían aprender más cosas sobre el área y aprender fórmulas con significado. Los niños deben aprender los conceptos iniciales de área (como los que acabamos de comentar), y también deben saber estructurar arreglos, poniendo las bases para el aprendizaje de todos los conceptos del área, y finalmente aprender a comprender y a ejecutar con precisión la medición del área. Desde otro enfoque, los niños pueden comparar las regiones directamente para ver cuál cubre más superficie. Esas actividades divertidas como doblar papel, o el origami, promueven el uso de la estrategia de superposición, que es más sofisticada -colocar una forma sobre la otra.

Usando contextos significativos, haga que los niños exploren y discutan las consecuencias de doblar o reorganizar piezas para establecer que una región, cortada y reorganizada, cubre el mismo espacio (conservación del área). Luego desafíe a los niños a cubrir una región con una unidad bidimensional de su elección y en el proceso discuta los elementos problemáticos como los espacios sin cubrir, las unidades superpuestas, y la precisión. Guíe la discusión de estas ideas para hacer que los niños dividan mentalmente una región en subregiones que se pueden contar. Contar unidades de área similar llevará a la discusión de la medida de área por sí misma. Ayude a los niños a darse cuenta que no hay espacios sin cubrir o superposiciones y que se debe cubrir la región completa.

Asegúrese que los niños aprendan cómo estructurar arreglos. Jugar con materiales estructurados como bloques de unidades, bloques de patrones y mosaicos puede fundamentar y estructurar las bases para esa comprensión. Construir sobre estas experiencias informales hace que los niños puedan comprender los arreglos y el área explícitamente en los grados de primaria.

En resumen, la práctica frecuente de simplemente contar unidades para encontrar el área (alcanzable por los niños de preescolar), que conduce directamente a la enseñanza de fórmulas, es una receta desastrosa para muchos niños (Lehrer, 2003). Un enfoque más exitoso es construir sobre las intuiciones espaciales iniciales de los niños más pequeños y apreciar la necesidad de construir la idea de unidades de medida (incluyendo el desarrollo de un sentido de medida para las unidades estándar; por ejemplo, encontrar los objetos comunes en el entorno que tienen una unidad de medida); experimentar el cubrimiento de superficies con unidades de medida apropiadas y contar esas unidades; y estructurar espacialmente el objeto que ellos tienen que medir (por ejemplo, relacionar contar por grupos con la estructura de arreglo rectangular; construir conceptos bidimensionales), para así construir una base firme para las fórmulas.

Este largo proceso de desarrollo usualmente apenas comienza en los años previos al primer grado. Sin embargo, deberíamos apreciar la importancia de estas conceptualizaciones iniciales. Por ejemplo, los niños de 3 y 4 años de edad pueden comparar intuitivamente áreas en algunos contextos.

Trayectoria de aprendizaje para la medición del area

Las metas para el área y el volumen no están bien establecidas para los primeros años, pero algunas experiencias, especialmente los conceptos básicos de cobertura y estructuración espacial, probablemente son importantes. La Tabla 11.1 presenta los dos componentes adicionales de la trayectoria de aprendizaje, la progresión de acuerdo al desarrollo y las tareas de enseñanza.

Tabla 11.1 Una trayectoria de aprendizaje para la medición del area

Edad (años)	Progresión del desarrollo	Tareas instructivas
0 – 3	*Estructuración de áreas/ espacial:* **Reconocedor de Cantidades de Pre-Área.** Demuestra tener poco conocimiento específico del concepto de área. Usa estrategias de igualación de lados cuando compara áreas (Silverman, York, & Zuidema, 1984). Es posible que dibuje aproximaciones de círculos u otras figuras en una tarea de teselar[1] con rectángulos	Los niños comparan, ordenan y construyen intuitivamente con muchas clases de materiales y cada vez aprenden vocabulario para cubrir y completar un espacio 2D

Edad (años)	Progresión del desarrollo	Tareas instructivas
	(Mulligan, Prescott, Mitchelmore, & Outhred, 2005).	
	Principalmente dibuja líneas y figuras cerradas sin indicio alguno de estar cubriendo la región específica.	

4	**Comparador Simple de Áreas** Es posible que compare áreas usando únicamente un lado de las figuras, o haciendo una estimación basada en la suma (no el producto) del largo y el ancho.	A los niños se les pregunta cuál pedazo de papel les permitirá dibujar la imagen más grande.
	Cuando se formula la pregunta ¿cuál de las golosinas rectangulares tiene el mismo contenido de una barra de 4 cm por 5 cm, uno de los niños escoge la de 4 por 8 al igualar lados de la misma longitud. Otro niño escoge la de 2 por 7 al sumar las longitudes de los lados intuitivamente.	
	Mide áreas con regla, midiendo una longitud, para después mover la regla y medir esa misma longitud de nuevo, aparentemente tomando la longitud como un atributo de llenado de espacios en dos dimensiones (2D) (Lehrer, Jenkins et al., 1998).	
	Es posible que compare áreas si la tarea sugiere superposición o iteración de unidades.	
	Si se le dan láminas cuadradas y se le pregunta cuántas de estas encajan en un área de 4 por 5, el niño adivina que son 15.	
	Un niño pone una hoja de papel sobre la otra y dice, "Esta es."	

| Edad (años) | Progresión del desarrollo | Tareas instructivas |

| | **Medidor de Áreas de Extremo-a-Extremo** Cubre un espacio rectangular con láminas físicas. Sin embargo, no está en capacidad de organizar, coordinar, y estructurar el espacio en dos dimensiones (2D) si no tiene este tipo de respaldo de percepción. Al momento de dibujar (o imaginar y señalar antes para poder contar), únicamente puede representar ciertos aspectos de la estructura dada, tales como figuras casi rectangulares que estén una al lado de la otra. | Las primeras experiencias de los estudiantes con el área podrían incluir recubrir una región con una unidad bidimensional de su elección, en el proceso discuta aspectos como los espacios sobrantes, las unidades superpuestas y la precisión. Las discusiones sobre estas ideas orientan a los estudiantes a dividir mentalmente una región en subregiones que se pueden contar. |

Cubre una región con láminas físicas, y las cuenta retirándolas una por una.

Hace dibujos dentro de una región en un intento por cubrirla. Es posible que únicamente pueda llenar los espacios cercanos a las guías existentes (Ej., los lados de la región).

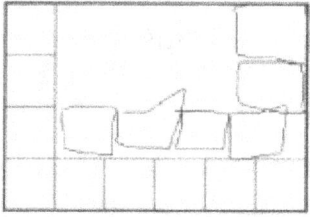

Después de la experiencia, a los niños se les da tres rectángulos (p. ej., 1 x 12, 2x6, 4x3) y se les pregunta cuáles de estos cubren la mayor parte del espacio. Se les orienta para transformar las formas doblándolas e igualándolas y finalmente las convierten en 12 unidades cuadradas.

Puede que intente llenar la región, pero deja espacios y no alinea las figuras que dibuja (o solo las alinea en una dimensión).

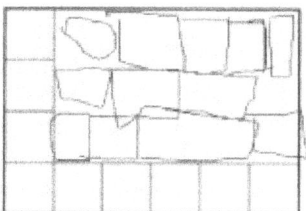

5   *Estructuración de áreas/ espacial:*   Los niños cubren un rectángulo recubriéndolo con láminas

Edad (años)	Progresión del desarrollo	Tareas instructivas
	Cubridor Primitivo. Dibuja una cubierta completa, pero con algunos errores de alineamiento. Cuenta primero alrededor del borde y después lo hace de forma no sistemática en la parte interna, contando algunos objetos dos veces mientras que omite otros.	físicas cuadradas y luego aprenden el dibujo convencional para representar 2 bordes adyacentes con una sola línea. Discuten cómo representar mejor una lámina que no tenga espacios vacíos.
	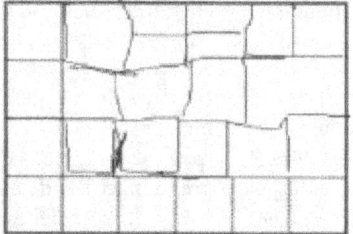	
	Estructuración de áreas/ espacial: **Repetidor y Relacionador de Unidades de Área.** Dibuja como en la figura anterior. También cuenta correctamente, apoyándose en el conteo de una fila a la vez y, frecuentemente, en marcas perceptuales.	Los niños discuten, aprenden y practican estrategias de conteo sistemático para enumerar arreglos.
6	*Estructuración de áreas/ espacial:* **Estructurador de Fila Parcial.** Dibuja y cuenta algunas de las filas, pero no todas, como filas. Es posible que haga bastantes filas e inesperadamente vuelva a hacer cuadros individuales, pero esta vez los alinea en columnas. No coordina el ancho y alto. En contextos de medición, no hace necesario el uso de las dimensiones del rectángulo para restringir el tamaño de las unidades.	Los niños utilizan papel cuadriculado para medir áreas y reforzar el uso de la cuadrícula, así como los valores no integrados. Muestre a los niños un arreglo y pregúnteles cuántos hay en una fila (5-utilice un número que pueda fácilmente saltarse al contar). Realice un barrido con la mano Pase la mano por sobre la siguiente fila, etc. a través de la siguiente fila y repita la pregunta. Continúe Complete todos los números

Edad (años)	Progresión del desarrollo	Tareas instructivas
	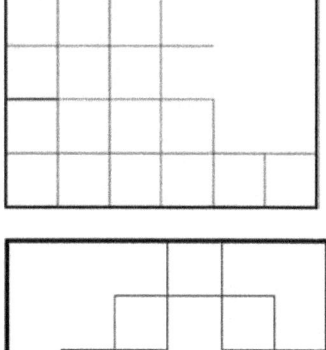	mayores de las secciones faltantes. Utilice un lenguaje como: "traer hacia abajo" o "hacia arriba" una fila.

Los niños aprenden que las unidades deben estar alineadas en un arreglo con el mismo número de unidades en cada fila representando sus acciones de ajustar cuadros sucesivos en un rectángulo. A parte de los cuadrados a lo largo de los bordes de un rectángulo, cada cuadrado adicional debe igualarse a dos de sus lados a los lados de los cuadrados ya dibujados. Un niño que utiliza una regla para dibujar líneas a través del rectángulo seguramente toma conciencia de la alineación de los cuadrados pero puede ser inconsciente sobre la congruencia de las filas, entonces la discusión y la verificación es importante.

En "Arreglos en el Área" los

Edad (años)	Progresión del desarrollo	Tareas instructivas
		niños crean una "fila" del tamaño que ellos quieran, repetidamente derriban las filas para cubrir el área. Luego colocan la respuesta. Esto puede ayudarlos a resolver los problemas anteriores. 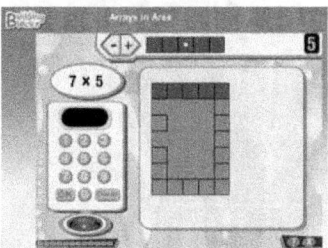
7	*Estructuración de áreas/ espacial:* **Estructurador de Fila y Columna** Dibuja y cuenta filas como filas mediante el trazo de líneas paralelas. Cuenta el número de cuadrados mediante iteración en el número por fila, ya sea usando objetos físicos o un estimado para el número de veces a iterar. Aquellos que cuentan de uno en uno normalmente lo hacen con una estrategia espacial sistemática (Ej., por fila). Si la tarea es medir una región rectangular no marcada, mide una de las dimensiones para determinar el tamaño de los cuadros iterados, y un tiempo después mide ambas cosas para determinar el número de filas que se necesitan en el dibujo. Es posible que no necesite completar el dibujo para determinar el área mediante conteo (mayoría de los niños pequeños) o mediante cómputos (adiciones repetitivas o multiplicación).	Para mejorar, los niños necesitan moverse de la estructura espacial local a la global, coordinando sus ideas y acciones para ver los cuadrados como parte de las filas y columnas. Los niños son animados a "llenar" regiones abiertas construyendo mentalmente una fila, estableciendo una correspondencia 1 a 1 con las posiciones indicadas y luego repetir que la fila a completar es una región rectangular. 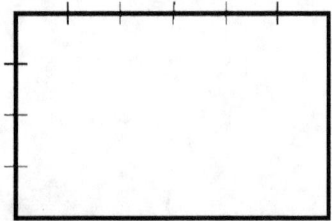 Los niños aprenden que la longitud de una línea específica el número de unidades de longitud que se fijaran a lo largo

Edad (años)	Progresión del desarrollo	Tareas instructivas
	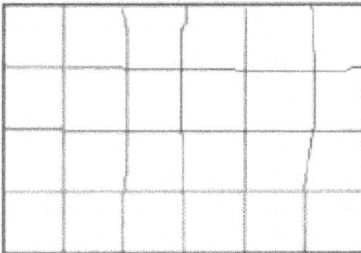	de esta. Rectángulos dados sin marcas. Discuta que siempre y cuando se coloque la marca cero en un extremo de la línea, el número que usted lee en el otro extremo es el número de unidades que usted colocará a lo largo de la línea. En "Arreglos en el Área" (ver arriba) los niños son desafiados a visualizar sus respuestas sin cubrir el rectángulo en su totalidad.
	Conservador de Área. Conserva el área y razona acerca de la composición aditiva de áreas (Ej., cómo ciertas regiones que lucen diferentes pueden tener la misma medida en sus áreas); también reconoce la necesidad de llenar los espacios en la mayoría de contextos.	
8	*Estructuración de áreas/ espacial:* **Estructurador de Arreglos.** Itera sobre los cuadrados de una fila o de una columna de manera multiplicativa para determinar el área mediante el uso de medidas lineales u otras indicaciones similares de las dos dimensiones. Los dibujos ya no son necesarios. Los niños pueden computar el área a partir de la longitud y el ancho de los rectángulos y explicar cómo esa multiplicación constituye una medida del área en múltiples contextos.	De a los niños dos rectángulos (luego, formas hechas con muchos rectángulos) y pregúnteles cuánto espacio hay de más en uno que en el otro.

Volumen

El volumen presenta aún más complejidad. Primero, porque la tercera dimensión presenta un desafío significativo para la estructuración espacial en los estudiantes, segundo, porque la naturaleza misma de los materiales fluidos que se miden con el volumen presenta otra complejidad. Esto conduce a dos formas de medir el volumen físicamente: "empacar" un espacio como un arreglo tridimensional con unidades cúbicas y "llenar" un espacio tridimensional con iteraciones de una unidad fluida que toma la forma del recipiente. Llenar es más fácil para los niños, tiene la misma dificultad que la medida de la longitud. A primera vista esto puede sorprender, pero podemos ver por qué, especialmente en la situación de llenar una jarra cilíndrica en la cual el tamaño (lineal) es proporcional al volumen.

Por otra parte, "empacar" el volumen es más difícil que la longitud y el área pero también conduce a una comprensión más sofisticada y a fórmulas para el volumen. Los niños de preescolar pueden aprender que en un recipiente caben menos objetos grandes que objetos pequeños. Sin embargo, para entender el concepto de empacar volumen, tienen que comprender la estructuración espacial en tres dimensiones. Por ejemplo, comprender la estructura espacial de una "capa" de un cubo es similar a comprender la estructura espacial del área de un rectángulo. Con muchas capas, la situación es compleja, especialmente porque algunos objetos en un arreglo 3D están "dentro" y por lo tanto no se ven. Muchos estudiantes pequeños cuentan únicamente las caras de los cubos, y terminan contando varias veces los mismos cubos, como los de las esquinas, y no cuentan los cubos del interior. En un estudio, únicamente una quinta parte de los estudiantes de quinto comprendieron los arreglos de los cubos como compuestos de filas y columnas en cada una de varias capas.

Experiencia y educación

Como con la longitud y el área, la manera como los estudiantes representan el volumen influye en cómo piensan acerca de la estructuración del volumen. Por ejemplo, comparados con la quinta parte de los estudiantes de quinto que no trabajaron la estructuración espacial, *todos* los niños de tercero que tuvieron un amplio rango de experiencias y representaciones del volumen estructuraron exitosamente el espacio como un arreglo tridimensional (Lehrer, Strom, &Confrey, 2002). La mayoría, incluso, desarrollaron la concepción de volumen como el producto del *área* (ancho por largo) y la altura. Un estudiante de tercer grado, por ejemplo, utilizó papel cuadriculado para estimar el área de la base de un cilindro, luego encontró el volumen multiplicando esta estimación por la altura del cilindro "para sacarla [el área de la base] a través de la altura que representa." Esto indica que una progresión de acuerdo al desarrollo para la estructuración espacial, incluyendo el volumen empacado, podría razonablemente ser mucho más progresiva que lo que dan a entender algunos estudios transversales de estudiantes que siguen secuencias de enseñanza tradicionales en los Estados Unidos.

Trayectorias de aprendizaje para la medición del volumen

La Tabla 11.2 brinda los dos componentes adicionales de la trayectoria de aprendizaje, la progresión de acuerdo al desarrollo y las tareas instructivas.

Tabla 11.2 Trayectoria de aprendizaje para la medida del volumen

Edad (años)	Progresión del desarrollo	Tareas instructivas
0 – 3	*Capacidad/Volumen* **Reconocedor de Cantidad Volumen.** Identifica la capacidad o volumen como un atributo. Dice, "¡Esta caja puede alojar muchos bloques!"	Los profesores escuchan y amplían las conversaciones sobre las cosas que albergan muchos elementos (objetos, arena y agua).
4	**Comparador Directo de Capacidades.** Puede comparar dos recipientes. Vacía el contenido de un recipiente dentro del otro para ver cuál de los dos puede contener más.	En "Comparar Capacidades," los niños comparan cuánta arena o agua podrá contener 8 recipientes. Pida a los niños que muestren cuál contiene más y cómo lo supieron. Eventualmente, pregunte cuál contiene más.
5	**Comparador Indirecto de Capacidades.** Puede comparar dos contenedores mediante el uso de un tercer contenedor y del razonamiento transitivo. Vacía el contenido de un recipiente dentro de otros dos, concluyendo que uno de los dos puede contener menos debido a que el contenido se derrama mientras que el otro no está totalmente lleno.	Solicite a los niños que muestren cuál de dos recipientes contiene más cuando ellos utilizan un tercer recipiente para llenar cada uno de los demás. Discuta como lo comprendieron.
6	*Estructuración de Volúmenes/ Espacial:* **Contador Primitivo de Arreglos en 3D** Posee un entendimiento parcial del espacio que llenan los cubos. Inicialmente, es posible que cuente las caras de una construcción de cubos, tal vez contando cubos dos veces en las esquinas y normalmente omitiendo el conteo de los cubos internos. Eventualmente cuenta un cubo a la vez en contextos guiados y cuidadosamente estructurados tales como empacar cubos en una caja pequeña.	Los estudiantes utilizan cubos para llenar cajas construidas con un pequeño número de cubos que encajen bien. Ellos eventualmente, predicen cuántos cubos, llenan las cajas y cuentan para verificar.
7	**Repetidor y Relacionador de Capacidades.** Usa unidades simples para llenar recipientes y cuenta con	En "Medidas de Capacidades," brinda tres recipientes de medio galón etiquetados "A," "B," y

Edad (años)	Progresión del desarrollo	Tareas instructivas
	precisión. Llena un recipiente mediante el llenado repetitivo de una unidad a medida que cuenta el número de unidades. Cuando se le enseña, entiende que para poder llenar un recipiente determinado, será mejor tener una menor cantidad de objetos o unidades preferiblemente de mayor tamaño.	"C" en tres diferentes colores, cortarlos para que puedan contener dos, cuatro y ocho tazas, una sola taza es la medida para medir agua o arena. Pida a los niños encontrar el que contiene únicamente cuatro tazas. Ayúdelos a llenar "el nivel superior" de la medida de una taza.
	Estructuración de Volúmenes/ Espacial: **Estructurador Parcial en 3D.** Entiende que los cubos llenan un espacio, pero no utiliza el pensamiento multiplicativo o las capas. Opta por estrategias de conteo más precisas. there espacio, espacio, pero no utiliza el pensamiento multiplicativo o las capas. Opta por estrategias de conteo más precisas. Cuenta de forma no sistemática, pero hace el intento de contar los cubos internos. Cuenta sistemáticamente, tratando de tener en cuenta los cubos externos e internos. Cuenta el número de cubos en una fila o columna de una estructura de tres dimensiones (3D) y utiliza conteo con saltos para hallar el total.	Los estudiantes utilizan cubos para llenar cajas construidas así un pequeño número de cubos encajan bien. Ellos eventualmente, predicen cuántos cubos llenan las cajas y cuentan para verificar.
8	*Estructuración de Área/ Espacial:* **Estructurador de Filas y Columnas en 3D.** Cuenta o computa (fila por columna) el número de cubos en una fila, para después utilizar adición o conteo con saltos y determinar el total. Computa (filas multiplicadas por columnas) el número de cubos en una fila, para después multiplicar por el número de capas y determinar el total.	Predicen cuántos cubos se necesitarán para llenar la caja, luego cuentan y verifican. Los estudiantes primero consiguen una red o patrón (abajo en la izquierda) y una imagen. 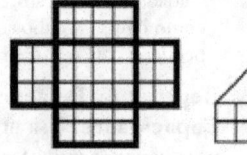

Edad (años)	Progresión del desarrollo	Tareas instructivas
9	*Estructuración de Área/ Espacial:* **Estructurador de Arreglos en 3D.** Itera cuadrados de forma multiplicativa en una fila o columna para determinar el área mediante el uso de medidas lineales u otro tipo de indicaciones similares de dos dimensiones. Las construcciones y los dibujos ya no son necesarios. En múltiples contextos, los niños pueden calcular el volumen de un prisma rectangular a partir de sus dimensiones y explicar cómo la multiplicación crea una medida de volumen.	Pregunte a los estudiantes cuántos cubos son necesarios para llenar sólo un dibujo de una caja como se muestra arriba y luego solo las dimensiones. Después, deberían utilizarse las medidas no integradas.

Relaciones entre longitud, area y volumen

La investigación indica que no hay secuencia de desarrollo estricta para la longitud, el área y el volumen, sino una superposición de esos procesos, excepto en un sentido: la estructuración espacial parece desarrollarse primero en una, luego en dos y tres dimensiones. Así que es razonable desarrollar primero la longitud, enfatizando en la iteración de una unidad. Las experiencias con "llenado" de volumen podrían usarse como otro dominio en el que se puede discutir la importancia de los conceptos básicos de medición (por ejemplo, las iteraciones de unidades de igual tamaño). Las experiencias informales de construir arreglos con objetos concretos pueden desarrollar la estructuración del espacio 2D en el cual se podrían desarrollar los conceptos de área. Seguiría empacar el volumen. Durante todo el proceso, los profesores deberían discutir explícitamente las similitudes y las diferencias en las estructuras de las unidades de medida de longitud, área y volumen.

Medida de angulo y giro

Los métodos de medida del tamaño de los ángulos se basan en la división de un círculo. Como con la longitud y el área, los niños necesitan comprender conceptos como la partición equitativa y la iteración de la unidad para comprender la medida del ángulo y el giro. Además, hay muchos retos extraordinarios en el aprendizaje de la medición del ángulo. Matemáticamente, el ángulo se ha definido de formas distintas pero relacionadas. Por ejemplo, un ángulo puede ser considerado como la figura formada por dos rayos extendidos desde el mismo punto o como la cantidad de giros necesarios para hacer coincidir una línea o plano con otro, o hacer que queden paralelos. El primero involucra la composición de dos componentes o partes de una figura geométrica y el segundo -la medida del tamaño del ángulo que nos concierne aquí- implica una *relación* entre dos componentes. Por lo tanto, ambas son *propiedades* geométricas (ver Capítulo 8) y para los estudiantes ambas son difíciles de aprender. También son difíciles de relacionar una con otra. Los estudiantes de preescolar y primeros años de primaria a menudo forman conceptos de ángulo separados, como el ángulo-como-una-forma y el ángulo-como-movimiento. También mantienen nociones separadas para los diferentes contextos de giros (por ejemplo, la rotación ilimitada como un ventilador vs. una bisagra) y para varias "curvas" en caminos, limpiadores de tuberías, o figuras.

Los niños tienen muchas concepciones erradas acerca de los ángulos y la medición de los mismos. Por ejemplo, "recto" puede significar "no curvo" pero también "no arriba y abajo" (vertical). Muchos niños comparan correctamente los ángulos si todos los segmentos de línea tienen la misma longitud (ver # 1 en la Figura 11.3) pero cuando la longitud de los segmentos de línea son diferentes (#·2) más de la mitad de los estudiantes de primaria cometen errores, porque se basan en la longitud de los segmentos o la distancia entre sus puntos finales.

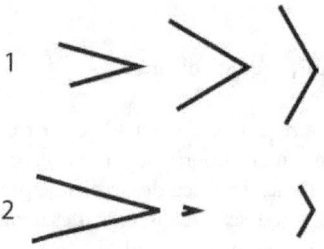

Figura 11.3 Ángulos con (1) la misma y (2) diferente longitud en los segmentos de línea.

Otras concepciones equivocadas incluyen aquella que un ángulo recto es uno que señala hacia la derecha o que dos ángulos rectos en diferentes orientaciones no son iguales.

Experiencia y educación

Las dificultades de los niños podrían implicar que no se debería enseñar la medida del ángulo y del giro a los niños pequeños. Sin embargo, hay razones válidas para incluirlos en la educación matemática temprana. Primero, los niños pueden y deben comparar las medidas del ángulo y el giro informalmente. Segundo, el uso del tamaño de los ángulos, al menos implícitamente, es necesario para trabajar con las formas; por ejemplo, los niños que distinguen un cuadrado de una figura no cuadrada como el rombo está reconociendo las relaciones del tamaño del ángulo, al menos en un nivel intuitivo. Tercero, la medida del ángulo juega un papel esencial en la geometría durante la etapa escolar y sienta las primeras bases de una meta curricular. Cuarto, la investigación indica que, aunque solo un pequeño porcentaje de estudiantes de la escuela primaria aprenden bien los ángulos, los niños pequeños *pueden* aprender estos conceptos exitosamente.

Quizás el paso más difícil para los estudiantes es comprender la medida del ángulo dinámicamente, como en los giros. Una herramienta de enseñanza muy útil es el computador. Ciertos ambientes informáticos ayudan a los niños a cuantificar los ángulos y especialmente los giros, adjuntando números a esas cantidades para adquirir la medida verdadera. Aquí examinamos dos tipos de ambientes informáticos. El primer tipo es el de los manipulativos del computador, quizás el más apropiado de los dos para los niños más pequeños. Por ejemplo, el software puede animar a los niños a usar significativamente las herramientas del giro y la vuelta para hacer dibujos, diseños y solucionar rompecabezas. El solo uso de estas herramientas ayuda a los niños a traer el concepto de giro a un nivel explícito de conciencia (Sarama et al., 1996). Por ejemplo, Leah, de 4 años de edad, primero llamó a la herramienta "vuelta" lo cual tenía sentido – ella hizo clic repetidamente, "volteando" la figura. Durante la siguiente semana, sin embargo, la llamó giro y utilizó la herramienta izquierda o derecha deliberadamente. De manera similar, cuando un niño de kínder trabajaba sin el computador, rápidamente manipulaba los bloques de patrones, resistiéndose a responder cualquier pregunta sobre su intención y sus razones. Cuando finalmente hizo una pausa, un investigador le preguntó cómo había hecho encajar una pieza particular. Él tuvo problemas para dar la respuesta y finalmente dijo que "la giró." Cuando trabajó en el computador, parecía ser consciente de sus acciones, de manera que cuando se le preguntó cuántas veces había girado una pieza particular (en incremento de 30°), correctamente dijo "tres" sin dudarlo (Sarama et al., 1996). Un segundo ambiente informático es la geometría de la tortuga de logo. Logo también puede ayudar a los niños a aprender las ideas de ángulo y medida de los giros. Una niña pequeña explicó cómo había girado la tortuga 45°: "lo hice contando ¡5, 10, 15, 20...45! [Rotando su mano a medida que contaba]. Es como el velocímetro de un carro. Se puede ir aumentando de 5 en 5 (Clements & Battista, 1991). Esta niña matematizó girando: aplicó una unidad a un acto de giro y usó sus habilidades de conteo para determinar una medida.

La tortuga de logo necesita comandos de giros exactos, como "RT 90" para "girar 90 grados." *Si* trabajan bajo la orientación de un profesor en tareas que valen la pena, los niños pueden aprender mucho acerca de la medición del ángulo y del giro dirigiendo la tortuga de logo. Las discusiones se deberían enfocar en la diferencia entre el ángulo de rotación y el ángulo formado con el trazo de la tortuga. Por ejemplo, la Figura 11.4 muestra muchas herramientas. La herramienta de "etiqueta de giros" muestra la medida de cada giro, recordándoles a los niños que el comando "RT 135" creó un ángulo *externo* de 135°, al crear un *ángulo* de 45° (el ángulo *interno* formado por las dos líneas, 100 y 150 unidades de longitud). La Figura 11.4b muestra una herramienta que les permite a los niños medir el giro que ellos deseen. Estas herramientas vienen en el software Turtle Math (Clements & Meredith, 1994), pero los profesores pueden utilizar cualquier logo o ambiente geométrico de la tortuga, para garantizar que los niños comprendan las relaciones entre estas ideas. Anime a los niños a girar sus cuerpos y a discutir sus movimientos, y luego visualicen esos movimientos mentalmente utilizando puntos de referencia como 90° y 45°.

Trayectoria de aprendizaje para la medición del ángulo y del giro

Para comprender los ángulos, los niños deben comprender los diferentes aspectos del concepto del ángulo. Deben superar las dificultades con orientación, discriminar los ángulos como partes críticas de las figuras geométricas, y representar la idea de los giros y su medida. Deben aprender a *conectar* todas estas ideas. Esta es una tarea difícil que podría comenzar en los primeros años, en la medida en que los niños se relacionen con las esquinas de las figuras, comparando el tamaño del ángulo y el giro. Una trayectoria de aprendizaje para la medición del ángulo se muestra en la Tabla 11.3.

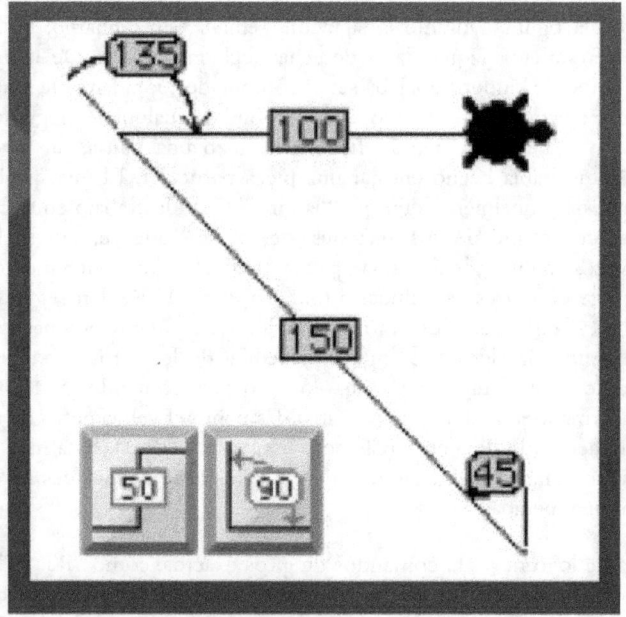

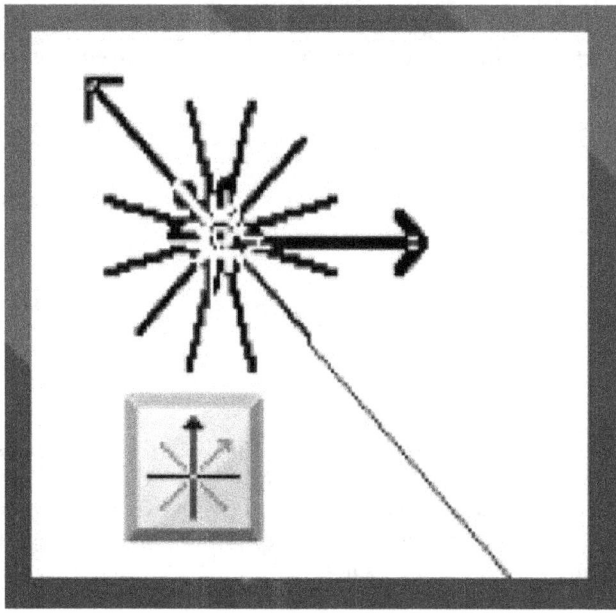

Figura 11.4 Las herramientas de Tortuga Matemática: a) herramientas "marca línea" y "marca giro" y b) herramienta "medida de ángulo."

Tabla 11.3 Trayectoria de aprendizaje para la medida del ángulo (giro)

Edad (años)	Progresión del desarrollo	Tareas instructivas
2 – 3	**Constructor Intuitivo de Ángulos** Usa algunas de las nociones de medida de ángulos de forma intuitiva en escenarios cotidianos, tales como la construcción con bloques. Pone bloques formando ángulos rectos y bloques paralelos entre si (con el respaldo de percepción dado por los mismos bloques) con el objetivo de construir una "calle."	Construir bloques con materiales estructurados (p.ej., unidad de bloques). Navegacion de todos los días.
4 – 5	**Usuario Implícito de Ángulos** En tareas que involucren alineamiento físico, construcción con bloques, o en otros contextos cotidianos, usa de forma implícita algunas de las nociones de ángulo, incluyendo el paralelismo y la perpendicularidad (Mitchelmore, 1989, 1992; Seo & Ginsburg, 2004). Es posible que identifique ángulos correspondientes de un par de triángulos congruentes mediante el uso de modelos físicos. Usa la palabra "ángulo" u otro tipo de vocabulario descriptivo para describir algunas de estas situaciones. Después de ajustar la distancia entre dos bloques unitarios largos, mueve uno de ellos de manera que quede paralelo al otro con el objetivo de colocar un bloque perpendicular, de manera precisa, que los atraviese. Esto como paso inicial antes de colocar muchos otros bloques perpendiculares a los dos bloques iniciales.	Pida a los niños que están construyendo con bloques describir por qué los ubicaron de la forma como lo hicieron, o desafíelos a re direccionar un bloque "camino" para ayudarlos a reflexionar sobre el paralelismo, la perpendicularidad y los ángulos no rectos. Utilice el término "ángulo" para describir una variedad de contextos en los cuales el ángulo se usa, por ejemplo, desde las esquinas de las formas hasta doblar un alambre, donde dobla una carretera o una rampa. Pida a los niños encontrar y describir otras cosas del mundo que "tengan ángulos similares." De esta forma, los niños podrían relacionar una puerta abierta con unas tijeras, una rampa hecha con bloques con una escalera contra una pared y así sucesivamente. El eje central aquí debería ser el tamaño de la "abertura" (para las tijeras) o ángulo

Edad (años)	Progresión del desarrollo	Tareas instructivas
		(para lo horizontal como una rampa)
6	**Igualador de Ángulos** Iguala ángulos de forma concreta. Reconoce lo que es paralelo de lo que no lo es en contextos específicos (Mitchelmore, 1992). Clasifica los ángulos en "más pequeños" o "más grandes" (pero puede que se deje confundir por características irrelevantes tales como la longitud de los segmentos de línea). Cuando se le da una gran cantidad de triángulos no congruentes, halla parejas que tengan ángulos con la misma medida al poner dichos ángulos uno sobre el otro.	Los niños utilizan *Shape Set* (Conjunto de Formas) para encontrar formas que tienen los mismos ángulos, incluso si las formas no son congruentes. Resuelva rompecabezas de formas que requieran atención al tamaño del ángulo (p.ej., Nivel de Compositor de Formas; ver Capítulo 9).
7	**Comparador de Tamaños de Ángulos** Diferencia ángulos y tamaños de ángulos a partir de figuras y contextos, también compara tamaños de ángulos. Reconoce los ángulos rectos, y posteriormente ángulos iguales con otras medidas y diferente orientación (Mitchelmore, 1989). Compara giros simples. (Nótese que de no ser entrenado, este o un nivel más alto puede no ser logrado incluso para cuando finalicen los estudios de educación básica primaria.) "Pongo todas las figuras que tienen ángulos rectos por aquí, y todas las otras que tienen ángulos más grandes o más pequeños por acá." Gira la tortuga de Logo usando medidas en grados.	Los niños utilizan la tortuga Logo para hacer o seguir senderos y construir formas (Clements & Meredith, 1994). De forma similar, hable sobre los giros y sus medidas en una variedad de contextos de movimiento como salir a caminar o realizar mapas. Relacione una variedad de contextos sobre el tamaño del ángulo a una metáfora común, como un reloj, observando los dos lados del ángulo ("las manecillas" del reloj), el centro de rotación, y la cantidad de giros de una lado a otro. Hable sobre "lo cotidiano" y con "ejemplos retadores" presente ángulos con una medida pequeña, pero con lados de longitud más grande , esto para confrontar una concepción

Edad (años)	Progresión del desarrollo	Tareas instructivas
		no correcta que tienen los niños sobre la longitud de los lados de un ángulo y la medida del ángulo
8+	**Medidor de Ángulos** Entiende los ángulos y sus medidas en sus dos aspectos primarios y está en capacidad de representar múltiples contextos en términos del estándar, conceptos que se pueden generalizar y procedimientos de ángulos y medidas de ángulos (Ej., dos radios, el punto extremo en común, la rotación de un radio con respecto al otro en torno a un punto extremo, y la medida de dicha rotación).	Los estudiantes calculan la medida (interna) de los ángulos formados por los giros de la tortuga (ángulos exteriores). Ver Tabla 8.1 en el Capítulo 8, edad 8+ Representante del ángulo.

Palabras finales

La medición es una de las aplicaciones principales de la matemática en el mundo real. También ayuda a conectar los otros dos reinos de la matemática inicial, la geometría y el número. El Capítulo 12 también tiene que ver con el dominio de los contenidos que son importantes para conectar las ideas matemáticas en la solución de problemas del mundo real. Estos incluyen patrones, estructuras, procesos algebraicos tempranos y análisis de datos.

12 OTROS DOMINIOS DEL CONTENIDO

¿Qué clase de matemáticas se muestran en la Figura 12.1?

Figura 12.1 ¿Qué matemáticas han utilizado estos dos niños de preescolar?

Los Principios y los Estándares para las Matemáticas Escolares NCTM (2000) incluyen cinco dominios de contenido para todos los grados: el Número y las Operaciones, la Medida, el Álgebra, el Análisis de Datos y la Probabilidad. Los capítulos anteriores han tratado los tres primeros en profundidad. ¿Y los otros dos? ¿Qué papel juegan?

Patrones y estructura (incluyendo el pensamiento algebraico)

La variedad de formas en las cuales se ha utilizado el término "patrones" ilustra una fortaleza y una debilidad de la noción, como una meta en las matemáticas. Consideremos algunos ejemplos de otros capítulos:

- Patrones perceptuales como los de dominó, subitizados, patrones con los dedos o los patrones auditivos (por ejemplo, tres golpes) (ver Capítulo 2).
- Patrones en las palabras que designan números para contar (Wu, 2007, ver también Capítulo 3).
- El patrón de conteo de "uno más" (Capítulo 3), que también conecta el conteo con la aritmética.
- Los patrones numéricos, como la representación mental de 3 como un triángulo; o un patrón similar de 5 que se puede romper en 2 y 3 y luego colocarlos otra vez juntos para formar 5 (ver Capítulos 2, 3, 5 y 6).
- Los patrones aritméticos que son especialmente importantes y fáciles de ver por los niños: los dobles (3 + 3, 7 + 7) que permiten el acceso a las combinaciones como 7 + 8 y los cincos (6 surge de 5 + 1, 7 de 5 + 2, etc.) los cuales permiten la descomposición en cincos (ver Capítulo 6 también como otros ejemplos de Parker & Baldridge, 2004).
- Los patrones espaciales como los de los cuadrados (Capítulo 8) o la composición de formas (Capítulo 9) incluyendo las estructuras de los arreglos (Capítulo 11).

Ninguno de estos ejemplos de patrones en las matemáticas iniciales corresponde a la práctica de "hacer patrones," típica de los salones de clase de preescolar. Esta práctica tradicional involucra actividades como hacer cadenas de papel que son "rojo, azul, rojo, azul..." y así sucesivamente. Dichos patrones secuenciales repetitivos podrían ser útiles, pero los educadores deben ser conscientes de su *papel* en las matemáticas y en la educación matemática, y cómo los patrones secuenciales repetidos como las cadenas de papel encajan en (pero ciertamente no constituyen) el gran rol de crear patrones y estructuras.

Para comenzar, Lynne Steen se refirió a las matemáticas como la "ciencia de los patrones" -patrones en el número y el espacio (1988). La teoría de la matemática, según Steen, se construye sobre las relaciones entre los patrones y sobre las aplicaciones derivadas del ajuste entre el patrón y las observaciones.

El concepto de "patrón" va más allá de los patrones secuenciales repetidos. *Crear patrones es buscar regularidades y estructuras matemáticas*. Identificar y aplicar los patrones ayuda a traer orden, cohesión y predictibilidad a las situaciones que parecen desorganizadas, y nos permite hacer generalizaciones a partir de la información que tenemos al frente. Aunque puede ser visto como "un área de contenido," *los patrones son más que un contenido: son un proceso, un dominio de estudio y un hábito de la mente*. De acuerdo con esta amplia perspectiva, los niños comienzan ese desarrollo desde el primer año de vida como se muestra en los capítulos anteriores. Aquí nos limitaremos principalmente a la secuencia y otros tipos de patrones repetidos y su extensión al pensamiento algebraico—El dominio de contenido NCTM unido más claramente al trabajo previo con patrones. Pero no debemos olvidar que este es solo un pequeño aspecto de "la ciencia de los patrones" de Steen.

Desde los primeros años de vida, los niños son sensibles a los patrones -de acciones, conductas, impresiones visuales y así sucesivamente. Durante los primeros años de infancia se desarrolla gradualmente una comprensión explícita de los patrones. Por ejemplo, aproximadamente ¾ de aquellos que entran al colegio pueden copiar un patrón repetido, pero únicamente 1/3 puede extender o explicar dichos patrones. Los niños de preescolar pueden aprender a copiar patrones simples y, por lo menos en kínder, los niños pueden aprender a ampliar y crear patrones. Así que los niños aprenden a reconocer la relación entre diferentes representaciones del mismo patrón (por ejemplo, entre patrones visuales y motrices, o de movimiento; rojo, azul, rojo, azul...y chasquear, aplaudir, chasquear, aplaudir...). Este es un paso crucial en el uso de los patrones para hacer generalizaciones y para revelar las estructuras comunes subyacentes. En los primeros años de colegio, los niños aprenden a identificar la unidad central (por ejemplo, AB) que también se repite (ABABAB) o "Crece" (ABAABAAAB), y luego la utilizan para generar ambos tipos de patrones. Sabemos pocas cosas más, excepto que los patrones son uno de los muchos elementos visuales de enseñanza con impacto positivo a largo plazo del programa Agam (Razel & Eylon, 1990).

¿Dónde está "el álgebra" en los patrones? tener una cosa como base para otra es el comienzo de la representación algebraica. Observe que en pre kínder o kínder muchos niños pueden nombrar patrones con convenciones como "ABAB." Este es otro paso crucial para el pensamiento algebraico que implica usar los nombres de las variables (las letras) para etiquetar o identificar los patrones que se relacionan con diferentes cuerpos físicos. Esos nombres ayudan a los niños a reconocer que la matemática se enfoca en una estructura subyacente y no en apariencias físicas. Realizar una correspondencia uno a uno es una versión primitiva de la noción algebraica básica de correspondencia - como una Tabla de una función. Quizás es más claro que aun los niños de preescolar y de kínder pueden hacer ciertas "generalizaciones algebraicas iniciales, tales como "si se quita cero a cualquier número da ese número" o "si se resta a un número el mismo número resulta cero." Dichas generalizaciones algebraicas se pueden desarrollar después en los grados de primaria, aunque los estudiantes usualmente llegan a ser conscientes de ellas únicamente con la orientación explícita del profesor.

Este cuerpo de investigación sobre cómo los niños pequeños comprenden los patrones se puede utilizar para establecer trayectorias de aprendizaje adecuadas al desarrollo para la enseñanza de patrones en la educación matemática temprana, al menos para patrones simples de secuencias repetidas. La investigación sobre los patrones como una forma de pensamiento es aún más escasa. La siguiente sección incluye algunos enfoques promisorios.

Experiencia y educación

Los enfoques para enseñar el tipo más tradicional de los patrones en la primera infancia, los patrones secuencias repetidas, han sido documentados en muchos proyectos del currículo en los Estados Unidos (ver Capítulo 15). Las trayectorias de aprendizaje *Building Blocks* para este tipo de patrón se presentan en la Tabla 12.1. Estas actividades muestran que además de ubicar la forma u otros objetos en los patrones secuenciales, los niños pequeños pueden también enTablar patrones rítmicos y musicales. Pueden aprender patrones más complicados que el simple patrón ABABAB. Por ejemplo, pueden comenzar con "aplauso, aplauso, chasquido; aplauso, aplauso, chasquido..." pueden hablar acerca de este patrón representándolo con palabras y otros movimientos de manera que "aplauso, aplauso, chasquido..." se transforma en saltar, saltar, caer; saltar, saltar caer... y luego simbolizarlo como el patrón AABAAB. Muchos currículos han enseñado de manera exitosa dichos patrones a niños de 4 a 5 años de edad.

El juego y las actividades informales de los niños pequeños pueden ser medios efectivos para el aprendizaje de los patrones matemáticos en contextos significativos y motivantes. Sin embargo, los profesores tienen que aprender a aprovechar dichas oportunidades. Por ejemplo, una profesora les pide a los niños hacer patrones de ropa para una muñeca de papel, pero desafortunadamente sus ejemplos, aunque eran coloridos, todos tenían diseños complejos al azar que no incluían patrones.

En otro estudio una profesora observó una niña pintando cuatro iteraciones de un patrón central verde, rosado y morado. La niña dijo "mira mis patrones." La profesora observó esto y dijo "que trabajo de arte tan bonito"; no parecía ser consciente de la oportunidad que había perdido (Fox, 2005, p.317). En otro preescolar una niña estaba trabajando con un kit de construcción que contenía un martillo y puntillas. Chelsea estaba clavando figuras en un tablero de corcho y describiéndolas a otros niños en la mesa: "esto es un collar con diamantes- el diamante, una forma divertida, el diamante, una forma divertida, el diamante, una forma divertida." El profesor le preguntó a Chelsea acerca de su creación. Después de la intervención del profesor, Harriet (otra niña) comenzó a utilizar el equipo para hacer un patrón de repetición (círculo amarillo- triángulo verde). Una tercera niña, Emma, se acercó a la mesa y creó un collar utilizando un patrón AB BA. El interés explícito de Chelsea en los patrones matemáticos y la participación e intervención del profesor, motivó a otros niños a unirse en la creación de patrones. Este es un ejemplo de creación de patrones en un contexto de juego, que puede aprovecharse para el aprendizaje matemático.

Continuando las conclusiones de estos proyectos de investigación, creemos que los profesores necesitan comprender las trayectorias de aprendizaje de los patrones en todas sus formas y las profundas implicaciones de la creación de patrones como hábitos mentales. Estamos de acuerdo en que para la creación de patrones, como en todas las áreas de las matemáticas, hay una necesidad de ayudar a los profesores a planear las experiencias y actividades específicas, privilegiar las actividades relevantes iniciadas por los niños y descubrir y orientar matemáticamente las discusiones generativas en todos los ambientes.

Ilustrando este enfoque, otros proyectos de Australia muestran el poder de enfatizar un amplio rango de actividades enfocadas en *estructuras y patrones matemáticos*. Las actividades de enseñanza desarrollaron la memoria visual de los estudiantes en la medida en que observaron, recordaron y representaron las estructuras espaciales y numéricas en los procesos como el conteo, la partición, la subitización, la agrupación y la unificación (esto implica que *muchas de las actividades de patrones más importantes en este libro están en otros capítulos,* como sugirió la introducción a este capítulo). Estas actividades se repitieron regularmente en formas variadas para incentivar a los niños a generalizar. Por ejemplo, los niños reproducían patrones, incluyendo los de repetición secuencial, las cuadriculas simples y los arreglos de varios tamaños (incluyendo los números triangulares y cuadrados). Ellos explicaron por qué los patrones son "los mismos" y describieron patrones repetidos con números ordinales (por ejemplo, "cada tercer bloque es azul"). También reproducían patrones de cuadricula cuando una parte del patrón estaba escondido o por memoria.

Estas actividades de "patrones y estructuras" incluían estructuras visuales como aquellas utilizadas en la subitización (Capítulo 2) y las estructuras espaciales (Capítulos 7 y 11); la estructuración del espacio lineal (Capítulo 10) y las estructuras de números conectadas con ellas (Capítulos 3 y 6). Así que este punto de vista de patrón y estructura incluye, pero va más allá de patrones lineales simples y se conecta con áreas bastante diferentes de las matemáticas. *Los niños que no desarrollan este tipo de conocimiento tienden a tener poco progreso en las matemáticas.*

Al pasar a los primeros grados escolares, los niños logran describir patrones con números. Incluso los patrones de repetición secuencial se pueden describir como "dos de algo, luego uno de algo más." El patrón de conteo, la aritmética, la estructura espacial y así sucesivamente han sido enfatizados en otros capítulos. Aquí recalcamos que se debe ayudar a los niños a hacer y utilizar las generalizaciones aritméticas como las siguientes:

- Cuando se suma cero a un número la suma siempre es el mismo número.
- Cuando se suma uno a un número la suma es siempre el número siguiente en la secuencia de conteo.
- Cuando se suman dos números, no importa cuál de los dos va primero.
- Cuando se suman tres números no importa cuáles dos se suman primero.

Para muchos, estos son los primeros vínculos claros entre los patrones, el número y el álgebra. Cuando un estudiante usa una estrategia, puede inducir a otro estudiante a preguntar por qué funcionaría, lo que conduciría a discusiones de enunciados generales acerca de una operación dada. Sin embargo, Carpenter y Levi, se dieron cuenta que esto no ocurre con frecuencia en los salones de clase de los grados primero y segundo, así que utilizaron las actividades de Bob Davis del Proyecto Madison, en particular las actividades con enunciados verdaderos y falsos, y números abiertos. Por ejemplo, se les pidió a los estudiantes verificar la veracidad de "frases numéricas verdaderas o falsas" como $22 - 12 = 10$ (¿verdadero o falso?) y otras como $7 + 8 = 16$, $67 + 54 = 571$. Ellos también resolvieron enunciados de números abiertos de distintas formas. Las proposiciones de número abierto involucraron variables sencillas, como $X + 58 = 84$, variables múltiples como $X + Y = 12$ y variables repetidas como, $X + X = 48$. Ciertos casos se seleccionaron para generar discusión sobre las propiedades básicas de las operaciones y las relaciones numéricas; por ejemplo, verificar la veracidad de $324 + 0 = 324$ conduce a los estudiantes a hacer generalizaciones acerca del cero (Nota: Cuando se dice 'sumar un cero a un número no cambia ese número', quiere decir sumar cero no añadir un cero, como 10 --→ 100 o sumar números que incluyen cero, como $100 + 100$; Carpenter & Levi, 1999). Los estudiantes también disfrutaron y se beneficiaron de crear y compartir sus propios enunciados de números falsos y verdaderos. Otro caso son las proposiciones en la forma de $15 + 16 = 15 + X$. Esto puede inducir a que los estudiantes reconozcan que no tienen que calcular y luego usar estrategias más sofisticadas para los problemas como $67 + 83 = X + 82$ (Carpenter, Franke& Levi, 2003, pp. 47 – 57).

Estos investigadores también indicaron muchas prácticas que hay que *evitar* (Carpenter et al. 2003). Por ejemplo, evitar el uso del signo igual para hacer listas de objetos y números (por ejemplo, John = 8, Marcie = 9…). No lo utilice para dar un número en una colección (lll=3) o para indicar que el mismo número está en 2 colecciones. Finalmente, no lo utilice para representar cadenas de cálculos, como $20 + 30 = 50 + 7 = 57$; $57 + 8 = 65$.

Hay unas cuantas sugerencias más de enseñanza basada en la investigación sobre el signo igual, el cual a menudo se enseña muy mal. En un proyecto se introduce el igual *únicamente* en el contexto de hallar todas las descomposiciones para un número; y ubicar ese número (por ejemplo, 5) primero: $5 = 5 + 0$, $5 = 4 + 1$, $5 = 3 + 2$ (Fuson & Abrahamson, en prensa). Los niños luego escriben cadenas de ecuaciones en las cuales escriben un número de muchas formas variadas (por ejemplo, $9 = 8 + 1 = 23 - 14 = 109 - 100 = 1 + 1 + 1 + 1 + 5 =…$) ese trabajo ayuda a evitar las conceptualizaciones limitadas.

Otro estudio encontró que los niños de grado kínder y primero podrían reconocer los enunciados legítimos de números como $3 + 2 = 5$ pero únicamente los de grado primero *producen* dichos enunciados. Sin embargo, tenían dificultad para reconocer frases numéricas como $8 = 12 - 4$. Así que los profesores deben ofrecer una variedad de ejemplos a los niños, incluyendo frases con la operación a la derecha del igual y frases con múltiples operaciones como $4 + 2 + 1 + 3 + 2 = 12$. Durante todo este trabajo, discuta la naturaleza de los enunciados numéricos de adición y sustracción y los diferentes símbolos, el papel que tienen y sus propiedades definitorias y no definitorias. Por ejemplo, los estudiantes pueden eventualmente generalizar para ver no solo que $3 + 2 = 5$ y $2 + 3 = 5$ si no que $3 + 2 = 2 + 3$. Sin embargo, podrían únicamente ver que el orden de los números "no importa" - sin comprender que esta es una propiedad de *la adición* (no de pares de números en general). Las discusiones pueden ayudarles a entender las operaciones aritméticas como "cosas acerca de las cuales pensar" y discutir sus propiedades (ver muchos ejemplos en Kaput Carraher, & Blanton, 2008).

Otro estudio con estudiantes de grado tercero y cuarto reveló que la enseñanza del signo igual en las ecuaciones *contrastaba* con los signos mayor que (>) y menor que (<) los cuales ayudaron a estos estudiantes a comprender el signo igual con su significado relacional (Hattikudur & Alabali, 2007). Los estudiantes aprendieron tres signos al mismo tiempo mientras que los estudiantes en comparación aprendieron uno solo.

Un estudio final encontró que ofrecer a los estudiantes de segundo ecuaciones como 2 + 5 + 1 = 3 + ___ y darles la retroalimentación necesaria, mejoró sustancialmente su desempeño. El tipo de tareas no simbólicas, semi-simbólicas o simbólicas no fueron relevantes (Sherman, Bisanz, & Popescu, 2007). Lo que probablemente *sí* es importante es que los estudiantes vean ese trabajo y *todo* el trabajo aritmético como una actividad que tiene sentido. Lo que significa pedir que resuelvan un problema como 8 + 4 = ☐ +5. Los estudiantes a menudo escriben 12 en el cuadro. Otros incluyen el 5 en el total, colocando 17 en el cuadro. Otros crean un total colocando rápido un 12 en el cuadro y un "= 17" seguido del 5 (Franke, Carpenter, & Battery, 2008). Como se discutió, ven el signo igual como una instrucción para calcular, como un signo de "la respuesta es." Este no es su significado matemático.

Las soluciones se facilitan cuando uno comprende la semántica- el significado de cada símbolo. Por ejemplo, los estudiantes podrían pensar de la siguiente manera:

A lo que me enfrento es a una ecuación con un número que desconozco. Tengo que encontrar el número en el cuadro. Los dos lados de la ecuación deben ser iguales. Yo no sé cómo encontrar la suma en el lado izquierdo de la ecuación: 8 + 4 = 12. Así puedo reescribir la ecuación como

$$12 = \Box + 5$$

O quizás más sencillo que

$$\Box + 5 = 12$$

Ahora estoy buscando el número que tiene la propiedad que cuando yo le sumo 5 me da 12. Sé cómo hacerlo. La respuesta es 7, así que 7 va en el cuadro y puedo verificar: 8 + 4 = 12 y 7 + 5 = 12, así 8 + 4 = 7 + 5. (Schoenfeld, 2008).

Dichas soluciones dependen del conocimiento de la semántica de la ecuación. Si los estudiantes ven esas ecuaciones en términos de su significado, pueden hallarles sentido y solucionarlos. Schoenfeld dice que cada problema, aún 3 + 2 = 5, se relaciona al significado (un grupo de 5 se combina con un grupo de 2…) y entre más explícitamente conectado a ese significado esté para los estudiantes, más fuerte será su competencia tanto aritmética como de álgebra temprana.

Esto significa que enseñar el cálculo sin prestar atención al pensamiento relacional y algebraico constituye un obstáculo para el progreso posterior de los estudiantes en matemáticas. Los estudiantes deben ver todas las matemáticas como una búsqueda de patrones, estructura, relaciones, como un proceso de hacer y evaluar las ideas en general, hallar sentido de situaciones cuantitativas y espaciales (Schoenfeld, 2008). Estarán bien preparados para las matemáticas posteriores (incluyendo el álgebra) únicamente si hacen esto en cada uno de sus trabajos matemáticos.

Un último proyecto es quizás el más sorprendente. El proyecto de mejorar las matemáticas en Inglaterra ha desarrollado actividades de álgebra para los niños de preescolar. Considere el problema de resolver dos ecuaciones lineales simultáneas $X + Y = 4$ y $X = Y$ en este proyecto los niños de 4 a 5 años de edad colorean los contornos de los caracoles siguiendo dos reglas: tienen que colorear cuatro caracoles y el número de caracoles cafés debe ser igual al número de caracoles amarillos. El material fue desarrollado por David Burghes basado en el Currículo Matemático de Hungría.

Los lectores interesados en el álgebra inicial, especialmente para los estudiantes de grado 2 y siguientes, deberían consultar el libro anexo. Allí encontrarán una amplia discusión de muchos otros proyectos con los estudiantes durante esos grados.

Trayectoria de aprendizaje para el patrón y la estructura

Los Puntos Centrales del Currículo de NCTM, (NCTM, 2006) identifican las siguientes metas como relevantes a los patrones y al pensamiento algebraico.

Pre kínder incluye una conexión:

- Algebra: los niños reconocen y duplican los patrones secuenciales simples (por ejemplo, cuadrado, círculo, cuadrado, círculo, cuadrado, círculo…)

Kínder incluye una conexión:

- Álgebra: Los niños identifican, duplican y extienden los patrones de números simples y secuenciales aumentando los patrones (por ejemplo patrones hechos con formas) como preparación para crear reglas que describen relaciones.

Primer grado incluye un punto central (en adición y sustracción ver Capítulo 5) y dos conexiones:

- *Número, Operaciones y Álgebra:* Los niños utilizan el razonamiento matemático incluyendo ideas como la conmutatividad y la asociatividad y el comienzo de las ideas iniciales de dieces y unos, para resolver la adición de dos dígitos y los problemas de sustracción con estrategias que ellos entienden y pueden explicar. Resuelven problemas rutinarios y no rutinarios.
- *Álgebra:* a través de la identificación, la descripción y la aplicación de patrones y propiedades del número para desarrollar estrategias para hechos básicos, los niños aprenden sobre otras propiedades de los números y operaciones como

pares e impares (por ejemplo "los números pares de objetos pueden formar parejas sin que ninguno sobre"), y 0 como el elemento de identidad para la adición.

Segundo grado incluye un punto central (en la adición y la sustracción; ver Capítulo 5) y una conexión:

- *Álgebra:* Los niños utilizan los patrones de número para ampliar su conocimiento de las propiedades de los números y las operaciones. Por ejemplo, cuando cuentan por saltos construyen las bases para comprender los múltiplos y los factores.

Así que el trabajo inicial con patrones secuenciales pronto se amplía a los patrones de crecimiento y patrones aritméticos.

En la Tabla 12.1 se presenta una trayectoria de aprendizaje para los patrones. Como se dijo anteriormente, esto concierne más al caso típico y simple de los patrones de secuencia repetidos. (Además, la secuencia aquí viene principalmente de los pocos estudios sobre patrones con niños pequeños, sobre todo nuestro *Building Blocks* y los proyectos TRIAD). Incluye una pequeña porción del aprendizaje acerca de los procesos de los patrones y los conceptos descritos por "patrón y estructura."

Tabla 12.1. Trayectoria de aprendizaje para patrones y estructura

Edad (años)	Progresión del desarrollo	Tareas instructivas
2	**Generador de Patrones Pre-explícito** Detecta y usa la generación de patrones de manera implícita, pero es posible que no reconozca patrones lineales secuenciales de forma precisa y explícita. Le llama "patrón" a una camiseta de rayas que no tiene unidad repetitiva.	Enfatice los patrones de las canciones, poemas de los niños y los movimientos espontáneos como la danza. Trabaje con los manipulativos como los bloques, los rompecabezas, manipulativos para ordenar (ej., materiales simples como lápices de diferentes tamaños o materiales comerciales como aquellos del grupo Montessori) y las discusiones de regularidades ayudan a los niños a usar y eventualmente a reconocer patrones.

Edad (años)	Progresión del desarrollo	Tareas instructivas
3	**Reconocedor de Patrones** Reconoce un patrón simple. "Llevo un patrón en mi ropa" refiriéndose a una camiseta con franjas blancas y negras, una después de la otra de forma repetitiva (blanco, negro, blanco, negro…)	**Cuenta y se Mueve en los Patrones** Gaste sólo unos pocos minutos contando con los niños en patrones de 2 u otro número par adecuado; por ejemplo, "¡uno, **dos**…tres, **cuatro**… cinco, **seis**!.… " **P**ara hacerlo más divertido, consiga un tambor o utilice las esquinas de un bloque de madera para aprovechar junto con el conteo, golpeando con fuerza para enfatizar cada segundo golpe. **Patrón de Caminata** Lea el libro *I See Patterns* (Veo los patrones). Los patrones en el mundo pueden ser confusos debido a toda la información irrelevante y distractora disponible. El libro le ayudará a explicar y a distinguir los tipos de patrones. Luego continúe con el patrón de caminata y encuentre, discuta, fotografié y dibuje los patrones que observa. **Patrones de Ropa** Encuentre patrones repetidos en los colores de la ropa de los niños. Anímelos a vestirse con patrones para discutir sobre los que ellos utilizan para ir al colegio.
4	**Reparador de Patrones** Encuentra el elemento faltante de un patrón; inicialmente para patrones ABAB. Si se le da una fila con un objeto faltante, ABAB_BAB, identifica y suple dicho objeto.	**Reparador de Patrones** Muestre a los niños un patrón geométrico y cántelo con ellos (ej., cuadrado, triángulo, cuadrado, triángulo, cuadrado triángulo… al menos tres unidades completas del patrón) Señale después el espacio donde una forma "cayó" en el patrón. Pregunte a los niños cuál forma es la que se requiere para que encaje en el patrón. Si los niños

Edad (años)	Progresión del desarrollo	Tareas instructivas
		necesitan ayuda, diga con ellos el patrón que usted señala en cada bloque, permitiendo que el patrón de palabras que indique la forma faltante.
	Duplicador de Patrones AB Duplica el patrón ABABAB. Es posible que tenga que trabajar cerca al patrón modelo. Si se le dan objetos en una fila, ABABAB, elabora su propia fila ABABAB en un lugar diferente.	**Patrón en Franjas de Papel** Muestre a los niños una tira de papel con un patrón geométrico dibujado en él, los niños tienen que describir el patrón en la tira (cuadrado círculo, cuadrado, círculo, cuadrado círculo…) • Ayude a los niños a copiar el patrón, si es necesario, ubicando los bloques del patrón directamente en la tira del patrón. • Diga con ellos el patrón a medida que lo señala. **Planos del Patrón 1: Duplicar AB** Los niños duplican un patrón AB lineal de banderas basados en un esquema que les sirve como guía. Cuando completen el patrón, ellos ayudan a un avión a aterrizar. 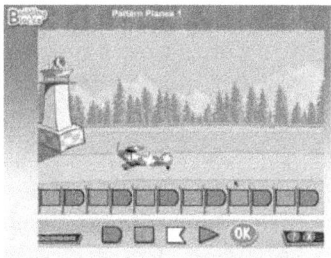
	Continuador de Patrones AB Extiende patrones repetitivos AB. Cuando se le dan objetos en una fila, ABABAB, adiciona ABAB al final de la fila.	**Tiras de Patrón-Continuas** Muestre a los niños un patrón de franjas con un patrón ABABAB y pídales que utilicen materiales para "continuar" con el patrón. Discuta como supieron cómo hacerlo.

Edad (años)	Progresión del desarrollo	Tareas instructivas
		Patrones de Marcha 1: Continuo AB Los niños extienden un patrón lineal AB de músicos por una repetición completa de una edad entera. Cuando ellos completan el patrón, los músicos marchan en el desfile. 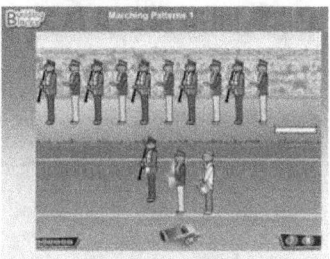
4	**Duplicador de Patrones** Duplica patrones simples (no necesariamente con el patrón modelo a su lado). Si se le dan objetos en una fila, ABBABBABB, elabora su propia fila ABBABBABB en un lugar diferente.	**Patrones de Baile** Diga a los niños que ellos bailaran patrones y el primero será ("un") aplauso ("una") patada, ("dos") patadas;("un") aplauso, ("una") patada ("dos") patadas; ("un") aplauso ("una") patada, ("dos") patadas...Cante una canción con el patrón. Después, ellos describen el patrón.
		Planos de Patrón 2 (y 3) Los niños duplican un patrón AAB o ABB lineal de banderas (para 2; ABC para el nivel 3) basados en un esquema que les sirve como guía. Cuando completen el patrón, ellos ayudan a un avión a aterrizar.

Edad (años)	Progresión del desarrollo	Tareas instructivas
5	**Extensor de Patrones** Extiende patrones repetitivos simples. Cuando se le dan objetos en una fila, ABBABBABB, adiciona ABBABB al final de la fila.	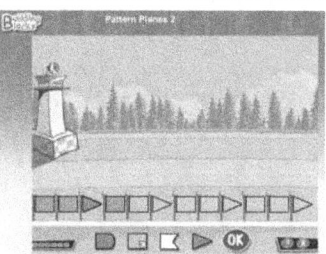 **Planos Creativos** Esta es una buena oportunidad para añadir materiales a un patrón creativo para el desarrollo de su parte creativa. Es seguro que alguien quiera hacer un patrón que pueda llevar a casa. **Patrones en Franjas - Continuas** Muestre a los niños un patrón de franjas y pídales que utilicen materiales para "continuar" con el patrón. Discuta como supieron cómo hacerlo. **Ensartar cuentas** Siguiendo un "patrón de etiqueta" en el extremo de una cadena, los niños ubican las cuentas en la cadena para extender el patrón y hacer un patrón de un collar. **Patrones de Marcha 2 (y 3): Continuo** Los niños extienden un patrón lineal de músicos por una repetición completa de una edad entera. Cuando ellos completan el patrón, los músicos marchan en el desfile. Los músicos en los patrones como AAB y ABB en el nivel 2, ABC en el nivel 3.

Edad (años)	Progresión del desarrollo	Tareas instructivas
		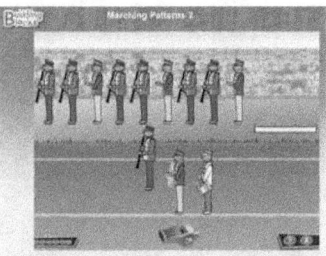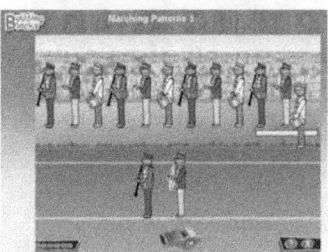
6	**Reconocedor de Unidad de Patrón** Identifica la unidad mínima de un patrón. Puede trasladar los patrones a un medio nuevo. Cuando se le dan objetos en un patrón, ABBABBABB, identifica que la unidad núcleo del patrón es ABB.	**Patrones en Franjas - El Núcleo** Re-introduzca el patrón de franjas, enfatizando la idea del centro, del núcleo. • Muestre a los niños un patrón de franjas que ellos tienen que describir el patrón en la tira (vertical, vertical, horizontal; vertical, vertical, horizontal; vertical, vertical, horizontal...). • Pregúnteles cuál es el "núcleo" de este patrón ("vertical, vertical, horizontal") • Ayude a los niños a copiar el patrón utilizando palillos. Cada niño debe hacer una copia del núcleo. • Pídales que "continúen" añadiendo copias adicionales del núcleo. **Patrones de Cubo** Coloque un grupo grande de cubos en medio de los niños. Muéstreles una "torre" de cubos de dos colores, como azul, amarillo. • Cada niño hace una torre azul,

Edad (años)	Progresión del desarrollo	Tareas instructivas
		azul, amarilla. • Los niños tienen que conectarlas juntas, haciendo un patrón de un tren con cubos. • Diga los colores a medida que señala cada cubo en el largo patrón del tren. • Repetir con una torre central diferente. Estrategias de andamiaje • Más ayuda-Para los niños que tienen dificultad haciendo o ampliando un patrón, realizar patrones con cubos paso por paso puede ser útil. Ayúdelos a levantar varias torres seguidas unas de otras (ej., cubo rojo, cubo azul) y ver que son las mismas. "Leer" el patrón, diciendo cada color a medida que lea una torre después de otra desde la base hasta la parte superior. Finalmente conéctelas y de nuevo diga el patrón. • Un desafío extra-utilice patrones más complejos. Incluso intente algunos que finalicen con el mismo elemento con el que comenzaron, como el núcleo de unidad de ABBCA, el cual genera el patrón confuso de ABBCABBCABBCA. **Patrones de Libre Exploración** Los estudiantes exploran patrones creando patrones rítmicos por ellos mismos. Los patrones se presentan en los golpes de un tambor (de dos tonos), pero visualmente también-enfatizando el *núcleo de la unidad* del patrón.

Edad (años)	Progresión del desarrollo	Tareas instructivas
		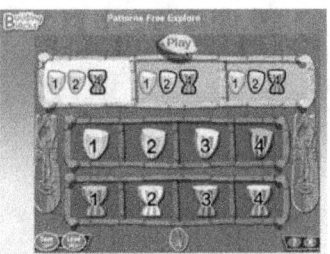
7	**Generador de patrones numéricos** Describe un patrón numéricamente, puede hacer interpretaciones mutuas entre las representaciones numéricas y geométricas de una serie. Si se le dan objetos que obedecen a un patrón geométrico, describe la progresión numérica.	**Patrones de Aumento** Los niños observan, copian y crean patrones que aumentan, especialmente aquellos como el patrón de aumento cuadrado y el patrón de crecimiento triangular, observando los patrones geométricos y numéricos que ellos incorporan. 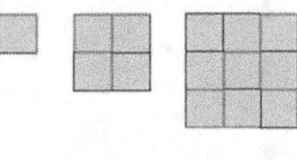 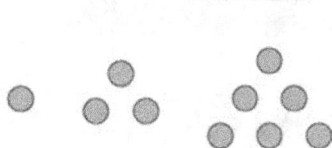 **Pensamiento algebraico y aritmético** Ver muchos ejemplos en el texto.

Análisis de datos

Las bases para el análisis de datos en los primeros años, recaen en otras áreas, como el conteo y la clasificación. Esa es la razón por la cual los Puntos Centrales del Currículo enfatizan en la clasificación y en la cantidad, cuando tratan el análisis de datos para preescolar y Kínder. Las "conexiones" con los puntos centrales, siempre se basan en el análisis de los elementos numéricos, geométricos, y / o de medición. El conteo de objetos se discutió en el Capítulo 3. Las competencias fundamentales en la clasificación se discutirán en el Capítulo 13.

Como un ejemplo simple, los niños inicialmente aprenden a clasificar objetos y cuantificar sus grupos. Pueden clasificar una colección de botones según el número de agujeros (de uno a cuatro) y contar para saber cuántos hay en cada uno de los cuatro grupos. Para hacer esto, describen los atributos de los objetos, clasifican de acuerdo a esos atributos, y cuantifican las categorías resultantes. Los niños finalmente llegan a ser capaces de clasificar y contar simultáneamente; por ejemplo, contar el número de colores en un grupo de objetos como se describió anteriormente.

Después de reunir los datos para responder las preguntas, las representaciones iniciales de los niños a menudo no utilizan las categorías. Su interés en los datos se centra en las particularidades (Russell, 1991). Por ejemplo, ellos podrían simplemente hacer una lista de cada niño en su clase y la respuesta de cada uno una pregunta. Luego aprenden a clasificar esas respuestas y representar los datos de acuerdo a categorías. Finalmente, los niños pequeños pueden usar los objetos físicos para hacer gráficas (objetos que captan la atención, como imágenes, luego manipulativos como cubos de conectar), luego dibujan las gráficas, después una gráfica de líneas y finalmente gráficas de barras que incluyen cuadriculas para facilitar la lectura de las frecuencias (Friel, Curcio, & Bright, 2001). En segundo grado la mayoría de los niños deberían ser capaces de organizar y mostrar los datos tanto por medio de resúmenes numéricos simples como conteos, Tablas y puntajes, como por medio de muestras gráficas incluyendo gráficas de imágenes, y gráficas de líneas y gráficas de barras (Russell, 1991). Ellos pueden comparar parte de los datos, hacer enunciados de los datos como un todo y generalmente determinar si las gráficas responden a las preguntas planteadas inicialmente.

Para comprender el análisis de datos los estudiantes deben aprender los conceptos duales de la expectativa y la variación. La expectativa tiene que ver con los promedios y las probabilidades (como la media, una medida de tendencia central). La variación tiene que ver con la incertidumbre, "difusión" de valores (tales como las desviaciones estándar), los valores extremos y los cambios anticipados y no anticipados. El análisis de datos ha sido llamado la búsqueda de signos (expectativas) en medio del ruido (variación) (Konold & Pollatsek, 2002). Esta investigación está de acuerdo en que los niños inicialmente ven sólo los *individuos* en una distribución de datos ("este soy yo. Me gusta más el chocolate"). Ellos no "juntan las piezas" para pensar acerca de los datos como un todo. Los niños en los últimos grados de primaria o en los grados intermedios iniciales pueden aprender a ver los rangos en los datos o ver la moda (el número o rango de números que ocurren más frecuentemente). Eventualmente los estudiantes se pueden centrar en los rasgos de un conjunto de datos como un todo incluyendo las frecuencias relativas, la densidad ("forma") y la ubicación (los centros, como la mitad). De nuevo, especialmente para los estudiantes mayores, hay más información disponible en el libro anexo.

Una nota final conecta la representación de los datos a la discusión del pensamiento algebraico. La meta de ambos aspectos debería tener sentido en las situaciones cuantitativas y sentar las bases para las matemáticas más complejas. En el centro de ambos conceptos está el examen de *las relaciones cuantitativas* y la representación de esas relaciones para darles *mayor sentido*.

Experiencia y educación

Los Puntos Centrales del Currículo de NCTM (NCTM, 2006) identifican las siguientes metas como relevantes para el análisis de datos:

Pre-Kínder incluye una conexión:

- Los niños aprenden las bases del análisis de datos utilizando los atributos de los objetos que han identificado en relación con la geometría y la medida (por ejemplo el tamaño, la cantidad, la orientación, el número de lados o vértices y el color) para varios propósitos como describir, clasificar o comparar. Por ejemplo, los niños clasifican las figuras geométricas por la forma, comparan los objetos por el peso ("más pesados que," "más ligero que"), o describen conjuntos de objetos por el número de objetos en cada uno de ellos.

Kínder incluye una conexión:

- Los niños clasifican objetos y utilizan uno o más atributos para resolver problemas. Por ejemplo, pueden diferenciar fácilmente los sólidos que ruedan de los que no ruedan. O pueden recolectar datos y utilizar el conteo para responder preguntas como "¿cuál es nuestro pasabocas favorito?" Re-clasifican objetos usando nuevos atributos (por ejemplo después de clasificar los sólidos de acuerdo a cuáles ruedan, pueden re-clasificar los sólidos de acuerdo a cuáles se pueden apilar fácilmente).

Grado primero incluye una conexión:

- Los niños fortalecen su sentido de número resolviendo problemas relacionados con la medida y los datos. Medir colocando múltiples copias de una unidad punta con punta y luego contar las unidades utilizando grupos de dieces y unos, ayuda a que los niños comprendan las líneas numéricas y las relaciones entre números. Representar las medidas y datos discretos en gráficas de imágenes y de barras implica conteos y comparaciones que constituyen otra conexión significativa con las relaciones numéricas.

Grado segundo incluye dos conexiones que no se titulan "análisis de datos" sino que mencionan los datos:

- Los niños suman y restan para resolver una variedad de problemas, incluyendo aplicaciones relacionadas con la medida, la geometría y los datos, así como los problemas no rutinarios.
- Los niños estiman, miden y calculan longitudes a medida que resuelven problemas relacionados con los datos, el espacio y el movimiento a través del espacio.

Grado tercero incluye una conexión dedicada al análisis de datos:

- La adición, la sustracción, la multiplicación y la división de número enteros entran en juego a medida que los estudiantes construyen y analizan Tablas de frecuencia, gráficas de barras, gráficas de imágenes, que utilizan para resolver problemas.

Así que los datos se ven como un *contexto* importante para resolver problemas pero no como un punto central en sí mismo para estos rangos de edad. Esto es consistente con el consenso de un grupo que intenta crear estándares basados en la investigación para los niños pequeños, para quienes la función principal del análisis de datos recaería en apoyar el desarrollo de los procesos matemáticos y los dominios de contenido de número, geometría y sentido espacial (Clements & Conference Working Group,2004). Por ejemplo, *la recopilación de datos para responder una pregunta o tomar una decisión* es potencialmente un medio efectivo para desarrollar la resolución de problemas aplicados y para el sentido de número y/o sentido espacial al mismo tiempo que los niños aprenden acerca del análisis de datos.

El rol educativo de la mayoría de los procesos se ha descrito en los capítulos anteriores en lo que se refiere a los temas específicos (la clasificación y otros procesos serán discutidos en el siguiente capítulo, Capítulo 13). Aquí discutiremos el rol de *las gráficas*. Los niños de preescolar parecen ser capaces de comprender las gráficas discretas como las representaciones de la numerosidad basadas en la correspondencia uno-a-uno. Puede ser útil darles ejemplos, proponerles tareas motivantes como graficar su progreso en encontrar pistas en una búsqueda del tesoro, y ofrecerles retroalimentación.

La enseñanza en un estudio exploratorio exitoso utilizó dos fases (Schwartz n.d). La fase 1 consiste en experiencias en grupo. *La selección de los temas para graficar grupos* se basa en el interés y la facilidad que tienen los niños para recoger datos ("¿Quiénes son las personas que viven en su casa?" o "¿Cómo llega cada niño al colegio?" o "¿Cuál es su actividad favorita en su hogar?"). *Brindar una variedad de modelos para registrar datos* comienza con materiales concretos y pasa a la representación gráfica, alfabética y numérica. Los profesores plantean el problema de cómo guardar la información para "no olvidar lo que dijimos." Algunos niños sugirieron utilizar materiales concretos para graficar la información. También muy pocos se preocuparon por clasificar los datos a medida que los registraban. Después de un plan acordado, los niños eran capaces de ayudar a guardar la información. *Resumir e interpretar los datos* comenzó con la pregunta, "¿Qué descubrimos?" lo cual centra la atención en la clasificación de la información. Si se tenía que tomar una decisión por ejemplo qué clase de galletas comprar, los niños reclasificaban. La segunda fase fue la recolección de datos por aquellos niños que estaban interesados. Estas experiencias se construyen sobre la fase uno; el profesor propone herramientas, y trabaja con los individuos para organizar, guardar y comunicar sus hallazgos.

Otro estudio reportó éxito con los niños que trabajaban con software para desarrollar las habilidades fundamentales para el análisis de datos (Hancock, 1995). Utilizando "Tabletop Jr." los niños hacen y organizan objetos como personajes de tiras cómicas, pizzas, figuras de madera, sombreros para fiesta, "bloques" con atributos, numerales y diseños abstractos, para representar los datos o ser los objetos de la exploración. Todos los objetos se crearon combinando atributos simples al mismo tiempo que se estructuraban los bloques de atributos (dichos bloques son uno de los conjuntos de objetos). Los niños pueden escoger los atributos para cada objeto producido o generarlos al azar (Figura 12.2).

Luego pueden organizarlos de diferentes formas incluyendo el uso de lazos (Diagramas de Venn), racimos y pilas (gráficas de imágenes), cuadrículas y cadenas. Los niños pueden hacer arreglos de formas libres manualmente o pueden obtener los objetos organizándolos automáticamente según sus atributos. Los objetos son animados o se mueven por la pantalla para cumplir cualquier regla de organización que haya sido definida por el usuario. Los arreglos se pueden tomar como patrones y diseños o gráficas de líneas que pueden ayudar al análisis de datos. La Figura 12.3 es una clasificación generada por el computador para clasificar las manos de los niños por tamaño.

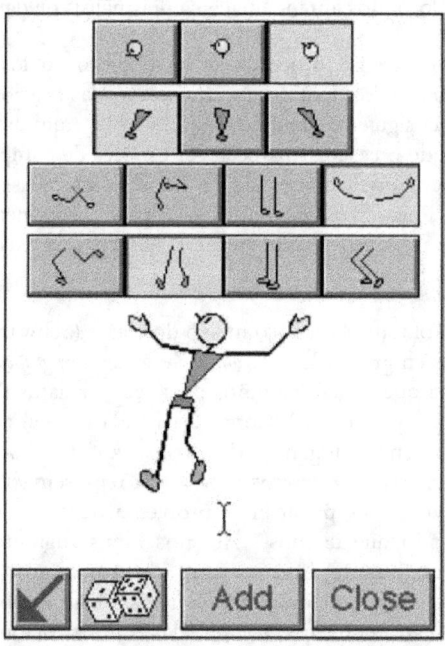

Figura 12.2 Utilizando "Tabletop Jr." los niños crean figuras de madera escogiendo los atributos.

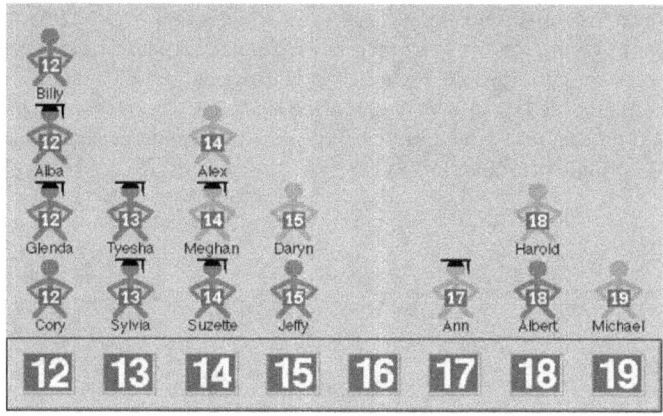

Figura 12.3 Los niños le dan instrucciones al computador para clasificar sus datos en un pictograma.

Estas herramientas se pueden utilizar para jugar "adivina mi regla" y otros juegos que enfaticen los atributos, la clasificación y la organización de los datos. Los reportes anecdóticos con niños de tan sólo 5 años son positivos (Hancock 1995).

Por lo tanto, sugerimos que el currículo y los profesores se pueden enfocar en una gran idea: clasificar, organizar, representar y usar la información a para plantear y responder preguntas. Si graficar forma parte de ese tipo de actividad, los niños pequeños pueden usar objetos físicos para hacer gráficas, como colocar "zapatos o tenis" en dos columnas de una cuadrícula puesta en el piso. Luego pueden usar manipulativos u otros objetos discretos físicos como cubos de conectar. Luego, podrían representar esa situación con gráficas de imágenes (Friel et al., 2001) y en grado primero con gráficas de barras simples. En tercer grado la mayoría de niños deben ser capaces de organizar y mostrar los datos tanto por medio de resúmenes numéricos simples como conteos y Tablas de frecuencia, como por medio de gráficas, incluyendo gráficas de imágenes, gráficas de barras y gráficas de líneas que se ajusten a las preguntas y los datos (Russell, 1991). Los estudiantes pueden comparar partes de los datos, realizar enunciados acerca de ellos como un todo y generalmente determinar si las gráficas abordan los aspectos tratados. De cualquier manera, debe hacerse énfasis en las clasificaciones y los resultados numéricos y cómo se usan para tomar decisiones o responder la pregunta planteada inicialmente.

Palabras finales

¿Qué tan esenciales son los temas de este capítulo? Si se vieron como "temas separados"- por ejemplo, unidades de enseñanza de diferentes tipos de patrones repetidos o de gráficas- tendrán una importancia secundaria y pueden incluso tomar demasiado tiempo del centro de enseñanza descrito en los capítulos anteriores.

Pero si se ven como procesos fundamentales y formas de pensamiento - hábitos de la mente que buscan los patrones y la estructura y clasifican las ideas y los objetos matemáticos - son un componente esencial de la mayoría de las matemáticas iniciales. (La importancia de la *graficación* temprana se desconoce y no la enfatizamos en nuestro trabajo de desarrollo del currículo). Argumentos similares se aplican al proceso que es el enfoque del Capítulo 13.

13 PROCESOS MATEMÁTICOS

Carmen casi había terminado de llenar con aderezos sus representaciones de pizzas. Cuando estuvo lista para lanzar el cubo de números, dijo ¡"Voy a sacar un número alto y ganar!" "No puedes," dijo su amiga, "tienes 4 espacios y el cubo de números sólo tiene unos, doses y treses."

Puede que los números sean pequeños, pero el razonamiento es impresionante. *Los niños pueden razonar matemáticamente.* De hecho, podría decirse que las matemáticas son esenciales para cualquier razonamiento. Esa es una afirmación fuerte. ¿Cómo puede ser que todo razonamiento implique matemáticas? *El razonamiento lógico es una rama de las matemáticas, y para pensar necesitamos en alguna medida la lógica.*

Considere la primera viñeta. Antes de seguir leyendo, pregúntese: ¿Cuál piensa usted que es el *razonamiento* de la amiga de Carmen? Según nuestro punto de vista, la amiga de Carmen probablemente utilizó una lógica intuitiva que podría describirse así:

- Para ganar, Carmen tiene que sacar por lo menos 4.
- El cubo contiene únicamente 1, 2 y 3.
- Esos números son menores que 4.
- Por lo tanto, Carmen no puede ganar en su próxima tirada.

Pese a que "la lógica" puede parecer una de las áreas de la matemática más abstractas y de menor predilección cuando se trata de su aprendizaje y uso por parte de los niños, los investigadores y los observadores sensibles piensan que todos los niños usan la lógica de manera implícita. Un bebé de 18 meses que tira de una cobija para traer un juguete dentro de su rango de alcance está exhibiendo indicios de análisis del tipo "fin-medios."

Aparentemente, los niños tienen capacidades impresionantes para la resolución de problemas, tal y como se ha visto en capítulos anteriores. En este capítulo nos enfocaremos en resolución de problemas, el razonamiento y otros procesos.

Razonamiento y resolución de problemas

Pese a que el razonamiento matemático avanzado sería inapropiado para la mayoría de los niños pequeños, es posible ayudarlos a desarrollar razonamiento matemático, junto con precisión en el pensamiento y en las definiciones, *a su propio nivel.*
Recuerde los niños que agumentan sobre si una forma es triángulo, *basado en sus atributos y en su definición de un triángulo como forma (cerrada) con tres lados con tres líneas rectas* . (Capítulo 8). Los niños pequeños que argumentan que "ya encontramos que 5+2 es 7, así que *sabemos* 2+5, 'porque siempre se puede sumar cualquier número primero'" también muestran su habilidad para razonar con propiedades matemáticas (Capítulos 5 y 6).

Por supuesto, los niños usan ese tipo de razonamiento cuando resuelven problemas. También hay otras estrategias que usan los niños pequeños. Lucas, de tres años, que miraba cómo su padre buscaba sin éxito debajo del carro un trapo que se le había caído, le sugirió "¿por qué no simplemente ruedas el carro para encontrarlo?" Lucas usó el análisis de medios y fines mejor que su padre. Esta estrategia implica determinar la diferencia entre el estado corriente y la meta, y luego actuar para reducir esa diferencia, razonando hacia atrás desde la meta a las submetas. La resolución de problemas de medios y fines puede aparecer entre los 6 y 9 meses, cuando, como en el ejemplo anterior, los niños aprenden a tirar una cobija para alcanzar un juguete.

Incluso los niños pequeños tienen a su disposición estrategias múltiples para resolver problemas y la habilidad para escoger entre ellas. El análisis de medios y fines es una estrategia general, como muchas otras. Los niños saben cuáles estrategias son cognitivamente más fáciles y las prefieren. Por ejemplo, al subir una colina, los niños razonan hacia adelante desde el estado actual en la dirección de la meta deseada (DeLoache, Miller & Pierroustsagos, 1998). El ensayo y error, con pocos requisitos cognitivos, comienza temprano, cuando las reacciones circulares Piagetianas tratan de repetir una visión o un sonido interesantes.

Estas estrategias se desarrollan en los años de guardería o preescolar, dando la posibilidad a los niños de enfrentar problemas de complejidad creciente. Por ejemplo, recuerde que los niños de kínder pueden resolver un amplio rango de problemas de adición, sustracción, multiplicación y división cuando se les anima a usar manipulativos o dibujos para modelar los objetos, acciones y relaciones en esas situaciones.

En resumen, teniendo en cuenta su experiencia mínima, los niños pequeños son resolvedores de problemas notables. Aprenden a aprender y aprenden las reglas del "juego del razonamiento." Las investigaciones sobre la resolución de problemas y el razonamiento revelan que los niños tienen más habilidades, y los adultos menos, de lo que se piensa normalmente. Finalmente, aunque el conocimiento de temas específicos es esencial, no deberíamos dejar de reconocer que para razonar a partir de un conocimiento específico es necesario tener habilidades generales de resolución de problemas y de razonamiento que pueden observarse desde los primeros años.

Clasificación y seriación

Clasificación

A cualquier edad, los niños clasifican de forma intuitiva. Por ejemplo, a las dos semanas de edad los niños distinguen entre los objetos que pueden chupar y aquellos que no. A los dos años, los infantes forman conjuntos de objetos que tienen propiedades similares, aunque no sean idénticos.

Después de los 3 años la mayoría de los niños puede seguir reglas verbales para clasificar objetos. En la edad de preescolar, muchos niños aprenden a clasificar objetos según un atributo particular, formando clases, aunque pueden cambiar de atributos durante la clasificación. A partir de los 5 o 6 años de edad los niños clasifican de manera frecuente y consistente con respecto a un sólo atributo y reclasifican con respecto a atributos diferentes.

Seriación

Los niños también aprenden desde muy pequeños a construir series de objetos – poniéndolos en orden. Desde los 18 meses de edad aprenden palabras como grande, pequeño y más. Entre los 2 y 3 años de edad, efectúan comparaciones de números y de parejas de números. Aproximadamente a los 5 años de edad pueden seriar seis longitudes. La mayoría de niños de 5 años pueden también insertar elementos en series ya construidas.

Antes de pasar a la siguiente sección, debemos anotar que *crear patrones es también uno de los procesos y hábitos mentales más importantes para el pensamiento matemático*. Un ejemplo de esta clase de patrones sería "rojo, rojo, azul; rojo, rojo, azul..." pero incluyen la tendencia a ver relaciones, regularidades, y estructuras en cualquier dominio matemático. Ya discutimos ese proceso básico en el Capítulo 12.

Experiencia y educación

Uno presenta los problemas y los niños resuelven qué hacer. Después les pregunta qué proceso usaron ¡sorprendente!, aprendieron a describir sus procesos! Usarán este conocimiento para responder preguntas científicas. De verdad piensan de manera crítica. Es muy potente preguntar "¿cómo lo sabes?" comenzando desde preescolar.

(Anne, maestra de preescolar, currículo *Building Blocks*)

La NCTM, la NAEYC, los matemáticos (Ej. Wu, 2007), y la investigación misma apuntan de manera unánime hacia las mismas recomendaciones y objetivos de tipo formativo: los procesos esenciales, el razonamiento espacial y la resolución de problemas deben ser centrales en la formación matemática de los estudiantes de cualquier edad.

Razonamiento

Ayude a los niños a desarrollar el razonamiento pre-matemático desde las edades más tempranas. Cree un ambiente que promueva la exploración y el razonamiento con objetos como bloques. Refuerce el lenguaje que ayude a mejorar las habilidades de razonamiento. Por ejemplo, etiquetar diferentes situaciones con "papá/mamá/bebé" y "grande/pequeño/muy pequeño" le permitió a un niño de dos años mejorar su razonamiento comparado con niños de 3 años. Como lo mostramos en otros capítulos, una manera eficaz para desarrollar el razonamiento matemático (y en general el razonamiento) es hacer que los niños expliquen y justifiquen sus soluciones de problemas matemáticos.

Resolución de problemas[1]

Los niños progresan cuando resuelven muchos problemas a lo largo de los años. Los niños de preescolar se benefician de una educación bien planeada (pero no de estrategias prescritas), se benefician también de un profesor que cree que la resolución de problemas es importante. Se benefician de modelar una gran variedad de situaciones (geométricas, aritméticas de diferentes tipos, como adición, sustracción y, para los grados superiores, multiplicación y división) con objetos concretos, y también de dibujar representaciones para mostrar su pensamiento, de explicar y discutir sus soluciones.

Resolver problemas verbales más complejos es un desafío para los estudiantes de primaria. Sus concepciones deben evolucionar de los muchos detalles de una situación real a las concepciones cuantitativas más abstractas (matematizadas) (Fuson & Abrahamson, en prensa). Por ejemplo, si leen "Mary compró 8 dulces en la tienda, pero se comió 3 en el camino a casa. ¿Cuántos tenía al llegar a su casa?" los niños tienen que ver que la tienda no es importante, sino un grupo de dulces y algunos que se comieron. Podrían pensar, tenía 8 pero se comió 3. Entonces tengo que encontrar 8 menos 3. Entonces podrían pensar en modelar esto con sus dedos, levantando 8 dedos y bajando 3 de una mano.

Como ejemplo de secuencia, comience pidiendo a tantos estudiantes como sea posible que resuelvan un problema en el tablero, usando diagramas, numerales, etc., mientras otros lo resuelven en sus puestos, en tableros individuales. Luego pídales a dos o tres que expliquen sus soluciones. Pídale a otro grupo que pase al tablero a resolver el *siguiente* problema. Finalmente, todos los niños explican su razonamiento en alguno de los problemas (a otro estudiante). Los que no dominen la lengua pueden utilizar sus dibujos o presentar con ayuda de un compañero.

El progreso va de fácil a difícil según los tipos de dificultad de los problemas. Para cada tipo de problema pasar de situaciones y lenguajes familiares a otras menos familiares. Orientar a los estudiantes a usar estrategias cada vez más sofisticadas y luego a algoritmos. También, presentar problemas con información adicional o información faltante, así como problemas compuesto o de varios pasos. Finalmente, usar cada vez números más grandes y con mayores exigencias (p.e.).

Combinar los nuevos tipos de problemas con otros ya practicados, hacer retroalimentación. Ver tipos de problema en Tabla 5.1 y Tabla 5.2.

Las investigaciones sugieren que estos procesos de matematización de historias y situaciones, tiene procesos reversibles, que también son importantes. Es decir, los niños podrán hacer enunciados problemas que se ajusten a números dados (Fuson & Abrahamson, en prensa). Los problemas actuados surgen como una efectiva forma para que los niños manifiesten su creatividad e integren sus aprendizajes (Brown& Walter, 1990; Kilpatrick, 1987; van Oers,1994). Pocos estudios empíricos se han realizado para verificar los efectos de los problemas actuados y no involucran niños pequeños.

Clasificación y seriación

Bríndeles a todos los niños oportunidades para alcanzar por lo menos un nivel mínimo de competencia en cuanto a clasificación y seriación antes de que inicien los grados de educación básica primaria. Para clasificación, deben resolver por lo menos problemas de desigualdad - "uno de estos es diferente de los otros." Incluso las estrategias de enseñanza más simples – demostración, práctica, retroalimentación con muchos ejemplos diferentes – le ayudan a los niños, especialmente a aquellos con necesidades especiales. Los niños pueden escuchar y ver la regla, pero muchos necesitan ayuda para encontrar las reglas y utilizarlas. La enseñanza por medio del juego puede ayudarles a aprender e inducir reglas simples. Considere estrategias alternativas, más ricas, de solución de problemas para enseñar estas y otras competencias (ver Clements, 1984; Kamii, Rummelsburg, & Kari, 2005).

¿Cuándo debe comenzar el proceso de enseñanza? Organice experiencias informales, centradas en el niño, para niños menores de 3 años. Muchos niños mayores de 2.5 años conocen una regla o tienen conocimientos conceptuales relevantes pero no la usan correctamente para regular su comportamiento. Aparentemente impermeables a cualquier esfuerzo por mejorar su uso de reglas, los niños de 32 meses no pueden poner etiquetas a imágenes en términos de categorías apropiadas, incluso con distintas ayudas extra para clasificar, incluyendo retroalimentación y refuerzo (Zelazo, Reznick, & Piñon, 1995). Para lograr progresos puede ser necesario que se desarrolle un mayor control sobre las acciones.

Prepare materiales para pensar, para clasificar y ordenar. Más que la forma de los materiales y las tareas, es importante que tengan significado; por eso los materiales en computador pueden ser tanto o más productivos que los materiales físicos (Clements, 1999[a]) para los mayores de 3 años. En un estudio, los niños que usaron manipulativos en el computador aprendieron la clasificación y otros temas tan bien como los que usaron materiales físicos, pero sólo los que usaron computador mejoraron en seriación (Kim, 1994). Además, los manipulativos de computador ofrecen a los niños un medio de aprendizaje más interesante que genera más tiempo en la tarea.

Rete a los niños más grandes a etiquetar, discutir atributos, y clasificar objetos según más de un atributo. Prepare materiales variados y promueva la discusión de diferentes estrategias. También para la enseñanza de la seriación pueden usarse diferentes estrategias. Al igual que para la clasificación, las actividades dirigidas por el profesor son eficaces. Para todos esos procesos, no obstante, hay razones para creer que deben complementarse con ocasiones en las que se usen los procesos para resolver de manera significativa problemas cotidianos para los niños. Como dijo Jean Piaget (1971/1974, p.17):

> El niño puede interesarse en ocasiones en seriar por seriar, clasificar por clasificar, etc., pero, en general, las operaciones [conocimiento lógico-matemático] se usan [y se desarrollan] cuando los acontecimientos o fenómenos necesitan explicación o cuando se tienen que lograr metas por medio de una organización de causas.

Por ejemplo, aunque muchos tipos de actividades pueden ayudar al aprendizaje de la clasificación, el lineamiento "clasifique con buenas causas" (Forman & Hill, 1984) indica que los niños aprenden de la clasificación de formas de acuerdo con las indicaciones de los profesores, pero *también* aprenden a clasificar objetos tridimensionales para saber cuáles ruedan por una rampa y cuáles no... y *por qué*.

Asumiendo un punto de vista ampliamente Piagetiano, algunos investigadores (Kamii et al., 2005) ofrecieron a niños de primer grado de ingresos bajos una variedad de actividades físicas como juego de bolos, cubos de equilibrio (en un plato circular sobre una botella de gaseosa), y palitos chinos, en lugar de enseñarles matemáticas. Cuando mostraron "estar listos" para la aritmética, les dieron juegos aritméticos y problemas verbales que estimularon el intercambio de puntos de vista. Al final del año, el grupo experimental (que realizó estas actividades) se comparó con grupos similares que recibieron ejercicios tradicionales enfocados en los números (contar, correspondencias uno a uno, y responder preguntas como 2+2). El grupo experimental superó a los otros en aritmética mental y razonamiento lógico en los problemas verbales. Los investigadores piensan que las actividades de conocimiento físico también desarrollan conocimiento lógico-matemático, como al clasificar los palitos para decidir cuál levantar primero y seriarlos del más fácil al más difícil de tomar. Los efectos de actividades de conocimiento físico y de aritmética no pueden separarse, y no se hizo una asignación al azar, pero los resultados son sugerentes (ver también Kamii & Kato, 2005). Necesitamos estudios bien diseñados que evalúen estos y otros enfoques, y comparen sus efectos a largo plazo.

Finalmente, las investigaciones sugieren que el proceso de clasificación y seriación están relacionados con el conocimiento de los números – de formas sorprendentes. Sin embargo, se asignaron niños de preescolar a una de tres condiciones educativas durante 8 semanas al azar: clasificación y seriación, (subitización y conteo de) números y control (Clements, 1984). Los primeros dos grupos mejoraron en los temas que se les enseñaron, pero también mejoraron en los *otros* temas. También fue sorprendente la forma como el grupo de "números" aprendió más a cerca de clasificación y Seriación que lo que el grupo de "clasificación y Seriación" aprendió de números. Es posible que esto se deba a que todo número y conteo implica cierto nivel de clasificación. Por ejemplo, los niños pueden contar los carros azules, los carros rojos, y después todos los carros.

Palabras finales

Los niños pueden ser sorprendentes resolvedores de problemas. Aprenden a aprender y aprenden las reglas del "juego del razonamiento." Plantear y resolver problemas son dos actividades eficaces para que los niños expresen su inventiva e integren su aprendizaje. Estas actividades desarrollan las matemáticas, el lenguaje y la creatividad. Además, construyen *conexiones* entre ellos, lo cual constituye la esencia de aprender *a pensar*.

Para los niños pequeños en especial, los temas de matemáticas no deberían presentarse de manera aislada; más bien, deberían estar conectados entre sí, utilizando la resolución de problemas significativos o la participación en un proyecto interesante. Así que la organización principal de este libro, basada en el contenido matemático, no debe entenderse como una subordinación de otros aspectos de las matemáticas, como los procesos de razonamiento, resolución de problemas, representación, comunicación y conexión (NCTM 2000), que deben entretejerse en la enseñanza y el aprendizaje de los contenidos.

Aquí concluimos los capítulos enfocados en las metas matemáticas y las trayectorias de aprendizaje específicas. También es el último capítulo que tiene un capítulo correspondiente en el libro anexo. Los siguientes tres capítulos sólo aparecen en este libro, y estudian temas esenciales para la *implementación* de las trayectorias de aprendizaje. El Capítulo 14 comienza con una discusión sobre cognición (pensar, comprender, aprender), afecto (emociones o sentimientos) y equidad.

14 COGNICIÓN, AFECTO, Y EQUIDAD

Tres profesores están discutiendo sobre los "buenos" y "malos" alumnos en matemáticas.

Aretha: simplemente hay estudiantes buenos para las matemáticas y otros que no. Eso no se puede cambiar. Sólo podemos constatarlo en la clase.

Brenda: No lo creo. Los estudiantes mejoran en matemáticas cuando *piensan* matemáticamente. El trabajo en matemáticas los hace progresar.

Carina: Seguramente hay unos cuántos a los que se les dificultan mucho algunos aspectos de las matemáticas, y otros que, por cualquier razón, aprenden nuevas ideas matemáticas rápidamente. Pero ninguno tiene una habilidad fija; todos necesitan buenas experiencias para aprender más y esas experiencias los ayudan a mejorar...a ser más capaces de aprender matemáticas.

¿Cuál de estas tres opiniones piensa usted que es más precisa con respecto a las aptitudes o habilidades ("naturaleza") comparadas con el esfuerzo y la experiencia ("crianza"), y por qué?

Pensar, aprender, sentir, enseñar: Los últimos tres capítulos

Los últimos tres capítulos del libro los dedicamos a temas importantes para llevar a la práctica las trayectorias de aprendizaje. Este capítulo describe lo que los niños piensan y sienten sobre las matemáticas, junto con preocupaciones de equidad. El Capítulo 15 habla sobre los contextos de la educación temprana y los currículos usados. Concluimos con el Capítulo 16, que describe las prácticas de enseñanza y revisa las investigaciones que intentan definir cuáles son eficaces y para quién. Los temas de estos tres capítulos sólo aparecen en este libro. Como no hay capítulos correspondientes en el libro anexo, presentamos más revisiones de investigaciones. Hemos marcado los párrafos con implicaciones para los profesores con "Implicaciones prácticas," para los que quieran concentrarse en ellos.

En este capítulo discutimos temas relevantes para todos los tópicos de las matemáticas. Aunque hemos hablado de los niños y del aprendizaje durante todo el libro, hay algunos procesos generales que son importantes para todos los aprendizajes. Todos los capítulos previos han hablado sobre el aprendizaje matemático de los niños y las maneras como ellos aprenden. Este capítulo discute, desde una perspectiva más general, los procesos de aprendizaje, el logro, y las emociones de esos niños. Esto conduce a considerar las diferencias individuales, culturales y el principio de equidad.

Ciencia cognitiva y el proceso de aprendizaje

Los procesos de aprendizaje de los niños pequeños están en el centro de nuestra teoría de interaccionismo jerárquico (ver libro anexo), y de nuestras elaboraciones de las trayectorias de aprendizaje. Esta sección "se aparta" de los temas específicos de matemáticas para centrarse en unos pocos principios generales de cognición y aprendizaje que pueden usarse para comprender mejor la educación de los niños pequeños. Estos hallazgos se deben en gran parte a las ciencias cognitivas, específicamente de estudios sobre los procesos de cognición y aprendizaje (ver NMP, 2008, para una discusión más detallada).

Cuando los niños piensan y aprenden, construyen representaciones mentales (que llamamos "objetos mentales"), y actúan sobre ellas con procesos cognitivos ("acciones sobre los objetos"), y controlan esas acciones con procesos de control ejecutivo ("metacognitivos"). Consideraremos cada una de esas categorías en orden. Primero las operaciones cognitivas, que incluyen la atención, la memoria de trabajo, la memoria a largo plazo y la recuperación.

Atención y autorregulación: Procesos (de información) cognitivos iniciales

Pensar y resolver problemas implica hallar e interpretar información, operar con ella, y responder a ella. Al comienzo de este proceso está la atención – un proceso de centramiento que, como la mayoría de profesores de niños pequeños saben, no puede darse por garantizado. Los buenos profesores construyen un repertorio de estrategias para captar y mantener la atención de los niños.

Una competencia más amplia que incluye centrar la atención es la *auto-regulación* – el proceso de controlar intencionalmente los impulsos, la atención y el comportamiento. Puede implicar evitar distracciones, y mantener la atención en objetivos, planeación y monitoreo de la propia atención, acciones, y pensamientos. *La auto-regulación ha sido identificada como un factor significativo de influencia en algunos componentes del aprendizaje de las matemáticas* (Blair & Razza, 2007). Además, la falta de auto-regulación socio-emocional puede oponerse a la habilidad del niño de interactuar en el preescolar con su profesora, lo cual es causa de bajo rendimiento académico y problemas de comportamiento (Hamre & Pianta, 2001). La auto-regulación y las competencias cognitivas parecen estar relacionadas, pero se desarrollan de manera independiente (T. R. Konolg & Pianta, 2005)

Implicaciones prácticas. Las investigaciones también han identificado algunos contextos y prácticas de enseñanza que pueden ayudar a los niños a poner atención, y mejorar su habilidad para hacerlo, así como desarrollar competencias de auto-regulación (ver Capítulo 16). Las actividades de enseñanza de cada una de las trayectorias de aprendizaje de este libro fueron diseñadas intencionalmente para ayudar a los niños a dirigir su atención. También puede ayudar al aprendizaje guiar cuidadosamente a los niños para fijarse en aspectos matemáticos específicos, como el número en una colección o las esquinas de un polígono. La predisposición para reconocer de manera espontánea el número, por ejemplo (ver Capítulo 2), es una habilidad pero también un *hábito mental*, que incluye la habilidad para *dirigir la atención al número* (Lehtinen & Hannula, 2006). Estos hábitos mentales generan un desarrollo subsiguiente del conocimiento matemático específico y la habilidad de dirigir la atención a las matemáticas en situaciones en las que son relevantes; es decir, a *generalizar y transferir* el conocimiento a nuevas situaciones.

Memoria de trabajo

Cuando los niños prestan atención a algo, codifican la información en su memoria de trabajo – cantidad de "espacio" mental para pensar sobre matemáticas y resolver problemas matemáticos (de hecho, otra metáfora útil es considerar la memoria de trabajo como la capacidad del niño para *acceder* a ítems diferentes). De esta manera, los niños pueden pensar conscientemente en la tarea o el problema. La memoria de trabajo afecta la habilidad de los niños para resolver problemas, para aprender y para recordar (Ashcraft, 2006). Los procesos más lentos y más complejos exigen más capacidad de memoria de trabajo. Por eso, los límites de la memoria de trabajo pueden causar dificultades o discapacidades de aprendizaje (Geary, Hoard, & Hamson, 1999; ver la siguiente sección de este capítulo) y una memoria de trabajo especialmente amplia produce competencias superiores en matemáticas.

Implicaciones prácticas. Los niños desarrollan con la edad una capacidad de memoria de trabajo mayor, probablemente a causa de una mayor auto-regulación y control ejecutivo, y la habilidad para representar contenidos más eficientemente (Cowan, Saults, & Elliot, 2002). En todas las edades, una manera como la mente supera los límites de la memoria de trabajo es *automatizar* ciertos procesos – para hacerlos más fáciles y rápidos. Esos procesos automáticos no necesitan memoria de trabajo (Shiffrin & Schneider, 1984). Algunos procesos automáticos son habilidades "autosuficientes," como la habilidad para reconocer rostros. En matemáticas, muchos de esos procesos deben aprenderse y experimentarse muchas veces. Un ejemplo familiar es cuando uno conoce tan bien las combinaciones aritméticas que "simplemente sabe" y no tiene que pensar en ellas cuando está realizando una tarea compleja. Ese automatismo requiere mucha práctica. Esa práctica podría consistir en "ejercitación," pero preferimos el término más amplio de *experiencia repetida*, que incluye la ejercitación pero también el uso de habilidades o conocimientos en muchas situaciones diferentes, lo cual promueve tanto el automatismo como la transferencia a nuevas situaciones.

Recuperación y memoria de largo plazo

La memoria a largo plazo es donde la gente almacena información. Los conceptos ("comprensiones") necesitan esfuerzo y tiempo para quedar almacenados en la memoria a largo plazo. La gente tiene dificultades para transferir su conocimiento a situaciones nuevas (diferentes de aquellas en las que aprendió), pero sin conocimiento conceptual, sería mucho más difícil.

Implicaciones prácticas. Ayude a los niños a construir representaciones ricas de conceptos (llamadas "Conocimiento Integrado-concreto"; ver Capítulo 16) y darse cuenta que algo que saben puede usarse para solucionar nuevos problemas, les ayuda a recordar y transferir lo que aprendieron. Las situaciones variadas no necesariamente deben ser radicalmente diferentes. En un estudio, niños de 6 y 7 años practicaron con tarjetas o guías. Tenían un desempeño similar si se examinaban en el mismo formato, pero si cambiaba el formato su desempeño era mucho menor (Nishida & Lillard, 2007[a]).

Implicaciones prácticas. Aunque el material fácil de entender puede promover un aprendizaje inicial más rápido, no ayuda a almacenar el conocimiento en la memoria a largo plazo. *Los materiales desafiantes ayudan a mejorar la memoria a largo plazo*, porque los niños tienen que procesarlos y comprenderlos concienzudamente. Ese esfuerzo extra produce un procesamiento más activo, y por lo tanto un mejor almacenamiento de información. Esto ayuda a los niños a recordar la información durante más tiempo y a recuperarla ("recordar") más fácilmente. Es decir, pueden recuperar la información mejor y están en capacidad de transferir su uso a situaciones nuevas.

Procesos (meta-cognitivos) ejecutivos

Los procesos ejecutivos o metacognitivos controlan otros procesos cognitivos. Por ejemplo, seleccionan pasos que hay que reunir para formar una estrategia de solución de un problema o monitorear el proceso de solución.

Implicaciones prácticas. La mayoría de estudiantes necesitan mucho trabajo para aprender estos procesos; por ejemplo, para monitorear su razonamiento y su resolución de problemas. Ayudar a los niños a *comprender* ideas matemáticas, e incluirlos en conversaciones sobre matemáticas y sobre cómo resolvieron problemas matemáticos promueve el desarrollo de los procesos ejecutivos. La siguiente categoría cognitiva incluye los objetos mentales que construyen los niños. Incluyen representaciones declarativas, conceptuales y procedimentales.

Objetos mentales – Las representaciones de la mente

La segunda categoría incluye los objetos mentales, o representaciones, sobre las cuales actúan los procesos. Existen de diferentes tipos. El conocimiento *declarativo* es conocimiento explícito sobre información o hechos específicos, como saber que la mayoría de las personas tienen dos piernas. El conocimiento *procedimental* es generalmente conocimiento implícito sobre secuencias de acciones o habilidades, como girar una pieza de rompecabezas o mover objetos para saber cuáles han sido contados. El conocimiento *conceptual* implica comprender ideas, como la regla de la cardinalidad.

Como vimos en los capítulos anteriores, todos los tipos de conocimiento son importantes y *se apoyan mutuamente*. Se aprenden mejor si se aprenden juntos (incluso simultáneamente, aunque no es necesario). Un tipo especial de representación mental es el modelo mental, una manera de construir una imagen mental o un conjunto de imágenes mentales manipulable. La serie de actividades "construir escaleras" se diseñó para ayudar a los niños a construir nuevos modelos mentales para contar, sumar (más 1), y medir, así como conexiones entre ellos.

Afecto (emoción) y creencias (incluyendo aptitud vs. esfuerzo)

Como el pensamiento y el aprendizaje matemático son *cognitivos*, ¿cuál es el papel de las emociones? Aún cuando los procesos son cognitivos, se ven influenciados por las emociones y las creencias. Por ejemplo, si las personas sufren ansiedad por las matemáticas, su desempeño será pobre, no necesariamente porque tengan pocas habilidades sino porque sus pensamientos nerviosos los "bloquean" en su mente, limitando la cantidad de trabajo disponible para trabajar en matemáticas (Ashcraft, 2006). En esta sección revisaremos hallazgos sobre afecto (ver Malmivuori, 2001, para un análisis elaborado de los roles dinámicos del afecto, las creencias y la cognición, que está fuera del alcance de esta sección).

Como cultura, la gente de Estados Unidos tiene emociones y creencias desafortunadas (negativas) sobre las matemáticas. De hecho, ¡el 17% de la población tiene tal nivel de ansiedad que sufren si se les muestra un número (Ashcraft, 2006)!

Una creencia profundamente anclada es que el desempeño en matemáticas depende prácticamente de la *aptitud* o *habilidad*, como lo ilustró Aretha al comienzo de este capítulo. Por el contrario, la gente de otros países piensa que el desempeño es resultado del *esfuerzo* – el punto de vista de Brenda. Sorprende más aún que *las investigaciones muestran que esa creencia norteamericana afecta a los niños y simplemente no es cierta*. Los niños que creen – o reciben ayuda para comprender – que pueden aprender si ensayan, trabajan en tareas durante más tiempo y obtienen mejores resultados durante toda su escolaridad que los niños que creen que la habilidad matemática "se tiene o no se tiene." Este punto de vista conduce al fracaso y al sentimiento de impotencia aprendido. De manera similar, quienes tienen metas orientadas por la excelencia – tratan de aprender y ver el punto de vista de la escuela para desarrollar conocimientos y habilidades – tienen mejores resultados que los niños cuyas metas están guiadas por la ambición de superar a los demás (Middleton & Spanias, 1999; NMP, 2008). Los primeros incluso asumen el fracaso como una oportunidad para aprender (cf. Papert, 1980).

Como argumenta Carina, seguramente cada niño es diferente, como lo discutiremos más adelante en este capítulo. Sin embargo, no es posible decidir si esto es resultado de la naturaleza, de la crianza, o una combinación de ellas. Y todos los niños pueden desarrollar competencia matemática, e incluso "inteligencia," si trabajan en contextos educativos de alta calidad.

Afortunadamente, la mayoría de los niños pequeños tienen sentimientos positivos sobre las matemáticas y están motivados para explorar los números y las formas (Middleton & Spanias, 1999). Desafortunadamente, después de sólo un par de años en escuelas corrientes, comienzan a creer que "sólo algunos tienen habilidad para las matemáticas." Creemos que quienes experimentan las matemáticas como una *actividad productora de sentido* construyen sentimientos positivos sobre las matemáticas a lo largo de su escolaridad.

Implicaciones prácticas. Organice tareas significativas que tengan sentido para los niños y estén conectadas con sus intereses y vidas cotidianos (recuerde el enfoque de *Building Blocks*, Capítulo 1). El grado correcto de desafío y novedad puede promover el interés, y facilitar y discutir sobre la mejora de habilidades puede promover una orientación de excelencia. Los investigadores estiman que para maximizar la motivación los niños deberían tener éxito el 70% de las veces (Middleton & Spanias, 1999).

En resumen, muchas creencias negativas están incrustadas en nuestra cultura. Sin embargo, podemos ayudar a los niños a cambiarlas. Hacerlo trae beneficios a largo plazo para los niños.

Regresando a las emociones, vemos que el afecto tiene un rol significativo en la solución de problemas, pues implica tanto alegrías como frustraciones (McLeod & Adams, 1989). Basados en la teoría de Mandler, la fuente de esa emoción es la interrupción de un esquema. Por ejemplo, si se bloquea un plan, se genera una emoción, que puede ser positiva o negativa.

Implicaciones prácticas. Si los niños se dan cuenta que se equivocan, pueden creer que eso produce vergüenza, pero podemos cambiar ese sentimiento si les aseguramos que intentar y discutir, inclusive cometer errores y sentirse frustrado, hacen parte del proceso de aprendizaje. Discuta cómo esforzarse por aprender y comprender un problema hacen "sentirse bien" (Cobb, Yackel, & Wood, 1989). Haga estos comentarios para construir afectos y creencias positivos hacia las matemáticas y la resolución matemática de problemas (una actividad importante, interesante que es un fin en sí misma), así como hacia el aprendizaje (p. e. énfasis en el esfuerzo, no en la habilidad).

El esfuerzo continuado también requiere motivación. Afortunadamente, la mayoría de los niños quieren aprender. Aún más, están *intrínsecamente* motivados – les gusta aprender por aprender. Esa motivación intrínseca está relacionada con el éxito académico y lo promueve. Sin embargo, no todos los niños tienen la misma motivación. De hecho, en un estudio, la orientación motivacional de los niños (p. e. implicación y persistencia en las tareas) en preescolar estaba relacionada con su futuro conocimiento matemático desde el kínder hasta la primaria (Lepola, Niemi, Kuikka, & Hannula, 2005). Además, quienes comenzaron con menor conocimiento matemático fueron los que menos se implicaron en las tareas (Bodovski & Farkas, 2007). La motivación extrínseca está relacionada con las metas de desempeño (NMP, 2008). Esto se relaciona con la competencia de auto-regulación de los niños, que ya fue discutida. La auto-regulación no sólo es un proceso cognitivo sino que también tiene un componente de motivación.

Implicaciones prácticas. Una última preocupación es acerca que las actividades matemáticas estructuradas afectan negativamente la motivación de los niños o sus afectos. No conocemos ninguna investigación que apoye esa afirmación. Por el contrario, la investigación sugiere lo opuesto (Malofeeva et al., 2004). Los educadores deben evitar visiones estrechas de las matemáticas y del aprendizaje. Los profesores obstaculizan el aprendizaje de sus estudiantes si definen el éxito únicamente en términos de respuestas correctas rápidas y de seguir con precisión los ejemplos del profesor (Middleton & Spanias, 1999).

¿Qué es lo que predice los logros matemáticos?

Al considerar procesos generales cognitivos y de aprendizaje, como el afecto y la motivación, surge la pregunta: ¿Estas, u otras competencias o disposiciones *predicen* el logro en matemáticas?

Tal vez aún más importante, *el aprendizaje temprano de las matemáticas predice los logros posteriores*. El conocimiento matemático en preescolar está en correlación de 0.46 con el *logro matemático en grado 10* (Stevenson & Newman, 1986). Las habilidades cognitivas de los niños de preescolar, como discriminar entre estímulos visuales iguales y diferentes, y codificar estímulos visuales, predice el interés posterior en matemáticas.

Para muchos tópicos y habilidades, el conocimiento inicial predice el aprendizaje y el conocimiento posteriores (Bransford, Brown & Cocking, 1999; Jimerson, Egeland, & Teo, 1999; Maier & Greenfield, 2008; Thomson, Rowe, Undewood, & Peck, 2005; Wright et al., 1994). Sin embargo, *el efecto de conocimiento temprano en matemáticas es increíblemente fuerte y notablemente persistente* (Duncan, Claessens, & Engel, 2004). Además, la *tasa de crecimiento* de las habilidades matemáticas es mayor para quienes tienen habilidades matemáticas iniciales más altas (Aunola, Leskinen, Lerkkanen, & Nurmi, 2004). Las investigaciones concluyen que "claramente, la forma más eficaz de mejorar los puntajes en primer grado es mejorar las habilidades básicas de los niños con bajo rendimiento al entrar al kínder." Al contrario de lo que esperaban los investigadores, las habilidades "blandas" o socio-emocionales, como ser capaz de sentarse tranquilamente en clase o hacer amigos al entrar al colegio no predicen el logro temprano (Ducan et al., 2004).

En seis estudios los predictores más fuertes de logro posterior fueron las matemáticas al comenzar la escuela y las habilidades de atención (Duncan et al., en prensa). Además, los conocimientos tempranos de lectura predicen éxito posterior en lectura. Sin embargo, el conocimiento temprano en matemáticas es un predictor aún *más fuerte* de logros posteriores en matemáticas. Además, el conocimiento temprano en matemáticas *no sólo predice logros en matemáticas, sino también en lectura.* (Todos los estudios tenían las mismas características de habilidad cognitiva, comportamiento y otras). Otros investigadores también encontraron que la habilidad temprana para la lectura (Kínder) no predice ni interés ni logros posteriores en matemáticas (segundo y tercero) (McTaggart, Frijters, & Barron, 2005). Otros investigadores confirmaron que las matemáticas tempranas predicen la lectura, pero la lectura no predice el logro matemático (Lerkkanen, Rasku-Puttonen, Aunola, & Nurmi, 2005).

En resumen, los conceptos matemáticos tempranos son los predictores más seguros del posterior aprendizaje. Predicen el logro en lectura tanto como las habilidades tempranas en lectura predicen el logro en lectura. Las habilidades de lenguaje y atención también son predictores, pero en menor medida (y algunos, Konold & Pianta, 2005, encontraron que la atención sola no es tan predictiva). Las habilidades socio-emocionales como problemas de comportamiento y habilidades sociales son predictores insignificantes. Por supuesto, queremos un afecto positivo, motivación y relaciones sociales. Además, otros estudios muestran que, al menos para algunos niños con habilidades cognitivas limitadas, las habilidades sociales pueden ser predictores importantes de éxito (Konold & Pianta, 2005). Pero parecería que debemos *desarrollarlas junto* con habilidades y conocimientos de matemáticas.

¿Las habilidades matemáticas particulares son relativamente más predictivas? Saberlo podría ser útil para la selección, o para la identificación temprana de quienes podrían tener dificultades matemáticas (ver sección correspondiente más adelante). Algunas investigaciones han identificado efectos de tareas específicas como:

- Discriminación de magnitudes (p. e. nombrar el más grande de dos dígitos), que puede estar relacionada con debilidades en las representaciones espaciales (Case, Griffin, & Kelly, 1999; Chard et al., 2005; Clarke & Shinn, 2004; Gersten, Jordan, & Flojo, 2005; Jordan, Hanich, & Kaplan, 2003; Lembke & Foegen, 2008; Lembke, Foegen, Whittake, & Hampton, 2009).
- Identificación numeral, (p. e. utilizar la subitización independiente), que predice las habilidades aritméticas futuras pero no la lectura (ver Capítulo 2)(Hannula, Lepola, & Lehtinen, 2007).
- Números faltamtes, decir el número que falta en una serie (Chard et al., 2005; Lembke & Foegen, 2008; Lembke et al., 2009).
- Focalización espontánea en lo númerico, como una subitización independiente, que predice la aritmética, pero no después de la lectura (ver Capítulo 2) (Hannula, Lepola, & Lehtinen, 2007).
- Conteo de objetos y estrategias de conteo, sin errores (ver Capítulos 3 y 5)(Clarke & Shinn, 2004; Gersten et al., 2005).

- Fluidez en combinaciones aritméticas, como los "hechos" de adición (para niños más grandes, Geary, Brown, & Samaranayake, 1991; Gersten et al., 2005).

Sin embargo hay que ser cuidadosos, pues tanto las medidas de selección como las medidas de predicción pasan por alto las matemáticas fuera de las habilidades numéricas rutinarias.

Otras medidas cognitivas también son predictivas de dificultades o discapacidades matemáticas para al menos algunos casos que incluyen la memoria de trabajo (p. e. repetición inversa de dígitos)(Geary, 2003; Gersten et al., 2005). Otros han encontrado que la memoria de trabajo no es predictiva de la fluidez factual si se controla la atención (uno de los predictores más fuertes)(Fuchs et al., 2005). La atención, la memoria de trabajo y la solución de problemas no verbales predicen la competencia conceptual. Recuerde que la competencia de conteo temprano, incluyendo el conteo con confianza y el uso de estrategias de conteo, y la comparación de magnitudes, es muy importante (Gersten et al., 2005; Jordan, Hanich, & Kaplan, 2003).

El control ejecutivo y la auto-regulación también son predictivos de logro matemático. En un estudio, las matemáticas aparecen correlacionadas con todas las medidas de función ejecutiva menos una (Bull & Scerif, 2001). Los investigadores concluyen que las dificultades particulares de los niños con menor habilidad matemática son producto de una falta de inhibición y una memoria de trabajo débil, que producen dificultades para cambiar de estrategia y evaluar nuevas estrategias para resolver una tarea determinada. La persistencia es significativamente predictiva de logro matemático para los niños de 3 y 4 años (Maier & Greenfield, 2008).

La habilidad de recuperar asociaciones verbales o verbales-visuales de la memoria a largo plazo predice tanto las combinaciones aritméticas como la lectura de textos (Koponen, Aunola, Ahonen, & Nurmi, 2007). Este resultado sugiere que, aunque el cálculo con un solo dígito es una habilidad numérica, también está conectado con habilidades lingüísticas; así que las dificultades en lenguaje pueden restringir las habilidades de cálculo. El conocimiento de conceptos numéricos y el nivel educativo de la madre son predictores del conocimiento de algoritmos.

Igualmente, Blair y otros encontraron que la auto-regulación, y en especial el control de esfuerzo, el control inhibitorio y los aspectos de centrar la atención de la función ejecutiva en preescolar, están relacionados con medidas de habilidades matemáticas (y lectoescritura) en transición (Blair, 2002; Blair & Razza, 2007). Estas correlaciones son independientes de la inteligencia general. *Los educadores deben mejorar las habilidades de auto-regulación y acentuar las habilidades académicas tempranas* para ayudar a los niños a tener éxito en la escuela.

Uno de los resultados más confiables (ver Capítulo 1 y la sección sobre familias en el Capítulo 15) es que los niños de familias adineradas (correlacionados con altos niveles de formación de los padres y creencias parentales progresistas) tienen logros altos en todos los temas, incluyendo matemáticas (Burchinal, Peisner-Feinberg, Pianta & Howes, 2002).

Además, las relaciones estrechas con la profesora están relacionadas positivamente con el logro, especialmente entre los niños más pequeños o en riesgo. Finalmente, los niños más extrovertidos adquieren habilidades matemáticas (y de lectura) más rápidamente (Burchinal et al., 2005), tópico que trataremos en el Capítulo 15. Uno de los estudios ya mencionados encontró que los niños cuyos padres calificaron con mayores ventajas sociales y emocionales y menores problemas de comportamiento tuvieron mejores resultados informales en matemáticas (Austin, Blevins-Knabe, & Lindauer, 2008). Los mejores predictores de calificaciones de matemáticas informales para todos los niños incluyen la calificación de los padres en problemas de comportamiento, la calificación de los cuidadores de ventajas de los niños y un test de buena disposición.

¿Qué predice el compromiso? Un estudio de currículos de preescolar no mostró efectos en el currículo, el género, o la etnia, y pocos efectos en el nivel de habilidades de entrada (entre más mayores sean hay más compromiso) y asistencia (Bilbrey, Farran, Lipsey, & Hurley, 2007). El compromiso a su vez predice conceptos cuantitativos, incluso hasta primer grado.

Estas competencias tempranas pueden interactuar, y algunas compensan las otras. Como vimos, los procesos cognitivos, la auto-regulación y las habilidades sociales pueden desarrollarse de manera independiente (Konold & Pianta, 2005). Incluso, las habilidades en un área pueden ayudar a compensar la falta de habilidades en otra. Por ejemplo, quienes tienen poca habilidad cognitiva tienen altas calificaciones en primer grado si tienen buenas habilidades sociales. En cambio, quienes tienen muchas habilidades cognitivas pero pocas de externalizar problemas, superan a todos los otros grupos en logros.

La discusión clásica naturaleza/crianza. Existe un debate muy antiguo sobre si la naturaleza (genética), o la crianza (el contexto familiar y escolar) afectan el logro de los niños. Una respuesta típica es que "ambas afectan" o que "la naturaleza reparte las cartas pero la crianza las juega." Ambas afirmaciones tienen parte de verdad. Las investigaciones recientes sugieren respuestas mucho más específicas. Los investigadores que estudian los gemelos idénticos longitudinalmente (niños entre 7 y 10 años de edad) concluyen que el factor genético tiene una influencia amplia y estable (0.48 para matemáticas), el contexto tiene un efecto significativo pero moderado (0.20 para contextos compartidos, el resto para contextos no compartidos, incluyendo los errores de medida). Además, la inteligencia general no es hereditaria, mientras que el aprendizaje de áreas específicas de contenido sí lo es. Los autores también sugieren que los genes influyen en los "apetitos, no solamente en las aptitudes." En otras palabras, la genética afecta también la motivación para implicarse en el aprendizaje. Terminan con otras tres conclusiones (Kovas, Haworth, Dale, & Plomin, 2007):

1. *Lo anormal es normal.* El bajo desempeño es el extremo cuantitativo de las mismas influencias genéticas y contextuales que operan en la distribución normal.

Los investigadores sugieren que no existen las "discapacidades de aprendizaje" aisladas.
2. *La continuidad es genética y el cambio es contextual.* Los análisis longitudinales muestran que la estabilidad en distintas edades es causada genéticamente, mientras que el contexto contribuye a los cambios a lo largo del tiempo.
3. *Los genes son generalistas y los contextos son especialistas.* Los genes contribuyen ampliamente al desempeño similar dentro y entre los tres campos de matemáticas, lengua y ciencias – y con la habilidad cognitiva general – mientras que el contexto contribuye a las diferencias en desempeño. Cerca de una tercera parte de la varianza entre Inglés y matemáticas es común con "g," cerca de una tercera parte es general al desempeño académico pero no "g." Los contextos no compartidos tienen efectos sorprendentes. Son responsables de diferencias entre gemelos idénticos que crecen en el mismo hogar y el mismo colegio. Son responsables de cambios de una edad a la otra. Y son responsables de mayor varianza que los contextos compartidos. Aun se necesitan investigaciones que examinen características de la escuela para resolver el rompecabezas de cuáles aspectos de esos contextos no compartidos son importantes.

Hay que recordar que todos los estudios revisados en esta sección son correlacionales y *no* experimentales. No podemos atribuirles causalidad. Sin embargo, son sugerentes. El Capítulo 16 tiene evidencias de experimentos en los que decimos algo sobre los efectos de brindar mejor educación matemática. Por ahora simplemente hacemos unas recomendaciones.

Implicaciones prácticas. Enseñe matemáticas desde temprano. Céntrese en los temas matemáticos claves señalados en este libro. También céntrese en mejorar las habilidades de auto-regulación.

Equidad: Diferencias individuales y grupales

Como lo dijimos en el Capítulo 1, algunos niños llegan a la escuela menos preparados en matemáticas que otros. Para la mayoría, estas diferencias no desaparecen sino que aumentan. La "brecha de desempeño" no se cierra; se amplía (Geary, 2006). En esta sección, examinamos diferencias entre grupos, como por ejemplo entre comunidades de bajos recursos y de altos recursos, entre individuos, incluyendo aquellos con dificultades y discapacidades matemáticas. El tema común es la equidad. Los Capítulos 15 y 16 discuten sobre cómo los profesores pueden enfrentar cuestiones de equidad en su práctica educativa.

Estatus de pobreza y minoría

Recomendamos al editor rechazar este artículo simplemente porque los autores no han visto algo evidente: las diferencias entre los grupos de bajos y altos ingresos son producto del Coeficiente Intelectual. Los padres tienen bajos ingresos *porque* no son lo suficientemente inteligentes para obtener mejores trabajos. Pasan su bajo coeficiente intelectual a sus hijos. (De una revisión de uno de los artículos de investigación del autor).

Como lo describimos en los capítulos anteriores, especialmente en el Capítulo 1 (de este libro y del libro anexo), los niños que viven en la pobreza y los miembros de grupos lingüísticos y étnicos minoritarios muestran niveles de desempeño significativamente más bajos (Bowman et al., 2001; Brooks-Gunn, Duncan, & Britto, 1999; Campbell & Silver, 1999; Denton & West, 2002; Entwisle & Alexander, 1990; Halle, Kurtz-Costes & Mahoney, 1997; Mullis et al., 2000; Natriello, McDill, & Pallas, 1990; Rouse, Brooks-Gunn, & McLanahan, 2005; Secada, 1992; Sylva et al., 2005; Thomas & Tagg, 2004). Las brechas étnicas se han ampliado desde 1990 (Jaekyung Lee, 2002). No hay edades tiernas donde la equidad no sea problema. Las brechas de desempeño tienen orígenes en los primeros años, pues los niños más pobres tienen menos conocimientos extensivos de matemáticas que los niños de ingresos medios en edades preescolares y de transición (Arnold & Doctoroff, 2003; Denton & West, 2002; Gisnburg & Russell, 1981; Griffin, Case & Capodilupo, 1995; Jordan, Huttenlocher, & Levine, 1992; Saxe, Guberman, & Gearhart, 1987; Sowder, 1992b). Como ejemplo, el ECLS-B (Early Childhood Longitudinal Study – Estudio Longitudinal de Niñez temprana) encontró que el porcentaje de niños que muestra buen desempeño en números y formas fue 87% en familias de Estatus Socioeconómico alto pero sólo de 40% en familias de Estatus Socioeconómico bajo (Chernoff, Flanagan, McPhee, & Park, 2007, pero la prueba sólo incluía lectura de numerales y por lo tanto el informe no provee detalles útiles). Estas diferencias comienzan muy pronto y van aumentando (Alexander & Entwise, 1988).

Se han reportado diferencias en aspectos específicos del conocimiento matemático de los niños pequeños en dos tipos de comparaciones. Primero, hay diferencias entre países. Como ya señalamos en capítulos anteriores, algunos conocimientos matemáticos se desarrollan más en los niños de Asia que en los niños de Estados Unidos (Geary, Bow-Thomas, Fan, & Siegler, 1993; Gisnburg, Choi, Lopez, Netley, & Chi, 1997; Miller et al., 1995; Starkey et al., 1999). Debemos advertir al lector que no se conocen las causas de estas diferencias entre países. Parece ser que algunos factores son nacionales, como el conocimiento de los profesores, la práctica de enseñanza formal, y los estándares curriculares. Otros son transnacionales, como las diferencias de lenguaje, y otros pueden ser culturales pues trascienden las fronteras nacionales, como los valores familiares (Wang & Lin, 2005). Los preescolares japoneses tienen mejores resultados en matemáticas que los de los Estados Unidos, pero ni las familias ni las escuelas japonesas enfatizan la formación académica en ese nivel (Bacon & Ichikawa, 1988). Algunas causas posibles serían expectativas más bajas y más realistas, confianza en la instrucción informal al nivel de los niños, incluyendo despertar interés y brindar ejemplos más que enseñar directamente procedimientos.

Segundo, hay diferencias relacionadas con el estatus socioeconómico. Algunos conocimientos matemáticos se desarrollan más en niños de ingresos medios, comparados con niños de ingresos bajos (Fryer & Levitt, 2004; Griffin & Case, 1997; Starkey & Klein, 1992). Los factores claves encontrados en un estudio fueron el nivel educativo de la madre y el nivel de pobreza del entorno del niño (Lara-Cinisomo, Pebley, Vaiana, & Maggio, 2004). Estos son factores distintos, y el ingreso tiene un efecto directo en el niño y un efecto mediado por la interacción de los padres con los niños (p. e., los padres de mayores ingresos, comparados con los de menores ingresos, ayudan más en la resolución de problemas; Brooks-Gunn et al., 1999; Duncan, Brooks-Gunn, & Klebanov, 1994). De manera similar, un análisis de los datos ECLS muestra que los indicadores de Estatus Socioeconómico y el número de libros en la casa predicen fuertemente los puntajes en matemáticas y lectura (Fryer & Levitt 2004; el control de estos factores también reduce sustancialmente las diferencias étnicas).

Los padres con bajos recursos, comparados con los de ingresos medios, creen que la educación matemática es responsabilidad de la escuela y que los niños no pueden aprender aspectos de las matemáticas que las investigaciones muestran que sí pueden aprender (Starkey et al., 1999). También, las familias de bajos ingresos adoptan con más fuerza una perspectiva de destrezas que las familias de ingresos medios, y esas perspectivas de "destrezas" y "entrenamiento" no son predictivas de logros escolares futuros, mientras que la perspectiva de "matemáticas en la vida cotidiana" adoptada por los padres de ingresos medios sí lo es (Sonnenschein, Baker, Moyer, & LeFevre, 2005). Esos efectos dañinos son más claros y más fuertes en los Estados Unidos que en otros países y más fuertes en los niños pequeños que para otras edades.

Consideremos dos niños. Pedro tenía niveles altos de competencia en números. Podía contar más allá de 120, decir el siguiente o el anterior de un número verbalmente, incluso de las centenas. También podía leer esas palabras que designan números. Finalmente, podía usar estrategias de conteo para resolver un amplio rango de tareas de adición y sustracción. Tom no podía contar., máximo podía decir "dos" para un par de objetos. Si se le preguntaba por el número siguiente de "seis" decía "caballo." Después de "uno," decía "bicicleta." No podía leer los numerales. *Tanto Pedro como Tom estaban comenzando su año de Kinder* (A. Wright, 1987).

Un estudio a gran escala de esta brecha, incluyendo niños de kínder de los Estados Unidos, encontró que 94% de los niños pasaron su test de Nivel I (contar hasta 19 y reconocer numerales y formas) y 58% pasaron su test de nivel 2 (leer numerales, contar más allá de 10, ordenar patrones y usar unidades no estándar de longitud para comparar objetos). Sin embargo, 79% de los niños con madres que tenían un diploma de estudios secundarios pasaron el test de Nivel 2, comparado con 32% de aquellos con madres con estudios inferiores a secundaria (NCES, 2000). Las diferencias aparecen incluso en los años de preescolar. El Estudio Longitudinal de Niñez Temprana (ECLS por sus siglas en inglés) mostró que, *antes de entrar al Kinder*, los niños de Estatus Socioeconómico bajo obtuvieron una desviación estándar de 0.55 por debajo de los niños de Estatus Socioeconómico medio en una evaluación de matemáticas; *los niños de bajos ingresos obtuvieron una desviación estándar de 1.24 por debajo de los de altos ingresos*. Los niños con peores resultados fueron aquellos con bajos ingresos y pertenecientes a minorías.

Otros análisis del mismo ECLS muestran que los niños que comienzan con los niveles de logro más bajos tienen un *crecimiento más bajo* en matemáticas desde el Kinder hasta el tercer grado (Bodovski & Farkas, 2007). Los autores concluyen que estos niños necesitan más tiempo de matemáticas en el preescolar.

Si la educación matemática de alta calidad no comienza en el preescolar y continúa durante los primeros años, los niños quedan atrapados en una trayectoria de fracaso (Rouse et al., 2005). Otro estudio combinó dos tipos de comparaciones. Los resultados mostraron que el conocimiento matemático es mayor en los niños chinos de 3 y 4 años que en los niños estadounidenses de clase media y mayores que los niños estadounidenses de clase media que en los niños de 3 y 4 años de familias de bajos ingresos (Starkey et al., 1999).

Los niños de familias de bajos ingresos tienen dificultades específicas. No comprenden las magnitudes relativas de los números y cómo se relacionan con la secuencia de conteo (Griffin et al., 1994). Tienen más dificultades para resolver problemas de adición y sustracción. Los niños de clases trabajadoras en el Reino Unido están un año atrás en adición y sustracción simple a los 3 años de edad (Hughes, 1981). De manera similar, los niños estadounidenses de bajos ingresos comienzan el Kinder por debajo de los niños de ingresos medios y, aunque progresan al mismo paso en la mayoría de las tareas, terminan por debajo y no realizan progresos en algunas tareas. Por ejemplo, aunque se desempeñan de manera adecuada en tareas aritméticas no verbales, no hacen progresos en todo el año de Kinder en problemas de cuentos aritméticos (Jordan, Kaplan, Oláh, & Locuniak, 2006). Además, los niños de bajos ingresos presentan con mayor frecuencia una curva de crecimiento más "plana" durante el año.

Un reciente estudio de competencias preescolares (Sarama & Clements, 2008) reveló que los niños de preescolares para poblaciones de Estatus Socioeconómico medio superaron a aquellos para poblaciones de Estatus Socioeconómico bajo en el puntaje total y en la mayoría de los subtest individuales. Los subtest que mostraron diferencias significativas fueron, con pocas excepciones, los que medían conceptos y habilidades matemáticos más sofisticados. En número, no hubo diferencias significativas para el conteo simple verbal o el reconocimiento de números pequeños (Clements & Sarama, 2004[a], 2007c). Hubo diferencias significativas en conteo de objetos y estrategias de conteo más sofisticadas, comparación de números y seriación, composición de números, aritmética, y apareamiento de numerales con cartas de puntos. En geometría, no hubo diferencias significativas en las tareas simples sobre formas y comparación de formas. (El subtest de giros también era relativamente simple, pero como incluía solamente una tarea, los resultados deberían interpretarse con prudencia). Hubo diferencias significativas en representación de formas, composición de formas, y patrones. La medición fue una excepción pues implicaba conceptos y habilidades sofisticados pero no hubo diferencias significativas entre los grupos; el desarrollo en este campo puede ser más dependiente de la enseñanza escolar.

En cuanto a los ítems individuales, el desempeño del grupo de Estatus Socioeconómico bajo es consistente con esos resultados. En conteo, las diferencias notables correspondieron al uso del principio de cardinalidad, producir una colección de un número dado, contar arreglos desordenados, y decir qué número viene después de otro número. Las otras progresiones de desarrollo en número mostraron una diferencia más consistente entre los ítems; nótese que tanto las medias como las diferencias para adición/sustracción fueron pequeñas. En geometría, los ítems para las tres progresiones del desarrollo mostraron el mismo patrón de diferencias consistentes entre los ítems.

Los niveles de los niños dentro de diferentes progresiones de desarrollo muestran otra visión de esas diferencias. Sustancialmente más niños del grupo de Estatus Socioeconómico medio estuvieron uno o dos niveles por encima del nivel de conteo de los del grupo de Estatus Socioeconómico bajo, pues operaron en el *nivel contador (Números pequeños) o contador a (Números pequeños)*. En comparación de números, una mayoría de los niños del grupo de Estatus Socioeconómico alto alcanzaron un nivel *comparador*, mayor que el nivel de la mayoría de los niños de Estatus Socioeconómico bajo. Las diferencias en aritmética fueron pequeñas, mientras que las diferencias en comparación fueron grandes, pero ninguna indicó diferencias de nivel de pensamiento. De manera similar, las diferencias en patrones y geometría no indicaron distinciones en niveles de pensamiento, pero sugieren menor desempeño para los estatus socioeconómicos bajos, comparados con los de Estatus Socioeconómico medio.

Otra investigación confirma que hay mayor variación en conocimiento numérico entre los niños pequeños de contextos de Estatus Socioeconómico bajo (Wright, 1991). Fue el caso especialmente para los niños que comenzaban el Kinder en el reconocimiento numeral y el conteo verbal. Por otra parte, los niños más avanzados fueron los menos favorecidos. No aprendieron nada durante todo el año escolar. No avanzaron en lectura de numerales multidígitos durante su año de primer grado.

De manera similar, los niños de preescolar de bajos ingresos están por debajo de sus pares de altos ingresos en la forma más temprana de subitizar, reconocimiento espontáneo de numerosidad (Hannula, 2005). A menudo no tienen habilidades fundamentales para clasificar y seriar (Pasnak, 1987). Los niños menos pequeños que entran a primer grado mostraron un menor efecto de los factores familiares en computación que en conceptos matemáticos y razonamiento. Los contrastes entre mayoría-minoría fueron pequeños, pero los recursos económicos y psicológicos de los padres (p. e. diploma de bachiller) fueron influencias fuertes (Entwisle & Alexander, 1990).

Investigaciones más antiguas indican que esos problemas han existido durante décadas, con efectos negativos graves (Alexander & Entwisle, 1998). El primer año de escuela tiene una influencia sustancial en las trayectorias del conocimiento numérico de los niños pequeños. Los niños negros progresaron menos que los blancos en ese estudio, y la brecha se amplió durante un período de dos años. La transición al colegio y la recuperación de vacíos iniciales en el aprendizaje pueden ser más problemáticos para niños negros que para niños blancos.

Al llegar a Kínder y a los primeros grados, los niños de bajos ingresos utilizan estrategias menos adaptadas o mal adaptadas, en mayor número que los niños de ingresos medios, probablemente debido a un déficit en el conocimiento intuitivo de los números y de estrategias diferentes (Griffin et al., 1994; Siegler, 1993). La mayoría de los niños de 5 y 6 años de bajos ingresos son incapaces de responder problemas simples de aritmética, mientras que la mayoría de los niños de ingresos medios sí lo son (Griffin et al., 1994). En un estudio, 75% de los niños de un Kínder de clases medias y altas fueron capaces de estimar la magnitud relativa de dos números diferentes y realizar adiciones mentales simples, comparados con solo 7% de los niños de ingresos bajos de la misma comunidad (Case et al., 1999; Griffin et al., 1994). Otro ejemplo: aproximadamente el 72% de los niños de Estatus Socioeconómico alto, 69% de medio y 14% de bajo pueden responder un problema presentado oralmente: "si tuviera 4 dulces de chocolate y alguien le diera otros 3, ¿cuántos dulces tendría en total?" Los niños de ingresos bajos con frecuencia adivinan o utilizan estrategias deficientes como el conteo (p.e. 3+4=5). Lo hacen por su falta de conocimiento sobre las estrategias y comprensiones del porqué funcionan y cuál es la meta que logran (Siegler, 1993). *Sin embargo, con mayor experiencia, los niños de ingresos bajos usan múltiples estrategias, con la misma precisión, rapidez y razonamiento adaptativo que los niños de ingresos medios.*

Regresemos brevemente a la pregunta sobre qué predice el desempeño en matemáticas, planteada anteriormente en este capítulo. La viñeta que abre esta sección plantea una discusión importante. *¿Cuál es el rol de la habilidad, o Cociente Intelectual, en la explicación del bajo desempeño de ciertos grupos?* Factores genéticos que determinan en parte la habilidad, como el Cociente Intelectual, probablemente influyen en el desempeño en matemáticas. Dentro de los estudiantes de clase media, tales factores, más que la familia y el vecindario, están correlacionados con el desempeño académico (Berliner, 2006). *Pero esto no es cierto para los grupos de ingresos bajos. La pobreza y la falta de oportunidades para aprender, consecuencia de ellos, son predictores fuertes.* Incluso pequeñas reducciones de la pobreza conducen a aumento en los comportamientos positivos en la escuela y mejor desempeño académico (Berliner, 2006). El ingreso es el predictor más potente, incluso más que la educación de los padres y otros indicadores de Estatus Socioeconómico bajo (Duncan et al., 1994). De hecho, el Estatus Socioeconómico es un mejor predictor en Estados Unidos que en otros países. Además, incluso cuando se controla el coeficiente intelectual, el funcionamiento cognitivo de los niños se ve influido por el ingreso de sus madres y el entorno que ellas crean en el hogar (e, incidentalmente, el coeficiente intelectual de las madres se ve afectado por esos mismos factores). Finalmente, estos efectos son más fuertes en la niñez temprana. Esto es importante, pues los colegios clasifican a los niños cuando salen del preescolar, y si son identificados como de bajo desempeño se afecta toda su carrera escolar (Brooks-Gunn et al., 1999).

La falta de un aprendizaje temprano puede incluso cambiar la estructura cerebral – los déficits tempranos en oportunidades para aprender pueden quedar registrados biológicamente (Brooks-Gunn et al., 1999; Case et al., 1999). El entorno de los niños, por supuesto, determina las oportunidades de aprendizaje que tienen. Eso no significa que esos niños no tengan competencias matemáticas, ni mucho menos. Cuando se aceptaron respuestas de los niños que diferían en 1 de la correcta, se eliminaron las diferencias entre grupos en un estudio (Ehrlich & Levine, 2007b). Parecen tener una comprensión aproximada de la numerosidad, pero menos competencia con numerosidades *exactas*.

La brecha de Estatus Socioeconómico es grande y abarca diferentes aspectos del conocimiento matemático: numérico, aritmético, espacio/geométrico, patrones y medidas (A. Klein & Starkey, 2004; Sarama & Clements, 2008). La razón de esta brecha parece ser que los niños de familias con bajos ingresos reciben menos apoyo para el desarrollo matemático en sus casas y colegios (Blevins-Knabe & Musun-Miller, 1996; Holloway, Rambaud, Fuller, & Eggers-Pierola, 1995; Saxe et al., 1987; Starkey et al., 1999). Los programas públicos para familias de bajos ingresos, comparados con los de familias de altos ingresos brindan menos oportunidades de aprendizaje y menos apoyo al desarrollo matemático, incluyendo un rango menos amplio de conceptos matemáticos (Bryant, Burchinal, Lau, & Sparling, 1994; D.C. Farran, Silveri, & Culp, 1991). La falta de recursos es el problema principal, pero la investigación indica que no es la única explicación. También hay diferencias de actitud, motivación y creencias que deben revisarse (NMP, 2008). Por ejemplo, las "amenazas estereotipadas" – la imposición de prejuicios sociales como que los negros tienen menos habilidad matemática o que las mujeres no pueden aprender matemáticas – pueden tener influencia negativa en el desempeño de los grupos amenazados (NMP, 2008). Necesitamos investigaciones sobre si esto afecta los niños pequeños y cómo pueden evitarse este y otros problemas.

Además, las clases con más de 60% de niños de hogares por debajo de la línea de pobreza tienen menos calidad, también porque los profesores no tienen capacitación formal (o diploma) en educación temprana, y sus creencias están menos centradas en los niños (Pianta et al., 2005). Un análisis de los datos del ECLS encontró que los niños negros mejoraron sus conocimientos matemáticos al entrar al Kinder – *pero que durante los dos primeros años de colegio perdieron terreno con respecto a otras razas* (Fryer & Levitt, 2004). Estas diferencias no se refieren a la aritmética – adición, sustracción, multiplicación y división – sino a habilidades de nivel bajo. Existen suficientes recursos en esos contextos para atender las necesidades de los niños.

Podemos concluir que existe una base de desarrollo temprano para las posteriores diferencias de desempeño en matemáticas: los niños de diferentes entornos socioculturales tienen diferentes experiencias fundamentales (Starkey et al., 1999). Los programas deben reconocer las diferencias socioculturales e individuales que determinan lo que los niños saben y lo que traen a la situación educativa. El conocimiento sobre lo que los niños traen debería informar la planeación de los programas y la instrucción. Debería brindarse un apoyo extra a las comunidades de bajos recursos. Debemos atender las necesidades especiales de todos los niños, en especial de los grupos desproporcionadamente sub-representados en matemáticas, como los niños de color y aquellos cuya lengua materna es diferente de la de la escuela (Moll, Amanti, Neff, & Gonzalez, 1992). Entre más pequeños son los niños, más influye el contexto, si es relevante y significativo, en su aprendizaje. No hay evidencia que esos niños no puedan aprender las matemáticas que los otros niños aprenden. (Históricamente se pensaba que los niños de esos grupos estaban genéticamente menos equipados. Recuérdese los comentarios del revisor al comienzo de esta sección). Con mucha frecuencia, los niños no reciben recursos y apoyos equivalentes (Lee & Burkam, 2002). Tienen acceso diferente e inequitativo a experiencias fundamentales, materiales con estructura matemática, como bloques de unidades, tecnología, etc. Los contextos en los que son atendidos los niños de diferentes orígenes socioculturales a menudo tienen menos recursos y menos niveles de interacción de alta calidad. También tienen menos apoyo para su salud física y mental (Waber et al., 2007). También deberían considerarse las necesidades de los niños con dificultades físicas (p. e. problemas de oído) y dificultades de aprendizaje (p. e. retardo mental). Para cualquiera que trabaje en educación existe una necesidad crítica de enfrentar este problema, de manera que los niños en riesgo reciban recursos equitativos y tiempo y apoyo adicionales para aprender matemáticas. Esto no significa que deberíamos tratar a todos los niños de la misma manera; significa que deberían ponerse a disposición recursos equivalentes para enfrentar las necesidades de los niños que difieren de miles de maneras, incluyendo diferencias socioculturales e individuales (p. e., niños talentosos y niños con desarrollo más lento). Esto es importante, pues el conocimiento matemático en el preescolar predice el éxito futuro en la escuela (Jimerson et al., 1999; Stevenson & Newman, 1986; Young-Loveridge, 1989c). El conocimiento específico cuantitativo y numérico es más predictivo del logro posterior que los test de inteligencia o de habilidades de memoria (Krajewski, 2005). Quienes son débiles en matemáticas en los primeros años van desmejorando cada año (Arnold & Doctoroff, 2003; Aunola et al., 2004; Wright et al., 1994).

Los niños miembros de grupos lingüísticos minoritarios también necesitan atención especial (Nasir & Cobb, 2007). Aunque enseñar términos específicos de vocabulario durante un tiempo y resaltar los sinónimos es una estrategia útil, el sólo vocabulario no es suficiente. Los profesores deben ayudar a los estudiantes a ver múltiples significados de los términos en ambas lenguas (y conflictos entre las dos lenguas), y tratar *el lenguaje matemático*, no sólo los "términos" matemáticos. También es esencial trabajar sobre los recursos bilingües que los niños traen a las matemáticas. Por ejemplo, todas las culturas tienen "capitales de conocimiento" que pueden usarse para desarrollar contextos y comprensiones matemáticas (Moll et al., 1992). Además, los niños bilingües pueden ver a menudo una idea matemática general con más claridad que los niños monolingües porque, después de expresarla en dos lenguas, comprenden que la idea matemática abstracta no está "atada" a los términos dados (ver Secada, 1992). En general, "hablar matemáticas" es mucho más que usar vocabulario matemático.

En los Estados Unidos hay más niños en pobreza absoluta que en otros países. Los efectos son devastadores (Brooks-Gunn et al., 1999).

Implicaciones prácticas. Los niños que viven en la pobreza y son miembros de grupos lingüísticos y étnicos minoritarios necesitan más y mejores programas de matemáticas (Rouse et al., 2005). Necesitan programas que enfaticen conceptos y habilidades de orden superior en cada nivel, así como conocimiento y habilidades (Fryer & Levitt, 2004; Sarama & Clements, 2008). ¿Qué programas resuelven estos problemas? En el Capítulo 15 presentaremos en detalle distintos programas basados en investigaciones.

Deficiencias y dificultades del aprendizaje de las matemáticas (MLD)

Al igual que quienes están en riesgo por otras razones, los niños con necesidades especiales no están bien servidos en las clases típicas de los primeros años. Muchos niños tienen dificultades de aprendizaje en matemáticas en los primeros años. Desafortunadamente no son detectados, o son clasificados con otros niños como "de desarrollo lento." Esto es desafortunado porque las intervenciones matemáticas específicas en los primeros años son efectivas (Berch & Mazzoco, 2007; Dowker, 2004; Lerner, 1997).

En general se usan dos categorías (Berch & Mazzocco, 2007): Niños con *dificultades matemáticas (MD)* son aquellos a los que les cuesta trabajo aprender matemáticas por cualquier razón. A veces se definen como aquellos por debajo del percentil 35, y se estima que pueden llegar a ser entre el 40% y el 48% de la población. Los que tienen *discapacidades de aprendizaje matemático (MLD* por sus siglas en inglés) específicas tienen alguna forma de déficit cognitivo o de memoria que interfiere con su habilidad para aprender conceptos y/o procedimientos en uno o más campos de las matemáticas (Geary, 2004). Por lo tanto, representan un pequeño subconjunto de todos los MD, entre 4% y 10% de la población (es más común entre 6% y 7%)(Berch & Mazzocco, 2007; Mazzocco & Myers, 2003). Los estudios han encontrado que esas clasificaciones no son estables para muchos niños en preescolar y primaria; sólo 63% de los clasificados como MLD en Kinder siguen clasificados así en tercer grado (Mazzocco & Myers, 2003).

Los niños con MLD, por definición tienen un defecto genético, pero deben identificarse por sus comportamientos. Sin embargo, todavía es materia de debate cuáles comportamientos definen el MLD – cognitivos generales, conceptuales, habilidades o una combinación de ellos (Berch & Mazzocco, 2007). Uno de los hallazgos más consistentes es que los niños con MLD tienen dificultades para recuperar rápidamente hechos aritméticos básicos. Se ha planteado la hipótesis que esto se debe a una discapacidad para almacenar o recuperar hechos, como interrupciones del proceso de recuperación, y a defectos en las representaciones visuo-espaciales. Los déficits en memoria de trabajo y en velocidad de procesamiento han sido reportados como factores importantes en Kinder, especialmente para quienes tienen dificultades en muchas áreas de las matemáticas (Geary, Hoard, Byrd-Craven, Nugent, & Numtee, 2007).

Otros encuentran que los tiempos de recuperación de niños con MLD pueden explicarse por los mismos factores que son causa de limitaciones de desempeño de los niños normales (Hopkins & Lawson, 2004). Es decir, puede que no tengan una memoria de trabajo defectuosa o una clase especial de "déficit de recuperación," sino otras dificultades.

Otros más sostienen que los defectos en el control ejecutivo de material verbal (Berch & Mazzocco, 2007) pueden impedir que esos niños aprendan hechos o combinaciones aritméticos básicos. Así que incluso en segundo grado, los niños con MLD pueden no comprender todos los principios de conteo y pueden tener dificultad para evitar una violación de error en la memoria de trabajo[1]. Producen más errores de conteo y persisten en usar estrategias de conteo inmaduras. De hecho, pueden continuar usando estrategias inmaduras de "backup" con pocas variaciones y cambio limitado a lo largo de la escolaridad elemental (Ostad, 1998). El conocimiento inmaduro del conteo de los niños MLD y sus habilidades pobres para detectar errores de conteo, pueden explicar sus habilidades deficientes en adición (Geary, Bow-Thomas, & Yao, 1992). Algunos abandonan el conteo con los dedos únicamente al final de la primaria. También tienen dificultades para recuperar hechos aritméticos, y aunque las otras habilidades se desarrollan lentamente, la recuperación de hechos no mejora para la mayoría de los niños clasificados como MLD (Geary et al., 1991). Estos hallazgos sugieren que tienen una discapacidad cognitiva y no falta de educación o experiencia, poca motivación o bajo CI. Estos niños pueden tener también funciones deficientes de procesos de control ejecutivo, incluyendo control de la atención e inhibición pobre de asociaciones irrelevantes (p. e. para 5+4, dicen "6" porque es el siguiente de 5), y dificultades con la representación y manipulación de información en el sistema de lenguaje (Geary, 2004). Sin embargo, otros investigadores minimizan el rol de tales habilidades cognitivas generales, diciendo que son más importantes los defectos en sistemas numéricos específicos tempranos como la subitización (Berch & Mazzocco, 2007). Aún tenemos mucho que aprender. Aquí examinaremos los conceptos y habilidades matemáticos tempranos que parecen importantes, y luego diferentes tipos y combinaciones de discapacidades.

Conceptos y habilidades matemáticos específicos. Los MLD en los primeros grados se caracterizan por tener lagunas de desarrollo en recuperación de combinaciones aritméticas, aplicación de estrategias de cálculo, y solución de problemas complejos en forma de historia (Dowker, 2004; Jordan & Montani, 1997)[2]. La representación de la numerosidad puede ser causa de muchas de estas dificultades. El "sentido de número" parece más predictivo – los niños de Kinder con bajos desempeños en comparación de números, conservación de números y lectura de numerales tienden a ser MLD en grados 2 y 3 (Mazzocco & Thompson, 2005). Otro estudio encontró que la comparación de números, el cálculo no verbal, los problemas en forma de historia y las combinaciones aritméticas predicen el desempeño en primer grado (Jordan, Kaplan, Locuniak, & Ramineni, 2006). Comprender los déficits específicos puede ayudar a diseñar programas para niños individuales. Por ejemplo, muchos niños con MLD tienen conocimientos y habilidades conceptuales débiles en ciertas áreas del conteo. Esos vacíos parecen contribuir a sus dificultades en cálculo aritmético. Podría ayudarles un trabajo en esos aspectos.

Los niños con MLD o MD pueden tener necesidades de aprendizaje bastante diversas (Dowker, 2004; Gervasoni, 2005; Gervasoni, Hadden, & Turkenburg, 2007). Estos hallazgos refuerzan la necesidad de comprender, evaluar, y enseñar a estos niños con trayectorias de aprendizaje de tópicos específicos, como lo hemos dicho en este libro. Es decir, como lo indica el principio de *progresión específica de un dominio* del *interaccionalismo jerárquico*, existen muchos componentes relativamente independientes de la competencia aritmética, y cada uno se desarrolla según una trayectoria de aprendizaje propia. Las investigaciones sobre personas con daños cerebrales y estudiantes con dificultades matemáticas muestra que es posible tener un déficit en cualquiera de esas áreas independientemente de las otras (Dowker, 2004, 2005). Estas incluyen conocimiento de hechos básicos, inhabilidad para realizar procedimientos aritméticos, comprender y utilizar principios aritméticos, estimar, otros conocimientos matemáticos, y aplicar aritmética para resolver problemas (Dowker, 2005).

Las habilidades fundamentales de subitizar, contar y usar estrategias de conteo, aritmética simple y comparación de magnitudes son críticas para los niños pequeños con MLD (P. Aunio, Hautamäki, Sajaniemi, & Van Luit, 2008; Aunola et al., 2004; Geary et al., 1999; Gersten et al., 2005). Las investigaciones también han identificado dificultades específicas de valor posicional y resolución de problemas verbales (Dowker, 2004). Nótese que esos estudios a menudo ignoran los tópicos matemáticos diferentes al número; en una sección posterior estudiaremos esos otros tópicos.

Discapacidades de aprendizaje en matemáticas, lectura y lenguaje. Es importante comprender las diferentes áreas de dificultad de los niños. Por ejemplo, los niños con diferentes patrones de logro en lectura y matemáticas también tienen diferentes patrones de logro cognitivo (Geary et al., 1999). Los niños con MLD y discapacidades de lectura (RLD) tienen puntajes bajos en tareas de producción de números y comprensión, como nombrar números, escribir numerales, comparar magnitudes. Los autores piensan que los niños no han tenido una exposición adecuada a las representaciones arábigas de números. El conocimiento de conteo se ha evaluado con varios errores de tareas de reconocimiento. Los niños con MLD y RLD conciben el conteo como una actividad mecánica. Por ejemplo, creen que contar primero un color, luego otro, de un grupo de objetos es un error de conteo. Identifican correctamente el error de contar el último ítem dos veces, pero no el primer ítem dos veces, lo que sugiere que tienen dificultades para mantener información en el componente de bucle fonológico de la memoria de trabajo. Tal vez pueda resultar sorprendente que los niños con solo MLD tuvieron menor desempeño en errores actuales (conteo doble), tal vez porque tienen un déficit específico para actuar sobre objetos en su memoria de trabajo (o en el control ejecutivo de la memoria de trabajo, Geary et al., 1999). Pueden no ser capaces de retener información mientras actúan sobre otras informaciones. Esto es consistente con otras investigaciones (Rourke & Finlayson, 1978) que muestran que los niños que tienen bajo desempeño en aritmética pero tienen puntajes promedio en lectura, tienen bajos desempeños en medidas de habilidades espaciales y en pruebas aritméticas con control de tiempo. Los niños débiles en lectura y aritmética, por el contrario, tienen deficiencias verbales y en pruebas de aritmética con y sin control de tiempo. En cualquier caso, los niños con deficiencias en aritmética presentan más errores de procedimiento y recuperación (Geary et al., 1999; Jordan & Montani, 1997).

Los estudiantes de primaria con MLD tienen una sola ventaja sobre sus compañeros con MLD/RLD en áreas limitadas (Hanich, Jordan, Kaplan, & Dick, 2001), como: precisión en cálculos aritméticos exactos y problemas en forma de historia (y no todos han encontrado estas diferencias, Berch & Mazzocco, 2007). Parecen tener un desempeño similar en fluidez de cálculo, pero los niños con solamente MLD usan sus dedos con mayor precisión, lo que sugiere que tienen mayor facilidad para los procedimientos de conteo (N. C. Jordan, Hanich & Kaplan, 2003). Los niños con MLD solamente y los niños con RLD solamente tuvieron desempeños similares en resolución de problemas en todo el estudio, y ligeramente por debajo de los niños normales, lo que sugiere que utilizan diferentes estrategias para resolver problemas, compensando sus debilidades con sus fortalezas. Los niños con MLD solamente pueden desarrollar conocimientos matemáticos con tasas elevadas durante los grados de primaria (Jordan, Kaplan, & Hanich, 2002).

Los niños con MLD solamente y los niños con MLD/RLD no se diferencian en aritmética aproximada (estimación de problemas de adición y sustracción), lo que sugiere que lo que produce el déficit en recuperación de hechos es su debilidad en *representaciones espaciales* (más que las representaciones verbales) relacionadas con magnitudes numéricas (Jordan, Hanich, & Kaplan, 2003). Los niños pueden tener dificultades para manipular representaciones visuales (no verbales) de la línea numérica – una habilidad que puede ser indispensable para resolver problemas de adición y sustracción. Un resultado que apoya esta hipótesis es el hecho que los niños con poco control de combinaciones de números tienen peor desempeño que los niños que tienen buen control de la manipulación de bloques no verbales y de tareas de reconocimiento de patrones. Por el contrario, tienen más o menos el mismo nivel de desempeño en tareas cognitivas verbales. Otros investigadores también han identificado un posible componente espacial de los niños con MLD (Mazzocco & Myers, 2003).

En contraste, otro estudio mostró que los niños con MLD y con MLD/RLD pueden comparar los números en *colecciones* tan bien como sus compañeros de desarrollo normal, pero tienen dificultades al comparar numerales arábigos (Rousselle & Noël, 2007). Es importante anotar que no se encontraron diferencias entre los niños con MLD solamente y los niños MLD/RLD. Esto sugiere que, al menos para algunos niños, MLD significa tener dificultades para comprender la magnitud numérica a partir de *símbolos*, y no para procesar los números. Esto es significativo, pues las dificultades para asociar sentido a los numerales podría producir un bajo desempeño en una gran variedad de tareas y ser el comienzo de muchos otros problemas en matemáticas. La enseñanza tradicional que separa la instrucción sobre conceptos de la instrucción sobre procedimientos sería especialmente dañina para estos niños. En cambio, conectar conceptos y procedimientos, representaciones concretas/visuales y símbolos abstractos, sería más eficaz.

Un estudio reciente confirmó que los grupos MLD y MLD/RLD presentan perfiles matemáticos cualitativamente diferentes desde los 5 años de edad. Aunque el lenguaje parece facilitar el desempeño de los niños pequeños en la mayoría de las tareas, tiene una importancia secundaria en las habilidades matemáticas no verbales (J.-A. Jordan, Wylie, & Mulhern, 2007). Parecen tener déficits fundamentales en la cognición numérica (o "sentido de número"), incluyendo conocimiento numérico, conteo y aritmética. Los niños con MLD/RLD tienen menor desempeño en solución de problemas de matemáticas. Los niños con MLD solamente parecen usar sus fortalezas verbales para compensar de alguna manera sus debilidades numéricas.

Los niños con discapacidades específicas (SLI por sus siglas en inglés) pueden tener MLD específicas, como coordinar ítems con una estructura de correspondencias entre sonidos y relaciones numéricas (Donlan, 1998). Por ejemplo, pueden no adquirir los cuantificadores de su sistema gramatical, como "un," "algunos," "pocos," o "dos" (cf. Carey, 2004). Pueden tener dificultad para relacionar "dos, tres, cuatro, cinco…" con "veinte, treinta, cuarenta, cincuenta…" La aritmética exacta puede depender profundamente de los sistemas de lenguaje (Berch & Mazzocco, 2007).

Otras discapacidades. Las discapacidades específicas deben considerarse en una visión de conjunto de las trayectorias de desarrollo desde la infancia a la edad adulta (Ansari & Karmiloff-Smith). Diferentes discapacidades en procesos de bajo nivel pueden producir diferentes dificultades en niños y adultos.

El problema de aprendizaje más común en Estados Unidos es el desorden de hiperactividad y déficit de atención (ADHD, por sus siglas en inglés, Berch & Mazzocco, 2007). Estos niños se acostumbran muy rápido a los estímulos y por eso tienen dificultad para mantener la atención, dedican menos tiempo a escuchar, y cometen más errores. La atención a procesos auditivos es especialmente problemática. Puede ser causa de sus dificultades para aprender combinaciones aritméticas básicas y su dificultad en problemas que implican varios pasos y cálculos complejos. Las tutorías y el trabajo con juegos computarizados han tenido resultados positivos (Ford, Poe, & Cox, 1993; Shaw, Grayson, & Lewis, 2005). El uso de calculadoras permite que algunos niños tengan éxito (Berch & Mazzocco, 2007).

La mayoría de niños con Síndrome de Down pueden mantener la correspondencia uno a uno al contar, pero tienen dificultades para producir las palabras de conteo correctamente. Su error es saltar palabras, indicando dificultades de memoria auditiva secuencial. Es decir, tienen conexiones inadecuadas entre una palabra número y la siguiente en la secuencia. También carecen de estrategias para resolver problemas o contar (Porter, 1999). Los profesores de niños con Síndrome de Down a menudo evitan las tareas numéricas, pero esto es un error. Las secuencias de números presentadas visualmente pueden ayudar a estos niños a contar (Porter, 1999).

Las discapacidades físicas como dificultades auditivas pueden ser factores de riesgo para dificultades matemáticas. Sin embargo, esos niños parecen aprender matemáticas de la misma manera que sus compañeros, y no existe una conexión fuerte ni necesaria (Nunes & Moreno, 1998). Las intervenciones visuales pueden ser eficaces con niños sordos (Nunes & Moreno, 2002).

Una condición muy rara es la sinestesia grafema-color – la experiencia involuntaria de numerales que tienen colores diferentes, como ver el numeral "5" como azul. Esos niños pueden tener dificultades para juzgar magnitudes y con frecuencia tienen dificultades en aritmética (Green & Goswami, 2007).

Los niños ciegos no pueden usar estrategias visuo-espaciales para contar objetos, pero usan su sistema motor-táctil para llevar cuenta de los objetos ya contados (Sicilian, 1988). Los contadores ciegos usan tres conjuntos de estrategias. Las estrategias de escaneo se usan para determinar el tamaño del arreglo y las características distintivas, como la linearidad o circularidad, que pueden usarse para organizar el conteo. Las estrategias de organización-de-conteo utilizan esas características para crear un plan de control. Las estrategias de partición seleccionan los objetos individuales y mantienen la separación de objetos ya contados y todavía no contados. El investigador propuso progresiones de desarrollo para estas estrategias, pasando de no uso, a ineficientes y luego eficientes.

- Estrategias de escaneo preliminar – no escaneo (simplemente comenzar a contar); mueve la mano sobre los objetos sin sistematicidad; mueve la mano sobre todos los objetos de un arreglo fijo sistemáticamente, o mueve los objetos durante el conteo.
- Estrategias de organización – ninguna; sigue una fila, círculo o arreglo pero no usa un punto de referencia para marcar el inicio; usa un punto de referencia, o mueve objetos durante el conteo.
- Partición – sin correspondencia uno a uno; toca objetos pero no los divide sistemáticamente, o mueve objetos pero los pone de vuelta en el mismo grupo; usa un sistema de partición móvil o mueve objetos a una nueva posición.

Como hemos visto, algunos investigadores creen que un déficit en las estrategias visuo-espaciales es un componente de MLD porque está a la base del pensamiento numérico. ¿Qué pasa con otras áreas de las matemáticas, como geometría, razonamiento espacial y medidas? Sabemos muy poco, tal vez debido a prejuicios de los investigadores. Es decir, los niños se clasifican como MLD, MD o normales sobre la base de medidas dominadas por ítems numéricos y de cálculo, luego se compara su desempeño en problemas verbales de cálculo o numeración. No sorprende que se caractericen como con "discapacidades primarias" en esas áreas. No sabemos nada sobre el desempeño de los niños en otras áreas debido a ese desafortunado y limitado pensamiento circular. Sin embargo, podemos al menos responder a las necesidades de los niños con discapacidades físicas, tema que trataremos a continuación.

Geometría y pensamiento espacial. La geometría es un área más difícil de tratar para niños con deficiencias visuales. Sin embargo, conocemos estrategias para habilidades específicas, como estimar las distancias en un mapa táctil (Ungar, Blades, & Spencer, 1997). Se les enseñó a los estudiantes a usar sus dedos para medir distancias relativas y pensar en términos de fracciones o razones, o al menos en términos de "mucho más largo" o "sólo un poco más largo." La sesión de 30 minutos les ayudó a ser tan precisos como los niños videntes.

La discusión sobre el pensamiento espacial de niños ciegos en el Capítulo 7 indicó que todos los estudiantes pueden construir un sentido espacial y nociones geométricas. El conocimiento espacial *es* espacial, no "visual." Incluso los niños ciegos de nacimiento son conscientes de las relaciones espaciales. A los 3 años, comienzan a aprender sobre características espaciales de algunos términos visuales (Landau, 1988). Pueden aprender de la práctica espacio-kinestésica (movimiento) (Millar & Ittyerah, 1992). Su desempeño en muchos aspectos de tareas espaciales es similar al de niños videntes cuando les tapan los ojos (Morrongiello, Timney, Humphrey, Anderson, & Skory, 1995). Los ciegos pueden aprender a discriminar el tamaño de los objetos, o su forma (círculo, triángulo, cuadrado) con un 80% de precisión distinguiendo ecos (Rice, 1967, citado por Gibson, 1969). Pueden hacerlo por medio de exploraciones táctiles. Por ejemplo, los estudiantes ciegos han aprendido a seriar longitudes (Lebron-Rodriguez & Pasnak, 1977). Los estudiantes de primaria pueden desarrollar habilidad para comparar áreas rectangulares con un escaneo táctil de dos dimensiones (Mullet & Miroux, 1996).

Sin embargo, entre más grave sea la discapacidad visual, es más necesario garantizar que los estudiantes tengan actividades adicionales para vivir experiencias de movimiento de sus cuerpos y sentir los objetos. Los estudiantes con poca visión pueden seguir actividades para niños videntes, pero con manipulativos, carteles e impresiones ampliados. Algunas veces el uso de dispositivos de visión facilita el aprendizaje de la geometría de estos estudiantes.

Usar objetos reales y manipulativos sólidos para representar objetos bi y tridimensionales es indispensable para todos los estudiantes con discapacidades visuales. Los objetos bidimensionales pueden representarse de manera táctil en un plano de manera adecuada, pero debe prestarse especial atención para que la representación global no sea demasiado compleja. Por ejemplo, el libro *"Let's Learn Shapes with Shapely-CAL"* tiene representaciones táctiles de formas comunes (Keller & Goldberg, 1997).

Sin embargo, las representaciones táctiles bidimensionales no son adecuadas para representar objetos tridimensionales. Es importante guiar de manera específica y detallada las experiencias de los estudiantes con tales objetos. Esto requiere mucho trabajo, pero es una parte importante de la experiencia educativa para los niños con graves discapacidades visuales. Asegúrese que los estudiantes exploran todos los componentes del objeto, y reflexionan sobre sus relaciones mutuas. Los estudiantes pueden explorar y describir un sólido, reconstruir un sólido compuesto de partes (como con Googooplex), y construir un cubo dado un lado (p.ej. . con D-stix).

Las investigaciones con niños sordos han indicado que tanto profesores como estudiantes carecen de experiencias sustanciales con geometría (Mason, 1995). El lenguaje tiene un rol muy importante. Por ejemplo, la naturaleza icónica del lenguaje de signos americano (ASL por sus siglas en inglés) usado para triángulos es casi centrado en equiláteros o isósceles. Después de una unidad de geometría de 8 días, muchos estudiantes escribieron "triángulo" en lugar de usar signos, lo que puede indicar una diferenciación en sus mentes entre su nueva definición de la palabra "triángulo" y lo que previamente asociaban con el signo "triángulo." Cuando viven experiencias de aprendizaje enriquecidas, se exponen a un vocabulario matemático de gran variedad y a un amplio rango de conceptos geométricos, los estudiantes pueden tener éxito y avanzar en su aprendizaje de la geometría (Mason, 1995).

Debido a que el vocabulario de educación geométrica es a veces confuso, los estudiantes con competencia limitada en Inglés (LEP por sus siglas en inglés) requieren atención especial. Un estudio mostró que los estudiantes competentes en inglés (EP) y los estudiantes LEP pueden trabajar juntos usando computadores para construir conceptos de reflexión y rotación. Los estudiantes con experiencias en software dinámico superaron significativamente a los estudiantes que trabajaron con medios educativos tradicionales en medidas de contenido y conceptos de reflexión y rotación y en medidas de la habilidad de visualización bidimensional. Los estudiantes LEP no tuvieron un desempeño estadísticamente diferente de sus compañeros EP en ninguno de los test cuando tuvieron el mismo contexto educativo (Dixon, 1995).

Aunque la investigación es escasa, algunos niños parecen tener dificultades con la organización espacial en un amplio rango de tareas. Los niños con algunas dificultades de aprendizaje en matemáticas tienen problemas con las relaciones espaciales, la percepción visuo-motora y visual, y tienen un sentido de dirección deficiente (Lerner, 1997). Pueden no percibir una forma como una entidad completa e integrada. Por ejemplo, pueden ver un triángulo como tres líneas separadas, como un rombo o como una figura cerrada indiferenciada (Lerner, 1997). Los niños con diferentes daños cerebrales tienen diferentes patrones de competencia. Los que tienen daños cerebrales del hemisferio derecho tienen dificultad para organizar los objetos en grupos espaciales coherentes, mientras que los que tienen daños en el hemisferio izquierdo tienen dificultad para las relaciones locales dentro de arreglos espaciales (Stiles & Nass, 1991). Para los niños con discapacidades de aprendizaje y para los niños con otras necesidades especiales, es aún más importante enseñar siguiendo las trayectorias de aprendizaje basadas en secuencias de desarrollo descritas aquí. Conozca las secuencias de desarrollo por las que pasan los niños cuando aprenden ideas geométricas.

Como ya lo anotamos, la debilidad espacial puede ser causa de las dificultades de los niños con las magnitudes numéricas (p. e. saber que 5 es más grande que 4, pero sólo un poco, mientras que 12 es mucho más grande que 4) y la recuperación rápida de los nombres numerales y las combinaciones aritméticas (Jordan, Hanich & Kaplan, 2003). Estos niños pueden no ser capaces de manipular representaciones visuales de una línea numérica.

De manera similar, debido a las dificultades para percibir las formas y las relaciones espaciales, reconocer las relaciones espaciales y hacer juicios espaciales, esos niños no pueden copiar formas geométricas, números o letras. Tienen tendencia a tener desempeños bajos en escritura a mano tanto como en aritmética. Cuando los niños no pueden escribir fácilmente los números, tampoco pueden leer y alinear sus propios números de manera adecuada. Por eso cometen errores de cálculo. Tienen que aprender a copiar y alinear números con precisión para calcular problemas de adición y sustracción, con valor posicional, y para multiplicación y división (Bley & Thornton, 1981; Thorton, Langrall, & Jones, 1997).

Los niños con diagnóstico autista necesitan intervenciones estructuradas desde edades tempranas. Deben mantenerse en contacto con su mundo, incluyendo las matemáticas. Utilice intereses intensos que caracterizan a muchos niños con autismo para motivarlos a estudiar geometría y estructuras espaciales. Por ejemplo, si les gusta construir, pueden estudiar el uso de los triángulos en los puentes. Muchos niños con autismo tienen una orientación visual. Los manipulativos y las imágenes pueden ayudarles a aprender muchos temas, en geometría, números y otras áreas. Los niños se benefician de la ilustración incluso de verbos con dramatizaciones. Igualmente, divida las explicaciones verbales largas o las instrucciones en partes más cortas. Aproximadamente una décima parte de los niños autistas tienen habilidades excepcionales, a menudo espaciales, como arte, geometría, o un área particular de la aritmética. Estas habilidades se deben no a un talento misterioso, sino a una práctica intensiva, cuyas razones y motivaciones aún son desconocidas (Ericsson, Krampe, & Tesch-Römer, 1993).

Los niños que comienzan el Kinder con conocimientos matemáticos mínimos tienen mucho que ganar (o perder) de su implicación en el aprendizaje (ver la sección anterior en este capítulo sobre el afecto). Es esencial encontrar formas de mantener a estos niños implicados en tareas de aprendizaje e incrementar su conocimiento inicial (Bodovski & Farkas, 2007).

Resumen e implicaciones políticas. Existen inequidades sustanciales en experiencias matemáticas en los primeros años. Algunos niños no sólo comienzan atrasados sino también comienzan una trayectoria negativa inmutable en matemáticas (Case et al., 1999). Las habilidades matemáticas bajas en los primeros años se asocian con una *tasa de crecimiento mas lenta* - niños sin experiencias adecuadas en matemáticas comienzan atrasados y pierden terreno cada año (Aunola et al., 2004). Las intervenciones deben comenzar en prekinder y kínder (Gersten et al., 2005). Hay evidencia sustancial que esta situación puede evitarse o mejorarse, pero también evidencia que nuestra sociedad no ha dado los pasos necesarios para hacerlo. Sin esas intervenciones, los niños con necesidades especiales quedan relegados al fracaso (Baroody, 1999; Clements & Conference Working Group, 2004; Jordan, Hanich, 6 Uberti, 2003; Wright, 1991; Wright, Stanger, Cowper, & Dyson, 1996).

Los niños de los Estados Unidos están en riesgo educativo a causa de una cultura que devalúa las matemáticas, escuelas inhóspitas, mala enseñanza y textos sin sentido (Ginsburg, 1997). Los niños son calificados como con discapacidades si no aprenden a pesar de haber recibido "educación convencional." Pero esa educación es a menudo deficiente. Esto ha llevado a algunos expertos a estimar que 80% de los niños calificados con discapacidades en realidad no lo son (Ginsburg, 1997).

Necesitamos determinar si los niños así catalogados se benefician de una buena educación. Por ejemplo, algunos niños considerados con discapacidades de aprendizaje mejoraron después de un programa de educación remedial hasta salir de él (Geary, 1990). Ellos usaron procesos cognitivos similares a los de los niños normales. Es probable que estuvieran atrasados en su desarrollo pero no tenían discapacidades de aprendizaje. No eran MLD, solamente mal educados y mal diagnosticados. Esos niños necesitan mejores experiencias educativas y prácticas. Otros niños no se beneficiaron especialmente y parecían tener un desarrollo diferente (verdaderos MLD) y necesitar educación especial.

Se debe ser muy cuidadoso al catalogar a los niños, especialmente como MLD, y hacerlo después de brindarles una buena educación. *En los primeros años, ese diagnóstico produce más daño que bien.* Por el contrario, debe brindarse una educación de alta calidad (educación preventiva) para todos los niños.

No hay un déficit cognitivo singular que cause dificultades en matemáticas (Dowker 2005; Gervasoni, 2005; Gervasoni et al., 2007; Ginsburg, 1997). Este es un problema para los niños y para los investigadores (a causa de las poblaciones en las que realizan sus investigaciones). Aún más pernicioso es el hecho que los niños pobres no tienen oportunidades adecuadas para aprender matemáticas antes de comenzar el colegio, y asisten a preescolares, guarderías y escuelas primarias que tienen deficiencias matemáticas. Este doble dilema se complica cuando los niños sufren un tercer ataque: son calificados de discapacidades de aprendizaje, sufren por las expectativas bajas de todos los educadores que encuentran. Esta situación es vergonzosa. Debemos brindar evaluaciones completas de las experiencias pasadas de los niños; conocimientos, destrezas y habilidades cognitivas presentes (p. e. competencia estratégica, habilidades de atención, competencias de memoria); y potencial de aprendizaje. Si los niños tienen dificultades para aprender, debemos determinar si les falta información básica y conocimientos informales, conceptos y procedimientos fundamentales, o conexiones entre ellos. Deben brindarse experiencias educativas – mas allá de las que se brindan normalmente – durante un período de meses para garantizar evaluaciones dinámicas y formativas de las necesidades de los niños (Feuerstein, Rand, & Hoffman, 1979) e implicaciones para la educación.

Implicaciones prácticas. Identifique a los niños que tienen dificultades en matemáticas *lo más pronto posible.* Realice intervenciones matemáticas basadas en investigación lo más pronto posible. Identifique los niños que han recibido mala educación o han sido mal diagnosticados. Para esos niños es adecuada una mejor experiencia educativa, y la práctica. Otros niños necesitan educación especial. En esos casos, la ejercitación no es indicada. Por ejemplo, debe animarlos a contar con los dedos, no impedírselo.

Concéntrese en las áreas esenciales como componentes del "sentido de número" y el "sentido espacial" como ya lo describimos. Algunos niños con MLD pueden experimentar dificultades para mantener correspondencias uno a uno al contar. Pueden necesitar coger y mover objetos, pues coger es una habilidad previa a señalar (Lerner, 1997). Ellos asumen el conteo como una actividad mecánica y rígida (Geary, Hamson, & Hoard, 2000). Esos niños también pueden contar objetos de conjuntos pequeños uno por uno mucho tiempo después que sus compañeros estén subitizando esas cantidades. Puede ayudar el reforzar su habilidad para subitizar números pequeños, o representarlos con sus dedos (Los niños que tienen dificultades continuadas para percibir y distinguir incluso números pequeños están en riesgo de dificultades matemáticas generales severas, Dowker, 2004). Otros niños pueden tener dificultades para subitizar (Landerl, Bevan, & Butterworth, 2004), comparar magnitudes (p. e. saber cual de dos dígitos es más grande; Landerl et al., 2004; Wilson, Revkin, Cohen, Cohen, & Dehaene, 2006), y aprender y usar estrategias de conteo y aritmética más sofisticadas (Gersten et al., 2005; Wilson, Revkin et al., 2006). Su falta de progreso en aritmética, especialmente en dominar las combinaciones aritméticas, causa problemas; por eso es necesaria una intervención temprana e intensiva. Los niños pequeños con MLD no pueden evaluar la precisión de sus soluciones, por lo que puede no ser útil pedirles que "verifiquen su trabajo" o "pidan ayuda" (Berch & Mazzocco, 2007).

Hay muchos vacíos de recursos para ayudar a los niños con necesidades especiales. No existe una medida general para identificar dificultades de aprendizaje específicas o discapacidades matemáticas (Geary, 2004). Hay muy pocos programas y enfoques educativos basados en investigación, pero sí hay algunos. Los que existen pueden ayudar a esos niños y los presentaremos en el Capítulo 15. Finalmente, *la implicación más importante para la niñez temprana puede ser prevenir la mayoría de dificultades de aprendizaje brindando educación matemática temprana de alta calidad a todos los niños* (Bowman et al., 2001). La equidad debe ser completa, libre de prejuicios, calificativos y acceso desigual a las oportunidades de aprendizaje (ver Alan J. Bishop & Forgaz, 2007, para una discusión más amplia).

Dotados y talentosos

Aunque los educadores los perciben como niños que alcanzan los "mínimos necesarios," los niños con necesidades especiales, debido a sus habilidades excepcionales, no tienen un buen desempeño en los programas de los primeros años y posteriores (NMP, 2008). A veces los profesores exponen a los niños dotados y talentosos a conceptos que se introducen a alumnos mayores; sin embargo, deben enseñar conceptos que se encuentran tradicionalmente en los programas de primeros años (Wadlington & Burns, 1993). Aunque la investigación muestra que esos niños tienen conocimientos avanzados sobre medida, tiempo y fracciones, rara vez se exploran esos temas. Muchos niños dotados y talentosos pasan desapercibidos.

Un estudio australiano mostró que el currículo de matemáticas de Kinder es adecuado solo para los niños menos avanzados. Los niños talentosos aprendieron poco o nada de matemáticas durante el año de Kinder (B. Wright, 1991). Esta situación es grave porque el preescolar puede ser un tiempo fundamental para los niños dotados. Ellos no encuentran a menudo compañeros a su nivel con intereses similares, y se frustran y aburren (Harrison, 2004). Es evidente que los currículos y los profesores deben hacer mayores esfuerzos para atender las necesidades de todos los niños.

Un estudio mostró que los padres y profesores pueden identificar con precisión a los niños dotados. Los puntajes de los niños estaban por encima de 1 desviación estándar sobre la media de su edad. Los niños tienden a ser tan avanzados en habilidades verbales y visuo-espaciales como en medidas de habilidades matemáticas. Aunque el nivel de desempeño de los varones fue más alto para las habilidades matemáticas y la capacidad de memoria de trabajo visuo-espacial, las relaciones básicas entre los factores cognitivos fueron en su mayoría similares para las niñas y los niños, con excepción que, para los niños, la correlación entre factores verbal y espacial fue más grande que para las niñas (Robinson, Abbot, Berninger, & Buse, 1996). La relación más fuerte se dio entre habilidades visuo-espaciales y matemáticas.

Los niños pequeños dotados presentan las mismas características que los niños dotados mayores. Son pensadores divergentes, curiosos y persistentes. Tienen memoria excepcional (un niño de 4 años dijo: "me acuerdo de las cosas porque tengo imágenes en mi cabeza"). Son capaces de establecer conexiones abstractas y realizar investigaciones de manera independiente – formular, investigar y verificar teorías. Muestran pensamiento, conocimiento, representaciones visuales y creatividad avanzados. Tienen conciencia de conceptos matemáticos. A los 21 meses, comprenden la diferencia entre números y letras. Uno de ellos dijo; "te voy a contar lo que es el infinito. Una rana pone huevos, de los huevos salen los renacuajos, los renacuajos crecen y se convierten en ranas y ponen huevos. Esto es un círculo. Esto es infinito. Todo lo vivo es infinito…" (Harrison, 2004, p.82).

Implicaciones prácticas. Identifique lo *más pronto posible* a los niños dotados para las matemáticas. Asegúrese que tienen materiales matemáticos interesantes en los que pensar y con qué trabajar. A menudo a esos niños se les enseña con actividades no estructuradas, aprendizaje por descubrimiento, centros y juegos en pequeños grupos, estrategias apoyadas por la investigación (Wadlington & Burnes, 1993). Sin embargo, también necesitan resolver problemas retadores usando manipulativos, sentido numérico y espacial, y razonamiento, inclusive razonamiento abstracto.

Género

"Mi hija simplemente *no entiende* los números. Yo le digo: 'No te preocupes, cariño. Yo nunca fui buena en matemáticas'." "Lo sé," responde su amiga. "Sólo los que tienen talento especial pueden trabajar bien en matemáticas."

Los mitos sobre las matemáticas abundan en Estados Unidos. Seguramente usted reconoció dos de ellos en la conversación anterior. El primero es que solo un pequeño número de personas "talentosas" pueden tener éxito en matemáticas – ya lo discutimos en la sección anterior. El segundo, igual de peligroso, es que las mujeres no pertenecen a ese grupo exitoso.

Los hallazgos y las opiniones varían mucho sobre las diferencias de género en matemáticas tempranas. Un amplio meta-análisis de 100 estudios encontró que las niñas superaron a los niños en general por una cantidad despreciable (0.05 desviaciones estándar)(Hyde, Fennema, & Lamon, 1990). En cálculo, 0.14; comprensión 0.03; resolución de problemas complejos, -0.08 (los niños las superaron ligeramente). Las diferencias a favor de los varones aparecieron en secundaria (-0.29) y preuniversitario (-0.32). Un análisis de los datos ECLS mostró que las niñas eran más eficientes en reconocer números y formas, mientras que los niños eran más eficientes en adición, sustracción, multiplicación y división. Todas esas diferencias son pequeñas (Coley, 2002). Las niñas pueden ser mejores para las tareas de dibujo (Hemphill, 1987). Hay igual proporción de niñas y de niños con dificultades en matemáticas (Dowker, 2004).

Un estudio de Holanda encontró que las niñas tienen habilidades numéricas superiores (Van de Rijt & Van Luit, 1999); otro no encontró diferencias (Van de Rijt, Van Luit & Pennings, 1999). Estudios sobre preescolares de Singapur, Finlandia y Hong Kong no mostraron diferencias de género (Pirjo Aunio, Ee, Lim, Hautamäki, & Van Luit, 2004), aunque en otro estudio en Finlandia las niñas tuvieron mejores desempeños en una escala relacional pero no de conteo (P. Aunio et al., 2008). En Hong Kong se encontraron diferencias en auto-conceptos de matemáticas entre los niños pequeños (Cheung, Leung, & McBride-Chang, 2007). La auto-percepción de las madres como soportes estuvo correlacionada con el auto-concepto, pero solo para las niñas.

Los estudios cerebrales muestran diferencias, pero tienden a ser muy pequeñas (Waber et al., 2007). En este estudio, los niños tuvieron puntajes ligeramente mayores en análisis perceptivo, pero las niñas tuvieron un desempeño un poco mejor en rapidez de procesamiento y destreza motora.

Diversos estudios muestran que los niños, más que las niñas, tienden a estar en los extremos superior e inferior en los puntajes de matemáticas (Callahan & Clements, 1984; Hyde et al., 1990; Rathbun & West, 2004; Wright, 1991). Esto aplica incluso para los niños pequeños dotados en el estudio previamente citado (Robinson et al., 1996), que reflejan diferencias encontradas entre adolescentes dotados (NMP, 2008).

Algunos muestran diferencias en algunos campos numéricos pero no en geometría y medidas (Horne, 2004). Las diferencias significativas en un estudio no se presentaron al comienzo de la escolaridad, pero se desarrollaron a partir de Kinder hasta el grado 4. Este hallazgo es consistente con estudios que muestran que los varones progresan un poco más que las niñas en matemáticas (G. Thomas & Tagg, 2004).

Una de las diferencias de género más consistentes está en habilidades especiales, en particular la rotación mental. La mayoría de investigaciones sobre diferencias de género en habilidades espaciales se ha realizado con estudiantes más grandes. Investigaciones recientes, sin embargo, han identificado diferencias en niños pequeños (Ehrlich, Levine, & Goldin-Meadow, 2006; M. Johnson, 1987). Por ejemplo, varones de 4 a 5 años mostraron una fuerte ventaja en rotación mental, pues las niñas tuvieron un desempeño de nivel de suerte (Rosser, Ensing, Glider, & Lane, 1984). De manera similar, los varones mostraron una ventaja entre los 4 y 6 en una tarea de transformación espacial, con una ventaja también fuerte para los ítems de rotación y traslación. Un desempeño comparable en tareas de vocabulario indica que la ventaja de los varones en tareas espaciales no es atribuible a una ventaja intelectual general (Levine, Huttenlocher, Taylor, & Langrock, 1999). Al menos parte de esto se debe a falta de experiencia (Ebbeck, 1984). Las niñas tienden a ser más sociables, los niños más interesados en el movimiento y la acción, desde el primer año de vida (Lutchmaya & Baron-Cohen, 2002). Los varones gesticulan más y tienen mejor desempeño en tareas de transformación espacial, lo cual es una manera de evaluar las habilidades espaciales, y sugiere que animar la gesticulación en las niñas puede ser positivo (Ehrlich et al., 2006).

Un estudio observacional confirmó que el juego con rompecabezas realizado por niños y niñas estaba relacionado con su habilidad de transformación mental (McGuinnes & Morley, 1991). Sin embargo, el uso de lenguaje espacial por parte de los padres apareció relacionado con las habilidades espaciales únicamente de las niñas (estudio que controló los efectos del lenguaje utilizado por los padres, estatus socioeconómico y habilidades espaciales de los padres). El lenguaje espacial de los padres puede ser más importante para las niñas (Cannon, Levine, & Huttenlocher, 2007).

De manera similar, esas investigaciones sugieren que la instrucción intencional de habilidades espaciales puede ser especialmente importante para las niñas. La relación entre habilidades espaciales y desempeño en matemáticas es más fuerte para las niñas que para los niños (Battista, 1990; M. B. Casey, Nuttall, & Pezaris, 2001; Friedman, 1995; Kersh et al., 2008). Las niñas de secundaria que obtuvieron puntajes altos en pruebas espaciales resolvieron problemas de matemáticas tan bien o mejor que los niños (Fennema & Tartre, 1985). Las niñas con habilidades espaciales fuertes y habilidades verbales débiles tuvieron bajos desempeños. Las habilidades espaciales son mediadores más fuertes que la ansiedad por las matemáticas o la auto-confianza (Casey, Nuttall, & Pezaris, 1997). El uso de lenguaje espacial por parte de los padres está relacionado con las habilidades de transformaciones mentales para las niñas pero no para los niños. Las niñas pueden usar mayor mediación verbal en algunas tareas (Cannon et al., 2007).

Los varones de un estudio tenían más confianza en matemáticas, pero no tenían precisión, pues la confianza no predice la competencia matemática (Carr, Steiner, Kyser, & Biddlecomb, 2008). Una diferencia importante, sin embargo, es que las niñas prefirieron usar manipulativos para resolver problemas, y los niños prefirieron estrategias más sofisticadas. Estas estrategias cognitivas pueden influir su desempeño y sus aprendizajes posteriores. Esa diferencia de estrategia ha sido replicada muchas veces y es una preocupación seria (Carr & Alexeev, 2008; Carr & Davis, 2001; Fennema, Carpenter, Franke, & Levi, 1998). Los niños resolvieron problemas de aritmética básica en dos condiciones: una de elección libre, en la que podían resolver los problemas de la forma como quisieran y una condición de juego en la que se restringían las estrategias que podían usar, de manera que todos los niños y niñas usaron las mismas estrategias en los mismos problemas aritméticos. Las estrategias usadas en la condición libre replicaron los hallazgos de las investigaciones previas indicando que las niñas tienden a usar estrategias que usan manipulativos y los niños tienden a usar recuperación. Durante la condición de juego, cuando se controlaron las estrategias en los diferentes problemas, encontramos que los niños y las niñas tenían la misma capacidad de calcular las soluciones usando manipulativos. Sin embargo, las niñas no tenían la misma capacidad que los niños para recuperar respuestas aritméticas de la memoria. No encontramos diferencias en las tasas de error o la velocidad de recuperación. Las diferencias de género se encontraron en la variabilidad de recuperación correcta, pues los niños fueron significativamente más variables que las niñas (Carr & Davis, 2001).

Aunque no conocemos las causas, sabemos que las diferencias de género pueden minimizarse cuando todos los niños reciben buena educación, como estimular a todos para que desarrollen estrategias más sofisticadas y asumir riesgos. Un estudio sugiere que las estrategias de las niñas se adaptan a las normas de la clase que no promueven activamente el uso de estrategias más maduras. Desafortunadamente, este patrón produjo un mayor número de fallas en las competencias de las niñas (Carr & Alexeev, 2008). Las habilidades espaciales también pueden promover estrategias más maduras (Carr, Shing, Janes, & Steiner, 2007).

Implicaciones prácticas. Enseñe habilidades espaciales, de manera intencional para las niñas, y anime a los padres a hacerlo. Anime a las niñas y niños a usas estrategias sofisticadas.

Palabras finales

Para ser completamente profesionales y eficaces, los profesores deben comprender la cognición y el afecto de los niños, y los temas de diferencias individuales y de equidad. Sin embargo, esto no basta – también se necesita comprender cómo usar esas comprensiones para promover el pensamiento, las disposiciones positivas y la ecuanimidad. Los próximos dos capítulos los dedicaremos a estos aspectos. El Capítulo 15 habla de los contextos educativos – los tipos de contexto en los que se enseña a los niños, incluyendo sus familias y hogares. También se centra en currículos específicos que son eficaces para ayudar a los niños pequeños a aprender matemáticas.

El Aprendizaje y la Enseñanza de las Matemáticas a Temprana Edad

15 FORMACIÓN MATEMÁTICA EN LA PRIMERA INFANCIA

Contextos y currículos

> Realmente disfruto al enseñar *Building Blocks*. Mis niños han mostrado un avance tremendo. Un niño, que inicialmente no podía contar verbalmente, ahora es capaz de hacerlo, utiliza la correspondencia uno-a-uno y hace conjuntos hasta 20 con confianza
>
> (Carla F., maestra de preescolar, 2006)

¿Qué es lo que hace que un currículo de matemáticas sea bueno para los niños pequeños? ¿Cómo evaluar los propios currículos? Los capítulos anteriores discutieron los roles de la experiencia, la educación y la enseñanza para temas específicos. Este capítulo amplía tal discusión para abordar los tipos de ambientes en los cuales se les enseña a los niños, incluyendo el primer ambiente: sus familias y sus hogares. Nos enfocaremos en los hallazgos generales sobre currículos específicos que efectivamente ayudan a los niños pequeños a aprender matemáticas. Recuerde que como en el libro compañero no hay un capítulo correspondiente, en este capítulo presentaremos más revisiones de investigaciones. Hemos marcado los párrafos con implicaciones para los profesionales con "Implicaciones Prácticas" para aquellos que deseen enfocarse únicamente en ellos.

Escenarios de formación de la primera infancia: Pasado y presente

Comencemos revisando los ambientes educativos del pasado y del presente comentando una conversación entre dos educadores, uno de los cuales es escéptico con respecto a las matemáticas de la primera infancia.

> Escéptico: Las experiencias matemáticas organizadas son inapropiadas para los niños de jardín infantil.

Educador Matemático: ¡Por supuesto que pueden ser inapropiadas, si no se hacen bien! Sin embargo, la investigación ha indicado que los niños aprenden sobre números y geometría desde su primer año de vida, en forma muy natural. Los ambientes educativos pueden contribuir a este aprendizaje.

Escéptico: Seguro, usted puede enseñarles siempre más, pero esto constituye una presión para los niños y es otro error moderno.

Educador Matemático: Yo no pienso así. Los educadores de la primera infancia siempre han reflexionado sobre las matemáticas.

Una corta revisión histórica de las matemáticas tempranas confirma esta opinión. Frederick Froebel inventó los jardines infantiles – originalmente de diferentes edades, así que creó lo que hoy en día conocemos como jardín infantil y transición. Froebel fue un cristalógrafo. Casi todos los aspectos de su jardín infantil se cristalizaron en formas matemáticas hermosas: "el lenguaje alternativo, perfecto y universal de las formas geométricas" (Brosterman, 1997). Su propósito final era incentivar en los niños una comprensión de la lógica matemática subyacente a la creación. Froebel utilizó "incentivos" para enseñar a los niños el lenguaje geométrico del universo. Mostraba y movía cilindros, esferas, cubos y otros materiales para mostrar relaciones geométricas. Por ejemplo, los incentivos fundamentales de Froebel fueron en su mayoría manipulativos, pasando de los sólidos (esferas, cilindros, cubos) hasta las superficies, líneas y puntos, y viceversa. Sus ocupaciones con tales materiales incluían exploraciones (como por ejemplo girar los sólidos en diferentes sentidos, mostrando cómo al girar un cubo puede aparecer como un cilindro), los rompecabezas, los plegados de papel y las construcciones. Se utilizaban triángulos, que los niños identifican como partes de rostros u otras imágenes, para enseñar los conceptos de la geometría plana. Los niños cubrían las caras de cubos con mosaicos cuadrados y los retiraban para mostrar partes, propiedades y congruencia. Utilizaban muchas piezas con formas cuidadosamente planeadas para que encajaran en la cuadrícula de diferentes maneras. Las formas, anillos y tiras se utilizaban en vistas planas sobre una cuadrícula trazada de manera permanente en las mesas del jardín infantil, dispuestos y reorganizados en patrones simétricos o en fronteras geométricas.

A partir de esos ejercicios también se organizaban actividades estructuradas de aritmética, geometría y comienzos de lectura. Por ejemplo, los cubos que los niños usaban para construir sillas y estufas se representaban en diseños geométricos en la cuadrícula grabada en todas las mesas del jardín infantil y luego se colocaban en dos filas de cuatro cada una y se leían como "4 + 4." De esta manera las conexiones fueron la clave: la "silla" se convirtió en un diseño geométrico estético, el cual llegó a ser un enunciado de un número.

¿Es verdad la afirmación que las experiencias de R. Buckminster Fuller, Frank Lloyd Wright y Paul Kale en los jardines infantiles Froebelianos, son la base de todo su trabajo creativo (Brosterman, 1997)? Ya sea que usted crea que es una exageración o no, es claro que las matemáticas en los primeros años no son un invento reciente.

La omnipresencia de las matemáticas en el trabajo de Froebel se olvidó y diluyó con el tiempo. A menudo se perdió en los conflictos infortunados sobre el tipo de experiencias matemáticas que deberían propiciarse (Balfanz, 1999). A lo largo de la historia, los investigadores han atestiguado con frecuencia cómo los niños disfrutan las actividades prematemáticas. Sin embargo, otros han expresado temores, pues piensan que las matemáticas para los niños pequeños son inapropiadas, aunque estas opiniones se basaron en teorías o tendencias sociales sin ninguna observación o estudio (Balfanz, 1999). Los imperativos burocráticos y comerciales surgidos de la institucionalización de la educación de la primera infancia anularon la mayoría de los movimientos matemáticos promisorios.

Un ejemplo escueto: Edward Thorndike, quien deseaba enfatizar en la salud, remplazó el primer incentivo (esferas pequeñas) por un cepillo de dientes y la primera ocupación matemática por "dormir" (Brosterman, 1997). Consideremos otro ejemplo, relativo al material tradicional de los bloques de construcción en jardín infantil. Los niños crean formas y estructuras que están basadas en las relaciones matemáticas. Por ejemplo, los niños pueden enfrentar dificultades relativas a la longitud cuando tratan de construir el techo de una edificación. La longitud y la equivalencia están involucradas en la sustitución de dos bloques más cortos por uno más largo. Los niños también consideran la altura, el área y el volumen. La inventora de los bloques de construcción actuales, Caroline Pratt, (1948), relata el caso de dos niñas que construyen un establo de manera que un caballo quepa dentro. La profesora le dijo a Diana que ella podría tener el caballo cuando le hubiera hecho el establo. Ella y Elizabeth comenzaron a hacer una construcción pero el caballo no cupo. Diana hizo un establo grande con un techo bajo. Después de muchos intentos poco exitosos para conseguir que el caballo cupiera, quitó el techo, colocó bloques en las paredes para hacer el techo más alto y lo colocó de nuevo. Luego trató de expresar con palabras lo que había hecho. "Techo muy pequeño." La profesora le dio nuevas palabras: "alto" y "bajo" y ella dio una nueva explicación a otros niños. Tan sólo construyendo con bloques los niños producen ideas importantes. Los profesores, como la de Diana, ayudan a los niños a explicar y luego a desarrollar estas ideas intuitivas discutiéndolas y designando palabras a sus acciones. Por ejemplo, se les puede ayudar a los niños a distinguir entre diferentes cantidades como altura, área y volumen. Tres niños de preescolar hicieron torres y discutieron cuál de ellas era la más grande. Su profesor les preguntó (por medio de gestos) si se referían a la más alta o la más ancha o la que necesitó mayor cantidad de bloques. Los niños se sorprendieron al encontrar que la torre más alta no tenía mayor número de bloques (ver Capítulo 9 para mayor información sobre bloques de construcción).

Desafortunadamente, hoy en día los bloques de construcción típicos de jardín infantil tienen características que no responden a un diseño cuidadoso, algo en contra de lo cual se manifestó Froebel. No tienen la misma modularidad matemática. Sin embargo, todos estos materiales se diseñaron teniendo en cuenta las matemáticas.

Formación actual de la primera infancia ¿Dónde están las matemáticas?

En general, los niños que van al preescolar están mejor preparados para el trabajo académico de los cursos de transición que aquellos que no (Barnett, Frede, Mobasher, & Mohr, 1987; Le, Brooks- Gunn, Schnur, & Liaw, 1990). Sin embargo, estos resultados pueden diferir dependiendo del contexto, de los diferentes colegios y las poblaciones distintas. Por ejemplo, según un estudio, los niños de los preescolares Head Start, a diferencia de los de otros preescolares, obtuvieron mayores puntajes en lenguaje y el número de ellos que posteriormente repetían un grado en el colegio era menor (Currie & Thomas, 1995). Sin embargo, esos beneficios se manifestaron claramente entre niños blancos y no entre niños afroamericanos. El estudio no permitió una explicación clara de este fenómeno, aunque mostraba una baja influencia del hogar de origen, sugiriendo que los niños afroamericanos pueden estar siendo atendidos en los colegios de primaria de más baja calidad. La falta de efecto de otros preescolares es por supuesto preocupante.

Estos hallazgos dependen del cumplimiento al menos de estándares mínimos de calidad en los programas de preescolar (Barnett et al., 1987). Sin una medida de calidad, este estudio habría concluido que los preescolares no eran efectivos. Sin embargo, las clases de primera infancia en Estados Unidos en general no son de alta calidad, especialmente las de comunidades de bajos recursos, y en particular en lo relativo a la educación matemática. En esta sección comenzamos examinando lo que sabemos sobre las matemáticas en los ambientes de la primera infancia. Por ejemplo, es más probable que los niños afro-americanos, asiáticos y latinos estén en una clase de pre-jardín infantil con una mayor proporción de niños de bajos ingresos, que los niños blancos. Además, hay más probabilidad que los profesores de los niños pobres estén menos calificados (Clifford et al, 2005).

En las escuelas de la primera infancia en general, no hay mucho aprendizaje de las matemáticas. Por ejemplo, el desempeño de los niños que ingresan al primer grado no es sustancialmente más alto que aquellos que entran a jardín infantil (Heuvel-Panhuizen, 1996). El currículo de jardín infantil y grado primero puede dedicar mucho tiempo a enseñarles a los niños cosas que ellos ya saben y no el suficiente para enseñarles más retos matemáticos incluyendo la resolución de problemas (Carpenter & Moser, 1984).

Las matemáticas en jardín infantil. ¿Cuánta matemática se hace en los ambientes de la primera infancia? El informe sobre profesores del gran Estudio Longitudinal de la Primera Infancia (ECLS; Hausken & Rathbun, 2004) indican que los profesores de jardín infantil dedican en promedio 39 minutos en cada sesión, 4.7 días por semana para un total de 3.1 horas cada semana de enseñanza matemática. Esto es aproximadamente la mitad de lo que dedican a la lectura. Se usa la enseñanza directa con mayor frecuencia para las niñas y para los grupos socioeconómicos superiores, y los enfoques "constructivistas" se usan con más frecuencia para los niños con pocas habilidades. Cada semana los profesores proponían a los niños actividades manipulativas 1 ó 2 veces y la resolución de problemas y las actividades prácticas (guías) 2 ó 3 veces. Las habilidades individuales no están relacionadas con la frecuencia de exposición a diferentes tipos de problemas matemáticos. Los autores advirtieron que la uniformidad de actividades entre los salones de clase puede explicar estos hallazgos. Contrastando con datos de estudios más pequeños pero más enfocados (descritos posteriormente), deben hacerse advertencias adicionales sobre las limitaciones de los datos de auto-reporte post-hoc de los profesores y la carencia de información específica sobre el currículo.

Las matemáticas en el preescolar. La investigación está comenzando a describir las prácticas correspondientes en preescolar. Las observaciones de un día completo de las vidas de los niños de 3 años de edad en todos los ambientes, revelaron muy pocas actividades matemáticas, lecciones o episodios de juego con objetos matemáticos, y un 60% de los niños sin ninguna experiencia matemática en las 180 observaciones (Tudge & Doucet, 2004). Los factores como raza-etnia, grupo socioeconómico, y los ambientes (del hogar o guardería) no afectaron significativamente esta baja frecuencia. Otro estudio encontró que los niños cuidados en las guarderías tuvieron un puntaje significativamente más alto en las habilidades matemáticas formales e informales que los niños cuidados en las casas (Austin et al., 2008).

Un pequeño estudio de observación de cuatro profesores de pre-jardín de contextos diferentes reveló que en los dos salones de clase se presentó muy poca matemática ya sea directa o indirectamente (Graham, Nash & Paul; 1997). Los investigadores sólo observaron una instancia de la actividad matemática informal con materiales físicos y pocos momentos de enseñanza de la matemática formal o informal. Los profesores declararon que creían que las matemáticas eran importantes y que las incluían en sus discusiones. Parece que para estos profesores la selección de materiales y actividades como rompecabezas, bloques, juegos, canciones y juegos con los dedos constituyen las matemáticas.

En forma similar, estudios del Centro Nacional para el Aprendizaje y el Desarrollo Temprano (NCEDL en inglés) reportaron que los niños no participan en actividades de aprendizaje o constructivas durante una gran parte del día de pre-jardín (Early et al., 2005; Winton et al. ,2005) y dedican la mayor parte del día, hasta el 44%, en actividades rutinarias (como hacer fila y comer). En promedio, entre el 6% y el 8% del día se dedica a actividades matemáticas de algún tipo. Se observó que los profesores no estaban interactuando con el niño en un sorprendente 73% del día; había una mínima interacción del 18%. En promedio, menos del 3% del tiempo los niños estaban participando en experiencias pre-académicas, y menos de la mitad de los niños experimentaron estas actividades (Winton et al., 2005).

Incluso en uno de los programas de más alta calidad, creados y ejecutados recientemente (los programas Abbott), la calidad de los materiales y la enseñanza matemáticos obtuvieron calificaciones muy bajas (Lamy et al., 2004). Esta puede ser una razón por la cual los países del este asiático tienden a superar a los países de occidente, pues la cultura oriental desarrolla las ideas y habilidades matemáticas más consistentemente en los primeros años (Pirjo Aunio et al., 2004; Pirjo Aunio et al., 2006).

Las matemáticas en el preescolar utilizando currículos basados en la lectoescritura. ¿Qué hay sobre los efectos de los programas que son ostensiblemente "completos" pero fundamentalmente construidos sobre metas de lectoescritura? El examen de dos currículos, uno orientado hacia la lectoescritura (Bright Beginnings) y otro enfocado en el desarrollo (Currículo Creativo) no mostró más instrucción matemática que un grupo de control (Aydogan et al., 2005). Sin embargo, los niños en los salones de clase con un énfasis más fuerte en la lectoescritura o en las matemáticas tenían más probabilidad de participar en actividades de alta calidad durante el tiempo libre (tiempo de juego). Los niños de clases con un énfasis tanto en la lectoescritura como en las matemáticas tenían mayor probabilidad de participar en actividades de alta calidad que aquellos de clases con sólo uno o ningún énfasis.

Otro estudio mostró que incluso el Currículo OWL (Abriendo el Mundo del Aprendizaje), que incluye las matemáticas en su programa de todo el día, puede ser lamentablemente inadecuado. En un día de 360 minutos, únicamente 58 segundos se dedicaron a las matemáticas (Dale C. Farran, Lipsey, Watson, & Hurley, 2007). Había poca enseñanza, los niños tenían pocas oportunidades de interactuar con los materiales matemáticos y pocas ocasiones de hablar sobre las matemáticas (o sobre cualquier otra cosa, pero hablaron más en los centros, menos en los grupos pequeños y mucho menos en las actividades de todo el grupo). Ningún niño logró habilidades matemáticas y aquellos que comenzaron con más altos puntajes perdieron las habilidades matemáticas durante el año. Desarrollaron habilidades en lectoescritura pero sólo modestamente (Dale C. Farran et al., 2007). *La mayoría de los niños permanecieron igual o perdieron las habilidades matemáticas durante el año.*

Informes de los profesores. Una investigación (Sarama, 2002; Sarama & DiBiase, 2004) preguntó a los profesores de un rango de escuelas preescolares a qué edad los niños deben comenzar la enseñanza de las matemáticas en un grupo grande. La familia y las guarderías escogieron las edades de 2 o 3 con mayor frecuencia, mientras el otro grupo sintió que la enseñanza en grupos grandes no debería comenzar hasta los 4 años de edad. La mayoría de los profesores dijeron que utilizaban manipulativos (95%), canciones de números (84%), conteo básico (74%) y juegos (71%); pocos utilizaron software (33%) o libros de trabajo (16%). Preferían que los niños "exploraran actividades matemáticas" y participaran en "juegos libres sin límite de tiempo" en lugar de participar en "las lecciones para grupos grandes" o "desarrollar guías matemáticas." Cuando se les preguntó a cerca de los temas matemáticos, el 67% enseñó el conteo, el 60% la clasificación, el 51% el reconocimiento numérico, el 46% patrones, el 34% los conceptos numéricos, el 32% las relaciones espaciales, el 16% construcción de formas y el 14% la medición. La geometría y los conceptos de medición fueron los menos populares. Otra investigación reportó que tanto los profesores de preescolar de los colegios públicos como los de los privados no pensaban que los niños necesitarán enseñanza matemática (Starkey, Klein, & Wakeley, 2004). Por el contrario, creían que los niños necesitaban "enriquecimiento general."

Hay muchas cuestiones políticas que se deberían considerar para superar estas limitaciones. Como veremos en la siguiente sección, las influencias familiares son fuertes. Además, la mayoría de los profesores de la primera infancia tienen bajos salarios, y hay grandes desigualdades entre ellos en los diferentes contextos: los profesores de los colegios públicos tienen salarios muy superiores a los de los profesores de pre-jardín infantil en otros contextos (Early et al., 2005). También hay un gran vacío en la educación de los profesores en estos aspectos.

Antes de revisar programas y currículos que intentan trabajar las matemáticas de manera más adecuada, consideraremos el primer y más influyente escenario en el cual los niños aprenden matemáticas: el hogar.

Familias

Por supuesto, las familias también desempeñan un papel importante en el desarrollo de los niños pequeños, incluso en el aprendizaje de las matemáticas. Hay una relación entre la frecuencia con que los padres utilizan los números y el desempeño temprano de las matemáticas en sus niños (Blevins-Knabe & Musun-Miller, 1996). Sin embargo, existen muchas barreras socioculturales. Por ejemplo, aunque los padres creen que tanto el hogar como el colegio son importantes para el desarrollo de la lectura, consideran el colegio más importante para el desarrollo de las matemáticas y les brindan menos experiencias de matemáticas que de lectura (Sonnenschein et al., 2005). Creen que es más importante ayudar a sus niños a aprender a leer y a escribir que a aprender matemáticas (Cannon, Fernández & Ginsburg, 2005). Prefieren enseñar lenguaje y creen que es más importante que las matemáticas (Cannon et al., 2005). Para el lenguaje más que para las matemáticas, creen que la enseñanza debería garantizar que los niños adquieran un conocimiento específico, que ellos quieren que los niños profundicen en la comprensión y que deberían facilitar el aprendizaje durante todo el día. Estas son diferencias profundas que tienen implicaciones graves.

Además, al igual que los profesores de pre-jardín, los padres tienen una visión limitada de la amplitud de las matemáticas apropiadas para los niños pequeños (Sarama,2002). Saben más sobre lo que se debería enseñar en lenguaje que en matemáticas (Cannon et al., 2005). Esta situación es independiente de si los padres son hispanos o no, o si son de grupos socioeconómicos bajos o medios. Sin embargo, las diferencias culturales son ocasionalmente relevantes. Por ejemplo, las madres chinas tienen más probabilidad de enseñar cálculo aritmético que las madres de los Estados Unidos en sus interacciones diarias con sus hijos, y la enseñanza materna estuvo relacionada con el aprendizaje del razonamiento proporcional de los niños chinos pero no con el de los niños estadounidenses (Pan,Gauvain,Liu, & Cheng, 2006). Las madres de China consideran que las matemáticas tienen la misma importancia que la lectura, pero las madres estadounidenses piensan que tiene menos (Miller, Kelly, & Zhou, 2005).

Examinemos algunas prácticas con más detalle. La viñeta del comienzo de la sección de género en el capítulo anterior, que mostraba el ejemplo de una niña, hija de una madre que "no conoce los números," indica el efecto - a veces negativo- de la familia y los padres en el desempeño matemático exitoso de los niños. Las investigaciones describen varios de estos efectos:

- La exposición prenatal al alcohol está asociada a la poca habilidad de realizar cálculos. Esto aparentemente se debe al efecto del alcohol en "el sentido del número en los niños" - la competencia cuantitativa básica (por ejemplo, Dehaene, 1997; ver también Capítulos 2 y 4). Esta competencia está asociada con la actividad de la corteza parietal inferior, un área que se ve afectada desproporcionadamente por la exposición prenatal al alcohol (Burden, Jacobson, Dodge, Dehaene, & Jacobson, 2007).
- Un peso muy bajo del recién nacido puede conducir a niveles menos maduros del razonamiento numérico en problemas que tengan un componente espacial, así como en aquellos que requieran resolución de problemas complejos; sin embargo, el nivel de educación de los padres afecta más fuertemente las tareas verbales (Wuakeley, 2005). Los programas de intervención pueden ser exitosos (Liaw, Miesels, & Brooks-Gunn,1995).
- Una afinidad muy pobre entre la madre y el niño está relacionada con niveles más bajos de excelencia académica (T.R. Konold & Pianta, 2005).
- Las madres que se consideran muy afectuosas pero que al mismo tiempo ejercen un control psicológico muy alto en sus hijos – comportamientos intrusivos y manipuladores de los pensamientos, sentimientos y el apego a los padres (e.d. productores de culpabilidad) – hacen predecir que estos tendrán un progreso muy lento en las matemáticas. Los niños se ven "enredados" en las relaciones familiares y son menos independientes, o pueden recibir mensajes inconsistentes del afecto y aprobación de sus madres y así volverse más ansiosos por ejecutar bien una tarea.
- Los padres prefieren la enseñanza del lenguaje a la enseñanza de las matemáticas. Están parcializados hacia el lenguaje y creen que hay razones "universales" para ayudar a los niños a aprender lenguaje más que matemáticas. También tienen creencias fuertes acerca de la habilidad de los niños de preescolar para aprender lenguaje en lugar de matemáticas. Para el lenguaje más que para las matemáticas, creen que la enseñanza debería garantizar que los niños adquieran un conocimiento específico, que ellos quieren que los niños profundicen en la comprensión y que deberían facilitar el aprendizaje durante todo el día (Cannon et al.,2005)
- Los padres Estadounidenses no tienen grandes expectativas sobre el aprendizaje de sus hijos. Comparados con los padres chinos, establecen estándares más bajos. La cultura estadounidense no valora el trabajo diligente, como lo hace la cultura china. El dicho favorito de los estudiantes chinos era "La genialidad viene del trabajo duro y el conocimiento depende de la acumulación." Los padres estadounidenses dicen que ellos estarían satisfechos con 7 puntos por debajo de lo que esperan de sus niños pero los padres chinos únicamente estuvieron satisfechos con 10 puntos más arriba.
- En muchos de los hogares con bajos ingresos se brinda un número limitado de actividades matemáticas (Blevins-knabe & musun – Miller, 1996; Ginsburg, Klein, & Starkey, 1998; thirummurthy, 2003).

- Un estudio reportó que los padres en los Estados Unidos dedican menos tiempo y se ocupan con menor frecuencia de las tareas de sus hijos (Chen & Uttal, 1988). Sin embargo, otro estudio encontró que los padres estadounidenses estaban más involucrados con las actividades escolares que los padres chinos, quienes reforzaron el interés por las matemáticas y la responsabilidad de los niños (Pan & Gauvain, 2007). Los padres del este asiático también ofrecieron juegos, construcciones y actividades de plegado de papel; en cambio los padres estadounidenses permitieron que sus niños se vieran dominados por los videojuegos y la televisión.
- Es posible que los niños de las comunidades negras comiencen el colegio con competencias similares, pero se desarrollan a un paso más lento. Están menos influenciados por las variables de los padres y parecen tener más dificultades en el paso al colegio. Los programas para los padres que ayudan a construir puentes y preparar a los niños para las expectativas escolares pueden ayudar a aliviar estas dificultades (Alexander & Entwisle, 1988).

Se han estudiado muchos otros "factores de riesgo" en los hogares de los niños, incluyendo los que viven bajo la línea federal de pobreza (establecida en US$ 16.000), lengua materna diferente al inglés, el nivel educativo de la madre inferior a un diploma de bachillerato / GED y vivir en un hogar monoparental. La presencia de un número mayor de estos factores en el hogar, indica un riesgo más alto para el niño. Sin embargo, estos factores pueden no ser directamente responsables de un aprendizaje más lento. Por ejemplo, la causa de bajos desempeños no es tanto pertenecer a una familia monoparental sino la carencia tanto de recursos como de altas expectativas que puede acompañar esta situación (Entwisle & Alexander, 1997). También se pueden considerar otros factores culturales. Quizás lo más importante es que las brechas entre los niños con dificultades y aquellos más aventajados, identificadas al comienzo de la escuela (West, Denton, & Reraney, 2001) se amplían en los primeros 4 años de colegio (Rathbun & West, 2004). Los niños de hogares con mayores riesgos tienen menos probabilidad de alcanzar cada uno de los tres niveles más altos de logro matemático. Por ejemplo, cerca del 20% de los niños de tercer grado sin factores de riesgo son competentes en el uso del conocimiento de la proporción y la medida para resolver problemas verbales, comparado con el 11% de los niños con un factor de riesgo familiar y el 2% con dos o más.

Por supuesto, también son importantes las experiencias positivas que los padres brindan a sus hijos. Entre más actividades matemáticas ofrezcan a sus niños, mayor será su desempeño. (Blevins-Knabe & Musun- Miller, 1996; Blevins-Knabe, Whiteside-Mansell, & Selig, 2007). Se han encontrado programas diseñados para mejorar el aprendizaje de las matemáticas en el hogar, de los cuales los más exitosos tenían tres componentes: sesiones separadas y unidas para padres y niños, un currículo de aritmética estructurado y actividades de "superación" para que los padres desarrollen la aritmética de sus hijos en casa (Doig, McCrae, & Rowe, 2003).

Los padres pueden brindar buenos materiales para jugar, que también apoyarán el aprendizaje de las matemáticas. Sorprende no obstante, que un estudio mostró que entre más "conductas sea proporcionadas por" las madres, menor será la habilidad para las matemáticas que construyan los niños (Christiansen, Austin, & Roggman, 2005). Los investigadores encontraron que demasiados comportamientos impuestos cuando el niño no está comprometido con variados comportamientos matemáticos, podría ser sobre-estimulante. Presentar las matemáticas formales también estaba relacionado negativamente con el conocimiento matemático informal en los niños. Sin embargo, estas relaciones eran sólo para los niños y no para las niñas. El estudio, como la mayoría de esta sección, es correlacional. Así, no podemos decir que los comportamientos de los padres causaron un conocimiento más alto o más bajo en los niños. Sugiere más bien que mostrar interés en las acciones de los niños puede ser útil.

Implicaciones prácticas. Las investigaciones describen una gran cantidad de métodos adicionales para que las familias promuevan un aprendizaje positivo de las matemáticas:

- Discutir ideas matemáticas mientras se leen libros de cuentos (A. Anderson, Anderson, & Shapiro, 2004, aunque el diseño tiene una generalización limitada).
- Usar programas basados en investigación que contengan sugerencias específicas para los padres (Doig et al., 2003).
- Asegurarse que los niños duerman lo suficiente – usualmente no duermen 10 horas por noche (Touchette et al., 2007).
- Proveer experiencias de aprendizaje, incluyendo la sensibilidad, la calidad de la asistencia en la resolución de problemas y evitar las interacciones severas y de castigo (todo altamente relacionado con IQ; Brooks- Gunn et al.,1999)
- Participar en juegos matemáticos con los niños. Los padres deberían dedicar algún tiempo a jugar solamente con sus niños pequeños, pues las interacciones positivas y la enseñanza son muy altas en este caso. (Benigno & Ellis, 2004).
- Cocinar con los niños (especialmente utilizando un vocabulario rico en palabras relacionadas con números y medidas) (Young- Loveridge, 1989a). Las respuestas contingentes a los niños son más importantes que solo utilizar las palabras – darles retroalimentación y reflexionar sobre sus respuestas es más efectivo para la construcción de su conocimiento matemático.
- Promover el conteo cuando sea apropiado, pero también incentivar un rango más amplio de experiencias matemáticas (Blevins-Knabe & Musun- Miller, 1996).
- Mantener expectativas altas o muy altas en los niños (Thompson et al., 2005.
- Tener la voluntad y la disponibilidad de participar activamente en el programa de matemáticas del colegio y capacitarse sobre la manera de ayudar efectivamente en el salón de clase (Thompson et al., 2005).
- Apoyar y animar a los niños, lo cual se asocia con la motivación de los niños por aprender (Cheung & McBride- Chang, en prensa). Las exigencias de logro de los padres están correlacionadas con el desempeño académico obtenido. Las percepciones que tienen los niños sobre su propia competencia dependen de su dominio de la motivación (intrínseca), no de las creencias o prácticas de sus padres.
- Utilizar materiales de buena calidad que contengan ideas y guías de actividades. Quizás la sugerencia más útil para los padres es animarlos a conseguir y utilizar

libros y otros recursos que brinden ideas de actividades que involucren a sus niños y a toda la familia. La familia matemática es un programa bien establecido con libros para padres (Stenmark, Thompsosn, & Cossey, 1986), ver http://www.lawrencehallofscience.org/equals/aboutfm.html. NCTM señala muchos recursos en su sitio de internet "¡Figure This! Math Challenges for Families" (ver http://www.Figurethis.org/fc/ family_corner.html). Buscar con la frase "family math" proporcionará estos y otros recursos.

Tales relaciones parecen ser recíprocas; por ejemplo, en un estudio el impacto de las creencias de los padres sobre las competencias escolares a nivel general de sus niños en primaria, estuvo relacionado con su concentración en las tareas escolares, la cual a su vez estuvo relacionada con el desempeño matemático de los niños (Aunola, Nurmi, Lerkkanen, & Rasku-Puttonen, 2003). Pero la creencia positiva de los padres en las competencias matemáticas de sus hijos contribuyó directamente al alto desempeño matemático de los niños. En las relaciones recíprocas, el alto rendimiento matemático de los niños incrementó las creencias positivas posteriores de los padres en la competencia matemática de sus hijos y centrarse en sus tareas incrementó las creencias positivas de los padres en todas las competencias escolares de sus niños. Desafortunadamente, la creencia positiva de los papás sobre las competencias matemáticas de sus hijos varones incrementaron en el transcurso de la etapa escolar, pero disminuyeron para las niñas (Aunola et al.,2003). Esto es particularmente importante porque el ciclo acumulativo y auto-persistente puede ser positivo o negativo.

Los padres necesitan conocimiento y habilidades matemáticos tanto como habilidades de crianza para proveer un ambiente positivo en su hogar para el aprendizaje de las matemáticas (Blevins-Knabe et al.,2007). Las actitudes y percepciones de las madres sobre el conocimiento matemático de sus hijos parecen afectar directamente al conocimiento formal e informal, así como la auto-eficiencia matemática en los niños. Estas actitudes y percepciones también intervienen en los efectos que produce el desempeño matemático de las madres mismas. Los comportamientos de crianza tienen un efecto directo en el desempeño matemático informal e influyen en los efectos del rendimiento matemático de las madres mismas en el conocimiento matemático formal de los niños (Blevins-Knabe et al .2007). Por ejemplo, la cantidad de asuntos matemáticos que conozcan las madres afecta la forma en que interactúan con sus niños. En general estos estudios sugieren que los padres con creencias positivas pueden promover o esperar que sus niños emprendan tareas matemáticas o brindar actividades más desafiantes.

En el trabajo con los padres, con los responsables de políticas educativas y con los niños, los educadores matemáticos de la primera infancia deberían defender fuertemente las experiencias matemáticas, explícitas y fundamentales para los niños de todas las edades. En los primeros años especialmente, estas pueden integrarse a menudo en las actividades y los juegos de los niños… pero usualmente se requiere un adulto conocedor que invente un ambiente de apoyo y sea capaz de brindar retos, sugerencias, tareas y lenguaje.

Currículos y programas enfocados en matemáticas

La investigación sugiere que las trayectorias de aprendizaje de los niños están influenciadas por sus primeras experiencias educativas. De hecho, "los primeros grados pueden ser precisamente aquellos en los que los colegios tienen sus efectos más fuertes" (Alexander & Entwisle, 1988). Los profesores y los colegios de la primera infancia tienen el poder y la responsabilidad de ejercer los efectos positivos más fuertes en el posible aprendizaje de las matemáticas. Como vimos, con frecuencia este potencial no se aprovecha. Además, los niños cuyas familias no ofrecen experiencias matemáticas positivas y fuertes son aquellos que las necesitan – pero no reciben estas experiencias en sus programas de la primera infancia. ¿Qué programas y qué currículo otorgan alternativas que pueden ayudar en las necesidades de estos y de todos los niños? Comenzaremos a responder esta pregunta considerando los niños con mayores necesidades.

Equidad: Niños en riesgo

Como vimos, brindar un apoyo educativo de alta calidad a los niños en riesgo produce una mayor preparación para entrar al grado de transición (Bowman et al., 2001; Magnuson & Waldfogel, 2005; Shonkoff & Phillips, 2000), porque tal apoyo ayuda a los niños pequeños a desarrollar una base de conocimiento matemático informal (Clements, 1984). Se ha mostrado que el conocimiento temprano ayuda al logro matemático escolar posterior y la falta de éste ubica las minorías en una trayectoria que los aleja de las matemáticas y la ciencia (Campbell, Pungello, Miller-Johnson, Burchinal, & Ramey, 2001., Oakes, 1990). La investigación longitudinal indica que la asistencia a centros de cuidado (pero no otros tipos de cuidado) de los niños en edad preescolar está asociada con puntajes matemáticos más altos en el jardín infantil (y (en menor medida) en el primer grado (Turner & Ritter, 2004), y ese logro en preescolar está relacionado con las diferencias en el rendimiento escolar elemental para los niños hispanos (k. Shaw, Nelsen, & Shen, 2001). En otro estudio, los niños afroamericanos, los niños hispanos y las niñas que asistían a un programa de intervención preescolar tuvieron una probabilidad significativamente mayor de lograr altos puntajes en el cuarto grado que sus compañeros que no asistieron al colegio (Roth, Carter, Ariet, Resnick, & Crans, 2000). El cuidado de los niños en general puede ayudar, pues un gran número de horas de atención se correlaciona con mayores habilidades cuantitativas de los niños con bajos recursos económicos (Votruba- Drzal & Chase, 2004).

La experiencia de alta calidad en preescolar pronostica un éxito escolar posterior en matemáticas (Broberg, Wessels, Lamb, & Hwang, 1997; F.A. Campbell et al., 2001; Peisner-Feinberg et al., 2001) por muchos años (Brooks-Gunn, 2003). Lo más importante para los efectos en las matemáticas son las prácticas reales en el salón de clase – materiales, actividades e interacciones (Peisner- Feinberg et al., 2001). Aunque el tamaño de estos efectos fue moderado en esos estudios, fueron significativos para las matemáticas (más que para otra áreas) por un periodo de cuatro años (Peisner-Feinberg et al 2001).

Desafortunadamente, los niños con más necesidades de ambientes de alta calidad no asisten a esta clase de colegios de primaria, aun cuando su preescolar fuera de alta calidad. Un estudio reveló una correlación muy baja (0.06 a 0.15) entre la calidad del cuidado en preescolar y la de los colegios de primaria (Peisner- Feinberg et al., 2001). En otros casos, algunos efectos podían incluso surgir sólo posteriormente ("efectos tardíos") (Broberg et al., 1997). Por eso, tanto para la práctica como para la investigación es importante evaluar la experiencia completa de los niños.

Otra investigación confirma la importancia de los colegios de alta calidad. Oklahoma es líder en Estados Unidos en ofrecer educación preescolar a un 70% de sus niños y mantener estándares relativamente altos (Barnnett, Hustedt, Hawkinson, & Robin, 2006). Dos evaluaciones rigurosas indican efectos positivos sustanciales en los puntajes de desempeño para las matemáticas, la lectoescritura (aunque son menores los efectos para las matemáticas que para la lectoescritura). Los niños de todos los grupos étnicos y grupos socioeconómicos resultaron favorecidos (Barnett, Hustedt et al., 2006; Gormley, Gayer, Phillips, & Dawson, 2005). Desafortunadamente, en Estados Unidos aún son irregulares los compromisos por un prejardín infantil universal, de alta calidad y bien financiado (Barnett, Hustedt et al., 2006; Winton et al., 2005).

En este sentido, los programas de preescolar financiados por el gobierno en Estados que tienen altos estándares, han afectado positivamente el desempeño matemático de los niños de preescolar (Wong, Cook, Barnett & Jung, en prensa), con efectos de hasta dos veces mayores que los de "Head Start" (aunque la comparación debe hacerse con precaución, especialmente porque los resultados de Head Start fueron a nivel nacional, y los preescolares de los cinco Estados estudiados tenían estándares de más alta calidad en sus programas que los Estados no estudiados). Además, aplicando una selección al azar, el Head Start Impact Study no encontró impactos significativos en las habilidades matemáticas tempranas para los niños de 3 o 4 años de edad (DHHS, 2005). Así que tales programas aún pueden no incluir matemáticas adecuadas.

Implicaciones prácticas: Intervenciones centradas en las matemáticas para los niños de bajos recursos – dos ejemplos. De manera confiable, los niños que viven en la pobreza y aquellos con necesidades especiales aumentan su desempeño matemático después de las intervenciones de alta calidad centradas en las matemáticas (Campbell & Silver, 1999; Fuson, Smith & Lo Cicero, 1997; Griffin 2004; Griffin et al., 1995 & Ramey & Ramey, 1998), y ese mejor desempeño se puede mantener desde el primer (Magnuson, Meyers, Rathbun & West, 2004) hasta el tercer grado (Gamel-McCormick & Amsden, 2002). Como un ejemplo, el programa Rightstart (ahora Number Worlds) (Griffin et al., 1994), caracterizado por juegos y experiencias activas con diferentes modelos de números, condujo al mejoramiento sustancial del conocimiento del número en los niños. En cinco estudios, casi todos los niños reprobaron el pre-test del número y la mayoría en los grupos de comparación también fallaron en el post-test, mientras que la amplia mayoría de los que estaban en el programa pasaron el post-test. Los niños en el programa eran más capaces de emplear estrategias razonables, también de solucionar problemas aritméticos incluso más difíciles que aquellos incluidos en el currículo. Los niños del programa también presentaron cinco evaluaciones de transferencia amplia que dependían (por hipótesis) de estructuras cognitivas similares (e.g., línea de equilibrio, tiempo, dinero). La fundamentación que estos niños recibieron apoyó su aprendizaje de matemáticas nuevas y más complejas durante el primer grado. En un estudio longitudinal de tres años, en el cual los niños recibieron experiencias consistentes durante los grados de jardín infantil hasta la primaria, alcanzaron y superaron tanto al segundo grupo de nivel socioeconómico bajo como al grupo de nivel socioeconómico combinado, quienes mostraron un nivel inicial más alto de desempeño y asistían a un colegio con un currículo matemático enriquecido. Los niños también se compararon favorablemente con los grupos de niveles socioeconómicos altos de china y Japón (Case et al., 1999). (Una precaución es que otra investigación indica que ciertos componentes del currículo son difíciles de implementar – Gersten et al., 2008).

De manera similar, una serie de estudios han indicado que el currículo *Building Blocks* (Clements & Sarama, 2007a) aumenta significativa y sustancialmente el conocimiento matemático de los niños de preescolar de nivel socioeconómico bajo. La investigación cualitativa formativa indicó que el currículo aumentó el desempeño en una variedad de temas matemáticos (Clements & Sarama, 2004a; Sarama & Clements, 2002a). La investigación cuantitativa sumativa confirmó estos hallazgos que van desde 0.85 (Cohen's d) para el número y hasta 1.47 para la geometría en un estudio a pequeña escala (Clements & Sarama, 2007c). En un estudio más grande relacionado con la asignación al azar de 36 salones de clase, el currículo *Building Blocks* aumentó la cantidad y la calidad del ambiente matemático y la enseñanza y mejoraron sustancialmente los puntajes en una evaluación de desempeño matemático. El tamaño del efecto comparado al puntaje del grupo de control fue muy grande (d = 1.07) y el tamaño del efecto comparado a un grupo que recibió un currículo matemático extensivo diferente fue sustancial (d = 47). No hubo ninguna interacción significativa en el tipo de programa (Head Start vs. Preescolar público).

Los programas *Number Worlds* y *Building Blocks* comparten muchas características. Ambos utilizan la investigación para incluir una serie comprensiva de conceptos y procesos cognitivos (aunque Number Worlds se centra en el dominio de los números). Ambos currículos se basan en actividades que siguen la secuencia del desarrollo y ayudan a los profesores a volverse más conscientes, evaluar y realizar recuperaciones basados en esas secuencias (los proyectos alrededor del mundo que utilizan una progresión según desarrollo basada en la investigación ayudan a aumentar el desempeño de todos los niños, e.g., Thomas & Ward, 2001; Wright, Martland, Stafford & Stanger, 2002). Ambos utilizan una mezcla de métodos de enseñanza.

Aliviando la preocupación por las carencias de atención del dominio socio-emocional, los estudios PCER no dan indicación de efectos negativos en otras medidas. Además, otro estudio mostró que la investigación indica que las competencias matemáticas se relacionan con una amplia variedad de intervenciones matemáticas, con problemas de comportamiento negativamente correlacionados, y autocontrol, apego, y especialmente la iniciativa correlacionada positivamente con las habilidades matemáticas. Más aún, la intervención aumentó no sólo las habilidades matemáticas sino también estas conductas socio-emocionales positivas (Dobbs, Doctoroff, Fisher & Arnold, 2006).

Incluso con pocos recursos, los padres pueden emprender acciones para preparar mejor a sus hijos para el colegio. Los padres pueden leerles a sus hijos o pedirles a otros adultos que lo hagan; brindar libros, juegos y rompecabezas con retos; ayudar a los niños a aprender a contar y resolver problemas matemáticos; participar en la lectura y otros programas en la biblioteca pública. Brindar una crianza afectuosa y consistente también es importante para la preparación para el colegio (Lara-Cinisomo et al., 2004).

Los niños de diferentes niveles de ingresos reciben diferentes tipos de actividades durante los primeros años de colegio. Sin embargo, los hallazgos no son claros. Una gran encuesta de auto reporte indicó que los cursos con niños de menores ingresos o de poblaciones minoritarios estaban más dispuestos a realizar actividades de solución de problemas y actividades prácticas (Hauskem & Rathbuin, 2004). Sin embargo, otra investigación indica que los niños de bajos ingresos parecían preferir ejercicios y menos trabajar en un software de solución de problemas (Clements & Nastasi, 1992).

Los programas de alta calidad producen beneficios en la escuela primaria incluyendo las matemáticas (Fuson, 2004; Griffin, 2004; Karoly et al., 1998). Desafortunadamente, la mayoría de niños estadounidenses no están en programas de alta calidad, mucho menos en programas que utilizan un currículo matemático basado en la investigación (Hinkle, 2000). Además, era dos veces más probable que los niños cuyas madres tenían diplomas universitarios asistieran a centros de cuidado de más alta calidad que aquellos cuyas madres no habían terminado su secundaria (Magnuson et al., 2004). Como otro ejemplo, los niños hispanos tienen menos probabilidades de asistir a centros de preescolar, a pesar que los beneficios en matemáticas y pre-lectura que recibirían serían el doble de los niños blancos no hispanos (Loeb, Bridges, Bassok, Fuller & Rumberger, en prensa). De manera similar, los niños de familias extremadamente pobres que asisten a instituciones de preescolar muestran una ventaja 0.22 SD (comparado a 0.10 SD del promedio de todos los niños) en el concepto matemático, comparado a los compañeros que permanecen en casa. Además, estas ganancias en los promedios serían predeciblemente más altas si se implementaran programas enfocados en las matemáticas. Los niños de bajos ingresos y comunidades minoritarias reciben menos oportunidades educativas. Las implicaciones incluyen brindar programas de alta calidad para todos los niños y sus familias. Incluso controlar las ocupaciones y la educación de los padres. La práctica familiar como jugar con los números en casa tiene un impacto significativo en el desarrollo matemático de los niños (Sylva, Melhuish, Sammons, Siraj-Blatchford, & Taggart, 2005).

¿Los niños que están en riesgo ya tienen un conocimiento sustancial de las matemáticas o no? Esto parece ser una contradicción entre dos imágenes del conocimiento matemático y las competencias de los niños de los diferentes grupos

socioeconómicos. Por una parte, la evidencia sugiere una brecha sustancial y creciente. Por otra parte hay pocas o ninguna diferencia entre los niños de bajos y medios recursos económicos en la cantidad de matemáticas que muestran en su juego libre (Ginsburg, Ness, & Seo, 2003; Seo & Ginsburg, 2004). Los autores a menudo concluyen que los niños de bajos ingresos son más competentes matemáticamente de lo que se esperaba. Esta contradicción puede tener muchas explicaciones. Los niños de bajos ingresos pueden no tener la misma clase de oportunidades informales en el hogar (aunque únicamente hay un apoyo débil para esta hipótesis; Tudge & Doucet, 2004). Los investigadores a menudo los observan en un ambiente escolar y hay evidencia que las familias de bajos ingresos brindan menos apoyo al pensamiento matemático (Thirumurthy, 2003). Así puede ser que ellos evidencian la matemática en sus juegos escolares, pero se involucran menos en esos juegos que los niños de altos ingresos. Otra explicación es que a los niños no se les han brindado las oportunidades de reflexionar y discutir su actividad pre-matemática. Hay grandes y significativas diferencias en la cantidad de lenguaje en el cual participan los niños de diferentes niveles de ingresos (Hart & Risley, 1995, 1999). Los niños de bajos recursos pueden comprometerse en juegos pre-matemáticos pero no ser capaces de conectar esta actividad a las matemáticas escolares porque hacerlo requiere que los niños traigan las ideas a un nivel explícito de conciencia. Esta hipótesis se ve confirmada por el hallazgo que una diferencia principal entre los niños no es su habilidad para desempeñarse con objetos físicos, sino la destreza para resolver problemas verbalmente (Jordan et al., 1992) o explicar su pensamiento (Sophian, 2002). Considere una niña de 4 años de edad. Cuando se le pidió resolver "cuánto es diez más uno," utilizó bloques físicos, sumó 1 a 10, y respondió "once." Cinco minutos más tarde se le preguntó varias veces utilizando la misma frase: "cuánto es dos y uno más" la niña no respondió y al preguntarle de nuevo, dijo "quince"... en un tono de "no me importa" (Hughes, 1981, pp. 216-217).

En resumen, aunque hay poca evidencia directa, creemos que el patrón de resultados sugiere que, a pesar que los niños de bajos ingresos tienen conocimiento pre-matemático, carecen de componentes importantes de conocimiento matemático. No tienen la habilidad – porque se les ha brindado menos apoyo para aprender – para conectar su conocimiento pre-matemático informal con las matemáticas escolares. Los niños deben aprender a matematizar sus experiencias informales abstrayéndolas, representándolas y elaborándolas matemáticamente y utilizar las ideas matemáticas y los símbolos para crear modelos de sus actividades cotidianas. Esto incluye la habilidad para generalizar, conectando las ideas matemáticas a diferentes situaciones y utilizando las ideas y procesos adaptativamente. En todas sus formas multifacéticas ellos carecen del lenguaje de las matemáticas.

Creemos que es necesario subrayar la importancia de esta conclusión. Algunos autores encuentran que los niños de bajos ingresos se desempeñan de manera similar a los niños de ingresos medios en las tareas de cálculo no verbal pero significativamente peor en las actividades de cálculo verbal (N. C. Jordan, Hanich & Ubrti, 2003), resultado consistente con nuestra revisión. Estos autores también están de acuerdo con otros (Ginsburg & Russell, 1981) en que las diferencias están asociadas con el lenguaje y los enfoques para la resolución de problemas más que con "las habilidades matemáticas básicas" (p.366). Preferimos llamarlas no "habilidades matemáticas básicas" sino más bien "habilidades fundamentales." Enfatizamos en que la matematización – incluyendo redescribir, reorganizar, abstraer, generalizar, reflexionar sobre y poner en palabras aquello que se ha entendido primero en un nivel intuitivo e informal – es requisito para la habilidad matemática básica. Esta distinción va más allá de la semántica para abarcar una definición de la construcción de las matemáticas y tiene consecuencias en las decisiones prácticas como la ubicación de recursos basados en la búsqueda de equidad.

Implicaciones prácticas. Comience con tareas numéricas en las cuales las numerosidades se representan con objetos y modele descripciones verbales facilitando el vocabulario receptivo y expresivo de los niños. Desde temprana edad, nombrar el número en grupos muy pequeños ayuda a desarrollar una variedad de competencias numéricas (Hannula, 2005). Como otro ejemplo, la tarea simple de colocar bloques dentro y fuera de una caja revela que incluso los niños de 4 años de edad disfrutan y pueden ejercer la aritmética (Hughes, 1986) (a pesar del concepto según el cual "enseñar aritmética para esta edad sería absurdo"). A un niño, que tenía dos bloques en una caja (los cuales no podía ver), se le pidió que sacara tres y respondió de la siguiente manera:

> Richard: no se puede ¿o sí?
> MH: ¿por qué no?
> Richard: solo tienes que colocar uno dentro, ¿verdad?
> MH: ¿colocar uno dentro?
> Richard: sí, y luego puedes sacar tres. (p.27)

Eventualmente, ayude a los niños a utilizar símbolos más abstractos. En general, considere los procesos de comunicación y representación como metas importantes, no fortuitas, de la educación matemática. Estos procesos no son formas deseables pero secundarias de expresar las matemáticas, sino aspectos esenciales de la comprensión matemática.

Las conexiones entre el desarrollo de las matemáticas y la lectoescritura son numerosas y bidimensionales. Por ejemplo, las habilidades narrativas de los niños de preescolar, particularmente su habilidad para expresar todos los eventos principales de un cuento, ofrecer una perspectiva de los eventos del cuento y relacionar los eventos principales por medio del uso de conjunciones, predice el desempeño matemático dos años más tarde (O-Neill, Pearce & Peck, 2004). Las actividades matemáticas ricas como discutir soluciones múltiples y plantear y resolver problemas narrativos en los cuentos, ayuda a establecer una base para la lectoescritura y la lectoescritura rica, que incluye pero que va más allá de las habilidades fonéticas, lo que permite construir una base para el desarrollo de las matemáticas.

Género. La igualdad de género también sigue siendo una preocupación como lo vimos en el Capítulo 14. La sociedad persuada a las mujeres para ver las matemáticas como un dominio masculino y considerarse a sí mismas como menos hábiles. Los profesores se preocupan más cuando los niños tienen dificultades que cuando las niñas las tienen. Ellos hablan más con los niños que con las niñas. Finalmente, creen con más frecuencia que el éxito en matemáticas de los niños y no el de las niñas se debe a una alta habilidad por parte de los niños y ven a los niños como estudiantes más exitosos en sus clases. Todas estas creencias debilitan involuntariamente la motivación de logro de las niñas (Middleton & Spanias, 1999). En más de un estudio, los niños aparecen con más frecuencia que las niñas en los rangos de puntajes más bajos y más altos en las matemáticas (Callahan & Clements, 1984; Rathbun & West, 2004). Además, había evidencia de una tasa de crecimiento más rápida para los niños con un alto desempeño (Aunola et al., 2004). Las razones para esto aún no están claras pero hay implicaciones prácticas. También hay algunos indicadores que los niños superan a las niñas desde el jardín infantil en algunas tareas como el sentido del número, la estimación y la estimación no verbal, las cuales pueden tener un componente espacial (Jordan, Kaplam, Oláh et al., 2006). Sin embargo, las niñas de preescolar del Reino Unido tuvieron un puntaje más alto que los niños (Sylva et al., 2005).

Implicaciones prácticas. Los problemas son complejos y hay distintas preocupaciones acerca de los niños y de las niñas. Los educadores necesitan garantizar que todos tengan amplias oportunidades para el aprendizaje.

Niños con necesidades especiales – MD y MLD. Como vimos en el Capítulo 14, algunos niños muestran signos de Dificultades Matemáticas (MD) y discapacidades en el aprendizaje de las matemáticas (MLD) a edad temprana. Desafortunadamente, con frecuencia pasan desapercibidos, o se categorizan en forma general con otros niños como "retrasados en su desarrollo." Esto es sumamente inoportuno, porque las intervenciones enfocadas en las matemáticas a edad temprana son efectivas (Dowker, 2004; Lerner, 1997). Estos niños a menudo tienen conceptos y habilidades bajas en la subitización, el conteo, la recuperación de hechos y otros aspectos del cálculo. Parecen no utilizar estrategias basadas en el razonamiento, y más bien utilizan de manera rígida estrategias inmaduras de solución de problemas, conteo y aritmética. Los niños con necesidades especiales requieren intervenciones muy tempranas y muy consistentes (Gervasoni, 2005; Gervasoni et al., 2007).

En los años de primaria, los niños con sólo MLD (no MLD/RLD) se desempeñaron peor que los niños con desarrollo normal en evaluaciones cronometradas, pero se desempeñaron mejor en las evaluaciones no cronometradas; lo cual indicaría que pueden necesitar únicamente tiempo extra para estudiar y tiempo extra para completar tareas de cálculo. Probablemente el uso de una calculadora u otras ayudas de cálculo les ayudaría a concentrarse en el desarrollo de sus habilidades para la buena resolución de problemas (Jordan & Montani, 1997). Los niños con MLD/RLD pueden necesitar más intervención remedial sistemática objetiva en la conceptualización del problema y el desarrollo de las estrategias de cómputo efectivas, así como para recordar hechos de manera eficiente (Jordan & Montani, 1997).

Implicaciones prácticas: Enseñanza para todos los niños con necesidades especiales. Muchos niños con necesidades especiales tienen necesidades de aprendizaje bastante diferentes (Gervasoni, 2005; Gervasoni et al., 2007). Necesitamos individualizar la enseñanza. Más aun, parece que ningún tema particular como un todo debe preceder a otro tema. Por esta razón, la enseñanza con trayectorias de aprendizaje es el mejor camino para responder a las necesidades de todos los niños, especialmente aquellos con necesidades especiales. Utilizar la evaluación formativa (de la que hablamos a lo largo de este libro pero en especial más adelante en este capítulo), es una estrategia recomendada para trabajar las trayectorias de aprendizaje, especialmente para los niños con cualquier tipo de necesidades especiales.

Es importante una intervención diferente, pero esta no debería remplazar sino añadirse a la educación matemática de estos niños. Todos los niños aprenden de la buena educación matemática. Si queremos cerrar la brecha, aquellos con bajo conocimiento de entrada necesitan más tiempo con mejores matemáticas (Perry et al., 2008). Se ha encontrado que los programas de jardín infantil de todo el día producen mayor aprendizaje de las matemáticas que los programas de medio día, particularmente para los niños en desventaja (Bodovski & Farkas, 2007). Pero si otros niños también participan en los programas de todo el día las brechas continuarán. Los niños en riesgo o con necesidades especiales necesitan más tiempo, más matemáticas.

Como vimos en el Capítulo 14, el afecto y la motivación también son importantes. Los niños que comienzan jardín infantil con menos conocimiento matemático tienen mucho que ganar (o que perder) de su implicación en el aprendizaje (ver la sección anterior en este capítulo sobre el afecto). La poca participación de estos estudiantes puede deberse al menos parcialmente a la inhabilidad de los profesores para implicarlos o para hacerlos partícipes. Los futuros esfuerzos de enseñar a estos estudiantes se deberían enfocar en los intentos innovadores para mejorar su implicación en el aprendizaje. Si los estudiantes con bajo desempeño dedican algún tiempo diariamente a la enseñanza en grupos pequeños que cubriera el conocimiento básico del número que les hace falta, su implicación y tal vez sus logros podrían acelerarse. Finalmente, si se puede incrementar el desempeño promedio inicial de estos niños con más intervenciones intensivas en preescolar, podrán también aumentar su desempeño posterior (Bodovski & Farkas, 2007). En la siguiente sección discutiremos sobre las intervenciones específicas que abordan estas necesidades.

Implicaciones prácticas: recursos adicionales. Hay muchos recursos disponibles para enfrentar estos graves problemas en Estados Unidos con educación matemática equitativa. Ver la bibliografía (Nasir & Cobb, 2007).

Otros enfoques y currículos de matemáticas para la primera infancia basados en investigación

En el Capítulo 14 vimos que el conocimiento inicial pronosticaba el desempeño académico para los años siguientes. Los niños con pocas habilidades al entrar al colegio tienden a mantener bajos desempeños a lo largo de su educación. Muchos desarrollan el temor a las matemáticas y nunca toman cursos más avanzados (Wright et al., 1994). Sin embargo, los buenos programas y los buenos profesores pueden cambiar este rumbo, colocando a los niños en un camino que los conduzca al éxito (Horne, 2005). Recientemente se han desarrollado muchos currículos de la primera infancia para ayudar a todos los niños (incluyendo a los niños en riesgo, sin limitarse a ellos). Tales currículos responden al llamado del grupo Psychology in Matematics Education (PME), el cual recopiló evidencia que los niños pequeños aprenden más de lo que se pensaba que eran capaces y estableció la necesidad de un currículo y una pedagogía integrados para estimular el pensamiento matemático de los niños (Hunting, Pern, 2003).

Una rápida revisión de los currículos. Ya hemos descrito muchos enfoques y hemos dado dos ejemplos de currículos de preescolar que están basados de alguna u otra forma en la investigación. (Para una descripción más detallada de algunos de estos currículos adicionales de las matemáticas iniciales ver Ginsburg, 2008). Aquí resumiremos brevemente algunos de estos, pero antes retomaremos el aspecto más importante ¿Qué es un currículo verdaderamente basado en la investigación?

Primeras investigaciones (Comparando los enfoques). Si nuestro deseo es enseñar matemáticas, ¿Cómo deberíamos hacerlo? Un estudio comparó dos enfoques (Clements 1984). Uno tomó la posición popular (en ese momento), y que influye aun, según la cual es inútil la enseñanza temprana de las habilidades numéricas (cf Baroody & Benson, 2001). Basados en una interpretación de Piaget, esta posición sostiene que si un niño no conserva el número – es decir, cree que al cambiar el arreglo de una colección cambian las cantidades – la enseñanza puede ser incluso perjudicial. Si la matemática fuera enseñada como un todo, debería enfocarse en las bases lógicas de la clasificación, el orden y la conservación. El otro enfoque sostuvo que los niños construyen directamente la competencia con los números. La posición era que las habilidades numéricas, como el conteo, son por sí mismas procesos cognitivos complejos que juegan un papel importante y constructivo en el desarrollo del número y las bases lógicas en los niños pequeños (Clements & Callahan,1983). Se asignaron al azar niños de 4 años de edad a cada uno de tres grupos: un grupo fundamentación lógica, un grupo número y un grupo de control. Al grupo que se le enseñó a clasificar y a ordenar tuvo avances significativos en aquellas operaciones lógicas. En forma similar, los niños del grupo al que se le enseñaron los conceptos de número aprendieron tales conceptos. Esta es una buena noticia, pero no sorprendente. Lo que es impresionante es que el grupo de bases lógicas tuvo pequeños avances en los conceptos de número, pero el grupo número obtuvo grandes avances en la clasificación y el orden – comparado con el desempeño del grupo al que se le enseñaron estas habilidades específicas. El grupo control no aprobó ninguna de las habilidades. De manera que los niños se beneficiaron de la participación en actividades numéricas significativas, muchas de las cuales involucraban la clasificación y el orden.

Investigación acerca de los currículos en los primeros grados. Un hallazgo del currículo de primaria sobre la importancia de enseñar a los niños a cualquier edad, radica en que un currículo de matemáticas que enseñe una combinación de habilidades, conceptos y resolución de problemas ayuda a los niños a aprender habilidades tan bien como si ellos hubieran estudiado solamente tales habilidades, pero también los conceptos y la resolución de problemas, lo cual no hace un currículo basado únicamente en habilidades (e.g., Senk & Thompson, 2003).

Recuperación de los Conceptos Básicos de Aritmética. Ya hemos descrito muchos programas de intervención para niños pequeños. El programa de Recuperación de los Conceptos Básicos de Aritmética es otro, diseñado especialmente para los niños de primaria con debilidades en las habilidades matemáticas. El programa se enfoca en el núcleo independiente de las áreas del conocimiento que los niños necesitan: procedimientos y principios para contar, el simbolismo escrito para los números, la comprensión del papel del valor posicional en las operaciones con el número y la aritmética, la resolución de problemas verbales, la identificación de hechos numéricos, el uso de estrategias basadas en los hechos, la estimación aritmética y la traducción de problemas aritméticos presentados en formatos concretos verbales y numéricos. Trabajar en estos componentes que necesitan los niños produjo beneficios significativos comparados con niños control, que duraron al menos un año (Dowker, 2005).

Recuperación de la Matemática. Es un programa enfocado en la intervención efectiva para los niños de primaria en riesgo (Wright, 2003;Wright et al., 1996;Wright et al., 2006). Está basado en la teoría de Steffe sobre el aumento de habilidades y conceptos de conteo y de aritmética (ver Capítulos 3 y 5). Es decir, este programa está basado fundamentalmente en la idea de las trayectorias de aprendizaje (discutimos este programa más a fondo en los primeros capítulos y luego en el Capítulo 14 del libro compañero dedicado al desarrollo profesional). Un trabajo posterior sugirió que también podría tener efectos positivos para los niños con mayores capacidades (aunque, al igual que muchos otros estudios, sólo trabajó con el número). Por ejemplo, se dijo que había afectado el grupo de programas de Australia y Nueva Zelanda que presentaremos en el siguiente párrafo (Wright et al., 2002).

Inclúyeme a mí también (CMIT), Programa de Investigación sobre los Primeros Conceptos Básicos de Aritmética (ENRP), Proyecto Conceptos Básicos de Aritmética (ENP). Muchos programas de conceptos básicos de la aritmética, como Inclúyeme a mí también, Programa de Investigación sobre los Primeros Conceptos Básicos de Aritmética en Australia y el proyecto Conceptos Básicos de Aritmética en Nueva Zelanda continúan teniendo un gran impacto tanto en el aprendizaje de las matemáticas en los niños pequeños como en la investigación sobre la educación matemática en la primera infancia en estos países (Perry et al., 2008; Wright et al., 2006; Young-Loveridge, 1989b, 2004). Los resultados son bastante positivos. Ya hemos señalado estas y otras intervenciones efectivas (e.g., Aubrey, 1997) en este libro.

Montessori. Una evaluación del programa de Montessori originalmente creado para los niños en riesgo (Montessori, 1964), reportó efectos positivos en un tipo de habilidades matemáticas así como en los aspectos de auto-regulación y lectoescritura (Lillard & Else- Quest, 2007). Aunque no se controló la capacitación de maestros ni el contenido del programa de control, este hallazgo ofreció evidencia científica potencialmente importante.

Un currículo para Head Start (Inicio Dirigido) basado en la idea de "unidad." Un currículo matemático experimental para el Head Start (Inicio Dirigido) se centró en el concepto de unidad tal como éste se aplica a la enumeración, la medida y la identificación de relaciones entre las formas geométricas. Los niños aprendieron que el resultado numérico lo obtenemos de contar y de otras operaciones de medida, lo que dependerá de nuestra selección de una unidad y que esas unidades se pueden combinar para formar unidades de mayor orden. Los resultados mostraron efectos positivos significativos pero también modestos (Sophian, 2004b).

Alrededor del Tapete Matemático. Este programa suplementario (Pre-jardín a segundo grado) incluye la resolución de seis problemas de cuentos de aventura. Los conceptos matemáticos se enseñan a los niños a través de las sagas de las historias contadas oralmente en un enfoque integrado que abarca el lenguaje de las artes así como las competencias matemáticas de la primera infancia con un énfasis en el pensamiento espacial (Casey, Kersh,& Young, 2004).

El proyecto Constructo. Este currículo orientado por procesos no tuvo un efecto significativo en comparación al grupo de control. Sin embargo, tampoco fue implementado fielmente por los profesores. Lograr y evaluar la fidelidad es fundamental, sin importar cuán difícil sea (Mayfield, Morrison,Thornburg & Scott 2007).

Un currículo sintetizado. Un currículo que sintetizó otros dos fue evaluado con un experimento al azar. El grupo experimental mostró un buen desempeño en el sentido del número inmediatamente después de finalizada la enseñanza, pero esta diferencia se desvaneció después de seis meses. No hubo diferencias estadísticamente significativas entre los grupos en general, en las habilidades del pensamiento matemático (tareas de transferencias) después de la intervención (Pirjo, Aunio Hautamaki, & Van Luit, 2005). Los investigadores sugieren que la razón de los resultados limitados es que los profesores no recibieron capacitación para la intervención. Sin embargo, un pequeño número de niños con bajo sentido numérico mantuvieron una mejora relativa. Una intervención similar de aceleración cognitiva, enfatizando en el conflicto cognitivo, la construcción social y la metacognición, dio ganancias más sustanciales en niños de 5 y 6 años de edad (Adey, Robertson & Venville, 2002). Los profesores trabajaron con grupos pequeños en tareas que reflejan operaciones cognitivas generales como la clasificación y la seriación. La evaluación, que usó un diseño cuasi-experimental, mostró resultados cognitivos significativamente superiores en el grupo experimental. Además, estas ganancias incluyeron medidas de gran transferencia (a los conceptos y habilidades no enseñadas) sugiriendo que hubo efectos en el desarrollo cognitivo general. El éxito puede ser atribuido a un desarrollo profesional substancial, incluyendo 6 días de servicio y 3 ó 4 visitas de capacitación a cada profesor (Adey et al., 2002).

Una conclusión principal es que en los salones de clase de la primera infancia se subestima la habilidad para aprender matemáticas y están mal preparados para ayudarlos a aprender. Un investigador, observando que los niños de hecho presentaban regresiones en algunas habilidades matemáticas durante el jardín infantil, dijo que no es suficiente simplemente ordenar y clasificar, mediante la correspondencia 1 a 1 (Wright et al., 1994). Necesitamos matemáticas más sofisticadas, estructuradas, mejor desarrolladas y secuenciadas en la educación de la primera infancia. ¿Cómo hacer esto bien?

Un marco para Currículos basados en la Investigación. Aunque el constructivismo ha sido una corriente importante en la educación matemática, su influencia ha disminuido. Un problema es que los investigadores no tienen productos claramente articulados, estables y repetibles, como los currículos, que puedan ser evaluados en forma sistemática y a gran escala. (Burkhard, 2006; Confrey & Kazak, 2006). En este mismo sentido, el grupo (PME) (Hunting & Pearn, 2003) también reclamó el desarrollo de marcos teóricos que respalden la investigación para los niños en los primeros años. Hemos estado trabajando en tal marco teórico durante una década porque también identificamos esa necesidad extrema. Las agencias gubernamentales y muchos miembros de la comunidad de investigadores en educación también han exigido un currículo basado en la investigación. Sin embargo, la ambigüedad de la frase "basado en la investigación" debilita los intentos por crear bases para una investigación compartida para el desarrollo de decisiones informadas sobre los currículos en los salones de clase.

Por eso, basados en una revisión de la investigación y de una práctica experta, construimos y evaluamos una estructura para la construcción de un currículo basado en la investigación. Nuestro "Marco teórico para la investigación curricular" (CRF, Clements, 2007) rechaza el sólo uso de las estrategias "investigación de mercado" e "investigación para la práctica" orientadas comercialmente. Aunque incluidas en el CRF, tales estrategias son inadecuadas. Por ejemplo, como las estrategias de investigación para la práctica emplean traducciones unidireccionales de los resultados de la investigación, son defectuosas en sus presunciones, insensibles a cambiar los objetivos en el contenido del área, e incapaces de contribuir a una revisión de la teoría y el conocimiento. Tal construcción del conocimiento es – junto al desarrollo de un currículo efectivo basado en procedimientos científicos – un objetivo importante de un programa científico de investigación curricular. De hecho, un programa que desarrolle un currículo científicamente válido debería abarcar dos cuestiones básicas: el efecto y las condiciones, en tres dominios: práctica, políticas y teoría, como se describe en la Tabla 15.1.

Para abarcar todos estos asuntos, el CRF incluye diez fases del proceso de investigación de desarrollo curricular que garantizan la afirmación que algún currículo está basado en investigación. Las diez fases están clasificadas en tres categorías, reflejando las tres categorías de conocimiento requerido para cumplir los objetivos de la Tabla 15.1. Estas categorías incluyen la revisión de la investigación existente, la construcción de modelos del pensamiento y el aprendizaje de los niños en un dominio y la evaluación. En la Tabla 15.2 se explicitan las categorías y las fases.

El primer currículo que se desarrolló utilizando la Estructura del Currículo en Investigación (CRF) fue el de *Building Blocks*, un proyecto para la investigación y el desarrollo curricular desde pre-K hasta segundo grado, financiado por la NSF, y uno de los primeros que desarrolla materiales que responden de manera amplia a estándares recientes para la educación matemática inicial de todos los niños (e.g., Clements & Conerence Working Group, 2004; NCTM, 2000). Presentaremos el CRF dando descripciones concretas de como se realizaron las fases en el desarrollo del currículo de preescolar *Building Blocks*.

En la primera categoría, *Fundamentos A Priori*, que incluye tres variantes del modelo de investigación para la práctica, revisamos la investigación existente y proyectamos las implicaciones para el esfuerzo de desarrollo curricular naciente. (1) En el *Fundamento General A Priori*, los creadores revisan filosofías, teorías y resultados empíricos generales sobre el aprendizaje y la enseñanza. Basándonos en la teoría y la investigación del aprendizaje y la enseñanza de la primera infancia (Bowman et al., 2001; Clements, 2001), determinamos que el enfoque básico de *Building Blocks* sería encontrar las matemáticas en, y desarrollar las matemáticas desde las actividades de los niños, tales como la "matematización" de tareas cotidianas. (2) En la Fundamentación A Priori del Contenido de Estudio, los desarrolladores revisaron la investigación, consultaron a expertos con el propósito de identificar las matemáticas que hacen una contribución importante al desarrollo matemático de los estudiantes, que generan el desarrollo de la comprensión matemática posterior y que son interesantes para los estudiantes. Determinamos el contenido considerando las matemáticas valoradas culturalmente (e.g., NCTM, 2000) y la investigación empírica sobre lo que constituye el núcleo de las ideas y las habilidades de matemáticas para los niños pequeños (Baroody, 2004[a]; Clements & Battista, 1992; Clements & Conference Working Group, 2004; Fuson, 1997), incluyendo el sincretismo hipotético entre los dominios, especialmente el número y la geometría. Revisamos las especificaciones del objeto de estudio siguiendo un análisis del contenido por cuatro matemáticos y educadores de esta área, dando como resultado las trayectorias de aprendizaje en el dominio del número (conteo, subitización, secuenciación, aritmética), geometría (comparación, nombramiento, construcción y combinación de formas) patrones y medida. (3) en Fundamento Pedagógico A Priori, los desarrolladores revisaron los hallazgos empíricos sobre cómo hacer actividades educativamente efectivas – motivantes y eficaces – para crear directrices generales para la generación de actividades. Como un ejemplo, investigaciones que utilizaron software con los niños pequeños (Clements, Nastasi, & Swaminathan, 1993; Clements & Swaminathan, 1995; Steffe & Wiegel, 1994) mostraron que los niños de preescolar pueden utilizar el computador efectivamente y que el software puede ser más efectivo empleando la animación, las voces de los niños y una clara retroalimentación.

En la segunda categoría, el *Modelo de Aprendizaje*, los desarrolladores estructuraron actividades de acuerdo con modelos empíricos del pensamiento de los niños en el dominio del objeto de estudio. Esta fase, (4) Estructura de Acuerdo al Modelo de Aprendizaje Específico, implica la creación de las trayectorias de aprendizaje basadas en la investigación, las cuales, por supuesto, han sido descritas en detalle en este libro.

En la tercera categoría, *La Evaluación*, los desarrolladores recogieron evidencia empírica para evaluar el atractivo, la facilidad de uso y la efectividad de una versión del currículo. La antigua fase (5) La Investigación de Mercadeo es (6) Investigación formativa: Grupo Pequeño, en la que los desarrolladores llevaron a cabo pruebas piloto en forma individual o en pequeños grupos por componentes (e.d., una actividad particular, un juego o el entorno de un software) o secciones del currículo. Aunque los profesores están implicados en todas las fases de la investigación y del desarrollo, enfatizaremos en el proceso de ejecución del currículo en las siguientes dos fases. Los estudios con un profesor que participó en el desarrollo de los materiales en la fase (7) La Investigación Formativa: Salones de clase Individuales, y luego los profesores que conocieron recientemente los materiales en la fase (8) Investigación Formativa: Salones Múltiples, brindan información sobre la facilidad de uso del currículo y los requerimientos para el desarrollo profesional y los materiales de apoyo. Hicimos seguimiento a múltiples casos de estudio de cada una de las tres fases (e.g., Clements & Sarama, 2004 a; Sarama, 2004), revisando el currículo repetidas veces, incluyendo dos versiones distintas publicadas (Clements & Sarama, 2003a, 2007 a). En las dos últimas fases, (9) La Investigación Sumativa: A Pequeña Escala y (10) Investigación Sumativa: A gran Escala, los desarrolladores evaluaron lo que en realidad se logra con los profesores tradicionales en condiciones reales. Un proyecto de investigación inicial resumen de la fase 9 (Clements & Sarama, 2007c) arrojó efectos de tamaños entre 1 y 2 (Cohen's d) Estos efectos se ilustran en la Figura 15.1. Sin embargo, este estudio sólo tuvo en cuenta cuatro salones de clase.

La fase 10 también utiliza ensayos aleatorios, que producen diseños más eficientes y menos parciales para evaluar las relaciones causales (Cook, 2002), en un mayor número de salones de clase, con más diversidad y con menos condiciones ideales. En un estudio más grande (Clements & Sarama, 2008), asignamos al azar 36 salones de clase a una de tres condiciones. El grupo experimental utilizó *Building Blocks* (Clements & Sarama, 2007b). El grupo de comparación utilizó un currículo de matemáticas para preescolar diferente – el mismo que previamente se utilizó en la investigación PCER (principalmente Klein, Starkey & Ramírez, 2002). El grupo control utilizó sus currículos escolares existentes ("como de costumbre"). Dos medidas de observación indicaron que los currículos fueron implementados fielmente y que la condición experimental tuvo efectos positivos significativos en la enseñanza y en los ambientes matemáticos de los salones de clase. El puntaje del grupo experimental mejoró significativamente más que el del grupo en comparación (tamaño del efecto, 0,47) y el puntaje del grupo de control (tamaño del efecto, 1.07; ver Figura 15.2). Las intervenciones matemáticas tempranas concentradas, especialmente aquellas basadas en un modelo comprensivo de desarrollo y evaluación de currículos basados en la investigación, pueden incrementar la calidad de la enseñanza y de los entornos matemáticos y pueden ayudar a los niños de preescolar a desarrollar un conocimiento informal básico de las matemáticas (Clements & Sarama, 2008).

Creemos que todos estos efectos positivos, incluso cuando se compararon con otros currículos apoyados de igual forma, se debieron al uso de las *principales trayectorias de aprendizaje* de *Building Blocks*.

Tabla 15.1. Metas del currículo de investigación (Clements, 2007)

	Práctica	Política	Teoría
Efectos	a. ¿El currículo ayuda efectivamente a los niños a alcanzar objetivos de aprendizaje? (¿cuál es la calidad de la evidencia? – construir una validez interna.) (6-10)* b. ¿Hay documentación creíble tanto sobre la investigación a priori como sobre la investigación sobre el currículo que indique la eficacia del enfoque comparado con otros enfoques? (todos)	c. ¿El currículo tiene metas importantes? (1,5,10) d. ¿Cuál es el tamaño del efecto en los estudiantes? (9,10) e. ¿Qué efectos tiene sobre los profesores? (10)	f. ¿Por qué el currículo es efectivo? (todos) g. ¿Cuáles fueron las bases teóricas? (1,2,3) h. ¿Qué cambios cognitivos ocurrieron y qué procesos fueron responsables de ellos? Es decir, ¿qué componentes y aspectos específicos (e.d. procedimientos pedagógicos, materiales) produjeron ese impacto y por qué? (4,6,7)
Condiciones	i. ¿Cuándo y dónde? – ¿Bajo qué condiciones el currículo es efectivo? (¿los hallazgos se generalizan?- validez externa). (8,10)	j. ¿Cuáles son los requisitos de apoyo (7) para los diferentes contextos? (8-10)	k. ¿Por qué algunos conjuntos de condiciones decrecen o acrecientan la efectividad del currículo? (6-10) l. ¿Cómo las estrategias específicas producen resultados que no se habían alcanzado y por qué? (6-10)

Tabla 15.2 Categorías y fases del marco teórico de la investigación curricular

Categorías	Preguntas	Fases
Fundamentos a priori. Se revisan investigaciones existentes dentro de variantes del modelo de investigación para la práctica y se delinean implicaciones para el currículo naciente.	¿Qué se sabe que pueda aplicarse al futuro currículo? Metas* Fase b c f g 1 b f g 2 b f g 3	Se utilizan procedimientos establecidos y revisados (p. e. Light & Pillemer) Y contenidos analizados (NRC, 2004) son usados para reunir conocimientos del tema contenido en las materias específicas, incluyendo el papel que jugará en el desarrollo del estudiante. (fase 1); cuestiones generales relativas a la psicología, la educación y los cambio sistemáticos (fase2); y pedagogía, incluyendo la efectividad de ciertos tipos de actividades (fase 3)
Modelo de aprendizaje. Las actividades están estructuradas de acuerdo con modelos empíricos del pensamiento y el aprendizaje de los niños en el tema que se está trabajando.	¿Cómo podría construirse el currículo de manera consistente con modelos del pensamiento y el aprendizaje de los estudiantes (que se supone que tienen características y trayectorias de desarrollo que no son arbitrarias y por lo tanto no pueden conducir igualmente a diferentes enfoques pedagógicos o caminos curriculares)? Metas Fase b f h 4	En la fase 4, la naturaleza y el contenido de las actividades se basan en modelos del pensamiento y el aprendizaje de los niños (cf. James, 1892/1958; Tyler, 1949). Además, puede hacerse una secuencia de actividades (mecanismo hipotético de la investigación) de acuerdo con trayectorias específicas de aprendizaje (Clements & Sarama, 2004b). Lo que distingue la fase 4 de la fase 3, dedicada a los fundamentos pedagógicos a priori, no sólo es la preocupación

Categorías	Preguntas	Fases
		por el aprendizaje de los niños más que en las estrategias de enseñanza, sino también la naturaleza iterativa de su aplicación. Es decir, en la práctica, tales modelos se aplican y se revisan (o, muchas veces, se crean de nuevo) de forma dinámica y simultáneamente con el desarrollo de las tareas pedagógicas, usando métodos teóricos, entrevistas clínicas, experimentos de enseñanza, y experimentos de diseño.
Evaluación. En estas fases se recoge evidencia empírica de cualquier tipo para evaluar el currículo. La meta es evaluar el atractivo, el uso y efectividad de una instanciación del currículo.	¿Cómo maximizar el efecto de mercado del currículo? Metas Fase b c f 5	*La fase 5* se centra en el mercadeo, usando estrategias como recoger información sobre objetivos educativos obligatorios y encuestas de consumidores.
	¿El currículo es usable y efectivo por diferentes grupos de estudiantes y profesores? ¿Cómo puede mejorarse en esas áreas o adaptarse para responder a diferentes situaciones y necesidades? Metas Fase a b f h k l 6 a b f h j k l 7	Las fases formativas 6 a 8 buscan comprender el significado que le dan los estudiantes y los profesores a los objetos del currículo y a las actividades en contextos sociales cada vez más amplios; por ejemplo, el uso y efectividad de componentes y características específicos del currículo tal como lo implementa un profesor que tiene familiaridad con los materiales y los individuos o grupos

Categorías	Preguntas	Fases
	a b f i j k l 8	pequeños (fase 6) y las clases completas (fase 7) y, más tarde, por un grupo variado de profesores (fase 8). Los métodos incluyen trabajo interpretativo usando una mezcla de estrategias de verificación y generación de modelos, experimentos de diseño, enfoques micro genéticos, micro etnográficos y fenomenológicos (fase 6), experimentos de enseñanza de nivel de clase y observación participante etnográfica (fase 7), además de análisis de contenidos (fase 8). El currículo se altera con base en los resultados empíricos, ampliando el punto de vista para abarcar aspectos de ayuda para los profesores.
	¿Cuál es la efectividad (e.d. el efecto en las prácticas docentes y en el aprendizaje de los estudiantes) del currículo, ya en su forma final, tal como queda implementado en contextos reales? Metas　　　Fase a b d f j k l　　9 a b c d e　　　10	Las fases sumativas 9 y 10 usan pruebas de campo al azar y difieren entre sí especialmente en la característica de escala. Es decir, la fase 10 examina la fidelidad o implementación, y sostenibilidad del currículo cuando se implementa a gran escala, y las variables críticas contextuales y de implementación que influyen en la efectividad. Los diseños

Categorías	Preguntas	Fases
	f i j k l	experimentales o cuasi-experimentales cuidadosamente planeados, que incorporan medidas de observación y encuestas, son útiles para generar apoyo político y público, así como por sus ventajas de investigación. Además, los enfoques cualitativos siguen siendo útiles para tratar con la complejidad y la indeterminación de la actividad de educación (Lester & Wiliam, 2002).

*Las metas refieren a las preguntas específicas de la Tabla 15.1, respondan a las que son metas de la CRF.

El Aprendizaje y la Enseñanza de las Matemáticas a Temprana Edad

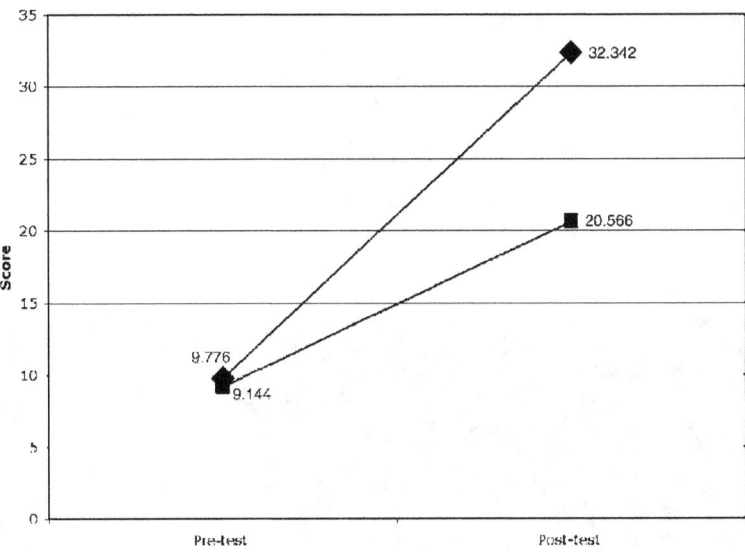

a. Numero

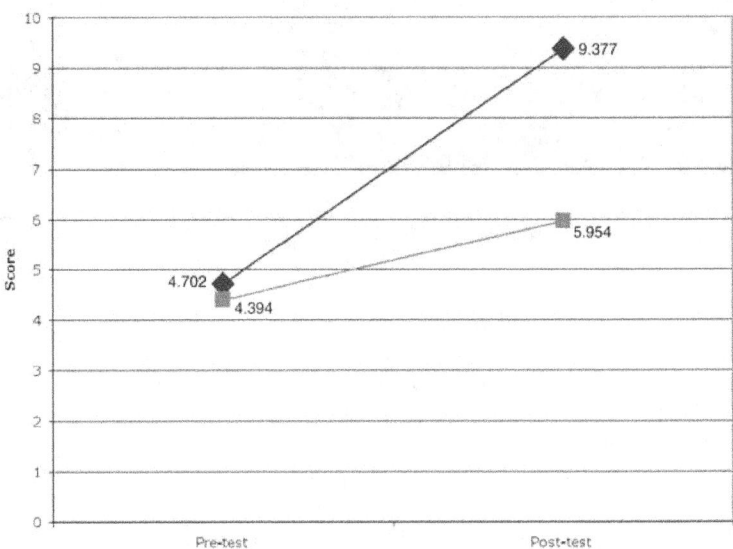

b. Geometría (incluye mediciones y patrones)

Figura 15.1 *Buliding Blocks* comparado con un grupo control.

¿Los efectos son durables?

Revisamos múltiples estudios que indicaban que los programas de matemáticas para los niños pequeños determinan una diferencia positiva y significativa, pero, en muchos estudios longitudinales, los efectos parecen desvanecerse con el tiempo. Los escépticos sugieren que no vale la pena el esfuerzo si los efectos se disipan. Aunque necesitamos más investigación para iluminar esta cuestión, creemos que este punto negativo ignora la evidencia existente. Primero, algunos estudios muestran efectos duraderos.

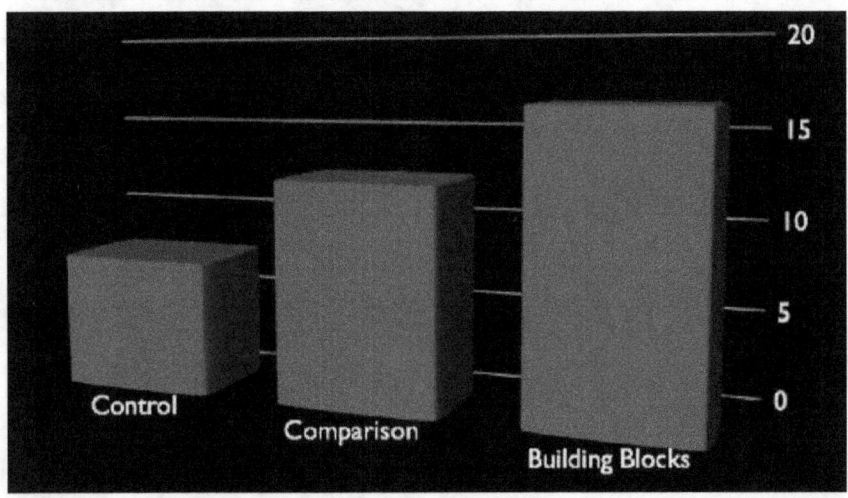

Figura 15.2 *Building Blocks* comparado con un grupo control y con otro currículo intensivo en matemáticas.

Segundo, los programas que son continuos en la escuela primaria y que ofrecen una exposición sustancial a las intervenciones iniciales, tienen los efectos más duraderos a largo plazo (Brooks - Gunn, 2003). Tercero, sin tal seguimiento continuo, no es realista esperar intervenciones iniciales a corto plazo que duren indefinidamente. Esto es especialmente así, porque la mayoría de los niños en riesgo asisten a colegios de muy baja calidad. Sería sorprendente si estos niños no hubieran obtenido menores puntajes que sus compañeros más adelantados año tras año (Brooks- Gunn, 2003). Cuarto, nuestros proyectos TRIAD[1] que apoyan la investigación ya revisada (y otra investigación analizada en este capítulo) muestran que la mayoría de los profesores de los niños pequeños no son sensibles a las necesidades aquellos con un conocimiento matemático alto. Así, los niños en edad preescolar que tienen experiencia matemática y que van al jardín infantil, reciben tareas poco retadoras o que les enseñan poco. Su desarrollo se estanca porque no se les ofrecen nuevas matemáticas. Y las matemáticas están particularmente en riesgo debido a este fenómeno trágico (Campbell et al., 2001).

Palabras finales

Para ser un educador profesional y efectivo es necesario comprender los contextos de la enseñanza y los currículos utilizados. El área final del profesionalismo tiene que ver con las estrategias específicas de enseñanza, tema del Capítulo 16.

16 PRÁCTICAS DE ENSEÑANZA Y ASPECTOS PEDAGÓGICOS

Los tres amigos comienzan a discutir sobre la forma de enseñar matemáticas.

> Aretha: La matemática es diferente. Los niños tienen que memorizar hechos y habilidades específicos. No es como el lenguaje. Uno puede ayudar a los niños a desarrollar el lenguaje de manera más natural o informal. La matemática tiene que enseñarse directamente.
>
> Brenda: Quizá, ¿pero no crees que tienen que reconocer las matemáticas en su mundo? Quiero decir, ¿no están haciendo matemáticas cuando construyen con los bloques?
>
> Carina: Ambos tienen razón. ¿Tiene sentido mezclar esos dos puntos de vista?

¿Qué pensamos de la educación? ¿Hay que centrarse en los niños o en el profesor? ¿Cuál es el papel del juego en la educación matemática de niños pequeños? ¿Cuáles son las mejores estrategias para suplir las necesidades de los niños? ¿Los materiales manipulativos específicos son útiles? ¿Deberíamos hacer énfasis en las habilidades o en los conceptos?

¿Deberían los colegios mantener a los niños lejos de los computadores debido a que tienen demasiada tecnología en sus hogares, o deberían usar buenos ambientes para mostrarles cómo usar la tecnología para *aprender*? De ser así, ¿qué clase de ambientes, y qué tanto usarlos?

Este es un capítulo amplio, porque responde a estas y muchas otras preguntas críticas. Además, para las grandes entidades como un "programa" (por ejemplo, Head Start) o un currículo, hay diferentes perspectivas, enfoques y estrategias para enseñar matemáticas a los niños pequeños, que según la investigación son efectivas. Aquí describiremos brevemente algunos de los más importantes. Aunque hay evidencia de la investigación para cada uno de ellos, en la mayoría de los casos esta evidencia es cualitativa y/o correlacional; por eso, a diferencia de la evaluación del currículo descrita en el Capítulo 15, no podemos estar seguros que la estrategia de enseñanza específica fue la causa del aprendizaje, incluso cuando citamos estudios que utilizan diseños al azar (por ejemplo, Clements & Sarama, 2007c, 2008), porque los datos sobre *componentes* específicos de la enseñanza no son asignados al azar (únicamente el currículo completo lo está). Por lo tanto, estos resultados son usualmente sugestivos pero no definitivos. Señalaremos cuando los estudios que presentemos hayan hecho una evaluación rigurosa de un enfoque específico.

Creencias sobre la enseñanza y estrategias pedagógicas básicas

En general, los profesores con ciertos sistemas de creencias acerca de la enseñanza y el aprendizaje en la niñez temprana y aquellos que tienden a utilizar una categoría correspondiente de estrategias de enseñanza, promueven mejor el aprendizaje de los niños. Por ejemplo, algunos investigadores utilizaron instrumentos que les permitieron categorizar de manera confiable a los profesores en tres sistemas de creencias: transmisión, descubrimiento, conexiones, o una combinación de ellas (Askew, Brown, Rhodes, Wiliam & Johnson, 1997). Los profesores de la categoría transmisión creen que "lo que cuenta es el profesor" y ven las matemáticas como una colección de habilidades separadas. Creen que deben enseñar a los estudiantes de primaria habilidades mecánicas con papel y lápiz. Ven el aprendizaje como una actividad predominantemente individual en la cual se memoriza una rutina a la vez, las estrategias de los estudiantes tienen poca importancia y los errores indican una falta de comprensión de los métodos correctos. No esperan que todos los estudiantes tengan fluidez (creen que algunos tienen más "habilidades matemáticas").

Los profesores con orientación al descubrimiento creen que los niños descubren las matemáticas. Creen que los niños deberían encontrar las respuestas por cualquier método y deberían aprender a aplicar las matemáticas a los problemas cotidianos. Ven el aprendizaje como una actividad individual, que con frecuencia necesita materiales manipulativos. Creen que los niños necesitan estar "listos" para aprender.

Finalmente, los profesores conexionistas valoran las estrategias de los niños, pero también enseñan estrategias en un intento por establecer conexiones entre las matemáticas, las ideas, las habilidades y los temas. Creen en métodos eficientes de cálculo, pero también enfatizan en las estrategias mentales, en razonar y en justificar los resultados. Conciben el aprendizaje más como una actividad social en la cual los estudiantes desarrollan primero sus propias estrategias y luego los profesores les ayudan a perfeccionarlas. Discuten las dificultades de comprensión y trabajan sobre los errores. Esperan que todos los estudiantes desarrollen fluidez.

Implicaciones prácticas. Los investigadores también clasificaron la efectividad de los profesores basándose en los puntajes de los niños en matemáticas durante el año. (Askew et al., 1997). *Los profesores con una orientación predominantemente conexionista tuvieron más posibilidades de ser altamente efectivos que los profesores que tienen una orientación muy marcada hacia el descubrimiento o la transmisión.* Estos hallazgos están totalmente de acuerdo con nuestra teoría del interaccionismo jerárquico y con los lineamientos de contenido del *Curriculum Focal Points* del NCTM. También es importante que los profesores tengan un *interés* por las matemáticas y *conocimientos sobre* las matemáticas (Thomson et al., 2005).

Tamaño de los grupos

Tenemos un conocimiento limitado sobre las estrategias más eficaces en cuanto al tamaño de los grupos. El estudio anterior (Askew et al., 1997) no encontró una tendencia clara de los profesores más eficientes a utilizar actividades para el grupo completo, un grupo pequeño o en forma individual, comparados con los menos eficientes (Askew et al., 1997). El trabajo con grupos pequeños puede aumentar significativamente los puntajes de los niños en las evaluaciones relacionadas con ese trabajo (Klein & Starkey 2004; Klein, Starkey & Wakeley, 1999). Los niños también pueden transferir el conocimiento que han adquirido en las actividades con grupos pequeños a tareas que no se han enseñado (Clements, 1984).

Implicaciones prácticas. Se sospecha que el trabajo con grupos pequeños, el trabajo individual en el computador y quizás en menor medida las actividades con el grupo completo, son las claves principales para el éxito de *Building Blocks.* Sin embargo, nuestro currículo también utiliza los centros y las actividades cotidianas (Clements & Sarama, 2007c, 2008). Todas las actividades son *activas,* pero se hace un esfuerzo extra para garantizar que las actividades de grupo completo sean activas físicamente (Cuente y Muévase), intelectualmente e individualmente ("las instantáneas" con "orejas de conejito" – todos los niños resuelven problemas y muestran sus soluciones individualmente) o socialmente ("hablar con el compañero de al lado acerca de cómo resolver esto") – a veces algunas combinaciones de estos.

Las observaciones hechas en países que utilizan mucho más la enseñanza grupal para niños pequeños sugieren que en Estados Unidos se pueden estar pasando por alto las ventajas de este sistema. Por ejemplo, el enfoque grupal bajo la dirección del profesor, utilizado en Korea, crea un ambiente positivo que ofrece a los niños la oportunidad de desarrollar habilidades pre-académicas esenciales (French & Song, 1998).

Educación planeada e intencional

Implicaciones prácticas. Entienda que es necesario tener una enseñanza de las matemáticas que sea planeada, intencional y secuencial desde los primeros años (Thomson et al., 2005). Involúcrese activamente con los estudiantes (Clements & Sarama, 2008; Thomson et al., 2005)

Usar las trayectorias de aprendizaje

Un profesor habla acerca de la entrevista a una niña para su reporte y el uso de *las trayectorias de aprendizaje* para comprender completamente a la niña.

Ella era capaz de hacer conteo verbal hasta el número 8 y luego cuando lo hacía más despacio, podía llegar a 11. Así que le dije, "¿puedes hacerme grupos de 6?" Así lo hizo y luego sumó... le pedí hacer un grupo de 12. No pudo hacerlo.

Luego noté: *'ahora estoy pensando en las trayectorias'*, yo pienso que ella es una "contadora de números pequeños" Y está en vías de ser una "Contadora 10." Está entre los dos. *Yo sé qué hacer para enseñarle el siguiente nivel de pensamiento.* Eso era lo que estaba pensando de cómo lo hice (Pat, 2004)

Implicaciones prácticas. Involúcrese en la *enseñanza planeada e intencional con relación a las trayectorias de aprendizaje* (Carpenter y Moser, 1984; Clarke et al., 2002; Clements y Sarama, 2007c, 2008; Cobb et al., 1991, observe que no todos los proyectos usan ese término – el proceso es la clave). *Enfóquese en las ideas principales* y entienda cómo esas ideas se desarrollan en los niños. Utilizar bien las trayectorias de aprendizaje como anteriormente sugirió Pat, *implica* el uso de la siguiente estrategia de enseñanza: la evaluación formativa.

Evaluación formativa

De las diez prácticas de enseñanza que investigó el Panel Nacional de Matemáticas (NMP), sólo unas pocas se basaban en un número adecuado de estudios rigurosos. Uno de los más fuertemente sustentados era el uso de la evaluación formativa por parte de los profesores (NMP 2008). La evaluación formativa es el monitoreo permanente del aprendizaje de los estudiantes *para informar la enseñanza*. Se puede monitorear a toda la clase y a los estudiantes de forma individual dentro de esta.

Aunque los rigurosos estudios de NMP incluían niños únicamente de los grados superiores de primaria, otros estudios confirman que la evaluación regular y la individualización son la clave para la educación eficiente de las matemáticas iniciales (Thomson et al., 2005). Los profesores deben observar no solamente las respuestas sino las *estrategias*.

Otras síntesis han reportado que la evaluación formativa como intervención ha tenido efectos con tamaños de 0.40 a 0.70, *más grandes que los efectos de la mayoría de los programas de enseñanza* (Black & William, 1995; Shepard, 2005). Ayuda a que todos los niños aprendan, pero en particular a los niños con más bajo desempeño, quienes van ganando las habilidades de orden más alto (metacognitivas) ya alcanzadas por los niños con desempeños más altos.

No obstante, repetimos, la evaluación formativa es para todos. En su primer año de colegio, Harry sabía las pocas matemáticas que se le presentaron ene se grado. Harry mantuvo la apariencia de estar interesado en el trabajo y al menos tener la voluntad de completarlo. Sin embargo, parece que la lección más importante que aprendió en su experiencia con las matemáticas en Kínder es que "no hay que esforzarse" (Perry & Dockett, 2005). De manera similar, las observaciones de profesores de la primera infancia muestran que usualmente juzgan mal el nivel de los niños y proponen problemas prácticos ("más de lo mismo") *incluso cuando intentan* dar oportunidades de aprendizaje (problemas de desafío) *especialmente* a los niños con más alto desempeño. Recordemos lo discutido en el Capítulo 14: es *tan importante cubrir las necesidades de los aventajados como las de los que tienen dificultades* (Bennett, Desforges, Cockburn, & Wilkinson, 1984). Los niños con desempeño más alto resultan menos favorecidos – rara vez aprenden matemáticas nuevas. Los siguientes menos favorecidos son los de más bajo desempeño – los profesores pocas veces se ponen en los niveles más bajos que necesitan para aprender.

Implicaciones prácticas. Use la evaluación formativa para cubrir las necesidades de todos los niños. Al igual que cualquier práctica de enseñanza, la evaluación formativa tiene que hacerse bien. Hágase las siguientes preguntas (Shepard, 2005):

- ¿Cuál es el error principal?
- ¿Cuál es la razón más probable por la cual el niño cometió este error?
- ¿Cómo puedo guiar al niño para evitar este error en el futuro?

Cuando usted enfoca su evaluación formativa en la comprensión de los conceptos y las relaciones, es más probable que se facilite la transferencia.

Aunque todo esto parece obvio y fácil, tenga en cuenta que un análisis de los datos ECLS mostró que aproximadamente la mitad de los profesores de kínder *nunca* utilizaron dichas estrategias para definir grupos de desempeño en matemáticas (NRC, en prensa). Pocos profesores de pre-kínder o kínder utilizan grupos pequeños – la enseñanza de grupo completo predomina.

Interacciones, discusiones, y las conexiones matemáticas

Los profesores eficientes les hablan a sus niños de las matemáticas. Hay dramáticas diferencias en la cantidad de pláticas relacionadas con las matemáticas que los profesores sostienen con los niños de preescolar (Klibanoff, Levine, Huttenlocher, Vasilyeva, & Hedges, 2006). *Cuanto más hablen los profesores acerca de las matemáticas, más conocimiento matemático van a desarrollar los niños.* Los contextos en los cuales se presenta este tipo de charla van de la enseñanza planeada de las matemáticas a las actividades diarias (por ejemplo, los niños que trabajan en un proyecto de arte que involucra la construcción de un libro, tienen que enumerar las páginas en orden), o los comentarios incidentales acerca de la cantidad (por ejemplo, "¿me puedes decir cuál es la diferencia entre estos dos collares?"). Un estudio de seguimiento mostró que el crecimiento matemático de los niños no depende del *número global* de palabras sino de la cantidad de *charlas matemáticas específicas.* (Ehrlich & Levine, 2007a). Además, la competencia matemática de los niños que tienen pocas charlas matemáticas con su profesor, *disminuye*.

Implicaciones prácticas. Hable acerca de las matemáticas. Los profesores eficaces usan más preguntas abiertas que los profesores menos eficaces. Pregúntele a los niños "¿Por qué?" "¿Cómo lo sabes?." Pídale a los niños de preescolar que compartan sus estrategias, expliquen su pensamiento, trabajen juntos para resolver problemas y se escuchen mutuamente (Askew et al., 1997; Carpenter, Fennema, Franke, Levi, & Empson, 1999; Carpenter, Franke, Jacobs, Fennema, & Empson, 1998; Clarke et al., 2002; Clements & Samara, 2007c, 2008; Cobb et al., 1991; Thomson et al; 2005).

Haga bastante énfasis en resumir las ideas más importantes al final de cualquier actividad. Tenga en cuenta las propiedades y relaciones de las matemáticas. Resalte los vínculos y conexiones entre las ideas matemáticas y entre las matemáticas y los problemas cotidianos que hay que resolver (Askew et al., 1997; Clarke et al., 2002; Clements & Sarama, 2007c, 2008).

En resumen, propicie activamente discusiones de tipo matemático con los niños como parte de las actividades planeadas. Utilice y elabore las ideas y estrategias matemáticas de los niños y facilite sus respuestas (Clements & Sarama,2008). Aunque los estudios que dirigen esta práctica de enseñanza específica son correlacionales más que experimentales, los resultados son promisorios.

Altas expectativas

Implicaciones prácticas. Rete a los niños. Los profesores más eficaces mantienen expectativas más altas que los profesores ineficaces. (Clarke et al., 2002; Clements & Sarama, 2007c, 2008; Thomson et al.,2005). Mantienen expectativas altas para *todos* los niños (Askew et al., 1997).

Desarrollar actitudes matemáticas positivas

Los trabajos de muchos investigadores han identificado un núcleo común de características de los ambientes de aprendizaje que mejoran el desarrollo temprano de una disposición matemática positiva en los niños (Anghileri, 2001,2004; Clements; Sarama; & Dibiase, 2004; Cobb, 1990; Cobb et al., 1991; Cobb et al., 1989; Fennema et al., 1996; Hiebert, 1999; Kutscher et al., 2002; McClain, Cobb, Gravemcijer, & Estes, 1999). No sorprende que la mayoría de estas, simplemente reflejan las estrategias pedagógicas discutidas anteriormente, pero el punto aquí es que estas estrategias también mejoran las actitudes y creencias de los niños sobre las matemáticas.

Implicaciones prácticas. Dentro de las estrategias efectivas encontramos las siguientes:

- Use problemas que tengan significado (práctico y matemático) para los niños.
- Pida que los niños inventen, expliquen y adopten una posición crítica sobre sus propias estrategias para resolver problemas dentro de un contexto social.
- Brinde oportunidades tanto para la invención creativa como para la práctica.
- Anime y respalde a los niños que estén progresando hacia razonamientos y métodos matemáticos más abstractos y sofisticados, y desarrolle estrategias de solución más eficientes y *elegantes*.

- Ayude a los niños a ver las conexiones entre varios temas y tipos de conocimiento, con la meta que cada niño construya un conocimiento bien estructurado y coherente de las matemáticas.

Aventajados y talentosos

La mayoría de los niños aventajados y talentosos no reciben atención apropiada. Puede que no se identifiquen sus habilidades, especialmente si son pequeños. Los profesores a veces exponen a estos niños a conceptos que generalmente se reservan a estudiantes mayores; sin embargo, con mucha frecuencia no dominan estos temas, pues están acostumbrados a enseñar conceptos de los programas de la primera infancia (Wadlington & Burns, 1993). La investigación muestra incluso que estos niños tienen un conocimiento avanzado de la medición, el tiempo y las fracciones, temas raramente explorados. Actualmente, a estos niños se les enseña utilizando actividades no estructuradas, aprendizaje por descubrimiento, centros y juegos en grupos pequeños, estrategias basadas en trabajos de investigación en algunos contextos. Sin embargo, estos niños también necesitan resolver problemas interesantes en dominios tales como los números, las operaciones, la geometría y el sentido espacial. Necesitan que se les exija realizar razonamiento matemático de alto nivel, incluyendo el razonamiento abstracto.

Un estudio riguroso asignó al azar estudiantes igualmente aventajados en dos grupos: una clase complementaria de matemáticas llevada a cabo los sábados durante dos años o ningún tratamiento. La clase enriquecida, con 28 sesiones en total, tenía filosofía constructivista, era "apropiada al nivel de desarrollo" y adhería a los lineamientos del NCTM. Los profesores crearon comunidades comprometidas con la resolución de problemas abiertos. Al finalizar los dos años, los participantes superaron a los no participantes (tamaño de efecto 0.44, el cual sólo falló en significancia estadística, pero es moderadamente extenso y por lo tanto promisorio). No se buscó acelerar a los niños, que es una estrategia diferente utilizada con frecuencia y de manera exitosa con estudiantes mayores (NMP, 2008).

Estudiantes de primaria con necesidades especiales – (MLD) y (MD)

Implicaciones prácticas. En el Capítulo 15 describimos muchos currículos e intervenciones que pueden ayudar a los niños con necesidades especiales. Las revisiones de trabajos de investigación han identificado bastantes enfoques que ayudan a los niños más vulnerables, entre los cuales encontramos:

- Use información acerca del desempeño de los estudiantes, y compártala con ellos (ayuda la evaluación formativa, descrita previamente, incluyendo actividades diferenciadas).
- Brinde una retroalimentación clara y específica a los padres acerca de los logros en matemáticos de sus hijos.
- Use a los compañeros de clase como tutores (ver siguiente sección).
- Ayude a los estudiantes a verbalizar sus propias ideas y sus estrategias, o incluso las estrategias explícitas que usted modela.

- Utilice enseñanza explícita.
- Enfóquese en las áreas específicas que requieran más atención.
- Incluya trabajo individualizado, incluso en periodos de tiempo muy cortos, como componente de tales intervenciones dirigidas (Dowker, 2004; Gersten et al., 2008).

Las intervenciones son más efectivas entre *más pronto* comiencen, tanto en la construcción del conocimiento de contenidos como en la prevención de las actitudes negativas y la ansiedad en matemáticas (Dowker, 2004). A continuación describimos unos pocos enfoques adicionales para los estudiantes de primaria.

Números y aritmética. Un repaso de los experimentos rigurosos de NMP brinda orientación para la enseñanza efectiva a los estudiantes con MD o MLD. Un enfoque muy exitoso fue el de la educación intencional y sistemática. (A menudo *explícita,* aunque los enfoques de enseñanza implícita de alta calidad también son efectivos). Dicha enseñanza incluía representaciones visuales concretas, explicaciones de los profesores, explicaciones y discusiones de los niños (incluyendo hacer que los niños "piensen en voz alta" a medida que resuelven problemas), trabajo colaborativo entre los estudiantes, prácticas cuidadosamente orquestadas con retroalimentación, y expectativas altas pero razonables (NMP, 2008). Otros enfoques específicos promisorios incluyen *estrategias* de enseñanza del cálculo, combinadas con práctica (que usualmente es menos interesante y menos conceptual), uso de modelos visuales y enseñar a los niños a analizar la estructura de los problemas. Como ejemplo, uno de los estudios NMP brindó enseñanza explícita para los niños de segundo grado con MLD, quienes no habían aprendido a "contar desde el número más grande" para resolver problemas de adición (Tournaki, 2003):

Profesor: cuando tengo un problema, ¿Qué tengo que hacer?
Estudiante (repetición de la regla): leo el problema: 5 más 3 igual, ¿cuánto es?.
Luego encuentro el número más pequeño.
Profesor (señalando el número): 3. Ahora yo cuento con los dedos. ¿Cuántos dedos voy a contar?
Estudiante: 3. (y así sucesivamente...)

Después de unos cuántos problemas, el profesor hace que los estudiantes los resuelvan mientras piensan en voz alta; es decir, repitiendo los pasos y formulando ellos mismos las preguntas. Los profesores siempre brindan retroalimentación clara e inmediata cuando los estudiantes cometen errores. El efecto de tamaño más grande de este estudio (1.61) indica el beneficio de enseñar una *estrategia,* no sólo de exigir más práctica, especialmente para los estudiantes MLD.

En otro estudio incluido en el informe NMP, clasificado como más implícito, se examinaron los efectos de 48 sesiones de tutoría para grupos pequeños, incluyendo el uso de objetos concretos para promover el aprendizaje conceptual en los estudiantes vulnerables de primer grado con bajo desempeño. Los niños asignados al azar para esta intervención, comparados con el grupo control, mejoraron en cálculo, conceptos/aplicaciones y problemas en los cuentos, pero no en la fluidez de los hechos (Fuchs et al., 2005). Sin embargo, los niños no alcanzaron el nivel de sus compañeros no vulnerables. Así que es una intervención temprana para los estudiantes que tienen problemas en las matemáticas al comenzar el primer grado, tanto como un ejemplo de cómo los conceptos, los procedimientos y la resolución de problemas se pueden enseñar y practicar de manera intensa e integral.

Un estudio más reciente encontró que dos condiciones de trabajo de tutoría, una centrada en mejorar la fluidez en las combinaciones de números, y otra diseñada para enseñar resolución de problemas, mejoraron la fluidez de la combinación de números (Fuchs, Powell, Cirino et al., 2008). Ambas aumentaron la competencia en los cálculos procedimentales, pero la condición de resolución de problemas tuvo el tamaño de efecto más grande. La condición para resolución de problemas desarrolló también el pensamiento algebraico y la solución de problemas de palabras. Dados estos resultados, la condición de resolución de problemas, que incluyó una sesión de estrategias de conteo, y trabajo en combinaciones de números en fases cortas de calentamiento y revisión, brindó mayores beneficios.

El reporte del NMP revela los beneficios de los muchos componentes de los enfoques más recientes con respecto a la educación explícita (o una mezcla entre implícita y explícita), la cual es bastante diferente de los modelos más viejos de "la instrucción directa." Se les enseña a los estudiantes *estrategias* explícitas (no solamente "hechos" o "habilidades"), construyendo poco a poco un repertorio. Los niños participan en una cantidad considerable de interacción en grupos pequeños, donde se los anima a pensar en voz alta a medida que realizan las matemáticas, recibiendo retroalimentación de sus compañeros. Se les enseña a resolver problemas utilizando estrategias y a menudo utilizando objetos concretos y representaciones visuales junto con representaciones más abstractas para analizar la estructura del problema. El profesor resalta los aspectos claros (*no* "palabras claves") de cada tipo de problema y promueve la habilidad de los estudiantes para discriminar un tipo de otro. Al final de cada ciclo de enseñanza, no sólo practican sino que se les ayuda explícitamente a generalizar y transferir su conocimiento.

Se ha mostrado que otras intervenciones también son efectivas. Por ejemplo, las tutorías remediaron con éxito el déficit en la recuperación de hechos, el cálculo de procedimientos y la estimación de dichos cálculos. (Fuchs, Powell, Hamiett et al., 2008). Esta intervención ayudó a todos los niños por igual (por ejemplo, aquellos con MD únicamente o con MD y dificultades de lectura).

Muchos niños con MD o MLD tienen dificultades relacionadas con el "sentido" de número. Una intervención orientada exactamente a este objetivo es el juego de computador "The Number Race" (la competencia del número) (Wilson, Dehaene et al., 2006; Wilson, Revkin et al., 2006). Los investigadores establecieron que puede existir un déficit básico en las habilidades relacionadas con el sentido numérico, la habilidad para representar y manipular las cantidades numéricas no verbales, enfatizando en la comparación de números y la estimación. (Los autores lo denominan "sentido de número," consistentemente con su uso previo, pero para evitar confusión con el uso mucho más amplio de ese término en la investigación en educación matemática, lo que ellos también llaman sentido de número, nosotros utilizamos aquí "sentido numérico"). Los investigadores hacen la hipótesis que los niños carecen del sentido numérico no verbal, o de acceso a él, debido a la disociación de las representaciones simbólicas. Como una prueba empírica, el primero, por ser un deterioro directo del sistema de cantidad, debería resultar en el fracaso de las tareas numéricas simbólicas y no simbólicas, mientras que el segundo debería dejar intactas las tareas puramente no simbólicas.

Para evaluar su teoría y la intervención de su software, proporcionaron a los niños entrenamiento adaptativo en la comparación numérica durante media hora al día, 4 días por semana durante 5 semanas. Nueve niños trabajaron con el software "The Number Race" (La Competencia Numérica) para aumentar su sentido numérico, recibiendo entrenamiento intensivo en la comparación numérica y los vínculos entre el número y el espacio. El andamiaje se brinda como asociaciones repetidas en las cuales los códigos arábigo, verbal y de cantidad se presentan juntos y se aumenta progresivamente el rol de la información simbólica a medida que crece la base para la toma de decisiones.

Los niños mostraron progresos específicos en el desempeño para las tareas centradas en la comparación numérica. Por ejemplo, la velocidad de la subitización y la comparación numérica aumentó en cientos de milisegundos. En la comparación numérica, las tareas simbólicas mostraron un efecto de velocidad mientras que las no simbólicas mostraron mejoras en precisión y velocidad, aunque los incrementos en velocidad eran mayores para las tareas simbólicas. La precisión en la sustracción aumentó en un 23%. El desempeño en las tareas de comprensión de la adición y de la base diez no mejoró. Estos resultados eran consistentes con las predicciones teóricas porque la adición se resuelve utilizando una Tabla de hechos memorísticos, mientras que la sustracción se piensa que tiene que ver más con el sentido numérico. De manera que los síntomas de un nivel más alto, como los deterioros en la sustracción, pueden ser efecto de una disfunción del núcleo del sistema de sentido numérico. Las interpretaciones se deberían hacer con precaución porque su test de transcodificación únicamente valoró las conexiones entre lo verbal y los códigos simbólicos, debido a que muchos hallazgos no tenían significancia, especialmente porque el número de participantes era muy bajo (9) y no había grupo de control. Con esas salvedades, los resultados sugieren que el sentido numérico puede ser un déficit central para aquellos con dificultades matemáticas y la evidencia no priorizó el sentido numérico no verbal ni la disociación de las representaciones simbólicas (los autores sostienen que esta última queda sugerida, pero basados en un test "marginalmente significativo").

Otros enfoques también han mostrado ser promisorios, incluyendo aquellos que están más orientados a la reforma. Incluso los niños con algunas discapacidades mentales son capaces de aprender significativamente (Baroody, 1986). Los profesores deben garantizar que estos niños desarrollen la subitización básica, las habilidades de conteo y los conceptos. Es decir, deberían evitar centrarse únicamente en las habilidades, pues una enseñanza más comprensiva y más balanceada, utilizando las habilidades de los niños para compensar las debilidades, puede ofrecer mejores resultados a largo plazo. El entrenamiento visual-espacial o la práctica masiva no debería sustituir la experiencia que busca y utiliza patrones en el aprendizaje de los hechos básicos o las estrategias aritméticas de aprendizaje (Baroody, 1996). La razón por la que muchos niños muestran signos de MD e incluso de MLD puede ser una instrucción insuficiente. Ayudar a estos niños a construir sus fortalezas y conocimiento informal, inventar estrategias de conteo, conectar conceptos y procedimientos y resolver problemas, puede mostrar que muchos de estos niños pueden aprender las matemáticas de forma exitosa. Las estrategias y los patrones podrían necesitar enseñanza explícita, pero no deberían descuidarse (Baroody, 1996).

Los profesores necesitan evaluar cuidadosamente y con sensibilidad la comprensión y las habilidades de los niños con discapacidades a lo largo de las trayectorias de aprendizaje más relevantes. Por ejemplo, los niños con algún retardo moderado podrían no contar *verbalmente* hasta 5, pero pueden contar *colecciones* de 5 y hasta más. Podrían no estar motivados para realizar conteo oral (Baroody, 1999). El entrenamiento basado en estos principios mostró algún éxito, más en las tareas de transferencia cercana (Baroody, 1996). La atención cuidadosa a las tareas fue de gran beneficio. Por ejemplo, ayudarlos a manejar un poco las tareas $n + 1$ (4 + 1, 6 + 1) les ayudó a descubrir la regla del número siguiente, y posteriormente los niños inventaron de manera espontánea el conteo (dándose cuenta, por ejemplo, que si 7 + 1 es 8, 7 + 2 es 2 palabras después del 7).

Los niños de preescolar con algún retardo mental no construyen la poderosa información que constituye el conocimiento matemático para los niños normales. Sin embargo, muchos niños con retardo mental parecen ser capaces de aprender el conteo, el número, los conceptos aritméticos, así como las habilidades que proporcionan la base del aprendizaje significativo de las matemáticas escolares (Baroody, 1996). Pueden ser aprendices activos que, debido a su experticia adaptativa en desarrollo, pueden aprender a monitorear su propia actividad matemática.

Sin embargo, las investigaciones hacen advertencias para la mayoría de los currículos, "tradicionales" o "reformados." Los profesores deberían recordar que los niños con MD o MLD podrían necesitar apoyo adicional para que se mantengan activos e involucrados (Woodward, 2004).

Pensamiento espacial y geometría. Aunque la mayoría de los programas de intervención de los investigadores se enfocan solamente en los números, los educadores no pueden limitarse a eso. El enlace entre los puntajes altos en habilidades numéricas y sus habilidades espaciales y de medición, y la ausencia de cualquier crecimiento en la medición y en la geometría en los niños con bajo puntaje, indican que la geometría y la medición también deberían estudiarse. (Stewart, Leeson, & Wright, 1997). Por ejemplo, algunos niños tienen dificultades con la organización espacial en un amplio rango de tareas. Los niños con ciertas dificultades de aprendizaje en las matemáticas podrían tener conflicto con las relaciones espaciales, visuomotoras y de percepción visual y un sentido mínimo de dirección (Lerner, 1997). Como ya lo dijimos (pág. 227), pueden no percibir una forma como una entidad completa e integrada como lo hacen los niños sin discapacidades en el aprendizaje (Lerner, 1997). Los niños con diferentes daños cerebrales muestran diferentes patrones de competencia. Aquellos con daños en el hemisferio derecho tienen dificultad para organizar los objetos en grupos espaciales coherentes, mientras que aquellos con daños en el hemisferio izquierdo tienen dificultades con las relaciones locales dentro de los arreglos espaciales (Stiles & Nass, 1991). La enseñanza con las trayectorias de aprendizaje basadas en las secuencias de desarrollo descritas aquí es incluso más importante para los niños con discapacidades de aprendizaje, así como para los niños con otras necesidades especiales. Los profesores deben conocer las secuencias de desarrollo por las que pasan los niños a medida que aprenden las ideas geométricas.

Las debilidades espaciales pueden ser una causa de las dificultades de los niños con las magnitudes numéricas (por ejemplo, saber que 5 es mayor que 4 pero únicamente un poquito, mientras que 12 es mucho mayor que 4) y con la recuperación de los nombres de los números y las combinaciones aritméticas (Jordan, Hanich, & Kaplan,2003). Estos niños podrían no ser capaces de manipular las representaciones visuales de una recta numérica.

De manera similar, debido a las dificultades para percibir las formas y las relaciones espaciales, para reconocer dichas relaciones y hacer juicios espaciales, estos niños no son capaces de copiar formas, figuras geométricas, números o letras. Probablemente tienen un desempeño mediocre en escritura tanto como en aritmética. Cuando los niños no pueden escribir fácilmente los números tampoco pueden leer ni alinear sus propios números adecuadamente. Como resultado cometen errores de cálculo.

Recuerde los resultados promisorios del énfasis inicial en estructuras y patrones (Cap.12 y otros). El Programa de Conocimiento Matemático de Patrones y Estructuras (PASMAP por sus siglas en inglés), enfocado en el mejoramiento de la memoria visual de los estudiantes, la habilidad para identificar y aplicar patrones y buscar la estructura en las ideas y representaciones matemáticas, han mostrado (en estudios muy pequeños, no al azar) tener efectos positivos en los niños en riesgo de un fracaso escolar posterior (Fox, 2006).

Los niños autistas necesitan intervenciones estructuradas desde las edades más tempranas. Ellos deben mantenerse en interacción con su mundo, incluso en matemáticas. Utilice los intereses intensos que caracterizan a muchos niños con autismo, para motivarlos a estudiar geometría y estructuras espaciales. Por ejemplo, si disfrutan la construcción, podrían estudiar cómo se utilizan los triángulos en los puentes. Muchos niños con autismo están orientados visualmente. Los manipulativos y las imágenes pueden ayudar al aprendizaje de muchos temas en geometría, número y otras áreas. Los niños se benefician de las ilustraciones, incluso de verbos, con dramatizaciones. De esta manera, los profesores pueden simplificar lo que de otra forma sería una explicación verbal larga o un conjunto de órdenes. Aproximadamente una décima parte de los niños con autismo muestran habilidades (excepcionales), a menudo espaciales por naturaleza, como el arte, la geometría o un área particular de la aritmética. Estas habilidades probablemente no se deben a un talento misterioso sino a la práctica intensiva, cuya razón y motivación aún desconocemos (Ericsson et al., 1993).

En conclusión, hay desigualdades sustanciales en la experiencia matemática durante los primeros años. Algunos niños no sólo comienzan atrasados sino que también inician una trayectoria negativa e inmutable en las matemáticas (Case et al., 1999). Las pocas habilidades en matemáticas en los primeros años están asociadas con una *tasa de crecimiento más baja* – los niños sin experiencias adecuadas en las matemáticas comienzan atrasados y pierden cimientos cada año (Aunola et al., 2004). Hay una evidencia sustancial que esto se puede evitar o aminorar, pero también hay evidencia que nuestra sociedad no ha tomado las medidas necesarias para hacerlo. Las intervenciones deben comenzar en pre kínder y kínder (Gersten et al., 2005). Sin dichas intervenciones, los niños con necesidades especiales a menudo están condenados al fracaso (Baroody, 1999; Clement & Conference Working Group, 2004; Jordan, Hanich, & Uberti, 2003; Wright, 1991; Wright et al., 1996).

Aprendizaje cooperativo / Tutoría de pares

La revisión de NMP de la enseñanza centrada en los niños y en los adultos en la educación matemática elemental y media concluyó que la enseñanza no debería ser totalmente "centrada en el niño" o "dirigida por el profesor" (NMP,2008). En la técnica *Estrategias de Aprendizaje Asistida por Pares* (PALS por sus siglas en inglés) (http://kc.vanderbilt.edu/pals/), los profesores emparejan los niños que necesitan ayuda en habilidades específicas y otros que podrían enseñarlas. Todas las parejas por consiguiente estudian matemáticas. Estas parejas y las habilidades cambian frecuentemente, de manera que todos los estudiantes tienen la oportunidad de ser "entrenadores" y "jugadores." El profesor circula observando y brindando lecciones remediales individuales. Los hallazgos relativos a este enfoque son promisorios pero no definitivos. Los resultados positivos más claros fueron para los estudiantes con bajo desempeño en las medidas relacionadas con el cálculo. Muchos estudios también utilizaron una forma de evaluación formativa, así que las contribuciones relativas de estas dos estrategias pedagógicas no se conocen. Por ejemplo, los niños de Kínder trabajaron con la técnica PALS por 15 semanas (Fuchs, Fuchs, & Kans, 2001). Al grupo control se le brindaron lecciones y demostraciones dirigidas por el profesor. Se detectaron efectos positiva y prácticamente (pero no estadísticamente) significativos en el desempeño para los estudiantes de educación especial (tamaño del efecto igual 0.43), estudiantes con bajo desempeño (0.37) y estudiantes con desempeño medio (0.44).

Un programa similar de tutoría de pares en la clase tuvo un éxito sustancial (Green Wood, Delquadri & Hall 1989). Este enfoque implicaba dividir la clase semanalmente en parejas de tutor-tutoreado, con recompensas por responder a las tareas. Cuando se hicieron ajustes para las calificaciones 1 del pre-test de desempeño inicial y se midieron las diferencias en IQ, el grupo experimental con bajo SES obtuvo ganancias significativamente más grandes en matemáticas (y en lectoescritura) que el grupo control equivalente con bajo SES, el cual recibió el programa de enseñanza estándar incluyendo los servicios del Capítulo 1. No hubo diferencias significativas entre las ganancias obtenidas por el grupo de experimental y de altos SES, en relación con el grupo de comparación con alto SES, aunque el tamaño del efecto del grupo experimental fue menor que el del grupo de comparación de alto SES.

Otras estrategias de aprendizaje cooperativo no se han evaluado tan consistentemente con diseños rigurosos (NMP, 2008). Sin embargo, la investigación brinda muchos lineamientos (Natasi & Clements, 1991 incluye revisiones elaboradas). Los niños necesitan discusiones de grupo constructivas, incluyendo presentaciones de diferentes puntos de vista, compromiso del grupo, solicitud y provisión de explicaciones; y liderazgo compartido (Wilkinson, Martino, & Camili, 1994).

Implicaciones prácticas. Una recomendación para un enfoque diseñado para mejorar las habilidades sociales, la motivación de competencia y el pensamiento de más alto orden, se basó en una integración de la investigación (Natasi & Clements, 1999). Los grupos en este enfoque tienen las siguientes características:

- *Interdependencia grupal positiva (por ejemplo,* si usted lo hace bien yo lo hago bien). Los estudiantes en un grupo comparten la misma meta y recursos (por ejemplo, una hoja de actividad para cada par de estudiantes). Cada uno desempeña un rol especifico, y estos roles se rotan. Los estudiantes hablan juntos acerca del trabajo animándose unos a otros a aprender.
- *Interpretación recíproca del sentido de las cosas (*construir sobre las ideas de los compañeros). Los estudiantes se esfuerzan para comprender y reformular los puntos de vista de sus compañeros. Se comprometen en un proceso mutuo de construcción de ideas.
- *Conflicto cognitivo, seguido de consenso* (dos cabezas piensan más que una – de hecho a veces ¡dos equivocados pueden hacer lo correcto!). Los estudiantes aprenden teniendo en cuenta la perspectiva de sus compañeros y tratando de sintetizar las ideas discrepantes para producir unas mejores. Responsabilidad individual (por ejemplo, todos deben aprender). Cada estudiante es responsable de la comprensión de los conceptos.

Estas características conducen a las siguientes responsabilidades que el profesor debe aclarar:

- *Trabajar juntos, dándose explicaciones mutuas de forma exhaustiva.*
- *Tratar de asimilar el sentido de las explicaciones de mi compañero.*
- *Hacer preguntas específicas al momento de pedir ayuda.* Cuando un compañero hace una pregunta, se tiene la responsabilidad de ayudar. No sólo dar respuestas, dar explicaciones. Algunos profesores también utilizan la estrategia "pregunte a tres antes que a mí." Los estudiantes no deben preguntar al profesor hasta que le hayan preguntado a otros tres estudiantes y no hayan podido ayudar.
- *Recibir con agrado los conflictos de ideas para después trabajar por un consenso.* Los compañeros deben estar de acuerdo antes de escribir la solución final. Por supuesto, pueden dar su acuerdo sólo para "probar" las ideas de un compañero.

- *Animarse mutuamente.* Cuando hay desacuerdo, criticar las ideas y no las personas.

A medida que los estudiantes trabajan juntos, el papel del profesor es promover la interacción y la cooperación, así como discutir las soluciones de los niños. Por ejemplo, si un estudiante no responde a su compañero o compañera, el profesor debería animarlos a continuar la discusión. El profesor también hace que los estudiantes comprendan que trabajar para entender es más importante que dar la simple respuesta correcta. El profesor está atento a las situaciones que se pueden discutir de manera provechosa. Por ejemplo, él o ella podría decir al grupo completo que aunque un cierto par de estudiantes trabajaron únicamente en dos problemas, aprendieron mucho uno del otro al tratar de comprender lo que la otra persona estaba pensando. A veces es más valioso hacer que los estudiantes discutan situaciones sociales que se presentan. Por ejemplo, el profesor puede pedirle a un par de estudiantes que le cuenten al grupo completo qué tan exitosamente resolvieron un conflicto sobre los turnos. En los grupos pequeños, debería animarse a los estudiantes a discutir para decidir cómo repartirse las responsabilidades.

Las sugerencias para los profesores que deseen promover el desarrollo de habilidades cooperativas específicas incluyen lo siguiente:

- *Hacer énfasis en la importancia del apoyo social.* Animar a los estudiantes a brindar ayuda a sus compañeros. Enfatizar que la meta es que todos los estudiantes aprendan y sean exitosos.
- *Enseñar habilidades de comunicación específicas* tales como la "escucha activa," plantear y responder preguntas, dar explicaciones, y algunas técnicas de debate efectivas.
- *Brindar a los estudiantes retroalimentación informativa y reafirmación social con respecto a sus interacciones sociales.* Enseñar a los estudiantes a darse retroalimentación mutuamente. Además, ejemplificar la conducta interactiva apropiada.
- *Enseñar y mostrar ejemplos de habilidades de resolución de conflictos tales como negociar, ceder y colaborar para resolver problemas.*
- Animar a la toma de perspectivas ("ponerse en los zapatos del otro") consistentes con los niveles de desarrollo de los estudiantes.

El juego

Muchos hallazgos apoyan el énfasis tradicional en el juego y en las experiencias centradas en el niño. Según un estudio, los niños que asisten a programas de iniciación infantil, comparados con los que asisten a programas orientados estrictamente a lo académico, tienen más progreso en todo y específicamente en las matemáticas (Marcon, 1992). Hubo alguna evidencia que las calificaciones de los niños eran más altas al terminar primaria (grado sexto pero no quinto) (Marcon, 2002). Esto puede ser consistente con la situación en algunos países asiáticos. Por ejemplo, la educación japonesa en kínder hace énfasis en lo socio-emocional, más que en las metas académicas (pero la enseñanza de las matemáticas "informales" podría ser omnipresente en la casa y en el colegio como se describirá más adelante en esta sección). Los niños de preescolar se dedican al juego libre la mayor parte del día. Los padres interactúan con sus hijos en matemáticas, usualmente en problemas de la vida real tales como contar los números en el ascensor. Pocos mencionan los libros de trabajo (Murata, 2004). De manera similar, la educación primaria de los niños belgas flamencos está más preocupada por el desarrollo general y menos por la enseñanza específica del contenido de las áreas, que la educación en los países bajos (Torbeyns et al., 2002). Aunque los niños holandeses comienzan aventajados, los niños flamencos los alcanzan y sobrepasan durante los años de primaria (pero las causas no son claras). Finalmente un estudio transnacional mostró que los colegios de preescolar en los cuales predominan las actividades de libre elección, comparados con aquellos en los cuales prevalecían las actividades socio-personales (el cuidado personal y las actividades grupales sociales), tenían puntajes más altos en lenguaje a la edad de 7 años (Montie. Xiang, & Schweinhart, 2006). Las actividades del grupo completo en preescolar están relacionadas negativamente con los puntajes cognitivos a los 7 años de edad (incluyendo contenidos relevantes para las matemáticas, como la cantidad, las relaciones espaciales, la resolución de problemas y el tiempo). Estos puntajes cognitivos estaban relacionados positivamente con número y la variedad de equipos y materiales disponibles.

Sin embargo, hay que interpretar con cuidado esta literatura. Los estudios de Marcon han recibido críticas sobre su metodología (Lonigan, 2003) *y la mayoría de estos estudios únicamente son correlacionales* – no hay forma de saber lo que causó esos efectos. Además, la exposición a la enseñanza de las matemáticas explicó una porción sustancial de las ganancias más grandes en los jóvenes chinos comparados con los niños de los Estados Unidos (Geary & Liu, 1996). Lo más perturbador de los enfoques de las matemáticas orientados hacia "la vida diaria" o "el juego" es que muchos programas que los adoptan muestran ganancias insignificantes. Un análisis del currículo matemático PCER mostró que la enseñanza de las matemáticas indirectamente a través de las actividades diarias no predecía la ganancia en el logro, mientras que el trabajo grupal sí. No obstante, no debería subestimarse la importancia del juego bien planeado y de libre elección, apropiado a la edad de los niños.

Quizás la advertencia más importante es la noción de *qué es y qué no es una meta académica*. Como se estableció, los profesores de los niños de preescolar japoneses, a diferencia de los profesores de primaria se centran en el mejoramiento del crecimiento social y emocional. Sin embargo, esto quiere decir, que en lugar de la enseñanza directa de los números, preparan materiales que inducen al pensamiento cuantitativo como juegos de cartas, lazos, tableros de puntajes en los cuales pueden escribir los numerales, etc. (Hatano & Sakakibara,2004). Además, mejoran estas actividades haciendo preguntas a los niños o participando en ellas. Invitan a los niños que muestran más comprensión avanzada a expresar sus ideas para estimular el pensamiento de otros niños (Hatano & Sakakibara, 2004). Dado que la cultura japonesa da un gran valor a las habilidades matemáticas y a los conceptos, dichas actividades cuantitativas se presentan frecuentemente, y atraen a los niños. Por ejemplo, durante el juego libre un niño tomó unas pocas hojas de periódico. Otro quería algunas y la profesora intervino y le dio "una hoja a cada uno" (número). Algunos niños comenzaron a hacer objetos de origami inventados, doblando dos orillas en triángulo. Un niño la dobló diciendo "doblo esto por la mitad. Doblo esto por la mitad" (formando cuartos, pag.147). La profesora participó haciendo objetos de papel ligeramente más complejos. Los niños se reunieron alrededor y desarrollaron conversaciones acerca de la geometría y la cantidad. Comenzaron a hacer objetos más complejos por sí mismos. La composición y la descomposición de formas específicas fueron ejemplificadas y discutidas de manera extensiva. Durante las conversaciones se habló sobre los conceptos de tamaño y medida. Así que estos profesores "no-académicos" enseñan las matemáticas extensivamente, organizando las situaciones en las cuales los niños pueden manipular los materiales y discutir las ideas; ofrecen tareas cada vez más retadoras; ayudan a los niños a través del ejemplo, la participación y las orientaciones, y ofrecen retroalimentación amplia y correctiva (Hatano & Sakakibara,2004). De manera que la omnipresencia de las matemáticas en los colegios y los hogares de los niños japoneses indica que la educación matemática se enfatiza, incluso comparada con los colegios de primaria que enfocan las matemáticas desde lo "académico."

El juego tiene diferentes caras en el desarrollo matemático. "el juego crea una zona de desarrollo próximo en el niño. Durante el mismo, el niño está siempre por encima de su edad promedio, por encima de su conducta diaria en el juego, es como si fuera una cabeza más alto de lo que en realidad es" (Vygotsky, 1978, p.102). Los niños de preescolar mostraron al menos un signo de pensamiento matemático durante 43% de los minutos en los cuales fueron observados (Ginsburg et al., 1999). Claro que pudo haber sido un breve episodio, pero ilustra que los niños pueden implicarse en las matemáticas durante una porción considerable de su juego libre. A partir de las observaciones se identificaron seis categorías de contenido matemático presente en el juego (Seo & Ginsburg, 2004). La clasificación (2%) incluye agrupación, selección o categorización por atributos. Una niña, Ana, sacó todos los chinches plásticos del recipiente y los seleccionó por el tipo y por el color. La magnitud (13%) incluye describir o comparar el tamaño de los objetos. Cuando Brianna trajo un periódico a la mesa de artes para cubrirla, Amy dijo "no es lo suficientemente grande para cubrir la mesa." La enumeración (12%) incluye decir los números, contar, reconocer inmediatamente un número de objetos (subitizar); o leer y escribir números. Tres niñas dibujaron imágenes de sus familias y discutieron cuántos hermanos tenían y de qué edades. La dinámica (5%) incluye colocar cosas juntas, tomarlas aparte o explorar movimientos como voltear. Muchas niñas aplastaron un balón de arcilla en un disco, lo cortaron e hicieron "pizza." El patrón y la forma (21%) incluyen la identificación o creación de patrones de formas o la exploración de las propiedades geométricas. Jenny hizo un collar de pepitas creando un patrón de color amarillo-rojo. Las relaciones espaciales (4%) incluyen describir o dibujar una ubicación o dirección. Cuando Teresa colocó un sofá de la casa de muñecas al lado de la ventana, Katie lo movió al centro de la sala diciendo "el sofá debe estar frente al T.V" (Seo & Ginsburg, 2004 pp.93-94). Aproximadamente el 88% de los niños participó en al menos una de tales actividades durante su juego. En comparación con algunos preescolares en los cuales los profesores enfatizan únicamente en el conteo verbal simple y el reconocimiento de formas, esto revela una base rica en la cual se construyen matemáticas interesantes. Consideramos que son actividades *pre-matemáticas* de importancia crítica, pero la mayoría de los niños no las *matematizan* hasta que los profesores les ayudan a hablar, reflexionar y construir sobre ellas.

Las observaciones también indican que jugar puede promover el aprendizaje matemático si estimula el aprendizaje e integra tanto los intereses de los niños como los de los educadores (Van Oers, 1994). Un estudio de observación encontró que los niños pequeños (de 4 a 7 años) usan espontáneamente las matemáticas en el juego de manera frecuente, lo suficiente para crear más oportunidades de enseñanza de las que un profesor pudiera posiblemente notar y mucho menos aprovechar (Van Oers, 1996). Aunque se utilizó un esquema de categorización diferente y se observó sólo una serie de juegos dramáticos: "un almacén de zapatos," se hicieron algunas comparaciones: clasificación (5%), conteo (5%), 1 – 1 (4%), medición (27%), estimación (1%), resolución de problemas (1%), aritmética simple (1%), conceptos cuantitativos (20%), palabras que designan números (11%), espacio-tiempo (5%), notación (7%), dimensiones (5%), dinero (5%) y seriación y conservación (0%). En otro estudio, los niños pequeños expuestos a un currículo basado en el juego, obtuvieron puntajes en matemáticas significativamente más altos que las normas nacionales. Sin embargo, los hallazgos son equívocos, pues las diferencias declinaron a partir de las edades de 5 a 7 hasta ser insignificantes, y los niños tuvieron un puntaje notoriamente más bajo que estas normas en lectoescritura (van Oers, 2003, nota que las evaluaciones enfatizan en el contenido de más bajo nivel).

Hay muchos tipos de juego tales como sensorio motrices/manipulativos y simbólicos/de simulación (Monighan-Norout, Scales, Van Hoorn, & Almy, 1987; Piaget, 1962). El juego sensorio motriz puede involucrar patrones rítmicos, correspondencias y materiales de exploración tales como los bloques (ver la sección de geometría).

El juego simbólico puede clasificarse a su vez como constructivo, dramático o basado en reglas. En el juego constructivo los niños manipulan los objetos para hacer algo. Constituye aproximadamente el 40% del juego desde los 3 años de edad y la mitad del juego de 4 a 6 años de edad. Su potencial educativo radica en que los niños juegan con formas alternativas para construir algo.

Los materiales tales como arena, plastilina y bloques ofrecen muchas oportunidades para el pensamiento y el razonamiento matemático (Perry & Dockett, 2002). Los profesores pueden brindar materiales sugestivos (moldes de galletas), participar en juego paralelo con los niños y hacer comentarios o preguntas sobre las formas y la cantidad de cosas; por ejemplo, hacer copias múltiples de la misma forma en plastilina con los moldes de galletas, o transformar la arena o los objetos de plastilina en otros. Una profesora le dijo a dos niños que ella "iba a esconder el balón" hecho de plastilina, cubriéndolo con una pieza plana y presionándola. Los niños dijeron que el balón todavía estaba allí, pero cuando ella levantó la pieza, el balón "se había ido"; esto les encantó y copiaron sus acciones, y comentaron que el balón estaba "en" el "círculo" (Forman & Hill, 1984, pp. 31-32).

Dicho juego con materiales, cuando se promueve la creatividad, puede ayudar a los niños a resolver problemas. Una revisión de la investigación reportó que los niños que se animan a jugar de manera productiva con los materiales antes de utilizarlos para resolver problemas, son más eficaces en el momento de solucionarlos, que los niños que no tienen tal experiencia o aquellos a los que se les enseña cómo utilizar los materiales (Holton, Ahmed, Williams, & Hill, 2001).

El juego dramático implica la utilización de situaciones imaginarias tomadas del entorno inmediato de los niños. Las matemáticas en el juego constructivo a menudo mejoran cuando se agrega el drama. Dos niños haciendo construcción de bloques en paralelo pueden comenzar a discutir sobre cuál rascacielos es el "más grande." De manera similar, el juego socio-dramático puede ser naturalmente matemático con el contexto adecuado. Una serie de actividades en el currículo *Building Blocks* gira alrededor de una tienda de dinosaurios donde los juguetes se pueden comprar. Los profesores y los niños colocan juntos un almacén en el área del juego dramático, donde el vendedor llena órdenes y le pide el dinero al cliente ($1 por cada dinosaurio de juguete).

En un salón de clase Gaby era la vendedora. Tamika le dio una tarjeta 5 (5 puntos y el numeral "5") y su orden. Gaby contó 5 dinosaurios de juguete:

> Profesor (llegando al área): ¿Cuántos compraste?
> Tamika: Cinco
> Profesor: ¿Cómo lo sabes?
> Tamika: Porque Gaby contó.

Tamika todavía estaba trabajando en sus habilidades de conteo y confió en el conteo de Gaby más que en su propio conocimiento del cinco. El contexto del juego le permitió desarrollar su conocimiento.

> Janelle: Estoy buscando un número grande. Ella le dio a Gaby una carta de 2 y una de 5.
> Gaby: Yo no tengo tanto.
> Profesor: podrías darle a Janelle 2 de una clase y 5 de otra.

A medida que Gaby contó las dos pilas por separado y las colocó en una canasta, Janelle contó los dólares. Ella contó y entregó $6.

> Gaby: Necesitas $7

El juego socio-dramático con la ayuda del profesor es benéfico para los niños en los tres niveles de pensamiento matemático.

Los juegos con reglas involucran la aceptación gradual de reglas pre-establecidas, a menudo arbitrarias. Dichos juegos son una base fértil para el crecimiento del razonamiento matemático, especialmente el razonamiento estratégico, la autonomía o la independencia (Griffin, 2004; Kamii, 1985). Por ejemplo, los juegos con las cartas de números brindan experiencias con el conteo y la comparación (Kamii & Housman, 1999). Los juegos de cartas se pueden usar o adaptar para el aprendizaje de las matemáticas y el razonamiento tales como Comparar ("guerra"), Cartas impar ("Old Maid") o "Go Fish") (Clements & Sarama, 2004; Kamii & DeVries, 1980). Estos juegos son a menudo centrales en un currículo secuencial focal, que describiremos en una sección más adelante.

Los profesores promueven las matemáticas en el juego brindando un ambiente fértil e interviniendo apropiadamente. Para los niños pequeños, orientados a la percepción, el juego mejora con objetos reales. Todos los niños deberían jugar con materiales estructurados. Tanto en China como en América, el uso de Legos y bloques se relaciona estrechamente con la actividad matemática en general, y con los patrones y las formas en particular. Sin embargo, aunque los preescolares de los Estados Unidos tienen muchos los juguetes, algunos no estimulan la actividad matemática. Los niños de preescolar chinos tienen únicamente unos pocos objetos para jugar, la mayoría de los cuales son bloques y legos (Ginsburg et al., 2003). De nuevo, menos es más.

En el juego simbólico los profesores necesitan estructurar escenarios, observar el potencial del juego, brindar materiales basados en sus observaciones (por ejemplo, si los niños están comparando tamaños, los profesores pueden introducir objetos con los cuales medir), resaltar y discutir las matemáticas a medida que emergen dentro del juego y hacer preguntas tales como "¿Cómo lo sabes?" y "¿estas seguro?" (de tu respuesta o solución) (van Oers, 1996).

Estos ejemplos nos hacen considerar otro tipo, e*l juego matemático o jugar con las matemáticas mismas* (Of. Steffe & Wiegel ,1994). Por ejemplo, recordemos a Abby jugando con tres de los cinco trenes de juguete idénticos que su papá había traído a casa. Abby dijo "tengo 1, 2, 3 (señalando en el aire) cuaaaatro, ciiiiinco… faltan dos, cuatro y cinco (pausa) ¡No! Yo quiero que esto sea (señalando a los tres trenes) uno, tres y cinco. Así faltan dos y cuatro. Todavía faltan dos pero son los números dos y cuatro." Abby transformó su juego simbólico en jugar con la idea de contar palabras por sí mismas que se podían contar.

Se han identificado los siguientes rasgos del juego matemático: (a) es una actividad centrada en el solucionador, que toma a su cargo el proceso; (b) utiliza el conocimiento corriente del solucionador; (c) desarrolla los vínculos entre los esquemas corrientes del solucionador mientras esta ocurriendo el juego; (d) refuerza a través de "c," el conocimiento actual; (e) también ayuda a la actividad matemática futura de resolución de problemas pues mejora el acceso futuro al conocimiento y (f) estos comportamientos y ventajas son independientes de la edad del solucionador (Holton et al.,2001).

Momentos enseñables

Si el juego tiene tanto potencial para desarrollar el pensamiento matemático ¿los educadores deberían sólo utilizar "momentos de enseñanza"? La antigua y prestigiosa tradición de uso de los momentos enseñables es una estrategia pedagógica importante. El profesor observa cuidadosamente a los niños e identifica en las situaciones los elementos que emergen espontáneamente y que pueden utilizarse para promover el aprendizaje de las matemáticas (Ginsburg 2008). Sin embargo, hay serios problemas con la *dependencia de este enfoque*. Por ejemplo, la mayoría de los profesores dedican poco tiempo a la observación cuidadosa necesaria para encontrar dichos momentos (Ginsburg 2008; J. Lee, 2004). Dedican poco tiempo a acompañar a los niños durante su juego libre (Seo & Ginsburg, 2004). Como hemos visto, muchos profesores tienen dificultades para implicar a los niños en tareas matemáticas de su nivel (Bennett et al., 1984). La mayoría de los profesores no tienen el lenguaje y los conceptos matemáticos a la mano. Por ejemplo, no piensan en términos relacionales en matemáticas. De acuerdo con los investigadores, su lenguaje en general puede influir en su habilidad para ver las oportunidades de enseñar las matemáticas a través del currículo (Ginsburg, 2008; Moseley, 2005). Finalmente, para ellos es irreal buscar oportunidades para que muchos niños construyan múltiples conceptos (Ginsburg 2008).

Implicaciones prácticas. Busque y explote los momentos enseñables. Sin embargo, reconozca que en la mayoría de las situaciones, constituirán únicamente una pequeña porción de las actividades matemáticas que necesitan los niños.

Educación directa, enfoques centrados en el niño, y juegos – Cómo desarrollar conocimientos matemáticos y habilidades de auto regulación

Hemos visto investigaciones que apoyan la enseñanza explícita (para niños de bajo desempeño), y algunas evidencias que apoyan el currículo centrado en los niños. Otros estudios han indicado que las técnicas de enseñanza directa pueden afectar el desempeño especialmente a corto plazo, pero la mayoría de las técnicas centradas en el niño favorecen toda la inteligencia a largo plazo. ¿Qué pueden concluir los educadores? En esta sección sintetizamos las investigaciones existentes para brindar recomendaciones claras (aun cuando son tentativas).

Desafortunadamente, el término 'enfoque centrado en el niño' se usa para todo: desde un *liberalismo* del salón de clase donde los profesores no enseñan nada, hasta las interacciones profesor-alumno bien planeadas que conducen al desarrollo de niveles más maduros de habilidades subyacentes como la auto-regulación. Sin embargo, muchos concluyen que los enfoques centrados en el niño no son efectivos. Las actividades centradas en el niño, tales como jugar, *cuando son planeadas y cuidadosamente implementadas,* pueden promover el desarrollo de habilidades socioemocionales y cognitivas subyacentes, necesarias para la preparación escolar y el desempeño en las tareas académicas.

Las estrategias pedagógicas centradas en el niño pueden construir la competencia esencial de la auto-regulación. Los niños pequeños tienen una capacidad limitada para prestar atención, y es muy útil minimizar las distracciones. También es posible (y conlleva múltiples beneficios) construir sus habilidades positivas de autorregulación. Animar a los niños a hablar con otros para solucionar un problema en grupos pequeños o grandes ("mirar al compañero y descubrir en cual número estará pensando") facilita su desarrollo. Promover el juego socio-dramático de alto nivel es una forma clave para desarrollar la autorregulación, pues los niños tienen que negociar los roles y las reglas de negociación y mantenerlas, si quieren ser incluidos. Lo único importante es eliminar los tiempos muertos, las rutinas aburridas y sobre todo los ambientes autoritarios que no permiten desarrollar la autorregulación o el autocontrol en los niños. Dichas estrategias han demostrado ser exitosas para mejorar las competencias y el desempeño académico de autorregulación en los niños pequeños (e.g., Bodrova & Leong 2005). Utilizadas como parte de un currículo comprensivo en preescolar o como parte de una intervención temprana en lectoescritura, estas estrategias han probado ser exitosas, mejorar la autorregulación y el rendimiento académico en los niños pequeños (Barnett, Yarosz, Thomas & Hombeck, 2006; Bodrova & Leong, 2001, 2003; Bodrova, Leong Noford & Paynter, 2003; Diamond, Barnett, Thomas, & Munro, 2007).

Desafortunadamente, la mayoría de las investigaciones en contra de la enseñanza directa (Schweinhart & Weikart, 1988,1997) podrían no ser confiables. Los resultados la mayoría de las veces no son significativos, los enfoques utilizados en diferentes grupos no fueron tan diferentes como se podría suponer, los números son muy pequeños (Bereiter, 1986; Gersten, 1986; Gersten & White, 1986). Finalmente, la investigación apoya *ciertos tipos* de enseñanza explícita como ya lo dijimos.

La investigación indica que los currículos diseñados para mejorar las habilidades de autorregulación y las habilidades académicas iniciales ayudan a los niños a tener éxito en el colegio (e.g., Blair & Razza,2007). Además, la investigación ha mostrado que los niños en clases con un enfoque intencional en las matemáticas tienen mejor desempeño... pero eso no es todo. *Los niños en clases con contenido matemático tienden a utilizar un alto nivel de calidad durante el juego libre (*Dale c. Farran, Kang, Aydogan, & Lipsey 2005).

Implicaciones prácticas. Nuestras conclusiones de estas diferentes investigaciones son las siguientes:

- Cuando la enseñanza explícita orientada al contenido se implementa erróneamente como (únicamente) actividades dirigidas por el profesor, a expensas de actividades escogidas libremente por los niños, éstos practican la "regulación por el profesor" y no tienen oportunidad de desarrollar conductas de autorregulación, que afectan posteriormente su habilidad para comprometerse en las conductas de aprendizaje por su propia voluntad. *La dicotomía entre la enseñanza explícita y el enfoque centrado en el niño es falsa y los programas de matemáticas iniciales de alta calidad combinan un enfoque explícito en el contenido con un enfoque igualmente explícito en promover el juego y las conductas de autorregulación.*
- Los enfoques centrados en el niño, como la implementación del juego dramático y el juego de hacer creer, y el uso de discusiones en pequeños grupos (incluyendo pares de niños que discuten soluciones durante el tiempo del

grupo completo), hacen una contribución valiosa al desarrollo del niño, *cuando están bien estructurados y mediados por el profesor*.

- Los currículos diseñados para mejorar las habilidades de autorregulación y aumentar las habilidades académicas iniciales producen un mayor éxito de los niños en el colegio.
- Recuerde (ver Capítulo 15) que los currículos matemáticos que enseñan una combinación de habilidades, conceptos y resolución de problemas ayudan a los niños a aprender las habilidades, pero también los conceptos y la solución de problemas, aspectos que no desarrollan los currículos que se centran únicamente en las habilidades (e.g., Senk & Thompson, 2003)

Proyectos

Las matemáticas deberían cosecharse en infinidad de situaciones cotidianas, incluyendo el juego, pero también deberían ir más allá. Por ejemplo, un grupo de niños de corta edad investigaron muchas ideas de medición en su intento de elaborar planos para un carpintero, para que pudiera construir con ellos una mesa nueva (Malaguzzi, 1997). Sin embargo, los estudios de PCER no encontraron diferencias en el desarrollo de las matemáticas en los niños participantes en el proyecto, en comparación con las clases de control. Todavía no sabemos si estos profesores no implementaron bien el proyecto, o si los programas basados en el proyecto (u otros programas centrados en los niños) no logran promover un crecimiento global y a largo plazo de ideas y habilidades matemáticas. Es necesario realizar investigaciones para comprobar si los ambientes ricos, tales como Reggio Emelia, y los programas basados en proyectos, pueden ser bien implementados a gran escala y cuáles son sus beneficios.

Tiempo

Entre más tiempo dedican a aprender, los niños aprenden más. Esto se aplica a los programas de día completo comparados con los programas de medio día (Lee, Burkam, Ready, Honigman & Meisels, 2006 Walston & West, 2004). Los niños dedican más tiempo a las matemáticas (aunque los efectos podrían no persistir hasta grado 3; Walston Wets & Rathbun, 2005). (Para los niños que inician su educación escolar en un preescolar de calidad promedio, ver Loeb et al., en prensa). Además, los centros de calidad promedio podrían tener un impacto negativo en el desarrollo socioemocional. Asistir al preescolar por más de 15-30 horas puede beneficiar a los niños de las comunidades de bajos recursos pero no a aquellos de las comunidades de altos recursos. Los niños ganan más si entran a los centros a las edades de 2 y 3 años (Loeb et al., en prensa). Recuerde que estos estudios involucran números grandes de niños pero son únicamente correlacionales.

Similarmente, entre más tiempo del día escolar dediquen los niños a las matemáticas y entre mayor sea el número de actividades matemáticas en las que estén involucrados (más de aproximadamente 20-30 minutos por día en pre kínder) más aprenden – sin perjudicar su desarrollo en otras áreas (Clements & Sarama, 2008).

Grupos de diferentes edades

Un estudio indicó que el hecho de tener niños de diferentes edades en el mismo grupo no promueve el aprendizaje (Wood & Frid, 2005), sino que por el contrario, el aprendizaje efectivo depende de las capacidades del profesor para desarrollar discusiones productivas entre los niños, y para implementar el desarrollo apropiado del currículo que atienda las necesidades de los diferentes niños. La planeación del profesor, "el desempeño asistido" por el profesor, compartir entre pares, hacer de tutor y la regulación entre pares, son aspectos importantes. Esto significa que los profesores utilizan la enseñanza directa cuando necesitan explicar las actividades y establecer los parámetros para completarlas. Sin embargo, cuando monitorean el progreso de los estudiantes en las actividades o los estudiantes piden ayuda, los profesores plantean preguntas, parafrasean y hacen sugerencias como estrategias alternativas para orientar a los niños a resolver los problemas por sí mismos. No se ha medido la *efectividad* de cada técnica, pero la constelación de las estrategias es consistente con los hallazgos de las mismas.

Tamaño de los grupos y ayudantes para los profesores

Un meta-análisis encontró que el tamaño pequeño de la clase podría tener los efectos positivos más grandes en el desempeño en lectura y matemáticas y en los estudiantes de grados K-3, si el tamaño de la clase era de 22 estudiantes o menos y si los estudiantes estaban en desventaja económica o pertenecían a un grupo étnico/racial minoritario (Robinson). Los estudios del proyecto STAR, experimentos al azar a gran escala (Finn & Achilles 1990; Finn, Gerber, Achilles, & Boyd-Zaharias; Finn, Pannozzco, & Achilles, 2003), indican que en cada grado, y para cada medida académica, los estudiantes de K-3 que recibían clases en grupos pequeños, superaban a los estudiantes que recibían clases en salones con tamaño regular o salones con tamaño regular con ayudantes (Finn & Achilles,1990; Finn et al., 2001). Los estudiantes que comenzaron recibiendo clases en grupos pequeños en los primeros grados y quienes asistieron a clases pequeñas se beneficiaron más durante más tiempo.

Se ha prestado poca atención al *por qué* las clases pequeñas son útiles. Algunos estudios sugieren que mejora el ánimo del profesor, los profesores dedican más tiempo a dirigir la enseñanza y menos a la organización, hay pocos problemas de disciplina, aumenta la participación de los estudiantes en el aprendizaje y disminuyen la repitencia y la deserción (Finn, 2002). Es decir, los profesores pueden enseñar de manera más efectiva. Además, los niños pueden llegar a convertirse en mejores estudiantes. Pueden estar más implicados, mostrar más conductas de aprendizaje y de interacción social y menos conductas antisociales (Finn et al., 2003).

Existen por lo menos dos trampas en la implementación de políticas o "para hacer clases pequeñas en la forma equivocada" (Finn, 2002). Primero, los administradores podrían pasar por alto la necesidad de profesores expertos (California redujo el tamaño de las clases tan rápidamente que aceptó muchos profesores de baja calidad quienes carecían de diploma – todos los profesores de STAR tenían diploma). Segundo, podrían confundir la razón profesor-estudiantes (dos adultos en un salón de clase con 30 niños constituye una razón pequeña pero un gran tamaño de la clase – las investigaciones son sobre *el tamaño de la clase*). Reducir únicamente el tamaño de la clase sin una planeación adecuada probablemente no producirá ninguna diferencia (Milesi & Gamoran, 2006).

Implicaciones prácticas. En resumen, hay beneficios de las clases más pequeñas, *especialmente* para los niños pequeños y especialmente para los niños en riesgo de fracaso escolar (Finn, 2002, Finn et al., 2001). No producen por sí mismas mejoras en la enseñanza y el aprendizaje, pero dan oportunidad que sean más efectivos. El proyecto STAR no contemplaba intervenciones adicionales. Podrían esperarse efectos más grandes de parte de los profesores que siguen cursos de formación profesional específicamente diseñados para mostrarles cómo utilizar el currículo innovador y la evaluación formativa de manera eficaz en el contexto de las clases más pequeñas.

Otros resultados sorprendentes de estos estudios es que la presencia de los ayudantes para los profesores produce pocas diferencias en el aprendizaje (Finn, 2002 ver también NMP, 2008). La financiación debería dedicarse más bien a obtener profesores adicionales y/o al desarrollo profesional adicional (ver Capítulo 14 en el libro anexo).

La práctica, o las vivencias repetidas

Las investigaciones ofrecen lineamientos claros sobre los conocimientos que los niños pequeños necesitan practicar para aprender, como la subitización, el conteo, la comparación de números, el nombre de las formas o las combinaciones aritméticas. *Se necesita práctica sustancial.* Preferimos el término *vivencia repetida* porque sugiere muchos contextos y diferentes tipos de actividades, en lugar de "entrenar" a los niños pequeños, además porque variar los contextos promueve la generalización y la transferencia. También, *la práctica espaciada, distribuida es mejor que la masiva* (todo en una sesión, la repetición de lo mismo una y otra vez) (Cepeda, Pashler, Vul, Wixted, & Roher, 2006). Como queremos un conocimiento disponible rápidamente durante toda la vida de los estudiantes, recomendamos realizar con frecuencia sesiones prácticas cortas sobre hechos y habilidades *cuyos fundamentos conceptuales hayan sido bien aprendidos y comprendidos.*

Materiales manipulativos y representaciones "concretas"

La noción de "concreto," desde los manipulativos concretos a las secuencias pedagógicas tales como "de lo concreto a lo abstracto," está imbricada en las teorías educativas, la investigación y la práctica, especialmente en educación matemática. Aunque nociones ampliamente aceptadas a menudo tienen mucho de verdad tras ellas, también pueden llegar a ser inmunes a la reflexión crítica.

Generalmente, los estudiantes que utilizan manipulativos en sus clases de matemáticas sobrepasan a aquellos que no los utilizan (Driscoll, 1983, Greabell, 1978; Johnson, 2000, Lamon & Huber, 1971; Raphael & Wahlstrom, 1989, Sowell, 1989; Suydam, 1986), aunque los beneficios podrían ser leves (Anderson, 1957). Estos beneficios se presentan en todos los grados, niveles de habilidad y temas, siempre que el uso de un manipulativo le dé "sentido" a ese tema. El uso de manipulativos también aumenta los puntajes en la retención y en las evaluaciones de resolución de problemas. Las actitudes hacia las matemáticas se mejoran cuando los estudiantes tienen una enseñanza con materiales concretos por parte de profesores conocedores de su uso (Sowell, 1989).

Sin embargo, los manipulativos no garantizan el éxito (Baroody, 1989). Un estudio mostró que las clases que no utilizaban manipulativos superaban a aquellas que sí los utilizaban, en una evaluación de transferencia (Fennema, 1972). Se les enseñó a niños de segundo grado la multiplicación como una suma repetida, con manipulativos (barras de color) o simbólicamente (por ejemplo, 2 + 2 + 2). Ambos grupos aprendieron la multiplicación, pero el grupo simbólico tuvo un puntaje más alto en el test de transferencia. Todos los profesores en este estudio enfatizaron en el aprendizaje comprensivo ya sea utilizando manipulativos, matemáticas mentales o lápiz y papel.

Otro estudio reveló que con frecuencia hay una carencia de conexión entre los medios de representación de los niños, como los manipulativos o el papel y el lápiz. Por ejemplo, encontraron que algunos estudiantes que utilizaron mejor la sustracción con manipulativos eran peores con papel y lápiz, y viceversa (Resnick & Omanson, 1987). Los investigadores exploraron el beneficio del "emparejamiento," diseñado para ayudar a los niños a unir su conocimiento "concreto," mostrado por el uso de los manipulativos, al trabajo simbólico con numerales. Aunque parecía razonable, los beneficios obtenidos fueron limitados. Los únicos niños que se beneficiaron fueron aquellos que recibieron enseñanza extensiva y utilizaron ese tiempo para hacer más verbalizaciones correctas de las *cantidades* usadas para renombrar. Así que no era simplemente una experiencia "concreta" la que ayudó, sino la atención a las *cantidades*. Los objetos concretos pueden tener un rol, pero deben ser utilizados cuidadosamente para crear una comprensión fuerte y una justificación para cada paso de un procedimiento (Resnick & Omanson, 1987). Los estudiantes a veces aprenden a utilizar los manipulativos únicamente de manera rutinaria. Ejecutan los pasos correctos pero no aprenden mucho más. Por ejemplo, un estudiante que trabaja el valor posicional con cuentas y palos utilizó la cuenta (uno) como 10 y el palo (con diez cuentas) como uno (Hiebert & Wearne, 1992).

Estos y otros estudios sugieren un punto esencial: los manipulativos no "vehiculan" las ideas matemáticas. Un ejemplo final: los educadores comúnmente hacen que los niños midan una longitud con materiales concretos utilizando diferentes tamaños de unidades para enseñar los conceptos de medición. Sin embargo, los niños aprenden que el número de unidades medidas es inversamente proporcional al tamaño de la unidad, *antes* que reconozcan la importancia de mantener una unidad estándar de medida, aunque se piensa que mantener una unidad estándar sirve para conceptualizar que el número de unidades es inversamente proporcional al tamaño de la unidad. (Carpenter & Lewis, 1976).

Teniendo en cuenta estas precauciones y matices, también preocupa el hecho que los profesores a menudo utilizan manipulativos como una forma para reorganizar su enseñanza matemática, sin reflexionar en el uso de las representaciones de las ideas matemáticas o en otros aspectos de su enseñanza que deberían cambiar (Grant, Peterson, & Shojgreen-Downer, 1996). Tanto los profesores como los padres, a menudo creen que la reforma de la enseñanza de las matemáticas indica que "lo concreto" es bueno y "lo abstracto" es malo.

En resumen, aunque la investigación podría sugerir que la enseñanza comienza "concretamente," también previene que los manipulativos no son suficientes para garantizar el aprendizaje significativo. Para comprender el rol de los manipulativos concretos y cualquier secuencia pedagógica de lo concreto a lo abstracto, debemos definir lo que significa "concreto."

Muchos profesionales e investigadores argumentan que los manipulativos son efectivos porque son concretos. Por "concreto," la mayoría entiende objetos físicos que los estudiantes pueden tomar en sus manos. Esta naturaleza sensorial resalta el carácter "real" de los manipulativos, conectándolos con el sí mismo personal e intuitivamente significativo, y por eso se piensa que ayudan a la comprensión. Sin embargo, hay problemas con este punto de vista (cf. Metz, 1995). Primero, no puede asumirse que los conceptos puedan "leerse" en los manipulativos. Es decir, los objetos físicos pueden ser manipulados significativamente sin que aclaren los conceptos. Trabajando con las regletas de Cuisinaire, John Holt dijo de él y su compañero profesor: "estábamos emocionados con las regletas porque podíamos ver las fuertes conexiones entre el mundo de las regletas y el mundo de los números. Por lo tanto asumimos que los niños, mirando las regletas y haciendo cosas con ellas, podrían *ver* cómo funciona el mundo de los números y las operaciones numéricas. El problema con esta teoría es que mi colega y yo *ya sabíamos* cómo funcionaban los números. Podíamos decir, "Oh, las regletas se comportan como lo hacen los números." Pero si *no hubiéramos sabido* cómo se comportaban los números, ¿las regletas nos hubieran permitido descubrirlo? Quizás sí, quizás no" (Holt, 1982, pp138-139).

Segundo, incluso si los niños comienzan a hacer conexiones entre los manipulativos y las ideas emergentes, las acciones físicas con ciertos manipulativos pueden sugerir muchas más acciones mentales diferentes de aquellas que deseamos que los estudiantes aprendan. Por ejemplo, los investigadores encontraron una discordancia entre los estudiantes que utilizan la recta numérica para realizar la adición. Para sumar 6 + 3, los estudiantes ubican el 6 y cuentan "uno, dos, tres" leyendo la respuesta en "9." Esto no les ayuda a resolver el problema mentalmente, pues para hacerlo de esta forma tienen que contar "siete, ocho, nueve" y al mismo tiempo *contar los números contados* – 7 es 1, 8 es 2 y así sucesivamente. Estas acciones son muy diferentes (Gravemeijer, 1991). Estos investigadores también encontraron que las acciones externas de los estudiantes en un ábaco no siempre concuerdan con la actividad mental que busca el profesor. De hecho, algunos autores creen que el modelo de la recta numérica no les ayuda a los niños pequeños a aprender la adición y la sustracción, y que al usar el modelo de la recta numérica para valorar el conocimiento de la aritmética de los niños, se pre-supone que los niños saben muchas otras cosas (Ernest, 1985). En cualquier caso, la recta numérica no pude ser vista como un modelo "transparente"; *hay que enseñar a usarla.*

De igual manera, estudiantes de segundo grado que usaron una Tabla de cientos, no aprendieron estrategias más sofisticadas (ej., sumar 34 y 52 contando por decenas: "34, 44, 54…"), debido a que esto no correspondía a la actividad de los estudiantes con las Tablas, o estas no les ayudaron a construir imágenes figurales útiles que promovieran la creación de unidades (abstractas) compuestas de decenas (Cobb, 1995).

Por lo tanto, aunque los manipulativos tienen un lugar importante en el aprendizaje, su naturaleza física no vehícula – e incluso puede no ser esencial para promover – el significado de las ideas matemáticas. Incluso pueden utilizarse de memoria, como lo hizo el estudiante que utilizó una cuenta como diez y un palo como uno. Los estudiantes pueden requerir materiales concretos para construir inicialmente significados, pero deben *reflexionar sobre sus acciones* con los manipulativos. Necesitan profesores que puedan reflexionar sobre las representaciones de las ideas matemáticas de sus estudiantes y ayudarlos a desarrollar representaciones cada vez más sofisticadas y representaciones matemáticas. "Aunque la experiencia kinestésica puede mejorar la percepción y el pensamiento, la comprensión no viaja a través de las yemas de los dedos subiendo por el brazo" (Ball, 1992, p 47).

Además, cuando hablamos de comprensión concreta, no siempre nos referimos a los objetos físicos. Los profesores de los grados posteriores esperan que los estudiantes tengan una comprensión concreta que vaya más allá de los manipulativos. Por ejemplo, nos gusta ver que para los estudiantes mayores los números – como objetos mentales ("Yo puedo pensar 43 + 26") – son "concretos." Parece que hay diferentes formas de pensar sobre lo que es "concreto."

Tenemos un conocimiento *sensorial-concreto* cuando necesitamos material sensorial para hallarle sentido a una idea. Por ejemplo, en estadios iniciales, los niños no pueden contar, sumar o restar significativamente a menos que tengan cosas reales. Consideremos a Brenda, una estudiante de primaria. El entrevistador cubrió cuatro de siete cuadrados con una tela, le dijo que cuatro estaban cubiertos y se le preguntó cuántos había en total. Brenda trató de levantar la tela, pero el entrevistador se lo impidió. Luego ella contó los tres cuadrados visibles.

B: 1, 2, 3 (toca cada elemento visible a la vez)
E: Hay cuatro (sacude la tela)

B: (Levanta la tela, mostrando dos cuadrados) 4, 5 (toca cada uno y vuelve a colocar la tela).
E: Bien, te mostraré dos de ellos (muestra dos). Hay cuatro aquí, cuéntalos.
B: 1, 2 (luego cuenta los visibles): 3, 4 ,5
E: Hay dos más aquí (sacude la tela)
B: (Intenta levantar la tela)
E: (Retira la tela)
B: 6, 7 (toca los dos últimos cuadrados) (Steffe & Cobb, 1988).

El intento de Brenda de levantar la tela indica que sabía que había cuadrados escondidos y quiso contar la colección. Esto no la ayudó a contar porque aún no podía coordinar la secuencia de palabras-número con los elementos que ella sólo imaginaba. Necesitó los elementos físicos presentes para contar. Observe que esto no significa que los manipulativos sean la base original de la idea. La investigación tiende a indicar que este no es el caso (Gelman & William, 1997). Sin embargo, parece existir un nivel de pensamiento en el que los niños pueden resolver tareas con objetos físicos y no pueden resolverlas sin tales objetos. Por ejemplo, consideremos una niña de tan sólo 4 años de edad a la que se le pide sumar números pequeños con y sin bloques ("ladrillos") (Hughes, 1981).

(1) E: Vamos a colocar uno más (así lo hace). Luego uno más, ¿cuántos hay en total?
C: ¡Err... (Piensa)... once!
E: Si, muy bien. Vamos sólo a colocar uno más (así lo hace). Once y uno más. ¿Cuántos en total?
C: Doce

Cinco minutos más tarde, se guardan los ladrillos.

(2) E: Voy a hacerte algunas preguntas, ¿bueno? ¿Cuánto es dos y uno más?
C: (No responde)
E: Dos y uno más, ¿cuánto es?
C: Err...es....
E: Es... ¿Cuántos?
C: Err...quince (con un tono de 'a mí que me importa') (pp. 216- 217)

El siguiente extracto involucró un niño un poco mayor

E: ¿Qué es tres y uno más? ¿Cuánto es tres más uno?
C: ¿Tres y qué? ¿Uno qué? Una letra- ¿yo me refiero a un número?

(Habíamos estado jugando un juego con números magnéticos y presumiblemente se refiere a ellos).

E: ¿Cuánto es tres y uno más?
C: ¿Uno más qué?
E: Sólo uno más, ¿sabes?
C: Yo no sé (descontento). (p. 218)

Esto es consistente con investigaciones que muestran que la mayoría de los niños no resuelven problemas con números grandes sin el apoyo de objetos concretos hasta los 5.5 años de edad (Levine, Jordan, & Huttenlocher, 1992). Aparentemente, no sólo aprenden la secuencia del conteo y el principio cardinal (generalmente a los 3 años y medio) sino que también desarrollan la habilidad de convertir las palabras que designan númeross verbales a cantidades con sentido (cf. El cambio de ordinal a cardinal en Fuson, 1992a). Los niños de preescolar resuelven problemas aritméticos cuando tienen a su disposición bloques (Carpenter & Moser, 1982) y no son capaces de solucionar problemas muy simples sin un apoyo físico concreto (Baroody, Eilan, Su, Thompson, 2007).

Incluso en edades tempranas, los investigadores argumentan que los niños tienen una comprensión concreta relativa del número hasta que aprenden las palabras de los números. En ese punto, ganan una mayor comprensión abstracta (Spelke, 2003).

En resumen, los niños con conocimiento *Sensorial-Concreto* necesitan *usar* o al *menos remitirse* directamente al material sensorial o hallarle sentido a un concepto o procedimiento (Jordan, Huttenlocher, & Levine, 1994). Tal material con frecuencia facilita en los niños el desarrollo de las operaciones matemáticas, sirviendo como apoyo para sus esquemas de acción (Correa, Nunes & Bryant 1998). Esto no significa que su comprensión sea únicamente concreta; incluso los infantes hacen uso de abstracciones en su pensamiento (Gelman, 1994). Como otro ejemplo, los niños de preescolar comprenden – al menos como "teorías en acción" – los principios de distancia geométrica y no necesitan depender de la experiencia concreta y perceptual para juzgar las distancias (Bartsch & Wellman, 1988).

¿Concreto "versus" abstracto? Entonces ¿qué pasa con la abstracción? Algunos censuran el conocimiento limitado a lo abstracto. Esto puede ocurrir: "La enseñanza directa de conceptos es imposible e infructuosa. Un profesor que intenta hacerlo usualmente no logra nada, solo un verbalismo vacío, como la repetición de palabras que hace un niño como un loro, simulando un conocimiento de los conceptos correspondientes pero en realidad cubriendo un vacío" (Vygostky, 1934/1986, p.150) Llamamos a este punto de vista *conocimiento únicamente abstracto*.

Sin embargo, la abstracción no debe evitarse en ninguna edad. Las matemáticas se relacionan con la abstracción y la generalización. "Dos" – como concepto – es una abstracción. Además, incluso los niños usan categorías conceptuales que son abstractas, como la clasificación que ellos hacen de los objetos (Lehtinen & Hanula, 2006; Mandler, 2004), incluyendo la cantidad. Estas categorías abstractas son posibles gracias a predisposiciones innatas ricas en conocimiento que ofrecen a los niños una base para la construcción del conocimiento (Karmiloff- Smith, 1992). Cuando una niña dice "dos perritos" está utilizando estructuras de abstracción de números para etiquetar una situación concreta. Así, la situación es analógica a la formulación de Vygostky (1934/1986) de conceptos espontáneos ("concretos") vs científicos ("abstractos") en la que las abstracciones-en-acción orientan el desarrollo del conocimiento concreto y eventualmente, dependiendo en gran medida de la mediación social, se explican como abstracciones lingüísticas. ¿Qué hay de este tipo de conocimiento, que es una síntesis de comprensiones concretas y abstractas?

El conocimiento *Concreto-Integrado* es aquel que está *conectado* en formas especiales. Esta es la raíz de la palabra concreto – "crecer por aglomeración." Lo que le da fuerza a las calles de concreto es la combinación de partículas separadas en una masa interconectada. Lo que le da fuerza al pensamiento Concreto-Integrado es la combinación de muchas ideas separadas en una estructura interconectada de conocimiento. Para los estudiantes con este tipo de conocimiento interconectado, está todo interrelacionado en una estructura mental fuerte: los objetos físicos, las acciones ejecutadas y las abstracciones. Ideas como "75," "3/4" y "rectángulo" llegan a ser reales, tangibles y fuertes como el piso de concreto. Cada idea es tan concreta como una llave de tubos para un plomero – una herramienta accesible y útil.

Por lo tanto, una idea no es simplemente concreta o no. Dependiendo de qué clase de *relación* se tenga con el conocimiento (Wilensky, 1991), este podrá ser Concreto–Sensorial, únicamente abstracto o Concreto-Integrado. Además, nosotros como educadores no podemos ubicar las matemáticas en materiales Sensoriales-Concretos porque las ideas como el número no están "por ahí." Como Piaget lo demostró, son construcciones – reinvenciones – de cada mente humana. La "cuatroidad" no está más "en" cuatro bloques que "en" una imagen de cuatro bloques. El niño crea "cuatro" construyendo una representación del número y conectándola ya sea con bloques dibujados o con bloques físicos (Clements,1989; Clements & Battista, 1990; Kamii, 1973, 1985, 1986). Como colaborador de Piaget, Hermine Sinclair dijo: "...los niños *hacen* los números, no los *encuentran* (como encuentran piedras bonitas, por ejemplo) ni los *reciben* de los adultos (como pueden recibir y usar un juguete)" (Sinclair, Forward, en Steffe & Cobb, 1988, p v).

En últimas, lo que hace que las ideas matemáticas sean Concretas–Integradas no son sus características físicas. De hecho, de acuerdo con Piaget, el conocimiento físico es una clase de conocimiento diferente al lógico/matemático (Kamii, 1973). También, algunas investigaciones indican que las imágenes son tan efectivas para el aprendizaje como los manipulativos físicos (Scott & Neufeld 1976). Lo que hace que las ideas sean Concretas-Integradas es la forma como están conectadas a otras ideas y situaciones "llenas de significado." John Holt reportó que los niños que entendían los números podían realizar tareas con o sin regletas. "Pero los niños que no pueden hacer estos problemas sin las regletas no tienen ni idea de cómo hacerlas con las regletas... Para ellos las regletas son... abstractas, desconectados de la realidad, misteriosas, arbitrarias y caprichosas como los números a los que se suponía daban vida" (Holt, 1982, p 219). *Los buenos usos de los manipulativos son los que ayudan a los estudiantes a construir, fortalecer y conectar diferentes representaciones de las ideas matemáticas*. De hecho, con frecuencia asumimos que los estudiantes más capaces, o la mayor facilidad para las matemáticas de los estudiantes mayores, indican mayor conocimiento o mejores procedimientos o estrategias matemáticas. Sin embargo, con frecuencia es cierto que los niños más pequeños poseen el conocimiento relevante pero no pueden crear efectivamente una representación mental de la información necesaria (Greeno & Riley, 1987). Aquí es donde los buenos manipulativos pueden jugar un papel importante.

Comparando los dos niveles del conocimiento concreto, vemos un cambio en aquello que describe el adjetivo "concreto." *Sensorial-Concreto* se refiere al conocimiento que necesita el apoyo de objetos concretos y el conocimiento de los niños sobre su manipulación. *Concreto-Integrado* se refiere al conocimiento que es "concreto" en un nivel superior porque está conectado a otros conocimientos, tanto el conocimiento físico que ha sido abstraído y distanciado de los objetos concretos como el conocimiento abstracto de una variedad de tipos. Tal conocimiento está conformado por unidades que "son primordialmente *concretas*, incorporadas, y vividas" (Varela, 1999, p 7). En últimas, estas son descripciones de los cambios en la configuración del conocimiento a medida que los niños se desarrollan. Siendo consistentes con otros teóricos (J.R. Anderson, 1993), no creemos que hayan tipos de conocimiento fundamentalmente diferentes e inconmensurables, como "concreto" versus "abstracto" o "concreto" versus "simbólico."

Implicaciones prácticas: manipulativos para enseñar. Muy a menudo los manipulativos se utilizan para "hacer las matemáticas divertidas," y se consideran "los manipulativos matemáticos" y la "matemática real" como empresas diferentes (Moyer, 2000). Con frecuencia, los profesores utilizan los manipulativos como una diversión, porque no comprenden su función como representaciones de ideas matemáticas. Se justifica su uso para la enseñanza porque son "concretos" y por lo tanto "comprensibles." Hemos visto, sin embargo, que así como la belleza, lo "concreto" está literalmente en la mente del observador.

¿Qué papel deberían desempeñar los manipulativos? Las investigaciones ofrecen algunas pautas:

- *Modele con manipulativos.* Observamos que los niños pequeños pueden resolver problemas, y en edades tempranas, parecen necesitar manipulativos concretos, o más precisamente el apoyo sensorial-concreto, para hacerlo. Sin embargo, la clave es que son exitosos porque pueden modelar la situación (Carpenter, Ansell, Franke, Fennema & Weisbeck, 1993; Outhred & Sardelich, 1997). Sin embargo, el reconocimiento inicial del número, el conteo y la aritmética pueden requerir (recordar Brenda), o beneficiarse del uso del apoyo sensorial-concreto, *si ayudan a los niños a explorar y comprender las estructuras y procesos matemáticos.* Por ejemplo, para los niños es más útil usar escobillas limpiadoras que imágenes para convertir no-triángulos en triángulos (Martín, Lukong & Reaves, 2007). En las imágenes solamente dibujan nuevos objetos, mientras que pueden *transformar* las escobillas limpiadoras. Además, los cambios sutiles en tal soporte incluso pueden establecer una diferencia en ciertos niveles de desarrollo. Un estudio mostró que los niños de 3 años de edad que utilizaron manipulativos más "interesantes" (una fruta en vez de bloques planos) pudieron identificar con mayor precisión los números en una tarea de memoria y respondieron correctamente preguntas de sustracción (Nishida & Lillard 2007b). No hubo diferencia en la atención de los niños a la lección (Nishida &

Lillard, 2007b). Los autores no formulan otras hipótesis, pero pueden haber influido en la diferencia las conexiones con experiencias previas de los niños, construyendo tal vez así modelos mentales más elaborados.

- Asegúrese que los manipulativos sirvan como símbolos. Recuerde el trabajo con modelos y mapas (DeLoache, 1987). Múltiples estudios (como Munn, 1998; Uttal, Sculder & DeLoche, 1997) sugieren esta pauta: La "concreción" física no es necesariamente una ventaja en la enseñanza. Puede ser difícil para los niños usar un manipulativo como un símbolo. Para que sea útil, los niños deben interpretar el manipulativo como la representación de una idea matemática. Un segundo ejemplo proviene de la introducción inicial al pensamiento algebraico. Cuando la meta es la abstracción, los materiales concretos pueden no ser particularmente útiles. Por ejemplo, el trabajo con las diferencias de estatura de los niños (por ejemplo, Mary es 4 centímetros más alta que Tom), aunque los niños acordaron que la estatura de Tom sería T, se resistieron a representar la estatura de Mary como "T+ 4," y prefirieron "M" (Schliemann, Carraher & Brizuela, 2007). Otros resolvieron algunos problemas, pero aún continuaban diciendo que "T" representaba "alto" o "diez." También los estudiantes tendieron a pensar en las diferencias de estatura como las estaturas (absolutas). Tuvieron dificultades para pensar en cualquier letra como una cantidad variable cuando las situaciones concretas usadas en la enseñanza implicaban que había una cantidad particular – desconocida, tal vez, pero no variable. Es decir, los niños pudieron pensar en la medida de una altura, o en la cantidad de dinero en una billetera como "desconocida" o como una "sorpresa" pero tuvieron dificultad en pensar en esta como un rango de valores. Por el contrario, aprendieron más jugando en actividades como "adivina mi regla" en las que el contexto era simplemente matemático, no con manipulativos físicos, objetos o contextos. Las actividades con el número puro fueron significativas y ayudaron más a los niños de bajo desempeño escolar a pensar sobre las relaciones numéricas y a usar las nociones algebraicas. En resumen, la relación de los manipulativos con los conceptos que representan no es transparente para los niños (Uttal, Marzolf et al., 1997). Los niños deben ser capaces de ver los manipulativos como un símbolo para una idea matemática. Además, en algunos contextos lo físico de un manipulativo puede interferir con el desarrollo matemático de los estudiantes y otras representaciones pueden ser más efectivas para el aprendizaje. Adicionalmente, la enseñanza activa debe guiar a los niños a hacer, a mantener y a usar manipulativos como símbolos o herramientas para hacer matemáticas. Como describiremos con detalle en una sección posterior, *conectar* el trabajo manipulativo (por ejemplo, bloques de valor posicional) con lo verbal y las representaciones, puede llevar a construir con éxito tanto los conceptos como las habilidades (Brownell & Moser, 1949, Fuson, 1990; Hiebert & Wearne, 1993).

En resumen, los niños deben construir, comprender y usar las similitudes estructurales entre alguna representación y la situación problema para utilizar objetos como herramientas para pensar. Cuando los niños no ven tales similitudes, los manipulativos pueden obstaculizar o dificultar mucho la resolución de problemas y el aprendizaje (Outhred & Sardelich, 1997). Como se vio en la sección anterior, si los manipulativos no reflejan las acciones mentales que nosotros deseamos que los niños desarrollen, su uso podría ser una pérdida de tiempo o incluso contraproducente. Los manipulativos, los dibujos y otras representaciones deberían en lo posible ser utilizados para enseñar en formas consistentes con las acciones mentales que los estudiantes deben desarrollar sobre los objetos:

- *Incentivar apropiadamente el juego con manipulativos* ¿Es bueno permitir a los niños jugar con manipulativos? Usualmente sí, algunas veces no. La mayoría de los profesores reconocen que si los niños pequeños no han explorado un manipulativo por sí mismos (por decir, dinosaurios de juguete) obligarlos a seguir las instrucciones del profesor (por decir contar) puede ser ineficiente, y en el peor de los casos, casi imposible. Además, los niños pueden aprender y aprenden fundamentos pre-matemáticos por medio del juego auto-dirigido, especialmente con manipulativos estructurados, como los bloques de patrones o los bloques de construcción (Seo & Ginsburg, 2004). Sin embargo, estas experiencias son rara vez matemáticas sin la orientación del profesor. Contra intuitivamente, jugar puede algunas veces ser contraproducente. Cuando un objeto físico tiene la intención de servir como un símbolo, jugar con el objeto puede interferir con la comprensión. Por ejemplo, dejar que los niños jugaran con un modelo de una habitación produjo una disminución del éxito de su uso como un símbolo en una tarea de búsqueda en una configuración (map search task) y eliminar cualquier interacción incrementó su éxito. (DeLoache, Miller, Rosengren, & Bryant, 1997). De manera que debe reflexionarse con cuidado sobre el propósito del aprendizaje esperado con los manipulativos.
- *Utilice bien poca cantidad de manipulativos.* Algunas investigaciones indican que entre más manipulativos, mejor. Sin embargo, los profesores de Estados Unidos tienden a utilizar diferentes manipulativos para incrementar la "motivación" y "hacer la matemática más divertida" (Moyer, 2000; Uttal, Marzolfet al., 1997). Además, la teoría de Dienes "incorporación múltiple" sugiere que para abstraer verdaderamente un concepto matemático, los estudiantes necesitan experimentarlo en más de un contexto. Sin embargo, hay prácticas y evidencias contrarias. Los profesores exitosos en el Japón tienden a reutilizar los mismos manipulativos varias veces. (Uttal, Marzolf et al., 1997). La investigación indica que, en realidad, las experiencias más profundas con un manipulativo son más productivas que las experiencias equivalentes con varios manipulativos (Hiebert & Wearne, 1996). Una síntesis parece indicar que las representaciones múltiples son útiles (Por ejemplo, un manipulativo, dibujos, verbalizaciones, símbolos), pero varios y diferentes manipulativos pueden ser menos útiles. Estos manipulativos deberían ser utilizados para múltiples tareas, para que los niños no los vean como objetos para jugar sino como herramientas para pensar (Sowell, 1989).
- *Sea cauteloso al comenzar con manipulativos "preestructurados"* Debemos tener cuidado en el uso de "manipulativos "preestructurados" – donde el diseñador incorpora las matemáticas, como los bloques en base diez (en oposición a los cubos de encajar). Pueden ser regletas de colores como las de los estudiantes de John

Holt – "otra clase de numeral, símbolos hechos de palos coloreados en lugar de marcas en el papel" (Holt, 1982). Algunas veces entre más simples mejor. Por ejemplo, los profesores de los países bajos encontraron que los estudiantes no aprendieron bien utilizando los bloques en base diez y otros materiales estructurados en base diez. Allí pudo haber ocurrido una falta de conciencia entre cambiar un bloque de base diez por otro y las acciones de separar mentalmente en diez en diez unos o pensar en la misma cantidad simultáneamente como "un diez" y "diez unos." Los estudiantes de los países bajos tuvieron más éxito en escuchar una historia de un sultán que con frecuencia quería contar su oro. El escenario de la historia brindó a los estudiantes una razón para contar y agrupar: el oro que tenía que ser contado, empacado, y algunas veces desempacado – y había que mantener un inventario constante (Gravemeijer, 1991). Así que podría ser mejor que los estudiantes empezaran utilizando manipulativos con los cuales puedan crear y separar grupos de dieces en unos (por ejemplo, los cubos de encajar) en lugar de los bloques en base diez (Baroody, 1990). Son ideales los escenarios que proporcionan las razones para agrupar.

- *Utilice dibujos y símbolos – abandone los manipulativos tan pronto como sea posible.* Los niños que utilizan manipulativos en el segundo grado para hacer matemáticas, tienden a hacerlo también en cuarto grado (Carr & Alexeev, 2008). Esto es una falla que se presenta a lo largo de la trayectoria de aprendizaje. Aunque modelar necesita de manipulativos en algunos niveles iniciales del pensamiento, los niños de preescolar y de kínder pueden usar otras representaciones, como dibujos y símbolos, junto con, o en lugar de manipulativos físicos (Carpenter et al., 1993; Outhred & Sardelich, 1997 van Oears, 1994). Sorprendentemente, los manipulativos *físicos* pueden desempeñar un papel poco importante incluso para edades tan tempranas como los 5 años. Por ejemplo, en un estudio no se encontraron diferencias significativas en la precisión o el descubrimiento de estrategias aritméticas, entre niños que trabajaron con manipulativos y niños que trabajaron sin manipulativos (Grupe & Bray, 1999). Las similitudes continúan: Los niños sin manipulativos usaron sus dedos en un 30% de todos los ensayos, mientras que los niños con manipulativos utilizaron los osos en un 9% de los ensayos pero utilizaron sus dedos en un 19% de los ensayos para un total combinado del 28%. Finalmente, los niños dejaron de utilizar las ayudas externas aproximadamente a mitad de camino, en la semana 12 del estudio. Los objetos físicos pueden realizar una contribución importante, pero no se garantiza que puedan ayudar (Baroody, 1989; Clements, 1999a). Los dibujos pueden incluir modelos, como el método de "la recta numérica vacía" (Klein, Beishuizen & Treffers, 1998; ver Capítulo 5). Otra consideración aquí es el uso que los niños hacen de las imágenes. Los niños con altos desempeños construyen imágenes que tienen un espectro de calidad y un centro relacional más conceptual. Ellos son capaces de enlazar diferentes experiencias y abstraer similitudes. Las imágenes de los niños con bajos desempeños tienden a ser dominadas por rasgos superficiales. La enseñanza debería ayudarlos a desarrollar imágenes más sofisticadas (Gray & Pitta, 1999).

Al considerar el uso los manipulativos físicos y el computador, deberíamos escoger las *representaciones significativas* en las que los objetos y acciones disponibles al estudiante sean paralelos a los objetos matemáticos (ideas) y las acciones (procesos o algoritmos) que deseamos que los estudiantes aprendan. Luego, deberíamos guiar a los estudiantes para hacer las conexiones entre estas representaciones (Fuson & Briars, 1990; Lesh, 1990).

Tecnología – Computadores y TV

Chris, un estudiante de Kínder, está construyendo formas con una versión simplificada de Logo (Clements et al., 2001). Ha estado digitando "R" (para el rectángulo) y luego dos números para las longitudes de los lados. Esta vez escoge 9 y 9. Ve un cuadrado y sonríe.

> Adulto: Ahora, ¿Qué significado tienen los dos nueves para el rectángulo?
> Chris: ¡Ahora no lo sé! ¡Quizás lo llamaré un rectángulo cuadrado!
> En los días siguientes, Chris utilizó su terminología inventada en repetidas ocasiones.

La tecnología del computador. ¿A qué edad los computadores pueden promover el desarrollo de los niños, tanto en relación con las matemáticas como con el desarrollo del "niño en su totalidad"? En 1995 argumentamos que no es necesario preguntar si el uso de la tecnología es "apropiado" en la educación de la primera infancia (Clements & Swaminathan, 1995). El apoyo de la investigación a tal afirmación era y continúa siendo convincente. Sin embargo, se siguen publicando malas interpretaciones y críticas infundadas al uso de los computadores a temprana edad (e.g., Cordes & Miller, 2000). Esto es importante, debido a que algunos profesores conservan algunos prejuicios en contra de los computadores que contradicen la evidencia de la investigación. Especialmente, aquellos que enseñan en las escuelas con SES medios creen que es "inapropiado" tener computadores en los salones de clase de los niños pequeños (Lee & Ginsburg, 2007):

> Yo odio los computadores para los niños de estas edades…Están demasiado alejados, muy lejos de los sentidos… No se involucra el pensamiento. Es sólo presionar botones. Si no funciona correctamente con un botón, ellos sólo presionan otro al azar. No hay pensamiento, no hay procesos implicados. No hay análisis lógico de cualquier cosa que suceda allí.

> Yo pienso que los computadores tienden a hacer trabajar individualmente. Quiero decir, quizás podrían hacer actividades en grupos de dos o tres. Pero en realidad trabajan aislados. Yo realmente pienso que los computadores no tienen un lugar en la primera infancia (Lee & Ginsburg, 2007, p 15).

Hemos respondido tales críticas en otras partes (Clements & Sarama, 2003b). Aquí, simplemente resumiremos algunos hallazgos básicos de la investigación sobre niños pequeños y computadores:

- De manera abrumadora, los niños muestran emociones positivas cuando usan los computadores (Ishigaki, Chiba, & Matsuda, 1996; Shade, 1994). Demuestran un gran efecto positivo e interés cuando utilizan el computador acompañados (Shade, 1994) y prefieren trabajar con un compañero más que solos (Lipinski, Nida, Shade & Watson, 1986; Rosengren, Gross, Abrams & Perlmutter; 1985; Swigger, 1984). Además, el trabajo en el computador puede provocar nuevas instancias y formas de trabajo colaborativo como ayudar o enseñar, discutir y construir sobre las ideas de los otros (Clements, 1994).
- Los niños que tienen acceso al computador en casa se desempeñan mejor en las medidas de preparación para el colegio y en el desarrollo cognitivo, controlando el nivel de desarrollo de los niños y el estatus económico de la familia (Li & Atkins, 2004).
- La adición de un centro de cómputo no interrumpe el trabajo en curso ni las interacciones sociales y en cambio facilita la interacción positiva, aumenta la cooperación y los comportamientos de ayuda (Binder & Ledger, 1985; King & Alloway, 1992; Rhee & Chavnagri, 1991; Rosengren et al., 1985). Incluso en los salones de preescolar, un centro de cómputo fomenta un clima positivo caracterizado por el elogio y el estímulo de los compañeros (Klinzing & Hall, 1985).
- Los computadores pueden representar un ambiente que estimula las interacciones sociales y cognitivas simultáneamente, cada una en beneficio de la otra (Clements, 1986; Clements & Nastasi, 1985.
- Los computadores pueden motivar el trabajo académico (ver las muchas referencias en Clements & Sarama, 2003b). Los niños se llenan de energía. Están activos y se hacen cargo de su proceso de aprendizaje. Aquellos atrasados, sobresalen en otras áreas (Primavera, Wiederlight, & DiGiacomo, 2001).
- Los computadores pueden generar creatividad, incluyendo el pensamiento matemático creativo (Clements, 1986,1995; Clements & Sarama, 2003b).
- Los computadores pueden facilitar el pensamiento matemático en los niños pequeños.

Este último punto es directamente más relevante para este libro, así que trabajaremos sobre este aspecto en particular. Para empezar, brindaremos el resumen de un riguroso estudio de NPM, la mayor parte del cual se llevó a cabo con los estudiantes mayores de primaria. Aquellas revisiones indicaron que los programas de práctica de la enseñanza asistida por computador (CAI por sus siglas en inglés), así como los programas tutoriales (con frecuencia combinados con ejercicios y práctica), que están bien diseñados e implementados, podrían tener un impacto positivo en el desempeño matemático. También, aprender a escribir programas de computador mejora el desempeño de los estudiantes comparado con la enseñanza convencional, con mayores efectos en la comprensión de conceptos y aplicaciones, especialmente de conceptos geométricos (NMP, 2008). Luego, consideramos una variedad más amplia de estudios, que incluyen pero no exclusivamente, aquellos con diseños rigurosos que involucraban niños muy pequeños.

La Enseñanza Asistida por el Computador (CAI). Los niños pueden utilizar CAI para practicar procesos aritméticos y para fomentar un pensamiento conceptual más profundo. El software de práctica puede ayudar a los niños a desarrollar la competencia en habilidades tales como contar y clasificar (Clements & Nastasi, 1993), así como las combinaciones de la adición (Fuchs et al., 2006). De hecho, algunos revisores afirman que las más grandes ganancias en el uso de CAI han estado en las matemáticas para el prescolar (Fletcher-Flinn & Gravant, 1995) o para los niños de primaria, especialmente en la educación compensatoria (Lavin & Sanders, 1983; Niemiec & Walberg, 1984; Ragosta, Holland, & Jamison, 1981). Se probó que cerca de 10 minutos diarios bastan para alcanzar ganancias significativas; 20 minutos producen resultados aún mejores. Este enfoque CAI puede ser tan o más efectivo que la enseñanza tradicional (Fletcher, Hawley, & Piele, 1990) y que otras intervenciones de enseñanza, como la tutoría entre pares y la reducción del tamaño de la clase (Niemiec & Walberg, 1987). Tal enfoque es exitoso con todos los niños, con ganancias reportadas para todos los niños de comunidades de bajos recursos (Primavera et al., 2001).

El trabajo de ejercitación y práctica en el computador puede ser útil para todos los niños que necesitan desarrollar su autonomía, pero especialmente para aquellos que tienen MD o MLD. Sin embargo, debe hacerse en el momento correcto de la trayectoria de aprendizaje. Ejercitarse *no* ayuda a los niños que están en el nivel de estrategias de conteo más inmaduras; antes deben comprender los conceptos e incluso conocer el hecho aritmético (aunque ellos pueden recordarlo lentamente) para que la ejercitación sea útil (Hasselbring, Goin, & Bransford, 1988).

El manejo de los computadores. Muchos de estos sistemas emplean enseñanza controlada por el computador (CMI por sus siglas en inglés), en la que los computadores registran los progresos de los niños y ayudan a individualizar la enseñanza que reciben. Por ejemplo, el software *Building Blocks* almacena los registros de lo que hacen los niños en todas las actividades. Para cada tema, les asigna el nivel de dificultad correcta de acuerdo al desempeño de los niños, utilizando trayectorias de aprendizaje basadas en la investigación. Los profesores ven los registros de lo que el grupo en general o algún estudiante está haciendo en cualquier momento. El sistema automáticamente ajusta la actividad para el grado de dificultad y otorga la retroalimentación y la ayuda apropiada.

Un tipo particular de sistema CMI no enseña, pero almacena y analiza los resultados de las evaluaciones para ayudar a los profesores a diferenciar la enseñanza, realiza adaptaciones en la enseñanza para los estudiantes de todos los niveles de habilidades y brinda a los estudiantes retroalimentación inmediata y prácticas relevantes. Es decir, ayudan a los profesores a implementar evaluaciones formativas (ver la sección correspondiente en este capítulo). Algunos comprenden generadores de pruebas y talleres. Se ha demostrado que tales programas incrementan el rendimiento matemático de los estudiantes con desempeños bajo-medio y alto. (Ysseldyke et al., 2003).

Los juegos de computador. Escogidos apropiadamente, los juegos de computador pueden también ser efectivos. Kraus (1981) reportó que los estudiantes de segundo grado con un promedio de una hora de interacción con un juego de computador durante un periodo de dos semanas, respondieron correctamente el doble de elementos que los estudiantes en un grupo de control, en una prueba de rapidez de hechos de adición. Los niños de preescolar se beneficiaron de una gran variedad de juegos con y sin computador (Clements & Sarama, 2008).

¿Qué tan jóvenes? ¿Qué tan jóvenes pueden ser los niños y continuar obteniendo tales beneficios? A los tres años de edad aprendieron a clasificar a partir de las tareas del computador tan fácilmente como lo hicieron con una tarea con un objeto concreto, una muñeca. (Brinkey & Watson, 19887-88a). Los reportes de los resultados en habilidades como el conteo también han sido reportados para los niños de kínder (Hungate, 1982). Sin embargo, debería evaluarse la naturaleza de tales programas; es posible que los estudiantes de primaria estén menos motivados para realizar trabajo académico de ejercitación (Clements & Nastasi, 1985) y su creatividad puede verse perjudicada por una dieta constante de ejercicios (Haugland, 1992).

Logo y la tortuga de la geometría. Otro enfoque, para los estudios de primaria, es la tortuga de la geometría. Seymour Papert (1980) inventó la tortuga porque ésta era un "cuerpo en sintonía." Un corpus de una gran investigación en Logo y en el aprendizaje de las matemáticas está basado en el punto de vista según el cual los estudiantes no construyen nociones espaciales iniciales desde una visión pasiva sino desde las acciones, tanto perceptuales como imaginadas[1], y desde las reflexiones sobre sus acciones (Piaget & Inhelder, 1967). Estas son experiencias activas valiosas para los estudiantes; sin embargo, a menos que estas experiencias sean matematizadas[2], permanecen como intuiciones. Hay muchas formas de ayudar a los estudiantes a reflexionar y a representar estas experiencias; la investigación indica que la tortuga de geometría de Logo es una forma potente (Clements & Sarama, 1997).

De hecho, los ambientes de Logo están basados en la acción. En primer lugar, los niños tienen que formar trayectorias y formas caminando, luego utilizando Logo pueden aprender a pensar sobre las acciones de la tortuga como acciones que ellos pueden ejecutar, es decir que las acciones de la tortuga se convierten en "un cuerpo en sintonía." Pero ¿por qué no sólo dibujarla sin un computador? Existen al menos dos razones. Primera, dibujar una figura geométrica en el papel, por ejemplo, para la mayoría de las personas es un proceso procedimental. Esto es especialmente verdadero para los niños pequeños, quienes no han re-representado las instrucciones secuenciales que ellos siguen implícitamente. Además, no pueden alterar el procedimiento dibujado de ninguna forma sustantiva (Karmiloff-Smith, 1990), mucho menos reflexionar de forma consciente sobre él. En la creación de un procedimiento en Logo sin embargo, para dibujar la figura, los estudiantes deben analizar los aspectos visuales de la figura y sus movimientos para dibujarla, así que les exige reflexionar sobre cómo los componentes se colocan juntos. Escribir una secuencia de comandos de Logo, o procedimiento, para dibujar una figura "...permite u obliga, al estudiante a externalizar las expectativas intuitivas. Cuando la intuición se traslada a un programa, se vuelve prominente y más accesible a la reflexión." (Papert, 1980, p. 145). Es decir, los estudiantes deben analizar los aspectos espaciales de la forma y reflexionar sobre cómo pueden construirla a partir de sus componentes. Los niños de primaria muestran una conciencia explícita mayor de las propiedades de las formas y el significado de las medidas después de trabajar con la tortuga (Clements & Nastasi, 1993). Ellos aprenden sobre las medidas de longitud (Campbell, 1987; Clements, Battista, Sarama, Swaminathan et al., 1997; Sarama, 1995) y de ángulo (Browning, 1991; Clements & Battista, 1989; du Boulay, 1986; Frazier, 1987; Kieran, 1986; Kieran & Hillet, 1990; Olive, Lankenau, & Scally, 1986). Un estudio micro genético confirmó que los estudiantes transforman la acción mental y física en conceptos de giro y ángulo en experiencias combinadas sin y con el computador (Clements & Burns, 2000). Los estudiantes sintetizaron e integraron dos esquemas: el giro como un movimiento del cuerpo y el giro como número (Clements, Battista, Sarama, & Swaminathan, 1996). Ellos utilizaron un proceso de reducción psicológica en el cual los estudiantes gradualmente remplazaron las rotaciones completas de sus cuerpos con rotaciones más pequeñas de un brazo, una mano o un dedo, y eventualmente internalizaron estas acciones como imágenes mentales.

Logo no es fácil de aprender. Sin embargo, como declaró un estudiante de primaria, "Esta imagen era muy difícil y me tomó una hora y 20 minutos hacerlo, pero tenía que hacerlo. Me gustó hacerlo" (Carmichael, Burnett, Higginson, Moore, & Pollard, 1985, p 90). Además, cuando el ambiente es introducido gradual y sistemáticamente a los niños y cuando la interface está apropiada a la edad, incluso los niños pequeños aprenden a controlar la tortuga y se benefician cognitivamente (Allen, Watson, & Howard, 1993; Brinkley & Watson, 1987-88b; Clements, 1983-84; R Cohen & Geva, 1989; Howard, Watson, & Allen, 1993; Stone, 1996; Watson, Lange, & Brinkley, 1992). Hay evidencia sustancial que los niños pequeños pueden aprender Logo y pueden transferir su conocimiento a otras áreas como las tareas de lectura de mapas, e interpretar la rotación de objetos a la derecha y a la izquierda. Reflexionan sobre las matemáticas y sobre su propia resolución de problemas. Por ejemplo Ryan, un estudiante de primer grado, quiso girar la tortuga para apuntar al interior de su rectángulo. Él le preguntó a la profesora "¿Cuál es la mitad de 90?" después de recibir la respuesta, digitó RT 45. "Ah, me fui por donde no era." El no dijo nada, manteniendo sus ojos en la pantalla. "Voy a ensayar LEFT 90" dijo al final. Esta operación inversa produjo exactamente el efecto deseado (Kull, 1986).

Estos efectos no se limitan a los estudios pequeños. Una evaluación mayor de un currículo de geometría basado en Logo incluyó 1624 estudiantes y sus profesores y una amplia gama de técnicas de investigación, pruebas pre y post de papel y lápiz, entrevistas, observaciones de salón de clase y estudios de caso (Clements et al., 2001). En los grados de Kinder a 6, los estudiantes de Logo obtuvieron puntajes significativamente más altos que los estudiantes de control en una prueba de geometría general, con casi el doble del puntaje obtenido por los grupos de control. Estos resultados son especialmente significativos porque la prueba era de papel y lápiz, sin permitir el acceso a los ambientes del computador en los que el grupo experimental había aprendido y porque el currículo es una intervención relativamente corta, durando únicamente 6 meses. Otras evaluaciones confirmaron estos resultados e indicaron que Logo fue un ambiente particularmente afortunado para el aprendizaje de las matemáticas, el razonamiento y la resolución de problemas.

Estos estudios y cientos de otros (Clements & Sarama, 1997) indican que Logo, utilizado conscientemente, puede brindar un contexto evocador para que los niños pequeños exploren las ideas matemáticas. Tal "uso consciente" incluye la estructuración y la orientación del trabajo en Logo para ayudar a los niños a formar ideas matemáticas válidas y fuertes (Clements et al., 2001). Los niños con frecuencia no aprecian las matemáticas en el trabajo con Logo a menos que alguien les ayude a ver el trabajo de forma matemática. Los profesores efectivos hacen preguntas sobre "las sorpresas" o conflictos entre las intuiciones de los niños y la retroalimentación del computador, para promover la reflexión. Plantean retos y tareas diseñadas para hacer las ideas matemáticas explícitas para los niños. Ayudan a los niños a construir puentes entre la experiencia con Logo y su trabajo matemático regular. (Clements, 1987; Watson & Brinkley, 1990/91). Esta es una implicación general que se debe enfatizar. La investigación indica que el trabajando apropiado con computadores puede ayudar a los niños a aprender matemáticas. Sin embargo, *no siempre*. Los efectos son consistentemente más positivos en algunas situaciones. ¿Qué pueden hacer los profesores?

Los manipulativos del computador. Las alternativas incluyen el uso de actividades tutoriales y la práctica orientada a la resolución de problemas, así como los manipulativos del computador como los dados en el software *Building Blocks*. Los usos y ventajas de estos software se han descrito a lo largo de este libro. Las evaluaciones indican que los grandes aumentos en el rendimiento causados por el currículo Pre- K *Building Blocks*, se deben en parte al uso del software por parte de los niños (Clements & Sarama 2008).

Vamos a volver al tema de los manipulativos. Incluso si nosotros estamos de acuerdo en que lo "concreto" no puede simplemente ser equiparado con los manipulativos físicos, podríamos tener dificultades para aceptar los objetos en la pantalla del computador como manipulativos válidos. Sin embargo, los computadores podrían brindar representaciones que son tan personalmente significativas para los estudiantes como los objetos físicos. Paradójicamente, la investigación indica que las representaciones en el computador, pueden incluso ser más manejables, "limpias," flexibles y extensibles que sus contrapartes físicas. Por ejemplo, un grupo de estudiantes jóvenes aprendió los conceptos de número con un ambiente informático. Construyeron "imágenes de cuentas y palitos" seleccionando y organizando las cuentas, los palitos y los símbolos de número. Comparado con un ambiente físico de cuentas y palos, este ambiente del computador ofreció un control y flexibilidad igual y algunas veces mayor para los estudiantes (Chard,1989). Los manipulativos del computador fueron igual de significativos y más fáciles de usar para el aprendizaje. Tanto el computador como los palitos de cuentas físicos valieron la pena. Sin embargo, desde el punto de vista de la secuencia pedagógica, no es necesario usar uno primero que otro. En una forma similar, los estudiantes que utilizaron los manipulativos físicos y el software demostraron una sofisticación mucho más grande en la clasificación y el pensamiento lógico, que el grupo de control que sólo utilizó los manipulativos físicos (Olson, 1988). La razón parcialmente radica en las formas como los manipulativos del computador pueden seguir las orientaciones descritas en la sección anterior. Estas y otras ventajas potenciales del uso de los manipulativos del computador se resumen en dos amplias categorías: aquellas que ofrecen beneficios matemáticos o psicológicos al estudiante y al profesor, y aquellas que ofrecen beneficios prácticos y pedagógicos.

Beneficios psicológicos/matemáticos. Quizás el rasgo más sobresaliente del software es que las posibles acciones con él incorporan los procesos que nosotros queremos que los niños desarrollen e internalicen como acciones mentales:

- *Hacer conscientes las ideas y procesos matemáticos.* La mayoría de los estudiantes pueden utilizar los manipulativos físicos para ejecutar movimientos como giros y vueltas. Sin embargo, pueden hacer movimientos y correcciones intuitivos sin ser conscientes de los movimientos geométricos que describen estos movimientos físicos. Nuestra investigación ha mostrado que utilizar las herramientas del computador para manipular las formas llevan estos movimientos geométricos a un nivel de conciencia explícito (Sarama et al., 1996). Por ejemplo, los niños de Pre-Kinder que trabajaron con rompecabezas de bloques de patrones, fueron incapaces de explicar los movimientos necesarios para fijar las piezas. En el computador, los niños rápidamente fueron capaces de adaptarse a las herramientas y explicar a los compañeros lo que necesitaban hacer: "Usted necesita hacer clic aquí. Tiene que girarlo."
- *Fomentar y facilitar explicaciones precisas, completas.* Comparados con los estudiantes que utilizan papel y lápiz, los estudiantes que utilizan los computadores trabajan con más precisión y exactitud (Clements et al., 200; Gallou- Dumiel, 1989; Johnson- Gentile, Clements, & Battista, 1994).
- *Promover "acciones sobre objetos" mentales.* La flexibilidad de los manipulativos del computador les permite reflejar "acciones sobre objetos" mentales mejor que los manipulativos físicos. Por ejemplo, los bloques físicos de base diez pueden ser tan inapropiados y las manipulaciones tan desconectados una de otra que los estudiantes ven sólo los árboles – manipulaciones de muchas piezas – pero no ven el bosque – las ideas del valor posicional. Además, los estudiantes pueden descomponer en unos los bloques de base diez en el computador, o pegar los unos juntos para formar los dieces. Tales acciones están más en línea con las acciones mentales que nosotros queremos que los estudiantes aprendan. Las herramientas geométricas pueden fomentar la composición y descomposición de las formas (Clements & Sarama, 2007c; Sarama et al., 1996). Por ejemplo, Mitchell comenzó a hacer un hexágono con triángulos (Sarama et al., 1996). Después de ubicar dos, contó con su dedo en la pantalla alrededor del centro del hexágono incompleto, imaginando los otros triángulos. Él dijo que podría necesitar cuatro más. Después ubicó el siguiente, y exclamó, ¡Uau! ¡Ahora tres más! Mientras que sin el computador, Mitchell tenía que revisar cada ubicación con un hexágono físico, las acciones intencionales y deliberadas en el computador lo orientan a formar imágenes mentales (descomponiendo el hexágono imaginariamente) y predice con éxito cada ubicación. Además, las descomposiciones de las formas permiten la construcción de unidades de unidades en los teselados y patrones de los niños. Identificar la unidad de las unidades que forman el núcleo. Mostrar cómo utilizar la herramienta 'pegar' para construir esa y luego deslizarla, girarla y

voltearla como una unidad. Esto también hace que la construcción de dichos patrones sea más fácil (y más elegante). Los conjuntos de formas agrupadas giran, voltean y funcionan *como una unidad*. Así, las acciones que los niños ejecutan en el computador son un reflejo de las operaciones mentales que deseamos que los niños desarrollen con nuestra ayuda. Las acciones en los manipulativos del computador pueden incluir las descomposiciones precisas que no pueden ser fácilmente replicadas con manipulativos; por ejemplo, recortar una forma (e.d., un hexágono regular) dentro de otras formas (e.g., no sólo en dos trapezoides sino también dos pentágonos y la variedad de otras combinaciones). Los manipulativos del computador han promovido avances espectaculares en esta competencia (Clements, Battista, Sarama, & Swaminathan, 1997; 1997; Clements & Sarama, 2007c, Sarama et al., 1996).

- *Cambiando la naturaleza misma del manipulativo.* En forma similar, los manipulativos del computador permiten a los niños explorar las figuras geométricas de maneras no disponibles con los conjuntos físicos de formas. Por ejemplo, los niños pueden cambiar el tamaño de las formas en el computador, alterando todas las formas o solamente algunas. Matthew quiso hacer un hombre todo en azul y reconoció que podía superponer rombos y cubrir exactamente un espacio triangular. En un estudio de patrones, los investigadores establecieron que la flexibilidad de los manipulativos del computador tuvo muchos efectos positivos en los patrones de los niños de kínder (Moyer, Niezgoda, & Stanley, 2005). Con los manipulativos del computador hicieron un mayor número de patrones y utilizaron más elementos en ellos, que con los manipulativos físicos o los dibujos. Finalmente, sólo cuando trabajaron en el computador crearon formas nuevas (por una oclusión parcial).

- *Simbolizar y hacer conexiones.* Los manipulativos del computador también pueden servir como símbolos para las ideas matemáticas, con frecuencia mejores que los manipulativos físicos. Por ejemplo, el manipulativo puede tener sólo los rasgos matemáticos que deseamos que este tenga, y justo las acciones que deseamos promover y no propiedades adicionales que pueden ser distractores.

- *Vincular lo concreto y lo simbólico con la retroalimentación.* El computador puede vincular el manipulativo a los símbolos – la noción de múltiples representaciones conectadas. Por ejemplo, el número representado por los bloques de base diez esta dinámicamente relacionado con las acciones de los estudiantes sobre los bloques, así que cuando el estudiante cambia los bloques, el número mostrado cambia también automáticamente. Esto puede ayudar a los estudiantes a hallarle sentido a su actividad y a los números. ¿Es muy restrictivo o muy difícil tener que operar con símbolos más que con los manipulativos directamente? Irónicamente, menos "libertad" puede ser más útil. En un estudio de valor posicional, un grupo de estudiantes trabajaron con el manipulativo de base diez del computador. Los estudiantes no pudieron mover los bloques en el computador directamente. En cambio, tenían que operar con símbolos (Thompson, 1992; Thompson & Thompson, 1990). Otro grupo de estudiantes utilizó bloques físicos de base diez. Aunque los profesores frecuentemente guiaron a los estudiantes a ver la conexión entre lo que ellos hacían con los bloques y lo que escribían en el papel, el grupo de los bloques físicos no se sintieron limitados a escribir algo que representara lo que ellos hacían con los bloques. En cambio, parecían considerar esas dos actividades como separadas. En comparación, el grupo del computador que utilizó símbolos más significativamente, tendieron a conectarlos con los bloques de base de diez. En los ambientes informatizados, como los bloques de base diez del computador, o la programación del computador, los estudiantes no pueden pasar por alto las consecuencias de sus acciones, mientras que con los manipulativos físicos sí es posible. De manera que los manipulativos del computador pueden ayudar a los estudiantes a construir sus experiencias físicas, relacionándolas estrechamente con las representaciones simbólicas. De esta forma los computadores ayudan a los estudiantes a vincular el conocimiento Sensorial-Concreto y el conocimiento abstracto y así pueden construir un conocimiento Concreto-Integrado.

- *Grabar y reproducir las acciones de los estudiantes.* Los computadores nos permiten almacenar más que las configuraciones estáticas. Una vez finalizadas una serie de acciones, es difícil reflexionar sobre ellas. Pero los computadores tienen el poder de grabar y reproducir secuencias de nuestras acciones con los manipulativos. Podemos grabar nuestras acciones y luego reproducirlas, cambiarlas y verlas. Esto fomenta una exploración matemática real. Los juegos de los computadores como "Tetris" permiten a los estudiantes reproducir el mismo juego. En la versión *"Tumbling Tetrominoes" (Giros de Tetraminos)* (Clements, Russell, Tierney, Battista, & Meredith, 1995) los estudiantes tratan de cubrir una región con una secuencia aleatoria de tetraminós. Si los estudiantes creen que podrían mejorar su estrategia, pueden seleccionar y recibir los mismos tetraminós en el mismo orden y ensayar una nueva estrategia.

Beneficios pedagógicos/prácticos. Este grupo incluye ventajas que ayudan a los estudiantes de una manera práctica o brindan oportunidades pedagógicas para el profesor

- *Brindar otros medios, uno que pueda almacenar y recuperar configuraciones.* Shapes sirve como otro medio para construir, especialmente uno en el que el desarrollo cuidadoso puede darse día tras día (por ejemplo, los bloques físicos tienen que guardarse la mayoría del tiempo mientras que si trabajamos en el computador podemos guardar nuestro trabajo y retomarlo una y otra vez, y hay un número infinito de fichas para cada niño). Observamos esta ventaja cuando un grupo de niños trabajaron en un patrón con los manipulativos físicos. Querían moverlo ligeramente en la alfombra. Dos niñas (cuatro manos) trataron de mantener el diseño armado, pero no tuvieron éxito. Marissa le dijo Leah que mantuviera el mismo diseño. Leah trató, pero al recrear el diseño, insertó dos formas extras y el patrón no fue el mismo. Las niñas experimentaron una frustración considerable por su incapacidad para conseguir nuevamente su "antiguo" diseño. Si las niñas hubieran sido capaces de guardar sus diseños o si hubieran podido mover su diseño conservando las piezas juntas, su proyecto de grupo habría continuado.

- *Proveer un manipulativo flexible, claro y manejable.* Los manipulativos *"Shapes"* son más manejables y claros que sus contrapartes físicas. Por ejemplo, siempre encajan en la posición correcta, incluso cuando completan un contorno y – también a diferencia de los manipulativos físicos– permanecen donde fueron colocados. Si los niños quieren que permanezcan donde ellos los colocan sin importar lo que pase, pueden "congelarlos" en esa posición. Observamos que mientras trabajaban en el software "Shapes," los niños aprendieron rápidamente a pegar las formas juntas y moverlas como un grupo cuando necesitaron más espacio para continuar sus diseños.
- *Brindar un manipulativo extensible.* Ciertas construcciones son más fáciles de realizar con el software que con los manipulativos físicos. Por ejemplo, tratar de construir triángulos de diferentes clases. Es decir, hemos observado niños construyendo triángulos no equiláteros cubriendo parcialmente formas con otras formas, creando muchos tipos diferentes de triángulos. Un ejemplo similar consiste en hacer ángulos rectos combinando y ocultando diferentes formas.
- *Registrar y extender el trabajo.* Las impresiones constituyen copias en papel que sirven para registrar el trabajo, llevarlo a casa y exponerlo. (Aunque nosotros también estamos a favor que los niños registren su trabajo con plantillas y/-o recortes, pero esto consume mucho tiempo y no siempre debería pedirse).

Los computadores incentivan a los estudiantes a explicitar su propio conocimiento, lo cual les ayuda a construir un Conocimiento Concreto- Integrado.

Los computadores y el juego. La investigación muestra que los aspectos dinámicos del computador con frecuencia tienen que ver con la participación de los niños en los juegos matemáticos más que con los manipulativos físicos o los medios de papel. (Steffe & Wiegel, 1994). Por ejemplo, dos niñas de preescolar estuvieron jugando en el nivel de exploración libre de un conjunto de actividades llamadas "Party Time" ("Tiempo para la Fiesta") del proyecto *Building Blocks* (Clements & Sarama, 2004a), en las cuales podían colocar cualquier número de elementos, y el computador los contaba y etiquetaba. "¡Yo tengo una idea!" dijo una niña, despejando todos los elementos y arrastrando individuales frente a cada silla. "Tú tienes que colocar las tazas para todos. Pero primero tienes que decirme cuántas tazas habrá." Antes que su amiga comenzara a contar, ella la interrumpió: "¡y todos necesitan una taza para la leche y una para el jugo!" Las niñas trabajaron cooperativamente, al principio tratando de encontrar las tazas en el centro de la casa, pero finalmente contaron dos veces cada individual en la pantalla. Su respuesta – inicialmente 19 – no fue exacta, pero no se molestaron en corregirla porque de hecho ubicaron las tazas y encontraron el número que necesitaban: 20. Estas niñas jugaron con las matemáticas en la situación, con soluciones, a medida que jugaban una con la otra.

Las matemáticas pueden ser intrínsecamente interesantes para los niños si ellos construyen ideas mientras participan en juegos matemáticos (Steffe & Wiegel, 1994). Para lograrlo, se necesitan materiales de alta calidad, ya sean físicos, en un computador o sólo verbales.

Implicaciones prácticas: La enseñanza efectiva con computadores.[3] El apoyo inicial de los adultos ayuda a los niños pequeños a usar los computadores para aprender (Rosengren et al., 1985; Shade, Nida, Lipinsky, & Watson, 1986). Con dicha ayuda, pueden con frecuencia utilizar los computadores independientemente. Incluso, los niños son más atentos, más participativos y se frustran menos cuando un adulto está cerca (Binder & Ledger, 1985). Una implicación de la investigación, por lo tanto, es que los profesores hacen del computador una de muchas elecciones, ubicado donde ellos u otros adultos puedan supervisar o ayudar a los niños (Sarama & Clements, 2002b). En esta sección damos más detalles sobre las implicaciones de la investigación, teniendo en cuenta la organización y el manejo del salón de clase, la selección del software, las estrategias de interacción con los niños en ambientes informáticos y el apoyo a los niños con necesidades especiales:

- *Organizar el salón de clase.* La organización física de los computadores en el salón de clase puede mejorar su uso social (Davidson & Wright, 1994; Shade, 1994). Las partes del computador con las cuales los niños interactúan: el teclado, el ratón, el monitor y el micrófono deberían estar al nivel de los ojos de los niños, en una mesa baja o incluso en el piso. Si los niños tienen que cambiar los CD-ROMS, deben ubicarse de tal forma que los niños puedan verlos y cambiarlos fácilmente. El software debería poder cambiarse junto con otros centros para responder a temas educativos. Las otras partes deberían estar fuera del alcance de los niños. Todas las partes pueden estar fijas y bloqueadas cuando sea necesario. Si los computadores se comparten, pueden utilizarse carros rodantes.

- *Ubicar dos sillas en frente del computador y una al lado para que el profesor incentive la interacción social positiva.* Si más de dos niños trabajan con un computador, tienen derecho a controlar el teclado frecuentemente (Shrock, Matthias, Anastasoff, Vensel, & Shaw, 1985). Ubicar los computadores cerca de cada uno puede facilitar la puesta en común de ideas entre los niños. Los computadores que se ubican en el centro del salón de clase invitan a otros niños a parar y participar en las actividades del computador. Tal disposición también mantiene la participación del profesor en un nivel óptimo. Está cerca para brindar la supervisión y la asistencia necesarias (Clements, 1991). Otros factores, como la proporción de computadores por niño, pueden también influenciar los comportamientos sociales. Una relación de menos de 10 niños por computador podría perfectamente fomentar el uso del computador, la cooperación y el acceso equitativo a niños y niñas (Lipinski et al., 1986; Yost, 1998). El uso cooperativo de los computadores mejora el rendimiento (Xin, 1999); puede ser ideal una mezcla entre el trabajo individual y por parejas (Shade, 1994).

- *Incentive a los niños a conectarse con experiencias con y sin el computador, ubique los materiales impresos, los manipulativos y los objetos reales cerca del computador* (Hutinger & Johanson, 2000). Esto también brinda buenas actividades para los niños que observan o esperan su turno.

- *Manejo del centro de cómputo.* Como con cualquier centro, enseñe a los niños el uso y el cuidado y coloque signos para recordarles las reglas (por ejemplo, no líquidos, arena, comida o elementos magnéticos cerca de los computadores).

Con una orientación útil ayúdeles a encontrar y usar los programas que ellos quieran, evitando dañar por inadvertencia otros programas o archivos.
- *Monitorear el tiempo que los niños pasan frente al computador y darles acceso equitativo es, por supuesto, importante.* Sin embargo, al menos un estudio ha encontrado que limitar el tiempo generó hostilidad y soledad en vez de comunicación social (Hutinger & Johanson, 2000). Una mejor idea es el tiempo flexible con una lista de inscripción que incentiva a los niños a regularse ellos mismos. La lista de inscripción por ella misma puede tener un efecto positivo en el alfabetismo inicial de los niños de preescolar (Hutinger & Johanson, 2000)
- *Introducir el trabajo del computador gradualmente.* Inicialmente brinde un apoyo importante, incluso siéntese con los niños en el computador para incentivarlos a tomar su turno. Luego fomente gradualmente el aprendizaje autónomo y cooperativo. Cuando sea necesario, enseñe a los niños una colaboración efectiva, por ejemplo, habilidades de comunicación y de negociación. Para los niños pequeños esto podría incluir aspectos como qué constituye un "turno" en un juego particular o en un ambiente de exploración libre. Sin embargo, no ordene compartir el computador todo el tiempo. Especialmente con programas de construcción orientada como los manipulativos, ambientes de libre exploración o Logo, los niños algunas veces necesitan trabajar solos. Si es posible, disponga al menos de dos computadores para que el trabajo por parejas y otras clases de interacciones puedan llevarse a cabo, incluso si los niños están trabajando en un computador.
- *Una vez los niños estén trabajando independientemente, otorgue suficiente orientación, pero no mucha.* Demasiada intervención o en momentos erróneos puede disminuir la colaboración y la cooperación por parejas. (Bergin, Ford & Mayer- Gaub, 1986; Emihovich & Miller, 1988, Riel, 1985). Por otro lado, sin ninguna orientación del profesor, los niños tienden a pelearse por un lugar en el computador y utilizarlo a la manera competitiva de los videojuegos (Lipinsky et al., 1986; Silvern, Countermine, & Wiliamson, 1988).
- *La investigación muestra que con frecuencia la introducción de un microcomputador impone muchas exigencias al profesor.* (Shrock et al., 1985). Planee cuidadosamente el uso de programas de computador que beneficien sustancialmente a sus niños. El computador no debería ser un fin en sí mismo. Los computadores pueden ayudar a los niños a aprender y deberían ser utilizados reflexivamente tanto por los niños como por sus profesores. Los niños deberían aprender a comprender cómo y por qué los programas que ellos utilizan funcionan de la manera como lo hacen. (Turkle, 1997).
- *Utilice estrategias efectivas de enseñanza.* Lo importante del uso efectivo de los computadores es el apoyo, la participación y la planeación del profesor. De forma óptima, el papel del profesor debería ser el de facilitador del aprendizaje de los niños. Tal facilitación incluye no sólo la estructuración física del ambiente sino el establecimiento de estándares para y apoyo de tipos específicos de aprendizaje. Cuando se utilizan programas abiertos, por ejemplo, puede ser necesaria una ayuda considerable antes de lograr un uso independiente. Otros aspectos importantes del apoyo incluyen estructurar y discutir el trabajo en el computador para ayudar a los niños a formar conceptos y estrategias viables, planteando preguntas para ayudar a los niños a reflexionar

sobre ellas y "construir puentes" para ayudarlos a conectar sus experiencias con y sin el computador. Idealmente, el software del computador debería estar estrechamente vinculado con el resto del currículo.

- *Estar involucrado activamente.* En todas las metas educativas, encontramos que los profesores cuyos niños se beneficiaron significativamente del uso de los computadores son siempre activos. Tal tutoría activa tiene efectos positivos significativos en el aprendizaje de los niños con el computador (Primavera et al., 2001). Guían estrechamente el aprendizaje de los niños en las tareas básicas y luego los incentivan a experimentar con problemas abiertos. Frecuentemente están alentando, preguntando, provocando y demostrando, sin ofrecer ayuda innecesaria o limitar las oportunidades de explorar. (Hutinger & Johanson, 2000). Reorientan los comportamientos inapropiados, modelan estrategias y brindan opciones a los niños (Hutinger et al., 1998). Tal andamiaje guía a los niños a reflexionar sobre sus propios comportamientos de pensamiento y conduce a procesos de pensamiento de mayor orden en primer plano. Tal enseñanza orientada meta-cognitivamente incluye estrategias de identificación de metas, monitoreo activo, modelaje, cuestionamiento, reflexión, trabajo tutorial por parejas, discusión y razonamiento (Elliott & Hall, 1997).

- *Haga que el contenido sea aprendido de una forma clara y amplíe las ideas que los niños encuentran.* Los profesores eficientes centran la atención en los aspectos e ideas importantes de las actividades. Cuando es apropiado, facilitan el desequilibrio utilizando la realimentación del computador con el propósito de ayudar a los niños a reflexionar y a preguntarse sobre sus ideas y eventualmente fortalecer sus conceptos. También ayudan a los niños a construir conexiones entre el trabajo con y sin el computador. Las discusiones con el grupo total que ayudan a la comunicación de los niños sobre sus estrategias de solución y a reflexionar sobre lo que han aprendido, son componentes esenciales de una buena enseñanza con los computadores (Galen & Buter, 1997). Los profesores efectivos evitan los comportamientos exageradamente dirigidos (excepto cuando sea necesario para algunas poblaciones y en algunos temas, como el uso adecuado del computador) y establecer límites de tiempo estrictos (lo cual genera hostilidad y soledad en vez de una comunicación social), y ofrecer ayuda innecesaria sin permitir a los niños la oportunidad de explorar (Hutinger et al., 1998). En cambio, promueven en los niños la enseñanza a otros, dándole a un niño el papel de enseñar o recordar verbalmente a un niño/a, explicar sus acciones y responder a una solicitud específica de ayuda (Paris & Morris, 1985).

- *Recuerde que la preparación y el seguimiento son necesarios para las actividades del computador así como para otras actividades.* No omita las sesiones importantes de discusión con todo el grupo después del trabajo con el computador. Considere utilizar un sólo computador con una pantalla grande o con un proyector.

- *Apoye a los niños con necesidades especiales.* Incluso los críticos de la tecnología apoyan su uso en el soporte de los niños con necesidades especiales. Utilizada bien, la tecnología puede mejorar la habilidad de los niños para actuar en diversos ambientes menos restringidos. Las ventajas únicas de los computadores incluyen (Schery & O'Connor, 1997) ser paciente y sin prejuicios, brindar atención completa, proceder al ritmo del niño y ofrecer refuerzo inmediato. Estas ventajas guían a mejoras significativas para los niños con necesidades especiales. Los profesores deberían intentar seleccionar tal software y guiar a los niños con necesidades especiales para utilizarlo satisfactoriamente. Sin embargo, deberíamos ser cuidadosos para no limitar a estos niños a un software "compensatorio." Ellos también se benefician del software de exploración y resolución de problemas. Por ejemplo, muchos estudios revelan que Logo es particularmente una actividad participativa para los niños pequeños, fomentado en los niños de preescolar el pensamiento de orden mayor a través de los grados de primaria, incluyendo los estudiantes con necesidades especiales (Clements & Nastasi, 1988; Degelman, Free, Scarlato, Blackburn, &, Golden, 1986; Lehrer, Harckham, Archer & Pruzek, 1986; Nastasi, Clements & Battista, 1990).

El software puede ayudar, pero nosotros podríamos hacerlo mejor. Pocos programas de software están diseñados con base en fundamentos de investigación empíricos, teóricos y explícitos (ver Clements, 2007; Clements & Sarama, 2007c; Ritter, Anderson, Koedinger, & Corbett, 2007). Necesitamos Investigación iterativa, comprometida y más continua, así como desarrollo de proyectos en esta área. La investigación basada en ciclos reiterados de evaluación y desarrollo, afinando las matemáticas y la pedagogía del software con cada ciclo, puede producir una diferencia sustancial en el aprendizaje (e.g., ver Aleven & Koedinger. 2002; Clements & Battista, 2000; Clements et al., 2001; Laurillard & Taylor, 1994; Steffe & Olive, 2002). Tal investigación podría identificar cómo y por qué el diseño del software podría ser mejorado (NMP, 2008).

La televisión. Existe aún más debate sobre las influencias –positivas y especialmente negativas – de la televisión en la primera infancia, con una amplia literatura (ver Clements & Nastasi, 1993). A continuación resumimos los hallazgos claves:

- Los contenidos – violencia – en la TV pueden conducir a la agresividad, pero la programación educativa puede inducir a comportamientos pro sociales.
- Muchos expertos aconsejan que los niños menores de tres años no deben ver TV (y algunos dicen que hasta primaria).
- La televisión educativa como *Plaza Sésamo, Blue's Clues y Peep and the Big Wide World* tienen efectos positivos en el aprendizaje y continúan siendo programas actualizados y en contacto con la pedagogía. *Mirar programas educativos predice su preparación para el colegio a los 5 años de edad.*
- Los estudios longitudinales muestran que los estudiantes de secundaria que vieron televisión educativa tienen más altas calificaciones que aquellos que no lo hicieron. Esto es debido probablemente al *modelo de aprendizaje inicial* - aprendizaje que conduce al éxito en los primeros grados del colegio, lo cual conlleva a motivación positiva, a las percepciones de los profesores sobre las competencias, a la ubicación de los grupos con habilidades superiores, a recibir más atención y de esta forma al éxito continuo en el colegio.
- El aprendizaje de los niños se incrementa cuando los adultos median el uso de la TV (así como otros medios). Los padres podrían mirar la televisión educativa con sus hijos y discutir lo que ven. Ellos podrían involucrar a los niños en la participación de las actividades con el material, siguiendo las

sugerencias mostradas o creando las propias. Los libros interactivos en realidad pueden mejorar el tiempo de lectura con los niños.

- Es necesario y útil brindar a los padres materiales impresos o talleres sobre el seguimiento de los medios de comunicación.

Un resultado inquietante es que los niños de preescolar con SES superiores comprenden las ideas matemáticas presentadas en *Plaza Sésamo* mejor que sus compañeros con bajos SES. También, entre más vocabulario y más comprensión matemática tenga el niño, puede comprender mejor las matemáticas presentadas en la pantalla (Morgenlander, 2005). Otro hallazgo es que "el rico se enriquece más" representa un reto para los educadores y para la sociedad en general.

Integre la enseñanza de conceptos, habilidades y la resolución de problemas

El Panel Nacional concluyó: "El currículo debe desarrollar simultáneamente la comprensión conceptual, la fluidez en el cálculo y las habilidades para la resolución de problemas." El debate sobre sí los profesores deberían concentrarse en las "habilidades" o en las "ideas" debería terminar - ambas son necesarias y ambas deberían desarrollarse al mismo tiempo de una forma integrada. Sólo como un ejemplo, se asignaron al azar clases de segundo grado a uno de dos programas de enseñanza. El primero fue un programa reformado basado en la Educación Matemática Real, en el cual los estudiantes crean y discuten el procedimiento de su solución. Desde el comienzo de la enseñanza, este programa se centró en el desarrollo tanto de la comprensión conceptual de manera simultánea con las habilidades procedimentales como en la aplicación flexible de múltiples estrategias. Estos estudiantes superaron a aquellos que estaban en un programa con textos tradicionales el cual se centraba inicialmente en el dominio de procedimientos y sólo hacia el final de la enseñanza en la aplicación variada de estrategias. El grupo de niños de reforma seleccionó con más frecuencia estrategias relacionadas con las propiedades numéricas de los problemas y utilizó estrategias más adaptadas, como resolver problemas con un entero terminando con el dígito 8 con estrategias de compensación. Es decir, solucionadores de problemas flexibles son aquellos que pueden adaptar sus estrategias a las características del número del problema en cuestión; por ejemplo, resolver 62- 49 como 62-50 = 12, 12 + 1= 13, pero resolver 62- 44 como 44 + 6 = 50, 50 + 10 = 60, 60 + 2 = 62, y 6 + 10 + 2 = 18. Tal uso flexible indica la comprensión conceptual y la habilidad procedimental. El grupo tradicional no utilizó flexiblemente los procedimientos, incluso después de meses de enseñanza en que el programa enfatizó tal uso flexible. El grupo de reforma obtuvo puntajes más altos en tres medidas, mostrando una comprensión conceptual superior. Los niños de ambos grupos desarrollaron la comprensión conceptual antes de obtener la habilidad procedimental, pero los dos dominios estuvieron más interconectados en el grupo de reforma (Blöte, Van der Burg, & Klein, 2001).

Otros estudios enviaron el mismo mensaje. Por ejemplo, los estudiantes urbanos de primer y segundo grado con bajos SES aprendieron a usar con habilidad los algoritmos aritméticos estándar y a comprenderlos conceptualmente, cuando se enseñaron conceptualmente, conectando los bloques de valor posicional y las representaciones escritas (Fuson & Briars, 1990). Un estudio no tan reciente tuvo conclusiones similares. Los estudiantes de segundo grado a quienes se les enseñó mecánicamente fueron más rápidos y más exactos en pruebas posteriores inmediatas, pero aquellos a quienes se les enseñó significativamente fueron más capaces de explicar por qué el algoritmo funcionó, obtuvieron mejores puntajes en la prueba de retención y transfirieron su conocimiento más exitosamente (Brownell & Moser, 1949). Un tercer estudio mostró de forma similar los beneficios de la enseñanza conceptual (Hiebert & Wearne, 1993) llevando a los niños de bajos desempeños al nivel de sus compañeros con altos rendimientos. Cada uno de estos tiene limitaciones pero el patrón es claro: la buena enseñanza procedimental y conceptual es superior a la enseñanza mecánica para ayudar a los niños a alcanzar las metas matemáticas (Hiebert & Grouws, 2007).

Un estudio final encontró que, a diferencia del enfoque de las "habilidades" habituales (Stipek & Ryan, 1997), los niños pobres se benefician más de un mayor énfasis en el significado, la comprensión y la resolución de problemas (Knapp, Shields, & Turnbull, 1992). Tal enfoque es más efectivo en las habilidades avanzadas en construcción y es más -o por lo menos igual de- efectivo en la enseñanza de las habilidades básicas. Además, compromete más ampliamente a los niños en el aprendizaje académico.

Por lo menos para la mayoría de los niños capaces, los estudios muestran que la *comprensión conceptual* es el fundamento del uso flexible y creativo de los procedimientos conceptuales. El conocimiento de los niños debe conectar los procedimientos a las ideas, a las experiencias diarias, a las analogías y a otras habilidades y conceptos (Baroody & Dowker, 2003).

Implicaciones prácticas. Enseñar a los estudiantes conceptualmente les ayuda a construir las habilidades *e* ideas de forma adaptativa. Así los estudiantes tendrán experiencia fluida y adaptativa más que eficiencia (Baroody, 2003). Plantee problemas, haga conexiones y luego resuelva estos problemas en formas que hagan visibles las conexiones, desempeñando tanto papeles activos como menos activos.

Palabras finales

Las técnicas de enseñanza son herramientas y como tales deben ser usadas cuidadosa y apropiadamente. Todas las estrategias, desde el juego a la enseñanza directa, pueden ser educativas o no. "Ninguna experiencia es educativa si tiene el efecto de detener o distorsionar el crecimiento de experiencias posteriores" (Dewey, 1938/1997, p. 25). Por ejemplo, las experiencias no educativas resultan de una enseñanza directa inapropiada, lo que puede disminuir la sensibilidad a un gran rango de aplicaciones de las ideas matemáticas o al desarrollo automático de la habilidad, pero también disminuir el rango de más experiencia con la idea subyacente a la habilidad. Al contrario, la educación centrada en el niño que rechaza totalmente las estructuras o secuencias del objeto de estudio del contenido puede ser motivante para los niños en un momento, sin embargo estar así desconectado limita las experiencias de integración posteriores. "El aprendizaje de alta calidad resulta de experiencias formales e informales durante los años de preescolar. "Informal" no significa no planeado o al azar" (NCTM, 2000, p. 75) Como Dewey dijo: "sólo porque la educación tradicional fue un asunto de rutina en el que los planes y programas se dictaron del pasado, esto no significa que la educación progresiva sea un asunto de improvisación no planeada" (p 28). Dichas actividades diarias han mostrado mejorar efectivamente el conocimiento matemático en los salones de clase Head Start (Arnold, Fisher, Doctoroff, & Dobbs, 2002).

En resumen, en este nuevo campo educativo, sabemos que muchos enfoques pueden ser efectivos si se llevan a cabo en ambientes de alta calidad. La mayoría de estrategias pedagógicas exitosas, incluso aquellas con metas específicas, incluyen el juego o actividades que semejan juegos. Todos los enfoques comparten un núcleo de preocupación por el interés y participación de los niños y el contenido asociado al nivel cognitivo de ellos.Aunque algunos estudios apoyan los enfoques generales orientados al juego, el aprendizaje de las matemáticas parece ser un proceso distinto incluso en preescolar (Day, Engelhardt, Maxwell, & Bolig, 1997) y enfoques centrados en las matemáticas han sido exitosos.

Independientemente del enfoque de enseñanza o la estrategia, los educadores deben recordar que las ideas que los niños pequeños construyen pueden ser diferentes de aquellas de los adultos (e.g., Piaget & Inhelder, 1967; Steffe & Cobb, 1988). Los profesores de la primera infancia deben ser particularmente cuidadosos para no asumir que los niños "ven" las situaciones problemas o las soluciones como los adultos lo hacen. Los profesores exitosos interpretan lo que el niño está haciendo y pensando e intentan ver la situación desde el punto de vista del niño. Basados en sus interpretaciones, ellos conjeturan lo que el niño podría ser capaz de aprender o abstraer desde sus experiencias. De forma similar, cuando ellos interactúan con el niño, también consideran sus propias acciones desde el punto de vista del niño. Esto hace que la enseñanza en la primera infancia sea a la vez exigente y gratificante.

No sólo las concepciones de los niños son totalmente diferentes de las de los adultos, sino que son el mejor fundamento para construir el aprendizaje subsiguiente. La investigación y la práctica experta están de acuerdo en que los niños deberían aprender las habilidades en conjunto con los correspondientes conceptos- de hecho, aprender las habilidades antes del desarrollo de la comprensión puede conducir a dificultades en el aprendizaje (Baroody, 2004a, 2004b; Fuson, 2004; Kilpatrick et al., 2001; Sophian, 2004a; Steffe, 2004). Los currículos innovadores y la enseñanza exitosos se construyen directamente en el pensamiento de los estudiantes (las comprensiones y las habilidades que ellos poseen) dan oportunidades para la invención y la práctica, y les exige a los niños explicar las diversas estrategias (Hiebert, 1999). Tales programas facilitan el crecimiento conceptual y el pensamiento de orden mayor sin sacrificar el aprendizaje de las habilidades.

En todas sus interacciones con los niños, los profesores deberían ayudarlos a desarrollar relaciones fuertes entre los conceptos y las habilidades porque el desarrollo de la habilidad se promueve por un fundamento conceptual fuerte. Ellos deberían estimular a los niños a crear y describir sus propios métodos de solución y deberían fomentar los métodos que fueron efectivos, introduciéndolos cuando sean apropiados y deberían alentar a los niños a describir y a comparar diferentes métodos de solución. La investigación indica que la enseñanza que ve a los niños como aprendices activos con un conocimiento relevante inicial y que otorga apoyo substancial durante el aprendizaje, es superior a la enseñanza tradicional que carece de estas características (Fuson 2004). Los profesores necesitan integrar consistentemente las situaciones del mundo real, la resolución de problemas y el contenido matemático (Fuson, 2004). Esta integración es más que una estrategia pedagógica; es necesario aprender a hallar el sentido y el desarrollo de habilidades como la fluidez en el cálculo. Esto apoya la transferencia al aprendizaje futuro y a los contextos fuera del colegio. Las matemáticas por sí mismas implican una vasta red de conexiones entre los conceptos y los temas (NCTM, 2000). Los programas de prekínder a primaria deberían entretejerse con el mundo real, los contextos significativos, la resolución de problemas y las habilidades y conceptos matemáticos. Tales programas brindan una buena oportunidad de contrarrestar los patrones infortunados en la educación matemática de los Estados Unidos, en los cuales los niños pequeños que quienes inicialmente están motivados a explorar las matemáticas (Perlmutter, Bloom, Rose, & Rogers, 1997) llegan a "aprender" que el esfuerzo no importa y que sólo unos pocos seleccionados son "talentosos" en matemáticas (Middleton & Spanias, 1999). Los profesores deberían utilizar enfoques basados en la indagación y en un discurso rico, enfatizando el trabajo arduo para comprender las matemáticas (más que "finalizar" o "ser exactos") y centrarse en la motivación intrínseca. Realizar conexiones con las situaciones del mundo real también puede mejorar el conocimiento y las creencias de los niños en torno a las matemáticas (Perlmutter et al., 1997).

Sin embargo, la competencia temprana aún refleja una comprensión limitada. Existen distintas razones para ello. Las expectativas se han elevado. Sólo hace cien años el nivel de trabajo en la universidad implicaba la aritmética simple. Las herramientas culturales para las matemáticas se han multiplicado. La mayoría de la enseñanza en los Estados Unidos no está basada en la conciencia de estas herramientas y/o del poder del pensamiento de los niños y la necesidad de sondear las profundidades de ese pensamiento, concibiendo las invenciones de los niños. Creemos que el conocimiento que hemos tratado de ayudarle a desarrollar a través de este libro lo potenciará a ser un educador verdaderamente profesional y efectivo.

Notes

Preface

1   Like most acronyms, TRIAD "almost" works; we jokingly ask people to accept the "silent p" in Professional Development.

1 Young Children and Mathematics Learning

1   As stated in the Preface, an elaborate review of the research supporting this and all other statements in this book can be found in the companion book, Early Childhood Mathematics Education Research: Learning Trajectories for Young Children (Sarama & Clements, 2009).

2   One of the authors, Douglas Clements, was a member of the National Math Panel and co-author of the report, which can be found at http://www.ed.gov/about/bdscomm/list/mathpanel/.

3   Building Blocks—Foundations for Mathematical Thinking, Pre-Kindergarten to Grade 2: Research-based Materials Development was funded by NSF to create and evaluate mathematics curricula for young children based on a theoretically sound research and development framework. We describe the framework and research in detail in Chapter 15. (National Science Foundation Grant No. ESI-9730804 to D. H. Clements and J. Sarama "Building Blocks—Foundations for Mathematical Thinking, Pre-Kindergarten to Grade 2: Research-based Materials Development.") For the purposes of full disclosure, note that we have subsequently made this curriculum available through a publisher, and thus receive royalties. All research was conducted with independent assessors and evaluators.

2 Quantity, Number, and Subitizing

1   Later grades use subitizing in various ways, such as in supporting the development of counting concepts and skills and solving arithmetic problems. These goals will be highlighted in later chapters.

3 Verbal and Object Counting

1   Later grades contain significant counting. Because such counting melds with counting, number relationships, and place value (Chapter 4), as well as counting strategies for arithmetic (Chapter 5), we will focus on these aspects of counting in those chapters.

5 Arithmetic: Early Addition and Subtraction and Counting Strategies

1   Several important and complex issues regarding manipulatives are discussed at length in Chapter 16.

13 Mathematical Processes

1   Most of the information regarding teaching problem-solving is integrated within the content chapters.

14 Cognition, Affect, and Equity

1   Another study showed that children with MLD understood the counting principles and what counting was for. However, their fluency and control of counting operations were lower than normal children, even in such simple tasks as verbal counting to 20, on which they were very slow (Hitch & McAuley, 1991). They may have lacked practice, possibly due to avoidance of those tasks, or have basic cognitive deficits such as impaired verbal working memory or executive control (e.g., monitoring the counting process).

2   Children, who can catch up, especially with high-quality instruction, may be developmentally delayed, but not disabled. The Response-to-Intervention (RTI) model includes this basic idea—if children are behind because of a lack of high-quality experiences and education, they have no "mathematical difficulties"—their environment is to blame and must be improved.

16 Instructional Practices and Pedagogical Issues

1   p.28 Perceptual is used here, consistent with Piaget's original formulation, as meaning phenomena or experiences that depend on sensory input, in contrast to those that are represented mentally (and thus can be "re-presented" imagistically without sensory support). Thus, perceptual should not be confused with the notion that we, with Piaget, reject—that of "immaculate perception" in which perceived objects are immediately registered in the brain.

2   Mathematization emphasizes representing and elaborating mathematically—creating models of an everyday activity with mathematical objects, such as numbers and shapes; mathematical actions, such as counting or transforming shapes; and their structural relationships. Mathematizing involves reinventing, redescribing, reorganizing, quantifying, structuring, abstracting, and generalizing that which is first understood on an intuitive and informal level in the context of everyday activity.

3   This section is adapted from Clements & Sarama (2002).

Referencias

Adey, P., Robertson, A., & Venville, G. (2002). Effects of a cognitive acceleration programme on Year 1 pupils. *British Journal of Educational Psychology, 72*, 1–5.
Aleven, V. A. W. M. M., & Koedinger, K. R. (2002). An effective metacognitive strategy: Learning by doing and explaining with a computer-based Cognitive Tutor. *Cognitive Science, 26(2)*, 147-179.
Alexander, K. L., & Entwisle, D. R. (1988). Achievement in the first 2 years of school: Patterns and processes. *Monographs of the Society for Research in Child Development, 53(2, Serial No. 157)*.
Allen, J., Watson, J. A., & Howard, J. R. (1993). The impact of cognitive styles on the problem solving strategies used by preschool minority children in Logo microworlds. *Journal of Computing in Childhood Education, 4*, 203–217.
Anderson, A., Anderson, J., & Shapiro, J. (2004). Mathematical discourse in shared storybook reading. *Journal for Research in Mathematics Education, 35*, 5–33.
Anderson, G. R. (1957). Visual-tactual devices and their efficacy: An experiment in grade eight. *Arithmetic Teacher, 4*, 196–203.
Anderson, J. R. (Ed.). (1993). *Rules of the mind.* Hillsdale, NJ: Lawrence Erlbaum Associates.
Anghileri, J. (2001). What are we trying to achieve in teaching standard calculating procedures? In M. v. d. Heuvel-Panhuizen (Ed.), *Proceedings of the 25th Conference of the International Group for the Psychology in Mathematics Education* (Vol. 2, pp. 41–48). Utrecht, the Netherlands: Freudenthal Institute.
Anghileri, J. (2004). Disciplined calculators or flexible problem solvers? In M. J. Høines & A. B. Fuglestad (Eds.), *Proceedings of the 28th Conference of the International Group for the Psychology in Mathematics Education* (Vol. 1, pp. 41–46). Bergen, Norway: Bergen University College.
Ansari, D., & Karmiloff-Smith, A. (2002). Atypical trajectories of number development: A neuroconstructivist perspective. *Trends in Cognitive Sciences, 6(12)*, 511–516.
Arditi, A., Holtzman, J. D., & Kosslyn, S. M. (1988). Mental imagery and sensory experience in congenital blindness. *Neuropsychologia, 26*, 1–12.
Arnold, D. H., & Doctoroff, G. L. (2003). Early education of socioeconomically disadvantaged children. *Annual Review of Psychology, 54*, 517–545.
Arnold, D. H., Fisher, P. H., Doctoroff, G. L., & Dobbs, J. (2002). Accelerating math development in Head Start classrooms: Outcomes and gender differences. *Journal of Educational Psychology, 94*, 762–770.
Ashcraft, M. H. (2006, November). Math performance, working memory, and math anxiety: Some possible directions for neural functioning work. *Paper presented at The Neural Basis of Mathematical Development,* Nashville, TN.
Askew, M., Brown, M., Rhodes, V., Wiliam, D., & Johnson, D. (1997). Effective teachers of numeracy in UK primary schools: Teachers' beliefs, practices, and children's learning. In M. v. d. Heuvel-Panhuizen (Ed.), *Proceedings of the 21st Conference of the International Group for the Psychology of Mathematics Education* (Vol. 2, pp. 25–32). Utrecht, the Netherlands: Freudenthal Institute.
Aubrey, C. (1997). Children's early learning of number in school and out. In I. Thompson (Ed.), *Teaching and learning early number* (pp. 20–29). Philadelphia, PA: Open University Press.
Aunio, P., Ee, J., Lim, S. E. A., Hautamäki, J., & Van Luit, J. E. H. (2004). Young children's number sense in Finland, Hong Kong and Singapore. *International Journal of Early Years Education, 12*, 195–216.
Aunio, P., Hautamäki, J., Sajaniemi, N., & Van Luit, J. E. (2009). Early numeracy in low-performing young children. *British Educational Research Journal, 35(1)*, 25-46.
Aunio, P., Hautamäki, J., & Van Luit, J. E. H. (2005). Mathematical thinking intervention programmes for preschool children with normal and low number sense. *European Journal of Special Needs Education, 20*, 131–146.
Aunio, P., Niemivirta, M., Hautamäki, J., Van Luit, J. E. H., Shi, J., & Zhang, M. (2006). Young children's number sense in China and Finland. *Scandinavian Journal of Psychology, 50*, 483–502.
Aunola, K., Leskinen, E., Lerkkanen, M.-K., & Nurmi, J.-E. (2004). Developmental dynamics of math performance from pre-school to grade 2. *Journal of Educational Psychology, 96*, 699–713.
Aunola, K., Nurmi, J.-E., Lerkkanen, M.-K., & Rasku-Puttonen, H. (2003). The roles of achievement-related behaviours and parental beliefs in children's mathematical performance. *Educational Psychology, 23*, 403–421.
Austin, A. M. B., Blevins-Knabe, B., & Lindauer, S. L. K. (2008). Informal and formal mathematics concepts: Of children in center and family child care. Unpublished manuscript.

Aydogan, C., Plummer, C., Kang, S. J., Bilbrey, C., Farran, D. C., & Lipsey, M. W. (2005). An investigation of prekindergarten curricula: Influences on classroom characteristics and child engagement. Paper presented at the NAEYC.

Bacon, W. F., & Ichikawa, V. (1988). Maternal expectations, classroom experiences, and achievement among kindergartners in the United States and Japan. *Human Development, 31,* 378–383.

Balfanz, R. (1999). Why do we teach young children so little mathematics? Some historical considerations. In J. V. Copley (Ed.), *Mathematics in the early years* (pp. 3–10). Reston, VA: National Council of Teachers of Mathematics.

Ball, D. L. (1992). Magical hopes: Manipulatives and the reform of math education. *American Educator, 16(2),* 14; 16–18; 46–47.

Baratta-Lorton, M. (1976). *Mathematics their way.* Menlo Park, CA: Addison-Wesley.

Barnett, W. S., Frede, E. C., Mobasher, H., & Mohr, P. (1987). The efficacy of public preschool programs and the relationship of program quality to efficacy. *Educational Evaluation and Policy Analysis, 10,* 37–49.

Barnett, W. S., Hustedt, J. T., Hawkinson, L. E., & Robin, K. B. (2006). *The state of preschool 2006.* New Brunswick, NJ: National Institute for for Early Education Research (NIEER).

Barnett, W. S., Yarosz, D. J., Thomas, J., & Hornbeck, A. (2006). *Educational effectiveness of a Vygotskian approach to preschool education: A randomized trial:* National Institute of Early Education Research.

Baroody, A. J. (1986, December). Counting ability of moderately and mildly handicapped children. *Education and Training of the Mentally Retarded, 21,* 289–300.

Baroody, A. J. (1987). *Children's mathematical thinking.* New York: Teachers College.

Baroody, A. J. (1989). Manipulatives don't come with guarantees. *Arithmetic Teacher, 37(2),* 4–5.

Baroody, A. J. (1990). How and when should place value concepts and skills be taught? *Journal for Research in Mathematics Education, 21,* 281–286.

Baroody, A. J. (1996). An investigative approach to the mathematics instruction of children classified as learning disabled. In D. K. Reid, W. P. Hresko & H. L. Swanson (Eds.), *Cognitive approaches to learning disabilities* (pp. 547–615). Austin, TX: Pro-ed.

Baroody, A. J. (1999). The development of basic counting, number, and arithmetic knowledge among children classified as mentally handicapped. In L. M. Glidden (Ed.), *International review of research in mental retardation* (Vol. 22, pp. 51–103). New York: Academic Press.

Baroody, A. J. (2003). The development of adaptive expertise and flexibility: The integration of conceptual and procedural knowledge. In A. J. Baroody & A. Dowker (Eds.), *The development of arithmetic concepts and skills: Constructing adaptive expertise* (pp. 1–33). Mahwah, NJ: Lawrence Erlbaum Associates.

Baroody, A. J. (2004a). The developmental bases for early childhood number and operations standards. In D. H. Clements, J. Sarama & A.-M. DiBiase (Eds.), *Engaging young children in mathematics: Standards for early childhood mathematics education* (pp. 173–219). Mahwah, NJ: Lawrence Erlbaum Associates.

Baroody, A. J. (2004b). The role of psychological research in the development of early childhood mathematics standards. In D. H. Clements, J. Sarama & A.-M. DiBiase (Eds.), *Engaging young children in mathematics: Standards for early childhood mathematics education* (pp. 149–172). Mahwah, NJ: Lawrence Erlbaum Associates.

Baroody, A. J., & Benson, A. P. (2001). Early number instruction. *Teaching Children Mathematics, 8,* 154–158.

Baroody, A. J., & Dowker, A. (2003). *The development of arithmetic concepts and skills: Constructing adaptive expertise.* Mahwah, NJ: Lawrence Erlbaum Associates.

Baroody, A. J., Eiland, M., Su, Y., & Thompson, B. (2007). *Fostering at-risk preschoolers' number sense.* Paper presented at the American Educational Research Association.

Baroody, A. J., Lai, M.-L., & Mix, K. S. (2005, December). *Changing views of young children's numerical and arithmetic competencies.* Paper presented at the National Association for the Education of Young Children, Washington, DC.

Baroody, A. J., Lai, M.-l., & Mix, K. S. (2006). The development of young children's number and operation sense and its implications for early childhood education. In B. Spodek & O. N. Saracho (Eds.), *Handbook of research on the education of young children* (pp. 187–221). Mahwah, NJ: Lawrence Erlbaum Associates.

Baroody, A. J., & Tiilikainen, S. H. (2003). Two perspectives on addition development. In A. J. Baroody & A. Dowker (Eds.), *The development of arithmetic concepts and skills: Constructing adaptive expertise* (pp. 75–125). Mahwah, NJ: Lawrence Erlbaum Associates.

Bartsch, K., & Wellman, H. M. (1988). Young children's conception of distance. *Developmental Psychology, 24(4),* 532–541.

Battista, M. T. (1990). Spatial visualization and gender differences in high school geometry. *Journal for Research in Mathematics Education, 21,* 47–60.
Beilin, H. (1984). Cognitive theory and mathematical cognition: Geometry and space. In B. Gholson & T. L. Rosenthanl (Eds.), *Applications of cognitive-developmental theory* (pp. 49–93). New York: Academic Press.
Beilin, H., Klein, A., & Whitehurst, B. (1982). *Strategies and structures in understanding geometry.* New York: City University of New York.
Benigno, J. P., & Ellis, S. (2004). Two is greater than three: Effects of older siblings on parental support of preschoolers' counting in middle-income families. *Early Childhood Research Quarterly, 19,* 4–20.
Bennett, N., Desforges, C., Cockburn, A., & Wilkinson, B. (1984). *The quality of pupil learning experiences.* Hillsdale, NJ: Lawrence Erlbaum Associates.
Berch, D. B., & Mazzocco, M. M. M. (Eds.). (2007). *Why is math so hard for some children? The nature and origins of mathematical learning difficulties and disabilities.* Baltimore, MD: Paul H. Brooks.
Bereiter, C. (1986). Does direct instruction cause delinquency? Response to Schweinhart and Weikart. *Educational Leadership,* 20–21.
Bergin, D. A., Ford, M. E., & Mayer-Gaub, G. (1986). *Social and motivational consequences of microcomputer use in kindergarten.* San Francisco, CA: American Educational Research Association.
Berliner, D. C. (2006). Our impoverished view of educational research. *Teachers College Record, 108,* 949–995.
Bilbrey, C., Farran, D. C., Lipsey, M. W., & Hurley, S. (2007, April). *Active involvement by rural children from low income families in prekindergarten classrooms: Predictors and consequences.* Paper presented at the Biennial Meeting of the Society for Research in Child Development, Boston, MA.
Binder, S. L., & Ledger, B. (1985). *Preschool computer project report.* Oakville, Ontario, Canada: Sheridan College.
Bishop, A. J. (1980). Spatial abilities and mathematics achievement—A review. *Educational Studies in Mathematics, 11,* 257–269.
Bishop, A. J. (1983). Space and geometry. In R. A. Lesh & M. S. Landau (Eds.), *Acquisition of mathematics concepts and processes* (pp. 7–44). New York: Academic Press.
Bishop, A. J., & Forgasz, H. J. (2007). Issues in access and equity in mathematics education. In F. K. Lester, Jr. (Ed.), *Second Handbook of research on mathematics teaching and learning* (pp. 1145–1167). New York: Information Age Publishing.
Black, P., & Wiliam, D. (1998). Assessment and classroom learning. *Assessment in Education: Principles, Policy & Practice, 5(1),* 7–76.
Blair, C. (2002). School readiness: Integrating cognition and emotion in a neurobiological conceptualization of children's functioning at school entry. *American Psychologist, 57(2),* 111–127.
Blair, C., & Razza, R. P. (2007). Relating effortful control, executive function, and false belief understanding to emerging math and literacy ability in kindergarten. *Child Development, 78,* 647–663.
Blevins-Knabe, B., & Musun-Miller, L. (1996). Number use at home by children and their parents and its relationship to early mathematical performance. *Early Development and Parenting, 5,* 35–45.
Blevins-Knabe, B., Whiteside-Mansell, L., & Selig, J. (2007). Parenting and mathematical development. *Academic Exchange Quarterly, 11,* 76–80.
Bley, N. S., & Thornton, C. A. (1981). *Teaching mathematics to the learning disabled.* Rockville, MD: Aspen Systems Corportation.
Blöte, A. W., Van der Burg, E., & Klein, A. S. (2001). Students' flexibility in solving two-digit addition and subtraction problems: Instruction effects. *Journal of Educational Psychology, 93,* 627–638.
Bodovski, K., & Farkas, G. (2007). Mathematics growth in early elementary school: The roles of beginning knowledge, student engagement, and instruction. *The Elementary School Journal, 108(2),* 115–130.
Bodrova, E., & Leong, D. J. (2001). *The tools of the mind: A case study of implementing the Vygotskian approach in American early childhood and primary classrooms.* Geneva, Switzerland: International Bureau of Education.
Bodrova, E., & Leong, D. J. (2003). Self-regulation as a key to school readiness: How can early childhood teachers promote this critical competency? In M. Zaslow & I. Martinez-Beck (Eds.), *Critical issues in early childhood professional development* (pp. 203–224). Baltimore, MD: Brookes Publishing.
Bodrova, E., & Leong, D. J. (2005). Self-Regulation as a key to school readiness: How can early childhood teachers promote this critical competency? In M. Zaslow & I. Martinez-Beck (Eds.), *Critical issues in early childhood professional development.* Baltimore, MD: Brookes Publishing.

Bodrova, E., Leong, D. J., Norford, J., & Paynter, D. (2003). It only looks like child's play. *Journal of Staff Development, 24(2),* 47–51.

Bowman, B. T., Donovan, M. S., & Burns, M. S. (Eds.). (2001). *Eager to learn: Educating our preschoolers.* Washington, DC: National Academy Press.

Bransford, J. D., Brown, A. L., & Cocking, R. R. (Eds.). (1999). *How people learn.* Washington, DC: National Academy Press.

Brinkley, V. M., & Watson, J. A. (1987–88a). Effects of microworld training experience on sorting tasks by young children. *Journal of Educational Technology Systems, 16,* 349–364.

Brinkley, V. M., & Watson, J. A. (1987–88b). Logo and young children: Are quadrant effects part of initial Logo mastery? *Journal of Educational Technology Systems, 19,* 75–86.

Broberg, A. G., Wessels, H., Lamb, M. E., & Hwang, C. P. (1997). Effects of day care on the development of cognitive abilities in 8-year-olds: A longitudinal study. *Developmental Psychology, 33,* 62–69.

Brooks-Gunn, J. (2003). Do you believe in magic? What we can expect from early childhood intervention programs. *Social Policy Report, 17(1),* 3–14.

Brooks-Gunn, J., Duncan, G. J., & Britto, P. R. (1999). Are socieconomic gradients for children similar to those for adults? In D. P. Keating & C. Hertzman (Eds.), *Developmental health and the wealth of nations* (pp. 94–124). New York: Guilford.

Brosterman, N. (1997). *Inventing kindergarten.* New York: Harry N. Abrams.

Brown, S. I., & Walter, M. I. (1990). *The art of problem posing.* Mahwah, NJ: Lawrence Erlbaum Associates.

Brownell, W. A., & Moser, H. E. (1949). *Meaningful vs. mechanical learning: A study in grade III subtraction.* Durham, NC: Duke University Press.

Browning, C. A. (1991). Reflections on using Lego TC Logo in an elementary classroom. In E. Calabrese (Ed.), *Proceedings of the Third European Logo Conference* (pp. 173–185). Parma, Italy: Associazione Scuola e Informatica.

Bryant, D. M., Burchinal, M. R., Lau, L. B., & Sparling, J. J. (1994). Family and classroom correlates of Head Start children's developmental outcomes. *Early Childhood Research Quarterly, 9,* 289–309.

Bull, R., & Scerif, G. (2001). Executive functioning as a predictor of children's mathematics ability: Inhibition, switching, and working memory. *Developmental Neuropsychology, 19,* 273–293.

Burchinal, M. R., Peisner-Feinberg, E., Pianta, R., & Howes, C. (2002). Development of academic skills from preschool through second grade: Family and classroom predictors of developmental trajectories. *Developmental Psychology, 40,* 415–436.

Burden, M. J., Jacobson, S. W., Dodge, N. C., Dehaene, S., & Jacobson, J. L. (2007). *Effects of prenatal alcohol and cocaine exposure on arithmetic and "number sense".* Paper presented at the Society for Research in Child Development.

Burger, W. F., & Shaughnessy, J. M. (1986). Characterizing the van Hiele levels of development in geometry. *Journal for Research in Mathematics Education, 17,* 31–48.

Burkhardt, H. (2006). From design research to large-scale impact: Engineering research in education. In J. V. d. Akker, K. P. E. Gravemeijer, S. McKenney & N. Nieveen (Eds.), *Educational design research* (pp. 133–162). London: Routledge.

Callahan, L. G., & Clements, D. H. (1984). Sex differences in rote counting ability on entry to first grade: Some observations. *Journal for Research in Mathematics Education, 15,* 378–382.

Campbell, F. A., Pungello, E. P., Miller-Johnson, S., Burchinal, M., & Ramey, C. T. (2001). The development of cognitive and academic abilities: Growth curves from an early childhood educational experiment. *Developmental Psychology, 37,* 231–242.

Campbell, P. F. (1987). *Measuring distance: Children's use of number and unit.* Final report submitted to the National Institute of Mental Health Under the ADAMHA Small Grant Award Program. Grant No. MSMA 1 R03 MH423435–01, University of Maryland, College Park.

Campbell, P. F., & Silver, E. A. (1999). *Teaching and learning mathematics in poor communities.* Reston, VA: National Council of Teachers of Mathematics.

Cannon, J., Fernandez, C., & Ginsburg, H. P. (2005, April). *Parents' preference for supporting preschoolers' language over mathemat- ics learning: A difference that runs deep.* Paper presented at the Biennial Meeting of the Society for Research in Child Development, Atlanta, GA.

Cannon, J., Levine, S. C., & Huttenlocher, J. (2007, Marach). *Sex differences in the relation between early puzzle play and mental transformation skill.* Paper presented at the Biennial Meeting of the Society of Research in Child Development, Boston, MA.

Canobi, K. H., Reeve, R. A., & Pattison, P. E. (1998). The role of conceptual understanding in children's addition problem solving. *Developmental Psychology, 34,* 882–891.

Carey, S. (2004). Bootstrapping & the origin of concepts. *Daedalus, 133(1),* 59-68.

Carmichael, H. W., Burnett, J. D., Higginson, W. C., Moore, B. G., & Pollard, P. J. (1985). *Computers, children and classrooms: A multisite evaluation of the creative use of microcomputers by elementary school children.* Toronto, Ontario, Canada: Ministry of Education.

Carnegie Corporation. (1998). *Years of promise: A comprehensive learning strategy for America's children* [Electronic Version]. Retrieved June 13, 1998, from http://www.carnegie.org/sub/pubs/execsum.html.

Carpenter, T. P., Ansell, E., Franke, M. L., Fennema, E. H., & Weisbeck, L. (1993). Models of problem solving: A study of kindergarten children's problem-solving processes. *Journal for Research in Mathematics Education, 24,* 428–441.

Carpenter, T. P., Coburn, T., Reys, R. E., & Wilson, J. (1975). Notes from National Assessment: Basic concepts of area and volume. *Arithmetic Teacher, 22,* 501–507.

Carpenter, T. P., Fennema, E. H., Franke, M. L., Levi, L., & Empson, S. B. (1999). *Children's mathematics: Cognitively guided instruction.* Portsmouth, NH: Heinemann.

Carpenter, T. P., Franke, M. L., Jacobs, V. R., Fennema, E. H., & Empson, S. B. (1998). A longitudinal study of invention and understanding in children's multidigit addition and subtraction. *Journal for Research in Mathematics Education, 29,* 3–20.

Carpenter, T. P., Franke, M. L., & Levi, L. (2003). *Thinking mathematically: Integrating arithmetic and algebra in elementary school.* Portsmouth, NH: Heinemann.

Carpenter, T. P., & Levi, L. (1999). *Developing conceptions of algebraic reasoning in the primary grades.* Montreal, Canada: American Educational Research Association.

Carpenter, T. P., & Lewis, R. (1976). The development of the concept of a standard unit of measure in young children. *Journal for Research in Mathematics Education, 7,* 53–58.

Carpenter, T. P., & Moser, J. M. (1982). The development of addition and subtraction problem solving. In T. P. Carpenter, J. M. Moser & T. A. Romberg (Eds.), *Rational numbers: An integration of research.* Hillsdale, NJ: Lawrence Erlbaum Associates.

Carpenter, T. P., & Moser, J. M. (1984). The acquisition of addition and subtraction concepts in grades one through three. *Journal for Research in Mathematics Education, 15,* 179–202.

Carper, D. V. (1942). Seeing numbers as groups in primary-grade arithmetic. *The Elementary School Journal, 43,* 166–170.

Carr, M., & Alexeev, N. (2008). *Developmental trajectories of mathematic strategies: Influence of fluency, accuracy and gender.* Submittted for publication.

Carr, M., & Davis, H. (2001). Gender differences in arithmetic strategy use: A function of skill and preference. *Contemporary Educational Psychology, 26,* 330–347.

Carr, M., Shing, Y. L., Janes, P., & Steiner, H. H. (2007). *Early gender differences in strategy use and fluency: Implications for the emergence of gender differences in mathematics.* Paper presented at the Society for Research in Child Development.

Carr, M., Steiner, H. H., Kyser, B., & Biddlecomb, B. (2008). A comparison of predictors of early emerging gender differences in mathematics competence. *Learning and Individual Differences, 18,* 61–75.

Case, R., Griffin, S., & Kelly, W. M. (1999). Socieconomic gradients in mathematical ability and their responsiveness to intervention during early childhood. In D. P. Keating & C. Hertzman (Eds.), *Developmental health and the wealth of nations* (pp. 125–149). New York: Guilford.

Casey, B., Kersh, J. E., & Young, J. M. (2004). Storytelling sagas: An effective medium for teaching early childhood mathematics. *Early Childhood Research Quarterly, 19,* 167–172.

Casey, M. B., Nuttall, R. L., & Pezaris, E. (1997). Mediators of gender differences in mathematics college entrance test scores: A comparison of spatial skills with internalized beliefs and anxieties. *Developmental Psychology, 33,* 669–680.

Casey, M. B., Nuttall, R. L., & Pezaris, E. (2001). Spatial-mechanical reasoning skills versus mathematics self-confidence as mediators of gender differences on mathematics subtests using cross-national gender-based items. *Journal for Research in Mathematics Education, 32,* 28–57.

Cepeda, N. J., Pashler, H., Vul, E., Wixted, J. T., & Rohrer, D. (2006). Distributed practice in verbal recall tasks: A review and quantitative synthesis. *Psychological Bulletin, 132,* 354–380.

Char, C. A. (1989). *Computer graphic feltboards: New software approaches for young children's mathematical exploration.* San Francisco: American Educational Research Association.

Chard, D. J., Clarke, B., Baker, S., Otterstedt, J., Braun, D., & Katz, R. (2005). Using measures of number sense to screen for difficulties in mathematics: Preliminary findings. *Assessment for Effective Intervention, 30(2),* 3–14.

Chen, C., & Uttal, D. H. (1988). Cultural values, parents' beliefs, and children's achievement in the United States and China. *Human Development, 31,* 351–358.

Chernoff, J. J., Flanagan, K. D., McPhee, C., & Park, J. (2007). *Preschool: First findings from the third follow-up of the early childhood longitudinal study, birth cohort (ECLS-B) (NCES 2008–025).* Washington, DC.: National Center for Education Statistics, Institute of Education Sciences, U.S. Department of Education.

Cheung, C., Leung, A., & McBride-Chang, C. (2007). *Gender differences in mathematics self concept in Hong Kong children: A function of perceived maternal academic support.* Paper presented at the Society for Research in Child Development.

Cheung, C., & McBride-Chang, C. (in press). Relations of perceived maternal parenting style, practices, and learning motivation to academic competence in Chinese children. *Merrill-Palmer Quarterly.*

Christiansen, K., Austin, A., & Roggman, L. (2005, April). *Math interactions in the context of play: Relations to child math ability.* Paper presented at the Biennial Meeting of the Society for Research in Child Development, Atlanta, GA.

Clarke, B., & Shinn, M. R. (2004). A preliminary investigation into the identification and development of early mathematics curriculum-based measurement. *School Psychology Review, 33(2),* 234–248.

Clarke, B. A., Clarke, D. M., & Horne, M. (2006). A longitudinal study of children's mental computation strategies. In J. Novotná, H. Moraová, M. Krátká & N. a. Stehlíková (Eds.), *Proceedings of the 30th Conference of the International Group for the Psychology in Mathematics Education* (Vol. 2, pp. 329–336). Prague, Czecho: Charles University.

Clarke, D. M., Cheeseman, J., Gervasoni, A., Gronn, D., Horne, M., McDonough, A., et al. (2002). *Early Numeracy Research Project Final Report.* Department of Education, Employment and Training, the Catholic Education Office (Melbourne), and the Association of Independent Schools Victoria.

Clements, D. H. (1983–84). Supporting young children's Logo programming. *The Computing Teacher, 11 (5),* 24–30.

Clements, D. H. (1984). Training effects on the development and generalization of Piagetian logical operations and knowledge of number. *Journal of Educational Psychology, 76,* 766–776.

Clements, D. H. (1986). Effects of Logo and CAI environments on cognition and creativity. *Journal of Educational Psychology, 78,* 309–318.

Clements, D. H. (1987). Longitudinal study of the effects of Logo programming on cognitive abilities and achievement. *Journal of Educational Computing Research, 3,* 73–94.

Clements, D. H. (1989). *Computers in elementary mathematics education.* Englewood Cliffs, NJ: Prentice-Hall.

Clements, D. H. (1991). Current technology and the early childhood curriculum. In B. Spodek & O. N. Saracho (Eds.), *Yearbook in early childhood education, Volume 2: Issues in early childhood curriculum* (pp. 106–131). New York: Teachers College Press.

Clements, D. H. (1994). The uniqueness of the computer as a learning tool: Insights from research and practice. In J. L. Wright & D. D. Shade (Eds.), *Young children: Active learners in a technological age* (pp. 31–50). Washington, D.C.: National Association for the Education of Young Children.

Clements, D. H. (1995). Teaching creativity with computers. *Educational Psychology Review, 7(2),* 141–161.

Clements, D. H. (1999a). "Concrete" manipulatives, concrete ideas. *Contemporary Issues in Early Childhood, 1(1),* 45–60.

Clements, D. H. (1999b). Subitizing: What is it? Why teach it? *Teaching Children Mathematics, 5,* 400–405.

Clements, D. H. (1999c). Teaching length measurement: Research challenges. *School Science and Mathematics, 99(1),* 5–11.

Clements, D. H. (2001). Mathematics in the preschool. *Teaching Children Mathematics, 7,* 270–275.

Clements, D. H. (2007). Curriculum research: Toward a framework for "research-based curricula". *Journal for Research in Mathematics Education, 38,* 35–70.

Clements, D. H., & Battista, M. T. (1989). Learning of geometric concepts in a Logo environment. *Journal for Research in Mathematics Education, 20,* 450–467.

Clements, D. H., & Battista, M. T. (1990). Constructivist learning and teaching. *Arithmetic Teacher, 38(1),* 34–35.

Clements, D. H., & Battista, M. T. (Artist). (1991). *Logo geometry.* Morristown, NJ: Silver Burdett & Ginn.

Clements, D. H., & Battista, M. T. (1992). Geometry and spatial reasoning. In D. A. Grouws (Ed.), *Handbook of research on mathematics teaching and learning* (pp. 420–464). New York: Macmillan.

Clements, D. H., & Battista, M. T. (2000). Designing effective software. In A. E. Kelly & R. A. Lesh (Eds.), *Handbook of research design in mathematics and science education* (pp. 761–776). Mahwah, NJ: Lawrence Erlbaum Associates.

Clements, D. H., Battista, M. T., & Sarama, J. (1998). Students' development of geometric and measurement ideas. In R. Lehrer & D. Chazan (Eds.), *Designing learning environments for developing understanding of geometry and space* (pp. 201–225). Mahwah, NJ: Lawrence Erlbaum Associates.

Clements, D. H., Battista, M. T., & Sarama, J. (2001). Logo and geometry. *Journal for Research in Mathematics Education Monograph Series, 10.*

Clements, D. H., Battista, M. T., Sarama, J., & Swaminathan, S. (1996). Development of turn and turn measurement concepts in a computer-based instructional unit. *Educational Studies in Mathematics, 30,* 313–337.

Clements, D. H., Battista, M. T., Sarama, J., & Swaminathan, S. (1997). Development of students' spatial thinking in a unit on geometric motions and area. *The Elementary School Journal, 98,* 171–186.

Clements, D. H., Battista, M. T., Sarama, J., Swaminathan, S., & McMillen, S. (1997). Students' development of length measurement concepts in a Logo-based unit on geometric paths. *Journal for Research in Mathematics Education, 28(1),* 70–95.

Clements, D. H., & Burns, B. A. (2000). Students' development of strategies for turn and angle measure. *Educational Studies in Mathematics, 41,* 31–45.

Clements, D. H., & Callahan, L. G. (1983). Number or prenumber experiences for young children: Must we choose? *The Arithmetic Teacher, 31(3),* 34–37.

Clements, D. H., & Callahan, L. G. (1986). Cards: A good deal to offer. *The Arithmetic Teacher, 34(1),* 14–17.

Clements, D. H., & Conference Working Group. (2004). Part one: Major themes and recommendations. In D. H. Clements, J. Sarama & A.-M. DiBiase (Eds.), *Engaging young children in mathematics: Standards for early childhood mathematics education* (pp. 1–72). Mahwah, NJ: Lawrence Erlbaum Associates.

Clements, D. H., & Meredith, J. S. (1993). Research on Logo: Effects and efficacy. *Journal of Computing in Childhood Education, 4,* 263–290.

Clements, D. H., & Meredith, J. S. (1994). *Turtle math [Computer software].* Montreal, Quebec: Logo Computer Systems, Inc. (LCSI).

Clements, D. H., & Nastasi, B. K. (1985). Effects of computer environments on social-emotional development: Logo and computer-assisted instruction. *Computers in the Schools, 2(2–3),* 11–31.

Clements, D. H., & Nastasi, B. K. (1988). Social and cognitive interactions in educational computer environments. *American Educational Research Journal, 25,* 87–106.

Clements, D. H., & Nastasi, B. K. (1992). Computers and early childhood education. In M. Gettinger, S. N. Elliott & T. R. Kratochwill (Eds.), *Advances in school psychology: Preschool and early childhood treatment directions* (pp. 187–246). Mahwah, NJ: Lawrence Erlbaum Associates.

Clements, D. H., & Nastasi, B. K. (1993). Electronic media and early childhood education. In B. Spodek (Ed.), *Handbook of research on the education of young children* (pp. 251–275). New York: Macmillan.

Clements, D. H., Nastasi, B. K., & Swaminathan, S. (1993). Young children and computers: Crossroads and directions from research. *Young Children, 48(2),* 56–64.

Clements, D. H., Russell, S. J., Tierney, C., Battista, M. T., & Meredith, J. S. (1995). *Flips, turns, and area.* Cambridge, MA: Dale Seymour Publications.

Clements, D. H., & Sarama, J. (1996). Turtle Math: Redesigning Logo for elementary mathematics. *Learning and Leading with Technology, 23(7),* 10–15.

Clements, D. H., & Sarama, J. (1997). Research on Logo: A decade of progress. *Computers in the Schools, 14(1–2),* 9–46.

Clements, D. H., & Sarama, J. (2002). Teaching with computers in early childhood education: Strategies and professional development. *Journal of Early Childhood Teacher Education, 23,* 215–226.

Clements, D. H., & Sarama, J. (2003a). *DLM Early Childhood Express Math Resource Guide.* Columbus, OH: SRA/McGraw-Hill.

Clements, D. H., & Sarama, J. (2003b). Strip mining for gold: Research and policy in educational technology—A response to "Fool's Gold". *Educational Technology Review, 11(1),* 7–69.

Clements, D. H., & Sarama, J. (2003c). Young children and technology: What does the research say? *Young Children, 58(6),* 34–40.

Clements, D. H., & Sarama, J. (2004a). Building Blocks for early childhood mathematics. *Early Childhood Research Quarterly, 19,* 181–189.

Clements, D. H., & Sarama, J. (2004b). Learning trajectories in mathematics education. *Mathematical Thinking and Learning, 6,* 81–89.

Clements, D. H., & Sarama, J. (2007a). *Building Blocks—SRA Real Math Teacher's Edition, Grade PreK.* Columbus, OH: SRA/ McGraw-Hill.

Clements, D. H., & Sarama, J. (2007b). Building Blocks—SRA Real Math, Grade PreK. Columbus, OH: SRA/McGraw-Hill. Clements, D. H., & Sarama, J. (2007c). Effects of a preschool mathematics curriculum: Summative research on the Building Blocks project. *Journal for Research in Mathematics Education, 38,* 136–163.

Clements, D. H., & Sarama, J. (2008). Experimental evaluation of the effects of a research-based preschool mathematics curriculum. *American Educational Research Journal, 45,* 443-494.

Clements, D. H., Sarama, J., & DiBiase, A.-M. (2004). *Engaging young children in mathematics: Standards for early childhood mathematics education.* Mahwah, NJ: Lawrence Erlbaum Associates.

Clements, D. H., & Stephan, M. (2004). Measurement in preK-2 mathematics. In D. H. Clements, J. Sarama & A.-M. DiBiase (Eds.), *Engaging young children in mathematics: Standards for early childhood mathematics education* (pp. 299-317). Mahwah, NJ: Lawrence Erlbaum Associates.

Clements, D. H., & Swaminathan, S. (1995). Technology and school change: New lamps for old? *Childhood Education, 71,* 275-281.

Clements, D. H., Swaminathan, S., Hannibal, M. A. Z., & Sarama, J. (1999). Young children's concepts of shape. *Journal for Research in Mathematics Education, 30,* 192-212.

Clifford, R., Barbarin, O., Chang, F., Early, D., Bryant, D., Howes, C., et al. (2005). What is pre-kindergarten? Characteristics of public pre-kindergarten programs. *Applied Developmental Science, 9,* 126-143.

Cobb, P. (1990). A constructivist perspective on information-processing theories of mathematical activity. *International Journal of Educational Research, 14,* 67-92.

Cobb, P. (1995). Cultural tools and mathematical learning: A case study. *Journal for Research in Mathematics Education, 26,* 362-385.

Cobb, P., Wood, T., Yackel, E., Nicholls, J., Wheatley, G., Trigatti, B., et al. (1991). Assessment of a problem-centered second-grade mathematics project. *Journal for Research in Mathematics Education, 22(1),* 3-29.

Cobb, P., Yackel, E., & Wood, T. (1989). Young children's emotional acts during mathematical problem solving. In D. B. McLeod & V. M. Admas (Eds.), *Affect and mathematical problem solving: A new perspective* (pp. 117-148). New York: Springer-Verlag.

Cohen, J. (1977). *Statistical power analysis for the behavioral sciences (rev. ed.).* New York: Academic Press.

Cohen, R., & Geva, E. (1989). Designing Logo-like environments for young children: The interaction between theory and practice. *Journal of Educational Computing Research, 5,* 349-377.

Coley, R. J. (2002). An unequal start: Indicators of inequality in school readiness. Princeton, NJ: Educational Testing Service. Confrey, J., & Kazak, S. (2006). A thirty-year reflection on constructivism in mathematics education in PME. In A. Gutiérrez & P. Boero (Eds.), *Handbook of research on the psychology of mathematics education: Past, present, and future* (pp. 305-345). Rotterdam, the Netherlands: Sense Publishers.

Cook, T. D. (2002). Randomized experiments in educational policy research: A critical examination of the reasons the educational evaluation community has offered for not doing them. *Educational Evaluation and Policy Analysis, 24,* 175-199.

Cooper, R. G., Jr. (1984). Early number development: Discovering number space with addition and subtraction. In C. Sophian (Ed.), *Origins of cognitive skills* (pp. 157-192). Mahwah, NJ: Lawrence Erlbaum Associates.

Cordes, C., & Miller, E. (2000). *Fool's gold: A critical look at computers in childhood.* Retrieved November 7, 2000, from http://www.allianceforchildhood.net/projects/computers/ computers_reports.htm.

Correa, J., Nunes, T., & Bryant, P. (1998). Young children's understanding of division: The relationship between division terms in a noncomputational task. *Journal of Educational Psychology, 90,* 321-329.

Cowan, N., Saults, J. S., & Elliott, E. M. (2002). The search for what is fundamental in the development of working memory. *Advances in Child Development and Behavior, 29,* 1-49.

Currie, J., & Thomas, D. (1995). Does Head Start make a difference? *American Economic Review, 85,* 341-364.

Curtis, R. P. (2005). *Preschoolers' counting in peer interaction.* Paper presented at the American Educational Research Association, New Orleans, LA.

Davidson, J., & Wright, J. L. (1994). The potential of the microcomputer in the early childhood classroom. In J. L. Wright & D. D. Shade (Eds.), *Young children: Active learners in a technological age* (pp. 77-91). Washington, DC: National Association for the Education of Young Children.

Davis, R. B. (1984). *Learning mathematics: The cognitive science approach to mathematics education.* Norwood, NJ: Ablex.

Davydov, V. V. (1975). On the formation of an elementary concept of number by the child. In J. Kilpatrick & I. Wirszup (Eds.), *Soviet studies in the psychology of learning and teaching mathematics (Vol. 13).* Stanford, CA: School Mathematics Study Group, Stanford, University.

Dawson, D. T. (1953). Number grouping as a function of complexity. *The Elementary School Journal, 54,* 35-42.

Day, J. D., Engelhardt, J. L., Maxwell, S. E., & Bolig, E. E. (1997). Comparison of static and dynamic assessment procedures and their relation to independent performance. *Journal of Educational Psychology, 89(2)*, 358–368.

Degelman, D., Free, J. U., Scarlato, M., Blackburn, J. M., & Golden, T. (1986). Concept learning in preschool children: Effects of a short-term Logo experience. *Journal of Educational Computing Research, 2(2)*, 199–205.

Dehaene, S. (1997). *The number sense: How the mind creates mathematics*. New York: Oxford University Press.

DeLoache, J. S. (1987). Rapid change in the symbolic functioning of young children. *Science, 238*, 1556–1557.

DeLoache, J. S., Miller, K. F., & Pierroutsakos, S. L. (1998). Reasoning and problem solving. In D. Kuhn & R. S. Siegler (Eds.), *Handbook of child psychology (5th Ed.): Vol. 2. Cognition, perception, & language* (pp. 801–850). New York: Wiley.

DeLoache, J. S., Miller, K. F., Rosengren, K., & Bryant, N. (1997). The credible shrinking room: Very young children's performance with symbolic and nonsymbolic relations. *Psychological Science, 8*, 308–313.

Denton, K., & West, J. (2002). *Children's reading and mathematics achievement in kindergarten and first grade. 2002*, from http://nces.ed.gov/pubsearch/pubsinfo.asp?pubid☐ 2002125.

Dewey, J. (1938/1997). *Experience and education*. New York: Simon & Schuster.

DHHS. (2005). *Head Start impact study: First year findings*. Washington, DC.: U.S. Department of Health and Human Services; Administration for Children and Families.

Diamond, A., Barnett, W. S., Thomas, J., & Munro, S. (2007). Preschool program improves cognitive control. *Science, 318*, 1387–1388.

Dixon, J. K. (1995). Limited English proficiency and spatial visualization in middle school students' construction of the concepts of reflection and rotation. *The Bilingual Research Journal, 19(2)*, 221–247.

Dobbs, J., Doctoroff, G. L., Fisher, P. H., & Arnold, D. H. (2006). The association between preschool children's socio-emotional functioning and their mathematical skill. *Journal of Applied Developmental Psychology, 27*, 97–108.

Doig, B., McCrae, B., & Rowe, K. (2003). *A good start to numeracy: Effective numeracy strategies from research and practice in early childhood*. Canberra ACT, Australia: Australian Council for Educational Research.

Donlan, C. (1998). Number without language? Studies of children with specific language impairments. In C. Donlan (Ed.), *The development of mathematical skills* (pp. 255–274). East Sussex, UK: Psychology Press.

Dowker, A. (2004). *What works for children with mathematical difficulties?* (Research Report No. 554). Nottingham, UK: University of Oxford/DfES Publications.

Dowker, A. (2005). Early identification and intervention for students with mathematics difficulties. *Journal of Learning Disabilities, 38*, 324–332.

Downs, R. M., & Liben, L. S. (1988). Through the map darkly: Understanding maps as representations. *The Genetic Epistemologist, 16*, 11–18.

Downs, R. M., Liben, L. S., & Daggs, D. G. (1988). On education and geographers: The role of cognitive developmental theory in geographic education. *Annals of the Association of American Geographers, 78*, 680–700.

Draisma, J. (2000). Gesture and oral computation as resources in the early learning of mathematics. In T. Nakahara & M. Koyama (Eds.), *Proceedings of the 24th Conference of the International Group for the Psychology in Mathematics Education* (Vol. 2, pp. 257–264).

Driscoll, M. J. (1983). *Research within reach: Elementary school mathematics and reading*. St. Louis: CEMREL, Inc.

du Boulay, B. (1986). Part II: Logo confessions. In R. Lawler, B. du Boulay, M. Hughes & H. Macleod (Eds.), *Cognition and computers: Studies in learning* (pp. 81–178). Chichester, England: Ellis Horwood Limited.

Duncan, G. J., Brooks-Gunn, J., & Klebanov, P. K. (1994). Economic deprivation and early childhood development. *Child Development, 65*, 296–318.

Duncan, G. J., Claessens, A., & Engel, M. (2004). *The contributions of hard skills and socio-emotional behavior to school readiness*. Evanston, IL: Northwestern University.

Duncan, G. J., Dowsett, C. J., Claessens, A., Magnuson, K., Huston, A. C., Klebanov, P., et al. (in press). School readiness and later achievement. *Developmental Psychology*.

Early, D., Barbarin, O., Burchinal, M. R., Chang, F., Clifford, R., Crawford, G., et al. (2005). *Pre-Kindergarten in Eleven States: NCEDL's Multi-State Study of Pre-Kindergarten & Study of State-Wide Early Education Programs (SWEEP)*. Chapel Hill, NC: University of North Carolina.

Ebbeck. M. (1984). Equity for boys and girls: Some important issues. *Early Child Development and Care, 18,* 119–131.
Edwards, C., Gandini, L., & Forman, G. E. (1993). *The hundred languages of children: The Reggio Emilia approach to early childhood education.* Norwood, N.J.: Ablex Publishing Corp.
Ehrlich, S. B., & Levine, S. C. (2007a, April). *The impact of teacher "number talk" in low- and middle-SES preschool classrooms.* Paper presented at the American Educational Research Association, Chicago, IL.
Ehrlich, S. B., & Levine, S. C. (2007b, Marach). *What low-SES children DO know about number: A comparison of Head Start and tuition-based preschool children's number knowledge.* Paper presented at the Biennial Meeting of the Society of Research in Child Development, Boston, MA.
Ehrlich, S. B., Levine, S. C., & Goldin-Meadow, S. (2006). The importance of gesture in children's spatial reasoning. *Developmental Psychology, 42,* 1259–1268.
Eimeren, L. v., MacMillan, K. D., & Ansari, D. (2007, April). *The role of subitizing in children's development of verbal counting.* Paper presented at the Society for Research in Child Development, Boston, MA.
Elliott, A., & Hall, N. (1997). The impact of self-regulatory teaching strategies on "at-risk" preschoolers' mathematical learning in a computer-mediated environment. *Journal of Computing in Childhood Education, 8(2/3),* 187–198.
Emihovich, C., & Miller, G. E. (1988). Talking to the turtle: A discourse analysis of Logo instruction. *Discourse Processes, 11,* 183–201.
Entwisle, D. R., & Alexander, K. L. (1990). Beginning school math competence: Minority and majority comparisons. *Child Development, 61,* 454–471.
Entwisle, D. R., & Alexander, K. L. (1997). Family type and children's growth in reading and math over the primary grades. *Journal of Marriage and the Family, 58,* 341–355.
Ericsson, K. A., Krampe, R. T., & Tesch-Römer, C. (1993). The role of deliberate practice in the acquisition of expert performance. *Psychological Review, 100,* 363–406.
Ernest, P. (1985). The number line as a teaching aid. *Educational Studies in Mathematics, 16,* 411–424.
Evans, D. W. (1983). *Understanding infinity and zero in the early school years.* Unpublished doctoral dissertation, University of Pennsylvania.
Farran, D. C., Kang, S. J., Aydogan, C., & Lipsey, M. (2005). Preschool classroom environments and the quantity and quality of children's literacy and language behaviors. In D. Dickinson & S. Neuman (Eds.), *Handbook of early literacy research, Vol. 2.* New York: Guilford Publications.
Farran, D. C., Lipsey, M. W., Watson, B., & Hurley, S. (2007). *Balance of content emphasis and child content engagement in an early reading first program.* Paper presented at the American Educational Research Association.
Farran, D. C., Silveri, B., & Culp, A. (1991). Public preschools and the disadvantaged. In L. Rescorla, M. C. Hyson & K. Hirsh-Pase (Eds.), *Academic instruction in early childhood: Challenge or pressure? New directions for child development* (pp. 65–73). San. Francisco: Jossey-Bass.
Fennema, E. H. (1972). The relative effectiveness of a symbolic and a concrete model in learning a selected mathematics principle. *Journal for Research in Mathematics Education, 3,* 233–238.
Fennema, E. H., Carpenter, T. P., Frank, M. L., Levi, L., Jacobs, V. R., & Empson, S. B. (1996). A longitudinal study of learning to use children's thinking in mathematics instruction. *Journal for Research in Mathematics Education, 27,* 403–434.
Fennema, E. H., Carpenter, T. P., Franke, M. L., & Levi, L. (1998). A longitudinal study of gender differences in young children's mathematical thinking. *Educational Researcher, 27,* 6–11.
Fennema, E. H., & Tartre, L. A. (1985). The use of spatial visualization in mathematics by girls and boys. *Journal for Research in Mathematics Education, 16,* 184–206.
Feuerstein, R., Rand, Y. a., & Hoffman, M. B. (1979). *The dynamic assessment of retarded performers: The Learning Potential Assessment Device, theory, instruments, and techniques.* Baltimore, MD: University Park Press.
Finn, J. D. (2002). Small classes in American schools: Research, practice, and politics. *Phi Delta Kappan, 83,* 551–560.
Finn, J. D., & Achilles, C. M. (1990). Answers and questions about class size. *American Educational Research Journal, 27(3),* 557–577.
Finn, J. D., Gerber, S. B., Achilles, C. M., & Boyd-Zaharias, J. (2001). The enduring effects of small classes. *Teachers College Record, 103(2),* 145–183.
Finn, J. D., Pannozzo, G. M., & Achilles, C. M. (2003). The "why's" of class size: Student behavior in small classes. *Review of Educational Research, 73,* 321–368.
Fletcher, J. D., Hawley, D. E., & Piele, P. K. (1990). Costs, effects, and utility of microcomputer assisted instruction in the classroom. *American Educational Research Journal, 27,* 783–806.

Fletcher-Flinn, C. M., & Gravatt, B. (1995). The efficacy of computer assisted instruction (CAI): A meta-analysis. *Journal of Educational Computing Research, 12,* 219–242.

Flexer, R. J. (1989). Conceptualizing addition. *Teaching Exceptional Children, 21(4),* 21–25.

Fluck, M. (1995). Counting on the right number: Maternal support for the development of cardinality. *Irish Journal of Psychology, 16,* 133–149.

Fluck, M., & Henderson, L. (1996). Counting and cardinality in English nursery pupils. *British Journal of Educational Psychology, 66,* 501–517.

Ford, M. J., Poe, V., & Cox, J. (1993). Attending behaviors of ADHD children in math and reading using various types of software. *Journal of Computing in Childhood Education, 4,* 183–196.

Forman, G. E., & Hill, F. (1984). *Constructive play: Applying Piaget in the preschool (revised edition).* Menlo Park, CA: Addison Wesley.

Fox, J. (2005). Child-initiated mathematical patterning in the pre-compulsory years. In H. L. Chick & J. L. Vincent (Eds.), *Proceedings of the 29th Conference of the International Group for the Psychology in Mathematics Education* (Vol. 2, pp. 313–320). Melbourne, AU: PME.

Fox, J. (2006). A justification for mathematical modelling experiences in the preparatory classroom. In P. Grootenboer, R. Zevenbergen & M. Chinnappan (Eds.), *Proceedings of the 29th annual conference of the Mathematics Education Research Group of Australia* (pp. 221–228). Canberra, Australia.: MERGA.

Franke, M. L., Carpenter, T. P., & Battey, D. (2008). Content matters: Algebraic reasoning in teacher professional development. In J. J. Kaput, D. W. Carraher & M. L. Blanton (Eds.), *Algebra in the early grades* (pp. 333-359). New York: Lawrence Erlbaum.

Frazier, M. K. (1987). *The effects of Logo on angle estimation skills of 7th graders.* Unpublished master's thesis, Wichita State University.

French, L., & Song, M.-J. (1998). Developmentally appropriate teacher-directed approaches: Images from Korean kindergartens. *Journal of Curriculum Studies, 30,* 409–430.

Friedman, L. (1995). The space factor in mathematics: Gender differences. *Review of Educational Research, 65(1),* 22–50.

Friel, S. N., Curcio, F. R., & Bright, G. W. (2001). Making sense of graphs: Critical factors influencing comprehension and instructional implications. *Journal for Research in Mathematics Education, 32,* 124–158.

Frontera, M. (1994). On the initial learning of mathematics: Does schooling really help? In J. E. H. Van Luit (Ed.), *Research on learning and instruction of mathematics in kindergarten and primary school* (pp. 42–59). Doetinchem, the Netherlands: Graviant.

Fryer, J., Roland G., & Levitt, S. D. (2004). Understanding the black-white test score gap in the first two years of school. *The Review of Economics and Statistics, 86,* 447–464.

Fuchs, L. S., Compton, D. L., Fuchs, D., Paulson, K., Bryant, J. D., & Hamlett, C. L. (2005). The prevention, identification, and cognitive determinants of math difficulty. *Journal of Educational Psychology, 97,* 493–513.

Fuchs, L. S., Fuchs, D., & Karns, K. (2001). Enhancing kindergartners' mathematical development: Effects of peer-assisted learning strategies. *Elementary School Journal, 101,* 495–510.

Fuchs, L. S., Fuchs, D., Hamlett, C. L., Powell, S. R., Capizzi, A. M., & Seethaler, P. M. (2006). The effects of computer-assisted instruction on number combination skill in at-risk first graders. *Journal of Learning Disabilities, 39,* 467–475.

Fuchs, L. S., Powell, S. R., Cirino, P. T., Fletcher, J. M., Fuchs, D., & Zumeta, R. O. (2008). *Enhancing number combinations fluency and math problem-solving skills in third-grade students with math difficulties: A field-based randomized control trial.* Paper presented at the Institute of Education Science 2007 Research Conference.

Fuchs, L. S., Powell, S. R., Hamlett, C. L., Fuchs, D., Cirino, P. T., & Fletcher, J. M. (2008). Remediating computational deficits at third grade: A randomized field trial. *Journal of Research on Educational Effectiveness, 1,* 2–32.

Fuson, K. C. (1988). *Children's counting and concepts of number.* New York: Springer-Verlag.

Fuson, K. C. (1992a). Research on learning and teaching addition and subtraction of whole numbers. In G. Leinhardt, R. Putman & R. A. Hattrup (Eds.), *Handbook of research on mathematics teaching and learning* (pp. 53–187). Mahwah, NJ: Lawrence Erlbaum Associates.

Fuson, K. C. (1992b). Research on whole number addition and subtraction. In D. A. Grouws (Ed.), *Handbook of research on mathematics teaching and learning* (pp. 243–275). New York: Macmillan.

Fuson, K. C. (1997). Research-based mathematics curricula: New educational goals require programs of four interacting levels of research. *Issues in Education, 3(1),* 67–79.

Fuson, K. C. (2004). Pre-K to grade 2 goals and standards: Achieving 21st century mastery for all. In D. H. Clements, J. Sarama & A.-M. DiBiase (Eds.), *Engaging young children in mathematics: Standards for early childhood mathematics education* (pp. 105–148). Mahwah, NJ: Lawrence Erlbaum Associates.

Fuson, K. C. (2009). Avoiding misinterpretations of Piaget and Vygotsky: Mathematical teaching without learning, learning without teaching, or helpful learning-path teaching?. *Cognitive Development, 24(4),* 343-361.

Fuson, K. C., & Abrahamson, D. (in press). Word problem types, numerical situation drawings, and a conceptual phase model to implement an algebraic approach to problem-solving in elementary classrooms.

Fuson, K. C., & Briars, D. J. (1990). Using a base-ten blocks learning/teaching approach for first- and second-grade place-value and multidigit addition and subtraction. *Journal for Research in Mathematics Education, 21,* 180–206.

Fuson, K. C., Perry, T., & Kwon, Y. (1994). Latino, Anglo, and Korean children's finger addition methods. In J. E. H. Van Luit (Ed.), *Research on learning and instruction of mathematics in kindergarten and primary school* (pp. 220–228). Doetinchem, the Netherlands: Graviant.

Fuson, K. C., Smith, S. T., & Lo Cicero, A. (1997). Supporting Latino first graders' ten-structured thinking in urban classrooms. *Journal for Research in Mathematics Education, 28,* 738–760.

Gadanidis, G., Hoogland, C., Jarvis, D., & Scheffel, T.-L. (2003). Mathematics as an aesthetic experience. In *Proceedings of the 27th Conference of the International Group for the Psychology in Mathematics Education* (Vol. 1, pp. 250). Honolulu, HI: University of Hawaii.

Gagatsis, A., & Elia, I. (2004). The effects of different modes of representation on mathematical problem solving. In M. J. Hoines & A. B. Fuglestad (Eds.), *Proceedings of the 28th Conference of the International Group for the Psychology in Mathematics Education* (Vol. 2, pp. 447–454). Bergen, Norway: Bergen University College.

Galen, F. H. J. v., & Buter, A. (1997). De rol van interactie bij leren rekenen met de computer (Computer tasks and classroom discussions in mathematics). *Panama-Post. Tijdschrift voor nascholing en onderzoek van het reken-wiskundeonderwijs, 16(1),* 11–18.

Gallou-Dumiel, E. (1989). Reflections, point symmetry and Logo. In C. A. Maher, G. A. Goldin & R. B. Davis (Eds.), *Proceedings of the eleventh annual meeting, North American Chapter of the International Group for the Psychology of Mathematics Education* (pp. 149–157). New Brunswick, NJ: Rutgers University.

Gamel-McCormick, M., & Amsden, D. (2002). *Investing in better outcomes: The Delaware early childhood longitudinal study.* Delaware Interagency Resource Management Committee and the Department of Education.

Geary, D. C. (1990). A componential analysis of an early learning deficit in mathematics. *Journal of Experimental Child Psychology, 49,* 363–383.

Geary, D. C. (1994). *Children's mathematical development: Research and practical applications.* Washington, DC: American Psychological Association.

Geary, D. C. (2003). Learning disabilities in arithmetic: Problem solving differences and cognitive deficits. In H. L. Swanson, K. Harris & S. Graham (Eds.), *Handbook of learning disabilities.* New York: Guilford.

Geary, D. C. (2004). Mathematics and learning disabilities. *Journal of Learning Disabilities, 37,* 4–15.

Geary, D. C. (2006). Development of mathematical understanding. In D. Kuhn, R. S. Siegler, W. Damon & R. M. Lerner (Eds.), *Handbook of child psychology: Volume 2: Cognition, perception, and language (6th ed.)* (pp. 777–810). Hoboken, NJ: Wiley.

Geary, D. C., Bow-Thomas, C. C., Fan, L., & Siegler, R. S. (1993). Even before formal instruction, Chinese children outperform American children in mental addition. *Cognitive Development, 8,* 517–529.

Geary, D. C., Bow-Thomas, C. C., & Yao, Y. (1992). Counting knowledge and skill in cognitive addition: A comparison of normal and mathematically disabled children. *Journal of Experimental Child Psychology, 54,* 372–391.

Geary, D. C., Brown, S. C., & Smaranayake, V. A. (1991). Cognitive addition: A short longitudinal study of strategy choice and speed-of-processing differences in normal and mathematically disabled children. *Developmental Psychology, 27,* 787–797.

Geary, D. C., Hamson, C. O., & Hoard, M. K. (2000). Numerical and arithmetical cognition: A longitudinal study of process and concept deficits in children with learning disability. *Journal of Experimental Child Psychology, 77,* 236–263.

Geary, D. C., Hoard, M. K., Byrd-Craven, J., Nugent, L., & Numtee, C. (2007). Cognitive mechanisms underlying achievement deficits in children with mathematical learning disability. *Child Development, 78,* 1343–1359.

Geary, D. C., Hoard, M. K., & Hamson, C. O. (1999). Numerical and arithmetical cognition: Patterns of functions and deficits in children at risk for a mathematical disability. *Journal of Experimental Child Psychology, 74*, 213–239.

Geary, D. C., & Liu, F. (1996). Development of arithmetical competence in Chinese and American children: Influence of age, language, and schooling. *Child Development, 67(5)*, 2022–2044.

Gelman, R. (1994). Constructivism and supporting environments. In D. Tirosh (Ed.), *Implicit and explicit knowledge: An educational approach* (Vol. 6, pp. 55–82). Norwood, NJ: Ablex.

Gelman, R., & Williams, E. M. (1997). Enabling constraints for cognitive development and learning: Domain specificity and epigenesis. In D. Kuhn & R. Siegler (Eds.), *Cognition, perception, and language. Volume 2: Handbook of Child Psychology* (5th ed., pp. 575–630). New York: John Wiley & Sons.

Gersten, R. (1986). Response to "consquences of three preschool curriculum models through age 15". *Early Childhood Research Quarterly, 1*, 293–302.

Gersten, R., Chard, D. J., Jayanthi, M., Baker, M. S., Morpy, S. K., & Flojo, J. R. (2008). *Teaching mathematics to students with learning disabilities: A meta-analysis of the intervention research*. Portsmouth, NH: RMC Research Corporation, Center on Instruction.

Gersten, R., Jordan, N. C., & Flojo, J. R. (2005). Early identification and interventions for students with mathematical difficulties. *Journal of Learning Disabilities, 38*, 293–304.

Gersten, R., & White, W. A. T. (1986). Castles in the sand: Response to Schweinhart and Weikart. *Educational Leadership*, 9–20.

Gervasoni, A. (2005). The diverse learning needs of children who were selected for an intervention program. In H. L. Chick & J. L. Vincent (Eds.), *Proceedings of the 29th Conference of the International Group for the Psychology in Mathematics Education* (Vol. 3, pp. 33–40). Melbourne, AU: PME.

Gervasoni, A., Hadden, T., & Turkenburg, K. (2007). Exploring the number knowledge of children to inform the development of a professional learning plan for teachers in the Ballarat Diocese as a means of building community capacity. In J. Watson & K. Beswick (Eds.), *Mathematics: Essential research, essential practice (Proceedings of the 30th annual conference of the Mathematics Education Research Group of Australasia)* (Vol. 3, pp. 305–314). Hobart, Australia: MERGA.

Gibson, E. J. (1969). *Principles of perceptual learning and development*. New York: Appleton-Century-Crofts, Meredith Corporation.

Ginsburg, H. P. (1977). *Children's arithmetic*. Austin, TX: Pro-ed.

Ginsburg, H. P. (1997). Mathematics learning disabilities: A view from developmental psychology. *Journal of Learning Disabilities, 30*, 20–33.

Ginsburg, H. P. (2008). Mathematics education for young children: What it is and how to promote it. *Social Policy Report, 22(1)*, 1–24.

Ginsburg, H. P., Choi, Y. E., Lopez, L. S., Netley, R., & Chi, C.-Y. (1997). Happy birthday to you: The early mathematical thinking of Asian, South American, and U.S. children. In T. Nunes & P. Bryant (Eds.), *Learning and teaching mathematics: An international perspective* (pp. 163–207). East Sussex, England: Psychology Press.

Ginsburg, H. P., Inoue, N., & Seo, K.-H. (1999). Young children doing mathematics: Observations of everyday activities. In J. V. Copley (Ed.), *Mathematics in the early years* (pp. 88–99). Reston, VA: National Council of Teachers of Mathematics.

Ginsburg, H. P., Klein, A., & Starkey, P. (1998). The development of children's mathematical thinking: Connecting research with practice. In W. Damon, I. E. Sigel & K. A. Renninger (Eds.), *Handbook of child psychology. Volume 4: Child psychology in practice* (pp. 401–476). New York: John Wiley & Sons.

Ginsburg, H. P., Ness, D., & Seo, K.-H. (2003). Young American and Chinese children's everyday mathematical activity. *Mathematical Thinking and Learning, 5*, 235–258.

Ginsburg, H. P., & Russell, R. L. (1981). Social class and racial influences on early mathematical thinking. *Monographs of the Society for Research in Child Development, 46*(6, Serial No. 193).

Gormley, W. T., Jr., Gayer, T., Phillips, D., & Dawson, B. (2005). The effects of universal pre-K on cognitive development. *Developmental Psychology, 41*, 872–884.

Graham, T. A., Nash, C., & Paul, K. (1997). Young children's exposure to mathematics: The child care context. *Early Childhood Education Journal, 25*, 31–38.

Grant, S. G., Peterson, P. L., & Shojgreen-Downer, A. (1996). Learning to teach mathematics in the context of system reform. *American Educational Research Journal, 33(2)*, 509–541.

Gravemeijer, K. P. E. (1990). Realistic geometry instruction. In K. P. E. Gravemeijer, M. van den Heuvel & L. Streefland (Eds.), *Contexts free productions tests and geometry in realistic mathematics education* (pp. 79–91). Utrecht, the Netherlands: OW&OC.

Gravemeijer, K. P. E. (1991). An instruction-theoretical reflection on the use of manipulatives. In L. Streefland (Ed.), *Realistic mathematics education in primary school* (pp. 57–76). Utrecht, the Netherlands: Freudenthal Institute, Utrecht University.

Gray, E. M., & Pitta, D. (1997). Number processing: Qualitative differences in thinking and the role of imagery. In L. Puig & A. Gutiérrez (Eds.), *Proceedings of the 20th Annual Conference of the Mathematics Education Research Group of Australasia* (Vol. 3, pp. 35–42).

Gray, E. M., & Pitta, D. (1999). Images and their frames of reference: A perspective on cognitive development in elementary arithmetic. In O. Zaslavsky (Ed.), *Proceedings of the 23rd Conference of the International Group for the Psychology of Mathematics Education* (Vol. 3, pp. 49–56). Haifa, Israel: Technion.

Greabell, L. C. (1978). The effect of stimuli input on the acquisition of introductory geometric concepts by elementary school children. *School Science and Mathematics, 78(4)*, 320–326.

Green, J. A. K., & Goswami, U. (2007). *Synaesthesia and number cognition in children*. Paper presented at the Society for Research in Child Development.

Greeno, J. G., & Riley, M. S. (1987). Processes and development of understanding. In R. E. Weinert & R. H. Kluwe (Eds.), *Metacognition, motivation, and understanding* (pp. 289–313): Lawrence Erlbaum Associates.

Greenwood, C. R., Delquadri, J. C., & Hall, R. V. (1989). Longitudinal effects of classwide peer tutoring. *Journal of Educational Psychology, 81*, 371–383.

Griffin, S. (2004). Number Worlds: A research-based mathematics program for young children. In D. H. Clements, J. Sarama & A.-M. DiBiase (Eds.), *Engaging young children in mathematics: Standards for early childhood mathematics education* (pp. 325–342). Mahwah, NJ: Lawrence Erlbaum Associates.

Griffin, S., & Case, R. (1997). Re-thinking the primary school math curriculum: An approach based on cognitive science. *Issues in Education, 3(1)*, 1–49.

Griffin, S., Case, R., & Capodilupo, A. (1995). Teaching for understanding: The importance of the Central Conceptual Structures in the elementary mathematics curriculum. In A. McKeough, J. Lupart & A. Marini (Eds.), *Teaching for transfer: Fostering generalization in learning* (pp. 121–151). Mahwah, NJ: Lawrence Erlbaum Associates.

Griffin, S., Case, R., & Siegler, R. S. (1994). Rightstart: Providing the central conceptual prerequisites for first formal learning of arithmetic to students at risk for school failure. In K. McGilly (Ed.), *Classroom lessons: Integrating cognitive theory and classroom practice* (pp. 25–49). Cambridge, MA: MIT Press.

Grupe, L. A., & Bray, N. W. (1999). *What role do manipulatives play in kindergartners' accuracy and strategy use when solving simple addition problems?* Albuquerque, NM: Society for Research in Child Development.

Halle, T. G., Kurtz-Costes, B., & Mahoney, J. L. (1997). Family influences on school achievement in low-income, African American children. *Journal of Educational Psychology, 89*, 527–537.

Hamre, B. K., & Pianta, R. C. (2001). Early teacher-child relationships and the trajectory of children's school outcomes through eighth grade. *Child Development, 72*, 625–638.

Hancock, C. M. (1995). Das Erlernen der Datenanalyse durch anderweitige Beschäftigungen: Grundlagen von Datencompetenz bei Schülerinnen und Schülern in den klassen 1 bis 7. [Learning data analysis by doing something else: Foundations of data literacy in grades 1–7]. *Computer und Unterricht, 17(1)*.

Hanich, L. B., Jordan, N. C., Kaplan, D., & Dick, J. (2001). Performance across different areas of mathematical cognition in children with learning difficulties. *Journal of Educational Psychology, 93*, 615–626.

Hannula, M. M. (2005). *Spontaneous focusing on numerosity in the development of early mathematical skills*. Turku, Finland: University of Turku.

Hannula, M. M., Lepola, J., & Lehtinen, E. (2007). *Spontaneous focusing on numerosity at Kindergarten predicts arithmetical but not reading skills at grade 2*. Paper presented at the Society for Research in Child Development.

Harris, L. J. (1981). Sex-related variations in spatial skill. In L. S. Liben, A. H. Patterson, & N. Newcombe (Eds.), *Spatial representation and behavior across the life span* (pp. 83–125). New York: Academic Press.

Harrison, C. (2004). Giftedness in early childhood: The search for complexity and connection. *Roeper Review, 26(2)*, 78–84.

Hart, B., & Risley, T. R. (1995). *Meaningful differences in the everyday experience of young American children*. Baltimore, MD: Paul H. Brookes.

Hart, B., & Risley, T. R. (1999). *The social world of children: Learning to talk*. Baltimore, MD: Paul H. Brookes.

Hasselbring, T. S., Goin, L. I., & Bransford, J. (1988). Developing math automaticity in learning handicapped children: The role of computerized drill and practice. *Focus on Exceptional Children, 20(6),* 1–7.
Hatano, G., & Sakakibara, T. (2004). Commentary: Toward a cognitive-sociocultural psychology of mathematical and analogical development. In L. D. English (Ed.), *Mathematical and analogical reasoning of young learners* (pp. 187–200). Mahwah, NJ: Lawrence Erlbaum Associates.
Hattikudur, S., & Alibali, M. (2007). *Learning about the equal sign: Does contrasting with inequalities help?* Paper presented at the Society for Research in Child Development.
Haugland, S. W. (1992). Effects of computer software on preschool children's developmental gains. *Journal of Computing in Childhood Education, 3(1),* 15–30.
Hausken, E. G., & Rathbun, A. (2004). *Mathematics instruction in kindergarten: Classroom practices and outcomes.* Paper presented at the American Educational Research Association.
Hegarty, M., & Kozhevnikov, M. (1999). Types of visual-spatial representations and mathematical problems-solving. *Journal of Educational Psychology, 91,* 684–689.
Hemphill, J. A. R. (1987). *The effects of meaning and labeling on four-year-olds' ability to copy triangles.* Columbus, OH: The Ohio State University.
Heuvel-Panhuizen, M. v. d. (1996). Assessment and realistic mathematics education. Utrecht, the Netherlands: Freudenthal Institute, Utrecht University.
Hiebert, J. C. (1999). Relationships between research and the NCTM Standards. *Journal for Research in Mathematics Education, 30,* 3–19.
Hiebert, J. C., & Grouws, D. A. (2007). The effects of classroom mathematics teaching on students' learning. In F. K. Lester, Jr. (Ed.), *Second Handbook of Research on Mathematics Teaching and Learning* (pp. 371–404). New York: Information Age Publishing.
Hiebert, J. C., & Wearne, D. (1992). Links between teaching and learning place value with understanding in first grade. *Journal for Research in Mathematics Education, 23,* 98–122.
Hiebert, J. C., & Wearne, D. (1993). Instructional tasks, classroom discourse, and student learning in second-grade classrooms. *American Educational Research Journal, 30,* 393–425.
Hiebert, J. C., & Wearne, D. (1996). Instruction, understanding, and skill in multidigit addition and subtraction. *Cognition and Instruction, 14,* 251–283.
Hinkle, D. (2000). *School involvement in early childhood.* Washington, DC: National Institute on Early Childhood Development and Education, U.S. Department of Education, Office of Educational Research and Improvement.
Hitch, G. J., & McAuley, E. (1991). Working memory in children with specific arithmetical learning disabilities. *British Journal of Psychology, 82,* 375–386.
Holloway, S. D., Rambaud, M. F., Fuller, B., & Eggers-Pierola, C. (1995). What is "appropriate practice" at home and in child care?: Low-income mothers' views on preparing their children for school. *Early Childhood Research Quarterly, 10,* 451–473.
Holt, J. (1982). *How children fail.* New York: Dell.
Holton, D., Ahmed, A., Williams, H., & Hill, C. (2001). On the importance of mathematical play. *International Journal of Mathematical Education in Science and Technology, 32,* 401–415.
Hopkins, S. L., & Lawson, M. J. (2004). Explaining variability in retrieval times for addition produced by students with mathematical learning difficulties. In M. J. Høines & A. B. Fuglestad (Eds.), *Proceedings of the 28th Conference of the International Group for the Psychology in Mathematics Education* (Vol. 3, pp. 57–64). Bergen, Norway: Bergen University College.
Horne, M. (2004). Early gender differences. In M. J. Høines & A. B. Fuglestad (Eds.), *Proceedings of the 28th Conference of the International Group for the Psychology in Mathematics Education* (Vol. 3, pp. 65–72). Bergen, Norway: Bergen University College.
Horne, M. (2005). The effects of number knowledge at school entry on subsequent number development: A five-year Building connections: Research, theory and practice *Proceedings of the 28th annual conference of the Mathematics Education Research Group of Australasia* (pp. 443–450). Melbourne, Australia: MERGA.
Howard, J. R., Watson, J. A., & Allen, J. (1993). Cognitive style and the selection of Logo problem-solving strategies by young black children. *Journal of Educational Computing Research, 9,* 339–354.
Hudson, T. (1983). Correspondences and numerical differences between disjoint sets. *Child Development, 54,* 84–90.
Hughes, M. (1981). Can preschool children add and subtract? *Educational Psychology, 1,* 207–219.
Hughes, M. (1986). *Children and number: Difficulties in learning mathematics.* Oxford, U.K.: Basil Blackwell.
Hungate, H. (1982, January). Computers in the kindergarten. *The Computing Teacher, 9,* 15–18.

Hunting, R., & Pearn, C. (2003). The mathematical thinking of young children: Pre-K-2. In N. S. Pateman, B. J. Dougherty & J. Zilliox (Eds.), *Proceedings of the 27th Conference of the International Group for the Psychology in Mathematics Education* (Vol. 1, pp. 187). Honolulu, HI: University of Hawaii.

Hutinger, P. L., Bell, C., Beard, M., Bond, J., Johanson, J., & Terry, C. (1998). *The early childhood emergent literacy technology research study. Final report.* Macomb, IL: Western Illinois University.

Hutinger, P. L., & Johanson, J. (2000). Implementing and maintaining an effective early childhood comprehensive technology system. *Topics in Early Childhood Special Education, 20(3),* 159–173.

Huttenlocher, J., Jordan, N. C., & Levine, S. C. (1994). A mental model for early arithmetic. *Journal of Experimental Psychology: General, 123,* 284–296.

Hyde, J. S., Fennema, E. H., & Lamon, S. J. (1990). Gender differences in mathematics performance: A meta-analysis. *Psychological Bulletin, 107,* 139–155.

Irwin, K. C., Vistro-Yu, C. P., & Ell, F. R. (2004). Understanding linear measurement: A comparison of Filipino and New Zealand children. *Mathematics Education Research Journal, 16(2),* 3–24.

Ishigaki, E. H., Chiba, T., & Matsuda, S. (1996). Young children's communication and self expression in the technological era. *Early Childhood Development and Care, 119,* 101–117.

James, W. (1892/1958). *Talks to teachers on psychology: And to students on some of life's ideas.* New York: Norton.

Jimerson, S., Egeland, B., & Teo, A. (1999). A longitudinal study of achievement trajectories: Factors associated with change. *Journal of Educational Psychology, 91,* 116–126.

Johnson, M. (1987). *The body in the mind.* Chicago: The University of Chicago Press.

Johnson, V. M. (2000). *An investigation of the effects of instructional strategies on conceptual understanding of young children in mathematics.* New Orleans, LA: American Educational Research Association.

Johnson-Gentile, K., Clements, D. H., & Battista, M. T. (1994). The effects of computer and noncomputer environments on students' conceptualizations of geometric motions. *Journal of Educational Computing Research, 11,* 121–140.

Jordan, J.-A., Wylie, J., & Mulhern, G. (2007). *Ability profiles of five to six-year-olds with mathematical learning difficulties.* Paper presented at the Society for Research in Child Development.

Jordan, N. C., Hanich, L. B., & Kaplan, D. (2003). A longitudinal study of mathematical competencies in children with specific mathematics difficulties versus children with comorbid mathematics and reading difficulties. *Child Development, 74,* 834–850.

Jordan, N. C., Hanich, L. B., & Uberti, H. Z. (2003). Mathematical thinking and learning difficulties. In A. J. Baroody & A. Dowker (Eds.), *The development of arithmetic concepts and skills: Constructing adaptive expertise* (pp. 359–383). Mahwah, NJ: Lawrence Erlbaum Associates.

Jordan, N. C., Huttenlocher, J., & Levine, S. C. (1992). Differential calculation abilities in young children from middle- and low-income families. *Developmental Psychology, 28,* 644–653.

Jordan, N. C., Huttenlocher, J., & Levine, S. C. (1994). Assessing early arithmetic abilities: Effects of verbal and nonverbal response types on the calculation performance of middle-and low-income children. *Learning and Individual Differences, 6,* 413–432.

Jordan, N. C., Kaplan, D., & Hanich, L. B. (2002). Achievement growth in children with learning difficulties in mathematics: Findings of a two-year longitudinal study. *Journal of Educational Psychology, 94,* 586–597.

Jordan, N. C., Kaplan, D., Locuniak, M. N., & Ramineni, C. (2006). Predicting first-grade math achievement from developmental number sense trajectories. *Learning Disabilities Research and Practice, 22(1),* 36–46.

Jordan, N. C., Kaplan, D., Oláh, L. N., & Locuniak, M. N. (2006). Number sense growth in kindergarten: A longitudinal investigation of children at risk for mathematics difficulties. *Child Development, 77,* 153–175.

Jordan, N. C., & Montani, T. O. (1997). Cognitive arithmetic and problem solving: A comparison of children with specific and general mathematics difficulties. *Journal of Learning Disabilities, 30,* 624–634.

Kamii, C. (1973). Pedagogical principles derived from Piaget's theory: Relevance for educational practice. In M. Schwebel & J. Raph (Eds.), *Piaget in the classroom* (pp. 199–215). New York: Basic Books.

Kamii, C. (1985). *Young children reinvent arithmetic: Implications of Piaget's theory.* New York: Teaching College Press.

Kamii, C. (1986). Place value: An explanation of its difficulty and educational implications for the primary grades. *Journal of Research in Childhood Education, 1,* 75–86.

Kamii, C. (1989). *Young children continue to reinvent arithmetic: 2nd grade. Implications of Piaget's theory*. New York: Teaching College Press.

Kamii, C., & DeVries, R. (1980). *Group games in early education: Implications of Piaget's theory*. Washington, DC: National Association for the Education of Young Children.

Kamii, C., & Dominick, A. (1997). To teach or not to teach algorithms. *Journal of Mathematical Behavior, 16*, 51–61.

Kamii, C., & Dominick, A. (1998). The harmful effects of algorithms in grades 1–4. In L. J. Morrow & M. J. Kenney (Eds.), *The teaching and learning of algorithms in school mathematics* (pp. 130–140). Reston, VA: National Council of Teachers of Mathematics.

Kamii, C., & Housman, L. B. (1999). *Young children reinvent arithmetic: Implications of Piaget's theory (2nd ed.)*. New York: Teachers College Press.

Kamii, C., & Kato, Y. (2005). Fostering the development of logico-mathematical knowledge in a card game at ages 5–6. *Early Education & Development, 16*, 367–383.

Kamii, C., Rummelsburg, J., & Kari, A. R. (2005). Teaching arithmetic to low-performing, low-SES first graders. *Journal of Mathematical Behavior, 24*, 39–50.

Kaput, J. J., Carraher, D. W., & Blanton, M. L. (Eds.). (2008). *Algebra in the early grades*. Mahwah, NJ: Lawrence Erlbaum Associates.

Karmiloff-Smith, A. (1990). Constraints on representational change: Evidence from children's drawing. *Cognition, 34*, 57–83.

Karmiloff-Smith, A. (1992). *Beyond modularity: A developmental perspective on cognitive science*. Cambridge, MA: MIT Press.

Karoly, L. A., Greenwood, P. W., Everingham, S. S., Houbé, J., Kilburn, M. R., Rydell, C. P., et al. (1998). *Investing in our children: What we know and don't know about the costs and benefits of early childhood interventions*. Santa Monica, CA: Rand Education.

Kawai, N., & Matsuzawa, T. (2000). Numerical memory span in a chimpanzee. *Nature, 403*, 39–40.

Keller, S., & Goldberg, I. (1997). *Let's Learn Shapes with Shapely-CAL*. Great Neck, NY: Creative Adaptations for Learning, Inc.

Kersh, J., Casey, B. M., & Young, J. M. (2008). Research on spatial skills and block building in girls and boys. *Contemporary perspectives on mathematics in early childhood education*, 233-251.

Kieran, C. (1986). Logo and the notion of angle among fourth and sixth grade children. In C. Hoyles & L. Burton (Eds.), *Proceedings of the tenth annual meeting of the International Group for the Psychology in Mathematics Education* (pp. 99–104). London: City University.

Kieran, C., & Hillel, J. (1990). "It's tough when you have to make the triangles angles": Insights from a computer-based geometry environment. *Journal of Mathematical Behavior, 9*, 99–127.

Kilpatrick, J. (1987). Problem formulating: Where do good problems come from? In A. H. Schoenfeld (Ed.), *Cognitive science and mathematics education* (pp. 123–147). Hillsdale, NJ: Lawrence Erlbaum Associates.

Kilpatrick, J., Swafford, J., & Findell, B. (2001). *Adding it up: Helping children learn mathematics*. Washington, DC: National Academy Press.

Kim, S.-Y. (1994). The relative effectiveness of hands-on and computer-simulated manipulatives in teaching seriation, classification, geometric, and arithmetic concepts to kindergarten children. *Dissertation Abstracts International, 54/09*, 3319.

King, J. A., & Alloway, N. (1992). Preschooler's use of microcomputers and input devices. *Journal of Educational Computing Research, 8*, 451–468.

Klein, A., & Starkey, P. (2004). Fostering preschool children's mathematical development: Findings from the Berkeley Math Readiness Project. In D. H. Clements, J. Sarama & A.-M. DiBiase (Eds.), *Engaging young children in mathematics: Standards for early childhood mathematics education* (pp. 343–360). Mahwah, NJ: Lawrence Erlbaum Associates.

Klein, A., Starkey, P., & Ramirez, A. B. (2002). *Pre-K mathematics curriculum*. Glenview, IL: Scott Foresman.

Klein, A., Starkey, P., & Wakeley, A. (1999). *Enhancing pre-kindergarten children's readiness for school mathematics*. Paper presented at the American Educational Research Association.

Klein, A. S., Beishuizen, M., & Treffers, A. (1998). The empty number line in Dutch second grades: Realistic versus gradual program design. *Journal for Research in Mathematics Education, 29*, 443–464.

Klibanoff, R. S., Levine, S. C., Huttenlocher, J., Vasilyeva, M., & Hedges, L. V. (2006). Preschool children's mathematical knowledge: The effect of teacher "math talk". *Developmental Psychology, 42*, 59–69.

Klinzing, D. G., & Hall, A. (1985). *A study of the behavior of children in a preschool equipped with computers*. Chicago: American Educational Research Association.

Knapp, M. S., Shields, P. M., & Turnbull, B. J. (1992). *Academic challenge for the children of poverty*. Washington, DC: U.S. Department of Education.

Konold, C., & Pollatsek, A. (2002). Data analysis as the search for signals in noisy processes. *Journal for Research in Mathematics Education, 33,* 259–289.

Konold, T. R., & Pianta, R. C. (2005). Empirically-derived, person-oriented patterns of school readiness in typically-developing children: Description and prediction to first-grade achievement. *Applied Developmental Science, 9,* 174–187.

Koponen, T., Aunola, K., Ahonen, T., & Nurmi, J.-E. (2007). Cognitive predictors of single-digit and procedural calculation and their covariation with reading skill. *Journal of Experimental Child Psychology, 97,* 220–241.

Kovas, Y., Haworth, C. M. A., Dale, P. S., & Plomin, R. (2007). The genetic and environmental origins of learning abilities and disabilities in the early school years. *Monographs of the Society for Research in Child Development, 72,* whole number 3, Serial No. 188, 1–144.

Krajewski, K. *Prediction of Mathematical (Dis-)Abilities in Primary School: A 4-Year German Longitudinal Study from Kindergarten to Grade 4.* Paper presented at the Biennial Meeting of the Society for Research in Child Development, Atlanta, GA, April 2005.

Kull, J. A. (1986). Learning and Logo. In P. F. Campbell & G. G. Fein (Eds.), *Young children and microcomputers* (pp. 103–130). Englewood Cliffs, NJ: Prentice-Hall.

Kutscher, B., Linchevski, L., & Eisenman, T. (2002). From the Lotto game to subtracting two-digit numbers in first-graders. In A. D. Cockburn & E. Nardi (Eds.), *Proceedings of the 26th Conference of the International Group for the Psychology in Mathematics Education* (Vol. 3, pp. 249–256).

Lamon, W. E., & Huber, L. E. (1971). The learning of the vector space structure by sixth grade students. *Educational Studies in Mathematics, 4,* 166–181.

Lamy, C. E., Frede, E., Seplocha, H., Strasser, J., Jambunathan, S., Juncker, J. A., et al. (2004). *Inch by inch, row by row, gonna make this garden grow: Classroom quality and language skills in the Abbott Preschool Program* (Publication. Retrieved September 29, 2007: from http://www.nj.gov/education/ece/research/inch.pdf

Landau, B. (1988). The construction and use of spatial knowledge in blind and sighted children. In J. Stiles-Davis, M. Kritchevsky & U. Bellugi (Eds.), *Spatial cognition: Brain bases and development* (pp. 343–371). Mahwah, NJ: Lawrence Erlbaum Associates.

Landerl, K., Bevan, A., & Butterworth, B. (2004). Developmental dyscalculia and basic numerical capacities: A study of 8–9-year-old children. *Cognition, 9,* 99–125.

Lansdell, J. M. (1999). Introducing young children to mathematical concepts: Problems with "new" terminology. *Educational Studies, 25,* 327–333.Corporation.

Laurillard, D., & Taylor, J. (1994). Designing the Stepping Stones: An evaluation of interactive media in the classroom. *Journal of Educational Television, 20,* 169–184.

Lavin, R. J., & Sanders, J. E. (1983). *Longitudinal evaluation of the C/A/I Computer Assisted Instruction Title 1 Project: 1979–82.* Chelmsford, MA: Merrimack Education Center.

Lebron-Rodriguez, D. E., & Pasnak, R. (1977). Induction of intellectual gains in blind children. *Journal of Experimental Child Psychology, 24,* 505–515.

Lee, J. (2002). Racial and ethnic achievement gap trends: Reversing the progress toward equity? *Educational Researcher, 31,* 3–12.

Lee, J. (2004). Correlations between kindergarten teachers' attitudes toward mathematics and teaching practice. *Journal of Early Childhood Teacher Education, 25(2),* 173–184.

Lee, J. S., & Ginsburg, H. P. (2007). What is appropriate mathematics education for four-year-olds? *Journal of Early Childhood Research, 5(1),* 2–31.

Lee, V. E., Brooks-Gunn, J., Schnur, E., & Liaw, F.-R. (1990). Are Head Start effects sustained? A longitudinal follow-up comparison of disadvantaged children attending Head Start, no preschool, and other preschool programs. *Child Development, 61,* 495–507.

Lee, V. E., & Burkam, D. T. (2002). *Inequality at the starting gate.* Washington, DC: Economic Policy Institute.

Lee, V. E., Burkam, D. T., Ready, D. D., Honigman, J. J., & Meisels, S. J. (2006). Full-day vs. half-day kindergarten: In which program do children learn more? *American Journal of Education, 112,* 163–208.

Leeson, N. (1995). Investigations of kindergarten students' spatial constructions. In B. Atweh & S. Flavel (Eds.), *Proceedings of 18th Annual Conference of Mathematics Education Research Group of Australasia* (pp. 384–389). Darwin, AU: Mathematics Education Research Group of Australasia.

Leeson, N., Stewart, R., & Wright, R. J. (1997). Young children's knowledge of three-dimensional shapes: Four case studies. In F. Biddulph & K. Carr (Eds.), *Proceedings of the 20th Annual Conference of*

the Mathematics Education Research Group of Australasia (Vol. 1, pp. 310–317). Hamilton, New Zealand: MERGA.
Lehrer, R. (2003). Developing understanding of measurement. In J. Kilpatrick, W. G. Martin & D. Schifter (Eds.), *A research companion to Principles and Standards for School Mathematics* (pp. 179–192). Reston, VA: National Council of Teachers of Mathematics.
Lehrer, R., Harckham, L. D., Archer, P., & Pruzek, R. M. (1986). Microcomputer-based instruction in special education. *Journal of Educational Computing Research, 2,* 337–355.
Lehrer, R., Jacobson, C., Thoyre, G., Kemeny, V., Strom, D., Horvarth, J., et al. (1998). Developing understanding of geometry and space in the primary grades. In R. Lehrer & D. Chazan (Eds.), *Designing learning environments for developing understanding of geometry and space* (pp. 169–200). Mahwah, NJ: Lawrence Erlbaum Associates.
Lehrer, R., Jenkins, M., & Osana, H. (1998). Longitudinal study of children's reasoning about space and geometry. In R. Lehrer & D. Chazan (Eds.), *Designing learning environments for developing understanding of geometry and space* (pp. 137–167). Mahwah, NJ: Lawrence Erlbaum Associates.
Lehrer, R., & Pritchard, C. (2002). Symbolizing space into being. In K. P. E. Gravemeijer, R. Lehrer, B. Van Oers & L. Verschaffel (Eds.), *Symbolizing, modeling and tool use in mathematics education* (pp. 59–86). Dordrecht: Kluwer Academic Publishers.
Lehrer, R., Strom, D., & Confrey, J. (2002). Grounding metaphors and inscriptional resonance: Children's emerging understandings of mathematical similarity. *Cognition and Instruction, 20(3),* 359–398.
Lehtinen, E., & Hannula, M. M. (2006). Attentional processes, abstraction and transfer in early mathematical development. In L. Verschaffel, F. Dochy, M. Boekaerts & S. Vosniadou (Eds.), *Instructional psychology: Past, present and future trends. Fifteen essays in honour of Erik De Corte* (Vol. 49, pp. 39–55). Amsterdam: Elsevier.
Lembke, E., & Foegen, A. (2009). Identifying Early Numeracy Indicators for Kindergarten and First-Grade Students. *Learning Disabilities Research & Practice, 24(1),* 12-20.
Lembke, E. S., Foegen, A., Whittaker, T. A., & Hampton, D. (2008). Establishing technically adequate measures of progress in early numeracy. *Assessment for effective intervention, 33(4),* 206-214.
Lepola, J., Niemi, P., Kuikka, M., & Hannula, M. M. (2005). Cognitive-linguistic skills and motivation as longitudinal predictors of reading and arithmetic achievement: A follow-up study from kindergarten to grade 2. *International Journal of Educational Research, 43,* 250–271.
Lerkkanen, M.-K., Rasku-Puttonen, H., Aunola, K., & Nurmi, J.-E. (2005). Mathematical performance predicts progress in reading comprehension among 7-year-olds. *European Journal of Psychology of Education, 20(2),* 121–137.
Lerner, J. (1997). *Learning disabilities.* Boston: Houghton Mifflin Company.
Lesh, R. A. (1990). Computer-based assessment of higher order understandings and processes in elementary mathematics. In G. Kulm (Ed.), *Assessing higher order thinking in mathematics* (pp. 81–110). Washington, DC: American Association for the Advancement of Science.
Lester, F. K., Jr., & Wiliam, D. (2002). On the purpose of mathematics education research: Making productive contributions to policy and practice. In L. D. English (Ed.), *Handbook of international research in mathematics education* (pp. 489–506). Mahwah, NJ: Lawrence Erlbaum Associates.
Levine, S. C., Huttenlocher, J., Taylor, A., & Langrock, A. (1999). Early sex differences in spatial skill. *Developmental Psychology, 35(4),* 940–949.
Levine, S. C., Jordan, N. C., & Huttenlocher, J. (1992). Development of calculation abilities in young children. *Journal of Experimental Child Psychology, 53,* 72–103.
Li, Z., & Atkins, M. (2004). Early childhood computer experience and cognitive and motor development. *Pediatrics, 113,* 1715–1722.
Liaw, F.-r., Meisels, S. J., & Brooks-Gunn, J. (1995). The effects of experience of early intervention on low birth weight, premature children: The Infant Health and Development Program. *Early Childhood Research Quarterly, 10,* 405–431.
Liben, L. S. (2008). Understanding maps: Is the purple country on the map really purple? *Knowledge Question, 36,* 20–30.
Light, R. J., & Pillemer, D. B. (1984). *Summing up: The science of reviewing research.* Cambridge, MA: Harvard University Press.
Lillard, A. S., & Else-Quest, N. (2007). Evaluating Montessori education. *Science, 313,* 1893–1894.
Linnell, M., & Fluck, M. (2001). The effect of maternal support for counting and cardinal understanding in pre-school children. *Social Development, 10,* 202–220.

Lipinski, J. M., Nida, R. E., Shade, D. D., & Watson, J. A. (1986). The effects of microcomputers on young children: An examination of free-play choices, sex differences, and social interactions. *Journal of Educational Computing Research, 2,* 147–168.

Loeb, S., Bridges, M., Bassok, D., Fuller, B., & Rumberger, R. (2007). How much is too much? The influence of preschool centers on children's development nationwide. *Economics of Education Review 26,* 52–56.

Lonigan, C. J. (2003). Comment on Marcon (ECRP, Vol. 4, No. 1, Spring 2002): "Moving up the grades: Relationship between preschool model and later school success". *Early Childhood Research & Practice, 5(1).*

Lutchmaya, S., & Baron-Cohen, S. (2002). Human sex differences in social and non-social looking preferences, at 12 months of age. *Infant Behavior and Development, 25,* 319–325.

Magnuson, K. A., Meyers, M. K., Rathbun, A., & West, J. (2004). Inequality in preschool education and school readiness. *American Educational Research Journal, 41,* 115–157.

Magnuson, K. A., & Waldfogel, J. (2005). Early childhood care and education: Effects on ethnic and racial gaps in school readiness. *The Future of Children, 15,* 169–196.

Maier, M. F., & Greenfield, D. B. (2008). *The differential role of initiative and persistence in early childhood.* Paper presented at the Institute of Education Science 2007 Research Conference.

Malaguzzi, L. (1997). *Shoe and meter.* Reggio Emilia, Italy: Reggio Children.

Malmivuori, M.-L. (2001). *The dynamics of affect, cognition, and social environment in the regulation of personal learning processes: The case of mathematics.* University of Helsinki, Helsinki.

Malofeeva, E., Day, J., Saco, X., Young, L., & Ciancio, D. (2004). Construction and evaluation of a number sense test with Head Start children. *Journal of Education Psychology, 96,* 648–659.

Mandler, J. M. (2004). *The foundations of mind: Origins of conceptual thought.* New York: Oxford University Press.

Marcon, R. A. (1992). Differential effects of three preschool models on inner-city 4-year-olds. *Early Childhood Research Quarterly, 7,* 517–530.

Marcon, R. A. (2002). Moving up the grades: Relationship between preschool model and later school success. *Early Childhood Research & Practice* Retrieved 1, 4, from http://ecrp.uiuc.edu/v4n1/marcon.html.

Markovits, Z., & Hershkowitz, R. (1997). Relative and absolute thinking in visual estimation processes. *Educational Studies in Mathematics, 32,* 29–47.

Martin, T., Lukong, A., & Reaves, R. (2007). The role of manipulatives in arithmetic and geometry tasks. *Journal of Education and Human Development, 1(1),* 1-14.

Mason, M. M. (1995). Geometric knowledge in a deaf classroom: An exploratory study. *Focus on Learning Problems in Mathematics, 17(3),* 57–69.

Mayfield, W. A., Morrison, J. W., Thornburg, K. R., & Scott, J. L. (2007). *Project Construct: Child outcomes based on curriculum fidelity.* Paper presented at the Society for Research in Child Development.

Mazzocco, M. M. M., & Myers, G. F. (2003). Complexities in identifying and defining mathematics learning disability in the primary school-age years. *Annals of Dyslexia, 53,* 218–253.

Mazzocco, M. M. M., & Thompson, R. E. (2005). Kindergarten predictors of math learning disability. *Quarterly Research and Practice, 20,* 142–155.

McClain, K., Cobb, P., Gravemeijer, K. P. E., & Estes, B. (1999). Developing mathematical reasoning within the context of measurement. In L. V. Stiff & F. R. Curcio (Eds.), *Developing mathematical reasoning in grades K-12* (pp. 93–106). Reston, VA: National Council of Teachers of Mathematics.

McGee, M. G. (1979). Human spatial abilities: Psychometric studies and environmental, genetic, hormonal, and neurological influences. *Psychological Bulletin, 86,* 889–918.

McGuinness, D., & Morley, C. (1991). Gender differences in the development of visuo-spatial ability in pre-school children. *Journal of Mental Imagery, 15,* 143–150.

McLeod, D. B., & Adams, V. M. (Eds.). (1989). *Affect and mathematical problem solving.* New York: Springer-Verlag.

McTaggart, J., Frijters, J., & Barron, R. (2005, April). *Children's interest in reading and math: A longitudinal study of motivational stability and influence on early academic skills.* Paper presented at the Biennial Meeting of the Society for Research in Child Development, Atlanta, GA.

Metz, K. E. (1995). Reassessment of developmental constraints on children's science instruction. *Review of Educational Research, 65,* 93–127.

Middleton, J. A., & Spanias, P. (1999). Motivation for achievement in mathematics: Findings, generalizations, and criticisms of the research. *Journal for Research in Mathematics Education, 30,* 65–88.

Milesi, C., & Gamoran, A. (2006). Effects of class size and instruction on kindergarten achievement. *Education Evaluation and Policy Analysis, 28(4),* 287–313.
Millar, S., & Ittyerah, M. (1992). Movement imagery in young and congenitally blind children: Mental practice without visuo-spatial information. *International Journal of Behavioral Development, 15,* 125–146.
Miller, K. F. (1984). Child as the measurer of all things: Measurement procedures and the development of quantitative concepts. In C. Sophian (Ed.), *Origins of cognitive skills: The eighteenth annual Carnegie symposium on cognition* (pp. 193–228). Hillsdale, NJ: Lawrence Erlbaum Associates.
Miller, K. F. (1989). Measurement as a tool of thought: The role of measuring procedures in children's understanding of quantitative invariance. *Developmental Psychology, 25,* 589–600.
Miller, K. F., Kelly, M., & Zhou, X. (2005). Learning mathematics in China and the United States: Cross-cultural insights into the nature and course of preschool mathematical development. In J. I. D. Campbell (Ed.), *Handbook of mathematical cognition* (pp. 163–178). New York: Psychology Press.
Miller, K. F., Smith, C. M., Zhu, J., & Zhang, H. (1995). Preschool origins of cross-national differences in mathematical competence: The role of number-naming systems. *Psychological Science, 6,* 56–60.
Mitchelmore, M. C. (1989). *The development of children's concepts of angle.* In Proceedings of the 13th International Conference on the Psychology of Mathematics Education, Paris (Vol. 2, pp. 304-311).
Mitchelmore, M. C. (1992). Children's concepts of perpendiculars. In W. Geeslin & K. Graham (Eds.), *Proceedings of the 16th Conference of the International Group for the Psychology in Mathematics Education* (Vol. 2, pp. 120–127). Durham, NH: Program Committee of the 16th PME Conference.
Moll, L. C., Amanti, C., Neff, D., & Gonzalez, N. (1992). Funds of knowledge for teaching: Using a qualitative approach to connect homes and classrooms. *Theory into Practice, 31,* 132–141.
Monighan-Nourot, P., Scales, B., Van Hoorn, J., & Almy, M. (1987). *Looking at children's play: A bridge between theory and practice.* New York: Teachers College.
Montessori, M. (1964). *The Montessori method.* New York: Schocken Books.
Montie, J. E., Xiang, Z., & Schweinhart, L. J. (2006). Preschool experience in 10 countries: Cognitive and language performance at age 7. *Early Childhood Research Quarterly, 21,* 313–331.
Morgenlander, M. (2005). *Preschoolers' understanding of mathematics presented on Sesame Street.* Paper presented at the American Educational Research Association, New Orleans, LA.
Morrongiello, B. A., Timney, B., Humphrey, G. K., Anderson, S., & Skory, C. (1995). Spatial knowledge in blind and sighted children. *Journal of Experimental Child Psychology, 59,* 211–233.
Moseley, B. (2005). Pre-service early childhood educators' perceptions of math-mediated language. *Early Education & Development, 16(3),* 385–396.
Moyer, P. S. (2000). Are we having fun yet? Using manipulatives to teach "real math". *Educational Studies in mathematics, 47(2),* 175-197.
Moyer, P. S., Niezgoda, D., & Stanley, J. (2005). Young children's use of virtual manipulatives and other forms of mathematical representations. In W. Masalski & P. C. Elliott (Eds.), *Technology-supported mathematics learning environments: 67th Yearbook* (pp. 17–34). Reston, VA: National Council of Teachers of Mathematics.
Mullet, E., & Miroux, R. (1996). Judgment of rectangular areas in children blind from birth. *Cognitive Development, 11,* 123–139.
Mulligan, J., Prescott, A., Mitchelmore, M. C., & Outhred, L. (2005). Taking a closer look at young students' images of area measurement. *Australian Primary Mathematics Classroom, 10(2),* 4–8.
Mullis, I. V. S., Martin, M. O., Gonzalez, E. J., Gregory, K. D., Garden, R. A., O'Connor, K. M., et al. (2000). *TIMSS 1999 international mathematics report.* Boston: The International Study Center, Boston College, Lynch School of Education.
Munn, P. (1998). Symbolic function in pre-schoolers. In C. Donlan (Ed.), *The development of mathematical skills* (pp. 47–71). East Sussex, UK: Psychology Press.
Murata, A. (2004). Paths to learning ten-structured understanding of teen sums: Addition solution methods of Japanese Grade 1 students. *Cognition and Instruction, 22,* 185–218.
Nasir, N. i. S., & Cobb, P. (2007). *Improving access to mathematics: Diversity and equity in the classroom.* New York: Teachers College Press.
Nastasi, B. K., & Clements, D. H. (1991). Research on cooperative learning: Implications for practice. *School Psychology Review, 20,* 110–131.
Nastasi, B. K., Clements, D. H., & Battista, M. T. (1990). Social-cognitive interactions, motivation, and cognitive growth in Logo programming and CAI problem-solving environments. *Journal of Educational Psychology, 82,* 150–158.
Natriello, G., McDill, E. L., & Pallas, A. M. (1990). *Schooling disadvantaged children: Racing against catastrophe.* New York: Teachers College Press.

NCES. (2000). *America's kindergartners (NCES 2000070)*. Washington, DC: National Center for Education Statistics, U.S. Government Printing Office.

NCTM. (2000). *Principles and standards for school mathematics*. Reston, VA: National Council of Teachers of Mathematics.

NCTM. (2006). *Curriculum focal points for prekindergarten through grade 8 mathematics: A quest for coherence*. Reston, VA: National Council of Teachers of Mathematics.

Niemiec, R. P., & Walberg, H. J. (1984). Computers and achievement in the elementary schools. *Journal of Educational Computing Research, 1*, 435–440.

Niemiec, R. P., & Walberg, H. J. (1987). Comparative effects of computer-assisted instruction: A synthesis of reviews. *Journal of Educational Computing Research, 3*, 19–37.

Nishida, T. K., & Lillard, A. S. (2007a, April). *From flashcard to worksheet: Children's inability to transfer across different formats*. Paper presented at the Society for Research in Child Development, Boston, MA.

Nishida, T. K., & Lillard, A. S. (2007b, April). *Fun toy or learning tool?: Young children's use of concrete manipulatives to learn about simple math concepts*. Paper presented at the Society for Research in Child Development, Boston, MA.

NMP. (2008). *Foundations for Success: The Final Report of the National Mathematics Advisory Panel*. Washington D.C.: U.S. Department of Education, Office of Planning, Evaluation and Policy Development.

NRC. (2004). *On evaluating curricular effectiveness: Judging the quality of K-12 mathematics evaluations*. Washington, D.C.: Mathematical Sciences Education Board, Center for Education, Division of Behavioral and Social Sciences and Education, The National Academies Press.

Nührenbörger, M. (2001). Insights into children's ruler concepts—Grade-2 students' conceptions and knowledge of length measurement and paths of development. In M. v. d. Heuvel-Panhuizen (Ed.), *Proceedings of the 25th Conference of the International Group for the Psychology in Mathematics Education* (Vol. 3, pp. 447–454). Utrecht, the Netherlands: Freudenthal Institute.

Nunes, T., & Moreno, C. (1998). Is hearing impairment a cause of difficulties in learning mathematics? In C. Donlan (Ed.), *The development of mathematical skills* (Vol. 7, pp. 227–254). Hove, UK: Psychology Press.

Nunes, T., & Moreno, C. (2002). An intervention program for promoting deaf pupils' achievement in mathematics. *Journal of Deaf Studies and Deaf Education, 7(2)*, 120-133.

O'Neill, D. K., Pearce, M. J., & Pick, J. L. (2004). Preschool children's narratives and performance on the Peabody Individualized Achievement Test–Revised: Evidence of a relation between early narrative and later mathematical ability. *First Language, 24(2)*, 149-183.

Oakes, J. (1990). Opportunities, achievement, and choice: Women and minority students in science and mathematics. In C. B. Cazden (Ed.), *Review of research in education* (Vol. 16, pp. 153–222). Washington, DC: American Educational Research Association.

Olive, J., Lankenau, C. A., & Scally, S. P. (1986). *Teaching and understanding geometric relationships through Logo: Phase II. Interim Report*. The Atlanta–Emory Logo Project: Atlanta, GA: Emory University.

Olson, J. K. (1988). *Microcomputers make manipulatives meaningful*. Budapest, Hungary: International Congress of Mathematics Education.

Ostad, S. A. (1998). Subtraction strategies in developmental perspective: A comparison of mathematically normal and mathematically disabled children. In A. Olivier & K. Newstead (Eds.), *Proceedings of the 22nd Conference for the Inter- national Group for the Psychology of Mathematics Education* (Vol. 3, pp. 311–318). Stellenbosch, South Africa: University of Stellenbosch.

Outhred, L. N., & Sardelich, S. (1997). Problem solving in kindergarten: The development of representations. In F. Biddulph & K. Carr (Eds.), People in Mathematics Education. *Proceedings of the 20th Annual Conference of the Mathematics Education Research Group of Australasia* (Vol. 2, pp. 376–383). Rotorua, New Zealand: Mathematics Education Research Group of Australasia.

Owens, K. (1992). Spatial thinking takes shape through primary-school experiences. In W. Geeslin & K. Graham (Eds.), *Proceedings of the 16th Conference of the International Group for the Psychology in Mathematics Education* (Vol. 2, pp. 202–209). Durham, NH: Program Committee of the 16th PME Conference.

Pan, Y., & Gauvain, M. (2007). *Parental involvement in children's mathematics learning in American and Chinese families during two school transitions*. Paper presented at the Society for Research in Child Development.

Pan, Y., Gauvain, M., Liu, Z., & Cheng, L. (2006). American and Chinese parental involvement in young children's mathematics learning. *Cognitive Development, 21*, 17–35.

Papert, S. (1980). *Mindstorms: Children, computers, and powerful ideas*. New York: Basic Books.

Paris, C. L., & Morris, S. K. (1985). *The computer in the early childhood classroom: Peer helping and peer teaching*. Cleege Park, MD: Microworld for Young Children Conference.

Parker, T. H., & Baldridge, S. J. (2004). *Elementary mathematics for teachers*. Quebecor World, MI: Sefton-Ash Publishing.

Pasnak, R. (1987). Accelerated cognitive development of kindergartners. *Psychology in the Schools, 28*, 358–363.

Peisner-Feinberg, E. S., Burchinal, M. R., Clifford, R. M., Culkins, M. L., Howes, C., Kagan, S. L., et al. (2001). The relation of preschool child-care quality to children's cognitive and social developmental trajectories through second grade. *Child Development, 72*, 1534–1553.

Perlmutter, J., Bloom, L., Rose, T., & Rogers, A. (1997). Who uses math? Primary children's perceptions of the uses of mathematics. *Journal of Research in Childhood Education, 12(1)*, 58–70.

Perry, B., & Dockett, S. (2002). Young children's access to powerful mathematical ideas. In L. D. English (Ed.), *Handbook of International Research in Mathematics Education* (pp. 81–111). Mahwah, NJ: Lawrence Erlbaum Associates.

Perry, B., & Dockett, S. (2005). "I know that you don't have to work hard": Mathematics learning in the first year of primary school. In H. L. Chick & J. L. Vincent (Eds.), *Proceedings of the 29th Conference of the International Group for the Psychology in Mathematics Education* (Vol. 4, pp. 65–72). Melbourne, AU: PME.

Perry, B., Young-Loveridge, J. M., Dockett, S., & Doig, B. (2008). The development of young children's mathematical understanding. In H. Forgasz, A. Barkatsas, A. Bishop, B. A. Clarke, S. Keast, W. T. Seah & P. Sullivan (Eds.), *Research in mathematics education in Australasia 2004–2007* (pp. 17–40). Rotterdam/Taipei: Sense Publishers.

Piaget, J. (1962). *Play, dreams and imitation in childhood*. New York: W. W. Norton.

Piaget, J. (1971/1974). *Understanding causality*. New York: Norton.

Piaget, J., & Inhelder, B. (1967). *The child's conception of space*. New York: W. W. Norton.

Pianta, R. C., Howes, C., Burchinal, M. R., Bryant, D., Clifford, R., Early, D., et al. (2005). Features of pre-kindergarten programs, classrooms, and teachers: Do they predict observed classroom quality and child–teacher interactions? *Applied Developmental Science, 9*, 144–159.

Pollio, H. R., & Whitacre, J. D. (1970). Some observations on the use of natural numbers by preschool children. *Perceptual and Motor Skills, 30*, 167–174.

Porter, J. (1999). Learning to count: A difficult task? *Down Syndrome Research and Practice, 6(2)*, 85–94.

Pratt, C. (1948). *I learn from children*. New York: Simon and Schuster.

Primavera, J., Wiederlight, P. P., & DiGiacomo, T. M. (2001, August). *Technology access for low-income preschoolers: Bridging the digital divide*. Paper presented at the American Psychological Association, San Francisco, CA.

Ragosta, M., Holland, P., & Jamison, D. T. (1981). *Computer-assisted instruction and compensatory education: The ETS/LAUSD study*. Princeton, NJ: Educational Testing Service.

Ramey, C. T., & Ramey, S. L. (1998). Early intervention and early experience. *American Psychologist, 53*, 109–120.

Raphael, D., & Wahlstrom, M. (1989). The influence of instructional aids on mathematics achievement. *Journal for Research in Mathematics Education, 20*, 173–190.

Rathbun, A., & West, J. (2004). *From kindergarten through third grade: Children's beginning school experiences*. Washington, DC: U.S. Department of Education, National Center for Education Statistics.

Razel, M., & Eylon, B.-S. (1986). Developing visual language skills: The Agam Program. *Journal of Visual Verbal Languaging, 6(1)*, 49–54.

Razel, M., & Eylon, B.-S. (1990). Development of visual cognition: Transfer effects of the Agam program. *Journal of Applied Developmental Psychology, 11*, 459–485.

Razel, M., & Eylon, B.-S. (1991, July). *Developing mathematics readiness in young children with the Agam Program*, Genova, Italy.

Resnick, L. B., & Omanson, S. (1987). Learning to understand arithmetic. In R. Glaser (Ed.), *Advances in instructional psychology* (pp. 41–95). Hillsdale, NJ: Lawrence Erlbaum Associates.

Rhee, M. C., & Chavnagri, N. (Cartographer). (1991). *Four-year-old children's peer interactions when playing with a computer*. ERIC Document No. ED342466.

Richardson, K. (2004). Making sense. In D. H. Clements, J. Sarama & A.-M. DiBiase (Eds.), *Engaging young children in mathematics: Standards for early childhood mathematics education* (pp. 321–324). Mahwah, NJ: Lawrence Erlbaum Associates.

Riel, M. (1985). The Computer Chronicles Newswire: A functional learning enviornment for acquiring literacy skills. *Journal of Educational Computing Research, 1*, 317–337.

Ritter, S., Anderson, J. R., Koedinger, K. R., & Corbett, A. (2007). Cognitive Tutor: Applied research in mathematics education. *Psychonomics Bulletin & Review, 14(2)*, 249–255.

Robinson, G. E. (1990). Synthesis of research on effects of class size. *Educational Leadership, 47(7)*, 80–90.

Robinson, N. M., Abbot, R. D., Berninger, V. W., & Busse, J. (1996). The structure of abilities in math-precocious young children: Gender similarities and differences. *Journal of Educational Psychology, 88(2),* 341–352.

Rosengren, K. S., Gross, D., Abrams, A. F., & Perlmutter, M. (1985). An observational study of preschool children's computing activity. Austin, TX: "Perspectives on the Young Child and the Computer" conference, University of Texas at Austin.

Rosser, R. A. (1994). The developmental course of spatial cognition: Evidence for domain multidimensionality. *Child Study Journal, 24,* 255–280.

Rosser, R. A., Ensing, S. S., Glider, P. J., & Lane, S. (1984). An information-processing analysis of children's accuracy in predicting the appearance of rotated stimuli. *Child Development, 55,* 2204–2211.

Rosser, R. A., Horan, P. F., Mattson, S. L., & Mazzeo, J. (1984). Comprehension of Euclidean space in young children: The early emergence of understanding and its limits. *Genetic Psychology Monographs, 110,* 21–41.

Roth, J., Carter, R., Ariet, M., Resnick, M. B., & Crans, G. (2000, April). *Comparing fourth-grade math and reading achievement of children who did and did not participate in Florida's statewide Prekindergarten Early Intervention Program.* Paper presented at the American Educational Research Association, New Orleans, LA.

Rourke, B. P., & Finlayson, M. A. J. (1978). Neuropsychological significance of variations in patterns of academic performance: Verbal and visual-spatial abilities. *Journal of Abnormal Child Psychology, 6,* 121–133.

Rouse, C., Brooks-Gunn, J., & McLanahan, S. (2005). Introducing the issue. *The Future of Children, 15,* 5–14.

Rousselle, L., & Noël, M.-P. (2007). Basic numerical skills in children with mathematics learning disabilities: A comparison of symbolic vs non-symbolic number magnitude processing. *Cognition, 102,* 361–395.

Russell, S. J. (1991). Counting noses and scary things: Children construct their ideas about data. In D. Vere-Jones (Ed.), *Proceedings of the Third International Conference on Teaching Statistics.* Voorburg, the Netherlands: International Statistical Institute.

Sandhofer, C. M., & Smith, L. B. (1999). Learning color words involves learning a system of mappings. *Developmental Psychology, 35,* 668–679.

Sarama, J. (1995). *Redesigning Logo: The turtle metaphor in mathematics education.* Unpublished doctoral dissertation, State University of New York at Buffalo.

Sarama, J. (2002). Listening to teachers: Planning for professional development. *Teaching Children Mathematics, 9,* 36–39.

Sarama, J. (2004). Technology in early childhood mathematics: Building Blocks as an innovative technology-based curriculum. In D. H. Clements, J. Sarama & A.-M. DiBiase (Eds.), *Engaging young children in mathematics: Standards for early childhood mathematics education* (pp. 361–375). Mahwah, NJ: Lawrence Erlbaum Associates.

Sarama, J., & Clements, D. H. (2002a). Building Blocks for young children's mathematical development. *Journal of Educational Computing Research, 27(1&2),* 93–110.

Sarama, J., & Clements, D. H. (2002b). Learning and teaching with computers in early childhood education. In O. N. Saracho & B. Spodek (Eds.), *Contemporary Perspectives on Science and Technology in Early Childhood Education* (pp. 171–219). Greenwich, CT: Information Age Publishing, Inc.

Sarama, J., & Clements, D. H. (2008). Mathematics knowledge of low-income entering preschoolers. Manuscript submitted for publication.

Sarama, J., & Clements, D. H. (2009). *Early childhood mathematics education research: Learning trajectories for young children.* New York: Taylor & Francis.

Sarama, J., Clements, D. H., Swaminathan, S., McMillen, S., & González Gómez, R. M. (2003). Development of mathematical concepts of two-dimensional space in grid environments: An exploratory study. *Cognition and Instruction, 21,* 285–324.

Sarama, J., Clements, D. H., & Vukelic, E. B. (1996). The role of a computer manipulative in fostering specific psychological/mathematical processes. In E. Jakubowski, D. Watkins & H. Biske (Eds.), *Proceedings of the 18th annual meeting of the North America Chapter of the International Group for the Psychology of Mathematics Education* (Vol. 2, pp. 567–572). Columbus, OH: ERIC Clearinghouse for Science, Mathematics, and Environmental Education.

Sarama, J., & DiBiase, A.-M. (2004). The professional development challenge in preschool mathematics. In D. H. Clements, J. Sarama & A.-M. DiBiase (Eds.), *Engaging young children in mathematics: Standards for early childhood mathematics education* (pp. 415–446). Mahwah, NJ: Lawrence Erlbaum Associates.

Saxe, G. B., Guberman, S. R., & Gearhart, M. (1987). Social processes in early number development. *Monographs of the Society for Research in Child Development, 52* (2, Serial #216).
Schery, T. K., & O'Connor, L. C. (1997). Language intervention: Computer training for young children with special needs. *British Journal of Educational Technology, 28,* 271–279.
Schliemann, A. c. D., Carraher, D. W., & Brizuela, B. M. (2007). *Bringing out the algebraic character of arithmetic.* Mahwah, NJ: Lawrence Erlbaum Associates.
Schoenfeld, A. H. (2008). Early algebra as mathematical sense making. In J. J. Kaput, D. W. Carraher & M. L. Blanton (Eds.), *Algebra in the early grades* (pp. 479–510). Mahwah, NJ: Lawrence Erlbaum Associates.
Schwartz, S. (2004). Explorations in graphing with prekindergarten children. In B. Clarke, D. Clark et al. (Eds.), *International perspectives on learning and teaching mathematics* (pp. 83–97). Goteborg, Sweden: National Centre for Mathematics Education.
Schweinhart, L. J., & Weikart, D. P. (1988). Education for young children living in poverty: Child-initiated learning or teacher-directed instruction? *The Elementary School Journal, 89,* 212–225.
Schweinhart, L. J., & Weikart, D. P. (1997). The High/Scope curriculum comparison study through age 23. *Early Childhood Research Quarterly, 12,* 117–143.
Scott, L. F., & Neufeld, H. (1976). Concrete instruction in elementary school mathematics: Pictorial vs. manipulative. *School Science and Mathematics, 76,* 68–72.
Secada, W. G. (1992). Race, ethnicity, social class, language, and achievement in mathematics. In D. A. Grouws (Ed.), Handbook of research on mathematics teaching and learning (pp. 623–660). New York: Macmillan.
Senk, S. L., & Thompson, D. R. (2003). *Standards-based school mathematics curricula. What are they? What do students learn?* Mahwah, NJ: Lawrence Erlbaum Associates.
Seo, K.-H., & Ginsburg, H. P. (2004). What is developmentally appropriate in early childhood mathematics education? In D. H. Clements, J. Sarama & A.-M. DiBiase (Eds.), *Engaging young children in mathematics: Standards for early childhood mathematics education* (pp. 91–104). Mahwah, NJ: Lawrence Erlbaum Associates.
Shade, D. D. (1994). Computers and young children: Software types, social contexts, gender, age, and emotional responses. *Journal of Computing in Childhood Education, 5(2),* 177–209.
Shade, D. D., Nida, R. E., Lipinski, J. M., & Watson, J. A. (1986). Microcomputers and preschoolers: Working together in a classroom setting. *Computers in the Schools, 3,* 53–61.
Shaw, K., Nelsen, E., & Shen, Y.-L. (2001, April). *Preschool development and subsequent school achievement among Spanish-speaking children from low-income families.* Paper presented at the American Educational Research Association, Seattle, WA.
Shaw, R., Grayson, A., & Lewis, V. (2005). Inhibition, ADHD, and comptuer games: The inhibitory performance of children with ADHD on computerized tasks and games. *Journal of Attention Disorders, 8,* 160–168.
Shepard, L. (2005). Assessment. In L. Darling-Hammond & J. Bransford (Eds.), *Preparing teachers for a changing world* (pp. 275–326). San Francisco: Jossey-Bass.
Sherman, J., Bisanz, J., & Popescu, A. (2007, April). *Tracking the path of change: Failure to success on equivalence problems.* Paper presented at the Society for Research in Child Development, Boston, MA.
Shiffrin, R. M., & Schneider, W. (1984). Controlled and automatic human information processing: II. Perceptual learning, automatic attending, and a general theory. *Psychological Review, 84,* 127–190.
Shonkoff, J. P., & Phillips, D. A. (Eds.). (2000). *From neurons to neighborhoods: The science of early childhood development.* Washington, DC: National Academy Press.
Shrock, S. A., Matthias, M., Anastasoff, J., Vensel, C., & Shaw, S. (1985). *Examining the effects of the microcomputer on a real world class: A naturalistic study.* Anaheim, CA: Association for Educational Communications and Technology.
Sicilian, S. P. (1988). Development of Counting Strategies in Congenitally Blind Children. *Journal of Visual Impairment and Blindness, 82(8),* 331-35.
Siegler, R. S. (1993). Adaptive and non-adaptive characteristics of low income children's strategy use. In L. A. Penner, G. M. Batsche, H. M. Knoff & D. L. Nelson (Eds.), *Contributions of psychology to science and mathematics education* (pp. 341–366). Washington, DC: American Psychological Association.
Siegler, R. S. (1995). How does change occur: A microgenetic study of number conservation. *Cognitive Psychology, 28,* 255–273.
Siegler, R. S., & Booth, J. L. (2004). Development of numerical estimation in young children. *Child Development, 75,* 428–444.
Silverman, I. W., York, K., & Zuidema, N. (1984). Area-matching strategies used by young children. *Journal of Experimental Child Psychology, 38,* 464–474.

Silvern, S. B., Countermine, T. A., & Williamson, P. A. (1988). Young children's interaction with a microcomputer. *Early Child Development and Care, 32,* 23–35.

Slovin, H. (2007, April). *Revelations from counting: A window to conceptual understanding.* Paper presented at the Research Presession of the 85th Annual Meeting of the National Council of Teachers of Mathematics, Atlanta, GA.

Sonnenschein, S., Baker, L., Moyer, A., & LeFevre, S. (2005, April). *Parental beliefs about children's reading and math development and relations with subsequent achievement.* Paper presented at the Biennial Meeting of the Society for Research in Child Development, Atlanta, GA.

Sophian, C. (2002). Learning about what fits: Preschool children's reasoning about effects of object size. *Journal for Research in Mathematics Education, 33,* 290–302.

Sophian, C. (2004a). A prospective developmental perspective on early mathematics instruction. In D. H. Clements, J. Sarama & A.-M. DiBiase (Eds.), *Engaging young children in mathematics: Standards for early childhood mathematics education* (pp. 253–266). Mahwah, NJ: Lawrence Erlbaum Associates.

Sophian, C. (2004b). Mathematics for the future: Developing a Head Start curriculum to support mathematics learning. *Early Childhood Research Quarterly, 19,* 59–81.

Sophian, C., & Adams, N. (1987). Infants' understanding of numerical transformations. *British Journal of Educational Psychology, 5,* 257–264.

Sowder, J. T. (1992a). Estimation and number sense. In D. A. Grouws (Ed.), *Handbook of research on mathematics teaching and learning* (pp. 371–389). New York: Macmillan.

Sowder, J. T. (1992b). Making sense of numbers in school mathematics. In G. Leinhardt, R. Putman & R. A. Hattrup (Eds.), *Analysis of arithmetic for mathematics teaching.* Mahwah, NJ: Lawrence Erlbaum Associates.

Sowell, E. J. (1989). Effects of manipulative materials in mathematics instruction. *Journal for Research in Mathematics Education, 20,* 498–505.

Spelke, E. S. (2003). What makes us smart? Core knowledge and natural language. In D. Genter & S. Goldin-Meadow (Eds.), *Language in mind* (pp. 277–311). Cambridge, MA: MIT Press.

Spitler, M. E., Sarama, J., & Clements, D. H. (2003). *A preschooler's understanding of "Triangle:" A case study.* Paper presented at the 81st Annual Meeting of the National Council of Teachers of Mathematics.

Starkey, P., & Klein, A. (1992). Economic and cultural influence on early mathematical development. In F. L. Parker, R. Robinson, S. Sombrano, C. Piotrowski, J. Hagen, S. Randoph & A. Baker (Eds.), *New directions in child and family research: Shaping Head Start in the 90s* (pp. 440). New York: National Council of Jewish Women.

Starkey, P., Klein, A., Chang, I., Qi, D., Lijuan, P., & Yang, Z. (1999, April). *Environmental supports for young children's mathematical development in China and the United States.* Paper presented at the Society for Research in Child Development, Albuquerque, NM.

Starkey, P., Klein, A., & Wakeley, A. (2004). Enhancing young children's mathematical knowledge through a pre-kindergarten mathematics intervention. *Early Childhood Research Quarterly, 19,* 99–120.

Steen, L. A. (1988). The science of patterns. *Science, 240,* 611–616.

Steffe, L. P. (1991). Operations that generate quantity. *Learning and Individual Differences, 3,* 61–82.

Steffe, L. P. (2004). PSSM from a constructivist perspective. In D. H. Clements, J. Sarama & A.-M. DiBiase (Eds.), *Engaging young children in mathematics: Standards for early childhood mathematics education* (pp. 221–251). Mahwah, NJ: Lawrence Erlbaum Associates.

Steffe, L. P., & Cobb, P. (1988). *Construction of arithmetical meanings and strategies.* New York: Springer-Verlag.

Steffe, L. P., & Olive, J. (2002). Design and use of computer tools for interactive mathematical activity (TIMA). *Journal of Educational Computing Research, 27(1&2),* 55–76.

Steffe, L. P., Thompson, P. W., & Richards, J. (1982). Children's counting in arithmetical problem solving. In T. P. Carpenter, J. M. Moser & T. A. Romberg (Eds.), *Addition and subtraction: A cognitive perspective.* Mahwah, NJ: Lawrence Erlbaum Associates.

Steffe, L. P., & Wiegel, H. G. (1994). Cognitive play and mathematical learning in computer microworlds. *Journal of Research in Childhood Education, 8(2),* 117–131.

Stenmark, J. K., Thompson, V., & Cossey, R. (1986). *Family math.* Berkeley, CA: Lawrence Hall of Science, University of California.

Stephan, M., & Clements, D. H. (2003). Linear, area, and time measurement in prekindergarten to grade 2. In D. H. Clements (Ed.), *Learning and teaching measurement: 65th Yearbook* (pp. 3–16). Reston, VA: National Council of Teachers of Mathematics.

Stevenson, H. W., & Newman, R. S. (1986). Long-term prediction of achievement and attitudes in mathematics and reading. *Child Development, 57,* 646–659.

Stewart, R., Leeson, N., & Wright, R. J. (1997). Links between early arithmetical knowledge and early space and measurement knowledge: An exploratory study. In F. Biddulph & K. Carr (Eds.), *Proceedings of the Twentieth Annual Conference of the Mathematics Education Research Group of Australasia* (Vol. 2, pp. 477–484). Hamilton, New Zealand: MERGA.

Stigler, J. W., Fuson, K. C., Ham, M., & Kim, M. S. (1986). An analysis of addition and subtraction word problems in American and Soviet elementary mathematics textbooks. *Cognition and Instruction, 3,* 153–171.

Stiles, J., & Nass, R. (1991). Spatial grouping activity in young children with congenital right or left hemisphere brain injury. *Brain and Cognition, 15,* 201–222.

Stipek, D. J., & Ryan, R. H. (1997). Economically disadvantaged preschoolers: Ready to learn but further to go. *Developmental Psychology, 33,* 711–723.

Stone, T. T., III. (1996). The academic impact of classroom computer usage upon middle-class primary grade level elementary school children. *Dissertation Abstracts International, 57–06,* 2450.

Suydam, M. N. (1986). Manipulative materials and achievement. *Arithmetic Teacher, 33(6),* 10–32.

Swigger, K. M., & Swigger, B. K. (1984). Social patterns and computer use among preschool children. *AEDS Journal, 17,* 35–41.

Sylva, K., Melhuish, E., Sammons, P., Siraj-Blatchford, I., & Taggart, B. (2005). *The effective provision of preschool education [EPPE] project: A longitudinal study funded by the DfEE (1997–2003).* London: EPPE Project, Institute of Education, University of London.

Tharp, R. G., & Gallimore, R. (1988). *Rousing minds to life: Teaching, learning, and schooling in social contexts.* New York: Cambridge University Press.

Thirumurthy, V. (2003). *Children's cognition of geometry and spatial thinking—A cultural process.* Unpublished doctoral disserta- tion, University of Buffalo, State University of New York.

Thomas, B. (1982). *An abstract of kindergarten teachers' elicitation and utilization of children's prior knowledge in the teaching of shape concepts.* Unpublished manuscript, School of Education, Health, Nursing, and Arts Professions, New York University.

Thomas, G., & Tagg, A. (2004). *An evaluation of the Early Numeracy Project 2003.* Wellington, Australia: Ministry of Education.

Thomas, G., & Ward, J. (2001). *An evaluation of the Count Me In Too pilot project.* Wellington, New Zealand: Ministry of Education.

Thompson, P. W. (1992). Notations, conventions, and constraints: Contributions to effective use of concrete materials in elementary mathematics. *Journal for Research in Mathematics Education, 23,* 123–147.

Thompson, P. W., & Thompson, A. G. (1990). Salient aspects of experience with concrete manipulatives. In F. Hitt (Ed.), *Proceedings of the 14th Annual Meeting of the International Group for the Psychology of Mathematics* (Vol. 3, pp. 337–343). Mexico City: International Group for the Psychology of Mathematics Education.

Thomson, S., Rowe, K., Underwood, C., & Peck, R. (2005). *Numeracy in the early years: Project Good Start.* Camberwell, Victoria, Australia: Australian Council for Educational Research.

Thorton, C. A., Langrall, C. W., & Jones, G. A. (1997). Mathematics instruction for elementary students with learning disabilities. *Journal of Learning Disabilities, 30,* 142–150.

Torbeyns, J., van den Noortgate, W., Ghesquière, P., Verschaffel, L., Van de Rijt, B. A. M., & van Luit, J. E. H. (2002). Development of early numeracy in 5- to 7-year-old children: A comparison between Flanders and the Netherlands. Educational Research and Evaluation. *An International Journal on Theory and Practice, 8,* 249–275.

Touchette, E., Petit, D., Séguin, J. R., Boivin, M., Tremblay, R. E., & Jacques Y. Montplaisir. (2007). Associations between sleep duration patterns and behavioral/cognitive functioning at school entry. *Sleep, 30,* 1213–1219.

Tournaki, N. (2003). The differential effects of teaching addition through strategy instruction versus drill and practice to students with and without learning disabilities. *Journal of Learning Disabilities, 36(5),* 449–458.

Tudge, J. R. H., & Doucet, F. (2004). Early mathematical experiences: Observing young Black and White children's everyday activities. *Early Childhood Research Quarterly, 19,* 21–39.

Turkle, S. (1997). Seeing through computers: Education in a culture of simulation. *The American Prospect, 31,* 76–82.

Turner, R. C., & Ritter, G. W. (2004, April). *Does the impact of preschool childcare on cognition and behavior persist throughout the elementary years?* Paper presented at the American Educational Research Association, San Diego, CA.

Tyler, R. W. (1949). *Basic principles of curriculum and instruction.* Chicago: University of Chicago Press.

Ungar, S., Blades, M., & Spencer, C. (1997). Teaching visually impaired children to make distance judgments from a tactile map. *Journal of Visual Impairment and Blindness, 91*, 163–174.
Uttal, D. H., Marzolf, D. P., Pierroutsakos, S. L., Smith, C. M., Troseth, G. L., Scudder, K. V., et al. (1997). Seeing through symbols: The development of children's understanding of symbolic relations. In O. N. Saracho & B. Spodek (Eds.), *Multiple perspectives on play in early childhood education* (pp. 59–79). Albany, NY: State University of New York Press.
Uttal, D. H., Scudder, K. V., & DeLoache, J. S. (1997). Manipulatives as symbols: A new perspective on the use of concrete objects to teach mathematics. *Journal of Applied Developmental Psychology, 18*, 37–54.
Van de Rijt, B. A. M., & Van Luit, J. E. H. (1999). Milestones in the development of infant numeracy. *Scandinavian Journal of Psychology, 40*, 65–71.
Van de Rijt, B. A. M., Van Luit, J. E. H., & Pennings, A. H. (1999). The construction of the Utrecht early mathematical competence scales. *Educational and Psychological Measurement, 59*, 289–309.
van Oers, B. (1994). Semiotic activity of young children in play: The construction and use of schematic representations. *European Early Childhood Education Research Journal, 2*, 19–33.
van Oers, B. (1996). Are you sure? Stimulating mathematical thinking during young children's play. *European Early Childhood Education Research Journal, 4*, 71–87.
van Oers, B. (2003). Learning resources in the context of play. Promoting effective learning in early childhood. *European Early Childhood Education Research Journal, 11*, 7–25.
Varela, F. J. (1999). *Ethical know-how: Action, wisdom, and cognition*. Stanford, CA: Stanford University Press.
Vergnaud, G. (1978). The acquisition of arithmetical concepts. In E. Cohors-Fresenborg & I. Wachsmuth (Eds.), *Proceedings of the 2nd Conference of the International Group for the Psychology of Mathematics Education* (pp. 344–355). Osnabruck, Germany.
Verschaffel, L., Greer, B., & De Corte, E. (2007). Whole number concepts and operations. In F. K. Lester, Jr. (Ed.), *Second handbook of research on mathematics teaching and learning* (pp. 557–628). New York: Information Age Publishing.
Votruba-Drzal, E., & Chase, L. (2004). Child care and low-income children's development: Direct and moderated effects. *Child Development, 75*, 296–312.
Vurpillot, E. (1976). *The visual world of the child*. New York: International Universities Press.
Vygotsky, L. S. (1934/1986). *Thought and language*. Cambridge, MA: MIT Press.
Vygotsky, L. S. (1978). Internalization of higher psychological functions. In M. Cole, V. John-Steiner, S. Scribner & E. Souberman (Eds.), *Mind in society* (pp. 52–57). Cambridge, MA: Harvard University Press.
Waber, D. P., De Moor, C., Forbes, P. W., Almli, C. R., Botteron, K. N., Leonard, G., ... & Rumsey, J. (2007). The NIH MRI study of normal brain development: performance of a population based sample of healthy children aged 6 to 18 years on a neuropsychological battery. *Journal of the International Neuropsychological Society, 13(05)*, 729-746.
Wadlington, E., & Burns, J. M. (1993). Instructional practices within preschool/kindergarten gifted programs. *Journal for the Education of the Gifted, 17(1)*, 41–52.
Wagner, S. W., & Walters, J. (1982). A longitudinal analysis of early number concepts: From numbers to number. In G. E. Forman (Ed.), *Action and thought* (pp. 137–161). New York: Academic Press.
Wakeley, A. (2005, April). *Mathematical knowledge of very low birth weight pre-kindergarten children*. Paper presented at the Biennial Meeting of the Society for Research in Child Development, Atlanta, GA.
Walston, J. T., & West, J. (2004). *Full-day and half-day kindergarten in the United States: Findings from the Early Childhood Longitudinal Study, Kindergarten Class 1998–99*. (NCES 2004–078).
Walston, J. T., West, J., & Rathbun, A. H. (2005). *Do the greater academic gains made by full-day kindergarten children persist through third grade?*. Paper presented at the Annual Meeting of the American Educational Research Association, Montreal, Canada.
Wang, J., & Lin, E. (2005). Comparative studies on U.S. and Chinese mathematics learning and the implications for standards-based mathematics teaching reform. *Educational Researcher, 34(5)*, 3–13.
Watson, J. A., & Brinkley, V. M. (1990/91). Space and premathematic strategies young children adopt in initial Logo problem solving. *Journal of Computing in Childhood Education, 2*, 17–29.
Watson, J. A., Lange, G., & Brinkley, V. M. (1992). Logo mastery and spatial problem-solving by young children: Effects of Logo language training, route-strategy training, and learning styles on immediate learning and transfer. *Journal of Educational Computing Research, 8*, 521–540.
Wellman, H. M., & Miller, K. F. (1986). Thinking about nothing: Development of concepts of zero. *British Journal of Developmental Psychology, 4*, 31–42.

West, J., Denton, K., & Reaney, L. (2001). The kindergarten year: Findings from the Early Childhood Longitudinal Study, kindergarten class of 1998–1999. 2004, from http://nces.ed.gov/pubsearch/pubsinfo.asp?pubid=2002125.

Wheatley, G. (1996). *Quick draw: Developing spatial sense in mathematics.* Tallahassee, FL: Mathematics Learning.

Wiegel, H. G. (1998). Kindergarten students' organizations of counting in joint counting tasks and the emergence of cooperation. *Journal for Research in Mathematics Education, 29,* 202–224.

Wilensky, U. (1991). Abstract mediations on the concrete and concrete implications for mathematics education. In I. Harel & S. Papert (Eds.), *Constructionism* (pp. 193–199). Norwood, NJ: Ablex.

Wilkinson, L. A., Martino, A., & Camilli, G. (1994). Groups that work: Social factors in elementary students mathematics problem solving. In J. E. H. Van Luit (Ed.), *Research on learning and instruction of mathematics in kindergarten and primary school* (pp. 75–105). Doetinchem, the Netherlands: Graviant.

Wilson, A. J., Dehaene, S., Pinel, P., Revkin, S. K., Cohen, L., & Cohen, D. K. (2006). Principles underlying the design of "The Number Race", an adaptive computer game for remediation of dyscalculia. *Behavioral and Brain Functions, 2:19.*

Wilson, A. J., Revkin, S. K., Cohen, D. K., Cohen, L., & Dehaene, S. (2006). An open trial assessment of "The Number Race", an adaptive computer game for remediation of dyscalculia. *Behavioral and Brain Functions, 2:20.*

Winton, P., Buysse, V., Bryant, D., Clifford, D., Early, D., & Little, L. (2005, Spring). NCEDL Pre-kindergarten study. Early Developments, 9.

Wong, V. C., Cook, T. D., Barnett, W. S., & Jung, K. (in press). An effectiveness-based evaluation of five state pre-kindergarten programs. *Journal of Policy Anlaysis and Management.*

Wood, K., & Frid, S. (2005). Early childhood numeracy in a multiage setting. *Mathematics Education Research Journal, 16(3),* 80–99.

Woodward, J. (2004). Mathematics education in the United States: Past to present. *Journal of Learning Disabilities, 37,* 16–31.

Wright, A. (1987). The process of microtechnological innovation in two primary schools: A case study of teachers' thinking. *Educational Review, 39(2),* 107–115.

Wright, B. (1991). What number knowledge is possessed by children beginning the kindergarten year of school? *Mathematics Education Research Journal, 3(1),* 1–16.

Wright, R. J. (2003). A mathematics recovery: Program of intervention in early number learning. *Australian Journal of Learning Disabilities, 8(4),* 6–11.

Wright, R. J., Martland, J., Stafford, A. K., & Stanger, G. (2002). *Teaching number: Advancing children's skills and strategies.* London: Paul Chapman Publications/Sage.

Wright, R. J., Stanger, G., Cowper, M., & Dyson, R. (1994). A study of the numerical development of 5-year-olds and 6-year-olds. *Educational Studies in Mathematics, 26,* 25–44.

Wright, R. J., Stanger, G., Cowper, M., & Dyson, R. (1996). First-graders' progress in an experimental mathematics recovery program. In J. Mulligan & M. Mitchelmore (Eds.), *Research in early number learning* (pp. 55–72). Adelaide, Australia: AAMT.

Wright, R. J., Stanger, G., Stafford, A. K., & Martland, J. (2006). *Teaching number in the classroom with 4–8 year olds.* London: Paul Chapman Publications/Sage.

Wu, H. (2007). *Whole numbers, fractions, and rational numbers.* Berkeley, CA: University of California.

Wynn, K. (1992). Addition and subtraction by human infants. *Nature, 358,* 749–750.

Xin, J. F. (1999). Computer-assisted cooperative learning in integrated classrooms for students with and without disabilities. *Information Technology in Childhood Education Annual, 1(1),* 61–78.

Yackel, E., & Wheatley, G. H. (1990). Promoting visual imagery in young pupils. *Arithmetic Teacher, 37(6),* 52–58.

Yost, N. J. M. (1998). Computers, kids, and crayons: A comparative study of one kindergarten's emergent literacy behaviors. *Dissertation Abstracts International, 59–08,* 2847.

Young-Loveridge, J. M. (1989a). The development of children's number concepts: The first year of school. *Australian Journal of Early Childhood, 21,* 16–20.

Young-Loveridge, J. M. (1989b). The development of children's number concepts: The first year of school. *New Zealand Journal of Educational Studies, 24(1),* 47–64.

Young-Loveridge, J. M. (1989c). The relationship between children's home experiences and their mathematical skills on entry to school. *Early Child Development and Care, 43,* 43–59.

Young-Loveridge, J. M. (2004). Effects on early numeracy of a program using number books and games. *Early Childhood Research Quarterly, 19,* 82–98.

Ysseldyke, J., Spicuzza, R., Kosciolek, S., Teelucksingh, E., Boys, C., & Lemkuil, A. (2003). Using a curriculum-based instructional management system to enhance math achievement in urban schools. *Journal of Education for Students Placed at Risk, 8(2),* 247–265.

Zelazo, P. D., Reznick, J. S., & Piñon, D. E. (1995). Response control and the execution of verbal rules. *Developmental Psychology, 31*, 508–517.

Zur, O., & Gelman, R. (2004). Young children can add and subtract by predicting and checking. *Early Childhood Research Quarterly, 19*, 121–137.

www.ingramcontent.com/pod-product-compliance
Lightning Source LLC
Chambersburg PA
CBHW071232300426
44116CB00008B/1009